刑事訴訟法判例総合解説
訴因変更〔Ⅰ〕

● 刑事訴訟法判例総合解説 ●

訴因変更〔Ⅰ〕

佐々木正輝 著

信山社

判例総合解説シリーズ

はしがき

　本書は，信山社刊行「判例総合解説シリーズ刑事訴訟法の部」の一環であるところから，読者として，法曹（裁判官，検事，弁護士），研究者，司法修習生，大学院生，警察官，刑務官など刑事実務に携わる法執行機関職員等を対象としたものであり，特に，判例（下級審の裁判例を含む。以下同じ）を調査し，それを体系的に理解する必要のある若手実務家，若手研究者，司法修習生及びロースクール生を中心的な読者層として想定している。

　その叙述に当たっては，「刑事訴訟法の適切な解釈・運用のためには，個々の事例に対する判例の集積を理論的に分析し，各判例の趣旨，位置付けを理解し，その射程，問題点を見極めて，将来の課題を探ることが求められる。同時に，そのためには，判例に影響を与えたあるいは与える学説にも目を配る必要がある」との同シリーズ編さんの基本方針にのっとり，与えられたテーマである「訴因変更」に関する判例の推移を分析し，その体系的位置付けを整序することを通じて，実務のよって立つ判例理論を明らかにするとともに，その問題点や将来の展望を示すことに力点を置きつつ，これにあわせて，中心的な読者層が叙上のところにあることを踏まえて，代表的な学説をも整理して示し，これとの対比において，判例の理解を一層促進させることを企図した。とりわけ，この分野においては，学説の蓄積が極めて厚い層を成しており，これにより構築された学理の体系の中に，これまたおびただしい数に上る個々の判例を分類し位置付けるという作業なしには，今日の判例の到達点を見極めることは至難といえる。本書は，判例の総合的解説を目的とするものではあるが，学説にも相当の目配りを施した理由はそこにある。

　判例の解説は，原則として本文で行い，採り上げた判例については，【判旨】又は【事実】及び【判旨】をまとめたが，本文中では触れることのできなかった重要な点を【コメント】として付記したものもある。注は，脚注とし，必要最小限度にとどめるようにしたのも，本書の編集方針に従ったものである。

　本書においては，訴因（変更）制度の総論に当たる部分と，訴因変更の要否をめぐる諸問題をとりあげた。訴因変更の可否をめぐる諸問題その他については，続巻においてとりあげる予定となっている。著者の至らないところから，思わぬ誤解に基づく叙述に及んでいる部分のあることや，先例として意義ある判例を看過していることのあるのをおそれるとともに，この主題についての幾多の文献の中に目を届かせることのできなかったものも少なくないことをお詫びしなければならない

はしがき

（特に，本書は，著者が早稲田大学大学院法務研究科に奉職していた平成16年秋までにその骨格部分を書き上げたものであることから，教科書等からの引用も多くは当時のものにとどまっている。その後に改訂等が施された著作が少なからず存することからすると，本来であれば，その一つ一つについて最新の版を出典として引用箇所を書き改めるべきところ，時間の制約の関係上，これを果たすことができなかった。著者の先生方には衷心よりお詫び申し上げる次第である）。ご寛容いただくとともに忌憚のないご指摘，ご叱正を賜り，他日の改訂に期することといたしたい。

本書は，これまでに訴因変更について公にされてきた斯界の関係諸業績に比べれば誠にささやかな営みであるが（文中意見にわたる箇所は，もとより筆者の個人的見解にとどまる），このような研究と著作の貴重な機会を与えて下さった渡辺咲子教授ほか監修者各位並びに信山社に対し，深甚の謝意を表する次第である。そしてまた何よりも，本書がいささかなりとも読者諸賢のお役に立つことがあれば，これにすぎる喜びはない。

最後に，私事にわたるが，妻由紀子と二人の子供たち，そして母にも感謝したい。

2009年12月

国連アジア極東犯罪防止研修所長
佐々木正輝

目　次

はしがき

訴因変更〔Ｉ〕

第1章　訴因変更制度総説 …………………………………… 3

第1節　審判の対象（訴訟物） ………………………………… 3
第2節　訴因と公訴事実の関係 ………………………………… 4
　1　問題の所在（審判対象論） ……………………………… 4
　2　旧法下における考え方 …………………………………… 4
　3　訴因制度の導入 …………………………………………… 5
　4　学説の概要 ………………………………………………… 6
　　(1)　学説の対立 …………………………………………… 6
　　(2)　各説の帰結 …………………………………………… 7
　　　(a)　相違点 ……………………………………………… 7
　　　(b)　同一点 ……………………………………………… 8
　　(3)　審判対象論の論争推移 ……………………………… 8
　　(4)　訴因対象説における公訴事実の概念 ……………… 9
　　　(a)　公訴事実概念の観念化 …………………………… 9
　　　(b)　公訴事実概念の訴因との同一化 ………………… 10
　　　(c)　公訴事実概念の空洞化 …………………………… 11
　5　実務における考え方 ……………………………………… 12
　　(1)　訴因対象説の基本的承認 …………………………… 12
　　(2)　実務家による訴因対象説の変容 …………………… 14
　　(3)　考え方の総括 ………………………………………… 16
第3節　訴因変更制度の採用 …………………………………… 21
　1　312条の趣旨 ……………………………………………… 21
　　(1)　問題の所在 …………………………………………… 21
　　(2)　訴因変更制度導入の理由 …………………………… 22

目　次

　　　　2　訴因変更の2局面……………………………………………*23*
　　　　　(1)　訴因変更の可否（限界）…………………………………*23*
　　　　　(2)　訴因変更の要否…………………………………………*24*
　　　　　(3)　両者の関係………………………………………………*24*
　　　　3　訴因変更と別訴との関係…………………………………*24*
　　　　　(1)　公訴事実の同一性ない場合……………………………*24*
　　　　　(2)　公訴事実の同一性ある場合……………………………*25*
　　第4節　訴因の追加・撤回・変更の意義………………………*26*
　　　　1　意　　義………………………………………………………*26*
　　　　　(1)　訴因の追加………………………………………………*26*
　　　　　　(a)　科刑上一罪の関係にある事実の付加………………*26*
　　　　　　(b)　包括一罪, 常習一罪の関係にある事実の付加……*27*
　　　　　　(c)　予備的・択一的訴因追加……………………………*27*
　　　　　(2)　訴因の撤回………………………………………………*31*
　　　　　(3)　訴因の変更（狭義）……………………………………*31*
　　　　2　訴因の補正・訂正との区別………………………………*33*
　　　　　(1)　訴因の補正………………………………………………*33*
　　　　　　(a)　補正の意議……………………………………………*33*
　　　　　　(b)　補正を認めた判例……………………………………*34*
　　　　　(2)　訴因の訂正………………………………………………*35*
　　　　　　(a)　訂正の意議……………………………………………*35*
　　　　　　(b)　訂正を認めた判例……………………………………*37*

第2章　訴因変更の手続……………………………………………*41*
　第1節　検察官の請求……………………………………………*41*
　第2節　裁判所の許可……………………………………………*47*
　第3節　訴因変更の効果…………………………………………*50*

第3章　訴因変更の要否……………………………………………*51*
　第1節　総説（訴因の拘束力と訴因の同一性）………………*51*

第 2 節　訴因変更の要否についての基本的な考え方 …………………… *60*
　1　事実の変更と法的評価の変更 ……………………………………… *60*
　　(1)　法律説と事実説の展開 ………………………………………… *60*
　　(2)　今日の学説の状況 ……………………………………………… *62*
　　(3)　事実説の補完 …………………………………………………… *62*
　2　防御の利益（防御説）……………………………………………… *64*
　　(1)　抽象的防御説と具体的防御説 ………………………………… *64*
　　(2)　訴因縮小認定 …………………………………………………… *66*
　　(3)　具体的防御説の補充性 ………………………………………… *67*
　3　防御説への疑問──審判対象説 …………………………………… *69*
　　(1)　防御説全体に対する疑問──審判対象の画定の見地 ……… *69*
　　(2)　抽象的防御説に対する疑問──利益侵害の実質性の見地 … *74*
　　(3)　考え方の総括──審判対象説 ………………………………… *76*
　　(4)　審判対象説における判断の基準 ……………………………… *78*
　　　(a)　訴因の機能からの導入 …………………………………… *78*
　　　(b)　訴因特定論からの導入 …………………………………… *80*
　　　(c)　防御説との対比 …………………………………………… *85*

第 3 節　判例の基本的立場 ………………………………………………… *87*
　1　事実記載説の採用 …………………………………………………… *87*
　2　具体的防御説から抽象的防御説へ ………………………………… *88*
　　(1)　判例理論の歴史的展開 ………………………………………… *88*
　　(2)　判例理論の理解（防御説の視点）…………………………… *101*
　3　抽象的防御説から審判対象説へ …………………………………… *105*
　　(1)　最決昭 55・3・4 刑集 34・3・89 についての新たな視座──審判
　　　　対象説の萌芽 …………………………………………………… *105*
　　(2)　最決昭 63・10・24 刑集 42・8・1079 による示唆──審判対象説
　　　　への伏線 ………………………………………………………… *106*
　　(3)　最決平 13・4・11 刑集 55・3・127 の登場──審判対象説の明示 … *114*
　4　訴因縮小の理論 ……………………………………………………… *138*
　　(1)　リーディングケース …………………………………………… *138*
　　(2)　縮小理論の再構成 ……………………………………………… *140*

(3) 従来の判例……………………………………………………………… *146*
第4節　旧来の判例による訴因変更要否の具体的判断とその見
　　　　直し……………………………………………………………………… *174*
　1　同一構成要件内のずれの場合……………………………………………… *176*
　　(1) 犯罪の日時・場所…………………………………………………… *176*
　　(2) 行為の態様，方法等………………………………………………… *179*
　　　　(a) 過失犯………………………………………………………… *179*
　　　　(b) その他の事犯………………………………………………… *203*
　　(3) 故　　意……………………………………………………………… *235*
　　(4) 被害者，被害の種類・数量・程度等……………………………… *239*
　　　　(a) 被害者等の変動……………………………………………… *239*
　　　　(b) 被害の種類・数量・程度等の変動………………………… *241*
　　(5) 共謀，役割分担等…………………………………………………… *246*
　　(6) 基本的構成要件とその修正形式及び修正形式相互……………… *262*
　2　構成要件を異にするずれの場合…………………………………………… *299*
　　(1) 当初の訴因に掲げられた事実の一部分を認定する場合………… *299*
　　(2) 当初の訴因をはみ出す事実を加えて認定する場合……………… *307*
　　(3) 事実に変動なく法的評価だけを異にする場合…………………… *321*
　3　罪数の変化の場合…………………………………………………………… *332*
　　(1) 一罪⇒数罪への変化………………………………………………… *332*
　　(2) 数罪⇒一罪への変化………………………………………………… *351*
　4　争点の変更の場合…………………………………………………………… *362*
　　(1) 争点の変更と訴因変更手続の要否………………………………… *362*
　　(2) 訴因変更を必要としない争点の変更——争点顕在化手続……… *364*
　　(3) 争点顕在化に関する判例…………………………………………… *365*

第4章　罰条の変更 …………………………………………………………… *375*

　判例索引 …………………………………………………………………… *381*

【凡　例】

〔判例の表記〕

最判昭 32・2・20 刑集 11・2・802

　⇒最高裁判所昭和 32 年 2 月 20 日判決・最高裁判所刑事判例集 11 巻 2 号 802 頁所収

〔判例集等略称〕

刑集…大審院刑事判例集，最高裁判所刑事判例集

裁集…最高裁判所裁判集（刑事）

高刑集…高等裁判所刑事判例集

判特…高等裁判所刑事判決特報

裁特…高等裁判所刑事裁判特報

東時…東京高等裁判所判決時報（刑事）

下刑…下級裁判所刑事裁判例集

刑月…刑事裁判月報

資料…刑事裁判資料

高検速報…高等検察庁編高等裁判所刑事裁判（判決）速報

判時…判例時報

判タ…判例タイムズ

〔法令略称〕

規…刑事訴訟法規則

刑…刑法

　なお，刑事訴訟法の条文については，法令名の表記を省略した。

〔文献略語〕（五十音順）

青　柳	青柳文雄・五訂　刑事訴訟法通論　上巻〔立花書房・1976〕
青柳・判解 29	青柳文雄・最高裁判所判例解説刑事篇　昭和 29 年度〔法曹会〕
阿　部	阿部純二・刑事訴訟法判例百選　第 5 版〔有斐閣・1986〕
天野・判解 29	天野憲治・最高裁判所判例解説刑事篇　昭和 29 年度〔法曹会〕
池田／前田	池田修・前田雅英・刑事訴訟法講義〔第 2 版〕〔東京大学出版会・2006〕
池田・判解 63／13	池田修・最高裁判所判例解説刑事篇　昭和 63 年度／平成 13 年度〔法曹会〕
池田・時の判例	池田修・最高裁時の判例Ⅳ　刑事法編〔有斐閣・2004〕
石　井	石井一正・刑事訴訟法判例百選　第 5 版〔有斐閣・1986〕
石田・判解 43	石田穰一・最高裁判所判例解説刑事篇　昭和 43 年度〔法曹会〕
石　丸	石丸俊彦・刑事訴訟の実務（新版）（上）〔新日本法規・2005〕
石丸・刑訴法	石丸俊彦・刑事訴訟法〔成文堂・1992〕
泉　山	泉山禎治・別冊判例タイムズ 7「刑事訴訟法の理論と実務」〔判例タイムズ社・

【凡　例】

	1980〕
井戸田	井戸田侃・過失犯　日沖憲郎博士還暦祝賀2〔有斐閣・1966〕
井　上	井上弘通・刑事訴訟法判例百選　第8版〔有斐閣・2005〕
井上・原論	井上正治・全訂刑事訴訟法原論〔朝倉書店・1952〕
岩　瀬	岩瀬徹・刑事訴訟法判例百選　第6版〔有斐閣・1992〕
岩瀬・判解61	岩瀬徹・最高裁判所刑事判例解説刑事篇　昭和61年度〔法曹会〕
岩田・判解30	岩田誠・最高裁判所判例解説刑事篇　昭和30年度〔法曹会〕
臼　井	伊藤栄樹ほか『注釈刑事訴訟法（新版）』3巻／臼井滋夫執筆分〔立花書房・1996〕
臼井・刑訴	臼井滋夫・刑事訴訟法〔信山社・1992〕
海老原・判解40	海老原震一・最高裁判所判例解説刑事篇　昭和40年度〔法曹会〕
海老原・大系	熊谷弘ほか編「公判法大系Ⅲ」／海老原震一執筆分〔日本評論社・1975〕
江里口	団藤重光編「法律実務講座刑事編第6巻」江里口清雄執筆分〔有斐閣・1955〕
大　澤	大澤裕・月刊法学教室256号〔有斐閣・2002〕
大澤・重判	大澤裕・平成5年度重要判例解説〔有斐閣〕
大澤・現刑	大澤裕・現代刑事法16号〔立花書房・2000〕
大　谷	大谷直人・刑事訴訟法判例百選　第7版〔有斐閣・1998〕
大　塚	大塚仁・刑法概説（各論）　第3版〔有斐閣・1966〕
大谷・各論	大谷實・刑法講義各論　新版・追補版〔成文堂・2002〕
岡田・所報	岡田光了・司法研修所報14〔司法研修所・1955〕
岡　田	岡田雄一・新交通事故判例百選〔有斐閣・1987〕
鬼塚・判解46	鬼塚賢太郎・最高裁判所判例解説刑事篇　昭和46年度〔法曹会〕
小　野	団藤重光編『法律実務講座刑事編5巻』小野慶二執筆分〔有斐閣・1955〕
小野・理論	小野清一郎・犯罪構成要件の理論〔有斐閣・1953〕
柏　井	平野龍一ほか編『実例法学全集刑事訴訟法（新版）』柏井康夫執筆分〔青林書院新社・1977〕
加　藤	田口守一・寺崎嘉博編『判例演習刑事訴訟法』加藤克佳執筆分〔成文堂・2004〕
加藤・鈴木祝賀	「鈴木茂嗣先生古稀祝賀論文集下巻」加藤克佳執筆分〔成文堂・2007〕
加藤・研修	加藤克佳・研修第709号〔誌友会・2007〕
神　垣	平野龍一ほか編「実例法学全集刑事訴訟法（新版）」神垣英郎執筆分〔青林書院新社・1977〕
川　出	「鈴木茂嗣先生古稀祝賀論文集下巻」川出敏裕執筆分〔成文堂・2007〕
川　上	『交通刑事法の現代的課題』「岡野光雄先生古希記念」川上拓一執筆分〔成文堂・2007〕
川添・判解35	川添万夫・最高裁判所判例解説刑事篇　昭和35年度〔法曹会〕
岸	岸盛一・刑事訴訟法要義〔廣文堂・1961〕
規則逐条	法曹会編「刑事訴訟規則逐条説明―第2編第3章―公判」〔法曹会・1989〕
木谷・判解58／59	木谷明・最高裁判所判例解説刑事篇　昭和58／59年度〔法曹会〕

【凡　例】

木　谷	「小林充先生・佐藤文哉先生古希祝賀刑事裁判論集下巻」木谷明執筆分〔判例タイムズ社・2006〕
木梨・判解40	木梨節夫・最高裁判所判例解説刑事篇　昭和40年度〔法曹会〕
木　村	木村栄作・刑事訴訟法判例百選　第3版〔有斐閣・1976〕
栗田・判解35	栗田正・最高裁判所判例解説刑事篇　昭和35年度〔法曹会〕
栗　本	栗本一夫・新刑事訴訟法上の諸問題〔立花書房・1952〕
桑田・判解41	桑田連平・最高裁判所判例解説刑事篇　昭和41年度〔法曹会〕
刑裁教官室・起案の手引	司法研修所編・刑事判決書起案の手引（平成17年版）
検察教官室・検察講義案	司法研修所検察教官室編・検察講義案（平成15年版）
検察教官室等・捜査書類	司法研修所検察教官室・警察大学校刑事教養部共著「捜査書類全集　第8巻」〔立花書房・1987〕
小　泉	熊谷弘ほか編「公判法大系Ⅱ」／小泉祐康執筆分〔日本評論社・1975〕
小泉・注解	平野龍一ほか編「注解特別刑法7」小泉祐康執筆分〔青林書院新社・1982〕
香　城	香城敏麿・刑事訴訟法の構造〔信山社・2005〕
小　林	伊藤栄樹ほか・注釈刑事訴訟法（新版）第4巻・小林充執筆分〔立花書房・1997〕
小林・諸問題	大阪刑事実務研究会編著「刑事公判の諸問題」小林充執筆分〔判例タイムズ社・1989〕
小林・刑訴法	小林充・刑事訴訟法（第3版）〔立花書房・2006〕
小林・判タ	小林充・判例タイムズ644号〔判例タイムズ社・1987〕
酒　巻	酒巻匡・「刑事手続法の諸問題」法学教室283～306号〔有斐閣・2004～2006〕
佐々木	佐々木史朗・「判例展望」〔有斐閣・1972〕
佐々木・百選	佐々木史朗・刑事訴訟法判例百選　第5版〔有斐閣・1986〕
佐々木・判例演習	田口守一・寺崎嘉博編「判例演習刑事訴訟法」佐々木正輝執筆分〔成文堂・2004〕
佐　藤	長沼範良ほか「演習刑事訴訟法」佐藤隆之執筆分〔有斐閣・2005〕
佐藤・争点	松尾浩也・井上正仁編「刑事訴訟法の争点（第3版）」佐藤文哉執筆分〔有斐閣・2002〕
佐　野	佐野昭一・判例タイムズ262号〔判例タイムズ社・1971〕
澤／長島	伊藤栄樹ほか編「注釈特別刑法第8巻」澤　新／長島裕執筆分〔立花書房・1990〕
柴　田	伊藤栄樹ほか・注釈刑事訴訟法（新版）第3巻・柴田孝夫執筆分〔立花書房・1996〕
清水ほか	清水勇男・岡本弘「交通事故捜査の基礎と要点」〔令文社・1995〕
条解刑訴	松尾浩也監修「条解刑事訴訟法（第3版増補版）」〔弘文堂・2006〕
書研・講義案	裁判所書記官研修所監修「刑事訴訟法講義案（再訂版）」〔司法協会・2003〕
白　鳥	白鳥祐司・法学セミナー415号〔日本評論社・1989〕
末永ほか	末永秀夫ほか「全訂犯罪事実記載の実務　刑法犯」〔近代警察社・1992〕
鈴木・大系	香城敏麿ほか編「刑事裁判実務大系5」鈴木勝利執筆分〔青林書院・1990〕
鈴　木	鈴木茂嗣・刑事訴訟法（改訂版）〔青林書院・1990〕

【凡　例】

鈴木・基本構造	鈴木茂嗣・続刑事訴訟の基本構造　上巻〔成文堂・1996〕
鈴木・重判	鈴木茂嗣・平成13年度重要判例解説〔有斐閣〕
仙波ほか	仙波厚＝井下田英樹・現代裁判法大系30〔新日本法規出版・1999〕
反町・判解55	反町宏・最高裁判所判例解説刑事篇　昭和55年度〔法曹会〕
高　木	高木典雄「自動車による業務上（重）過失致死傷事件における過失の認定について」司法研究報告書21輯2号〔1970〕
高　田	平場安治ほか「注解刑事訴訟法　中巻（全訂新版）」高田卓爾執筆分〔青林書院新社・1982〕
高田・判解33	高田義文・最高裁判所判例解説刑事篇　昭和33年度〔法曹会〕
高　橋	藤永幸治ほか編「大コンメンタール刑事訴訟法」4巻・高橋省吾執筆分〔青林書院・1995〕
高橋・判解30	高橋幹男・最高裁判所判例解説刑事篇　昭和30年度〔法曹会〕
田口	田口守一・刑事訴訟法〔第4版補正版〕〔弘文堂・2006〕
田口・岡野古稀	『交通刑事法の現代的課題』「岡野光雄先生古稀記念」田口守一執筆分〔成文堂・2007〕
田口・法セミ	田口守一・法学セミナー382号〔日本評論社・1986〕
田口・評論	田口守一・判例評論368号〔判例時報社・1989〕
田口・佐々木喜寿	「佐々木史朗先生喜寿祝賀・刑事法の理論と実践」田口守一執筆分〔第一法規出版・2002〕
田口・百選	田口守一・刑事訴訟法判例百選　第5版〔有斐閣・1986〕
田口・重判53／58	田口守一・昭和53／58年度重要判例解説〔有斐閣〕
田口・警研	田口守一・警察研究57巻10号〔良書普及会・1986〕
田口・目的	田口守一・「刑事訴訟の目的」〔成文堂・2007〕
竜岡・判解29／32	竜岡資久・最高裁判所判例解説刑事篇　昭和29／32年度〔法曹会〕
伊達・判解30	伊達秋雄・最高裁判所判例解説刑事篇　昭和30年度〔法曹会〕
伊　達	伊達秋雄・刑事訴訟法判例百選　第3版〔有斐閣・1976〕
田　原	田原芳衛・判例タイムズ80号〔判例タイムズ社・1958〕
田宮・基礎知識	松尾浩也＝田宮　裕「刑事訴訟法の基礎知識」田宮裕執筆分〔有斐閣・1966〕
田宮・刑訴Ⅰ	田宮　裕編著「刑事訴訟法Ⅰ」〔有斐閣・1975〕
田　宮	田宮　裕・刑事訴訟法（新版）〔有斐閣・1996〕
田宮・交通百選	田宮　裕・交通事故判例百選（初版）〔有斐閣・1968〕
団　藤	団藤重光・新刑事訴訟法綱要（7訂版）〔創文社・1967〕
団藤・各論	団藤重光・刑法綱要各論（第3版）〔創文社・1990〕
辻	辻裕教「刑事訴訟法等の一部を改正する法律（平成16年法律第62号）について(2)」法曹時報57巻8号〔法曹会・2005〕
土　本	熊谷弘ほか編「公判法大系Ⅰ」／土本武司執筆分〔日本評論社・1974〕
角　田	角田正紀ほか「裁判員制度の下における大型否認事件の審理の在り方」司法研究報

【凡　例】

	告書 60 輯 1 号〔2008〕
寺尾・判解 29/34	寺尾正二・最高裁判所判例解説刑事篇　昭和 29/34 年度〔法曹会〕
寺崎・警研	寺崎嘉博・警察研究 62 巻 2 号〔良書普及会・1991〕
寺崎・判例演習	田口守一・寺崎嘉博編「判例演習刑事訴訟法」寺崎嘉博執筆分〔成文堂・2004〕
寺　崎	寺崎嘉博・刑事訴訟法〔2006　成文堂〕
寺崎・岡野古稀	『交通刑事法の現代的課題』「岡野光雄先生古稀記念」寺崎嘉博執筆分〔成文堂・2007〕
戸　田	戸田　弘・判例タイムズ 176 号〔判例タイムズ社・1965〕
戸田・判解 29	戸田　弘・最高裁判所判例解説刑事篇　昭和 29 年度〔法曹会〕
中　野	中野次雄・刑訴法判例百選　第 5 版〔有斐閣・1986〕
中　谷	松尾浩也・井上正仁編「刑事訴訟法の争点（第 3 版）」中谷雄二郎執筆分〔有斐閣・2002〕
中谷・大コメ	藤永幸治ほか編「大コンメンタール刑事訴訟法」第 5 巻Ⅱ・中谷雄二郎執筆分〔青林書院・1998〕
中山（善）	大塚仁ほか編「大コンメンタール刑法（第 2 版）」第 4 巻・中山義房執筆分〔青林書院・1999〕
中　山	三井誠ほか編「新刑事手続Ⅱ」中山隆夫執筆分〔悠々社・2002〕
西　田	西田典之・刑法各論　第 3 版〔弘文堂・2005〕
原　田	藤永幸治ほか編「大コンメンタールメ刑事訴訟法」第 6 巻・原田國男執筆分〔青林書院・1996〕
平木・判解 14	平木正洋・最高裁判所判例解説刑事篇　平成 14 年度〔法曹会〕
平　野	平野龍一・刑事訴訟法〔有斐閣・1958〕
平野・概説	平野龍一・刑法概説〔東京大学出版会・1977〕
平野・基礎理論	平野龍一・刑事訴訟法の基礎理論〔日本評論社・1964〕
平野・訴因概説	平野龍一・法曹時報第 2 巻 11 号「訴因概説(二)」〔法曹会・1950〕
平　場	平場安治ほか「注解刑事訴訟法　中巻（全訂新版）」平場安治執筆分〔青林書院新社・1982〕
福崎・判解 15	福崎伸一郎・最高裁判所刑事判例解説刑事篇　平成 15 年度〔法曹会〕
藤　木	団藤重光編「注釈刑法(5)」藤木英雄執筆分〔有斐閣・1968〕
藤木・法協	藤木英雄「共謀共同正犯の根拠と要件」法学協会雑誌 79 巻 1 号〔法学協会・1962〕
船田・判解 40	船田三雄・最高裁判所判例解説刑事篇　昭和 40 年度〔法曹会〕
古　田	古田佑紀「刑事判例研究」警察学論集 37・11・155〔立花書房・1984〕
古田・研修	古田佑紀・研修 538 号〔法務総合研究所・1993〕
堀江・判解 36	堀江一夫・最高裁判所判例解説刑事篇　昭和 34 年度〔法曹会〕
松尾・上/下	松尾浩也・刑事訴訟法　上（新版）・下（新版補正第 2 版）〔弘文堂・1999〕
松尾・法教	松尾浩也・法学教室（第 1 期）7 号〔有斐閣・1963〕
松　岡	熊谷弘ほか編「公判法大系Ⅱ」／松岡正章執筆分〔日本評論社・1975〕

【凡　　例】

松　田	松田章・刑事法ジャーナル8・70〔イウス出版・2007〕
松本・判解30	松本勝夫・最高裁判所判例解説刑事篇　昭和30年度〔法曹会〕
松　本	大阪刑事実務研究会編著「刑事公判の諸問題」松本芳希執筆分〔判例タイムズ社・1989〕
三井・判解33	三井明・最高裁判所判例解説刑事篇　昭和33年度〔法曹会〕
三　井	三井誠・刑事手続法Ⅱ〔有斐閣・2003〕
三井・争点	三井誠・「過失犯の訴因」刑事訴訟法の争点〔有斐閣・1979〕
光　藤	光藤景皎・続判例百選（第2版）〔有斐閣・1965〕
宮　下	宮下明義・新刑事訴訟法逐条解説Ⅱ〔司法研修所・1949〕
毛　利	平野龍一・松尾浩也編「新実例刑事訴訟法Ⅱ」毛利晴光執筆分〔青林書院・1998〕
安廣・判解63	安廣文夫・最高裁判所判例解説刑事篇　昭和63年度〔法曹会〕
安　村	安村勉・刑事訴訟法判例百選　第8版（有斐閣・2005）
山　口	山口厚・刑法各論〔補訂版〕〔有斐閣・2005〕
横井・逐条解説	横井大三・新刑事訴訟法逐条解説Ⅲ〔司法研修所・1949〕
横　井3／4	横井大三・刑訴裁判例ノート3／4巻〔有斐閣・1972〕
横川・研究	横川敏雄・刑事裁判の研究〔朝倉書店・1953〕
横川・ポケット	小野清一郎ほか「ポケット註釈全書　刑事訴訟法（下）新版」横川敏雄執筆分（有斐閣・1986）
吉川・判解30／32／35	吉川由己夫・最高裁判所判例解説刑事篇　昭和30／32／35年度〔法曹会〕
渡　辺	大塚仁ほか「大コンメンタール刑法（第2版）」第10巻・渡辺咲子執筆分〔青林書院2006〕

訴因変更〔I〕

刑事訴訟法判例総合解説

第1章　訴因変更制度総説

　本書のテーマである訴因変更制度に関する諸問題を論ずるに当たっては，その前提をなす訴因制度そのものについての基本的な議論を踏まえることが不可欠となる。そこで，以下においては，刑事訴訟における審判の対象，訴因と公訴事実の関係をめぐる従来の議論の流れを概観することにより，訴因論についての基礎的な視座を得た上で，訴因変更及びその制度導入の意義に及ぶこととしたい。

第1節　審判の対象（訴訟物）

　起訴状には，「**公訴事実**」を記載しなければならないとされている（256条2項2号）。そして，その公訴事実は，「**訴因**」を明示してこれを起訴状に記載しなければならず，その訴因を記載するには，できる限り，日時，場所及び方法をもって「**罪となるべき事実**」（犯罪を構成すべき積極的要件に該当する事実。つまり，刑罰法規の各本条に規定されている特別構成要件（処罰条件を含む。）並びに構成要件の修正形式としての共犯及び未遂の要件に該当する事実。いわゆる**要件事実**。335条1項にいう「罪となるべき事実」と同義。）を特定してこれをしなければならない（256条3項），さらに，起訴状に記載された訴因は，後に変更されることがあるが，それは，「公訴事実の同一性」を害しない限度においてである（312条1項），というのである。

　このように，起訴状に記載される犯罪事実に関しては，公訴事実と訴因という二つの概念が存在している。そのために，現行法制定の直後から，両者の意義及び関係，さらには，審判の対象はいずれであるのかという点について，様々な議論がなされてきた。これらの諸点をめぐる論争が刑訴法上の一大論点として深刻さを帯びたのは，現行法の下での訴訟構造について，これを当事者主義に純化して構築しようとする方向と，旧法以来の職権主義の名残を可能な限りにおいてとどめようとする方向とが，ここにおいて正面衝突したからにほかならない。申すまでもなく，前者の行き方が，訴因こそが審判対象であるとする立場であり，後者の行き方が，公訴事実がな

おも審判対象であるとする立場である。

そして，これらの論争は，訴因変更の要否，訴因逸脱認定の処理，訴因変更命令の義務性，訴因変更命令の効果，訴訟条件の存否判断の基準など訴訟上の具体的な諸問題に反映され，実務にも種々の混乱をもたらした一時期があった。

第2節　訴因と公訴事実の関係

1　問題の所在（審判対象論）

上記のとおり，現行刑事訴訟法では，訴因と公訴事実という二つの概念が，訴訟の客体に関係して登場する。

ところで，元来，「公訴事実」とは大陸法（特にドイツ法）系の刑事訴訟における概念であり，「訴因（"count"）」とは英米法系の刑事訴訟における概念であって，それぞれ公訴提起の効力・審判・既判力の範囲を一元的に画する働きをしているものである。

大陸法の影響下にあった我が旧刑訴法においては，公訴事実という概念しか存在せず，したがって審判の対象は当然に公訴事実とされていた。これに対して，現行法は，英米法にならって訴因制度を導入したのであったが，その一方で，公訴事実という概念をも残し，しかも両者に関連する法の規定としてわずかに先に挙げたものを置くのにとどまった。そのために，訴因・公訴事実の意義，機能，両者の関係などが非常に分かりにくいものとなり，大陸法系の訴訟法の基盤の上に英米法，特にアメリカの法思想を接ぎ木したかのような外観を呈する我が法独自の整合的な法解釈の在り方に，種々の困難な問題が生ずることとなったのである。それらの問題の中核を占めたのが，審判の対象は訴因か公訴事実かという審判対象論であり，この点に関する学説の対立は，後に述べる訴因変更の要否，訴因変更命令の義務性・形成力の有無など，訴因をめぐる様々な問題に波及してくる根本的な見解の差異であるともされてきたのである。

2　旧法下における考え方

旧刑訴法下において，検察官は，一定の犯罪事実を公判請求書（起訴状）に表示することになっていた。そして，この「起訴状記載の犯罪事実」に対して，「実体として存在する犯罪事実」（正確にいえば，捜査機関から裁判所に引き継がれた「犯罪の嫌疑」）そのものが**公訴事実**（「公訴犯罪事実」と称されていた。）であると観念されており，当時の職権主義的な考え方に基づいて，裁判所は，起訴状に記載された犯罪事実を契機として，事件が同一である限り（これが，「公訴事実の同一性が認められる限り」の意味内容となる），公訴事実全体について真実を探求すべきものとされていた。つまり，公訴の効力は，起訴状

記載の犯罪事実に限らず公訴事実全体に及ぶとされ（**公訴不可分の原則**），裁判所は，犯罪事実の記載に拘束されず，公訴事実の同一性を有する範囲内である限り，起訴状に記載されていない別の犯罪事実を自由に審判しても差し支えなかった（**職権主義**の訴訟構造）。公訴事実こそがまさしく審判の対象であったのである。

例えば，住居侵入・窃盗の場合，窃盗のみが起訴状に記載されていても，公訴の効力は住居侵入の部分に及び，裁判所は当然にこの部分をも認定判示し得た。また，起訴状に窃盗の事実が掲げられ，被告人がそれについて防御したことにより窃盗の事実は認められないこととなったが，盗品等の有償譲受けの事実ならば認められるという場合，判決でいきなりその事実を認定し有罪の宣告をするのも差し支えなかった。

3　訴因制度の導入

現行法は，検察官に被告人の処罰を求める具体的犯罪事実を**訴因**として主張させ，被告人には訴因について防御をすれば**不意打ち**を受けることがないことを保障することとした。その結果，例えば，上述したような，窃盗の起訴に対してその訴因のままで盗品等譲受けの事実について審理し，判決でいきなりその罪を認定するような**不意打ち**は許されないところとなった（裁判所が実体審理・判決をするには訴因に拘束される。＝訴因の判決拘束力）。このように，訴因をめぐって両当事者に攻撃防御を尽くさせ，裁判所はただその成果についてのみ純粋に第三者的立場で公平な判断をなし得るような仕組みとして導入された（もとより，旧法下における職権主義の訴訟よりも，この方が，正しい事実認定と裁判の公正を実現するうえで有効である，との理念に立っている）のが，**訴因制度**であるといってよい。

さらに，現行法は，訴因制度の導入とともに，**起訴状一本主義**を採用し，少なくとも起訴がなされた時点においては，審判の対象は，検察官が掲げた「訴因」に限定されていると解するほかないようにも思われるところとなった（捜査の結果作成された一件記録，つまりは「嫌疑」が裁判所に引き継がれなくなった以上，裁判所が独自に犯罪事実を探索し見出すこと（いわゆる**実体形成**）はできない）。これは，現象的には，旧法下における"起訴状に表示された犯罪事実そのもの"が訴因という名称の下に審判の対象としての地位を得たものであるようにもみえる。

訴因制度の導入それ自体は，このように，訴訟構造の**当事者主義**化をもたらそうとするものであることが明らかである。しかし，なお公訴事実の概念が現行法上存置されたことは，いかなる意味を有するのか。それは当事者主義への転換に対して抑制的に作用し得るものなのか。訴因制度採用の意義も，結局は，この点についての解明に懸かっていることになる。

4　学説の概要

(1)　学説の対立

歴史的にみて，学説の対立は極めて多岐にわたったが，これをごく大まかに整理して概観すれば，およそ，次の3つに分けることができよう。もとより，その3分類の中にも様々なバリエーションがあるのであるが，本書の主題との関係での素描を試みるという趣旨から，ここでは代表的な学説による論争モデルを提示することにより，この問題についての考え方のコントラストをみるにとどめおこう。

①　公訴事実対象説

現行刑訴法制定の直後から，現行法下においても審判の対象は公訴事実だとする公訴事実対象説が有力に主張された（岸・52など）。この説によれば，公訴事実は，"過去に存在した犯罪事実（の嫌疑）そのもの"であって，現行法の下でも，この公訴事実全体—起訴状の記載（文面）から漏れた部分も含め—が審判の対象である。そして，訴因とは，この公訴事実の法律的評価（法律構成）を示すものであり，訴因の機能は，公訴事実のうち攻撃防御の焦点となる部分を明確にして被告人が防御しなければならない範囲を画し，また犯罪事実の法律構成に関する裁判所の判断を限定し，不意打ちを防止するという手続的な面にある，とされる。一言でいえば，訴因制度の本旨を，被告人の防御権保障のための手続と位置付けるものである。したがって，訴因の拘束力もその点についてのみ生じ，裁判所は，公訴事実全般にわたり審理することはできるが，訴因と異なる事実を認定して有罪判決を下すことはできない，とされるのである（「訴因は有罪判決の条件である」という言い方もされる）。

②　折衷説

第2は，訴因も公訴事実も共に，審判の対象だとする折衷説（団藤・205など）である。この説は，訴因とは，犯罪の特別構成要件に当てはめて法律的に構成された具体的な事実であり，これが現実的な審判の対象となるのであるが，訴因の背後に存在する社会的事実である公訴事実にも公訴の効力が及んでおり，その公訴事実も，訴因変更によっていつでも現実の審判の対象とすることができるという意味で，潜在的には，審判の対象となっている，とする。この説においては，訴因は，現実の審判の対象を手続上限定して攻撃防御の焦点を明確にし，被告人の防御すべき範囲を限定するという機能を有することになる。

③　訴因対象説

最後に，審判の対象は訴因であるとする訴因対象説（平野・132など）である。この説は，訴因の概念については，第2説と異ならないが，それが検察官の犯罪事実の主張であることを強調する。公訴事実は，個々の訴因を通してしか知ることのできない観念的な存在であって，訴因変更の限界を画する機能を有するものであるにすぎない，とする。この説からすれば，訴因は審判の対象そのものであり，当然に審判の範囲を画する機能を有し，

そのことによって被告人の防御の対象を明らかにするという機能をも果たすということになる。一言でいえば、訴因制度の本旨を、検察官による審判対象の限定的設定のための手続であり、その効果として審判対象限定機能を生ずるものと位置付けるのである。もちろん、訴因の拘束力は、実体判決のみならず、審理それ自体にも及ぶと解している。

【訴因と公訴事実の関係】

	公訴事実の意義	公訴事実の機能	訴因の意義	訴因の機能
公訴事実対象説	過去に存在した犯罪事実そのもの（嫌疑としての犯罪事実）／訴訟の背後に存在する歴史的事実／生の事実	審判の対象	公訴事実の法律的評価（法律構成）を示すもの【法律構成説】	被告人保護のための技術的制度 ①公訴事実のうち攻撃防御の焦点となる部分を明確にする⇒ ②**被告人が防御すべき範囲を画する**, ③法律判断に関する裁判所の不意打ちを防止する
折衷説	訴因の背後に存在する社会的事実で、公訴の効力が及んでいる	潜在的な審判の対象	犯罪の特別構成要件に当てはめて法律的に構成された具体的な事実【事実記載説】	現実的な審判の対象 ①攻撃防御の焦点を手続上明確にする⇒ ②被告人が防御すべき範囲を画する
訴因対象説	個々の訴因を通して知ることのできる観念的な存在／訴因変更の限界を画するための機能概念（操作概念）	訴因変更の限界を画する	犯罪の特別構成要件に当てはめて法律的に構成された具体的な事実【事実記載説】／検察官の主張	審判の対象 ①**審判の範囲を画する**⇒ ②被告人が防御すべき範囲を画する

(2) 各説の帰結

審判対象論における公訴事実対象説と訴因対象説との異同を浮き彫りにするために、これらの所説が刑事手続上の諸論点にどのような影響をもたらすかを、ここで概観しておくことにしよう。詳しくは、個々の論点において再説する。

(a) 相違点

論点	公訴事実対象説	訴因対象説
公訴提起の効力の及ぶ（訴訟係属が生ずる）範囲／公訴提起による時効停止効の範囲	公訴事実【公訴不可分の原則】	訴因
訴因変更の要否	法律構成説による判断	事実記載説による判断
訴因逸脱認定の処理	相対的控訴理由（379条）	絶対的控訴理由（378条3号）
訴因変更命令の義務性	義務あり	義務なし
訴因変更命令の効果	形成力あり	形成力なし
訴訟条件の存否の基準	公訴事実（裁判所の認定内容）が基準	訴因が基準

ただし、あくまでもモデルを示したものであって、各論点についての帰結は、理論上、各説から一義的、必然的に導かれるものでは

ない。例えば、公訴時効停止の効力につき、訴因対象説からも、公訴の付随的な効果として公訴事実を同一にする範囲内で生ずる、ともいわれている（平野・145）。

(b) 同一点

論　　点	公訴事実対象説	訴因対象説
二重起訴の範囲、既判力（一事不再理の効力）の範囲	公訴事実の同一性の範囲	
【理論的根拠】	【公訴不可分の原則】	【二重の危険法理／検察官の同時訴追義務】
訴因とは別の犯罪事実の認定	訴因変更必要	【訴因に拘束力あり】

(3) 審判対象論の論争推移

公訴事実対象説は、②に上述したような旧法当時の考え方をなるべく維持しながら、訴因制度を理解しようとするものであるが、この制度の導入により訴因の裁判所に対する拘束力が認められた以上、旧法時代そのままの公訴事実審判対象論を採り得ないことはもはや明らかといわなければならない。もしあくまでも公訴事実が審判対象だというのであれば、検察官が起訴状に訴因として掲げなかった犯罪事実についてまで裁判所が審判すべきことを意味するものとせざるを得ず、勢い裁判所は自ら事実を探求する姿勢をとるところとなって、職権主義的な色彩が強過ぎて現行法の構造と相いれないという批判を避けられない。また、訴因の拘束力に関して、審理の対象は公訴事実であるが実体判決の対象は訴因であるとするその立論（「判決は拘束されるが審理は拘束されない」）に対しても、判決に結実し得ない審理の実施は訴訟手続上無意味であるというべきであろう（公訴事実対象説は、審理の対象は公訴事実であるが判決の対象は訴因に拘束されるという考え方を採った上で、訴因変更命令の形成力を肯認することにより、訴因を超える公訴事実全般についての審理の結果を判決に結び付けることを可能とする。しかし、これは、実際上、訴因の拘束力を骨抜きにする結果を導くものにほかならず、訴因制度導入の趣旨を没却するものといわねばならないだろう。）。今日その支持者を失っているゆえんである。訴因制度との関連で合理的に解しようとする限り、現行法下での公訴事実対象説というものは、実は、次の折衷説に帰一せざるを得ないものであった（田宮・189）。

折衷説は、訴因を審判の対象と考えながら、既判力の範囲を公訴事実の同一性の範囲と一致させるために、公訴事実も潜在的審判の対象であると理解するものであり、ある意味では、現行法の折衷的性格をそのままに反映した巧みな説明といえる面を持っている。しかし、「潜在的」という表現の意味するところを詰めてゆくと結局あいまいなものにならざるを得ないところにこの説の弱点がある。すなわち、潜在的にであるにせよ「現に審判対象となっている」というのと、潜在的という言葉は「将来審判対象になり得る」ことを意味するにすぎないというのでは、天地の開きがある。審判対象論とは、「現に審判の対象となっているものは何か」を究明する議論であったはずであり、そうだとすれば、折衷説

は前者の意義において解するしかなくなるが，そうなると，公訴事実も現に審判対象であるにもかかわらず，「現実的な審判対象」でなく，かつ裁判所の審判が訴因に拘束される，ということの説明に窮せざるを得ない（「判決は拘束されるが審理は拘束されない」という考え方で説明しようとするのであれば，公訴事実対象説に対する上述の批判がそのまま当てはまることになる）。

こうして，やはり，**訴因対象説**が，最も筋の通った考え方だとされることになる。改めて見てみると，上記のいずれの考え方によっても，①訴因とは，犯罪の特別構成要件に当てはめて法律的に構成された事実である，②訴因の機能は，訴訟上の攻撃防御の焦点を手続上明確にし，被告人が防御すべき範囲を限定するところにある，という点は，基本的に承認されており，つまりは，検察官によって設定された訴因に対して判決が下されなければならず，訴因と異なる別の事実を認定することは許されない（訴因の拘束性）という意味において，訴因が現実の審判の対象となっていること自体は，異論のないところとされていたといってよい（田宮・186）。これは，訴因制度が採用された（256条2項）ことの必然の結果というほかない。もちろん，他方で，その訴因の変更を許す制度が採用された（312条）ことによって，公訴事実を同一にする他の事実が審判対象となる可能性が開かれたのであり，ここにおいて，訴因対象説と公訴事実対象説とは，実際上歩み寄りをみせるわけであるが，訴因変更により新たに審判対

象となるのもまたあくまでも別の「訴因」なのであり，この点で，現実の審判対象はどこまでいっても訴因であるというほかない。

この議論の学説上の到達点としては，今日，訴因対象説が通説であるといってよい。この立場においては，訴因とは，それについて検察官が審判を求める検察官の主張であり，犯罪の特別構成要件に当てはめて法律的に構成された具体的な事実である。それは，あくまで主張された事実であって，存在する事実ないし嫌疑の化体ではない。公訴事実対象説が説くような裁判所の実体形成の手続面への単なる反映にすぎないものではなく，実体形成の目標そのものである。そして，公訴事実とは，もはや旧法下におけるような実存的な基礎を持ったものでなく，訴因変更可能な範囲を画するための理論上の「判断枠組み」として存在する一つの観念の所産にすぎない。

(4) 訴因対象説における公訴事実の概念
(a) 公訴事実概念の観念化

審判対象論について訴因対象説を採った場合，「公訴事実」の概念がどう規定されるかについては，その代表的な論説を先に一言した。

これをもう少し敷えんすると，公訴事実対象説とは公訴事実実在説であり，訴因対象説とは公訴事実観念説であるとされ（田宮・202），前説の内容として，「公訴事実は，訴訟（訴因）の背後に存在する歴史的・社会的事実（として実体を備えたもの）である」と表現されることが少なくない。しかし，旧法

下での審判対象についての考え方や現行法下での公訴事実対象説においても、有罪判決が確定して初めて犯罪事実が存在したことになるのは当然のことであり、公訴事実である犯罪事実が実在のものであることを所与の前提としているはずもない。公訴事実が実在としての犯罪事実そのものでなくそれについての表象であること自体は明らかである。したがって、上述の表現のいわんとするところは、公訴事実は、旧法下における「捜査から公判に引きつがれる実体（訴訟の内と外をつなぐ何か実質のあるもの、いわば証拠づけられたもの）」（田宮・190）と同様のもの、より直さいにいえば、ある事件について抱かれた犯罪の嫌疑（事件性）である、ということである。旧法時代には、検察官の表象たる嫌疑がそのまま裁判所に引き継がれて裁判所の表象となり、裁判所はこれを基にして、その事件性（公訴事実）について、更なる事実（真実）の探究を進めていった。

　訴因対象説は、現行法においては、裁判所は、予断排除原則の下、検察官が抱いた犯罪の嫌疑から切断された立場に立って真っ白な心証状態から出発するものである以上、もはや、裁判所にとって、証拠ないしは社会的事実の背景をもった何らかの実体＝嫌疑（事件性）としての公訴事実を措定することはできない、と理解するのである。したがって、公訴事実の内実を直接認識することは不可能であり、それは、公訴事実の同一性を害しない限度で訴因変更が許される（312条1項）という公訴事実が果たす機能の面から、「訴因変更が可能な範囲内の広がりをもつもの」という逆付けの定義が与えられるにすぎないことになる。「訴因を通してしか知ることのできない観念的な存在である」というのは、このような思考を意味している。

(b)　**公訴事実概念の訴因との同一化**

　公訴事実の概念をどうとらえるべきかの問題については、上記(a)のような議論を経た上で、より基本的な視座として、256条2項2号、3項にいう「公訴事実」と、312条1項にいう「公訴事実（の同一性）」とは、別異の概念なのではないか、という議論が提示されるに至った。今日、むしろこれを肯定する考え方が有力である（田宮・177、小林・370、白井・438など）。

　その中にも様々なバリエーションが存在するが、ここでも、ごく大まかなとらえ方をしておくと、**256条2項2号、3項にいう「公訴事実」**[注1]は、「訴因」によって明示されているものであるから、結局「訴因」と同じものであり（「訴因とは公訴事実として記載された事実をさすというほかはない」（田宮・178）、「公訴事実と公訴事実の同一性とは独立した二つの概念であり、前者の公訴事実は訴因と同一物の異なる名称にすぎない」（田宮・刑訴Ⅰ・579）——確かに、起訴状の記載のどこにも「訴因」という言葉は出てこないことに注目すべきである。）、**312条1項にいう「公訴事実」**は、訴因と公訴事実の同一性を有する範囲の事実、つまりは検察官が訴因変更により同時訴追可能な範囲内の事実をいう、とするのである。前者は、「狭義の公訴事実」、後者は、「広義

の公訴事実」と指称されている（更に田宮・179 は，前者を「訴因たる公訴事実」，後者を「同一性のある公訴事実」と呼ぶ）。

このような理解に立つ場合には，これまでに述べてきた「審判の対象は訴因か公訴事実か」という問題設定における公訴事実とは，広義の公訴事実を指していたことになる。

そして，更に考えを進めて，「公訴事実」とは一義的に訴訟対象（審判の対象）のことであり，現行法の下では，それは検察官によって公訴提起の対象とされた犯罪事実すなわち「訴因」であるから，審判の対象は公訴事実すなわち訴因ということになる，とした上で，訴因変更の限界を画するものとして「**公訴事実の同一性**」概念が存在している，とする立場も提唱されている（松尾・上・172, 264，下・349）。この考え方は，広義の公訴事実という概念を想定しない点で前説と異なっている（「公訴事実は訴因を離れて存在するわけではない」松尾・上・266）。

（注1）これを「公訴提起の時点における公訴事実」ととらえ，その時点（訴訟の開始段階）においては訴因と同一物であるとする説もある（田口・202，寺崎・261。なお，2節3参照）

(c) **公訴事実概念の空洞化**

(a)(b)に上述したような学説の展開は，現行法下においては公訴事実も主張であって事実（嫌疑）ではないという考え方を徹底させることにより，旧法下の名残を払しょくすることを企図したものであり，現行法上の「公訴事実」の概念を換骨奪胎しその実体を空虚なものとする方向を指向するものといえる（その究極にあるのが，いわゆる**公訴事実抹消論**である。寺崎・281 以下参照）。要するに，現行法において「公訴事実」が存置されたことが，訴因制度導入の意義をいささかも減じるものでなく，訴訟構造の当事者主義化のしっこくにはなり得ないものであることを論証しようとするものといってよい。

そして，この意図は，公訴事実概念の2分説において広義の公訴事実を「訴因変更の限界という観念形象（機能概念）にすぎない」（田宮・190）と位置づけることから更に進んで，このような訴因よりも広がりをもった概念（「『同一』と評価される公訴事実のふくらみまで含んだもの」（田宮・178））としての**公訴事実**を観念することなく，訴因変更の限界を画するために機能するものとして「**公訴事実の同一性**」という名称を与えられた新旧両訴因の比較のための判断枠組みが与えられたにすぎないと整理する学説の登場によって，徹底され完成を見たという評価が可能であろう（今日，訴因も公訴事実もともに審判の対象であるとするのが通説的見解であり，審判対象論は本文掲記の松尾説により終止符を打たれたと言ってよい，との理解もなされている（佐藤・争点・114）。この論者も，訴因も公訴事実も，同じ範囲の（他の犯罪事実とは区別された）犯罪事実の主張である点で同一であり，ただ前者は後者よりも事実・法律構成の両面にわたり具体的であるのにすぎないと解し，"訴因事実よりも広い公訴事実"という概念は現行法上想定されていないとする）。

5 実務における考え方

(1) 訴因対象説の基本的承認

詳細は，今後，訴因をめぐる個々の論点において言及するが，4(2)(a)に上述した訴因変更の要否，訴因変更命令の義務性・形成力の有無等の諸論点に関する判例—訴因変更の要否につき，基本的立場として事実記載説を採り（最判昭28・5・8刑集7・5・965【104】，最決昭40・12・24刑集19・9・827【12】など），訴因変更命令の義務性を原則として否定し（最判昭33・5・20刑集12・7・1416，最決昭43・11・26刑集22・12・1352【97】など），訴因変更命令の形成力を認めない（最大判昭40・4・28刑集19・3・270【10】）など—を概観すれば，実務においても，基本的には，訴因対象説が浸透しているといってよい現状にある。

審判対象論についての最高裁判例としては，直接の判示事項としてこれに言及したものはなく，最判平15・10・7刑集57・9・1002が，前訴及び後訴の各訴因が共に単純窃盗罪である場合に，両者が実体的には1つの常習特殊窃盗罪を構成するとしても，前訴の確定判決による一事不再理効が後訴に及ばないことを判示する際に，その理由の一つとして，「訴因制度を採用した現行刑訴法の下においては，<u>少なくとも第一次的には訴因が審判の対象であると解される</u>」（下線は筆者による。以下同じ。）と述べているにとどまるが，これに，最決昭59・1・27刑集38・1・136【2】「選挙運動者たる乙に対し，甲が公職選挙法221条1項1号所定の目的をもって金銭を交付したと認められるときは，たとえ，甲乙間で右金銭等を第三者に供与することの共謀があり乙が右共謀の趣旨に従いこれを第三者に供与した疑いがあったとしても，検察官は，立証の難易等諸般の事情を考慮して，甲を交付罪のみで起訴することが許されるのであって，このような場合，<u>裁判所としては，訴因の制約のもとにおいて，甲についての交付罪の成否を判断すれば足り，訴因として掲げられていない乙との共謀による供与罪の成否につき審理……する義務はない</u>というべきである」（傍点は筆者による。以下同じ），最大判平15・4・23刑集57・4・467【3】「所有権移転行為について横領罪が成立する以上，先行する抵当権設定行為について横領罪が成立する場合における同罪と後行の所有権移転による横領罪との罪数評価のいかんにかかわらず，検察官は，事案の軽重，立証の難易等諸般の事情を考慮し，先行の抵当権設定行為ではなく，後行の所有権移転行為をとらえて公訴を提起することができるものと解される。また，<u>そのような公訴の提起を受けた裁判所は，所有権移転の点だけを審判の対象とすべきであり，犯罪の成否を決するに当たり，売却に先立って横領罪を構成する抵当権設定行為があったかどうかというような訴因外の事情に立ち入って審理判断すべきものではない</u>」，最決平21・7・21判例集未登載【76】「検察官において共謀共同正犯者の存在に言及することなく，被告人が当該犯罪を行ったとの訴因で公訴を提起した場合において，被告人1人の行為によ

り犯罪構成要件のすべてが満たされたと認められるときは，他に共謀共同正犯者が存在するとしてもその犯罪の成否は左右されないから，裁判所は訴因どおりに犯罪事実を認定することが許されると解するのが相当である」などとする判示をも照らし合わせると，前記**最判平15・10・7**の慎重ともみえる言い回しは，いわゆる折衷説に含みを残したというものではなく，当該事案の解決に必要最低限度での言及であったことによるものと理解するのが相当と思われる（上記**最大判平15・4・23**【3】の担当調査官は，同判決の意義について，「訴因制度を採る我が国の刑事訴訟手続の下では，訴因として構成された事実だけが審判の対象であり，訴訟活動はその点をめぐる攻防だけに集中されるべきことが，改めて確認されたもので，訴訟における犯罪事実の認定は，訴因外の事実との実体法上の罪数関係の評価はひとまずおき，専ら訴因を対象として行われるべきことが，指針として明らかにされたものということができるであろう」と評している。―福崎・判解15・291）。なお，訴因制度の趣旨に言及する判例として，**最判昭29・1・21刑集8・1・71**【5】【22】「法が訴因及びその変更手続を定めた趣旨は，原判決説示のごとく，審理の対象，範囲を明確にして，被告人の防禦に不利益を与えないためであると認められる」，**最判昭32・1・24刑集11・1・252**【53】「訴訟法が訴因変更の手続を設けた趣旨は，予め審理の対象，範囲を明確にして，被告人の防禦に不利益を与えないためである」，**訴因の特定（256条3項後段）の趣旨**に言及する判例として，**最大判昭37・11・28刑集16・11・1633**【4】「刑訴256条3項において，公訴事実は訴因を明示してこれを記載しなければならない，訴因を明示するには，できる限り日時，場所及び方法を以て罪となるべき事実を特定してこれをしなければならないと規定する所以のものは，裁判所に対し審判の対象を限定するとともに，被告人に対し防禦の範囲を示すことを目的とするものと解される」がある。

現行法の当事者主義の訴訟構造の下での主張・立証の在り方の実際からしても，裁判所が，訴因外の事実としての公訴事実を審判の対象として積極的に探求してゆくことを理論的なモデルとするというのは，非現実的とするほかないであろう。もはや，検察官の提示した訴因と離れて公訴事実が審判の対象となり得る制度的基盤そのものが失われているといってよい（田宮・189）。

もっとも，訴因逸脱認定の場合の控訴理由について，最高裁判例の一部が法379条説を採用している（**最判昭36・6・13刑集15・6・961**【9】など）ことなどからすると，最高裁が純粋に訴因対象説の立場を貫徹しているともいえない。また，詐欺で起訴された後に訴因が横領に変更された事件に対する公訴時効の成否の基準時について，起訴時説を採用した最高裁判例がある（**最決昭29・7・14刑集8・7・1100**）ことなど，訴因と訴訟条件の関係をめぐる幾つかの最高裁判例の動向からも，訴訟上のすべての問題を純然たる訴因対象説で割り切る立場に最高裁がないことがうかがわれる。

第1章　訴因変更制度総説

しかしながら，現行法施行後の判例の系譜を大局的にみるならば，刑訴法上の重要論点に関する諸判例が旧法的な職権主義を脱して当事者主義への傾斜を次第に深めていく中において，元来当事者主義化の象徴ともいい得る訴因制度の解釈運用に関して累積されてきた一連の判例は，当事者主義の理念を現行法の基本思想として実務に浸透させる方向に着実に展開を遂げてきた，ということができる（臼井・426，437参照）。こうしたところを踏まえ，今日，実務において訴因対象説が基本的地歩を固めるに至ったというのは，大方の認識の一致するところとなっている（池田／前田・187，中山・183，毛利・48，松本・41など――これに対しては，最高裁判例がどのような立場をとっているか定かでないし下級審裁判実務の傾向についても一概に断じ得ない，とする見方も示されている（臼井・125））。

(2) 実務家による訴因対象説の変容

上記(1)のところを踏まえた上で，実務にあって，先に学説として言及したいわば理念型としての訴因対象説がそのままの形で貫徹されてはいないという点について，目を向けてみることにしよう。実務における訴因対象説は，学説において理論的に昇華されたものほどドラスティックなものではないという意味で，「やわらかな（緩やかな）訴因対象説」と称されることがある（佐々木・435，木村・119，中山・184）。その内実はどのようなものであろうか。そもそも，純然たる訴因対象説に徹しきっていない部分が残っているというのは，いかなる理由によるものなのであろうか。

実務家による諸論稿を手掛かりに，実務家にとっての審判対象論の動向をみると，まず結論的にいうならば，起訴状に訴因として掲記された事実そのものよりも広い範囲の事実を審判対象と想定している傾向が論者の中に看取される。ただし，それはあくまでも，訴因を審判の対象とする基本に立った上でのことであって，実務において当事者主義の基本思潮が確立されている今日，この方向性が旧法の職権主義への回帰を意味するものではあり得ないことは自明であり，「職権探知を中心にすえた旧法的運用が行われるとするのは杞憂である。純然たる訴因対象説は当事者主義を根づかせるための役割を，すでに十分に果たし終えたというべき」であるとの認識・評価（中山・185）に立脚するものであることに，まず留意しておく必要がある。

このような，訴因対象説を基調としつつこれに実務の立場からの修正ないし変容を加える立論としては，大まかな2つの方向性が目を引く。その一方は，折衷説への親和的態度であり，他の一方は，いうならば訴因よりも広がりを持った事実概念の審判対象としての設定である（これは，学説における「審判の対象は訴因か公訴事実（広義）か」という択一的な問いの枠組みをはみ出した議論となる）。

そして，このような考え方が出てくる背景ないし根底には，現実の事件を訴訟を通じて処理してゆく過程において，研究者による学説としての訴因対象説がいうその純粋な理論

第 2 節　訴因と公訴事実の関係

の適用によっては，どうしても割り切れない部分が出てくるという実務家の認識があるように思われる。その「割り切れない部分」とは，主として裁判実務家諸家の論稿の中に多面的に示唆されているが，その一つとして，裁判官自身による実体的真実主義・正義の実現の要請を想起することができる。訴因対象説をリジッドに適用すれば，真実の発見について裁判所は受け身の立場に徹することとならざるを得ないが，「（そ）のような受動的権限に自らを止めて拱手することには抵抗を覚えるのが実務に携わる裁判官の正直なところである」とされるのである（中山・184。なお，石丸・47）。これは，考えてみれば，公訴事実対象説ないし折衷説の根底に在る思想と一脈通じるところのあるものであり，実務の第一線を担う裁判官の基本的な問題意識の有り様として無視し得ない実践感覚で，理論的にも，訴因対象説を公訴事実対象説ないし折衷説に接近させる方向に作用する働きをしている面がある。例えば，「審判の対象は訴因である」が，「その意義は，第 1 次的には訴因が，換言すれば直接的には訴因が審判の対象であるが，第 2 次的には証拠から判断し得る，訴因と公訴事実の同一性のある事実すなわち公訴事実にまで及んでいる。しかしそれは，（現行法の当事者主義構造に照らし）無限定なものではなく，検察官の公訴権の遂行をその意思に反しない限度において補充するものである」とする見解（中山・184）を挙げることができる。[注2]

そのもう一つの面として，挙げられているのは，訴因対象説を厳密に解しようとすると，審理の実態にそぐわないところが出てくるという点である。すなわち，「審判対象が訴因に簡潔に記載されている事実の範囲に限定されるとは到底考えられず，それを超える動機その他一切の関連した事実関係が審理されなければならない」（小林・371），「訴因事実の存否に関する証拠調の範囲は，その性質上，当然のことながら訴因事実の周辺にまで及ぶ」（中山・184）という指摘であり，確かに訴訟の現実においては，訴因に掲げられた事実を超える動機，犯行経緯等一切の関連事実に審理が及び，判決においてもそれらの点に言及がなされることは珍しくない（刑裁判教官室・起案の手引・24）。そこで，その訴因を超えて審判される事実の限界を画するものとして，「狭義の公訴事実」という概念が想定されることになる。これは，犯罪的事実ではあるが厳格に法的に構成される以前の事実であり，これを犯罪の特別構成要件に当てはめ法律的に構成したものが訴因であって，訴因を形式とすればこれに 1 対 1 で対応する実体の関係にある（これが 256 条所定の公訴事実であるという。これに対し，312 条の公訴事実（広義）は，起訴状に記載されるとは限らず訴因変更の限界を画するものとして存在し，時に数個の訴因を包摂する概念であるとする）[注3]。そして，審判対象は，主として訴因であるけれども，付随的にはそれ以外の狭義の公訴事実内の事実をも含んでおり，結局，狭義の公訴事実であるとされるのである（小林・373）。[注4][注5]

訴因変更〔Ⅰ〕　15

そして，このような実務的な訴因対象説においては，公訴事実（広義）あるいは公訴事実の同一性の概念について，訴因変更の限界設定のための機能的概念にすぎないという立場ももちろん存する（佐藤・争点・115，条解刑訴・619）一方で，訴因の背後にある１個の社会的事実，同一事件を想定する立場（小林・360，香城・264，373，382，384，石丸・39）も主張されている。(注6)

（注２）香城元判事による「修正・補強された訴因対象説」も，審判対象は訴因であるが，訴因の記載それ自体が審判対象となるのではなく，その記載によって検察官が訴追の対象としようとしている犯罪事実が審判対象であり，したがってそれは証拠ないし社会的事実の背景を持った具体的なものである，と解することにより，証拠調の範囲の訴因外への拡張及び訴因変更命令の義務を相当広範に肯認し，同判事のいわゆる「補充的な公訴事実対象説」にほぼ等しい適用結果をもたらすものとして構築されている（香城・281，300）。なお，臼井元検事は，「広義の公訴事実も潜在的に審判の対象になっている」として，より端的に折衷説に近い立場を表明されている（臼井・439）。

（注３）もっとも，大多数の場合は狭義の公訴事実と広義のそれは一致し，差異が生ずるのは，同一公訴事実の範囲内で両立し得る数個の訴因が考えられ，しかも，検察官が起訴に際してその一部のみを訴因として掲げた場合（科刑上一罪の一部のみを訴因としたときなど）に限られる，とされる（小林・371）。しかし，同説が，公訴事実（広義）対象説を否定することはもとより（小林・370），折衷説を否定するものであることも明らかにされている（小林・刑訴法・125）。

（注４）「公訴事実」の概念を２つに分かって考察する点で，２節４(4)(b)に述べたところと通ずるが，狭義の公訴事実の概念には，差異がみられる。これに対し，(4)(c)で言及した佐藤元判事の公訴事実概念は，一元的である点が異なるが，その意義・機能において小林説に近いものがある。また，（注２）に掲げた香城元判事の審判対象論も，小林説に通底している。

（注５）石丸元判事は，「審理の対象は，訴因事実ではなく，訴因事実を含んで，又は訴因事実の範囲を制限し，あるいは具体化した冒頭陳述で主張された事実である」とされる（石丸・504）。（注２）に述べた香城元判事の見解も，審判対象である訴因に掲げられた検察官の訴追対象事実は，「検察官の釈明，冒頭陳述そして立証と手続が進むにつれて順次その内容が具体化し，特定性を増していく」とされる（香城・281）。両者は，結局同趣旨をいうものと解される。

（注６）「訴因が記載されることによって公訴事実が示されることになるという意味においては，訴因と公訴事実とはいわば表示と実体との関係にある。……現行法では両者が明確に区別されることになった。その結果，科刑上一罪の場合は，公訴事実は１個であるが訴因は数個存在したり，１個の公訴事実につき数個の訴因が予備的または択一的に記載されたりするなど，表示が独立の存在として意識され，実体から区別して取り扱われている。」とする見解（条解刑訴・467）も後者に属しようか。なお，香城元判事は，訴因についても，訴因が検察官の主張であるという趣旨が訴因の抽象的な記載自体を審判対象と解するものであれば妥当でない，訴因は捜査を背景とした検察官の嫌疑に基づいて構成されるものであり，社会的事実関係を基礎としている，と説かれる（香城・281）。

(3) 考え方の総括

さて，折衷説への歩み寄りにせよ，訴因よりも広がりをもつ事実概念の審判対象としての策定にせよ，その両者に共通してみられるのは，審判の範囲が，訴因の記載だけに厳格に縛られるとすることは，訴訟（手続）の現実から乖離し，その硬直化をもたらし相当でないとする思考態度であり（例えば，小林・372），それが実務の現実のニーズに裏付けられているものであるだけに，例えば，被告人の防御に実質的な不利益を来たさない限りは訴因変更を経ないで訴因と異なる事実を認定

してもよいとする場合があるなど，判例上様々な利益衡量のもとで実践的な運用が図られているとする指摘（木村・119，中山・184）には，相応の説得力がある。また，諸家のどの諸説にも，理論の組立てに工夫が凝らされており，一概にその優劣を断じ得るものでもない。

　もっとも，この間の理論的な差異というものは，あくまで**訴因対象説**を基調とした上での，実践的な面での調整の手法ないし方向性の相違にすぎないという見方が可能であろう。いずれの見解によっても，これまでに積み上げられてきた最高裁判例の考え方の枠組みを外れることはなく，おそらくは個々の実際上の論点に対する適用結果にはほとんど違いを生じないのではないかと推測されるところであり，「実務や判例には安定した状況がみられる」という評価（田宮・190）は揺るぎないものと思われる（今日の学界・実務における訴因対象説／当事者主義訴訟構造の浸透状況を踏まえてみれば，審判対象論はもはや過去のものであるという見方も定説化しつつある。「この一連の論争は，旧法から新法への訴訟構造の転換を際立たせるという歴史的使命を負っていた」（佐藤・114），「今日，公訴事実説・訴因説の対立はかなりの程度に理念上の争いとなって（いる）」（田宮・190）などがそれである。そして，実務においては，学理としての訴因対象説は既に実務上もその基盤を確立しているという受け止め方がなされており，上述した議論もその大枠の中でのものにすぎない）。

　そうしてみると，結局は，どのような考え方を採るのが，説明の仕方として最も簡明で，実務において用いる規範として有用性・利便性が高いかということになろう。その観点から少し考えてみると，まず，**折衷説に共感を示す所説**には，折衷説そのものに向けられたのと同じく，あいまいで分かりにくいという問題があろう。次に，**訴因よりも広がりをもつ事実概念を審判対象とする所説**は，訴因事実の存否に関する証拠調は当然に犯行の動機・経緯など訴因の周辺に及ぶことを理由とし，更にそれは実際上公訴事実にまで及んでいるものであることを指摘する（小林・371，中山184）——例えば，傷害致死の訴因に対して，裁判所は，これと裏腹の関係にあるものとして，ほとんど必然的に，過失致死等の公訴事実を同じくする別の犯罪事実の成立の可能性を念頭に置いて審理しているのであり，このことは，付随的にせよ，傷害致死及び過失致死を包含する公訴事実を審判の対象としているにほかならないと考えられる，とする。そして，後者しか認められない形勢となれば訴因変更がなされるが，このことから，訴因変更制度は，審理の範囲が現実の訴因の枠にとどまらず，変更されるべき訴因についてもある程度及んでいることを前提としている，とするのである（小林・372）。だが，元来，審判の対象は訴因・公訴事実のいずれであるかを問う審判対象論議において「**審判の対象**」として措定されていたのは，「裁判所が，法律上，審判の権利と義務を有する事実」だったのであり，したがってそれは，特定の犯罪の構成要件該当事実（罪となるべき事実）

訴因変更〔Ⅰ〕　**17**

第1章　訴因変更制度総説

の存否を，訴因についてのみ調べるのか，それとも公訴事実全体にわたって調べるのか，という観点からの論争であったと思われる（「裁判所が法律上審判の権利義務をもつ事実のみが『審判の対象』である」，「むろん，犯行に至る経緯，犯行の動機あるいは量刑事情などに関する事実もここにいう審判対象には含まれない。」（田口・312））。したがって，動機や犯行の経緯等を審判対象に含ましめるのは，この議論に混乱を招くことになる。審判対象についてどの説を採ろうが，それとは無関係に，動機や犯行経緯等が審理の過程で取り上げられることに変わりはない。また，上述の例で，傷害致死の訴因事実の成否を審判する上で弁護人による過失にとどまる旨の主張が許され証拠調がなされるのは，過失が認められれば反射的にこれと両立し得ない故意が否定されるために，あくまで傷害致死の要件事実である暴行又は傷害の故意の存否を審理しているのであり，過失が認められるか否かが訴訟の主題（審判の対象）となっているわけではない（過失の主張は否認にすぎず訴訟物とはならない，という言い方をしてもよい）。審理の外観上過失の有無が争われていると見えても，法律上の争点は故意の有無なのであり，過失致死の成否そのものを審判の対象としているものでないことは，その挙証責任の所在を考えても明らかであろう（訴因変更のないまま検察官が過失の立証を行うことは許されない）。「審判の対象」の意義を上述のとおりに解する以上，裁判所が法律上審判の権利義務をもつ事実は，この場合，傷害致死の事実だけである。そして，この事実について審理している過程で，傷害致死の成立に合理的な疑いが生じ，過失致死への訴因変更がなされたとしても，同様に，それまでの手続において過失致死の事実が「審判の対象」であったわけではない。ある事実が，「法的に審判の対象とされている」ということと，「審理がそれに及ぶ」ということとは，別の次元に属することである（「法律上の審判対象と事実上の審判対象とを区別しなければならない。ある事実について審理している過程で，事実上，別の事実が審理され又は審理される可能性がでてきて，別の事実への訴因変更手続がとられたとしよう。この場合，その別の事実が審判の対象であったわけではない」（田口・312），なお，平野・基礎理論・91参照）。訴因を超えて審判される事実の限界を画するものとして「狭義の公訴事実」という概念を想定する立場は，論者自身が述べるとおり，大多数の場合においては，その範囲は広義の公訴事実と一致することになり（注3参照），実際上の運用がどうなるかはともかくとして，理論上これでは検察官の設定した審判対象に裁判所が拘束されるという訴因制度の本旨が十分に生かされない気味があろう。

このように，幾らかの疑問が生ずるところを踏まえると，あえて訴因対象説に手を加えることをせずとも，そのまま「訴因（すなわち犯罪の特別構成要件に当てはめて法律的に構成された具体的事実＝構成要件該当事実）が審判対象である」としてよいのではないか，その方が議論を単純にできるのではないかとも

18　刑事訴訟法判例総合解説

第2節　訴因と公訴事実の関係

思われる。それでは実際に審理を及ぼすべき事実（訴因をはみ出した部分）の限界を見出すことができないではないかといわれるかもしれないが，審理は訴因事実と**関連性**を有する限度でなすべきものであり（295条1項。なお，平野・基礎理論・91，高橋・542参照），その関連性の有無は，判決の主文を導く上で当該事実を審理することが必要不可欠であるか否かによって決せられよう（中山・184は，「事実認定と量刑の段階が截然とは区別されていないわが国の裁判実務では審理が訴因事実に限定されるとは到底考えられず……」とされるが，審判対象論としてどの説を採ろうとも，当事者が主張した情状事実の立証の可否は，事件との関連性の有無を判断基準として決せられるほかはない）。

ひるがえって考えてみると，あたかも民事訴訟の実務におけるように，**要件事実**（実体法に定められた一定の法律効果を発生させる法律要件（構成要件）に該当する具体的事実）を主要事実（法律効果の判断に直接必要な事実）すなわち最終的な証明の対象・目標とし（裁判所書記官研修所監修・民事訴訟法講義案・100, 136, 143，同・民事訴訟法概説7訂版・88，司法研修所監修・3訂「民事訴訟第一審手続の解説—事件記録に基づいて—」・2～12），これを標的に据えて当事者が攻防を尽くすことが，審理を，焦点の定まった遺漏なく無駄のないものにするゆえんではなかろうか。要件事実という必要十分で最小限の事実こそが立証の対象の核心となることにより，はじめて審理の目標が特定でき，裁判所は事案を的確に把握して早期に争点を整理し，迅速かつ妥当で効率的な審判を実現することができるという基本構想（司法研修所編・「問題研究　要件事実—言い分方式による設例15題—」・9～10）は，刑事訴訟にも大いに通じるものがあるように思われる。そして，民事訴訟においては，請求原因たる要件事実が認められるとこれと両立する抗弁の主張責任及びその要件事実の立証責任が被告に生じその成否が判断対象となるが，刑事訴訟においては，主張・立証責任はほぼ全面的に検察官が負っているから，いわば請求原因たる要件事実に相当する（公訴事実として記載された）訴因事実としての犯罪特別構成要件該当事実（本来，違法性・責任の阻却事由該当事実の不存在も含まれるが，その記載を要しない。構成要件が違法・有責類型であることから，構成要件該当事実の摘示によりおのずからそれが示されていると解されるからである）の存否そのものが，主要事実として純化されることになる（317条にいう「事実」とは，刑罰権の存否及び範囲を定める事実を言うとするのが通説であるところ，「この事実の核心は，訴因として示されているところの構成要件に該当する具体的事実であり（**最判昭24・3・5刑集3・3・249**参照），犯罪事実あるいは主要事実と呼ばれる」（条解刑訴・651））。この**主要事実**（「証明の本来の対象」（臼井・231））[注7]たる「要件事実」の存否こそが判決の目標となって，裁判所，当事者に今後の訴訟手続を進行させてゆくうえでの方向性を明示してくれることになる。そういう意味では，訴因は審理をあるべき方向に導く羅針盤

訴因変更〔Ⅰ〕　**19**

第1章　訴因変更制度総説

としての働きをもするといってよい。訴因のような明瞭な輪郭を持たない（狭義又は広義の）公訴事実（ここでは，訴因と同一のものとしての（狭義の）公訴事実は論外に措いている）では，この機能をきちんと果たすことは難しいだろう。やはり，審判の対象は何かという問題に対しては，「訴因（事実）」であると考えておくのが，核心を突く訴訟展開を実現する上で有効有益であると思われる。

　もちろん，論者が指摘するように，些少の事実の変動でも審判の対象が異なり訴因変更を必要とするとか，裁判所の実体形成が多少でも訴因の枠を超えた場合，訴因を変更したうえでなければその点の立証を許さないとするのでは，生硬にすぎ実際上耐え難いところとなる（小林・373）。しかし，訴因として掲記された要件事実が審判の対象であると考える以上必然的にこのようになるというものでもない。この考え方に立ちつつ，事柄の内容・程度に応じて弾力的に対応することは十分に可能であるし，現にそのような解釈・運用がなされている実務の場面は数多くあろう。

　そして，上述したような考え方—審判対象を訴因記載事実に純化することの提唱。いわば**刑事要件事実論**—は，とりわけ裁判員制度の下での審判にはふさわしいものであろうと思われる（角田・1以下，11以下，20以下等に，裁判員裁判においては，従来の職業裁判官のみによる裁判とは異なって，「裁判官の行動原理が中立性を重んじ，事案の真相解明に向けて積極的な行動に出ることを差し控える方向にシフトしていく」ことの必要性が繰り返し論じら

れている）。

　なお，公訴事実（広義）あるいは公訴事実の同一性の概念について，これを実在的にとらえるか観念的にとらえるかの問題（2節4(4)・5(2)参照）については，後者の理解が訴因対象説の必然の帰結であるともいえ，前者の理解も考え方としては成り立ち得ると思われる。起訴状一本主義の下で起訴の時点では裁判所の心証中に存在していなかった嫌疑が，証拠調を経てゆく過程で証拠に基づいて形成されてゆき，その嫌疑（事件性）について裁判所としては訴因とは異なる犯罪構成要件該当事実を認定することに傾いているという事態が，訴因変更のなされる場合であると考えることも可能だからである（256条所定の公訴事実は，素直に読めば「公訴提起の時点における公訴事実」と解される。それ（狭義の公訴事実）は，その時点（訴訟の開始時点）では訴因と同一物であるが，審理の過程で証拠の裏付けを伴うことにより「同一と評価される公訴事実のふくらみまで含んだもの」（田宮・178）つまりは広義の公訴事実にまで広がってゆき，その範囲内において裁判所の心証形成が収れんしそうになっている犯罪事実が当初の訴因からずれを生じたときに訴因変更に至る，というイメージがもたらされる。）。そして，このように考えることが，当事者主義の理念と矛盾するともいえないであろう。[注8] 結局，この問題は，訴因変更の可否を考える上で，その限界を画する基準としてどのような規範（道具概念）を定立するのが最も適切かということに帰着しよう。後に詳述する。

20　刑事訴訟法判例総合解説

第3節　訴因変更制度の採用

1　312条の趣旨

(1)　問題の所在

　訴因とは，それについて検察官が審判を求める検察官の主張であり，犯罪の特別構成要件に当てはめて法律的に構成された具体的な事実である。このように，訴因は，検察官の主張であり，審判の対象を画するものであるが，証拠調べが進められてゆくうちに，裁判所や検察官において，訴因として掲げられた犯罪事実そのままは認められないが，別の犯罪事実であれば認定できる，あるいはできそうであるとの心証に傾くことがある。この別の事実がなお訴因の範囲内にあると認められる場合には問題はないが，その範囲外にはみだすことも起こり得る。審判対象について公訴事実対象説を採れば，このようなことになるのはむしろ当然の結果であるが，訴因対象説を採っても，このような現象が生じ得ないということにはならない。訴因として掲げられた事実の存否を審理してゆく過程で，おのずから訴因の範囲外の事実も明らかになることがあるからである（第2節5(2)(3)参照）。

　以上の例としては，ある日時・場所・方法の殺人の訴因について審理していたところ，

（注7）「主要事実」と「要証事実」の関係につき，寺崎・312参照。なお，田宮・290は，「訴訟の対象として提示された事実が立証されるべき事実にほかならないから，要証事実とは，起訴状に記載された公訴事実だということになる。ところで，公訴事実が刑罰が加えられるべき根拠となる事実として確認されたといえるためには，その犯罪について刑罰権の存否及び範囲を定める事実が，すべて立証される必要がある（これを主要事実という）」と説明する。

（注8）ちなみに，訴因と公訴事実の相関関係が司法研修所においてどのように教えられているかをみてみると，次のようになる。

	公訴事実	訴　因
司法研修所刑事裁判教官室（司法研修所監修「刑事第一審公判手続の概要—参考記録に基づいて—平成13年版」5頁〔法曹会〕）	公訴提起の対象となった事実であって，犯罪的事実ではあるが法的に厳格に構成される以前の事実	公訴事実を犯罪の構成要件に当てはめ，法的に構成した事実
司法研修所検察教官室（同教官室編「検察講義案（平成15年版）」61頁〔法曹会〕）	訴因の背後にある前法律的，歴史的事実	公訴事実を犯罪構成要件に当てはめて構成した具体的事実

第1章　訴因変更制度総説

その被害者を殺害したのは別の日時・場所・方法であることが認められるような場合，殺人の訴因で起訴し審理していたところ，殺人ではなく重過失致死の事実ならば認定できそうな場合，窃盗の訴因について証拠調べを遂げたところ，窃盗ではなく盗品等の運搬の事実が認められる場合，など様々なケースが考えられる。

このような場合に，訴因はそのままにしておいて，証拠上認められる事実について有罪判決をしてよいかが問題となるが，訴因の範囲を逸脱する事実をそのまま認定して有罪判決をすることは，公訴事実対象説からは被告人に不意打ちを与える防御権侵害たる訴訟手続の法令違反として（379条），訴因対象説からは審判対象（訴因の同一性）を逸脱する不告不理違反として（378条3号後段），いずれにしても許されない（**訴因の拘束性**）。そうすると，この場合には，審理の過程で浮かび上がってきた新たな事実について検察官が裁判所の審判を求め，裁判所が審判を行うためには，何らかの手続を取ることが必要となるが，この場合，一々別訴を提起させるべきことになるのであろうか。

(2) 訴因変更制度導入の理由

公訴事実対象説からは，上記新事実も公訴事実（事件性）を同じくする範囲内でもともと審判の対象とされていたのであるから当然にこれを新たな訴因として，被告人に防御の対象がここに移動したことを告知して防御の機会を与えた上で，新訴因について有罪判決をすることが許されるべきことになる。

それでは，**訴因対象説**からはどうであろうか。この説の立場からすれば，本来的には，現訴因について裁判所は無罪判決をなし，新事実について検察官は別訴を提起して，訴訟をやり直すべきことになりそうである（英米法の訴因制度の下においては，訴因の変更を原則として認めない（田口・309））。しかし，もしもこれを制度化するとなると，理論的には，訴因と裁判所の心証が合致するまで訴訟を繰り返す必要が生じ，これは，検察官・裁判所にとって重い負担であるばかりでなく（取り分け訴追側にしてみれば，断片的にしか残されていないのが通常である犯罪のこん跡を，限られた捜査期間内に限られた手段で収集し尽くして犯罪の全容を解明するというのは相当の難事である。訴因は詳細かつ確定的であるほどよいが，それが必ずしも可能ではないという現実は踏まえる必要がある。），被告人の利益という面からみてもこれを害するものであって，この杓子定規で不便かつ不経済なやり方は到底現実的な仕組みとはいえない。もっとも，現行法上無罪判決には公訴事実の同一性の範囲内で一事不再理効が認められているから，実はこのような別訴を提起しても，被告人が現訴因と公訴事実を同一にする新事実について有罪判決を受けることはないことになっている（337条1号，憲法39条）。しかし，これは明らかに被告人に不当な利益を与えるものであって，実体的真実主義（この場合には，あるべき国家刑罰権の行使）が甚だしく害されることになる。また，更に重要な視点として，

訴因をめぐってそれまでに行われてきた当事者の攻防の中で姿を現してきた（あるいはきつつある）事実については，別訴に継続させることとして白紙に戻すよりも，そのまま同一手続内で引き続いて審判した方が，当事者の事後の立証活動も焦点が定まってコンパクトにまとまるし，裁判所の心証も連続して無駄を生ぜず，訴訟経済に合致するのみならず，何よりも真実の発見に資する。やはり，別訴による再訴の繰り返しを避ける処理方法——訴因の変更を許して従前の手続の延長線上で新事実を審判できる制度——が必要とされよう。もともと訴因が検察官の主張であることを想起すれば，これを変更することの自由も検察官に認められてしかるべきだ，という見方もある（小林・351）。だが，もしその場合に，検察官が全く自由に訴因の変更ができるとしてしまうと，被告人は防御の範囲が無限定に広がり不安定な立場に追い込まれてしまう。両様の問題点を解消するためには，「いったん開始された訴訟手続の中で事件の最終的解決をつけてしまうのが合理的で望ましい場合」には訴因の変更を認めることとし，その観点から，訴因変更が可能な範囲を限定することが必要となる。この「同一手続内での一括最終処理が相当な場合」とは何かを考えると，二重起訴となる範囲（338条3号），一事不再理の効力の及ぶ範囲（337条1号）が「公訴事実の同一性」により画されていることからして，法は，公訴事実の同一性の範囲内にある犯罪事実の存否については，一つの訴因を掲げて始められた同一訴訟内ですべて最終的に解決してしまい2度と起訴されないようにすることが望ましい，という考え方（「紛争の1回的解決の要請」（条解刑訴・622），「一事件一手続の原則」（香城・262））に立脚しているとみることができる。こうして，「新事実が現訴因と公訴事実の同一性の範囲内にある場合」に限り，同一の訴訟手続内で，検察官がその新たな犯罪事実へ訴因を変更し得るように定められた。検察官は，起訴状に記載された訴因又は罰条の追加，撤回又は変更を請求することができ，裁判所は，「公訴事実の同一性を害しない限度において」これを許さなければならない（312条1項），とされたのがそれである（「**訴因の制限的変更主義**」と呼ばれることがある）。すなわち，「公訴事実の同一性」という概念は，紛争の1回的解決の要請（一事件一手続の原則）と密接不可分の関係に在る。

訴因の追加・撤回・変更を総称して，単に「訴因の変更」（広義。以下単に「訴因(の)変更」という場合は，この意味で用いる）という。

2 訴因変更の2局面

(1) 訴因変更の可否（限界）

現行法は，上述のとおり，訴因の変更の制度を導入したのであるが，それにより当然に，訴訟手続上，検察官が企図した当該訴因の変更が許されるか否か，が大きな問題となった。312条にいう「公訴事実の同一性」が肯認されるのは一体どこまでなのか。これが，「訴因変更の可否（訴因変更の限界）」といわれる

第1章 訴因変更制度総説

		訴因変更			訴因変更	当該手続内での別事実での有罪判決(＊)
訴因の同一性	あり	不要				可
	なし	必要	公訴事実の同一性	あり	可	可
				なし	不可	不可

(＊)「当初の起訴に対する応答として，原訴因として掲げられたのとは別の犯罪事実を認定して有罪判決をする」との意。

問題である。

(2) 訴因変更の要否

しかし，訴訟手続においては，上記の訴因変更の可否を論ずる以前の問題として，そもそも果たして訴因変更の手続を取る必要があるのか否か，が重要な論点となる。つまり，審理（証拠調）が進展し，検察官が掲げた訴因と裁判所の心証にずれが生じた場合に，その食い違いの程度がどこまでであれば，現在の訴因のままで心証に従って事実認定して有罪とすることができるのか否か，がまず問題とされるのである。換言すれば，当該訴因の範囲はどこまでなのか（**訴因の同一性**），ということであり，これが，「訴因変更の要否」といわれる問題である。

(3) 両者の関係

後者の訴因変更の要否の問題は，検察官が設定した訴因のままで，どこまでこれと異なる事実を認定することができるかという，訴因の外延を画する問題であり，前者の訴因変更の可否（限界）の問題は，1個の訴訟手続の中で，どこまで検察官が設定した訴因を変動させて有罪認定することができるかという，

公訴事実（の同一性）の外延を画する問題である。

3　訴因変更と別訴との関係

「公訴事実の同一性」の概念が，紛争の1回的解決の要請（一事件一手続の原則）と分かち難く結び付いていることから，以下の事柄が導かれる。

(1) 公訴事実の同一性ない場合

訴因の追加・撤回・変更は，公訴事実の同一性の範囲内でしか許されないから，例えば，起訴状記載の訴因と公訴事実の同一性のない犯罪事実（例えば，併合罪の関係にある犯罪事実）を審判の対象に加えるには，「訴因の追加」ではなく，別訴すなわち「追起訴」（256条）の方式によらなければならない。(注9) また，併合罪の関係にある数個の訴因のうち幾つかを審判の対象から取り除くには，「訴因の撤回」ではなく「公訴の取消し」（257条）の手続（規168条）によらなければならない（**名古屋高判昭25・6・15判特11・65，東京高判昭27・4・24高刑集5・5・686，福岡高判昭28・4・20判特26・13，東京高判昭29・1・26東時5・1・16，高

松高判昭30・5・7裁特2・10・456，広島高岡山支判昭50・3・27刑月7・3・170，名古屋高判昭51・2・4刑月8・1＝2・1）。訴因の撤回の請求がなされた場合には，裁判所はこれを許可しないこととなる（312条1項）。

(2) 公訴事実の同一性ある場合

これとは反対に，公訴事実の同一性の範囲内にある犯罪事実を別訴で公訴提起することは，「二重起訴」に当たるから，許されず（338条3号，339条1項5号），「訴因変更」の手続を取らなければならない。(注10)(注11) また，この範囲内の事実のいずれか（例えば，科刑上一罪の関係にある2つの犯罪事実の一方）を審判対象から取り除くためには，「公訴の取消し」をすることはできず，「訴因の撤回」をしなければならない。(注12) 法が，公訴事実の同一性の範囲内では，訴因の追加・撤回・変更という簡便な方法を認めている以上，今度は逆にそう解さなければならない。

これらをまとめていえば，訴因の追加・撤回・変更ができない範囲と別訴，公訴取消しが許される範囲／訴因の追加・撤回・変更ができる範囲と別訴，公訴取消しが許されない範囲とは，同一の限界である「公訴事実の同一性」で仕切られているわけである。

		訴因変更	別訴提起，公訴取消し
公訴事実の同一性	なし	×	○
	あり	○	×

（注9）訴因追加の請求を不許可とすべきところ（312条1項）を誤って許可した場合の事後措置について，最判昭62・12・3刑集41・8・323「第一審裁判所は，誤って元の訴因の事実とは併合罪関係にあり公訴事実の同一性がない事実につき訴因追加を許可し，その追加された訴因の事実についての証拠を取り調べた後に，右誤りを是正するため，まず右訴因追加の許可を取り消す決定をし，次いで右証拠の採用決定を取り消す決定をしたうえ，改めて追起訴された右追加訴因と同一の事実をも含めて，更に審理を重ね，判決に至っているが，右各取消決定について刑訴法にこれを認める明文がないからといって，このような決定をすることが許されないと解すべき理由はなく，これと同旨の理由により右第一審訴訟手続を適法とした原判決の判断は正当である」

（注10）追起訴があれば公訴を棄却しなければならないのが筋であるが，これを訴因変更の趣旨に解して処理することも可能とされる。最大判昭31・12・26刑集10・12・1746【120】「本件犯罪は，『常習』及び『営利』による麻薬取締法違反の包括一罪を構成するものであるところ，本件には三通の起訴状が存在するので，これらの書面からみれば右一罪につき重複して起訴された部分があるかの観があるけれども，右二個の追起訴状の提出は，所論事由に関する限り常習営利の一罪を構成する行為で起訴状に洩れたものを追加補充する趣旨でなされたものであつて，一つの犯罪に対し重ねて公訴を提起したものではないこと，検察官の第一審公判廷における釈明によって明らかであり，右釈明に対しては被告人側からもなんら異議がなかったのである。されば，原審の判断は，結局において正当であるから，（二重起訴の違法をいう）論旨は理由がない」，最判昭34・12・11刑集13・13・3195（第一次第一審（地裁支部）において業務上横領の訴因を窃盗の訴因に変更した上で窃盗につき有罪としたが，第一次第二審はこの両訴因は公訴事実の同一性がないとして原判決を破棄し第二次第一審（地裁本庁）に移送したため，検察官は同裁判所に同件として上記窃盗の事実を起訴し，併合審理された結果，窃盗につき有罪，業務上横領はその不可罰的事後行為として無罪の判決がなされた。→第二次第二審を経た本上告審の判断）「当初の……業務上横領の訴因と，（別訴提起に係る）窃盗の訴因……とは，公訴事実の同一性を有するものと解すべく，従って第一次第二審の判決がその同一性を欠く

ものと判断したのは誤りであるといわなければならない。……第二次第一審における窃盗の公訴提起は第一次第二審の差戻判決の判断に従って行われたものであるとの経緯にかんがみれば，右判断にして誤りであること前示のごとくである以上，右公訴の提起は実質において訴因変更の趣旨と解することができるのであって，従って二重起訴ではないといわなければならない」

——これらの事案ではたまたま下線部のような事情があったが，追起訴も訴因変更も共に審判の対象を設定する訴訟行為であり，公訴提起の方式（256条）の方が訴因変更の方式（規209条5項）よりも厳格であることなどに照らせば，通常は，検察官の意図を釈明することにより訴因変更の趣旨であることを確認することができ，それとして処理することが許されてよいであろう。それにより被告人に何の不利益が生じるわけでもない。なお，**最決昭35・11・15刑集14・13・1677【123】**は，「併合罪として追起訴された事実を前に起訴された事実と併合審理した結果，両者を単純一罪と認定して処断するには，訴因変更の手続を要しないし，また公訴棄却の言渡も要しない」としている。

(注11) **名古屋高金沢支判昭28・5・30判特33・126**「『予備的公訴の提起』の用語が用いられても，予備的に訴因を追加する趣旨が明らかに認められ，方式もこれに適合するときは，訴因追加の効力を生ずる」

(注12) 公訴の取消しがなされても無効となり，改めて訴因撤回の手続を踏むべきこととなるのが筋であるが，検察官の合理的意思解釈という見地からこれを訴因の撤回と解することが可能とする立場もある（高田・623）。(注10) と同様に，公訴取消しの方式（規168条）がより厳格丁重に法定されていることなどからすれば，検察官の趣旨が訴因の撤回にあったことも認められる以上，筋論に固執するほどのことでもなく，それとして取り扱うことが合理的であろう。裁判例としては，**高松高判昭29・7・19裁特1・3・99**「詐欺並に不法に預り金をしたと言う二個の訴因はあるが右は一個の行為で二個の罪名に触るる場合に該り起訴は単一と見るのが相当である，従って原審が検察官から所論の点につき公訴の取消があったに拘らず一罪の一部に対する公訴の取消は実質は訴因の撤回に外ならないとして公訴棄却の決定をしなかったことは正当であ（る）」とするものがある。

第4節　訴因の追加・撤回・変更の意義

1　意　義

訴因の追加・撤回・変更（狭義）を総称して，単に「訴因（の）変更」（広義）と称するのが通常の用例である。したがって，本稿でも，特に断らない限り，「訴因（の）変更」とは広義でのそれを指している。これらの訴因の変更は，公訴事実の同一性の範囲内でのみ可能とされている（312条1項）から，以下の記述において登場する変更前の訴因と変更後の訴因の2つは，公訴事実の同一性の範囲内にある（「公訴事実を同一にする」という考え方もあることは既に述べた。）ものであることを当然の前提としている。

(1)　訴因の追加

訴因の追加（訴因の追加的変更）とは，元の訴因をそのままに残しておいてこれに新しい訴因を付け加えることをいう。その結果，訴因の個数が増えることになる。

(a)　科刑上一罪の関係にある事実の付加

元の訴因と科刑上一罪の関係にある事実を付け加える場合（窃盗の訴因にその手段である住居侵入の事実を加える場合がその例である。）

は，「訴因の追加」であるか。

科刑上一罪の場合は犯罪事実の総体で訴因は1個である（「科刑上一罪は単一の訴因を構成する」という言い方をする。）という前提の下に，科刑上一罪の関係にある事実を付け加えるのは「訴因の変更」（狭義）であるとする見解がある（平野・134，高田・622など）。しかし，科刑上一罪を組成する各犯罪については，そのそれぞれを他と切り離して独立に審判の対象とすることが可能であるから，その犯罪の個数に応じた複数の訴因になると解するのが通説（横井・逐条解説・83，横川・ポケット・810，小野・956，鈴木・118，臼井・454，小泉・251など）であり，実務もこれに従った運用をしているといえようか。そうすると，この場合も，「訴因の追加」として処理されることになる。

(b) **包括一罪，常習一罪の関係にある事実の付加**

元の訴因と包括一罪，常習一罪の関係にある事実を付け加える場合（常習累犯窃盗の訴因にその事実と常習累犯窃盗罪一罪を構成する他の窃盗事実を加える場合がその例である。）は，「訴因の追加」であるか。

これを肯定する立場（複数の訴因が考えられるとする説（田宮・192，田口・310，条解刑訴〔新版〕・593など））もあり，実務上もそのように処理されることがある（仙台高秋田支判昭29・7・6裁特1・1・7，東京高判昭30・10・25高刑集8・8・1069，札幌高判昭30・12・27高刑集8・9・1179）が，包括一罪，常習一罪の場合には，各一罪を構成する事実の全体で訴因は1個とみるべきであるから，これを組成する犯罪事実を付け加えるのは，何ら訴因の個数を増やすことにはならず，「訴因の変更」（狭義）であると解するのが相当であるとする立場もある（横川・ポケット・810，小野・956，高田・622，高橋・753，小林・352。判例として，常習一罪の場合につき，**岐阜地御嵩支判昭34・1・26下刑集1・1・131**「窃盗罪の訴因に，これと集合的一罪の関係にある常習特殊窃盗の事実を付加えるには訴因の変更の手続によるべく，追起訴をしたのは違法であるが，既に追起訴があった以上，後者の訴因を変更した上，前者を二重起訴として公訴棄却すべきである」―なお，松尾・上・261は，「科刑上一罪や包括一罪の場合に複数の訴因が存在すると考え，その一部を加除することを訴因の追加・撤回とする用語法も慣用されている」とする）。しかし，包括一罪，常習一罪の場合にあっても，これを組成する各犯罪については，そのそれぞれを他と切り離して独立に審判の対象とすることが可能であるという点では，科刑上一罪の場合と同様といえるのではなかろうか。

(c) **予備的・択一的訴因追加**

元の訴因と予備的又は択一的関係にある訴因を付け加える場合が「訴因の追加」の典型例である。当所の訴追に係る元の単独犯の訴因（実務上「**本位的訴因**」ないし「**主位的訴因**」と称されている。例えば，「被告人は，……したものである。」との訴因記載となる）が認定されない場合に備えて，第2次的な審判の対象として共同正犯の訴因（実務上「**予備的訴因**」と称されている。例えば，「被告人は，甲と共謀

の上，被告人において……したものである。」との訴因記載となる。）を追加するのが**予備的訴因の追加**の例である。また，単独犯の訴因により起訴されている場合に，単独犯又は共同正犯の訴因のいずれか一方の訴因について有罪判決を求める趣旨で，両訴因の間に主従の関係を設けることなく，共同正犯の訴因を追加するのが**択一的訴因の追加**の例となる（予備的又は択一的訴因記載は，旧法に比べ捜査が制限されたので検察官の起訴を容易にしようとして作られた制度であるという。（田宮・181））。予備的又は択一的訴因の追加は，これを許す旨の明文はないが，起訴状において，訴因の予備的又は択一的記載が許されている（刑訴法256条5項）ところからして，訴因の追加の場合にも認めて差し支えないことは明らかである（最判昭26・6・28刑集5・7・1303）。

予備的追加，択一的追加のいずれによるかは，審判対象の設定の在り方に関わる事柄である以上，もちろん検察官の裁量に委ねられている。当該訴因の追加が，予備的になされたものであるのか択一的になされたものであるかは確定する必要がないとする裁判例がある（福岡高宮崎支判昭25・11・15判特14・181）が，予備的訴因については本位的訴因の排斥を条件としてこれに対する審判をなすべきものであり（福岡高判昭43・2・3判時515・87等），かつ，その排斥理由を判決の理由中で示さなければならないから，裁判所としては，審判に先立って，検察官の釈明を得ることにより，そのいずれであるかを確定する必要があるというべきである（小林・352，高橋・753）。

もっとも，特定の訴因事実について有罪の合理的疑いを超える確信を抱かない限り公訴提起に踏み切らないという我が国の検察実務の在り方からして，実務上は，起訴状における訴因の予備的又は択一的記載（256条5項）自体がまずみられないところである（とりわけ，択一的記載については，いかに旧法に比べ捜査が制限されたことに伴い検察官の起訴を容易にする趣旨で導入された制度であるとはいえ，我が国の検察官にとっては，起訴さえできればそれでよいというものでは到底なく，有罪判決獲得を確実に見込むことのできない訴追は控えるべきものとする伝統が存することから，例えば，窃盗なのか（「被告人は，……を窃取したものである。」という訴因となる），盗品等無償譲受けなのか（「被告人は，……をそれが盗品であることを知りながら，甲からもらい受けて盗品を無償で譲り受けたものである。」との訴因となる。），証拠上判然としないがともかくそのいずれか一方で有罪判決が得られればそれでよいなどとして，いわば裁判所に下駄を預けるという訴追態度に出ることは，検察権行使の在り方として無責任であるとされるのである）が，訴因の追加については，予備的訴因の追加の例が幾らかみられるようである（公判立会検察官において，なお現訴因である単独犯の事実が証明できると思慮するものの，裁判所の心証が共同正犯の事実に向かいつつあることを感知した場合に，念のためにその訴因を追加しておくなどの事態が考えられる）。

なお，裁判所が「罪となるべき事実」において**択一的認定**をして有罪判決をすることが

第4節　訴因の追加・撤回・変更の意義

許されるかについては，諸説が対立している。例えば，上記の窃盗と盗品等譲受けの択一的認定が許されるかについては，学説上は消極説が通説であり（松尾下・128，田口・435，池田／前田・430等），裁判及び検察実務家は積極説を唱える者が少なくない（横井・130等。臼井・刑訴・295も同旨か）。他方，択一的な認定をするのではなく，法定刑が軽い方の盗品等譲受けを認定すべきであるとする立場もある（中野・206や小林・252等）。この窃盗と盗品等譲受けの択一的認定が許されるかという問題設定は，択一的認定の可否を論じる際の典型例として挙示されることが多いのであるが，実務に即して考えてみると，窃盗の訴因が単独犯としてのそれである限り，現実にはこれが問題として生じることはまず想定することができないのであり（古田・研修・16，佐々木・判例演習・331），観念的な論争の域にとどまる感を免れない。むしろ，択一的認定の可否が実務上も現実化した例として，被告人が一人で実行行為のすべてを行った場合における単独犯（共謀共同正犯者不存在）の訴因と共同正犯（共謀共同正犯者存在）の訴因の択一的認定を想定することが的を射た議論となろう。共謀の存否不明の心証下において，このケースに対する罪となるべき事実の認定の在り方につき，裁判例は，3章4節1⑹に後述のとおり，択一的認定をすべきとしたもの（東京高判平4・10・14高刑集45・3・66【83】），単独犯を認定すべきとしたもの（東京高判平10・6・8判タ987・301），共同正犯を認定すべきとしたもの（札幌高判平5・10・26判タ865・291【77】），の3者3様に分かれている（これらの裁判例については，佐々木・判例演習・317以下参照）。

そこで，このような被告人が一人で実行行為のすべてを行ったケースについて単独犯・共同正犯の間における裁判所の択一的認定が許される（【83】の考え方。**最決平14・7・18刑集56・6・307**も，このような択一的認定を許容する。）とした場合には（もっとも，3章1節及び4節1⑹に後述のとおり，**最決平21・7・21判例集未登載【76】**の出現により，今後，択一認定ではなく単独犯が認定されるべきものとされる可能性がある。），それは，当然に，検察官の訴追の在り方にも影響を及ぼすことになる。つまり，検察官として，証拠上共謀の存否不明の心証状態にある場合において，裁判所による「被告人の単独犯又は共謀共同正犯者Xとの共同正犯である」との「罪となるべき事実」の認定を求めて，その趣旨で単独犯又は共同正犯の択一的訴因を掲げて起訴する，あるいは単独犯（共同正犯）の訴因に共同正犯（単独犯）の訴因を択一的訴因として追加する，という訴追行動に出ることが当然許されることになろう（これは，検察官としては，単独犯の訴因についても共同正犯の訴因についても合理的な疑いを超える証明を確実に果たし得るか疑念なしとしないが，あるいは裁判所によっては，単独犯か共同正犯かのどちらかの認定を得ることができるかもしれないとの期待の下に，とにかく起訴だけはしておくという，先述した我が国の検察実務においてはおよそ容認されない消極的な訴追の態度――上述したよう

第1章　訴因変更制度総説

に，刑訴法256条5項の立法趣旨自体は，これを容認するものであったと言ってよい。——とは異なり，検察官として，「被告人は，単独犯又は共同正犯のいずれかであり，それ以外の可能性はない」ことが合理的疑いを超えて確実に証明できることから，裁判所に対して，その「被告人は，単独犯又は共同正犯である」との事実を審判対象として掲げて，これをそのままに罪となるべき事実として認定するよう求める——その範囲内で所要の立証責任を果たす——という積極的な訴追態度である。裁判所が「被告人は，単独犯又は共同正犯である」と認定して有罪判決を下すことが法的に許されるのである以上，検察官がその択一的事実を訴追対象とすることはむしろ当然といえる。こうして考えてみると，256条5項が規定している択一的訴因による公訴提起は，同項が本来想定していたのとは異なった積極的な検察権行使の在り方を導く意義のあるものということができるのではないだろうか。このことは，もとより，択一的訴因の追加という形での訴追権限の行使の在り方にも当てはまる。いずれの場合にも，検察官の掲げる訴因の記載は，「被告人は，単独で又はXと共謀の上，（被告人において）……したものである。」という形になる。**最決平14・7・18刑集56・6・307**における検察官の予備的訴因追加請求は，その実践例である。)。

　また，裁判所が択一的認定をすることが許されるのは，既に一言したが，被告人について2つの訴因に掲げられた事実以外の他の事実が存在する可能性のないことが証拠上認定された場合でなければならない（**最決平13・4・11刑集55・3・127【15】**「上記判示は，……（中略）……実行行為者が『A又は被告人あるいはその両名』という択一的なものであるにとまるが，その事件が被告人とAの2名の共謀による犯行であるというのであるから，この程度の判示であっても，殺人罪の構成要件に該当すべき具体的事実を，それが構成要件に該当するかどうかを判定するに足りる程度に具体的に明らかにしているものというべきであって，罪となるべき事実の判示として不十分とはいえないものと解される。」，**東京高判平4・10・14【83】**，古田・研修・16，佐々木・判例演習・330）から，検察官が訴因Aと訴因Bとを択一的に掲げる場合にあっても，実際上，"被告人に関して存在するのはA，Bの2つの訴因事実のいずれかであってそれ以外の第三の事実の存在可能性はない"ことを，証拠上認定できるのでなければ，有罪判決獲得は覚束ないことになる。そして，さらに，このことから，検察官が，本位的訴因及び予備的訴因を掲げた場合において，まず本位的訴因Aにつき証明不十分となり，次いで，予備的訴因Bについても証明不十分となったとしても，被告人に関して存在するのはA，Bの2つの訴因事実のいずれかであってそれ以外の第三の事実の存在可能性はないことが証明されている限り，AB両事実を択一的に認定して有罪判決を下すことは可能となる（これが検察官の訴追意思に反する処理となること——択一的訴因としての取り扱いを受けるのであれば訴追しなかったという事態——はまず考え難い。他方，択一的訴因としての審判であれば，被告人に対

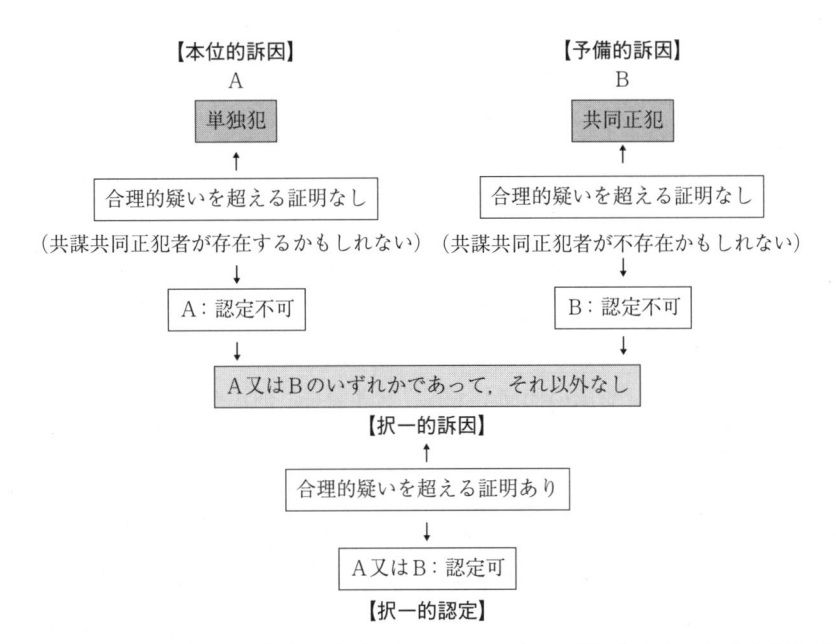

```
【本位的訴因】              【予備的訴因】
     A                         B
   単独犯                    共同正犯
     ↑                         ↑
合理的疑いを超える証明なし   合理的疑いを超える証明なし
(共謀共同正犯者が存在するかもしれない)  (共謀共同正犯者が不存在かもしれない)
     ↓                         ↓
   A：認定不可              B：認定不可
            ↓        ↓
     A又はBのいずれかであって，それ以外なし
              【択一的訴因】
                   ↑
          合理的疑いを超える証明あり
                   ↑
             A又はB：認定可
               【択一的認定】
```

して，AB以外の第三の可能性の存在を主張して争う防御の機会を与えなければならないから，この可能性の有無を争点として顕在化しておく必要が生じよう）。

(2) 訴因の撤回

訴因の撤回とは，訴因の追加とは逆の場合であって，現在の複数の訴因のうちのいくつかを取り除くことをいう。これにより，訴因の個数の減少がもたらされる（東京高判昭60・7・5資料246・726「全体として科刑上一罪をなすものとして起訴された警察官149名に対する傷害および公務執行妨害の訴因から，その一部である63名に対する傷害の事実を除外するには，訴因撤回の手続による」）。

ただし，(1)で述べたのと同様に，訴因の個数をどうみるかの帰結として，科刑上一罪の場合と包括一罪・常習一罪の場合のそれぞれ

について，訴因変更の方式を撤回とすべきか変更（狭義）とすべきかに見解の対立がある。

いったん撤回した訴因をその後の審理の状況から追加することは，審理の迅速等の見地からする制限があり得るとしても，一般論としては禁じられていない（高松高判昭29・7・19裁特1・3・99「一度撤回した訴因も後これを一部変更して改めて追加することは別に法の禁ずるところでもない」，札幌高函館支判昭29・2・9判特32・92「訴因の変更により撤回された訴因を，再び追加することは適法である」）。

(3) 訴因の変更（狭義）

訴因の変更（狭義）とは，個々の訴因の態様を変える（内容に変更を加える）ことである。例えば，単純一罪の被害品を追加若しくは取り除く場合（このとおり，1個の（単一の）訴因を構成する事実の一部について追加・

第1章　訴因変更制度総説

撤回することは，「訴因の追加・撤回」にはならない。），起訴状の窃盗の訴因に替えて盗品等の有償譲受けの訴因を設定する場合がこれである。したがって，この場合には，訴因の個数に変化は生じない。

また，上述したとおり，科刑上一罪の関係にある新たな事実を加えるのは「訴因の追加」であり，その関係にある現在の複数の訴因の一部を撤去することは「訴因の撤回」であると解される（判例・通説とされる）が，異説もあり，さらに，常習累犯窃盗の訴因に，これを構成する窃盗を付け加え，若しくは取り除くことは，単純一罪の被害品を追加若しくは取り除く場合と同様に，1個の訴因の内部的な態様を変更しているにすぎないから，「訴因変更（狭義）」であると解すべきであるとする説と，「訴因の追加・撤回」であると解すべきであるとする説がある。

もっとも，このような諸議論において「訴因の追加，撤回，変更」のいずれであるとしても，刑訴法312条の問題であることに変わりはなく，法律効果において全く同等に扱われるので，実務上の影響はなく，主として理論的な関心事である面が強い。むしろ，いわゆる「一罪一訴因の原則」（第3章第4節3参照）との関係を考慮すると，実体法上一罪を構成する犯罪事実は1個の訴因にまとめられるとする方が，議論を簡明にするようにも思われる（実務においても，起訴状の公訴事実の記載方法について，併合罪の場合には，各個の犯罪事実ごとに，第1，第2というように番号を付け，かつ，行を改める扱いとされるが，科刑上一罪や牽連犯の場合には，そのようにせずに各事実を続けて一つの文章にまとめて摘示するのが通例である。包括一罪の場合にも，犯罪の日時・場所・手段等について包括的な摘示が許されるとされており，このような場合には一文での記載となるし，各犯行を特定して記載する場合にも，併合罪のときのような番号の付し方を避けるようにしている（検察教官室・検察講義案65，刑裁教官室・起案の手引26参照）。このような実務上の処理の仕方は，「一罪一訴因」の考え方に親しむものといえるのではなかろうか）。

なお，訴因の変更（狭義）とは，現訴因を全部撤回して，これとは異なる新たな訴因を掲げることであるとみることもでき，この観点から，「訴因の交換的変更」といわれることもある。このように，訴因の変更（狭義）は，審判対象をドラスティックに改変することになるので，現訴因の証明が困難であり新訴因の認定が確実であると見込まれる場合でないと，行われにくい面がある。

【訴因の個数と訴因変更（広義）の方法】

論者	科刑上一罪(a)	包括一罪・常習一罪(b)	訴因変更(広義)の方法
平野・高田など	1個	1個	変更（狭義）
	1個	複数個	(a) 変更(狭義) (b) 追加・撤回
横川・小野など	複数個	1個	(a) 追加・撤回 (b) 変更(狭義)
田宮・田口など	複数個	複数個	追加・撤回

第4節　訴因の追加・撤回・変更の意義

新証拠の発見，証拠評価の変更等が訴因変更の要件ではない（札幌地判昭56・6・24判時1013・138）ことは，審判対象を設定するという行為の性質上当然である。

2　訴因の補正・訂正との区別

訴因の内容に手を加えて修正する場合のうち，「変更」と区別されるべきものとして，「補正」及び「訂正」がある。

(1)　訴因の補正
(a)　補正の意義

「補正」（補正的追完）とは，訴因の記載そのものに相当重大な瑕疵がある——多くは，訴因の特定に瑕疵がある——ことにより，そのままでは無効とされる場合に，その瑕疵を除去して有効なものにすることをいう（瑕疵の程度が著しいために補正の余地がない場合は，別論となる。仙台高判昭26・6・14判特22・59，仙台高判昭30・2・24裁特2・4・90，高松高判昭27・10・9高刑集5・12・2105，三井・判解33・15参照）。これに対して，「変更」は，特定・明示されて瑕疵なく有効に存在している訴因に手を加えるものである点で，補正と異なる。

訴因が特定しない場合，その公訴提起は本来無効であり（256条3項），裁判所は，公訴提起の手続が法令に違反したため無効であるときに当たるとして，公訴棄却の判決をしなければならない（338条4号）。しかし，起訴状を見ただけで，いきなり公訴棄却をするのではなく，検察官に釈明を求め，検察官がそれに応じて不特定な訴因を特定明示すれば（これが訴因の補正の代表例である），有効な公訴提起として扱ってよく（この場合，検察官の釈明内容が訴因の内容を成すものとなることは当然である。），検察官がそれをしなかったときに訴因不特定として公訴を棄却すべきである（最判昭33・1・23刑集12・1・34「刑訴256条の解釈としては，この後の判決の説明（訴因の記載が明確でない場合には，検察官の釈明を求め，もしこれを明確にしないときにこそ，訴因が特定しないものとして公訴を棄却すべきものである）を当裁判所においても是認する」）。公訴を棄却されても再起訴は妨げられないから，検察官にまず釈明（補正）を求めるというこの行き方が訴訟経済に合致すると考えられるし，応訴の負担軽減という観点から被告人の利益にもかなうからである。

この場合，裁判所に求釈明の義務があるかは争われている。積極（高松高判昭26・7・28刑特17・36，東京高判昭27・1・29高刑集5・2・130，東京高判昭27・6・19高刑集5・7・1093，高松高判昭27・10・9高刑集5・12・2105，中山・194「訴訟の主宰者として，無駄のない円滑な訴訟進行を図るべき責務を負った裁判所には，このような求釈明義務があるというべきであり，この義務に違反し，訴因の特定を欠くとして直ちに公訴を棄却したような場合には，判決に影響を及ぼすべき訴訟手続の法令違反になるものと解してよい」），消極（平野・134）の両説あり，上記最判の理解も分かれている（中山・前掲は，求釈明義務を肯定していると解し，三井・判解33・14，臼井・535は，そこまでは断定できな

訴因変更〔Ⅰ〕　33

第1章　訴因変更制度総説

いとする。）。

　補正は変更ではないから，312条の射程外であり，その具体的な場合に応じて適当な方法で行えば足りるが，無効な訴因を有効にするものであるところからして，訴因の変更と同等の手続によった方がよい場合も少なくはなかろう（後出**最判平21・7・16**参照。田宮・193は，「変更に準じた手続きが必要であろう」とする。なお，松尾・上・174，243は，被告人の同意が必要であるとする。なお，訴因の特定が不十分で本来補正すべきものを訴因の変更でまかなったとしても，変更手続はより慎重な手続であるから，違法ではない（中山・194））。

　その補正を行うべき時期は，訴因の特定が実体審理の要件である（256条3項，338条4号）以上，実体審理に入る前になすべきことが要請される。とりわけ，被告人が，実体審理に入る前から訴因不特定を主張して争っている場合には，補正は実体審理に入る前に行われなければならない（中山・194は，この点で，**最大判昭37・11・28刑集16・11・1633（白山丸事件）【4】**が証拠調べに入った後である冒頭陳述によって訴因の補正を認めたとしてこれに疑問を呈する。しかし，同判決がその趣旨のものであるかについては疑問とする余地がある。）。もっとも，実体審理に入るまで被告人が訴因の特定を争わず，裁判所もこれに気づかないまま冒頭陳述に入った後に訴因の特定が問題となった場合には，当該冒頭陳述により訴因が特定されたと認められる限りは，訴因不特定の瑕疵は治癒されたものとして取り扱ってよいであろう（中山・194）。

(b)　補正を認めた判例

　判例上，訴因の補正が認められたものとしては，

　①　保管中の金員の数回にわたる費消横領につき，併合罪の訴追であるとするならば，各費消横領行為ごとに費消の日時・場所・金額・使途等につき起訴状の補正追完を許すのが妥当とするもの（**高松高判昭27・10・9高刑集5・12・2105**「訴因が全然不特定であってその補正追完の余地が全くないものは論外としても訴因として一応具体的な犯罪構成要件事実が示されている以上は検察官自らまたは裁判所の釈明により検察官がその不明確な点を補正追完することは許されるものと解する（これは訴因の変更ではない。）。このことは併合罪の関係に立つ数個の同種行為が全体としては一応特定せられているが各行為の一々につき特定を欠くような場合においてもまた然りと謂わなければならない」），

　②　戸別訪問（公職選挙法違反）の相手方数名のうち一人だけにつき訪問の日時・場所が記載されている場合に，その他の訪問相手について，その氏名，訪問の日時・場所を特定して補正することができるとするもの（**高松高判昭29・2・12高刑集7・4・517**「訴因の記載が不明確な場合に，その補正追完が絶対に許されないものとは解し難く，検察官自ら又は裁判所の釈明により検察官はその不明確な点を補正追完することはもとより許されるものと解するのを相当とする。……而して訴因は起訴当初明確を欠き後これが補正追完せられた場合であっても起訴は当初より有効と解すべくその補正追

完せられたときに新たな起訴があつたと解すべきでないことは刑事訴訟法が二重起訴を許さない法理から見て理の当然である」），

③　公職選挙法235条の2第2号の罪（新聞紙・雑誌が選挙の公正を害する罪）について，単に抽象的に「選挙に関する報道又は評論を掲載し」と記述しただけでは足りず，その報道又は評論に該当する記事の内容を具体的に記載しなければならないので，上記の公訴事実のままでは訴因の明示を欠き起訴は無効といわざるを得ないが，補正が可能であるとしたもの（仙台高判昭30・2・24裁特2・4・90「右程度の瑕疵では公訴事実の記載を欠如したに等しいとか，或は罪となるべき事実を全然包含していない場合に等しいとかいう如き重大なものということを得ず，又之が補正を許すことによって被告人の利益や手続の公正が不当に害されるものとは認められず却って補正を許さず之を無効として公訴を棄却し改めて起訴の手続をとらしめるという如きこそ被告人の利益にも反し訴訟経済の利益をも害するものと認むべきであるから右の瑕疵はその補正を許すものと解するのを相当とする」）

④　労働基準法36条1項に基づき月単位の時間外労働の協定が締結されている場合において，協定時間を超えた時間外労働について同法32条1項（週単位で時間外労働を規制するもの）違反の罪を問うに際し，公訴事実の記載が月単位の時間外労働を示す内容となっていたのに対して，週単位の時間外労働の規制違反の事実を摘示することにより補正すべき場合であるとしたもの（**最判平21・7・**

16 判例集未登載「労働基準法32条1項違反に係る上記公訴事実は，その記載だけからみると，月単位の時間外労働を示す内容となっており，当該月の特定はされているものの，週の特定はもとより週という言葉さえ出てきておらず，これを直ちに週単位の時間外労働の規制違反を記載したとみることはできない。しかし，労働基準法に月単位の時間外労働の規制違反の規定はないこと，起訴状には罰条として週単位の時間外労働を規制している労働基準法32条1項が記載されていることを合理的に解釈すると，週単位の時間外労働の規制違反の事実を摘示しその処罰を求めようとした趣旨ではあったが，結果として，違反に係る週の特定に欠けるという不備が生じてしまったと解するのが相当である。したがって，本件は，訴因の特定が不十分でその記載に瑕疵がある場合に当たり，その瑕疵の内容にかんがみると，訴因変更と同様の手続を採って訴因を補正すべき場合である」）

などがある。

(2)　訴因の訂正

(a)　訂正の意義

実務上,「起訴状の訂正」ということが行われている。法にはこの言葉はないが，規則ではこの言葉が用いられている（規44条1項31号，213条の2第1号）。元々，起訴状の訂正は，起訴状の誤字脱字や被告人の氏名，年齢，住居等の明白な記載上の誤りを正して完全にする際に行われる手続である。このことから分かるように,「訂正」は，瑕疵はあってもそれほど重大でないためなお有効とされ

る場合に，その瑕疵を補修することを意味している（「訂正は，起訴状の記載そのものに瑕疵がないことを前提とする点では変更と同じであるが，変更が訴因の内容に多かれ少なかれ実質的な影響を与える程度に手を加えることを意味するのに対し，訂正はそのような影響を与えない範囲内で比較的軽微な誤りを正す場合の用語と解してよい」とする説明もある（高橋・755，小林・352）が，記載上の「誤り」がある以上，「瑕疵」がないとはいえまい）。「変更」は，特定・明示されることにより瑕疵なく有効に存在している訴因に手を加えるものである点で，訂正とも異なる。

　この起訴状の訂正は，公訴事実の記載すなわち訴因にも施すことができる。それは，「補正」によらなくては治癒させることができないほどではないが，なお訴因の明示が日時，場所，方法その他の点において具体性を欠き，又は不備であって，訴因の特定が多少足りないとき，である（判例上，事実の記載に多少不明確ないし不十分な点があっても，なお訴因の特定・明示に欠けるところはなく，起訴が有効であるとされたものとして，①**福岡高宮崎支判昭26・6・29判特19・152**（約1箇月の間に同一場所で豚1頭及び牛4頭を密殺したという5個の屠場法違反等の公訴事実につき，個々の行為が概括的に記載されていても，各訴因の同一性を認識することができるから起訴は有効であるとしたもの），②**東京高判昭26・12・20判特25・109**（8回にわたる贓物故買の公訴事実において，日時・場所・故買物件・相手方が個別的に明確であれば，その買受代金について合計

額しか明らかにされていなくても，個々の訴因は特定しているといえるとしたもの）などがある）。

　もっとも，訴因の内容を変更する場合について，一方で厳格な訴因変更の手続が存在するのであるから，起訴状の訂正が許されるのは，訴因変更を要しない程度の事実の変化の場合（田宮・193は，「非本質的な部分の記載を変える際」，松尾・上・242は，「僅かな記載の不備があるとき」という）に限るべきである。いかなる場合に訴因変更を要しないかは，後述のとおり，説の分かれるところであるから，どの説を採るかによって，起訴状の訂正で足りる範囲も異なってくることになる。

　このように，訴因変更を要しない範囲と起訴状の訂正が許される範囲とは一致するのであるが，訴因の訂正と変更の区別は実際問題として容易でない場合がある（特に，犯罪の日時・場所の変化）うえに，後述のとおり，訴因変更の要否そのものが，かなりデリケートな問題であることを踏まえると，訂正の方法で済ませることができるかどうか疑わしい場合には，大事を取って訴因変更の手続を採るのがよいであろう。訴因の訂正が許される場合であっても，訴因変更という慎重な手続を検察官が選んでくることは，もとより法の禁止するところではないと解される。これは，「訴因の任意的変更」と呼ばれる手続の一場面であり，実務上汎用されている（もっとも，**最判昭32・1・24刑集11・1・252【53】**は，任意的変更を否定するかのような口ぶりである─「本件起訴状記載の公訴事実と第一審判決の判示認

定事実との所論差異のごときは，公訴事実の同一性は勿論，訴因の同一性をも害するものとはいえないから，公訴事実に争のある通常の審理手続をするを以て足り，訴因変更のごとき特別手続をなすべきものではない。けだし，……訴訟法が訴因変更の手続を設けた趣旨は，予め審理の対象，範囲を明確にして，被告人の防禦に不利益を与えないためであるから，公訴事実並びに訴因が同一性を有する限り，これらの同一性を害しない事実について，その変更手続をなすべきではない。なぜなら，公判審理中かかる事実の存否につき疑問を生ずる度毎に，裁判所が一々これが変更手続をなすがごときは，ただに無用であるばかりでなく，往々当事者をして裁判所が予断を抱くものと疑わしめる虞がなくはないからである」―が，必ずしもそう解するまでの必要はないであろう（書研・講義案・144））。

起訴状の訂正の手続については，法及び規則の上で何らの定めがない。訴因変更の手続のような厳格さは，もちろん必要でない。その具体的な場合に応じて適宜な方法で行えば足りよう。検察官が一方的に自由にすることができる（**名古屋高判昭 27・5・19 判特 30・9**「訴因の内容を訂正するには，裁判所の許可を必要としない」）のであるが，何らかの方法で裁判所及び被告人に通知される必要がある。通常は，公判廷において，検察官から口頭でなされる。この際，裁判所が被告人や弁護人に意見を聴く必要はない（**東京高判昭 28・9・30 判特 39・114**「起訴状訂正を許可するには，弁護人，被告人の意見を徴する必要はない」）。もっとも，意見聴取や裁判所の許可の点については，当該訂正が被告人の防御に不当な不利益を及ぼす場合があるとすれば，おのずから別論となろうか。

(b) 訂正を認めた判例

判例上，訴因の訂正が認められたものとしては，

①　被害者を畏怖させ財物を交付させた旨の公訴事実が記載され，罪名を恐喝とし，罰条も当該法条が記載されている起訴状につき，事実の末尾に「騙取し」と記載のあるのは誤記であると認め，これを「喝取し」と変更するには訂正で足り訴因変更の手続を要しないとするもの（**最決昭 33・4・30 裁集 124・677**），

【訴因の補正・訂正・変更】

	瑕疵の有無・程度	訴因の特定性	そのままでの有効性	効　果
補正	あり・重大（極めて重大⇒補正不可）	不特定	無効	現訴因を特定させ，有効とすることにより，現訴因を審判対象とできる。
訂正	あり・軽微	一応特定しているが必ずしも十分でない	有効	現訴因の特定を完全なものとする。
変更	なし	特定	有効	旧訴因を新訴因に変更したことにより，新訴因を審判対象とできる。

② 公訴事実の記載に，「被告人は」の次に「医師でないのに」を挿入するなどは単なる起訴状の訂正であって訴因の変更を必要としないとするもの（札幌高判昭25・6・8判特10・149），

③ 麻薬取締法違反の罪の場合に，公訴事実中「被告人は」の次に「麻薬取扱業者でもなく，且つ法定の除外事由がないのに拘わらず」を挿入し，「何人も所持してはならない」を削除するとともに，「麻薬取締法第4条」を「第3条」と訂正する旨の検察官の申立は訴因・罰条の変更ではないとするもの（東京高判昭29・9・8裁特1・7・284），

④ 窃盗の起訴状にその時期が「昭33年3月上旬」とされているのを「昭34年3月上旬頃」に訂正するのは差し支えないとするもの（東京高判昭35・2・6下刑2・2・109），

⑤ 業務上過失傷害事件について，同一態様の過失における注意義務の発生根拠を明確にした訴因の補充訂正を起訴状の訂正の手続ですることは違法でないとするもの（東京高判昭60・3・20東時36・3・15）

などがある。

他方，④と同様に犯罪の日時に1年の違いがある場合について，訴因の訂正が許されないとした判例として，

⑥ 道路交通法違反の罪（踏切直前不停止・速度超過）の起訴状にその時期が「昭和39年3月20日」とあるのを「昭和38年3月20日」と訂正することは許されないとしたもの（福岡地小倉支判昭40・6・9下刑7・6・1261「（このような道交法違反の所為は，同一の場所，態様でも異なる日時に反復して生起する可能性があることからすれば）公訴事実の同一性がないから許されない」とする。この理由であるならば，訴因変更であっても許されないこととなろう。小林・353は，証拠関係からみて誤記であることが明らかな場合は「訂正」を認めるべきとする）がある。(注13)(注14)

(注13) なお，訴因変更の手続によるべきであるのに訂正の形で処理した場合でも，その訂正申立に弁護人が同意しているときは，実質的に訴因変更が行われたと解してよいとする判例がある。①東京高判昭30・9・20東時6・9・315（犯行の年月日について「昭和25年7月頃より同26年2月迄」とあるのを「昭和25年7月頃より同年12月9日頃まで」と訂正し，かつ「費消横領」を「着服横領」と訂正したもの）「訴因変更を要する事項を訂正の形で処理しても，右訂正申立に弁護人が同意しているときは，実質は訴因の変更と解して差支えない」，②名古屋高判昭50・7・1判時806・108（公訴事実第二の記載中「被告人は，I……らと共謀の上」とあるのを「被告人は，右第一記載の諸事情を了知のうえ，Iらに加担する意思をもって，I……らと共謀の上」と訂正する旨を申し立て，原審がこれを許可したもの）「訂正前の訴因と訂正後の訴因とを対比してみると，前者は，被告人が前記公訴事実第二の事実についてのみ通常の共同正犯としての責任が問われているのに対し，後者は，いわゆる承継的共同正犯として，同第一の一のIらの犯行（先行行為）についても共犯者としての責任があるとされているのであって，両者は，明らかに共謀の態様を異にするばかりでなく，犯罪成立の範囲を著しく異にするものであるから，このような重要な事実関係を変更するには，訴因の変更手続を要するものというべきである。しかし，記録によれば，原審は，……弁護人が，本件傷害の訴因について，同時犯，承継的共同正犯等の要件は認められず，傷害罪は成立しない旨主張したところから，傷害の訴因について簡易公判手続を取消し，公判手続を更新していること，検察官の前記起訴状訂正の申立に対し，弁護人から異議の申立がなく，これを許可したものであること，前記起訴状第一の一，二及

び第二の記載を通読すれば，被告人に対する傷害の訴因が，承継的共同正犯もしくは同時犯の趣旨であることが窺知できなくはないこと等が認められ，これによれば，原審における起訴状訂正の手続は，訴因の変更手続と実質的に異なるところがなく，被告人の防禦に実質的な不利益を生じさせたものとは認められないから，原審の右手続に，判決に影響を及ぼすべき法令違反があるということはできない」

(注14) なお，併合罪の一部を取除くには，公訴取消しの方法によるべきで，訴因撤回の方法によってはならないのであるから，なおさらのこと補正又は訂正によることは許されない（東京地判昭44・5・22判タ239・291，前出の東京高判昭27・4・24高刑集5・5・686及び東京高判昭29・1・26東時5・1・16）。

第2章　訴因変更の手続

第1節　検察官の請求

　訴因は、検察官が審判の対象として設定する具体的事実の主張であるから、これを審理の途中で追加・撤回・変更するのも、本来検察官の権限であり任務である（条解刑訴・618、髙橋・737）。このように、訴因罰条の変更は、審判対象を設定し直すもの（起訴状の実質的な記載内容の変更）であるから、その重要性において公訴提起に匹敵するものであり、そのため、訴因変更の手続は、起訴の手続に準じて、まず検察官の請求によって行われることが予定され（312条1項）、書面の提出（規209条1項）、その書面の被告人の数に応ずる謄本の添付（同条2項）、同謄本の送達（同条3項：謄本受領後直ちになすべし）、提出に係る書面の公判廷における朗読（同条4項：送達後遅滞なくなすべし）が原則として必要とされている。ただし、起訴の場合と異なって、変更部分がわずかで内容的にも簡明な場合も少なくないことから、書面主義の例外として、被告人が在廷する公判廷においては、裁判所は口頭による訴因罰条の追加、撤回又は変更を許すことができることとされている（同条5項—札幌高判昭25・10・31高刑集3・4・532は、口頭により、単独犯の訴因を共同正犯の訴因に変更することを許しても不当でないとする）。

　この訴因変更の際に原則として検察官が作成し提出する書面は、実務上「**訴因変更請求書**」と称されている（事件事務規程（昭和62年12月25日法務省刑総訓第1060号訓令）122条「検察官が刑訴法第312条第1項の規定に基づく訴因又は罰条の追加、撤回又は変更の請求を書面でする場合には、訴因・罰条の追加・撤回・変更請求書（様式第164号）による」）。上述した書面は、いずれもこの訴因変更請求書を指しているのであって、裁判所の訴因変更許可決定書を指すわけではない（許可決定は書面によることを必要とされていない）。訴因変更の請求に当たっては、現訴因をどのように変更するのかを具体的に明示しなければならない（札幌高判昭35・12・20下刑2・11＝12・135等）。

　こうして検察官が訴因変更請求書を裁判所

第2章　訴因変更の手続

に提出することにより，その請求に係る特定の事実に対する訴追意思を表明したものとみられるから，その時点で254条1項前段に準じて，公訴時効の進行が停止するものと解される（**最決平18・11・20判タ1227・190**）。

なお，この検察官による訴因変更請求の時期については，特に法文の上で明定されたものはないが（刑訴法312条1項参照），**公判前整理手続**に付された事件においては，公判前整理手続終了後の訴因の変更は，基本的に許されないことであり，検察官としてはその請求を差し控えるべき義務があると考えられている（角田・99以下——通説といってよいのではなかろうか）。それは大要以下のような思考に基づくものである。

充実した公判の審理を継続的，計画的かつ迅速に行うためには，第一回公判期日前に事件の争点及び証拠の整理を十分に行い，明確な審理計画を立てることが不可欠であり，そのために公判前整理手続が創設された。そして，このような公判前整理手続の趣旨・目的を実現し，同手続の実効性を担保するために，立証制限等の諸規定が置かれているのであり，そこには主張制限の制度が正面から設けられてこそいないが，上述の公判前整理手続の制定理由に徴すれば，当事者が公判前整理手続終了後にその主張を変更することは，同手続を経たことにより付けられていたはずの当該刑事裁判の充実化・迅速化への道筋を振り出しに戻すものとして本来許されないことであり，これを差し控えるべき義務がある（辻・113以下はいう。——「十分な争点整理，証拠

整理を行うという公判前整理手続の趣旨・目的や，その実効性担保のために主張明示義務，証拠調べ請求義務，さらには立証制限の制度が設けられたことにかんがみると，同手続終了後の主張の変更等は，本来許されないことであり，これを差し控えるべき義務があるが，ただ，その義務を担保するための主張制限の制度が設けられなかったにすぎないと考えるべきである」——，また，角田・53～57も，「公判前整理手続において，争点及び証拠の整理が行われた以上，その基本となる主張を行った検察官がこれを覆すことは，公判前整理手続を否定し，証拠制限の趣旨に抵触するものであって，訴訟の経緯，事案の性質，新たに必要となる証拠調べの多寡等具体的な事情に照らして判断されることであるにしても，多くの場合，許されないものと考えられる」としている。）。訴因こそは検察官の主張の最たるものであり，検察官が公判前整理手続終了後に訴因変更請求をしようという場合にも，このような観点からの制約を免れない（裁判員制度導入に伴う刑事訴訟法改正の審議に際しても，訴因変更制度に関わる検察官の訴追裁量権は公判前整理手続における争点整理・計画審理の実効性確保の観点から制約され，訴因変更請求が公判前整理手続の時点から可能であったような場合には許されなくなると解する余地がある，と考えられていた。——裁判員制度・刑事検討会第30回井上座長発言）。

もっとも，訴因変更の必要性が，公判前整理手続終了後に至ってそれまで収集することのできなかった新規の証拠が発見されたとい

第 1 節　検察官の請求

うようなやむを得ない事情の変更によって生じた場合には，当該訴因変更は許されなければならない。検察官として公判前整理手続の中における訴因変更（刑訴法316条の5第3号）をなし得なかったことについて正当な理由がある（帰責事由がない）ものである以上，立証制限が「やむを得ない事由」がある場合には外れる（刑訴法316条の32第1項）のと同じ理由で，主張変更＝訴因変更請求も許されることになる（辻・114 はいう。――「もとより，『訴訟は生き物』であるから，公判前整理手続の段階における相手方の主張の変化に照らし，同手続の段階において特定の主張や証拠調べ請求をしなかったが，その終了後に当該主張や証拠調べを請求することについて，十分な理由があると考えられるときには，主張の追加・変更や新たな証拠調べ請求も許されるべきである。第316条の32の規定による立証制限に，『やむを得ない事由によって公判前整理手続……において請求することができなかったものを除き』との例外が設けられているのは，そのことを表しているものと考えられる。」――このほか，角田・57 も，「検察官がいかに努力しても，証人が予想外の証言をするなどして，訴訟が当初の想定と異なる帰すうをとる事態は避けられないが，そのような事案にまでおよそ主張の変更を禁じるというのも行き過ぎであろう。このように，訴訟構造の拘束性（公判前整理手続終了段階における検察官の主張の自己拘束力―筆者注―）は，訴訟の経緯，とりわけ検察官の帰責事由の有無・程度に左右される面もあると考えられる」としている）。そして，この訴因変更が許可された場合には，もちろん，新訴因立証のための新たな証拠調の請求には立証制限はかからない（もとより，検察官としては，十分な捜査と慎重な判断に基づいて訴因を構成して起訴した上，公判前整理手続中においては，訴因変更の必要が生じないかについても視野に入れつつ立証計画を入念に策定すべきであって――要すれば，この段階で予備的訴因を追加請求しておくこと，そして同訴因立証のための証拠調請求をも併せしておくことを考慮すべきである――，公判前整理手続終了後に至って訴因変更を求めざるを得ない状況を出現させることは，可及的に避けなければならない。――もっとも，裁判員裁判については，角田・102 は，「訴因を設定する権限は検察官にあるので，検察官が設定した訴因に従って，立証計画を立てることになる。しかし，裁判員裁判において，多数の主張が錯綜することは，分かりにくいのはもちろん，争点整理を困難なものとし，審理を不安定化するなど適正な事実認定を行うに当たっての阻害事由となることが想定される。したがって，複数の主張あるいは予備的ないし択一的訴因を掲げることは相当でないのが通常であり，検察官には，できる限り主張を絞って，立証構造を単純化する責務があるというべきである」としている。裁判員に無用に過度の負担を与えることはもとよりあってはならないことである。しかしながら，予備的ないし択一的訴因の掲示が審判対象設定の在り方として法定されている訴追手続である以上，裁判員裁判にあっても，その手続を採る必要性がある限りこれを実践することは当然許されなければならな

訴因変更〔Ⅰ〕

第2章　訴因変更の手続

い道理である。「事案の真相を明らかにし，刑罰法令を適正且つ迅速に適用実現する」という刑訴法1条の法目的を達する必要性は，裁判員裁判においても何ら異なるところはないはずなのであり，"裁判官のみによる裁判であれば予備的ないし択一的訴因を掲げたものを，裁判員裁判であるが故に断念して実体的真実の発見を犠牲にする"との訴追態度は，考えられないところといわねばならない。検察官において，証拠上やむなく予備的ないし択一的訴因を掲げた場合には，裁判官において，裁判員に分かりやすく争点整理をし，審理を安定的に導き，評議を的確なものとする責務がある，というべきであろう）。

公判前整理手続終了後の訴因変更が許されるか否かについての裁判例としては，次のものがある。

【1】　東京高判平20・11・18判タ1301・307

旧訴因	新訴因
被告人は，平成18年12月13日午前1時27分ころ，業務として普通乗用自動車を運転し，東京都世田谷区Sa丁目b番先道路を狛江方面から環八通り方面に向かい進行中，	
進路前方を同方向に進行中の普通乗用自動車を右側から追い越した後，左方に進路変更するに当たり，	進路前方を同方向に進行中のB運転の普通乗用自動車を右側から追い越す際，当時夜間であり，交通量はさほど頻繁ではなかったのに，同車が同所に至るまでの約400メートルの間，時速約30キロメートルの比較的低速度で進行していた上，自車を加速させて前記B運転車両の後方直近に接近させ，いわゆるあおり走行をしたにもかかわらず，同車が速度を上げないで前記速度のまま走行しており，同車の前方には同車が速度を上げることを困難ならしめるような車両等が走行していることもあり得たのであるから，前記B運転車両を右側から追い越して左方に進路変更するに当たり，
前方左右を注視し，進路の安全を確認しながら左方に進路変更すべき業務上の注意義務があるのにこれを怠り，	前方左右を注視し，進路の安全を確認するはもとより，折から同車前方を同方向に進行していたV（当時62年）運転の原動機付自転車の動静を十分注視し，同原動機付自転車との間に安全な側方間隔を保持して同原動機付自転車との安全を確認した上で左方に進路変更すべき業務上の注意義務があるのにこれを怠り，
前方左右を注視せず，進路の安全確認不十分のまま漫然時速約60キロメートルで左方に進路変更した過失により，	前方左右及び同原動機付自転車の動静を注視せず，進路の安全を確認することもなく，同原動機付自転車との間に安全な側方間隔を保持しないまま漫然時速約60キロメートルで左方に進路変更した過失により，
折から同車の前方を同方向に進行中のV（当時62年）運転の原動機付自転車右側部に自車左側部を衝突させて同原動機付自転車もろとも同人を路上に転倒させ，	同原動機付自転車右側部に自車左側部を衝突させて同原動機付自転車もろとも同人を路上に転倒させ，

第1節　検察官の請求

よって，同人に硬膜下血腫等の傷害を負わせ，同日午前10時10分ころ，武蔵野市内のM病院において，同人を上記傷害により死亡させたものである。

判旨　「公判前整理手続は，当事者双方が公判においてする予定の主張を明らかにし，その証明に用いる証拠の取調べを請求し，証拠を開示し，必要に応じて主張を追加，変更するなどして，事件の争点を明らかにし，証拠を整理することによって，充実した公判の審理を継続的，計画的かつ迅速に行うことができるようにするための制度である。このような公判前整理手続の制度趣旨に照らすと，公判前整理手続を経た後の公判においては，充実した争点整理や審理計画の策定がされた趣旨を没却するような訴因変更請求は許されないものと解される。これを本件についてみると，公判前整理手続において確認された争点は，『被告人が，本件交通事故を引き起こして逃走した犯人であるかどうか』という点であり，本件交通事故を起こした犯人ないし被告人に業務上の注意義務違反があったかどうかという点については，…（中略）…争点とはなっていない。ところが，公判において，本件交通事故の目撃者等の証拠調べをしてみると，本件交通事故の態様が，訴因変更前の公訴事実が前提としていたものとは異なること（酒に酔った被害者が蛇行運転をして被告人車両にぶつかった―筆者注）が明らかとなったため，検察官は，原審の指摘を受け，前記のとおり，訴因変更請求をした。そして，その段階でその訴因変更請求を許可したとしても，証拠関係は，大半が既にされた証拠調べの結果に基づくものであって，訴因変更に伴って追加的に必要とされる証拠調べは，検察官立証については前記のとおり極めて限られており（実況見分調書2通の取調べ及びその真正立証のための作成者の証人尋問―筆者注），被告人の防御権を考慮して認められた弁護側立証を含めても，1期日で終了し得る程度であった。以上によれば，本件は，公判前整理手続では争点とされていなかった事項に関し，公判で証人尋問等を行った結果明らかとなった事実関係に基づいて，訴因を変更する必要が生じたものであり，仮に検察官の訴因変更請求を許可したとしても，必要となる追加的証拠調べはかなり限定されていて，審理計画を大幅に変更しなければならなくなるようなものではなかったということができる。そうすると，本件の訴因変更請求は，公判前整理手続における充実した争点整理や審理計画の策定という趣旨を没却するようなものとはいえないし，権利濫用にも当たらないというべきである。検察官の本件の訴因変更請求を許可した原審には，判決に影響を及ぼすことが明らかな訴訟手続の法令違反は認められない。」

● **コメント**

　この裁判例は，公判前整理手続の後においては，「充実した争点整理や審理計画の策定がされた趣旨を没却するような」訴因変更請求は許されない，との判断基準を定立した上で，当該事案における訴因変更請求はそのようなものであるか否かを検討し，公判前整理手続で争点化されていない事項について公判段階になって事実が判明したことや訴因変更を許した場合に必要となる追加的な立証の程度等が限定的であることを理由に，「充実した争点整理や審理計画の策定がされた趣旨を没却するような」訴因変更請求とはいえないと認めたことによって，これを許容した（なお，「権利濫用にも当たらない」との判示部分は，結論を導く直前に唐突に出現しており，その文脈からして，公判前整理手続を経たことによる訴因変更請求の制約とは別の局面での議論と整

訴因変更〔Ⅰ〕　45

第2章　訴因変更の手続

理されよう）。

　本文に上述した通説的考え方が，原則的に訴因変更請求不可・例外的に訴因変更請求可としているのと対比すると，そのような原則・例外の関係を措定することなく，個々の具体的事案において当の訴因変更請求が「充実した争点整理や審理計画の策定がされた趣旨を没却するような」ものであるか否かを判断することによって請求の許否を決するものとしている点で相異しており，また，通説的考え方が，立証制限が外れるような「やむを得ない事由」がある場合には訴因変更請求に対する制限も解除されるとしているのと対比すると，そのようなやむを得ない事由の存否を問うていない点で相異しているといえよう。

　本判決が訴因変更請求を許容する判断の基礎として指摘している事項のうち，「公判前整理手続で争点化されていない事項について公判段階になって事実が判明したこと」についていえば，それが捜査不十分など検察官の責めに帰すべき事由に起因する事象であるときには，通説的立場からは，訴因変更を許容しないとの結論があり得よう。また，「訴因変更を許した場合に必要となる追加的な立証の程度等が限定的であること」についていえば，確かに審理計画の大幅な変更を余儀なくするものにはならないけれども，基本的に，審判の対象自体が変動することにより新たな審判を求められることの反面において従前の訴因に対する審理の相当部分が無意味に帰することは無視できないし，また，公判前整理手続による争点整理の結果に反して新たな争点を作出する可能性を生じることになるのも避けられないところであって，通説的立場からは，やはり公判前整理手続を経た成果を無意味ならしめるもの――あるいは，無意味ならしめかねないもの――との評価はあり得るところであろう。

　むしろ，通説的立場の考え方というものは，端的に言えば，「公判前整理手続終了後の訴因変更請求は，おしなべて，充実した争点整理や審理計画の策定がされた趣旨を没却するようなものである」との基本認識から出発して，「そのような公判前整理手続制度の趣旨を没却するようなものであっても（つまり，公判前整理手続における争点整理に反し，審理計画の大きな変動を招くようなものであったとしても，それを容認した上で），やむを得ない事由がある場合においては，実体的真実発見・正義実現の必要から，訴因変更請求を許容する」ものであるといえよう。すなわち，「やむを得ない事由」があれば立証制限が解除されることの論拠と同等に考えるわけである。公判前整理手続終了後における訴因変更請求制限の理由が同時点での主張制限にあり，その主張制限の理由が同時点での立証制限に由来するものである以上，この通説的立場の論理の組立ては筋が通っていると思う。本判決の結論も，この見地から是認されよう。

　いずれにしても，どのような基準により，どのような場合に，公判前整理手続後の訴因変更請求が許容されるかについては，未だ裁判例の集積が少なく，判例の傾向を見極めることのできる状況にない。蓄積を待ちたい。

第2節　裁判所の許可

　訴因変更は本質的に検察官の権限に属する事柄ではあるが，法は，これを請求にかからしめ，裁判所の許可を条件としてその効力を生ずるものとした（高田・616，高橋・737，条解刑訴・679 など，312 条 1 項の通説的理解）。このように裁判所の許可を条件としたのは，訴因の変更が公訴事実の同一性の範囲内で行われることが必要とされるため，その点について裁判所の判断を経ておくのが，その後の審理手続を安定的に進めてゆく上で適当と考えられるからである。訴因変更の請求が公訴事実の同一性の範囲を超えると認められる場合には，裁判所はこれを許可してはならない（**義務的不許可**）。また，判例には，訴因変更請求を受けた裁判所が，検察官の訴因構成に関する法律的見解が不明確であるのに，これを十分釈明させないで訴因変更を許容したのは訴訟手続の法令違反である（**東京高判昭 42・1・30 高刑集 20・1・14**），既に起訴されている事実と同一事実を含む訴因の追加を許したのは判決に影響を及ぼす訴訟手続の法令違反である（**仙台高判昭 44・12・26 刑月 1・12・1144**），とするものがある。

　他方，訴因の変更は，上記のとおり，当事者である検察官の本来的権限であり，裁判所は，公訴事実の同一性の範囲内にある限り必ずこれを許可しなければならない（**義務的許可**）のであって，公訴事実の同一性を害しないかどうかについて判断をなし得るにすぎない。したがって，訴因変更の請求があった場合，裁判所としては，元の訴因について有罪の判決をなし得るか，あるいは変更後の新たな訴因について有罪の判決をなし得るかなどを考慮する必要はないのである。**最判昭 42・8・31 刑集 21・7・879** も，「刑訴法 312 条 1 項は，『裁判所は，検察官の請求があるときは，公訴事実の同一性を害しない限度において，起訴状に記載された訴因又は罰条の追加，撤回又は変更を許さなければならない。』と規定しており，また，わが刑訴法が起訴便宜主義を採用し（刑訴法 248 条），検察官に公訴の取消を認めている（同 257 条）ことにかんがみれば，仮に起訴状記載の訴因について有罪の判決が得られる場合であっても，第一審において検察官から，訴因，罰条の追加，撤回または変更の請求があれば，公訴事実の同一性を害しない限り，これを許可しなければならないものと解すべきである」としている（もっとも，**大阪高判昭 56・11・24 判タ 464・170** は，「原則的には，当初の訴因について有罪の判断が得られるような場合であっても，検察官から訴因変更の請求があれば公訴事実の同一性を害しない限りこれを許可しなければならないが（**最高裁判所昭和 42 年 8 月 31 日第一小法廷判決，刑集 21 巻 7 号 879 頁参照**），本件のように，変更後の訴因では無罪となるような場合には，これを単純に許可すべきではない」という）。

　訴因変更の請求に対する許可は訴訟指揮に

第2章　訴因変更の手続

属するが，訴訟の進行につき特に重要な影響を持つことにかんがみ，裁判長に委ねる（294条参照）ことなく，裁判所の権限として留保したものである。したがって，裁判所は，検察官からの請求に対して，決定もって許可・不許可を示すべきことになる（後述のとおり異見がある。）。この決定は明示されることが望ましいが，訴因の変更が，本来検察官に任せてよい行為であって，公訴事実の同一性を害しない限り，裁判所としてはこれを許さなければならないものであることを考え合わせると，許可の場合は，黙示の決定によっても必ずしも違法とはいえないであろう。**最判昭 26・10・5 刑集 5・11・2156** も，検察官の訴因変更請求に対し被告人側から何らの異議もなく，裁判所もこの請求を却下することなく次の訴訟手続に進んでいるときは，黙示の許可決定がなされたとみてよいとしている（「第一審第9回公判において検察官が被告人に対する昭和24年8月13日附及び同25年1月18日附の各起訴状記載の公訴事実について訂正の申立をしていること，その中には訴因の変更と認めるのを相当とする部分が存すること，これに対し裁判所が取立てて訴因変更の許可決定を為さず，又その変更を被告人に更めて通知していないことは，すべて所論の通りである。しかし，検察官の右申立は被告人出頭の公判廷において口頭を以って為されたものであり，又，同公判調書によると，被告人側は右申立に対し何らの異議も述べず，裁判所も亦これを却下することなく，直ちに次ぎの訴訟手続に進んでいることが窺われる。かかる場合においては，裁判所が特に訴因変更の許可決定をしていなくても，その許可が為されたものと認めるのが相当であり，又，その訴因変更を更めて被告人に通知することも必要ではないと解すべきである」）。

なお，312条1項の「起訴状に記載された訴因」とは，起訴状そのもののほか，訴因変更請求書や，訴因変更の経過を記載した公判調書（規209条5項，44条1項31号）を含むと解すべきである（高田・622，高橋・737）。訴因の変更等は1回に限られるわけではなく，2回目以降の訴因の変更に当たっては，右の書面等に記載された訴因・罰条がその対象となるのである。

さて，訴因変更の効力が生ずるのはいつであろうか。検察官による訴因変更請求書提出のとき（したがって，許可決定は不要であり，変更を許さないときにだけ決定を要するとする。平野・137），訴因変更請求書謄本の送達がなされたとき（高田・638），公判廷での訴因変更請求書の朗読があったとき（**広島高判昭 25・10・4 判特 13・136**，**広島高判昭 47・7・3 判時 676・99**）など諸説があるが，訴因変更を裁判所の許可にかからせた趣旨に照らせば，訴因変更の効力は裁判所の許可によって生ずると解すべきであり，かつ訴因変更請求書謄本の送達等の段階ではいまだ訴因変更の許可はなされていないのが通常であるから，これらの見解は妥当でない（規則逐条・141等，通説）。そうすると，訴因変更につき裁判所の許可があり，かつ変更された後の訴因につき被告人に防禦の機会が十分に与えられている限り，訴因変更請求書の公判期日における朗読（規

209条4項)を欠いたとしても，判決に影響を及ぼすべき法令違反はないと解すべきであろう(規則逐条・141，小林・394，**最決昭29・7・14刑集8・7・1074**「記録を調べると所論予備的訴因の追加につき，第一審公判廷で裁判官より右請求のあったことが告知され，之に対し弁護人より公訴事実の同一性がない旨の意見が述べられたが，裁判官は右追加を許可する旨決定がなされていることの公判調書の記載がある点より考えると，当時右追加請求に関する朗読がなされたことを推認するに十分であるし，仮りに朗読がなされなかったとしても，前示の経過から見て，被告人側には右追加事実に関する防禦の機会は十分に与えられたものと認むべきであるから，結局判決に影響することの明らかな法令違反ありとはいえないのである」，**東京高判昭29・2・15高刑集7・2・133**)。

訴因変更があったときは，速やかに追加，撤回又は変更された部分を被告人に通知しなければならない(312条3項)。これは，起訴状謄本の送達(271条)と同じく，被告人の防禦権を保障するためである。「訴因又は罰条の追加，撤回又は変更があったとき」とは，訴因変更の請求があったときではなく，請求を許可したとき，の意味である(高田・637，高橋・786，小林・392)。したがって，訴因変更請求書謄本の送達とは別にこの手続が必要とされる。実務上は，公判廷における朗読の後に訴因変更を許可し，その告知(規34条による宣告又は決定書謄本の送達)を行っている例が多いと思われる。しかし，訴因変更請求書謄本の送達の前に許可決定をなすことも不可能ではないと解され，その場合には，この謄本の送達によって許可決定の告知，すなわち3項の通知もあったと解する余地がある(規則逐条・141，高橋・786，小林・392)。訴因変更請求書の提出があったときに直ちに許否の決定をせず，その謄本の送達をまず行い，後に許可決定をするという，実務上多く行われている取扱いについても，「謄本の送達をもって黙示の許可決定があったものと認められればもちろん，そうでなくても通知を必要とする趣旨からみて，決定前の謄本の送達をもって通知に代えることができよう」とされている(条解刑訴・628，高橋・786)。許可決定が明示的に被告人に伝達された場合以外は，このように解しておけば足りよう。被告人の在廷する公判廷において口頭で訴因変更請求があった場合には，裁判所から改めて被告人にその旨を通知することは必要でない(**最判昭26・10・5刑集5・11・2156**)。

訴因変更に関する事項は，公判調書の必要的記載事項とされている(規44条1項31号)。「関する事項」とは，検察官の訴因変更請求及びこれに対する裁判所の許可(312条1項)，訴因変更命令(同条2項)，訴因変更請求書の朗読(規209条4項)，口頭による訴因変更請求及びこれに対する許可(同条5項)，以上によって行われる訴因変更の内容をいうとされるが(高田・615，高橋・738，小林・394)，判例は，訴因変更請求書の朗読は公判調書の必要的記載事項ではないとしている(**東京高判昭32・4・17東時8・4・92**)。

明文の規定はないが，実務上，291条2項

第2章 訴因変更の手続

に準じて，訴因変更の後に，被告人及び弁護人に変更後の訴因について陳述する機会を与えるのが確立された扱いとなっている。この場合の陳述も必要的記載事項に含まれる（横川・研究・43，高橋・738）。なお，起訴状（訴因）の訂正に関する事項も，訴因の変更に準じて必要的記載事項とされている（規44条1項31号）。補正の場合にも当然同様とすべきであろう。

訴因変更の許可・不許可の決定に対しては，抗告することができない（420条1項）。

もし，裁判所が訴因罰条の変更により被告人の防御に実質的な不利益を生ずるおそれがあると認めたならば，被告人又は弁護人の請求により，決定で，被告人に十分な防御の準備をさせるため，必要な期間公判手続を停止しなければならない（312条4項）。これについては，後述する。

更することが必要であり（**最判昭41・7・26刑集20・6・711【11】**），またその変更は可能である（札幌高判函館支判昭29・2・9判特32・92等。ただし，時間的限界等による制約を受けることがあり得るのは別論である。後述する）。

訴因の変更が行われた場合，従前の証拠調の結果は新訴因についてもそのまま認定の資料とすることができる（高橋・778，小林・394，**大阪高判昭25・2・28判特7・80，東京高判昭26・9・20判特24・63，東京高判昭57・10・6東時33・10＝12・64**──ただし，変更前の訴因についての証拠調の効果をそのまま新訴因に及ぼすことが，当事者に不意打ちとなるときは，当事者の申立てにより証拠排除決定するか又は少なくとも反証の機会を与えるのが相当であろう，とする見解がある（小林・395））。

第3節　訴因変更の効果

訴因変更があった場合は，新たな訴因はそれが当初から起訴状の公訴事実として記載されていたのと同じ効果をもつ。すなわち，新たな訴因が審判の対象となり，旧訴因について審判することは許されない（**東京高判昭42・4・27東時18・4・138**）。もし変更前の訴因を認定しようとするならば，更にこれに訴因変

第3章　訴因変更の要否

第1節　総説（訴因の拘束力と訴因の同一性）

　訴因とは審判の対象であるから，それにふさわしい適性（審判対象としての適格）を備えていなければならない。そのためには，最低限度，犯罪の特別構成要件に該当する具体的事実（「罪となるべき事実」（256条3項））が明示されていることが必要不可欠であり，その要件事実のうちの一つの要素でも欠ければ訴因は不特定となり，裁判所は審判を進めることができない（256条3項，338条4号，339条1項2号）。また，逆に，裁判所は，この要件事実を超越する他の犯罪事実を対象として審理することも許されないし，その事実を認定して有罪判決をすることもできない（378条3号）。これが**訴因の拘束力**である（訴因の拘束力は，一般に，裁判所の判決を拘束する作用として説明されることが多いが，訴因対象説の立場からは，訴因は今後の審理の到達点を示すものとして裁判手続全体の指導形象であり，したがって，裁判所の審理をも拘束するものであることが銘記されるべきである。当初設定された訴因の成否をめぐる攻防を通じて他の犯罪事実が浮上してくるのも，決してその事実が審判対象となっていたからではない（第1章第2節5(3)参照））。したがって，訴因として明記された要件事実に変動が生じた場合には，その審判拘束力を免れるために，訴因の変更を行う必要が生じることになる。また，起訴状の公訴事実欄には，要件事実以外の事実（犯行の動機，計画など）も，訴因として記載されることがある。もしもこれらについても裁判所の審判を拘束する作用が認められるのであれば，同様にその事実変動に対しては，訴因変更手続を経ることなしには変動後の事実を認定することができないことになる。もっとも，後者の事実については，それが欠けることによって審判対象としての適格性が失われるということはない（有罪無罪の実体判決はできる）から，審判拘束力までは認めないとする見解が多い。しかし，いずれにせよ，裁判所は，訴因に拘束され，裁判所が訴因以外の犯罪事実を認定するには，訴因変更

第3章　訴因変更の要否

の手続が必要である。

　訴因の拘束力に関連する判例としては，以下のものがある。

【2】　最決昭 59・1・27 刑集 38・1・136

判旨　「選挙運動者たる乙に対し，甲が公職選挙法 221 条 1 項 1 号所定の目的をもって金銭を交付したと認められるときは，たとえ，甲乙間で右金銭等を第三者に供与することの共謀があり乙が右共謀の趣旨に従いこれを第三者に供与した疑いがあったとしても，検察官は，立証の難易等諸般の事情を考慮して，甲を交付罪のみで起訴することが許されるのであって，このような場合，裁判所としては，訴因の制約のもとにおいて，甲についての交付罪の成否を判断すれば足り，訴因として掲げられていない乙との共謀による供与罪の成否につき審理……する義務はないというべきである」

【3】　最大判平 15・4・23 刑集 57・4・467

判旨　「所有権移転行為について横領罪が成立する以上，先行する抵当権設定行為について横領罪が成立する場合における同罪と後行の所有権移転による横領罪との罪数評価のいかんにかかわらず，検察官は，事案の軽重，立証の難易等諸般の事情を考慮し，先行の抵当権設定行為ではなく，後行の所有権移転行為をとらえて公訴を提起することができるものと解される。また，そのような公訴の提起を受けた裁判所は，所有権移転の点だけを審判の対象とすべきであり，犯罪の成否を決するに当たり，売却に先立って横領罪を構成する抵当権設定行為があったかどうかというような訴因外の事情に立ち入って審理判断すべきものではない」。

なお，最決平 21・7・21 判例集未登載【76】にも注目する必要がある。「検察官において共謀共同正犯者の存在に言及することなく，被告人が当該犯罪を行ったとの訴因で公訴を提起した場合において，被告人 1 人の行為により犯罪構成要件のすべてが満たされたと認められるときは，他に共謀共同正犯者が存在するとしてもその犯罪の成否は左右されないから，裁判所は訴因どおりに犯罪事実を認定することが許されると解するのが相当である」

　【2】については，最判昭 43・3・21 刑集 22・3・95 が採用した交付罪と供与罪に関する犯罪吸収説（木谷・判解 59・22 はこう解している）を前提にすると，供与の事実の存在により実体法上交付罪が成立しなくなるのであるから，被告人側が受交付者との共謀による供与の事実を主張したときは，裁判所はそれを審理しなければならない，とする反論がある（川出・332）。他方，担当調査官は，「本決定は，判例の採る犯罪吸収説を前提とした上で，訴因の拘束力や一部起訴の可否という訴訟法の議論を展開することにより，混乱の収拾を図ったもの」（木谷・判解 59・31）と解説している。これに対して，最決昭 61・7・17 刑集 40・5・397 の担当調査官は，「吸収関係にある交付罪と供与罪は『包括一罪』として位置づけられる」といい（岩瀬・判解 61・197），また，【3】の担当調査官は，「訴因の制約下にあるといっても，裁判所が，実体法上犯罪として成立しないものについて有罪判断を下すことができるはずはないから，ここでいう『吸収』は，吸収される犯罪の消滅等を来すようなものでないことが明らかであり，

52　刑事訴訟法判例総合解説

第1節　総説（訴因の拘束力と訴因の同一性）

その構造は、本件と類似している」と述べており（福崎・判解15・290），さらに，香城元判事も，【2】は，「明白に共罰的な包括一罪のうち前段階的行為を起訴することを適法としたものであり，これにより最高裁判例の縮小訴因に対する立場は明確になったとみることができる」とされ（香城・299），3者とも，最高裁判例は，いったん成立した交付罪が事後に成立した供与罪に吸収されることにより成立しなくなる（犯罪吸収説／不可罰的事前行為）のではなく，あくまでも交付罪自体は成立し続けていると考えている，との理解に立っている（【2】決定補足意見における谷口判事の処罰吸収説も同様である）。供与罪が成立しようとも交付罪の成立・存続は妨げられないのであれば，訴因外の供与の事実の有無を審判することは無意味であるから，このような実体法の解釈（罪数論）により容易に決着を導くことが可能となる。次の【3】も，この行き方を採っている。もっとも，実体法の解釈上，後行行為について犯罪の成立が否定されるような場合がある限り（いわゆる不可罰的事後行為／盗品等関与罪の主体が窃盗本犯である場合等が考えられる）においてはなお問題が解消されない。この点については，後述する。

【3】については，最高裁は，従前，先行する抵当権設定行為に横領罪が成立するので後行する所有権移転行為は不可罰的事後行為として別に横領罪を構成するものではないとしていた（最判昭31・6・26刑集10・6・874：訴因外の抵当権設定による横領罪の成立の可能性を理由に，訴因とされた代物弁済による横領罪の成立に疑問を呈し，事件を原審に差し戻したもの）のを判例変更し，「委託を受けて他人の不動産を占有する者が，これにほしいままに抵当権を設定してその旨の登記を了した後においても，その不動産は他人の物であり，受託者がこれを占有していることに変わりはなく，受託者が，その後，その不動産につき，ほしいままに売却等による所有権移転行為を行いその旨の登記を了したときは，委託の任務に背いて，その物につき権限がないのに所有者でなければできないような処分をしたものにほかならない。したがって，売却等による所有権移転行為について，横領罪の成立自体は，これを肯定することができるというべきであり，先行の抵当権設定行為が存在することは，後行の所有権移転行為について犯罪の成立自体を妨げる事情にはならないと解するのが相当である」とした上で，「このように，所有権移転行為について横領罪が成立する以上，先行する抵当権設定行為について横領罪が成立する場合における同罪と後行の所有権移転による横領罪との罪数評価のいかんにかかわらず，検察官は，事案の軽重，立証の難易等諸般の事情を考慮し，先行の抵当権設定行為ではなく，後行の所有権移転行為をとらえて公訴を提起することができるものと解される。また，そのような公訴の提起を受けた裁判所は，所有権移転の点だけを審判の対象とすべきであり，犯罪の成否を決するに当たり，売却に先立って横領罪を構成する抵当権設定行為があったかどうかというような

訴因変更〔Ⅰ〕　53

第3章　訴因変更の要否

訴因外の事情に立ち入って審理判断すべきものではない。このような場合に，被告人に対し，訴因外の犯罪事実を主張立証することによって訴因とされている事実について犯罪の成否を争うことを許容することは，訴因外の犯罪事実をめぐって，被告人が犯罪成立の証明を，検察官が犯罪不成立の証明を志向するなど，当事者双方に不自然な訴訟活動を行わせることにもなりかねず，訴因制度を採る訴訟手続の本旨に沿わないものというべきである」とした。すなわち，この場合にも，後行行為について横領罪自体は成立するとの実体法解釈を採用したことにより，先行行為の存在の可能性の有無にかかわらず，そのまま当該訴因について審理判断できるという解釈をすることを可能としたものである（福崎・判解15・288）。のみならず，【3】は，【2】が"訴因事実の存否について審判すれば足り，訴因外の供与事実の存否につき審理…する義務はない"としていたのを更に進めて，"訴因事実だけを審判の対象とすべきであり，訴因外の事情に立ち入って審判すべきものではない"と述べており，訴因の拘束力を真正面から認めているところが注目される（福崎・判解15・291は，【2】も【3】と同様の判断を示していると理解している）。

【76】については，本決定の判文上は言及されていないが，共謀共同正犯者の存在が認められるような場合であっても，検察官は，立証の難易等諸般の事情を考慮して，実行行為のすべてを1人で行った被告人を単独犯として起訴することが許される，という検察官の訴追裁量の在り方を容認する理解が当然の前提とされている。その上で，本決定は，"被告人1人が実行行為のすべてを行ったと認められるときは，仮に共謀共同正犯者が存在するとしても被告人自身の犯罪の成否は左右されない"ことを理由として，裁判所は訴因どおりに認定することが許されるとしており，【2】【3】について上述したところと同様に，訴因外の事実の存在が訴因事実についての犯罪の成否に影響しないことに着眼した立論となっている。そうであれば，この場合においても，「訴因外の事実の存在が訴因記載の犯罪事実の成否自体に関係しないのに裁判所が訴因外の事実の存否につき判断することは，訴因が審理の対象であるという原則に抵触することになる」（川出・322参照）との立場から言っても，【3】の説示と同様，"訴因事実たる単独犯の成否だけを審判の対象とすべきであり，訴因外の事情である共謀共同正犯者の存否に立ち入って審判すべきものではない"ということになるべき筋合いであろう。本決定の「訴因どおりに認定することが許される」という表現振りはこの趣旨に解すべきこととなる（ただし，【76】のケースは，【2】【3】とかなり様相を異にするところがある。すなわち，【2】【3】においては，訴因事実と訴因外事実は別個独立の自然的・社会的存在として明らかに両立しているが，【76】においては，確かに，被告人が一人で実行行為のすべてを行うこととその被告人に共謀共同正犯者が存在することとは両立し得る事象である反面，犯罪を構成する1個の自然的・社会的事実が単

第1節　総説（訴因の拘束力と訴因の同一性）

独犯（訴因事実）・共同正犯（訴因外事実）のいずれとして行われたのかという非両立の関係にあると見る余地もあるからである。もしもこの観点を採るならば，訴因外事実の存在が訴因事実についての犯罪の成否に影響を及ぼすこととなり（共同正犯成立の主張は，単独犯の成立を否認するものとなる），上記の**最決平21【76】**の立論とは別の思考が導かれることになる。3章4節1(6)《単独犯→共同正犯》参照）。

さて，最後に，疑問を留保しておいた上述の点について検討する。すなわち，実体法の解釈上，訴因外の犯罪事実が存在することにより訴因記載の犯罪事実について犯罪の成立が妨げられる場合がなお存在するとして──例えば，いわゆる不可罰的事後行為（法条競合）として後行行為について犯罪の成立が否定されるような場合（盗品等関与罪の主体が窃盗本犯である場合等）をそれとして想定すると──，被告人側から訴因外の犯罪事実の存在（窃盗の本犯者であること等）が弁解として主張された場合には，裁判所はこれを審判しなければならないものであろうか。【2】の担当調査官が，"同決定は，このような場合に，訴因の拘束力や一部起訴の可否という訴訟法上の立論によって審理不要の結論を導いた"と解していることは先に見た（木谷・判解59・31）。私自身も，このような場合であってもなお裁判所が訴因外の事実の存否を審判することは不要──むしろ，不可──と考えている。その理由は以下のとおりである。

その1）例えば，検察官が，盗品等無償譲受けの訴因を設定したとしよう。その訴因記載は，例えば，「被告人は，甲が他から窃取してきた……を，それが盗品であることを知りながら，同人からもらい受けて盗品を無償で譲り受けたものである。」となろう（刑裁教官室・起案の手引・129）。審判は，当然，訴因に摘示された当該要件事実の存否にフォーカスして行われる。証拠に基づいてこれらの要件事実が認定されれば，その事実に盗品等無償譲受け罪の構成要件を定める規定（刑法256条1項）が適用され，同罪の成立が認められることになるが，被告人が，「自分が当該盗品を窃取した」と主張することはすなわち，上記訴因事実の中の「甲が他から窃取してきた」，「同人からもらい受けた」との事実を否認すること（訴因に摘示された要件事実の不存在をいうために，この事実と両立し得ない事実を主張する態度──いわゆる**積極否認**）にほかならない。したがって，この主張を受けた検察官としては，以後この2点を争点として，「甲が他から窃取してきた」，「被告人は……を甲からもらい受けた」との歴史的事実が存在することを立証してゆくことになる。そして，この立証に成功すれば，その反面において，被告人が窃盗本犯であるとの事実の不存在が証明された結果となり，また検察官がこの立証を果たすことができず，裁判所において，「甲が他から窃取してきた」，「被告人は……を甲からもらい受けた」との事実を認定するには合理的疑いが残ると心証形成した場合には，無罪判決を導くことになる（なお，この場合に，裁判所の心証が，被告人自身が窃取したことについても合理的疑いあ

訴因変更〔I〕　55

りというものであるときに，窃盗と盗品等譲受けの択一的認定ができるか，という問題があるが，これを積極に解するならば，その旨の有罪判決となる。1章4節1(1)(c)参照）のであるが，この2つの争点をめぐる立証過程を通じて，裁判所が「甲が他から窃取してきた」ものではなく「被告人自身が窃取した」ものであるとの心証までをも形成するに至るようなことがあれば，その場合には，被告人が窃盗本犯であるとの事実の存在が証明されたのと等しい結果となる。しかしながら，これらの審判は，上記訴因で示されたとおりの盗品等無償譲受けの要件事実の存否を対象として行われたのにほかならず，被告人が窃盗本犯であるか否かが審判対象とされた結果ではない（だからこそ被告人を窃盗本犯とする訴因への変更を経ることなしに進められた），その意味で訴因の拘束力がなお働いていることに留意しなければならない。現実の裁判の場ではおよそ想定し難い事態ではあるが，仮に上述したような訴訟展開が生じたとしたならば，裁判所の心証形成の方向を推知した検察官において，被告人を窃盗本犯とする訴因（「被告人は，……を窃取したものである」）への変更手続を採ることによって，最終的には窃盗罪での有罪判決が下されることとなろうが，この審判をするためにはあくまでも訴因変更を経たうえでなければならないのである。

その2）それでは，次に，上記の盗品等無償譲受けの訴因に対して，被告人が「確かに訴因記載の事実はあったが，本件盗品の窃盗につき，自分は実行正犯者甲の共謀共同正犯者である」との主張をした場合はどうであろうか。この場合ももちろん訴因事実の存否について審理が進められ，証拠に基づいて訴因事実が認定されれば，それに刑法256条1項が適用され同罪の成立が認められることになるのであるが，このケースにおいては，このステージに至るまでの間に，窃盗本犯であるとの被告人側の主張が訴訟上意味を持つことはない。窃盗の共謀共同正犯者であるという自然的・社会的事実は，窃盗の実行正犯者から事後に盗品を分け前等としてもらい受けるという自然的・社会的事実と両立し得るものであるから（このような"自然的・社会的事実としての両立性"という観点は，【2】の「交付」と「供与」，【3】の同一物についての「抵当権設定行為」と「事後の所有権移転行為」，【76】の「被告人一人での実行行為」と「共謀共同正犯者の存在」のそれぞれにも当てはまるものである），訴因事実の否認には当たらず（ただし，「単独犯」の訴因が「共犯者不存在」をも意味しているとするならば，「共犯者存在」の主張は「単独犯」の**積極否認**となり，前段に述べたところに帰することとなる），他方，そもそも訴因事実の存否の証明不十分であれば，それだけで直ちに無罪判決が導かれるからである。そして，訴因事実の証明十分となった以上，本来そこで訴訟手続は終結し有罪判決が下されるべきところ，それ以降なおも訴訟を継続して，今度は被告人側において，被告人自身が当該盗品の窃盗の共謀共同正犯者であることを示す具体的事実を主張・立証し，より重い罪の成立に向けて訴訟活動するとい

第1節　総説（訴因の拘束力と訴因の同一性）

うのは，"検察官の掲げた訴因の範囲内で有罪・無罪が審判されればそれでよし"とする制度を採用した訴訟手続の本旨に沿わないものというべきである（このような審理の段階を認めると，そこでは，訴因について有罪の立証責任を負うのは検察官なのであるから，検察官において，被告人が窃盗の共謀共同正犯者でないことを証明する責任が生じ，これを果たすための立証活動を繰り広げてゆくこととならざるを得ないが，これはおよそ刑訴法が想定している訴訟構造とは相容れないであろう。また，例えば，【2】のようなケースにおいて，検察官としては，供与の事実を証明する証拠は十分と認めながら起訴便宜主義に則りあえてこれを訴追しなかったという場合もあり得ようが，この場合には，上述のような供与についての審判がなされることになるのであれば訴因については無罪判決が導かれることとなり，結局，このことは，刑訴法248条の規定が存在するにもかかわらず検察官に供与の罪での起訴を強制する結果となるのにほかならず，これも到底刑訴法の想定しているところとはいえないであろう。反対説は，"有罪判決を下すために訴因外の事実を審判することは許されないが，訴因についての犯罪成立を争い無罪判決を導くためであれば当然許される"と解するのであるが（川出・321），上述したところを考慮すると，後者の場合であっても，訴因の拘束力は働くとするのが刑訴法の想定する訴訟構造――訴因制度の趣旨――ではないかと思われる）。

その3）　そして，何よりも，このような犯罪吸収説の適用・不適用，不可罰的事前・事後行為（法条競合）の成否等の罪数評価は，事実認定終了後における法令（実体法）適用の段階で行われることであり，これに先行する事実認定の段階においては検察官が掲げた訴因事実の存否こそが審判対象とされているのである。これを要するに，「実体法は訴訟法により罪責評価の対象として認定される事実のみを前提として初めてその適用がどうなるかが問題となる」ものであるところ，「裁判所が訴訟において罪責評価の対象として認定しうる事実は訴訟法的に訴因に含まれる範囲に限定される」（古田・155）のであって，訴因外の事実について裁判所が罪責評価の対象として認定することが手続的に許されないこととされている以上，上述のような法令適用の在り方の基礎を欠くことになるわけである。換言すれば，"訴因外の事実については，訴訟手続上存在しないものとして取り扱う"ということにほかならない。以上のような考え方は，【3】の趣旨・意義についての担当調査官の評価――「訴因制度を採る我が国の刑事訴訟手続の下では，訴因として構成された事実だけが審判の対象であり，訴訟活動はその点をめぐる攻防だけに集中されるべきことが，改めて確認されたもので，訴訟における犯罪事実の認定は，訴因外の事実との実体法上の罪数関係の評価はひとまずおき，専ら訴因を対象として行われるべきことが，指針として明らかにされたものということができるであろう」（福崎・判解15・291）――にもマッチするものであろう。以上のような手続法優先の思考は，"訴訟法に従った事実認定

第3章　訴因変更の要否

あってこその実体法適用"という時系列ないし論理構造に照らして，無理のないものと思われ，上記【2】から【76】のすべてについての統一的な論拠として用いることができよう。その意味で，【3】・【76】が，あえて訴因事実についての犯罪成立という実体法の視座からの理由付けを行っているのは，最高裁がこのような手続法優先の考え方を採っていないことの証左であるとも評されている（川出・322）が，訴因外事実の存在により訴因事実についての犯罪が不成立に帰することを論拠とする訴因外事実についての審判必要論に対して，訴因事実についてなお犯罪が成立するとの直さいな反論が可能な事案においてそれをなしたまでのこと，とみることも可能であろう。将来，最高裁自身が，実体法上，訴因外事実の存在により訴因事実についての犯罪が不成立に帰すると解した事案が出現した場合に，当該訴因外事実の審判の必要性をどう判断するかに懸かっているといえよう

（なお，以上のような私見に立てば，【3】についての上述の担当調査官の立論──「訴因の制約下にあるといっても，裁判所が，実体法上犯罪として成立しないものについて有罪判断を下すことができるはずはないから，ここでいう『吸収』は，吸収される罪の消滅等を来すようなものでないことが明らかであ（る）」と述べて，【2】が交付罪の成立・存続を認めていると解するもの（福崎・判解15・290）──は必ずしも的を射ていないことになる。供与罪の成立が交付罪の消滅をもたらすとするいわゆる犯罪吸収説を採ったとしても，上述したとおり，訴訟進行上まずもって訴因たる交付罪の成立が認められるのであり，その段階でそれ以降の供与事実の存否審判を許さず交付罪での有罪判決を宣告するのであるから，「裁判所が，実体法上犯罪として成立しないものについて有罪判断を下す」と言うのは当たらないことになるわけである）。

以上の議論を整理して示すと，下表のようになろう。

【まとめ】　枠囲みが訴因

	① 交付⇒供与	② 抵当権設定⇒所有権移転	③ 単独犯⇒共同正犯	④ 窃盗（単独犯）⇒盗品譲受け	⑤ 窃盗（共謀共同正犯）⇒盗品譲受け
自然的・社会的事実の両立性	○	○	○説	×説	×	○
他罪成立のときの訴因に係る犯罪の成立及び存続	○説 (1)	×説 (2)	○説　×説	○	×(3)	×(3)
被告人の他罪成立の主張が訴因の成否に及ぼす意味	意味なし	犯罪の成否の審判必要説	不要説　意味なし	他罪の成否の審判必要説　不要説　意味なし	訴因事実の積極否認	訴因事実の積極否認　他罪の成否の審判必要説　不要説
訴因の拘束力	○　○	○　×	○	○	○	×
判例の立場	最決昭59・1・27【2】?	最大判平15・4・23【3】	左記判例による変更前の判例	最決平21・7・21【76】?		

(1) 処罰吸収説，共罰的行為説，包括一罪説等による。
(2) 犯罪吸収説による。
(3) 法条競合説による。

第1節　総説（訴因の拘束力と訴因の同一性）

　このように裁判所は，訴因に拘束され，裁判所が訴因以外の犯罪事実を認定するには，訴因変更の手続が必要とされる。しかしながら，訴因事実と認定事実との食い違いがどんなにわずかなものであっても，常に訴因変更手続を経ない限り判決できないとすることは，余りにわずらわしいことで実益にも乏しく訴訟経済上合理性を欠き，ひいては迅速な裁判の要請（憲法37条1項）にももとることとなろうし，被告人の防御権を保障する見地からも行き過ぎであろう（その程度のずれが生じ得ることは予測不可能なことでもない）。むしろ，訴因変更の手続をとらなかったことが訴因逸脱認定（378条3号）として破棄され新たな訴因の下で審理をやり直すことが，それだけ長く不安定な地位に置かれる被告人にとって不利益となる場合もあるだろう。法が，訴因の拘束力について，このような硬直的で非現実的な適用の在り方を想定しているとは考えられない。しかし，また他方，あまりにそれを緩めてしまって，公訴事実の同一性の範囲内にある限り，どのような事実の変動が生じようとも訴因変更を要しないとすることは，訴因変更制度（312条）の存在をないがしろにするものであり，ひいては訴因制度（256条）そのものの存在意義，それを支える当事者主義の理念をも損なうものであって，到底許されることではない。それでは，裁判所は，訴因事実と認定事実（心証）の食い違いがどの程度になったときに訴因変更を必要とするのか，逆にいえば，訴因変更手続を経ることなしに，どこまで訴因と一致しない事実を認定することが許されるのか。訴因変更の要否を定める基準は何かということが問題となる。

　この問題は，「**訴因の拘束力**」はどこまでその縛りが緩和され得るか，という問題提起であると言い換えてもよい。公訴事実が審判対象だと考える**公訴事実対象説**は端的にこう考える。これに対して，**訴因対象説**にとっては，単に訴因の拘束力の問題であるにとどまらない。訴因それ自体を審判の対象（訴訟物）と考えるのであるから，その同一性が損なわれるか否かが訴因変更手続の要否に直結することになる。すなわち，この問題をより直さいにとらえれば，訴因として記載された事実と裁判所の心証形成に係る事実とが，法的な評価として，なお同一の範囲内にとどまっているといえるかどうかの問題＝「**訴因の同一性**」の問題であると考えられるのである。(注15)公訴事実対象説ないし折衷説の立場からは訴因は公訴事実の徴表にすぎず被告人の防御権を保障するための技術的・手続的制度として導入されたものとみられるのであるから，このような概念を基準として訴因変更の要否を論じることには疑問が呈される（青柳・459，団藤・203）。しかし，公訴事実対象説の中にも訴因の同一性という概念を用いる論者もあり（小野・理論・162），訴因対象説の論理必然的なモノポリーともいえない。

　いずれにせよ，訴因と認定事実との間に食い違いがあっても，訴因の拘束力ないし同一性が肯認される範囲内にあれば訴因の変更は必要ないが，それを超えれば変更が必要とな

訴因変更〔Ⅰ〕　59

第3章 訴因変更の要否

るわけである。

それでは，その範囲内にあるかどうかの判断基準は何であろうか（以上から明らかなとおり，「訴因変更の要否」の問題とは，「変更しなければ違法となるか否か」のレベル――いわば必要的訴因変更――をいうのであり，「変更しておくのが相当か否か」のレベル――「任意的訴因変更」――とは局面を異にするものである）。

【訴因の膨張モデル】

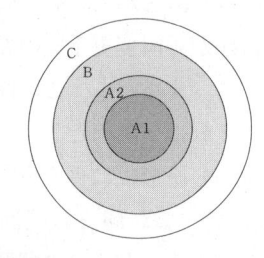

（同心円図：内側から A1, A2, B, C）

A1　：原始訴因
A2　：膨張訴因
A1→A2：訴因変更不要（訴因の同一性の範囲内）
A→B　：訴因変更必要かつ可能（公訴事実の同一性の範囲内）
A→C　：訴因変更不可能（公訴事実の同一性の範囲外）

……訴因A1の中心に向かって外延を収縮させる引力（拘束力）が働いているが，訴因A1は，なお弾力性を備えていて，裁判所の心証形成に対応して，A2までなら膨らむことができる，というイメージ。その外延をあまりルーズに広げてしまうと訴因制度の趣旨を害することになる一方，あまりリジッドに固めてしまうと窮屈で実務には耐えられなくなる。

（注15）訴因対象説の中で，「公訴事実」＝「訴因」と考える立場からは，「訴因の同一性」は「公訴事実の同一性」を意味することになるから，訴因変更要否の基準として「訴因の同一性」という術語を用いるのは避けるべきことになる（酒巻・300号・123）。本文の説明は，「変更前の訴因」と「変更後の訴因」とを比較することでその関係性を検討するという訴因変更の可否の観点（「公訴事実の同一性」）に立つものではなくて，現在の訴因のプロトタイプがどこまで保たれているか（「訴因の同一性」），という視座を提供しようとするものである。

第2節　訴因変更の要否についての基本的な考え方

1　事実の変更と法的評価の変更

(1)　法律説と事実説の展開

訴因変更の要否の限界を画す基準は何かという上述の問題をめぐっては，次のような考え方が順次示されてきた。

① 構成要件説（法律説の1―宮下・161など）

第1は，構成要件説である。この説は，審判対象を公訴事実であるとする公訴事実対象説に立脚する。したがって，審判の対象となる事実として意味を持つのは公訴事実であり，訴因は，被告人の防御のために公訴事実の法律的評価を示したものであるから，事実面ではいわば公訴事実の徴表（仮象）にすぎず，被告人に不意打ちを与えないようにするために採用された手続きであるところに存在の意義がある。このように解するこの立場は，その帰結として訴因の拘束力を訴因の法的評価

第2節　訴因変更の要否についての基本的な考え方

の点に求め，訴因に拘束力が認められるのは専ら判決が当事者の予測しない法律を適用することのないようにするためである，と考える。したがって，重要なのは，どのような構成要件に該当するか，であるから，訴因事実と認定事実との間に食い違いがあっても，構成要件の変更を来さない程度であれば，訴因変更の手続は必要でないが，構成要件が変わる程度に食い違ってくれば，訴因変更の手続が必要だとするのである。構成要件は罰条で示されるから，この説は，**罰条同一説**とも呼ばれている。この説の中でも，特別構成要件（刑法各本条）に変更はないがその修正形式（未遂，共犯）に変更がある場合，構成要件の同一性を失うと解する見解と，構成要件の同一性を特別構成要件の同一性と解する見解がある。

②　**法律構成説**（法律説の2—岸・55 など）

第2は，法律構成説である。この説は，公訴事実対象説を基盤とし，訴因の拘束力を法的評価の点に認めるところは，構成要件説と同じであるが，構成要件説が適用される罰条の異同によって訴因変更の要否を判定するのに対し，それでは，例えば，作為犯としての殺人の訴因に対し不作為の殺人を認定する場合にも訴因の変更は不要ということになるが，これでは被告人にとって不意打ちとなって問題であるとし，適用罰条の異同によるのではなく，訴因と認定の内容の法律的な構成の仕方が同じかどうかによってこれを判定すべきであるとする。法律的構成の同一性は，大体において構成要件の同一性と一致するが，同一の構成要件内であっても，例えば，作為犯と不作為犯，犯罪の特別構成要件とその修正形式の間では，法律的な構成の仕方が違うから，訴因変更の手続きをとることが必要であると説かれる。

③　**（具体的）事実記載説**（事実説—平野・136 など）

第3は，事実記載説である。この説は，訴因対象説の論者によって主唱された。同説によれば，訴因は，検察官が被告人に対する国家刑罰権の発動を求めてそれを基礎付けるものとして裁判所に提示した主張であり，検察官が捜査の結果得られた証拠により認定した事実を犯罪の特別構成要件に当てはめて法律的に構成したもので，これにより他の犯罪とは区別して認識できるようにされた特定の構成要件に該当する事実の具体的な摘示である。したがって，この立場からは，訴因が法的処理を経たものであることはもとより否定するものではないが，そのような法的な整序の結果とりまとめられた具体的事実の実存性が訴訟の主題となることからすれば，何といっても重要なのはこの事実の面だということになる。こうして，この説は，訴因の拘束力をこの具体的事実の点に求めることになり，その結果，法的評価・法律構成が同じであっても，訴因と認定内容の相互の具体的事実が変われば，訴因の同一性は失われ，訴因変更が必要であり，逆に，両者の間に具体的事実の食い違いがなければ，適用する罰条や法律構成が異なっても，訴因の同一性は保たれ，変更の必要はないと解するのである。

(2) 今日の学説の状況

訴因の法的側面を重視する**法律説**（構成要件説，法律構成説）は，現行法制定の当初公訴事実対象説の論者によって有力に説かれたが，次第に訴因対象説が優勢を占める中で，訴因の事実面を重視する**事実説**（事実記載説）が地歩を固めてゆき，公訴事実対象説ないし折衷説の論者の中にも事実記載説を採る者が現れるなどした結果，今日においては，事実説が通説として確立されており，この争いは終息したとみてよい状況にある（公訴事実対象説に立ちながら事実記載説をとることが可能である例証として，小林・375）。

訴因制度導入の意義を踏まえて訴因対象説をとる以上，当然の帰結であり（訴因が検察官の具体的な事実上の主張として審判の対象の範囲を画するものであり，一方，被告人もその具体的事実について防御するのであるから，訴因の拘束力は，具体的事実に求められなければならない。），「当事者主義の定着に伴う必然的な推移であった」と評されている（松尾・上・262）。

(3) 事実説の補完

事実記載説をとった場合，"訴因として摘示された具体的事実と裁判所の心証形成に係る事実との食い違いがどの程度であれば訴因の同一性が失われることになるのか"，を更に考究しなければならない。既述のとおり，具体的事実がいささかでも異なれば訴因の同一性が失われるというのでは，実務に耐え得る理論とはならないからである。ことは程度問題であるので，両者の事実相互のずれがあっても訴因の同一性が保たれていると評価する範囲を，極めて狭い範囲でしか認めない説（訴因の拘束力による事実の縛りをきつく設定する立場。いわば**厳格な事実記載説**。井上・原論・303は，一般に誤記に準じて扱いうべき程度のわずかな食い違い以外の場合は訴因変更を要するものとする）も存するが，通説は，その範囲をある程度緩やかに解そうとしている（いわば**緩やかな事実記載説**）。その「ゆとり」（訴因が同一性を保ちつつ広がることのできる「幅」）の範囲を表現するには，「実質的な差異がない限り」（平野・136），「社会的法律的意味合いを異にする事実の変化があったかどうか」（書研・講義案・128），「重要な事実においてずれがあるかどうか」（条解刑訴・622）など，様々な指標が用いられているが，これらによってもなお，「事実というものが無限のひろがりとひだをもつことから，明快な基準が出にくい」（田宮・195）ことは否定できない。

そこで，訴因の本質，機能や法によって訴因変更制度が設けられた趣旨は，被告人に対し，審理の対象，範囲を明確にしてその防御権行使上不利益を与えないようにすることを保障（不当な不意打ちを防止）しようとするところにある，との基本的認識に立ち，したがって，また，訴因変更の要否についても，「被告人の防御に実質的な不利益を生ずるおそれがあるか否か」によってこれを決すべきであるとする説（いわば**防御説**）が唱えられ

第2節　訴因変更の要否についての基本的な考え方

【訴因の事実面にどの程度の変動が生じた場合に訴因変更を要するのか？】

```
                                              訴因変更
問題局面1 →事実変動無                    ⇒   不要
       → 有→ 問題局面2 →実質的な／重要な変動無⇒   不要
              →                 有⇒   要
```

有力説・多数説となった。つまり，事実の変動が上述の「ゆとり」ないし「幅」の中にとどまっているかどうか——訴因変更の要否を分ける「実質的な」ないし「重要な」事実の変動には当たらないといえるか否か——は，被告人の防御上の不利益性の有無で決まるとするのである（団藤・202，高橋・757，田口・314，寺崎・267，条解刑訴・622，中山・212）。

しかし，ここで一言しておくと，訴因制度の存在意義ないし訴因の機能は，「審理の対象，範囲を明確にして，被告人の防禦に不利益を与えない」（最判昭29・1・21刑集8・1・71【5】，【22】，最判昭32・1・24刑集11・1・252【53】），「裁判所に対し審判の対象を限定するとともに，被告人に対し防禦の範囲を示す」（最大判昭37・11・28刑集16・11・1633【4】）というところに見出すことができるとされている（通説も同様）。つまり，訴因とは，まず，審判の対象・範囲を明確にして限定するところにその意義があり，続いて，それによって被告人の防御の対象・範囲を明確にして限定するものだ，というのである（「訴因制度の意義は，第1に，これによって訴因と訴因外事実との区別が可能となり（**訴因の区別機能**），審判対象が訴因に限定される点にある。旧法の起訴状における「犯罪事実」の記載と決定的に異な

る点である。この点は，裁判所との関係における訴因の意義ということができる。第2に，これによって被告人としては防御活動を訴因に限定することができ（**訴因の防御機能**），訴因として記載されていない事実についてまで防御する必要はないことになる。つまり被告人の防御対象は訴因に限定される。これは，被告人との関係における訴因の意義ということができる」（田口・205））。このように，訴因にとって第一次的に大切なのは審判対象限定の役割をきちんと果たすことであり，被告人の防御の利益への貢献はいわばその当然の帰結ともいうべきものである。したがって，訴因変更の要否を考える上でも，本来的には，「審判対象の限定（犯罪事実の個別特定化）という機能が無にされるようなことはないか」という視点（いわば**審判対象説**）を忘れてはならないであろう。(注16)この点については後に再度述べることとして，ここでは，学説の流れに従って，防御説に論を進めることとする。(注17)

(注16) 本文中に掲げた平野・136が，「何が実質的であるか，の判断に関しては，次のような点が考慮されなければならない。事実としては僅かの変化であっても，法律的，社会的に意味が違ってくるときは，訴因は違ったものと考えなければならない。したがって，構成要件的評価が異なるときは，事実としては僅かの変化であっても，訴因は別個のものとなる。さらに，訴因は，機能的には被告人の防禦に

役立つのであるから，被告人の防禦にとって意味を持つかどうかも，考慮されなければならない。しかし，これも，重要性を判断する一つの基準にすぎないのであって，被告人の防禦に不利益を及ぼさない限り，つねに訴因が同一性を保つというわけではない」とされているのが示唆に富む。

(注17) なお，本文に述べたような，「訴因の同一性の枠組みを弾力的にとらえた上で，その広がりの中に納まっている限り同一性が損なわれないので，訴因変更不要」とする考え方に対して，「訴因の同一性を欠いていても，例外的に訴因変更不要な場合がある」とする考え方がある。この考え方によると，実質的に被告人の防禦に差し支えない場合がその例外となる。この説からは，事実記載説が，抽象的防御説（最終的には，縮小理論を指すものと解している。）によって修正されるという理解に到達する立場（書研・講義案・127, 134, 池田／前田・257）と，具体的防御説によって修正されるという理解に達する立場（東京高判昭32・9・5高刑集10・7・579【7】）とが導かれる。とらえかたの違いと言ってしまえばそれまでだが，訴因の枠をはみ出してしまっているのに訴因変更を要せずして認定できるというのは，訴因制度の趣旨からするとかなり大胆な発想になりはしまいか。やはり，防御説は事実記載説を補完する（訴因の外延を押し広げる作用をする）ものと位置付ける通説的理解の方が簡明ではある（しかも，上記の説は，被告人の防御の観点を訴因の同一性判断においても考慮すべきものとしており，この観点が2重に作用するという分かりにくい構造になっている。）。

2 防御の利益（防御説）

(1) 抽象的防御説と具体的防御説

事実記載説としての防御説は，訴因事実と認定事実との間に齟齬が生じても，被告人の防御に実質的な不利益を生ずるおそれがないのであれば，実質的な／重要な事実の変化があったとはいえず，訴因の同一性はなお損なわれてはいないとして，訴因変更を要しないという。

そこで次に問題となるのは，「被告人の防御に実質的な不利益を及ぼすおそれがあるかどうか」はどのようにして判断されるのか，である。

この点については，具体的防御説，抽象的防御説の2つの立場に分かれる。

① 具体的防御説

当該事件における被告人の防御活動の実態等の具体的な審理の経過・状況に照らしてみて，現実に不利益となるかどうかを個別的，具体的に判断する立場である。この考え方によれば，例えば，被告人があらかじめ認定事実のような弁解をしている場合には，実際上既にその事実に対する防御はなされていることになるから，「被告人の防御に実質的な不利益が生じるおそれ」はないこととなり，訴因変更を要せずしてそのまま判決で当該事実を認定することができることになる。また，訴因どおり認定するにせよ訴因と異なって認定するにせよ，判断の基礎となる事実関係が証拠上明白であって，かりに訴因変更の手続をとったとしても被告人側で新たな防御方法を講ずるとは考えられない場合も，同様となる（横井・166など。ただし，このように判断するについては慎重さが要請されよう（小林・390））。

② 抽象的防御説

被告人の防御に実質的な不利益があるかどうかを，訴因事実と判決事実との比較において類型的，抽象的に考える，すなわち，具体的な訴訟の経過を離れて，訴因事実と認定事実とを対比することにより，このような食い

第2節　訴因変更の要否についての基本的な考え方

違いのある場合に訴因変更を経ないことが，抽象的一般的に被告人の防御に不利益を来すような性質のものか否か，という観点から判断する立場である。訴因の機能である「被告人の防御範囲の限定」という視点から，起訴状記載の訴因と異なる事実を認定することが，類型的・一般的に見て防御上不利益を生じないか（不意打ちとならないか），という基準で判断するものといってもよい。この考え方によれば，被告人があらかじめ認定事実のような弁解をしている場合であっても，なお，訴因事実と認定事実との間に一般的に被告人の防御に不利益を及ぼすような性質の食い違いがあると認められるときは，「被告人の防御に実質的な不利益が生じるおそれ」があることとなり，訴因変更をしなければ判決で弁解どおりの事実を認定することはできないことになる。

このように，**具体的防御説**とは，裁判所の心証形成に係る訴因とずれを来した事実，すなわち硬く考えれば訴因変更により新訴因となるべき事実について，現訴因の下でたまたま防御活動をしていれば訴因変更の要はないという免責の論理を認める考え方である一方，**抽象的防御説**とは，訴因変更の不要な場合を一般的に防御活動が及び得る範囲に限定しようとする考え方であって，要するに，前者は，訴因変更の要否をケース・バイ・ケースで考えようとするのに対して，後者は，あらかじめ一般的な枠──「普通この限度ならサプライズ(不意打ち)にならず，そう認定しても不測の事態とはいえない範囲」──を決めておこうと考えるものである（田宮・198─前者を「現実不利益説」，後者を「不利益可能性説」と呼称する）。

この両説については，抽象的防御説が通説の地位を獲得している。**具体的防御説**は，これに賛成する学説も有力であり（団藤・204など），一見妥当なようにみえるが，(i)類型的抽象的基準がないのであるから，各ケースごとの判断に任されることになって，訴因変更要否の基準が極めてあいまいなものになり（これに対する反論として，小林・389），上級審における審査も困難となって法的安定性を阻害する，(ii)それは被告人・弁護人の防御の仕方という技術的・戦略的な巧拙にも大きく左右される不安定な結果をもたらす，(iii)具体的防御説に徹すれば，訴因変更を不要とする範囲が際限なく広がるケースが出現しかねない（例えば，殺人の訴因について被告人が犯人性を争っている場合の犯行の日時・場所・方法の変更を考えてみよ。犯人でないという以上，これらの事実がどう変動しようとも，その防御の方針は変わりようがない），(iv)訴因と認定事実との間の変動は，主として被告人側の防御活動に起因することが大きいから，この説を徹底すれば，訴訟の現実問題として，ほとんどの場合防御は尽くされているとして，訴因変更は不要になりかねず，訴因制度を設けた意味が失われるおそれがある（この点につき，石丸・刑訴法・197参照），(v)本来構成要件説や法律構成説より訴因の拘束性を強く認める当事者主義的な考え方から出発したはずの事

第3章　訴因変更の要否

実記載説が，具体的防御説をとることによって，構成要件説・法律構成説よりもかえって拘束性を緩めた結果（訴因変更を不要とする範囲を広大に認めた結果）になっているのは不可解な現象といわなければならない，などの多くの批判を受けている（書研・講義案・134，中山・213，田口・314，寺崎・268）。これらの立言を一まとめにすれば，具体的防御説に向けられる批判の中核は，同説によれば審判の対象の範囲を画定し被告人の防御の範囲をもこれに限定するという訴因の機能を実質的に失わせることになりかねない，という点にあるということができる（大谷・100）。

これに対して，**抽象的防御説**によるならば，これらの難点を克服でき，要するところ，客観的基準が立てやすく，被告人の防御の保障にも手厚い結果を得られる，というのである（井上・103など）。

【思考モデル】

職権主義	訴訟構造論	当事者主義
弱い	訴因の拘束力	強い
公訴事実対象説		訴因対象説
構成要件説　法律構成説		事実記載説
具体的防御説		抽象的防御説

(2)　訴因縮小認定

抽象的防御説の立場から，訴因事実の中に包含された事実＝訴因よりも縮小された事実を認定する場合には，訴因変更を要しないという原則が生まれた（「縮小認定の原則は，ある意味で，抽象的防御説をとることの一つの帰結ないし証跡であるともいえるであろう」（田宮・199），「（縮小認定は）抽象的防御説からいえば訴因変更が必要でない一典型といえる」（石井・86），「縮小理論は，私見によれば抽象的防禦説に立脚するものであると思われる」（中山・214），「具体的防禦説に立っても同様の結論となることが多いと思われるが，このような類型的思考は，抽象的防禦説に親しむものといえよう」（大谷・101））。これを「**大は小を兼ねる**」又は「**縮小（認定）の理論**」という。例えば，殺人の訴因に対して，構成要件該当事実（罪となるべき事実）並びに犯行の日時，場所及び方法のうちの殺意のみを否定して傷害致死を認定する場合，既遂の訴因に対して，同様に結果発生のみを否定して未遂を認定する場合などには，訴因変更手続をとることなく，当初の訴因のままで，傷害致死や未遂の事実を認定判示することができる（なお，構成要件説ないし法律構成説からすれば，構成要件が変われば，訴因の同一性は失われ，訴因変更が必要なはずであるが，一つの構成要件の中に他の構成要件が包含されている場合，包含されている構成要件を認定するには，防御の重点は変わらないから，訴因変更は必要ではないと説かれ，強盗の起訴に対して恐喝を，窃盗の起訴に対し同未遂を，傷害致死の起訴に対し傷害を，殺人未遂の起訴に対し傷害を，それぞれ認定するような場合が例示される。したがって，この点は，事実記載説における縮小の理論とほとんど同一の結果になる）。

これは，訴因事実と認定事実とが全体と部分のような関係にあるときは，現実に被告人がその訴因事実に関する審理の過程で認定事

実についての防御策を講じたことがなかったとしても、その機会は与えられていたのであるから、現在の訴因が掲げられたままで認定事実について判決することが、通常は、被告人にとって不測の事態とはいえず、したがって「被告人の防御に実質的な不利益」を及ぼすとは考えられないからである。

ただし、包摂関係があればすべて変更のないまま縮小認定できるかについては、問題があることに留意を要しよう（横井・154、高田・627, 630、平野・134、田宮・199、香城・305、岩瀬・87、後述3(1)参照）。

縮小の理論の適用に当たって注意すべきことは、これが事実記載説を基礎としている以上、縮小とはあくまで事実記載の縮小であって、刑事責任の縮小であってはならないことである。したがって、刑の軽い犯罪を認定するからといって、被告人の防御を考慮しなくてもよいとはいえない。例えば、強制わいせつから公然わいせつ、収賄から贈賄、殺人から重過失致死などの場合は、訴因からはみ出た認定をすることになるのであるから、当然訴因変更が必要となる。

(3) 具体的防御説の補充性

抽象的防御説を採る論者の中には、原則的・基本的にはこれによるが、事案によっては**具体的防御説**の観点を補充的・補完的に考慮すべきであるとする者がある（松本・43、高橋・759、小林・389、中山・213、三井・199、池田／前田・263など。松尾上・263、石井・87も同旨か）。「具体的防禦説がおそらくその立論の理由としている訴訟経済（具体的訴訟経過の手続面への反映による無駄のない適正な訴訟進行）の見地も裁判実務家としてはそれなりに無視し難い視点であって、その意味では具体的防禦説を一概に全面的に排斥することにも躊躇を覚える」（中山・213）、「訴訟は当事者が攻撃防禦を尽くしながら生成発展するものであり、こうした経過を踏まえた上での訴因を超えた事実認定を全く許さないとすることは、時により具体的妥当性を欠くことになると思われ（訴訟の経過において、事実認定はときにきわめて微妙、流動的となることがあり、これを常に審理の手続面に表しておくことが可能かどうか、また妥当かどうかという問題があろう）、また、訴因事実と認定事実とを抽象的類型的に比べるといってみても、具体的事案の内容を離れてではほとんど意味をなさない場合が考えられるのであって（例えば、アリバイ主張との関連で訴因の犯行日時の変更を要するか否かが問題となるような場合を想定すれば明らかである。通常の場合には訴因変更の必要がほとんど問題となりえない程度のわずかな日時の変更であっても、アリバイ主張との絡みで訴因変更が必要的になることがありえよう。）、具体的防禦説の見地を全く捨象してしまうわけにはいかない」というのがその理由である（松本・43、同旨小林・389）。

この立場を採った場合、その思考過程はどのようなものになるかというと、「原則的・基本的には訴因事実と認定事実とを抽象的類型的に対比することにより、事案によっては具体的な審理の経過を考慮することにより、

第3章　訴因変更の要否

被告人に対し不意打ちを与え不当に防禦権を侵害することがないかどうかを十分配慮して判断す（る）」（松本・44，高橋・759），「実務上は訴因の拘束力の枠外にはみ出るような事実認定を訴因変更手続も経由せずに行うことは原則として許されないと考えるべきであり，ただ，例外として，認定事実が訴因の枠外にわずかにしかはみ出ることのない特殊な事案につき，具体的防禦説の見地から訴因変更が不要とされる場合がありうるという程度に考えておくのが無難であろう」，「訴因変更要否の判断に際し，具体的な審理の経過状況を訴因変更を必要とする方向で考慮することには格別の問題がないとしても，それを不要とする方向，言い換えれば訴因の拘束力を弱める方向において考慮することはできるだけ差し控えるべきではないだろうか」（松本・44）とする者と，「まず抽象的・一般的に両事実を比較し，明らかに被告人の防禦に実質的不利益を生じるという場合には訴因変更は必要であると解される。そしてこれが明らかでない場合には，具体的防禦説の思考方法を援用して，それまでの審理経過・審理状況を勘案して，裁判所が認定しようとする事実について被告人の防禦が十分に行われているとき，すなわち訴因変更したとしても新たなかつ有効な防禦方法がなされるとは考えられないときには（訴因変更をして明確に防禦の対象とすることと従前の訴因のもとでいわば付随的に防禦することとの間には質的ともいうべき差異があることがあるから，この点の判断はもとより慎重になされなければならないが）訴因変更は不要であるが，それ以外のときは必要である」とする者（中山・214）がある。

抽象的防禦の観点 →〔変更不要〕
　　　　　　　　 →〔変更要〕→ 具体的防禦の観点 →〔変更不要〕
　　　　　　　　　　　　　　　　　　　　　　　　→〔変更要〕

抽象的防禦の観点 →〔変更要〕
　　　　　　　　 →〔変更不要〕→ 具体的防禦の観点 →〔変更要〕
　　　　　　　　　　　　　　　　　　　　　　　　　→〔変更不要〕

このような考え方（いわば**重畳適用説**。三井・199は，**二段構えの防御説**と呼ぶ。）は有力説を形成し，上記のとおり裁判実務家の論者からの支持も少なくなかったが，裁判実務家の中には，「ここで，具体的防禦説の観点を補充的に考慮するといっても，どのように考慮するかが今一つはっきりしない」，「訴因変更の要否（訴因の同一性）というレベルでの問題としては，審判対象の範囲の確定という見地ないし抽象的防禦の観点から検討すれば足りるのであって，その上具体的防禦の観点を補充的にしろ持ち込むのは，基準としてのあいまいさが生じ，かえってわかりにくい。被告人に対する不意打ちを防止し，防禦権の保障を図る方法は，訴因変更に尽きるものではないことを考えると，具体的防禦の観点は不意打ち防止（争点の顕在化）の問題の中で検討するほうがより実際的であるし柔軟な対応もできるのではないか」と述べてこれに批判的立場を示す者もあった（毛利・56）。

重畳適用説は，上に見たように，その実際の適用のプロセスは，実は一義的に明解なものではない。まず，抽象的防御説によって訴因変更が必要とされたものについて具体的防御説を重ねて適用することにより訴因変更が

第2節　訴因変更の要否についての基本的な考え方

不要となるという事態を承認するのであれば，それは単純に具体的防御説を採用したのと変わらないことになる，という批判があり得る(注18)。これを容れるのであれば，重畳適用の立場が意味を持つのは，(ア)抽象的防御説によっては訴因変更不要であるが具体的防御説によれば訴因変更必要となるときに変更必要とする，(イ)抽象的防御説によっては訴因変更の要否が不明であるが具体的防御説によればその判断がつくという場合にその結論に従う，のいずれかの場合であるということになる。前者の場合としては，訴因縮小認定のケースにおいて起こり得なくもない事態であるということはできるが（後述3参照――なお，そのほかにも，小林・390は，「抽象的にみるならば，訴因と異なった認定をするに当たって訴因の変更を必要としない犯罪の日時，場所についても，具体的事件において，被告人がアリバイを主張するなどの事情があってその相違が犯罪の成否に関係するときは，訴因の変更を必要とするというべきである」とされるが（上記松本・43の論旨も同旨か），このような場合に，抽象的防御説の立場からは直ちに訴因変更不要との結論が導かれるものなのか，異論の余地があろう。)，後者の場合が存在するということは，抽象的防御説が十分に機能できない理論であることを自認するに等しく，基本的にこの説に立脚するということ自体の当否が問われることにならざるを得ないであろう。

(注18) この観点から，本文上述のとおり松本・44は抑制的に考える立場をとる。これに対して，小林・389は，「具体的防禦という観点から訴因変更を要し

ない典型的な場合は，被告人が認定すべき事実を自認しているときであるが，必ずしもこれに限られるものではない。①訴因どおり認定するにせよ訴因と異なって認定するにせよ，判断の基礎となる事実関係は証拠上明白であって，かりに訴因変更の手続をとったとしても被告人側で新たな防禦方法を講ずるとは考えられない場合，②被告人が犯行は自己の全く与り知らぬところであると主張している事案において，犯行の手段，態様等を訴因と異なって認定する場合，③犯罪の被害者として訴因とは別個の者を認定するというよりはむしろ正確に記載するとみられるような場合等は，いずれも訴因変更を必要としないというべきであろう」とされる。

3　防御説への疑問――審判対象説

以上によると，訴因の同一性を見る上では，裁判所の心証形成に係る事実との間に食い違いが生じてきたとしても，比ゆ的にいえば，訴因がそれを包摂できるほどに膨らむことができる場合には，訴因の同一性はなお維持されていると考えてよく，訴因変更の手続をとることを必要としない。そして，その膨らんでゆける限界を画するのが（主として）抽象的防御説の役割である，ということになる。

しかし，このような通説的理解には，幾つかの点で疑問がある。

(1)　防御説全体に対する疑問――審判対象の画定の見地

まず第1は，前述したように，訴因制度の存在意義ないし訴因の機能に照らせば，訴因にとって第一次的に重要なのは，審判の対象を画するという限定の役割を遺かんなく発揮することであり，そうであれば，「訴因として同一か」という問題は，まずもって，「審

第3章　訴因変更の要否

判の対象として同一といえるか」という視点から考察されるべきではないか、ということである。被告人の防御に資することが訴因にとって重要な役割であることはもちろんであるが、この訴因の働きは、訴因の審判対象限定機能に自動的に伴う反射的な作用ともいうべきものである。(注19)したがって、訴因変更の要否を考えるに当たっては、まず最初に、「現在の訴因を維持したまま認定に係る事実を判示することは、審判対象の限定（訴追に係る犯罪事実を個別特定化することによって他の犯罪事実との識別を果たす）という機能が損なわれるようなことになりはしないか」という視点に立つ必要があるものと考えられる。そして、この審判対象限定（識別）機能が害されると判断されるのであれば、そのことから直ちに訴因変更を要するものとしなければならないであろう。これに対しては、被告人の防御権が侵されない以上、実害がないのであるから、杓子定規な対応をせずともよいのではないかとの疑問もあるかもしれない。しかしながら、訴因は、訴訟手続全体の道標となるものである。裁判所、当事者にとって、常に、心証形成や個々の訴訟活動つまりは審理のあるべき方向を指し示して誘導する羅針盤の役割を果たすものといってもよい。それを担うのが訴因の審判対象限定（識別）機能である（第1章第2節5(3)参照）。したがって、この機能は常にアップデートされた状態で発揮されていることが望ましい。被告人の防御に影響ないからといって羅針盤の針（訴因）が指し示す方向とは別の方向に審理が向かうようなことになると、心証形成や手続の在り方に混乱を来たし、収拾のつかないことになりかねないのである（たとえ審理の途中で裁判所の認定事実について被告人がすでに具体的防御を尽くしていても、判決においてその事実を認定することは被告人に対する判決の不意打ちとなるから許されない、と強調するのは、石丸・刑訴法・183）。そうして、この観点からは訴因変更が不要であるとされた場合には、第二次的な考察として、「現在の訴因を維持したまま認定に係る事実を判示すると、被告人の防御を全うさせる（判決による不意打ちを生じさせない）という機能を害することになりはしないか」の吟味に進むこととすべきであろう（基本的にこのような筋道をたどる考え方を**審判対象説**と呼ぶことにする）。

田宮教授が、「審判対象たる訴因の機能（犯罪事実の個別特定化（検察官の訴追意思を確認し、もって裁判所の審判活動の指針となりうるような）と被告人へのノーティス）に即して、形式的には事実の識別可能性、実質的には被告人の防御の保障が基準となる」、「前者としては、事実の質的な意味ないし構造を変えるか、量的に客体の数量を増大させるかが問題となるが、後者としては、被告人の防御の利益を害しない程度であるかが問題となるといえよう」とした上で、まず「事実の変化」の視点を採り上げ、しかる後に「防御の利益」の視点に及ばれている（田宮・195――もっとも、「事実それ自体は外わくをきめる決定的基準たりえないので、実質的に、被告人に不意打ちとなりしたがって防御上の不利益をもたらさな

第2節　訴因変更の要否についての基本的な考え方

いかが，限界設定の役割を担わざるをえない。訴因の最重要の機能が被告人に対するノーティスにあるからである」とされる（田宮・198）ことや，松尾教授が，「起訴状の『罪となるべき事実』の記載を，(a)審判の対象を特定するために必要不可欠な部分と，(b)その他の部分に分けて考え，(a)の変動は常に訴因変更を必要とするが，(b)の変動は………被告人の防禦にとって重要であったかどうかを判断し，重要でない場合は変更を要しない」，「構成要件的評価の転移や，やや大幅な事実の変化は，(a)（＝本体ないし核心的部分）の変動に相当して当然に訴因変更を要するものであるが，その他の（(b)（＝修飾ないし周辺的部分））の変動については「防御の利益」と直結しているかどうかを判断することになる」と説かれている（松尾・上・262）ところが参考になろう。

また，裁判実務家の中にあっても，戸田元判事は，訴因変更が不要となる基準として，①行為の意味ないし構造を基本的に変更するものでないこと，②客体の数量を実質的に増大するものでないこと，③そのような修正認定が被告人にとってサプライズとならないように，被告人側に防禦の機会が与えられていたものといえること，の3要件を指摘され（戸田・51），香城元判事は，そのいわゆる検察官処分権主義に基づいて訴追対象の同一性という観点から，「訴因に記載されている事実には，訴追の対象とする犯罪事実を特定させるための事実と，攻撃防禦に資するためのその余の補充的な事実とがある」，「犯罪事実を特定させるための事実が変動することにより，犯罪の構成要件的評価，犯罪の行為の態様，犯罪の結果の内容のいずれかに変動が生じる場合には，訴追対象としての犯罪事実に変動が生じるので，訴因は別個のものとなる。したがって，この場合には，訴因の変更を経ないで新しい犯罪事実を認定することは許されない」，「他方，訴追対象としての犯罪事実を特定させるための事実に多少の変動が生じても，訴追対象そのものの異同に影響がない場合がある。また，攻撃防禦に資するために記載されるその余の補充的な事実が変動する場合にも，訴追対象の異同に影響を及ぼさない」，したがってこのような事実の変動の場合には訴因変更は原則不要となるが，しかし，「訴追された犯罪事実との同一性は失われないが訴因に記載された具体的事実と異なる事実を認定する場合において，そのことにより防禦権を侵害するおそれがあるときは，その侵害を防止するための措置が採られなければならない。ただ，その措置は，必ずしも訴因変更の手続である必要はなく，釈明でも足りる」と説かれており（香城・303, 350），また，小林元判事は，「訴因対象説ないし事実記載説によれば，訴因は被告人の防禦のためというよりはまず審判の対象の範囲を設定することに意義があるのであるから，事実面が異なった場合の訴因変更の要否の基準は具体的な訴訟の経過にかかわりなく抽象的に決せられるべきである……（この意味で，訴因対象説から出発する限り，防禦説，特に具体的防禦説の立場は論理的に一貫しないと思われる）」，

訴因変更〔I〕　71

第3章 訴因変更の要否

「訴因の記載を，①審判の対象を特定するために必要不可欠な部分と，②被告人の防御上重要な部分に分け，①の変動は原則として訴因の変更を必要とするが，②の変動については必ずしも訴因変更の手続を経る必要はなく，求釈明等によって争点を顕在化し防禦の機会を与えることで足りる」，構成要件的評価を異にする事実の変動か，これを異にしない事実の変動かで二分し，前者は原則として訴因の変更を必要とし，後者はそのうち（判決）主文が異なってくる場合につきこれを必要とする」と提唱され（小林・375──この最後のものは，382条において事実の誤認が「判決に影響を及ぼす」かどうかの判定基準とされているところを，訴因変更要否の判断基準としても援用しようとの企図に基づく立論である），岩瀬判事は，「訴因変更の要否の問題も，第一次的には，訴因はそもそも審判の対象であり，検察官の主張であるということを基本に据え，一般的な防禦権の視点はそれといわば裏腹の関係にあるものとして，取り上げるのが相当であるように思われる」，「訴因変更の要否を考えるに当たっては，まず審判対象の範囲の確定という見地からその要否を検討することが要請されるべきであり，抽象的防禦の観点もここに包含されるべきものである。他方，防禦権の保障は，その性質からしてもともと具体的なケースを離れて論じることはできないものであり，審判対象の範囲の確定という観点からはその同一性が肯定される場合について，なお個々の事例に即してその侵害の有無を検討すべきものと考えられる」とされている（岩瀬・86）。さらにまた，大谷判事は，抽象的防御説が実務上の基準として相当かという視点から，「訴因変更の要否が実際上問題となるのは，審理が相当進んだ段階で裁判所の心証と訴因との間にずれが生じていると解される場合が多いであろうが，このように被告人側の防禦が実際上行使されている段階で，防禦に不利益がないかどうかを抽象的・一般的に考えるというのは，裁判所に対する指針としては違和感が残らざるを得ないように思われる。そもそも，被告人側の防禦権は，訴因が設定・特定されるに際して抽象的・一般的には考慮されているはずであり，その意味からすると，訴因変更の有無の基準は，訴因の設定・特定にとって重要な要素について変更があるかどうかという観点から説明する方が分かりやすいのではなかろうか。なお，訴因の設定・特定の問題ととらえるときは，検察官の処分権限の問題も考慮されることとなり，その処分意思に起因して訴因変更手続が要請される場合も生じるように思われる（具体的には，傷害の程度を起訴状の記載より重く認定できるかの議論がこれに関連しよう。）」とされ（大谷・101），井上判事は，「審判の対象範囲を画定するために必要不可欠な本質的部分が変動した場合には，審判対象として特定された範囲の逸脱につながることからしても，常に訴因変更を必要とする。しかし，それ以外の部分で変動が生じた場合には，審判対象の特定を損なうものではないから，訴因のもう一つの機能である被告人の防御権の保障に重要かどうかで訴因変更の要否を判断

第2節　訴因変更の要否についての基本的な考え方

する。そして，後者の観点からの訴因変更の要否は，被告人に対する不意打ち防止という機能面に即した判断であるから，あくまで具体的な事件の訴訟進行過程で問題となってくることであり，個々の事案における被告人の防御の具体的状況や訴訟の実際の経過を全く捨象することは相当ではないと思われる」とされ（井上・103），池田判事は，「訴因の機能としては，審判対象の画定と被告人の防御権の保障という2点が指摘されており，両者は同一事象の表裏という関係にあるものの，審判対象の画定の見地から必要な事項であれば訴因変更が必要になるのは当然と考えられる上，概念の明確さという点でも前者の方が優れているから，まず前者を用いて訴因変更の要否を判断すべきであるように思われる」と述べられている（池田・判解13・70）。

縮小認定の法理についても，訴因事実の中に認定事実が包み込まれている以上，認定事実もまた審判の対象（の一部）とされていると考えることができる（「厳密にいえばそもそも事実に変動はないと考えることも可能である」（岩瀬・86））というところに，その論拠を求めることができるであろう（田宮・199は，「認定事実も検察官によって黙示的・予備的に主張されていたと解されるし，その意味で被告人に不意打ちにはならないというのがその理由であろう（したがって，当然のことながら，罪質・刑量が著しく異なり右のように解しえない場合は別である）」とされ，香城・305は，「訴因の中に黙示に予備的な訴因が含まれていると

きは訴因の変更を必要としない」，「縮小認定された犯罪事実が罪質又は刑の点で訴因の犯罪事実と著しく異なり，その縮小事実では訴追をしなかったと考えられる場合（例えば，強盗の訴因で単純暴行を認定するとき）には」黙示の予備的訴因が含まれているとは認められず，変更ないまま縮小認定することはできない，とされる（香城・306，309）。縮小認定の理論的基礎とそこから導かれる縮小認定の例外的不許容についてのこれらの考え方は，裁判所の心証形成に係る事実に対して「**検察官の訴追意思が及んでいるか否か**」を基準とする視座に立っている。検察官が設定した訴因によって裁判所の審判の範囲を画するという考え方は，裁判所が事案の真相解明に積極的役割を果たすことを抑制し，それによって裁判所の審判者としての公平性を確保しようとする狙いに発しているものであり（大澤裕＝植村立郎「共同正犯の訴因と訴因変更の要否」法学教室324・98），この当事者主義の思想からすれば，検察官の訴追意思がどの範囲にまで及んでいるか―検察官はいかなる事実を訴追したのか―が，審判対象を画定する上での決定的基準となろう。この基本的な思考は，問題の本質をとらえたものということができるが，若干の注意を要するのは，「検察官の訴追意思が及んでいるか否か」という問題は，「個々の具体的事件における担当検察官の訴追意思が実際にどのようなものであるか」という当該検察官の個人的主観の内実を問うものではなく，「検察官たる者の通常の訴追の在り方にかんがみて，本件訴追はどの範囲の事実にまで及んでいるとみるのが適切妥当か」という裁判所による検察官

第3章　訴因変更の要否

の訴追意思の合理的解釈の問題として位置付けられ整理されるべきものであろう，という点である。例えば，訴追意思の射程いかんに関する裁判所の求釈明に対する当該事件担当検察官の釈明内容が直ちに審判対象の範囲を決定するとすることはできず，その釈明内容の合理性・妥当性が問われなければならないであろう。「検察官の訴追意思」は，このようにして客観化されることよって，その法的安定性を保ち得よう。もとより，このことは，縮小認定の可否を論じる局面のみならず，およそ審判対象（画定）説によって訴因変更要否の問題を考察する場合のすべてに当てはまることである）。

(注19)「もとより基本的には審判の対象の定立・限定こそが訴因の最も重要な機能である」（臼井・462），「訴因が有する防禦権保障の機能は，訴因以外の事実では原則として有罪とされることはないという意味において，被告人に対し防禦目標を提示するという限度で肯定されるべきであり，基本的には審判対象の定立，限定こそが訴因の重要な機能というべきであろう」（中山・187），「訴因の機能について考えると，それは被告人に対して防御対象を明確にするだけではなく，裁判所が行う審判対象の範囲を画定するものであり，それがより本来的な機能ともいえる」（井上・103），「訴因対象説からは，むしろ，『審判対象の画定』の機能こそが重要だといえる（松尾・上・174）」（佐藤・225），「訴因の機能の第一義は，裁判所に対する判決拘束力（訴訟物の特定化）である」，「訴因をもって被告人の防御権の対象を画するということは，第一義の反射的効果だといってよい」（石丸・刑訴法・183）。

このような見解に対し，訴因が有する防禦権保障の機能を強調する立場からは，「そもそも不意打ちの問題は，できる限り訴因レベルで解決しておく方が望ましい。従来の判例が，訴因変更の要否の判断において，被告人に対する不意打ちの有無を重要な判断基準としていたことは，理由のないことではないのである」とされている（木谷・114）。しかし，これに対しては，「公判前整理手続が行われ，この手続で『争点の明確化』が行われることを考えると，訴因は，まずもって審判対象画定の問題として検討されることが理論的といわなければならないであろう」との反論が加えられている（川上・542）。

(2)　抽象的防御説に対する疑問──利益侵害の実質性の見地

疑問の第2番目は，「被告人の防御に実質的な不利益を生じさせるおそれ」の内実を，「一般的・抽象的・類型的に見て，被告人の防御に不利益を来すと考えられること」としてとらえる点である。実務において，この抽象的防御説が定立した基準を問題となっている事件に当てはめようとすると，その後の判断過程は実際上かなり微妙なものになるといわざるを得ない。基準それ自体が抽象的である上に，「実質的な」不利益を被らせるかどうかを「抽象的・一般的・類型的に」判断するということのミスマッチが，判定を一層混迷させるのである。この基準は，決して判断の法的安定性に資するような明解・客観的なものとはいえない（反町・判解55・66「抽象的防禦説のように，訴因事実と認定事実とを単に抽象的に比較してみても，その間の差異が，一体どのような態様において，どの程度くい違えば訴因変更を要するというのか必ずしも明白とは言い難（い）」，池田・判解13・70「訴因の機能としては，審判対象の画定と被告人の防御権の保障という2点が指摘されており，両者は同一事象の表裏という関係にあるものの，……概念の明確さという点で（も）前者の方が優れている」，大谷・101も同旨と思われる）。[注20]訴因

第 2 節　訴因変更の要否についての基本的な考え方

変更要否の判断基準として防御説が唱えられたのは，訴因の**不意打ち**防止機能に着眼したからであったが，そうであれば，結局のところは，「この被告人にとって，この訴因変更を経ないことが，実際上不意打ちとなるかどうか」が基準とならざるを得ないのではないか。それが「実質的な」不利益を被告人に被らせるかどうかという視点であろうし，現実問題として不意打ちにならないのに，あえて訴因変更をしなければならないとすることは，被告人の防御権の保障という観点からすれば行き過ぎであろう。この点で，抽象的防御説の方が具体的防御説よりも被告人の防御の保障に手厚いことが，前説支持の理由の一つとされているが，むしろ過保護な姿勢というべきであり，当該被告人その人の正当な権利擁護を具体的事件の解決を通して実現するという刑事裁判の使命からいっても過重な負担というべきである。このような訴因変更を正当化するには，被告人の権利保護とは別途の視点―すなわち，**審判対象の画定**の視点―が必要なはずである。他方で，あくまで被告人の防御という見地から訴因変更要否の判断を推し進めようとする以上は，当該訴訟の現実の進行経過に即して具体的に検証するほかはないことになり，**具体的防御説**によらざるを得ないのではないかと考えられる。反町元判事が「表現においては抽象的に比較するとは言いつつも，具体的事案の内容等を離れてこれを一般的に比べてみてもあまり意味のあることとも思われない。実務的には，まことに歯切れの悪い言い方になるが，具体的審理の経過をも加味しつつ，被告人への不意打防止の観点を十分考慮し，被告人の具体的な防禦権の行使に関連づけて，訴因変更要否の問題を考えていくほかはない，と考えられる」とされ（反町・判解55・66。臼井・451がこれを支持する），岩瀬判事が「防禦権の保障は，その性質からしてもともと具体的なケースを離れて論じることはできないものであり，審判対象の範囲の確定という観点からはその同一性が肯定される場合について，なお個々の事例に即してその侵害の有無を検討すべきものと考えられる」とされ（前出），井上判事が「被告人の防御権の保障に重要かどうかで訴因変更の要否を判断する。そして，後者の観点からの訴因変更の要否は，被告人に対する不意打ち防止という機能面に即した判断であるから，あくまで具体的な事件の訴訟進行過程で問題となってくることであり，個々の事案における被告人の防御の具体的状況や訴訟の実際の経過を全く捨象することは相当ではないと思われる」とされる（前出）のも同様の趣旨をいうものと解される。

なお，具体的防御説には数々の批判が向けられていることについて先述したが（2(1)），これらはいずれも同説を単独で訴因変更要否の基準として用いることに対するものであり，ここで展開している訴因変更要否の判断構造の下において具体的防御説に依拠すること対しては，そのまま妥当するものではない。

こうして，被告人の防御権の保障（すなわち不意打ち防止）という観点から訴因変更の要否を基礎付けようとする以上は，具体的防

訴因変更〔I〕　**75**

御説によるほかないということになる。先に，2(3)において，抽象的防御説を採る実務家の論者のうちに，抽象的防御説を具体的防御説により補完するという立場に立つ者が少なからず見受けられることを指摘したが，このことも，結局は，被告人の防御権侵害に着目する以上，その被告人が受けている審理の現実との関係性を無視しては論じ得ないことを物語っているといえるのではなかろうか。

（注20）これに対して，抽象的防御説によれば訴因変更要否の判断基準は明快（明解）であるとする評価もある（高橋・759，松本・43，毛利・53，寺崎・268）。

(3) 考え方の総括——審判対象説

以上述べてきたところの全体について，考え方の道筋を整理すると，次のようになろう。訴因変更の要否を考えるに当たっては，まず審判の対象の範囲を画定し，審判対象としての同一性が失われないかどうかを検討する。もし，失われるのであれば，直ちに訴因変更を必要とする。従来抽象的防御説の適用場面とされてきたのは，実はここの所だったのであり，岩瀬判事が的確に指摘されているとおり，被告人の防御権の抽象的な侵害という視点は，審判対象の画定という視点と表裏一体の関係にあるものにすぎず，したがって抽象的防御の観点は，まず審判対象の範囲を画定するという営みの中に包摂されるべきものなのである。そして，改めて考えてみると，これまでの抽象的防御説の適用という意識の下での作業——訴因事実と認定事実とを対比することにより，このような食い違いのある場合に訴因変更を経ないことが，抽象的一般的に被告人の防御に不利益を来すような性質のものか否かを判定する——は，実は，裏側から見れば，審判対象の範囲の画定作業——訴因事実と認定事実を対比することにより，このような食い違いのある場合に訴因変更を経ないことが，審判対象の同一性を失わせるような性質のものか否かを判定する——を無意識のうちに行っていたのにほかならないと見ることができるのである（佐藤・225「実質的に，抽象的防御説においては，被告人の防御という観点を媒介として，審判対象の画定の問題が判定されていたと理解することもできるように思われる」，大澤・30も同旨か）。そうすると，防御の観点から残るのは具体的防御説だということになるが，この考え方は，審判対象の同一性が確認された後に，なおそれだからといって訴因変更なしに認定事実を判決することは被告人の防御の利益を実質的に害することになりはしないか，という最終的な確認作業に適用される基準となる。このような2段構えによって訴因変更の要否は決せられることになるという考え方には，相当の説得力があるように思われる。

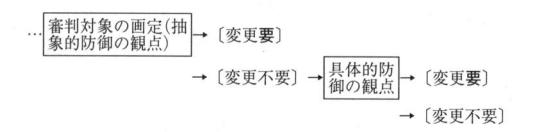

```
…審判対象の画定（抽  → 〔変更要〕
   象的防御の観点）
              → 〔変更不要〕→ 具体的防  → 〔変更要〕
                              御の観点
                                      → 〔変更不要〕
```

ただし，より厳密にいえば，この第2段階において被告人の防御の利益の実質的侵害のおそれが肯認された場合にあっても，訴因変

第2節　訴因変更の要否についての基本的な考え方

更手続を経ることが当然に必要となるわけではないというべきである（これに反して，被告人の防御にとって重要な事実変動の場合には訴因変更が必要とするのは，松尾・上261，井上・103。岩瀬判事も反対か）。(注21)確かに，訴因として明示された事項の変動があった場合には，それが審判対象の範囲画定の見地からは現在の訴因の枠内に収まっていて問題ないとしても，訴因に明記され現に被告人の防御の対象とされているものである以上は，これと異なる事実を認定するためには，何らかの不意打ち防止のための措置をとる必要があるといえ，通常は，「同等（同格）の手続」による（＝起訴状の公訴事実に訴因として掲記されていたのであれば，訴因変更手続をもってする）ことが望ましいといえよう（池田・判解13・71）。しかし，そうしなければ違法とまでいうことはできない。実現すべき趣旨は不意打ち防止であり，これが達せられる限り，手段を訴因変更手続に限定すべき必然性はない。「訴因変更を要する」というのは，その手続をしないと訴因逸脱認定の違法となる（378条3号）ことを意味するものであるところ（小林・389，毛利・50），この場合には，第1段階のスクリーニングによって訴因の同一性が肯認されている以上，そのような違法な認定となることはないというべきである。このような場合においては，求釈明等によって争点を顕在化し防禦の機会を与えることで足りるときもあろう（香城・351，小林・376，第4節4で後述する「争点の顕在化」参照）。したがって，正確に表現すれば，第2段階に

おいては，具体的防御説の考え方を援用するのであり，訴因変更要否の判断基準として同説を適用するということではない（田口・315）。もとより，このような場合に「**訴因の任意的変更**」（第1章第4節2(2)(a)参照）を行うことは許されてよいし，むしろ慎重な訴訟活動の在り方として推奨されてもいる。

　この判断構造が端的に適用になる場合としては，縮小認定において，事案の内容，審理の経過等により，訴因変更なくこれを認定することは具体的防御権を害することとなる場合を想定することができよう（例えば，既遂の訴因に対して未遂を認定する場合において，そうであれば中止未遂を主張したというような場合（香城・351））。

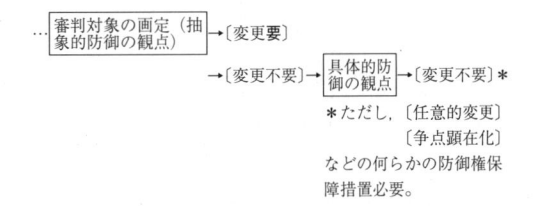

```
…┌─────────────┐ →〔変更要〕
  │審判対象の画定（抽│
  │象的防御の観点）  │ →〔変更不要〕┌─────────┐→〔変更不要〕*
  └─────────────┘            │具体的防 │
                                │御の観点 │
                                └─────────┘
                                *ただし，〔任意的変更〕
                                〔争点顕在化〕
                                などの何らかの防御権保
                                障措置必要。
```

（注21）「縮小認定の場合について，審判対象の範囲の確定という観点からはその同一性が肯定されるので訴因変更は必要でないが，しかし，事案によっては防禦権の保障の観点からこれが肯定されることもある」（岩瀬・88），「抽象的防禦説といわれる実質は，防禦の点を包含したところの審判の対象の範囲の確定の問題であり，訴因変更の要否の検討に当たっては，その観点からの判断とは別に，個々の事案ごとに常に防禦権が具体的に害されていないかという観点からの判断を要する」（同・89）

第3章 訴因変更の要否

【事実記載説下における事実変動ある場合の訴因変更要否判断の諸相】

訴因変更を要求する基準要素（法律面／事実面）	事実変動あるも訴因変更不要の基準	被告人の防御上の実質的な不利益性の判断基準	具体的防御説の補完性	論者
事実記載説	防御説	具体的防御説		反町，臼井
		抽象的防御説	抽象的防御説一元説	（毛利）
			具体的防御説補完説（重畳適用説，2段構えの防御説）	松本，高橋，小林，中山等
	審判対象説		審判対象説一元説	香城，（毛利），私見
			具体的防御説補完説	岩瀬

【抽象的防御説ないし審判対象説下における訴因変更要否の判断基準の多元性】

訴因変更要否の基準の多元性	第1次基準	訴因変更要否	第2次基準	訴因変更要否	訴因変更要否結論	論者
一元説	抽象的基準（抽象的防御説／審判対象説）	要			要	香城，毛利，私見
補完説		不明	具体的基準（具体的防御説適用／その考え方の援用）	不要	不要	（松本），高橋，小林等
						中山
一元説		不要		必ずしも不要(*)	必ずしも不要	香城，毛利，私見
補完説				要	要	中山，松本，高橋，小林，岩瀬

注* 具体的基準に照らし，被告人の防御に実質的な不利益を生ずるおそれが認められたとしても，必ずしも訴因変更の手続によることなく，他の手段（求釈明等）によって争点を顕在化させ防御の機会を与えれば足りる，という考え方。

(4) 審判対象説における判断基準

審判対象説を採った場合には，その第1段階における「現在の訴因を維持したまま認定に係る事実を判示することは，審判対象の限定（訴追に係る犯罪事実を個別特定化することによって他の犯罪事実との識別を果たす）という機能が損なわれるようなことになりはしないか」という，「訴因事実と認定事実との審判対象としての同一性」の判断を，実際上どのようにするのかが問題となる。

(a) 訴因の機能からの導入

この点については，上記(1)の諸説が，以下のような変化・変動が生じた場合には，**訴因＝審判対象＝訴追対象の同一性**が失われるものとして（原則として）訴因変更を必要とする，としているところが参考となる──「事実の質的な意味ないし構造の変動，客体の数量の増大」（田宮），「行為の意味ないし構造の基本的変更，客体の数量の実質的増大」（戸田），「審判の対象を特定するために必要不可欠な部分の変動」（松尾，小林），すなわち，「構成要件的評価の転移や，やや大幅な事実の変化」（松尾），「構成要件的評価を異にする事実の変動」（小林），「訴追の対象と

第2節　訴因変更の要否についての基本的な考え方

する犯罪事実を特定させるための事実のうち，犯罪の構成要件的評価（詐欺の訴因を横領と認定するなど），犯罪の行為の態様（頭部打撲による傷害致死の訴因を路上に押し倒した暴行による傷害致死と認定する／前方注視義務違反による事故の訴因を運転避止義務違反による事故と認定するなど），犯罪の結果の内容（宝石の窃盗の訴因を現金の窃盗と認定するなど）」の変動（香城），「訴因の設定・特定にとって重要な要素」の変動（大谷），「審判の対象範囲を画定するために必要不可欠な本質的部分」の変動（井上），「審判対象の画定の見地から必要な事項」の変動（池田）――。

そこで考えてみると，訴因が審判の対象として特定されることにより他の犯罪事実と識別できていることが，訴因の**審判対象限定機能**を基礎付けている。そうであれば，訴因により示されている審判対象の範囲（訴因の外延）は，一面において，訴追された犯罪事実の特定化要素に，他面において，他の犯罪事実（別異の特別構成要件に該当する事実及び同一の特別構成要件に該当する事実で別異に存在する事実）との識別化要素に，それぞれ求めることができるはずである（この2つはもとより訴因の同一性という名の盾の両面である）。犯罪事実の特定化そして他の特別構成要件該当事実との識別化は，検察官による特別構成要件の選択とこれへの証拠により認定された具体的事実の当てはめによってもたらされた特定の特別構成要件該当事実（その構成要件に規定されたすべての構成要件要素を充足する具体的事実）＝「罪となるべき事実」の起訴状の公訴事実欄への摘示によってなされる（256条3項。併せて，罪名及び罰条の表示がこれを補完しよう。「訴因は，『罪となるべき事実』を特定することにその本質的意義がある」（鈴木・基本構造・300））。そして，それは，歴史上存在し得る同じ特別構成要件に該当する他の犯罪事実とも区別して認識されなければならないことから，犯行の日時・場所・方法を伴って表示されることとなる。したがって，これらの事実について，訴因に掲記されたところと裁判所の心証形成に係るところに食い違いを生じた場合には，原則として，訴因の同一性が失われて審判対象が移動することとなり，訴因変更手続をとる必要が生じるというべきである。もっとも，犯行の結果については，量的に数量が縮減する場合には訴因縮小認定が可能であるし，犯行の日時・場所・方法についてはもちろん，構成要件該当事実についても，その変動の幅がわずかなものにとどまるときは，訴因変更を経ないことが違法とまではいえない。それは，その程度の変動があっても，なお当該訴因の個性，他の犯罪事実との識別性が維持されていると思料できるからである（変化を来した後の事実についても，訴因の記載を総合判断したところと照らし合わせて見て検察官の訴追意思を合理的に解釈すれば，なお当該訴因によって訴追の対象とされているものと解することができるからである，と言ってもよい（香城281，309参照）。したがって，日時・場所・方法等のわずかな変化であっても，それによって他の犯罪事実との混同を生じる――検察官の訴追意思が及んでいる

訴因変更〔Ⅰ〕　**79**

第3章　訴因変更の要否

かがあやふやになる——可能性がある場合には，訴因変更が必要となる。）。この点については，上記3(1)に紹介した諸家の論説の中に，原則として訴因変更を要する（小林・375），多少の事実変動があっても訴因変更を必要としない（香城・303），やや大幅な事実の変化は当然に訴因変更を要する（松尾・上261）との主張が見られたことを想起されたい（なお，同所において，常に訴因変更を要する（松尾・上261，井上103）との表現もみられるが，それは前後の文脈と照らし合わせてみれば，訴因変更の要否は「審判対象特定のため必要不可欠な部分」と「それ以外の部分」とを峻別して考えるべきことを印象づけるための強調表現であって，本文記載の思考過程を否定する硬い趣旨のものではないと解される。ただし，こと構成要件該当事実に関しては，その変動には訴因変更を要するというのが何といっても基本なのであるから，訴因の同一性をなお保ち得る程度の軽微なものであっても，任意的訴因変更の手続を採っておくことが相当であるように思われる（池田・判解13・71，79）。とりわけ，このことは，裁判員裁判において強く妥当しよう。裁判員に対して，常に紛れなく正確に審判の対象を明示しておくことが不可欠と思われるからである。なお，1章2節5(3)参照。）。そして，このような構成要件該当事実及び犯行の日時・場所・方法以外の訴因記載事実について変動が生じた場合には，訴因＝審判対象＝訴追対象の同一性に影響はないので，訴因変更は不要である。

このように，訴因変更の要否の問題には，当該変動事実が，①審判の対象範囲を画定するために必要不可欠な本質的部分か否かという局面と，②そうであるとしても，なお審判対象としての同一性を保ち得る程度の軽微な変動にとどまるものか否かという局面の，2つの判断の場があることに留意する必要がある（**訴因変更要否の判断の2局面性**）。

【訴因変更要否の判断の2局面】

審判の対象範囲を画定するために必要不可欠な本質的部分か否か	YES	なお審判対象としての同一性を保ち得る程度の軽微な変動にとどまるものか否か	NO	訴因変更要
			YES	訴因変更不要
（ただし，犯罪の日時・場所・方法の位置付けには，微妙な問題がある。後述参照）	NO			

(b)　訴因特定論からの導入

なお，叙上の議論に関連して，256条3項後段の解釈論としての，「**訴因の特定**」をめぐる論争がある。同条項によって訴因の特定が要求されているのは，裁判所との関係において審判の対象を明らかにするとともに，被告人との関係において防御の目標を提示するためである。このことから，訴因が特定明示されることにより審判対象の範囲が画定される，という関係にあることが知れる。そこから，起訴状に表示された訴因を特定させていた事実に変動を来すことにより，上記の趣旨が満たされなくなるおそれが生じ，**訴因を特定し直す（変更する）必要が出てくるのでは**

第2節 訴因変更の要否についての基本的な考え方

ないかという点で，訴因特定論は訴因変更要否の議論に結び付いてくるのである（「256条3項の趣旨は，訴因変更請求にも当然当てはまる」（平木・判解14・361））。

訴因要否論に関係する**訴因特定論**としては，㋐訴因として記載されることが必要な事項（訴因の**必要的記載事項**）は，訴因によって示された公訴事実を他の犯罪事実から識別し得る程度に記載することを要し，かつ，これで足りる（**識別説**（**特定説**）——審判の対象を明確にすることこそが訴因の最も重要な機能であるとの考えに基づく。）のか，それとも，審判対象を明確にするだけの事実の特定では足りず，その程度を超えて被告人の防御権の行使に十分な程度に記載することを要する（**防御権説**——被告人に防御の指針を示すのが訴因の最も重要な機能であるとの考えに基づく）のかという対立があり，もう一方で，㋑「日時，場所及び方法」は「罪となるべき事実」に含まれるか否かの議論がある（256条3項の解釈論）。

㋐については，少なくとも実務においては，**識別説**による（**最判昭24・2・10刑集3・2・155**，**最大判昭37・11・28刑集16・11・1633（白山丸事件）**【4】，**最決昭56・4・25刑集35・3・116**など。最近のものとして，**最決平17・10・12刑集59・8・1425**）ことで決着を見ているといってよく（中山・186），本稿の議論もこれを前提としている。つまり，訴因が特定しているといえるためには，①それに表示された被告人の行為が当該犯罪の構成要件に該当するものであると認識することができ（この趣旨をいう上記**最判昭24**は335条1項の「罪となるべき事実」の特定の程度に関するものであるが，「訴因」の特定の程度にも当然妥当すると考えられている），かつ，②他の犯罪事実と区別できる程度に特定されている必要があるが，これらが充足されている限りは，「それ以上更にその構成要件の内容を一層精密に説示しなければならぬものではない」（上記**最判昭24**）。(注22) したがって，訴因に記載されている事項中，他の犯罪事実からの識別を可能としている部分に変動を生ずれば訴因変更が必要的となるが，それ以上に被告人の防御に資する働きをしている部分に変動を生じても訴因変更が必要的となるわけではない。

(注22)「256条3項にいう『できる限り……』とは，最低限他の犯罪事実と区別し得る程度にまで証拠上『知れる限り』訴因を特定しなければならないとの意味であると解すべき」（平木・判解14・363）ことになる。この点に関して，現行刑訴法の制定過程において訴因について最初に意識されたのが「事実の簡潔かつ明確な記述」という要請であったことを紹介し，この訴因制度導入の過程で意識された訴因の簡潔性と明確性という訴因制度の原点をあらためて再確認することの必要性を説くものとして，田口・目的247。そして，この「訴因の簡潔性」という問題を的確に指摘するものとして，以下の論述がある。——「訴因を防禦の便宜という観点のみからみれば，具体性に富む詳細な記載であればあるほどすぐれていることになる。しかし，このことを強調するあまり，過度に精密な起訴状を作成するようなことがあると，さまざまの弊害——捜査の長期化，裁判官の予断，公判審理の硬直化など——が考えられる。一方，審判の対象としての訴因は，ある程度簡潔なものでも，特定の要求を満たすことは可能である。したがって，起訴状の記載は『罪となるべき事実』の特定に必要かつ十分な程度にとどめ，被告人の防禦の利益は，起訴状提出以後の手続過程——事前準備，起訴状に対する釈明，冒頭陳述など——を含めてその保障に遺憾なきを期する方が，全体的にみて適切だと

訴因変更〔I〕 *81*

第 3 章　訴因変更の要否

思われる」（松尾・上 175），「防御権説は，訴因の識別機能を超えた防御機能をも訴因特定の基準とすることにより，必要的訴因記載の範囲を明確に画定できないという難点をかかえていた。もともと被告人の防御権は，訴因特定の場面だけでなく，争点の明確化等の他の方法によってもその保障が図られるべきものである。防御権説は被告人の防御権問題を可能な限り訴因の特定論の中に盛り込もうとしたところに無理があったと思われる。むしろ，訴因の特定論としては，審判対象の画定の見地から識別説を基準とし，これによってまずもって被告人の基本的な防御権を保障し，それ以外の防御権の保障は訴因論とは別の方法によるものと構成する方が防御権の保障にとっては有益と思われる。審判対象の明確化による防御権の保障は，公判防御権論のスタートでしかない。また，ここでの防御権の保障も審判対象の明確化の反射的な効果であって，審判対象の明確化が防御権保障の結果なのではない」（田口・佐々木喜寿・735，田口・208））。

(イ)については，次表のとおり諸説が錯そうしているが，消極に解するのが判例の立場である【4】。

【4】　最大判昭 37・11・28 刑集 16・11・1633
　　　（白山丸事件）

判旨　「本件起訴状記載の公訴事実は，『被告人は，昭和 27 年 4 月頃より同 33 年 6 月下旬までの間に，有効な旅券に出国の証印を受けないで，本邦より本邦外の地域たる中国に出国したものである』というにあって，犯罪の日時を表示するに 6 年余の期間内とし，場所を単に本邦よりとし，その方法につき具体的な表示をしていないことは，所論のとおりである。しかし，刑訴 256 条 3 項において，公訴事実は訴因を明示してこれを記載しなければならない，訴因を明示するには，できる限り日時，場所及び方法を以て罪となるべき事実を特定してこれをしなければならないと規

定する所以のものは，裁判所に対し審判の対象を限定するとともに，被告人に対し防禦の範囲を示すことを目的とするものと解されるところ，犯罪の日時，場所及び方法は，これら事項が，犯罪を構成する要素になつている場合を除き，本来は，罪となるべき事実そのものではなく，ただ訴因を特定する一手段として，できる限り具体的に表示すべきことを要請されているのであるから，犯罪の種類，性質等の如何により，これを詳らかにすることができない特殊事情がある場合には，前記法の目的を害さないかぎりの幅のある表示をしても，その一事のみを以て，罪となるべき事実を特定しない違法があるということはできない。これを本件についてみるのに，検察官は，本件第一審第 1 回公判においての冒頭陳述において，証拠により証明すべき事実として，(1)昭和 33 年 7 月 8 日被告人は中国から白山丸に乗船し，同月 13 日本邦に帰国した事実，(2)同 27 年 4 月頃まで被告人は水俣市に居住していたが，その後所在が分らなくなつた事実及び(3)被告人は出国の証印を受けていなかつた事実を挙げており，これによれば検察官は，被告人が昭和 27 年 4 月頃までは本邦に在住していたが，その後所在不明となつてから，日時は詳らかでないが中国に向けて不法に出国し，引き続いて本邦外にあり，同 33 年 7 月 8 日白山丸に乗船して帰国したものであるとして，右不法出国の事実を起訴したものとみるべきである。そして，本件密出国のように，本邦をひそかに出国してわが国と未だ国交を回復せず，外交関係を維持していない国に赴いた場合は，その出国の具体的顛末についてこれを確認することが極めて困難であつて，まさに上述の特殊事情のある場合に当るものというべく，たとえその出国の日時，場所及び方法を詳しく具体的に表示しなくても，起訴状及び右第一審第 1 回公判の冒頭陳述によつて本件公訴が裁判所に対し審判を求めようとする対象は，おのずから明らかであり，被告人の防禦の範囲もおのず

第2節　訴因変更の要否についての基本的な考え方

から限定されているというべきであるから、被告人の防禦に実質的な障碍を与えるおそれはない。それゆえ、所論刑訴256条3項違反の主張は、採ることを得ない。」)。

これは、犯罪の日時・場所・方法が、一般的には刑罰法令の各本条に規定されている犯罪の特別構成要件の要素とはされていないことによるものと解され、今日大方の承認を得ている考え方となっている(田宮・178, 197, 田口・206, 池田／前田・190, 寺崎・262, 土本・126, 小林・376, 条解刑訴・468, 中山・187)。

これに対しては、「罪となるべき事実は現実の事実であると共に具体的な事実である。したがって日時、場所も亦その要素をなすといわなければならない。方法に至ってはなおさらである。罪となるべき事実から方法を抜き去ってしまったのでは、罪となるべき事実は全く抽象的な事実となってしまうであろう」(平野・訴因概説(二)・32)、「日時、場所、方法等から切り離された罪となるべき事実とは、ひっきょう抽象的な構成要件への当てはまりをいうにすぎなくなり、法律構成説と実質的な違いはない」(平場・308)との鋭い批判も加えられているが、例えば、殺人被告事件においては、被告人により当該被害者の殺害が行われたか否かが審判の核心の部分であって、その犯行の日時場所等が訴因に本質的なものではない(当該被害者を死亡させるのは1回しかあり得ないことを考えれば明瞭である)、したがって、これらの記載が訴因の特定上必ずしも不可欠というわけではないとの指摘(池田／前田・190, 中山・187)は理解できる。(注23)

だが、この議論から、犯行の日時、場所、方法の記載を訴因特定上軽視することは許されないし、その変動が訴因変更を必要とするような「実質的な／重要な事実」の変動には当たらないと即断することは短絡的にすぎるであろう。日時、場所、方法が罪となるべき事実には属しないとしても、法がそれらを、罪となるべき事実を補充して審判の対象となっている犯罪事実を特定するのに資するものとして重要視していることは、256条3項の文理から明白であり、しかも同条項が「できる限り日時、場所及び方法を以って罪となるべき事実を特定して」訴因を明示しなければならない、としていることからすれば、訴因の事実的側面を重視する事実記載説の立場を採る限り、日時、場所、方法も訴因の内容に属する(訴因の構成要素となる)ものであり(臼井・465, 土本・128, 松本・46。**最判昭30・7・19刑集9・9・1885【28】**は、麻薬所持の訴因につき、「所持の場所はかなり重要な訴因の内容をなすことではある」とする)、原則的に訴因に必要的に記載されるべき事項であるというべきであろうと思われる。(注24) 上記の**白山丸事件判決【4】**も、「犯罪の日時、場所及び方法は、……できる限り具体的に表示すべきことを要請されているのであるから、犯罪の種類、性質等の如何により、これを詳らかにすることができない特殊事情がある場合には、前記法の目的を害さないかぎりの幅のある表示をしても、その一事のみを以て、罪と

第3章 訴因変更の要否

6何の原則* \ 「罪となるべき事実」該当性	犯罪の主体：だれが	犯罪の日時：いつ	犯罪の場所：どこで	犯罪の客体：何をだれを	犯罪の方法：どのような方法で	犯罪の行為＆結果：どうした
	被告人は	平成18年1月1日	新宿区西早稲田1-1-1路上において	甲野太郎の顔面を	手拳で	殴打し，よって加療1週間の顔面挫傷を負わせた
判例（最大判昭37・11・28（白山丸事件））【4】		×（犯罪構成要素となっている場合は○）	×（犯罪構成要素となっている場合は○）		×（犯罪構成要素となっている場合は○）	
田宮・178						○
田口・206	○			○		○
平野・訴因概説・(二)32, 平場・308, 臼井・463	○	○	○	○	○	○

＊「6何（ろっか）の原則」：訴因を特定するためには，これらの6項目について漏れなく具体的に記載する必要がある，とされることが多い（条解刑訴・468など）。

なるべき事実を特定しない違法があるということはできない」と判示して，日時・場所・方法が特定明示されないケースはあくまでも例外中の例外としているところに注目すべきである。そして，それらが実際に起訴状の公訴事実欄に記載された以上は，その訴因特定に果たす機能の重要性にかんがみ，訴因変更の要否については罪となるべき事実の要素そのものと同一に取り扱うのが相当と思われる（小林・376）。この結果，訴因変更の要否の問題を考える上では，「日時，場所及び方法」は「罪となるべき事実」に含まれるか否かの議論は，有意性を失うことになろう。そして，公訴事実として「罪となるべき事実」の記載と「日時・場所・方法」のできる限りの記載が必要とされる趣旨は，それらが，訴因を特定する，すなわち，審判対象の範囲を画定する上で極めて重要であることによるのだから，

これらが記載された以上は，その記載に係る事実が変動した場合には，訴因変更（訴因特定のやり直し）が必要になるのが原則であろう（なお，池田判事は，「手続上は訴因として扱われている事実のうち，実質的にも訴因として扱われるべき事実（＝審判対象の画定の見地から必要な事項，犯罪の本質的事実）か否かという境界線は必ずしも明らかでなく，犯罪の構成要件的な事実のみでなく，それよりも広く犯罪行為を特定するような事実もそれに含まれるものと思われる」とされている（池田・判解63・357）。「日時・場所・方法」の位置付けを考える上で参考になろう。ほかにも，「日時・場所・方法の特定という訴訟法的要求も軽視すべきではないから，訴因を実体法的な要件事実だけに絞ることには疑問がある」とされている（田口・佐々木喜寿・744））。

第2節　訴因変更の要否についての基本的な考え方

(注23) これに対して，田宮・179 は，「これは，事件の個数ということと，攻防の対象の明示という手続上の要求（訴因はたんに個数を確認できればよいのではなく，攻防の対象となりうる適格が必要）を混同するものといえよう（訴訟とは，例えば，窃盗が1回行われたかではなく，それがいついかなるときにどういうふうに行われたかを確定するものである）」と批判される。

(注24) 司法研修所検察教官室は，「具体的な罪となるべき事実は，特定の日時・場所において，一回限り発生した歴史的な事実であるから，公訴事実にこれを明確に記載するためには，日時及び場所の記載が不可欠である」，「日時の記載は，罰条改正に伴う適用すべき法令の特定，行為者の責任能力の有無の判断，時効期間の起算点の決定などの際に必要となり，場所の記載は，国内犯と国外犯の区別，土地管轄の決定などの際に必要となる」としている（検察教官室・検察講義案・62）。また，「方法」については，大方の場合，要件事実である「犯行の態様」に解消されるであろう。

(c) 防御説との対比

先に，**緩やかな事実記載説**が，訴因事実と認定事実のずれがあっても訴因の同一性が保たれていると評価する「ゆとり」の領域（訴因が同一性を保ちつつ広がることのできる「幅」）の存在を認めており，一定の「実質的な／重要な事実」の変動でない限りはその領域の中に吸収されると考えることを説明した上で，**防御説**の立場は，その「実質的な／重要な事実」の意義を，「被告人の防御に実質的な不利益を生じさせるおそれのある事実」ととらえるものであることを指摘したが（1(3)），これとの対比でいえば，**審判対象説**は，訴因変更を必要とする「実質的な／重要な事実」の内実を，「訴因として記載された罪となるべき事実と犯行の日時・場所・方法」が原則としてそれに当たると解するものといえ

よう。したがって，審判対象説からは，これらの事実については，訴因の外延は拡張されない（ただし，その外延を画する線は細かい揺らぎを持っていて微細な変動であればこれを吸収するものであることに留意を要する。第2節3(4)(a)に上述した**訴因変更要否の判断の2局面性**参照）。

他方で，訴因に記載されている事実の中に，これらの事実以外のもの（例えば，殺人，放火などの動機犯における動機など）が存在していることが時として見られることがある。これについては，「起訴状の迫力を増し（訴追側の利益），同時に被告人の反論に手がかりを提供する（防禦側の利益）わけで，無下に排斥することはできない」（松尾・上・263），「それらは訴因の内容をより明確にし被告人の防禦に資するという観点から記載されているものと解してよいであろう」（小林・376），「立証と防禦に資するために記載される」（香城・303）などという評価もあるが，これらは構成要件該当事実以外の記載であって，厳格にいえばいわゆる**余事記載**であり（検察教官室・検察講義案・63），訴因の特定（審判対象の範囲の画定）のために必要不可欠な記載ではないばかりか，むしろ，要件事実以外の夾雑物が審判対象の中に紛れ込んでくる外観を呈し，審判対象の明確化という観点からは決して好ましいものとはいえない。これらの記載は避けるべきであろう。(注25) そこで，これらの記載がなされた場合においては，その事実は，訴因を特定する＝審判対象の範囲を画定する上で必要不可欠なもの（「実質的な

訴因変更〔I〕　**85**

第3章　訴因変更の要否

／重要な事実」）ではないのだから，その事実の変動があったとしてもそれは，訴因の外延を押し広げてゆとりを生み出すことになり，したがって訴因は同一のままであるから，変更の手続を要しないこととなる。もっとも，この場合にも，当該事実の変動が，当該事件の審理の経過・状況にかんがみ，被告人の防御に実質的に不利益を及ぼすおそれがあると認められるときには，それに対する手当ての一つとして，訴因変更の手続を講じることはあろう。しかし，それは必要的ではなく，他の手段であっても，要するに被告人に十分な防御の機会を与えることができればそれでよいことは先に述べた。その意味で，なお「ゆとりの領域」の中に収まっているわけである。もとより，このように理論的には訴因変更手続をとらないことが違法とまではされない場合にあっても，被告人側に防御を十二分に尽くさせる意味においても，また上訴審において無用の争点を作らない意味においても，なお慎重を期して「訴因の任意的変更」（第1章第4節2(2)(a)，第3章第2節3(3)参照）手続を取ることは何の問題もないし，訴因が審判対象として常に訴訟の赴く先を指し示していることにできるだけ忠実に従おうとする態度として，むしろ好ましいといえるであろう（松本・44，中山・215は，「訴因変更の要否について少しでも疑問に思った場合にはそのような手続（任意的変更）をとることがむしろ望ましい」とされる。このような場合における任意的訴因変更は実務でも多用されている。もっとも，それも程度問題であり，些細なずれにすぎ

ない場合にまで神経質になって訴因変更を考えることは過剰な反応であろうし，被告人の防御のためには訴因変更以外の方法もあることを忘れてはなるまい。何でも訴因変更という考え方は，訴因の持つ意味をあいまいにさせるおそれもある（毛利・50））。

（注25）「犯罪の動機及び原因は，原則として記載しない。殺人，傷害致死，放火などの動機犯罪については，犯意を明確にし，ひいては罪となるべき事実自体も明確にするという限度で動機などを記載することもあるが，そのような場合にも，予断排除の原則に抵触しないように簡潔に記載すべきである。通常の場合には，殺人のような動機犯罪であっても，……犯罪の動機及び原因を記載することは不必要であろう」（検察教官室・検察講義案・64）。他方，335条1項の「罪となるべき事実」については，「犯罪の動機は，殺人罪や放火罪におけるそれのように，これを明らかにすることによって初めて犯罪事実の全容を明確にかつ具体的に知ることができ，量刑上においても重要な意義を有するものについては，これを記載すべきである」とされている（刑裁教官室・起案の手引・24）が，256条3項の「罪となるべき事実」についてはおのずから別論であることはいうまでもない。

【訴因変更要否のイメージ】
a1＋a2＝訴因事実
b＝公訴事実の同一性の範囲
→＝訴因の同一性を保ったままでの事実変動
⇒＝訴因変更

【防御説】

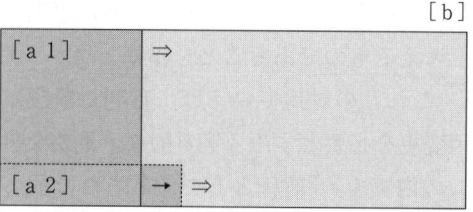

　　　　　　　　　　　　　　　　　　［b］
| [a1] | ⇒ |
| [a2] | →　⇒ |

a1＝それが変動することにより実質的に被告人の防御に不利益を生じるおそれのある事実

a2＝変動しても実質的に被告人の防御に不利益を生じるおそれのない事実

【審判対象説】　　　　　　　　　　　　［b］

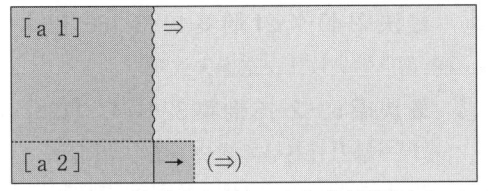

a1＝それが変動することにより審判対象としての同一性を喪失する事実
a2＝変動しても審判対象としての同一性を保持できる事実

第3節　判例の基本的立場

1　事実記載説の採用

判例には，事実記載説を採る旨直接明言したものはないが，以下の諸事例における判示に照らし，基調として事実記載説を採っているものと帰納することができる（条解刑訴・622，高橋・757，小林・375）。(注26)

(注26)　なお，臼井・431，435は，**最判昭36・6・13刑集5・6・961【9】**，**最判昭41・7・26刑集20・6・711【11】**などを法律構成を重視したものと解した上で，結局，判例は基本的には事実記載説の立場を採りつつ，訴因の事実的側面だけではなくその法律的側面にも考慮を払う態度を示すとともに，個々の事案ごとに，被告人の防禦に実質的な不利益を生ずる虞れがあるか否かという点に訴因変更要否のメルクマールを求めている，との理解を示している。しかし，それらの判例も，少なからぬ事実の変更が見られるものであり，事実記載説によって十分に説明可能であると思われる。

〔I〕法律構成に変化がなくても，事実面のずれが一定の限度を超えるものについては訴因変更を要するとしたもの

① 東京高判昭28・6・11高刑集6・7・831，
② 名古屋高金沢支判昭28・9・17高刑集6・11・1457【17】，
③ 最決昭40・12・24刑集19・9・827【12】，
④ 東京高判昭42・1・30高刑集20・1・14，
⑤ 仙台高判昭43・7・18高刑集21・4・281，
⑥ 東京高判昭45・10・12高刑集23・4・737，
⑦ 大阪高判昭46・5・28高刑集24・3・374，
⑧ 最判昭46・6・22刑集25・4・588【31】

など（例えば，【12】は，法人税ほ脱罪につき，その所得内容を認定するに当たり，検察官の主張しなかった勘定科目を追加認定し，主張した科目を削除して認定するに際し，また，【31】は，業務上過失致傷罪につき，「自動車の発進時における濡れた靴によるクラッチの踏み外し」という訴因とは異なった「停止の際のブレーキのかけ遅れ」という態様の過失を認定するに際し，訴因変更を必要とした。）

〔II〕構成要件，法律構成（罪数を含む）を異にしても事実面のずれがないか，または些少であるものについては訴因変更を要しないとしたもの

① **最決昭25・11・30刑集4・11・2453【85】**

第3章　訴因変更の要否

　　　（傷害→同時傷害），
　②　最判昭28・5・8刑集7・5・965【104】
　　　（背任→詐欺），
　③　最判昭28・5・29刑集7・5・1158【18】
　　　（横領→占有離脱物横領），
　④　最判昭28・11・10刑集7・11・2089【20】
　　　（単独犯→共同正犯〔ただし，被告人の防御権を害さない限り〕），
　⑤　最判昭29・1・21刑集8・1・71【5】【22】（共同正犯→幇助犯），
　⑥　最判昭29・1・28刑集8・1・95【6】【23】（共同正犯→幇助犯），
　⑦　最判昭29・3・2刑集8・3・217【109】（包括一罪→併合罪〔ただし，訴因において各行為が特定されている限り〕），
　⑧　最決昭29・5・20刑集8・5・711【90】（公職選挙法違反の供与→交付），
　⑨　最判昭30・10・18刑集9・11・2224【91】（爆発物取締罰則3条の罪→同6条の罪），
　⑩　名古屋高判昭30・11・15高刑集8・追録1【122】（非常習覚せい剤所持・常習覚せい剤譲受譲渡→包括的常習一罪），
　⑪　最判昭32・10・8刑集11・10・2487【111】（包括一罪→併合罪〔ただし，被告人の防御権を害さない限り〕），
　⑫　最判昭33・6・24刑集12・10・2269【24】（強盗殺人の承継的共同正犯→殺人の幇助犯），
　⑬　最判昭33・7・18刑集12・12・2656【84】（同時犯→共同正犯），
　⑭　最判昭34・7・24刑集13・8・1150【8】（単独犯→共同正犯〔ただし，被告人の防御権を害さない限り〕），
　⑮　最決昭35・11・15刑集14・13・1677【123】（併合罪→単純一罪），
　⑯　最決昭40・4・21刑集19・3・166【26】（業務上過失致死→重過失致死），
　⑰　最決昭53・2・16刑集32・1・47【128】（暴行→暴力行為等処罰法1条の共同暴行），
　⑱　最決昭55・3・4刑集34・3・89【13】（酒酔い運転→酒気帯び運転），
　⑲　最判昭63・1・29刑集42・1・38【107】【112】（殺人→逮捕監禁）
など

2　具体的防御説から抽象的防御説へ

(1)　判例理論の歴史的展開

　判例が，抽象的防御説，具体的防御説のいずれの立場を採っているかについては，様々な理解があった。
　まずは，学説によって，それぞれの論理が示されていると一般に評されている判例をリストアップしてみよう。

〔Ⅰ〕具体的防御説
　①　最判昭28・11・10刑集7・11・2089【20】（単独犯→共同正犯〔ただし，被告人の防御権を害さない限り〕），
　②　最判昭29・1・21刑集8・1・71【5】【22】（共同正犯→幇助犯〔ただし，審理の経過にかんがみ被告人の防御権を害するおそれのない限り〕），
　③　最判昭29・1・28刑集8・1・95【6】

第3節　判例の基本的立場

④　最判昭 32・3・26 刑集 11・3・1108【36】（業務上過失致死罪における過失の変動），

⑤　東京高判昭 32・9・5 高刑集 10・7・579【7】（特別背任の訴因における第3者図利目的→自己図利目的），

⑥　最判昭 33・6・24 刑集 12・10・2269【24】（強盗殺人の承継的共同正犯→殺人の幇助犯〔被告人の防御を害したものとは認められない〕），

⑦　最判昭 33・7・18 刑集 12・12・2656【84】（同時犯→共同正犯），

⑧　最判昭 34・7・24 刑集 13・8・1150【8】（単独犯→共同正犯〔ただし，被告人に不当な不意打を加え防禦権の行使に不利益を与えるおそれのない限り〕）．

これらの判例は，訴因事実と認定事実との食い違いが同一構成要件相互ないしその修正形式との間にとどまっている事案について，被告人が認定事実をあらかじめ自認していること（【5】【22】，【6】【23】など），当該訴訟の経過の中で認定事実についても実際上防御が尽くされていること（【7】【8】など）などを理由に，訴因変更手続をとる必要がないとするものである．

これらのうちの幾つかについて，具体的な判示をみてみよう．

【5】　最判昭 29・1・21 刑集 8・1・71
（【22】と同じ）　　　　　　　　　　（②）

判旨　「法が訴因及びその変更手続を定めた趣旨は，原判決説示のごとく，審理の対象，範囲を明確にして，被告人の防禦に不利益を与えないためであると認められるから，裁判所は，審理の経過に鑑み被告人の防禦に実質的な不利益を生ずる虞がないものと認めるときは，公訴事実の同一性を害しない限度において，訴因変更手続をしないで，訴因と異る事実を認定しても差支えないものと解するのを相当とする．本件において被告人は，第一審公判廷で，窃盗共同正犯の訴因に対し，これを否認し，第一審判決認定の窃盗幇助の事実を以て弁解しており，本件公訴事実の範囲内に属するものと認められる窃盗幇助の防禦に実質的な不利益を生ずる虞れはないのである」

【6】　最判昭 29・1・28 刑集 8・1・95
（【23】と同じ）　　　　　　　　　　（③）

判旨　「刑訴法が訴因及びその変更手続を定めた趣旨は，審理の対象，範囲を明確にして被告人の防禦に不利益を与えないためと解されるから，裁判所は，審理の経過に鑑み，被告人の防禦に実質的な不利益を生ずる虞がないものと認めるときは，公訴事実の同一性を害しない限度において，訴因の変更をしなくても訴因と異る事実を認定しても差支えないものであることは，当法廷の判例とするところである．（最判昭 29・1・21 参照）．そして，本件では，被告人が相被告人K等と共謀の上貿易等臨時措置令違反並びに関税法違反の行為をしたという起訴事実に対し，原一，二審判決は，訴因変更の手続を執らないで同幇助の事実を認定したものであつて，被告人は，第一審の

訴因変更〔I〕　89

第3章　訴因変更の要否

公判廷で，知情の点を除いて幇助の事実を自認したものである。されば，原一，二審の右措置は，その審理の経過に鑑み被告人の防禦に何等実質的な不利益を及ぼすものとは認められないから，所論は，採用できない」

● コメント

【5】と同様に，「審理の経過に鑑み」，「被告人の防御に実質的な不利益を生ずる虞がない」といえるか否かを判断基準に置き，その具体的な適用として，当該訴訟手続の中における判示認定事実についての被告人の自認の態度を指摘している。この判例については，担当調査官が次のように解説している。「正犯を幇助に認定するのに訴因の変更を必要とするかは，高裁判例も分かれており学説も分かれているところであるが，特に訴因を審判の対象と見るのか，攻撃防禦の手段と見るのかによってまず結論が異り，次いで訴因における構成要件的評価をどの程度重視するかによっても結論が異って来るものである。最高裁判所判例は，訴因を以て攻撃，防禦殊に防禦の手段と見る傾向にあったが，この判例はこの趣旨を明らかにしたものであり，更に被告人の防禦を害しないならば殊に被告人の方でその旨主張しているようなときは，必ずしも構成要件的評価に拘わらないという方向に更に前進したように見える。同趣旨の判例が**最判昭29・1・21にある**」（青柳・判解29・11）
――慎重にではあるが，当時の最高裁が**具体的防御説**に立脚していることを告げているものといえよう。

【7】　東京高判昭32・9・5 高刑集10・7・579
(⑤)

判旨　「『自己ノ利益ヲ図ル』ということと，『第三者ノ利益ヲ図ル』こととは同一の事実であるということはできないから，第三者の利益を図る目的で背任行為をしたという訴因と，自己の利益を図る目的で背任行為をしたという訴因とは厳密な意味からいつて決して同一の事実であるといえないのは論をまたないところであるが，さればといつて，前者の訴因によつて起訴されたものを判決で後者のように認定するためには常に訴因変更の手続を必要とするかどうかということは，軽々しく決定することはできないのである。けだし，法が訴因変更について一定の手続を要請する所以は，裁判所が勝手に訴因を異にした事実を認定することにより，被告人に不意打を加え，それまでの防禦権の行使を徒労に終らしめることを防止するにあるから，起訴された訴因たる事実と，判決で認定しようとする事実との間に多少の相違が存していても，それが被告人の実質的な防禦権を害する虞がない限り，あえて訴因変更の手続をとる必要がないと解するのを相当とするからである。これを本件の場合についてみると，商法第486条違反罪の構成要件は，(1)被告人らの行為が会社の事務管理者たる任務に背くものであること，(2)被告人らに背任目的（自己若ハ第三者ヲ利シ又ハ会社ヲ害セント図ル）意思があること，(3)会社に財産上の損害を加えたこと，の三点に要約されるから，本件においても検察官の立証や被告人らの防禦も主としてこれに集中されたのは当然である。

ところで，いま本論旨で問題とされているのは，右の中で(2)の背任目的意思の点であるが，原裁判所が所論のような訴因変更の手続をとらなかつたことにより，被告人らはその防禦権の行使につい

て果して実質的な不利益を蒙つているのであろうか。記録を調査すると、本件の起訴状における訴因は、被告人らは第三者たるＩの利益を図る目的で背任行為をしたというにあることは前記のとおりであるけれども、これに対する被告人らの防禦方法をみると、被告人らは単に右のような目的意思を否定したにとどまらず、むしろ積極的に、被告人らは本人たる○○株式会社（以下『○○』と略称する）の利益を図る意思の下に行動したものである、と争つていることが明らかである。即ち、被告人らはまず審理の冒頭手続において、起訴事実に対する認否に際し、被告人Ｆ及び同Ｈの両名は『……貸付の目的はKiの流用費消による○○の既存の損害金の回収という○○の利益だけを唯一の目的を達成する方法として貸付けたのであります。決して私利私慾等不純な気持は毛頭無かつたのであります。右貸付が任務に背くとか、Ｉのため利益となるとか、○○の損害になるとか、という認識は全然無かつたのであります。』と述べ、また被告人Ｋは『私は××株式会社に対して、金３、４百万円程度なら融資してもよかろうとＦかＨかに話したのは、ＩにKiの費消額1,300万円位を確実に引受けて短期間内に支払つて貰うため、即ち支社の損害を填補するためであつて、私の利益のためとか、またはＩの利益のためにやつたものではなく、勿論支社を害するためにやつたものではありません。』と弁解していることが認められるが、被告人らの右のような主張は、ひとり『第三者の利益を図る目的』という訴因に対する防禦方法たるにとどまらず、『自己の利益を図る目的』または『会社に財産上の損害を加える目的』という訴因に対しても共通する防禦方法でもあるから、訴因が右のいずれに変更されたとしても被告人らは決して不意打を受けたということにはならないことが認められるのである。しかも検察官は立証に入るに先立ち、その冒頭陳述において、『……被告人三名は、昭和26年３月○○東京支社の経理部主計課

資金係長Kiが擅に同支社の資金1,500万円を他に貸付け費消した等の事実を知り同事実が本社に知れるに於ては被告人等の同会社に於ける地位に影響することあるべきを虞れ、斯る事態を回避する目的の下に、其の善後策に苦慮協議して居た折柄、Kiと懇意の間柄にあつたＩから同年４月同支社で右費消額を責任を以つて引受けるから同人の経営する××の事業資金等として金3,000万円程度の融資を受け度い旨の要請があつたので、其の頃同支社で被告人等三名協議の上Ｉの事業資金として東京支社の資金を流用貸付けて融資し同人の事業より生ずる利潤より右Kiの右事故損失金を補填し併せて本件融資金の返済を受ける意図で先づＩの利を図る目的を以つて右要請を容れて貸付け融資することに謀議決定したものである。』、『被告人Ｆ同Ｈの両名は、昭和26年６月初頃前記資金係長Kiがさきに発見された前記約1,500万円の東京支社資金の貸付費消等の外に、更に同支社の資金約2,300万円を擅に流用費消した事実を知つたので驚愕狼狽し益々同事実が本社に知れるに於ては被告人等の同会社に於ける地位に影響を来すやも計り知れない不安の念を強くしたところから、斯る事態を回避する目的の下に、これが措置について苦慮して居た折柄、同年６月初旬頃から同年８月初旬頃までの間同支社でまたＩから再三に亘りKiの右約2,300万円の流用費消額もＩに於て責任を以つて引受け弁済するにつき同人の事業資金などとして前同様の方法により一回400万円乃至2,000万円前後の融資を受け度い旨の懇請を受けたので右被告人両名は其の都度同支社でこれを協議の結果Ｉの事業資金として東京支社の資金を融資し同人の事業より生ずる利潤より Ki の右事故損失金を補填し併せて被告等の融資金の返済を受ける意図で、先づ、Ｉの利を図る目的を以つて右要請を容れて貸付け融資することに謀議決定したものである。』と陳述して居り、その後の立証においても、被告人らが本件融資をなしたのは第三者た

第3章　訴因変更の要否

るIの利益を図る目的からばかりでなく，被告人ら自身の利益を図る目的もあつたことを明らかにすべく努力していることが認められるが，これに対応して被告人側においても，弁護人らが検察官の証人尋問に対して再三にわたり異議を述べたり，或いは反対尋問をしたりなどして，この点に関する検察官の立証効果を薄弱ならしめると共に，進んで被告人らに『自己の利益を図る目的』のなかつたことまでも明らかにしようと尽力していることが認められるばかりでなく，弁護人らはその立証に入るに先立ち冒頭陳述書を提出し，その第2の4乃至7において，『被告人等はKiの事故について本社または○○労働組合からその責任を問われる虞は毫もなかつた。被告人等は，いずれも，自己の地位に恋々たる人物でなくKiに関して自己の責任を回避した事実はない。被告人等は，いずれも会社の損失を補填することを唯一の目的としたものである。被告人等にはIの利を図つたものと社会通念上是認するに足る事情は全く存在しない。』と述べ，これを立証するために多数の証拠を提出し，しかもその最終弁論において，被告人らにはIの利益を図る意思のなかつたのは勿論，被告人ら自身の利益を図る目的をもつて行動したものではない旨を強調していることが認められるから，被告人側としても，本件融資行為が自己の利益を図る目的ではなかつたことについて，十分防禦を尽しているものと認められるのである。

而して，さきに判示したように商法第486条所定の特別背任罪における『第三者の利益を図る』という訴因と，『自己の利益を図る』という訴因とは必ずしも同一であるとはいえないけれども，両者は法律的には構成要件を等しくするのみならず，叙上のように，被告人の側において十分に防禦の方法を尽していると認められるような場合には『第三者の利益を図る目的であつた』という訴因についてなされた起訴に対して，判決で『自己の利益を図る目的であつた』と認定しても，被告人に

は少しも実質的な不利益を蒙らしめることがないと認められるから，とくに訴因変更の手続をとらずに，訴因として明示された事実と異る事実を認定しても差支ないものと解するのを相当とする」

●コメント

　この判決の事案においては，【5】【22】，【6】【23】のケースとは異なって，被告人は，裁判所の認定事実である「自己図利の目的」をも否認していたのであるが，起訴状の公訴事実の認否の手続において，訴因に掲げられていた「第三者図利の目的」を否認するのみならず，訴因には掲記されていなかった「自己図利の目的」まで視野に入れてこれを明示的に否認したこと，その後の手続においては，「自己図利の目的」の有無についても攻撃防御が尽くされたことなどを理由として，被告人の防御に実質的な不利益はないから，「自己図利の目的」の存在を認定判示する上で訴因変更は必要としない，と解したのであった。**具体的防御説**の考え方からは分かりやすい判断のようにも思われるが，「第三者図利目的」と「自己図利目的」とでは**訴因の同一性**を欠くとしながら，被告人の防御に実質的な不利益がなければ訴因変更を要しないというのは，いかにも具体的妥当性の追求に偏った判断で，冒頭に述べられている訴因事実と認定事実事実との間に「多少の相違が存していても，それが被告人の実質的な防禦権を害する虞がない限り，あえて訴因変更の手続をとる必要がない」という判断基準とも整合しておらず，ここにも具体的防御説の限界が看て取れよう。

【8】 最判昭 34・7・24 刑集 13・8・1150 (⑧)

判旨　「論旨第一点について。

原判決は，被告人の単独犯による覚せい剤不法所持の訴因を肯定した第一審判決を事実を誤認したものとして破棄し，訴因変更の手続を経ることなく，Kとの共同正犯を認定したのであるが，原判決の認定は，被告人はKと共同して判示の日時，判示の場所において本件覚せい剤を不法に所持したというのであり，同一の覚せい剤所持の事実について被告人の単独所持を，共犯者との共同所持に変更したものに過ぎないことは原判決の説示するところによつて明らかであつて，<u>そのことによつて被告人に不当な不意打を加え，その防禦権の行使に不利益を与えるおそれはない（被告人の刑事責任を増大せさるわけでもなく，またその防禦方法を基本的に立て直す必要があるわけでもない）</u>のであるから，本件の場合，訴因変更の手続を必要としないとした原判示は結局正当である。

同第二点について。

所論は原判決が引用の大阪高等裁判所の判例に違反すると主張する。しかし，原判決が被告人の単独犯による覚せい剤不法所持の起訴に対し，訴因変更の手続を経ることなく，Kとの実行共同正犯の事実を認定したことが，<u>本件の審理経過にかんがみ被告人の防禦に実質的な不利益を生ずるものでない</u>としたことは，当裁判所の諸判例（最判昭 26・6・15，最判昭 28・11・10，最判昭 29・1・21）の趣旨に照して正当であり，引用の大阪高等裁判所の判例は当裁判所の右諸判例の趣旨に抵触する限度において変更せられたものと解すべきである。従つて右判例は刑訴 405 条 3 号の判例に当らないから，右判例違反の主張も採るをえない」

● コメント

　この事案においては，訴因事実としては，被告人の単独犯行としての覚せい剤の所持が掲げられていたところ，裁判所は，訴因変更を経ないまま，Kとの共同所持を認定した，つまり，その所持の実行行為者が被告人とKであると認定したのであり，その被告人が本件覚せい剤を所持したという日時，場所も訴因記載どおりの認定である。そのために，被告人の刑事責任が増大するわけでもなく，防禦方法を基本的に立て直す必要があったわけでもない。要するに不意打ちとはならないというのである（寺尾・判解 34・278）。したがって，被告人を実行行為には関与しないで刑事責任を問われる共謀共同正犯に問擬する場合は，この判例の射程外である。また，刑事責任の増大がないという抽象的基準をも採用している点で純粋に具体的防御説的視点だけから検討しているものではないことが知れるが，被告人は当初から犯行を否認した後にKの単独犯行であると主張し続けてきたものであって，「防禦方法を基本的に立て直す必要があったわけでもない」というのはこのような具体的な訴訟経過をも踏まえているとみることができ，基本的には**具体的防御説**によったものと評してよいであろう。

〔Ⅱ〕抽象的防御説

① 最判昭 36・6・13 刑集 5・6・961【9】
　　（収賄共同正犯→贈賄共同正犯），

② 最大判昭 40・4・28 刑集 19・3・270【10】
　　（供与幇助犯→供与共同正犯），

第3章　訴因変更の要否

③　**最判昭41・7・26刑集20・6・711【11】**
（業務上横領→特別背任→業務上横領）

　これらの判例は，訴因事実と認定事実との食い違いが，構成要件を異にするものである事案及び基本的構成要件の修正形式相互にわたっている事案について，弁護人主張に即した事実の認定判示であるのにもかかわらず（【9】），認定事実への訴因変更命令が発せられ当該命令により訴因が変更されたものとしてその後の手続が進められたのにもかかわらず（【10】），当初設定されていた訴因が変更された後に当初訴因を認定判示するものであるにもかかわらず（【11】），いずれも訴因変更を必要とするとしたものである。

【9】　**最判昭36・6・13刑集5・6・961（①）**

事実

起訴状の公訴事実

　被告人は，H（新潟県南蒲原郡×町町長として同町の工事の請負契約の締結，金銭出納命令等の権限を有するもの）と共謀の上
(一)　昭和29年11月25日頃，新潟市西堀前通二番町の甲株式会社事務所より同市上大川前通り五番町料理屋乙に赴く自動車内で，右会社の取締役社長Nから，X町中学校体育館の建築工事を右会社に請負わしめることに対する謝礼の趣旨であることを了知し乍ら，現金30万円の交付を受け
(二)　同年12月7日右会社事務所において，右会社の専務取締役Kから，右体育館の工事請負につき右会社と契約を締結したことに対する謝礼の趣旨であることを了知し乍ら，現金30万円の交付を受け

以て右Hの職務に関し賄賂を収受した。

判示認定事実（原審までが認定した事実。最高裁判例にあっては，以下同じ。）

　被告人は，前記Nと共謀の上，前記×町町長Hに対し，その職務に関し，X町中学校体育館新設工事請負契約の締結につき，便宜の取計いをして呉れたことの謝礼として金員を供与しようと企て
(一)　昭和29年11月25日頃，前記甲株式会社事務所から前記料亭乙へ赴く自動車内で，同人に対し，右工事請負の仮契約をして呉れたことの謝礼として現金30万円を交付し
(二)　同年12月7日頃右会社事務所において，同人に対し，右工事請負の本契約を締結して呉れたことの謝礼として，現金30万円を交付し
以て右Hの職務に関し賄賂を供与した。

　起訴状記載の公訴事実に対する被告人の認否の内容は，「Hと甲会社との間に立って体育館の請負契約について斡旋したこと及びHから20万円を借用したことはあるが，公訴事実にいうような収賄をしたことはない」というものであった。そして弁護人も本件は強いて言うならば贈賄の共犯と見る方がまだ筋がとおる旨述べていた。

判旨　「本件起訴状記載の訴因は，被告人が×町町長Hと共謀の上，同町長の職務に関し，2回に亘つて賄賂金合計60万円を収受したという収賄の事実である。しかるに，原判決は，第一審判決が右公訴事実を収賄と認定したことが事実の誤認であるとして，これを破棄自判するに当り，訴因罰条の変更手続を履まずに，……。即ち，原判決認定の事実は，被告人がNと共謀の上，X町町長Hに対し，同町長の職務に関し，2回に亘つて賄賂金合計60万円を供与したという贈賄の事実である。ところで，本件公訴事実と原判決認定の事実とは，基本的事実関係においては，同一であると認められるけれども，もともと収賄と贈賄とは，犯罪構成要件を異にするばかりでなく，一方は賄賂の収受であり，他方は賄賂の供与であつて，

行為の態様が全く相反する犯罪であるから、収賄の犯行に加功したという訴因に対し、訴因罰条の変更手続を履まずに、贈賄の犯行に加功したという事実を認定することは、被告人に不当な不意打を加え、その防禦に実質的な不利益を与える虞があるといわなければならない。従って、本件の場合に、原審が訴因罰条の変更手続を履まずに、右のような判決をしたことは、その訴訟手続が違法であることを免れない。そして右の違法は、被告人に対する訴因の全部に関しているのであるから、明らかに判決に影響を及ぼすべきものであり、且つ、原判決を破棄しなければ著しく正義に反するものと認められる。」

● コメント

事実欄に記載したような本件の訴訟経過に照らしてみると、判決の認定は弁護人の主張に即したものとも言え、**具体的防御説**からすれば訴因変更不要とされてもよいような事案であった。担当の調査官は、次のように述べている。「訴因に関する従来の最高裁判所の判例は、大体において、訴因を単なる被告人の防禦のための手段に過ぎないものと解し、公訴事実が同一である限り、被告人の防禦に実質的な不利益を与えない場合には、訴因と異る事実を認定しても差つかえないものとしており、そして被告人の防禦に実質的な不利益を与えるか否かは、その訴訟の審理経過をも考慮して、各事案に即して具体的に決定すべきであるとしているようである（この点に関する指導的先例として、**最判昭26・6・15**、**最判昭29・1・21** がある。）。本判決も訴因を被告人の防禦のための手段であると解する点において、従来の最高裁判所の判例に従ったも

のであるが、被告人の防禦に実質的な不利益を与えるか否かの基準を犯罪構成要件ないしこれに該当する行為の態様の異同という点におき、訴因罰条変更の要否を犯罪類型によって一般的に判断している点において特色を有するものといえよう。しかし、判旨もいうように、およそ刑法第197条第1項前段の収賄罪と同法第198条第1項の贈賄罪とは、構成要件が全く異なるばかりでなく、一方は賄賂を収受する罪であり、他方は賄賂を供与する罪であって、行為者の立場が全く逆であり、犯行の態様に顕著な差異が認められるのである。思うに、本件の訴因に対する被告人の防禦としては、収賄者たるHと結託してNから賄賂を収受する意思のなかったことを主張立証すべきであり、このため場合によっては、むしろ逆の立場である贈賄者の側にあったということを防禦方法とすることも考えられるのであって、現に弁護人は、第一、二審においてこの趣旨の陳述をしているのである。ところが贈賄行為に加功したというのであれば、贈賄者たるNと結託してHに賄賂を供与する意思のなかったことをもって防禦しなければならないわけであるから、その防禦方法は、根本的に異ならざるを得ないであろう。従って、一般に本件の如き2つの犯罪類型の間において訴因罰条の変更手続を要することは、訴因変更の趣意に照しても当然というべきである。」（堀江・判解36・154）

このように、本判決も、訴因変更要否の基準を被告人の防御に実質的な不利益を与えるか否かの点においていることは従前の判例と

第3章　訴因変更の要否

同様であるが，その不利益となるか否かの判断基準を一般的，抽象的な視座に置くところに特色を発揮した。ただし，上記調査官解説においては，「本判決が，訴因罰条の変更の要否を犯罪類型によって一般的に判断しているからといって，それが訴訟の審理経過を考慮することなく排斥する趣旨とは必ずしも言えない」とされ，その理由として，「本件は，訴訟の経過において被告人が収賄の事実を否認しているばかりでなく，無罪を主張して争っているのであって，贈賄の事実を主張ないし自認している場合ではないから」と述べられている。上記のような被告人・弁護人の応訴の態度は「収賄の共同正犯の成立を争うための防御手段として述べたものと思われ，贈賄罪の成立を争わない趣旨とは解されない」とされるのである（前掲・155）。そして，この点をとらえて，本判決を，判例が，具体的防御説の立場を否定し抽象的防御説のそれに在るものとして引用するには問題ありとの指摘もなされている（船田・判解40・249，小林・388）。

【10】　最大判昭40・4・28刑集19・3・270（②）

事実

起訴状の公訴事実

衆議院議員総選挙に立候補の決意を有するＳに当選を得しめる目的でＹが被告人Ａほか4名に対し金3,000円宛を供与した際，Ｔ被告人は，その情を知りながら右Ｙを案内し，受供与者に紹介し，更に受供与を勧める等その犯行を容易ならしめてこれを幇助した。

判示認定事実

被告人Ｔが右Ｙと共謀の上，被告人Ａほか4名に対し前同趣旨で現金3,000円宛を供与した。

判旨　「被告人Ｔに対する関係において，第一審は，……公職選挙法221条1項1号違反の幇助罪としての起訴に対し，検察官の訴因変更がないのに，……共同正犯の事実を認定し，原審も，右の如き幇助犯としての起訴事実を，第一審判決の如く共同正犯と認定しても，被告人の防禦権の行使に実質的な不利益を与えるものでないから，訴因変更の手続を要しない旨判示して，第一審判決を是認している。しかし右のように共同正犯を認めるためには，幇助の訴因には含まれていない共謀の事実を新たに認定しなければならず，また法定刑も重くなる場合であるから，被告人の防禦権に影響を及ぼすことは明らかであつて，当然訴因変更を要するものといわなければならない。この点に関する原審の法律判断は誤りであるといわざるを得ない。

尤も記録によれば，第一審は，第5回公判期日において共同正犯に訴因を変更すべきことを命じ，検察官から訴因変更の請求がないのに，裁判所の命令により訴因が変更されたものとしてその後の手続を進めたことが認められる。しかし検察官が裁判所の訴因変更命令に従わないのに，裁判所の訴因変更命令により訴因が変更されたものとすることは，裁判所に直接訴因を動かす権限を認めることになり，かくては，訴因の変更を検察官の権限としている刑訴法の基本的構造に反するから，訴因変更命令に右のような効力を認めることは到底できないものといわなければならない。そうすると，裁判所から右命令を受けた検察官は訴因を変更すべきであるけれども，検察官がこれに応じないのに，共同正犯の事実を認定した一審判決は

違法であつて，同判決および結果に於てこれを是認した原判決はこれを破棄しなければ著しく正義に反するものと認められる」

● コメント

本件においては，第一審裁判所が訴因を公職選挙法違反幇助から共同正犯に変更するよう命じ，かつこの命令により訴因は変更されたものとしてその後の手続を進めたというのであるから，共同正犯の訴因について防御が尽くされたものとみてよいと思われる。そうであるにもかかわらず，判決は，訴因変更命令の形成力を否定した上で，幇助の訴因に対し共同正犯の事実を認定するには訴因変更を要するとしたのであり，これは具体的防御説の立場からは説明困難というほかなく，判決が変更を必要とする理由として述べているところからも，異論なく抽象的防御説に立った判例であると評価されてきた。

判旨が幇助犯の訴因に対して共同正犯を認定するのに訴因変更が必要である理由として説くところは，一般論としては特段の異論をみないところであろう。しかし，本件事案においては，石坂裁判官の少数意見が指摘するように，本件起訴状に記載された公訴事実は，それと罰条と相俟てば，「幇助した」という記載にかかわりなく，第一審判決が認定したとおり，供与罪の共同正犯としての訴因を充足していた（共同正犯としての実行行為は余すところなく記載されていた）ものといえるのではないか。これを幇助犯と法律構成したのは，検察官の法律的見解が誤っていただけのことで，このような場合には訴因変更の要はないというべきではないか。

この点については，「幇助犯の訴因に対し，共同正犯を認定するためには，起訴状に明示されている被告人の幇助の意思，すなわち自己の犯罪を犯すつもりではなかったという点を否定して，かえって自己の犯罪を実行する意思であったこと（正犯の意思，通常判決で「共謀して」という言葉で表されるもの）を新たに認定しなければならなくなるのであり，その点で事実が異なってくるといえるし，法定刑も重くなるのであって，被告人の防御権に影響を及ぼすことは明らかであり，被告人に対する不意打ちと不利益を防ぐために訴因変更を要する」（海老原・判解40・62），「判旨は当然であるが，そう解する根拠として，右判決が新たな事実認定の必要性と法定刑の点を挙げているのは，一般的抽象的に防禦権を考えている証拠である」（香城・312）と説明されている。

【11】 最判昭41・7・26 刑集20・6・711 （③）

事実

起訴状の公訴事実

被告人は，観光開発観光施設提供等を目的とする株式会社Oヘルス・センターの渉外担当の常務取締役で，同会社より観光施設建設用地としてI所有山林の買収につき交渉代金決済等一切の権限を委任されていたものであるが，昭和35年3月下旬頃，会社から当該山林買収代金の仮払金として坪当たり900円で合計400万円を受取り，Iと交渉の結果，当該

第3章　訴因変更の要否

山林を坪当り750円合計321万7,500円、税金買主負担分30万円で売買契約を締結し、即時これを支払った差額48万2,500円を会社に返還すべく保管中、その頃I方において着服横領した。

変更後の訴因

被告人は観光施設の提供を目的とする株式会社Oヘルス・センターの常務取締役であつて、昭和35年3月21日頃開催の常務取締役会において、同会社がI所有山林を買収する決議をするにあたり、該山林買収につき交渉等一切の権限を委任されたのであるが、その際、該山林はかねて被告人が右Iの代理人と交渉の結果坪当り750円位で入手しうる見込みがあつたにも拘らず、これを秘し自己の利益を図る目的でその任務に背きIより坪当り900円で売却する内諾を得た旨虚偽の報告をして、その旨代表取締役等を誤信させて同価格で買収する決議をさせ、同月28日頃右Iより坪当り750円合計321万7,500円で買受けたにも拘らず、同会社をして右山林代金の支払として同年4月7日坪当り900円合計386万1,000円の支出をさせ、よつて同会社に右差額64万3,500円の損害を与えた。

判示認定事実

被告人は、観光開発観光施設提供等を目的とする株式会社Oヘルス・センターの渉外担当の常務取締役で、不動産担当の常務取締役Sを補佐し土地買収等に従事していたものであるが、昭和35年3月初、中旬頃会社からI所有山林の買収方につき交渉、契約締結、代金支払等一切の権限を委任され、同月25日買収資金等として400万円を預かり、同月27、8日頃Iに対し代金坪当り750円合計321万7,500円、Iの税金分30万円仮払いの条件で売買契約を締結した上351万7,500円を支払い、所要経費3万5,000円を控除した残額44万7,500円を会社のため業務上保管中、同年4月4日代表者専務取締役Kに対し400万円以上を要した旨報告し右44万7,500円を着服横領した。

当初の業務上横領の訴因について、被告人は、「Iとの買収契約は、被告人個人でしたもので会社の委任を受けてしたものではない。被告人はその買い受けた山林を会社に売ることとなり400万円を受け取ったものであり、買主負担の税額が未確定のため差額78万2,500円を保管している」と否認し、その後審理が進められた結果、第1審の第8回公判期日に至って、特別背任の訴因に変更され、被告人は、これについても「任務違背も会社に損害を与えたこともない」と否認して争ったが、1審は背任の訴因を認定して有罪とした。被告人の控訴に対し、控訴審は、訴因変更を経ないまま（その理由については説示されていない）、当初の業務上横領の訴因事実とほぼ同内容の事実を認定し、業務上横領で有罪とした。

判旨　「原判決判示第一の事実については、当初業務上横領の訴因をもつて起訴されたのであるが、昭和39年3月7日の第一審第8回公判期日において、右訴因は撤回され、……旨の商法486条1項特別背任の訴因に変更されたこと、一審は、適法に変更された右特別背任の事実を有罪と認定したところ、原判決は、第一審判決の右認定は事実を誤認し法律の適用を誤つたものとして、これを破棄自判するにあたり、訴因罰条の変更手続をとらないで、……起訴状記載の訴因と殆ど同一の事実を認定し、刑法253条を適用していることが明らかである。しかし、本件において、一審で当初起訴にかかる業務上横領の訴因につき被告人に防禦の機会が与えられていたとしても、既に特別背任の訴因に変更されている以上、爾後における被告人側の防禦は専ら同訴因についてなされていたものとみるべきであるから、これを再び業務上横領と認定するためには、更に訴因罰条の変更ないし追加手続をとり、改めて業務上横領の訴因につき防禦の機会を与える必要があるといわなければならない。従つて、原審がこの手続をとらないで判決したことは違法であつて、刑訴法411条1号により破棄を免れない」

● コメント

事実欄に記載したような本件の訴訟経過

に照らしてみると，被告人には当初の業務上横領の訴因について相当の防御の機会が与えられていた。具体的防御説からすれば，訴因変更不要とすることも十分考えられるところであるが，判決は，「当初起訴にかかる業務上横領の訴因につき被告人に防禦の機会が与えられていたとしても」とはっきりこの点を述べた上で，上記の理由で訴因変更の必要を認めた。現訴因である特別背任の事実と認定事実である業務上横領の事実を構成要件ないし犯罪類型として対比して，被告人の防御上の不利益性を肯認したものとして，抽象的防御説の立場に通じるものがあると評されている（「訴因変更の要否について，判例は，被告人側に不当な不意打を加え，防禦に実質的な不利益を及ぼすおそれのないときには，変更手続を必要としないとしているといえる。この基準からいえば，背任の訴因により業務上横領の事実を認定するためには，変更手続を必要とするというべきであろう。しかし，撤回された訴因と認定事実との間の相違が，もともと訴因変更手続を必要としない程度のものであれば，ただ撤回されたということだけから，訴因変更を要するとの結論は出ないと思われる。とすると，本判決は，背任の訴因により業務上横領の事実を認定するためには，訴因変更手続を要することを前提としていると解され，当初の訴因につき防御の機会が与えられていたとしても，右手続を必要とするといっている点において，被告側の防禦権に対する影響の有無を抽象的に判定したものといえようか」（桑田・判解41・160））。

これに対して，途中で訴因変更がなされている以上当初の訴因につき具体的防御が尽くされているかについては疑問があり，判例が具体的防御説を否定して抽象的防御説の立場に在るものとして引用するには問題があるとする見方も示されている（小林・388）。

なお，以上の判例に加えて，次のものも，最高裁が抽象的防禦説の立場を採用したことの例証として引用されることがあるので，これについても見ておくことにしよう。

【12】 最決昭40・12・24刑集19・9・827

事実 法人税法違反被告事件（法人税ほ脱罪）において，裁判所は，下記のとおり，ほ脱所得の内容として，検察官の主張しなかった仮払金175万円，貸付金5万円を新たに認定し，検察官の主張した借入金75万円を削除して認定し，結局，実質所得額を検察官の主張よりも105万円多額に認定した。

起訴状の公訴事実
被告会社は，昭和36年2月1日から同37年1月31日までの事業年度において，被告会社の実際所得金額が<u>18,672,473円</u>あつたのにかかわらず，昭和37年3月31日東京都墨田区墨田税務署において，同税務署長に対し，所得金額が7,196,938円あり，これに対する法人税額は2,544,750円である旨の虚偽の確定申告書を提出し，もつて同会社の右事業年度の正規の法人税額<u>6,926,910円</u>と右申告税額2,544,750円との差額<u>4,382,160円</u>を逋脱した。
冒頭陳述によって具体化された事実（*）
（資産の部）

訴因変更〔I〕 **99**

第3章 訴因変更の要否

△△出資金 350万円
(負債の部)
借入金 75万円

判示認定事実

被告会社は，もと株式会社××と称していたところ昭和38年6月17日現商号に商号変更登記を了したものであつて，本店を東京都墨田区吾嬬町西×丁目××番地に置き，ライターの製造並びに販売等を営業目的とする資本金4,000,000円の株式会社であるが，昭和36年2月1日より同37年1月31日までの事業年度において，被告会社の実際所得金額が19,722,473円あつたのにかかわらず，昭和37年3月31日前記墨田税務署において，同税務署長に対し，所得金額が7,196,938円あり，これに対する法人税額は2,544,750円である旨の虚偽の確定申告書を提出し，もつて同会社の右事業年度の正規の法人税額7,325,910円と右申告税額2,544,750円との差額4,781,160円を逋脱した。

判決書添付一覧表記載の事実

(資産の部)
仮払金 175万円
貸付金 5万円
△△出資金 350万円
(負債の部)

＊ 本決定は，「法人税ほ脱罪における訴因とは何か」という問題について直接には判示していないが，検察官の冒頭陳述によって具体化された個々のほ脱所得の内容もまた訴因をなすとの見解を肯定し，これを前提として判断していることは，判文上明らかである。

判旨

「第一審判決は，本件ほ脱所得の内容として，検察官の主張しなかつた仮払金175万円，貸付金5万円を新たに認定し，また，検察官の主張した借入金75万円を削除して認定しており，原判決は，訴因変更手続を経由することなく右のごとく認定した第一審判決が違法であるとはいえないと判示しているが，かような認定は，被告人側の防御に実質的な不利益を与えることもありうるのであるから，訴因変更の手続を要するも

のというべく，これに反する第一，二審判決は，訴訟の解釈適用を誤つたものといわなければならない」

● コメント

本件控訴審判決は，訴因変更不要との判断に立っていたものであるが，その理由として，大要，次のように述べている。「本件において，被告人側としては，検察官の主張する逋脱所得の数額についてはある程度争う余地があると考えながらも，大局的見地からあえて一々を争おうとせず，もっぱら情状に関する事実を主張立証しようとした訴訟の経過を前提として考えれば，被告人側は，現にこれらの点についても全然防禦をしていないとは言えないと同時に，かりに正式の訴因変更の手続がとられたとしてもそれ以上なんらかの防禦の手段を講じたであろうとは認め難く，いいかえれば，本件では，そのような手続がとられなかったからといってその防禦に格別実質的な不利益が生じたとはいえないと判断されるから，第一審判決が訴因変更の手続をとることなく認定したことはあながち違法であるとはいえない」――本件の訴訟手続における被告人の防御の有様がこのとおりのものであったとするならば，具体的防御説の立場によれば，訴因変更不要との結論もあり得るところである。しかし，最高裁は，本件においては，上記のような認定は，被告人側の防御に実質的な不利益を与えることもあり得るという理由により，訴因変更を必要とした。これについては，「本件において，訴因と認定事実との間に存する科目の相違は，抽象的に

考えて被告人側の防御に実質的不利益を与えることになることもありうるわけであるから，訴因変更手続を要するというのほかな（い）」とする「被告人側の防禦権に影響があるか否かについて抽象的にこれを判定する立場」すなわち抽象的防御説「によることを明らかにしたものと思われる」という解説がなされている（船田・判解40・247）。

(2) 判例理論の理解（防御説の視点）

以上の諸判例を踏まえて，最高裁判例の立場をどうみるかについてであるが，まず時系列的に見れば，昭和30年代の後半からそれまでの**具体的防御説**から離れて**抽象的防御説**の立場に軸足を移した，という評価が一般的になされるようになった（田宮・199，田口・315，小泉・259，条解刑訴・623，泉山・162，井上・103，寺崎・268）。そして，それ以前の時期における具体的防御説の考え方に立ったものとみられる判例については，「混乱期の下級審実務の救済判例というべきもの」（小泉・259），「これらの事例では，具体的な判断によって訴因変更を不要としているが，上訴審が原審訴訟手続の全過程を回顧的に見て被告人に実質的な不利益がなかったと判断した結果の，いわば救済判例とみることができる。結局，判例の基本的な流れは，抽象的基準に従って判断できるとするものと解される」とされたのであった（条解刑訴・623）。

このような見方に対しては，異論もあった。まず，既に触れたように，抽象的防御説の立場にあると評される判例についても具体的防御説の立場から理解できるものもあることを理由に，「現在，判例が一般的に抽象的防禦説の立場にあるとは断じ得ないと考える」とする見解であり，（小林・388），これに昭和55年に出された次の最高裁判例を根拠に加えて，一層，最高裁が抽象的防御説の立場に傾斜しているとは一概に結論づけ得ないと主張された（中山・213）。他方，最高裁判例が抽象的防御説の傾向を強めていること自体は認めつつも，なお具体的防御説の考え方が払しょくされてしまったとはいえないとする所説もあった（石井・87。大谷・101 は，「(**最決昭55・3・4**を) よど号ハイジャック事件判決等の近時の判例の流れの中に置いて考えるときは，訴因とずれのある認定をする場合には，具体的防禦という側面も無視することはできないことを浮き彫りにした点で，先例としてのより一般的な意義が認められるように思われる」とされていた）。

そこで，大いに注目を集めたのが次の判例であった。

【13】 最決昭55・3・4 刑集34・3・89

事実

起訴状の公訴事実が該当する構成要件と罰則
〔道交法65条1項〕
何人も，酒気を帯びて車両等を運転してはならない。
〔同117条の2第1号（当時）〕
次の各号のいずれかに該当する者は，2年以下の懲役又は5万円以下の罰金に処する。

訴因変更〔I〕 *101*

第3章　訴因変更の要否

1　第65条（酒気帯び運転等の禁止）第1項の規定に違反して車両等を運転した者で，その運転をした場合において酒に酔った状態（アルコールの影響により正常な運転ができないおそれがある状態をいう。以下同じ）にあったもの
判示認定事実が該当する構成要件と罰則
〔道交法65条1項〕 何人も，酒気を帯びて車両等を運転してはならない。 〔同第119条1項7号の2（当時）〕 次の各号のいずれかに該当する者は，3月以下の懲役又は3万円以下の罰金に処する。 7の2　第65条（酒気帯び運転等の禁止）第1項の規定に違反して車両等（軽車両を除く。）を運転した者で，その運転をした場合において身体に政令で定める程度（呼気1リットルにつき0.25ミリグラム）以上にアルコールを保有する状態にあったもの

判旨　「道路交通法117条の2第1号の酒酔い運転も同法119条1項7号の2の酒気帯び運転も基本的には同法65条1項違反の行為である点で共通し，前者に対する被告人の防禦は通常の場合後者のそれを包含し，もとよりその法定刑も後者は前者より軽く，しかも本件においては運転開始前の飲酒量，飲酒の状況等ひいて運転当時の身体内のアルコール保有量の点につき被告人の防禦は尽されていることが記録上明らかであるから，前者の訴因に対し原判決が訴因変更の手続を経ずに後者の罪を認定したからといつて，これにより被告人の実質的防禦権を不当に制限したものとは認められず，原判決には所論のような違法はない」

酒酔い運転の罪の構成要件と酒気帯び運転の罪の構成要件との関係は叙上のとおりであるから，したがって，例えば，極端に酒に弱い体質の者が政令所定量未満のアルコールで酔っていた場合には，酒酔い運転には該当するものの，酒気帯び運転には該当しないということが理論的にはあり得ることになるので，酒酔い運転と酒気帯び運転の両罪の関係は，後者の構成要件が前者のそれに完全に包含される関係にはなく，訴因変更手続要否の面でも，その手続を要しない典型的な事例であるとされるいわゆる「大は小を兼ねる」という**縮小認定**の関係（判例がこの理論を認めることは後述）には必ずしもないということになり，ここに問題点が存する（縮小認定を不可とするものとして，寺崎・270ら）。

最高裁はどう考えたかというと，(i)酒酔い運転も酒気帯び運転も，基本的には道交法65条1項の「何人も酒気を帯びて運転してはならない」との規定違反の行為である点で共通し，(ii)前者に対する被告人の防禦は通常の場合後者のそれを包含し，(iii)その法定刑も後者は前者より軽く，(iv)しかも本件においては運転開始前の飲酒量，飲酒の状況等ひいて運転当時の身体内のアルコール保有量の点につき被告人の防禦は尽されていることが記録上明らかであるから，という諸点に基づいて，前者の訴因に対し訴因変更の手続を経ずに後者の罪を認定したからといってこれにより被告人の実質的防御権を不当に制限したものとは認められない，すなわち訴因変更不要と解したのであった。

(i)は，両罪とも，酒気帯び運転禁止違反のうち一定の状態にある者を処罰するものであって構成要件上基本的な点では共通し，罪質が同一であることをいい，(iii)は，そのような両罪のそれぞれが道路交通に及ぼす危険の程度にかんがみ酒酔い運転が酒気帯び運転よりも重大性の高い犯罪類型とされていること

第3節　判例の基本的立場

をいうものであろう。(ii)の判示が意味するところは何か。前提として，極端に酒に弱い体質の者のような例外的な場合を除いては，政令所定量未満のアルコール保有で酒酔い状態（アルコールの影響により正常な運転ができないおそれがある状態）となることはまずまれである，という現実がある。このことを踏まえると，被告人側において酒酔い事実を争えば，ほぼ必然的に運転当時の身体のアルコール保有量の点も争点とならざるを得ず，したがって被告人側の防御は当然酒気帯び運転の事実にも及ぶことになる。(注27)酒酔い運転に対する被告人の防禦は通常の場合酒気帯び運転の防御を包含するというのは，このようなことを指していっているものであろう。以上の(i)から(iii)までを総合すると，酒酔い運転の訴因の中にはアルコール保有量が政令で定める量以上であることの主張が通常は黙示的に含まれていると解することができる（石井・87，岩瀬・89）といえよう。結局，両罪は，厳密には「大は小を兼ねる」関係にないとはいっても，これに準ずる類型にあてはまると言えるであろう（反町・判解55・64）。したがって，ここまでは，訴因事実と認定事実とを対比して類型的に被疑者の防御上の不利益性を判断する手法である**抽象的防御説**の考え方が採用されているものとみることができる。(注28)

(注27) 酒酔い運転で起訴されるほとんどの場合には，呼気検査結果が証拠として提出されて検挙時点における被告人の身体内のアルコール保有量（呼気1リットルにつき0.25ミリグラムを大きく超えることが少なくない）が明らかにされており，被告人が（飲酒事実自体をも含めて）その検査結果の真偽を争うときは自動的に酒気帯び運転罪の成否についても防御することとなる。また，その検査結果自体はこれを認めて酒酔いの状態にあったことだけを争うときは，防御態度としては酒気帯び運転の罪についてはこれを自認していることになる。また，呼気検査が実施できなかった場合において被告人が酒酔い状態にあったことを争うときは，まず運転当時のアルコール保有量の点が一層激しい攻防の対象とされるのが通例であるから，この場合にもおのずと酒気帯び運転の防御もまず尽くされることになる。もとより，運転行為それ自体を争うときには，その防御は酒気帯び「運転」にも及ぶこととなる。

(注28) なお，事実記載説を基礎として縮小理論を適用するものである以上は，縮小とはあくまで事実の縮小であって刑事責任の縮小ではない。しかしまた，事実の縮小であっても重い犯罪に変わるのであれば，刑事責任が加重されることは被告人の防御の態度にも影響するから訴因変更を要するというべきであろう（書研・講義案・131，石井・87，高田・627，629—その例として，同意堕胎の訴因に対して不同意堕胎を認定する場合を挙げられる）。本決定が，(iii)で法定刑の差異に言及したのは，この点への配慮とみることもできる。

ところが，最高裁は，さらに，(iv)「しかも本件においては運転開始前の飲酒量，飲酒の状況等ひいて運転当時の身体内のアルコール保有量の点につき被告人の防禦は尽されていることが記録上明らかであるから」と述べて，**具体的防御説**の視点を付加し，このことをも訴因変更を不要とする理由の1つとした。この点をどう見るかが問題である。

比較的多くの論者は，上述したように，酒酔い運転と酒気帯運転とは，例外的な場合には大は小を兼ねるという関係にないから，具体的防御の見地を抜きにして一般的に前者の訴因に対し後者を認定するには訴因の変更が

訴因変更〔I〕　**103**

第3章　訴因変更の要否

必要でないと言い切ることに問題があったので，例外的な場合に備えて慎重な留保を付したもの，とこれを解した。すなわち，この部分の説示は，「いわば駄目押し的表現のようでもあるが，酒酔い運転と酒気帯び運転の両罪の構成要件相互間には既述のような差異があり，後者のそれが前者のそれをはみ出すというずれのあるところから，本決定が，具体的事案の内容，その審理経過を全く捨象して，すべて一律・無限定的に，酒酔い運転の訴因に対し酒気帯び運転を認定してよいとまでは踏み切っていないことを裏返した形で表現したものと理解するのがむしろ妥当のように思われる，換言すると，酒酔い運転と酒気帯び運転の間では，通常そのような事例はあまり想定されないとしても，訴因変更手続を経由しないことが，被告人に不当な不意打ちを与え，その実質的防禦権を害する場合も絶無とは言えないので，このような場合に備えて慎重な留保を付したものと理解することができよう」とする見解（反町・前掲・64，石井・87，岡田・255），「本決定は，縮小の理論および具体的防禦説双方の見地から，あるいは，双方の見地が相補うことによって，訴因変更の手続を経ることを要しないと判断された事例である。」，「本決定により，具体的防禦説の見地がまったく取捨されあるいは克服されているとはいえないことがうかがえるのである。本決定はこの見地が補完的な役割を果たす場合があることを示したものともいえよう」とする見解（石井・87，岡田・255）がそれである。

他方，これに対しては，実務上通常は想定できないが，理論上あり得る場合としての酒酔い運転にはなるが酒気帯び運転にはならないというケースが実務においても生じ得ないとは言い切れないことにかんがみ，本件の事例がこのケースに該当しない通常の場合であることを確認した上で，抽象的防禦説の考え方を適用したものである，とする理解も提言された。すなわち，「実質的には縮小理論が適用可能なような事案につき，言わばだめ押し的に具体的防禦の状況を考慮した判断を加えたものであることは注意を要する。したがって判例の抽象的防禦説的傾向の大きな歯止めがかかったとみるのは早計であると思われる」とする見解（松本・44），これとは少し視角を異にするが，「本決定において被告人の具体的防禦の状況についても判示されている点は，そのような実質上の縮小関係が成立することを基礎付ける根拠事情として挙げられたものと解することもでき，その場合には，右の判示は犯罪の特殊性に由来するものであり，基本的には抽象的防禦説の枠内での判断であると理解することも可能であろう」（大谷・101）とする見方がそれである。

このように，本決定の解釈としては，必ずしも抽象的防御説を基調とするものとはいえず具体的防御説によっても理解が届くと見る立場，抽象的防御説を具体的防御説が補完するという思考を示したと見る立場と，抽象的防御説の考え方一本で処理できていると見る立場とに，大きく3つに分かれていた（最高裁調査官は，「本決定が抽象的防御説と具体的防

御説のいずれにより親和性を持つものかは評価の分かれるところであろう」としていた（反町・前掲・66））が，大方は第2の見方であったといえよう。

3　抽象的防御説から審判対象説へ

(1) 最決昭55・3・4刑集34・4・89についての新たな視座——審判対象説の萌芽

ところが，上記決定【13】は抽象的防御説を具体的防御説が補うという思考方法を示したものと見る立場に対して，2つの視点から問題が指摘された。

その1つは，よく考えてみると，訴因事実と認定事実の間に完全な大小の包含関係が認められた場合，すなわち典型的な縮小の理論が当てはまる場合においてさえも，現実の訴訟において認定事実について防御上の実質的な不利益が生じていないことが常に担保されているわけではないから，この点について別途**具体的防御説**的な観察が必要とされる場合のあることは否定できないはずである。これまでの縮小の理論が適用された事案ではそれがさまで問題にならず，そのことが意識されて来なかっただけのことではないのか。そうであれば，上記(iv)部分については，これが，本件の事例が典型的な縮小の理論の適用事例でないが故の判示である（事案の特殊性に由来する「念のための留保」ないし「駄目押し」）と考えるべきではなく，訴因変更の要否を考える上で常に妥当する一般的・定型的な判断のスキームを提示したということになろう，というものである（岩瀬・89）。

その上で，もう一つの視点は，いうまでもなく**審判対象説**の見地である。その立脚点からは，「本件の判旨のうちの前段が，訴因は防禦の対象ではあるが，まず何よりも審判の対象範囲を確定する機能を営むべきものであるとして論じたところ（審判対象説の論説）に関係する部分であり，後段（(iv)の部分）が具体的な防禦権に関係する部分である」（（　）内筆者。以下同じ）と評され，その(iv)の判示が有する意義を上述のとおりに解いた上で，「このように理解することが許されるならば，本決定は，判旨がそこまで明確に判断しているとはいえないものの，これまでいくらか混乱をしていた訴因変更の要否に関する判例の流れに一つの道筋をつけたものと評価することが可能であるように思われる。すなわち，判例は，具体的防禦説から抽象的防禦説の方向に向かっているといわれるが，ここでいう抽象的防禦説といわれる実質は，防禦の点を包含したところの審判の対象の範囲の確定の問題であり，訴因変更の要否の検討に当たっては，その観点からの判断とは別に，個々の事案ごとに常に防禦権が具体的に侵害されていないかという観点からの判断を要するということである。本決定の『しかも』以下の判示は，まさにこの点からの判断をしたものであり，その判断の仕方は，今後の訴因変更の要否の判断方法に重要な意義をもつといえよう」とされたのである（岩瀬・89）。

第3章　訴因変更の要否

```
…審判対象の画定（抽  →〔変更要〕
   象的防御の観点）
             →〔変更不要〕→ 具体的防  →〔変更要〕
                         御の観点
                                  →〔変更不要〕
```

　ここに示された岩瀬判事の分析は、それまでほぼ通説たる地位において唱えられてきた抽象的防御説の視点は、実は、審判対象説のそれに解消されるものであることを指摘した点において、誠に卓見であったと思われる。そして、改めて**審判対象説**の視点から、最高裁が抽象的防御説によっていることの例証として引かれる前出の4判例、【9】、【10】、【11】、【12】を見てみると、【9】は、「構成要件的評価、行為、結果のいずれの点からいっても明白に訴追対象事実に変化が生じており、もとより縮小認定の許される場合でもないから、判示は正当というほかない。本件は、いわゆる抽象的防禦権説の考え方に立つとされているが、その実質は右の点にあると解せられる」（香城・311）、【10】は、「構成要件的評価に変動をもたらし、かつ訴追対象事実を拡大する場合であるから、判旨は当然であるが、そう解する根拠として、右判決が新たな事実認定の必要性と法定刑の点を挙げているのは、一般的抽象的に防禦権を考えている証拠であり、本稿の立場と実質上ほとんど差異はない」（同・312）、【11】は、「特別背任の訴因に対し業務上横領の事実を認定してはならないのは、単に防禦上問題があるからだけではないだろう。それは、業務上横領の事実が検察官の主張するところの審理の対象になっていなかったからにほかならない」（岩瀬・88）、「この判決もまた、抽象的防禦説に立つものと理解されているが、その実質は、『爾後における被告人の防禦は専ら同訴因についてなされていたものとみるべきである』との判文からも明らかなとおり、訴追対象事実に明白な変更があったことに求められよう」（香城・312）、【12】は、「この判決（ママ）は、逋脱額への影響という観点からではなく、勘定科目の金額を変更したことを理由として、防禦権の観点から訴因の変更を要するとした趣旨にも読めるが、事案自体は、逋脱額の増加を招く実質所得金額の増加を認定して被告人の不利益に訴追対象事実を拡大した事案であるから、たとえ具体的な防禦権の侵害がなくても、認定を違法とすべきであった。本判決が、いわゆる抽象的防禦権説に立つと評されているのも、その実質が右の点にあるためと解せられる」（香城・310）ということになり、そのすべてについて、整合的にすっきりとした簡明な理解を行き届かせることができるのである。

(2)　**最決昭63・10・24刑集42・8・1079による示唆——審判対象説への伏線**

　この判例は、訴因変更の手続を踏まないまま判決したことの適法性が問題とされたものではない。つまり、訴因変更の要否の問題を判示事項とするものではない。ここで問題とされたのは、訴因の拘束力は、訴因中に記載されている事実のうちのどの部分について生じるか——全てについて生じるのか、一部についてだけ生じるのか、後者であるとすれば、どの部分について生じるのか——ということ

106　刑事訴訟法判例総合解説

であった。

しかし，訴因変更の要否の問題は，**訴因の拘束力**の問題である（本章第1節参照）。つまり，訴因変更の必要性は，訴因に判決拘束力があることに起因する。訴因の拘束力が認められる事実が変動すれば訴因変更が必要になる。拘束力が認められない事実は，これに変動を来たしても，訴因変更は必要でない。

結局，訴因の記載のうちのどの部分に拘束力が認められるのかを把握することによって，訴因変更が必要となる場合とそうでない場合とを区分けすることができる。そういう意味で，本決定は，訴因変更の要否の判断基準をもたらすものだといってよい。

【14】 最決昭63・10・24 刑集42・8・1079

事実　起訴状記載の公訴事実の要旨は，下記のとおりのものであったが，検察官は，第一審の途中（第6回公判）で，訴因変更請求をし，下記のとおりの内容でその請求が許可された。第一審裁判所は，変更後の訴因につき，本件事故現場付近の道路が格別滑走しやすい状況にあったことを被告人が認識し，あるいは認識し得たと認めるには疑問が存するので，被告人には前記速度以下に減速すべき注意義務があったとは認められない旨の判断を示し，被告人に対して無罪を言い渡した。

検察官は，右判決に対して控訴を申し立て，原審において，当初の訴因と同内容のものを予備的に追加する旨の訴因追加請求をしたところ，原審裁判所は，右請求を許可し，事故現場の状況とそれに対する被告人の認識等についての証拠調を行

つた。原判決は，被告人が急制動したとは認められず，通常の平坦なアスファルト舗装道路が雨で濡れていたとしても下記のような速度で走行中に強く制動した程度で車輪が滑走するとは考えられないところ，第一審及び原審で取り調べられた証拠によれば，本件事故現場付近の道路は，石灰が路面に付着凝固していたところへ折からの降雨で湿潤して滑走しやすくなつており，被告人がそのような状況を認識していたものと認められるから，被告人が右状況を認識していたとは認められない旨判断した第一審判決には事実誤認があり，右誤認は判決に影響を及ぼすことが明らかであるとして，右判決を破棄した。そのうえで，原判決は，主位的訴因を排斥した上，原審において予備的に追加された訴因に基づき，下記のとおりの事実を認定し，被告人を罰金8万円に処した。

起訴状記載の公訴事実
被告人は，普通乗用自動車を業務として運転し，時速約30ないし35キロメートルで進行中，「前方道路は付近の石灰工場の粉塵等が路面に凝固していたところへ，当時降雨のためこれが溶解して車輪が滑走しやすい状況にあったから」，対向車を認めた際不用意な制動措置をとることのないよう，あらかじめ減速して進行すべき業務上の注意義務があるのにこれを怠り，前記速度で進行した過失により，対向車を認め急制動して自車を道路右側部分に滑走進入させ，折から対向してきた普通乗用自動車に自車を衝突させ，右自動車の運転者に傷害を負わせた。
第1次変更後の訴因事実（第一審）
公訴事実中，「」内の部分を，「当時降雨中であって，アスファルト舗装の道路が湿潤し，滑走しやすい状況であったから」と変更
第2次変更後の追加訴因事実（控訴審）
左記「」内の部分を，「前方道路は付近の石灰工場の粉塵等が路面に凝固していたところへ，当時降雨のためこれが溶解して車輪が滑走しやすい状況にあつ

第3章　訴因変更の要否

たから」とする訴因を予備的に追加

判示認定事実
（控訴審）

　被告人は，普通乗用自動車を業務として運転し，時速約30ないし35キロメートルで進行中，対向進行してきた普通乗用自動車を進路前方に認めたが，当時被告人の走行していた道路左側部分は，付近の石灰工場から排出された石灰の粉塵が路面に堆積凝固していたところへ折からの降雨で路面が湿潤し，車輪が滑走しやすい状況にあつたのであるから，対向車と離合するため減速するにあたり，不用意な制動措置をとることのないようあらかじめ適宜速度を調節して進行すべき業務上の注意義務があるのにこれを怠り，漫然右同速度で進行し，前記対向車に約34メートルに接近して強めの制動をした過失により，自車を道路右側部分に滑走進入させて同対向車に自車前部を衝突させ，同対向車の運転者に傷害を負わせた。

　この原判決に対して訴訟手続の法令違反を理由として上告がなされた。すなわち，第一審判決の時点において，当初の起訴に係る訴因は撤回されていたことから，裁判所は当時の訴因についてのみ判断し無罪としたものであるところ，仮に撤回された訴因に摘示されていた石炭の堆積凝固の事実に関する被告人の認識について事実誤認があろうとも，それは現訴因の成否には関係しないことであるから，第一審裁判所に判決に影響を及ぼす事実の誤認はなく，控訴審に至って追加された予備的訴因については，この第一審判決が破棄されてはじめて審判の対象となるのであるから，結局，第一審判決の破棄事由がない本件にあっては，この追加的訴因の成否を判断することはできなかったはずである，というのである。

　この問題は，第一審判決時の訴因に掲げられていた降雨のみによる路面湿潤の事実—すなわち，一定の注意義務（減速義務・速度調節義務）を課する根拠となる具体的事実として訴因に明記されたところ—が裁判所の判決を拘束するか否かの判断に係っている。もしこれが肯定されるなら，第一審判決は撤回済みの石灰の堆積凝固の事実を審判できないから無罪の結論に変わりないことになり，破棄の理由がなくなる。もしもこれが否定されるなら，第一審判決は，石灰の堆積凝固の事実に関する被告人の認識について事実誤認があり，有罪とすべきものであったこととなって破棄を免れず，控訴審の判断が正当ということになるわけである。

判旨　「ところで，過失犯に関し，一定の注意義務を課す根拠となる具体的事実については，たとえそれが公訴事実中に記載されたとしても，訴因としての拘束力が認められるものではないから，右事実が公訴事実中に一旦は記載されながらその後訴因変更の手続を経て撤回されたとしても，被告人の防禦権を不当に侵害するものでない限り，右事実を認定することに違法はないものと解される。本件において，降雨によつて路面が湿潤したという事実と，石灰の粉塵が路面に堆積凝固したところに折からの降雨で路面が湿潤したという事実は，いずれも路面の滑りやすい原因と程度に関するものであつて，被告人に速度調節という注意義務を課す根拠となる具体的事実と考えられる。それらのうち，石灰の粉塵の路面への堆積凝固という事実は，前記のように，公訴事実中に一旦は記載され，その後訴因変更の手続を経て撤回されたものではあるが，そのことによって右事実の認定が許されなくなるわけではない。また，本件においては，前記のとおり，右事実を含む予備的訴因が原審において追加され，右事実の存否とそれに対する被告人の認識の有無等についての証拠調がされており，被告人の防禦権が侵害されたとは認められない。したがつて，原判決が，降雨による路面の湿潤という事実のみでなく，石灰の粉塵の路面への堆積凝固という事実をも併せ考慮したうえ，事実誤認を理由に第一審判決を破棄

し有罪判決をしたことに違法はない」

(ア) 訴因としての拘束力を有する事実記載

起訴状の公訴事実の欄には，訴因として犯罪の特別構成要件該当事実（「罪となるべき事実」256条3項）が記載され，これが裁判所の審判拘束力を有すること，したがって，これとは別異の犯罪事実を認定するためには，訴因変更を要することについては，争いがない。しかし，実務上，過失犯の場合に限らず，訴因として，犯罪の構成要件的な事実である行為と結果などのほか，犯罪の動機，計画，経過等の非要件事実についても記載されることがある。このような非要件事実も訴因としての拘束力を有するか否かについては，従来から，訴因として記載されたところのうち，審判対象の特定（審判対象の範囲の画定，訴追対象事実の同一性の識別）のために必要不可欠な部分については，その変動は訴因変更を要するが，それ以外の部分については，その変動が常に訴因変更を要するものとは考えない，すなわち訴因としての拘束力を認めないとするのが，一般的な取扱いであった（松尾・上・262，香城・303，350，小林・375，本章2節3(1)参照。池田・判解63・356は，最判昭30・10・4刑集9・11・2136【64】，最決昭35・8・12刑集14・10・1360【56】，最判昭32・3・26刑集11・3・1108【36】，最決昭36・11・8裁集140・47【41】などの判例も，このような考え方に基づくものと評されている。）。審判対象の特定に不可欠なものとは，犯罪の行為とその結果を中核とする要件事実にほかならない。この見解は，結局，前者の部分（要件事実）は訴因としての拘束力を持つが，後者の部分（非要件事実）は持たない，ということを意味している。審判対象の特定上必要不可欠ではないもの（非要件事実）は，したがって訴因の記載としても不可欠ではなく，元来それなしでも実体判決をすることが可能なのであるから，そのようなものがたまたま訴因に記載されたからといってそれに拘束力を持たせるというのは行き過ぎだ，ということであろう。

(イ) 業務上過失傷害罪の要件事実

さて，業務上過失傷害罪（刑211条前段（当時））の要件事実は何か，については様々な考え方が示されている。実務においては，過失犯の訴因には，**①注意義務を課す根拠となる具体的事実**，**②注意義務の内容**，**③注意義務違反の具体的行為**（注意義務違反の態様），**④事故及び死傷の結果**，**⑤過失と結果との因果関係**が記載されているのが通例である（本件における起訴状の公訴事実（原始訴因），第一次・第二次変更後の訴因，判示認定事実を各参照）。このうち，過失犯の実行行為である③及びその後の④⑤が要件事実であることは争いがないが，①②については見解が分かれており，①②も要件事実であるとする説（佐野・205），①は要件事実であるが②は要件事実でないとする説（井戸田・303），①も②も要件事実でないとする説（小泉・262），の3説がみられる。本決定は「過失犯に関し，一定の注意義務を課する根拠となる具体的事実については，たとえそれが公訴事実中に記載されたとしても，訴因としての拘束力が認め

第3章　訴因変更の要否

られるものではない」と判示しているから，①は要件事実ではないとの判断を示したものと解される（池田・判解63・357，小林・379，白鳥・129）。そして，最高裁は，このことを理由として，「右事実が公訴事実中に一旦は記載されながらその後訴因変更の手続を経て撤回されたとしても，被告人の防禦権を不当に侵害するものでない限り，右事実を認定することに違法はないものと解される」と結論付けた（「要件事実」であれば，それは正に審判対象の中核であるから，現に訴因として明記されていない以上，その存否について審判できるはずがない）。最高裁が，このような考え方をとった理由は明らかにされていないが，交通事故の場合，どの時点でどのような過失をとらえるかは，必ずしも容易でなく（直近単一過失論と重畳的過失論の対立などを想起せよ。），検察官と裁判官との間で過失について見解が食い違うことも珍しくない現実の下で，このような認定が複雑微妙で困難な事実関係について訴因に厳格に縛られすぎると，訴因変更の必要が頻繁に生じかねず，裁判所のみならず被告人をも含む訴訟関係者のすべてにとって煩さで不便になる懸念もあることは，一般論として指摘できよう。そこで，①が要件事実ではなく訴因としての拘束力が認められないとされたものである以上，②も同様に解するのが，最高裁の考え方であろうか。②は法規範の内容とみて訴因に記載する必要はないとの考え（平野・134），「①②は，犯罪の日時・場所を特定するための部分と，③の過失行為の内容となる部分とに解消させて考

えるのが妥当」とする考え（小泉・262，毛利・61）もあるが，むしろ，注意義務の内容②が明らかにならなければそれに対する違反行為③も特定されないことになるので，結局，②は③の内容としておのずから含まれることになる，というべきであろう（同旨，佐野・205，228「過失犯においては，訴因の変更要否の問題は，構成要件の同一性の観点からも，また，被告人の防御の保障的機能の点からいっても，注意義務の構成ないし態様に相違をきたした場合に生じてくる。……（中略）……過失犯における変更要否の問題は，注意義務の同一性の問題に帰する」／田口・岡野古稀・525「過失犯における『注意義務』が異なる場合には，『過失の態様』も異なってくるという関係にある。…（中略）…旧注意義務が否定されて新たな注意義務が認定される場合に『注意義務』したがって『過失の態様』が異なってくることには異論はない。問題となるのは，旧注意義務に新たな注意義務が追加される場合である。…（中略）…このような場合も，訴因の注意義務とは異なる注意義務が認定されるといわざるをえないので，『過失の態様』は異なってくると見るべきであろう。」，同・529「『注意義務自体は同一であるが，その違反の態様が異なる』というケースは，実は，その多くは過失態様は同一と見るべき事案であるように思われる。言い換えれば，過失態様の同一性の問題は，注意義務の同一性の問題と裏腹であるといえよう。したがって，多くの場合，注意義務が異なれば過失態様も異なるという関係にある。注意義務が同一といえる限り，注意義務違反の行為態様に具

体性の程度の相違，表現方法の相違あるいはその原因行為の相違などは，『過失の態様』の相違の問題ではないといえよう。」／小林・379 も，私見に近い考え方を示されている。これに対して，加藤・鈴木祝賀・358 は，後出**最決**平 13・4・11【15】からは，②は「訴因の記載として不可欠な事項」——本文にいう要件事実——には当たらないとされる）。

㈦　**本決定についての理解**

本決定の評釈者として，調査官の池田判事は，「本決定によれば，手続上は訴因として扱われている事実であっても，その中には，実質的にも訴因として扱われるべき事実とそうでない事実とが含まれており，後者を認定する際には，必ずしも訴因変更手続を要せず，不意打ちを防止する手立てをしておけば足りるということになろう。このような点を明示した最高裁判例は従来なかったようであるが，その考え方は，犯罪の非本質的事実が訴因に記載された場合に関する前記のような一般的理解（上記㈠）に現れている学説・判例を指す——筆者）と異ならないものと思われる。もっとも，実質的にも訴因として扱われるべき事実か否かという境界線は必ずしも明らかでなく，犯罪の構成要件的な事実のみでなく，それよりも広く犯罪行為を特定するような事実もそれに含まれるものと思われるが，境界線の明確化のためには本決定のような事例判断を積み重ねて行く必要があろう」と述べられている（池田・判解 63・357）。この見解において注目すべきは，本決定と従来の訴因の拘束力についての一般的理解との整合性を指摘されている点と，前段までに上述したような基本線を踏まえた上で，ここでは，非要件事実はすべて訴因としての拘束力を保有しないわけではなくて，そのうちのあるもの——要件事実よりも広く犯罪行為を特定するような事実——については拘束力が認められることもあろうとの指摘をされている点である。前者の指摘の重要性については，後に本決定の意義を考察する際に言及する。後者の「要件事実よりも広く犯罪行為を特定するような事実」については，それが具体的には何を指しているのかは，例示を伴っていないので分からないというほかない（あるいは，犯罪の日時・場所・方法などを想定されているのだろうか。）が，少なくとも，過失犯における注意義務の発生根拠たる具体的事実がこれに該当しないことについては，池田判事にも異論は見られない。この点を事案に即してもう少し深く検討してみると，本件においては，被告人が道路の滑りやすい状況をどの程度認識していたか——通常のアスファルト舗装道路が雨で濡れていると認識していたにすぎないのか，それとも石灰の粉塵が路面に堆積凝固しているところへ雨で濡れて格別滑りやすくなっていることまで認識していたのか——が主要な争点であり，その認定次第で，速度調節義務違反という過失を認めることができるか否かが決まる事案であった。このように，石灰の堆積凝固の事実も降雨による湿潤の事実も，被告人の認識という争点に関する重要な事実であったにもかかわらず，本決定は，それらの事実はいずれも路面の滑りやすい原因と程度

第3章　訴因変更の要否

に関するものであって，速度調節義務を課す根拠となる具体的事実であるから，訴因としての拘束力は認められないとしたのである。これだけの防御上の重要性があっても，犯罪行為である速度調節義務違反行為を特定するような事実ではないからであろう。この点から，本決定の考え方が池田判事の説くようなものであったとしても，あくまでも審判対象＝訴追対象たる犯罪事実を特定する上で不可欠な事実（要件事実）ないし極めて重要な事実（非要件事実中のこのようなもの）についてのみ，訴因としての拘束力が認められるという思想が看取され得よう。(注29)

　しかし，それでは，被告人の防御権の保障が危うくならないか，という疑問が生じるかもしれない。確かに，石灰の堆積凝固の事実までも認識していたのか，それとも降雨による湿潤の事実の認識にとどまっていたのかは，被告人の本件過失の成否を分ける重要な争点であった以上，この争点が隠されたまま，前者の事実が認定されれば，それは不意打ちの違法な認定であろう。争点については，そこに焦点を当てた攻撃防御が尽くされなければならず，争点として顕在化されていなければ，その認定には不意打ちの違法が認められることになる。この点，本決定においては，訴因として記載された非要件事実が変動した場合，「被告人の防禦権を不当に侵害するものでない限り」変動後の事実を認定することができるとして，いかなる場合においても何らの手続をも経ないまま認定することが違法とならないわけではない旨，きちんと留保を付して

いる。しかし，これをそのまま裏返しにして，被告人の防御権を不当に侵害する場合には訴因変更を要するものとしている，と即断すべきではない。「被告人の防禦権を不当に侵害するものでない限り」とは，「不意打ち防止のための何らかの措置（例えば，求釈明による争点顕在化など）が講じられている限り（必ずしもそれが訴因変更でなくとも）」との趣旨に解すれば，それで十分に不意打ち禁止＝被告人の防御権保障の趣旨は達し得る。この点，池田判事も，「争点についての十分な審理が尽くされている場合にまで常に訴因変更を要するものと窮屈に考える必要はないように思われる。本決定の背後には，以上のような考え方があるのではないかと推測される」と解説されている（池田・前掲・363。同旨，田宮・197）。本件においては，控訴審で石灰の堆積凝固という点についての予備的訴因が追加され，証拠調べがなされたものである以上，被告人に対する不意打ちは生ぜず，その防御権が侵害されたと認められないのは当然である。しかし，訴因の追加でなければならなかったということではない点に注意を要する（上述した池田判事の見解の中にも，「本決定によれば，実質的にも訴因として扱われるべき事実ではない事実を認定する際には，必ずしも訴因変更手続を要せず，不意打ちを防止する手立てをしておけば足りるということになろう」（池田・前掲・357），「本決定は，それらの事実（石灰の堆積凝固の事実と降雨による湿潤の事実）はいずれも路面の滑りやすい原因と程度に関するものであって，速度調節義務を課す根拠

となる具体的事実であるから，訴因としての拘束力は認められないと判断し，不意打ち防止の措置をとれば訴因変更の必要はないとしている」（池田・前掲・362）との指摘がみえる。）。こうして，訴因としての拘束力を有しない事実である以上は，その変動に対して常に訴因変更手続をとることによって不意打ち防止を図らなければならないものでもなく，必要に応じてそれ以外の方法によってでも不意打ちが防止できさえすればそれで足りる，との指針を示すことにより，本決定は，下級審に弾力的運用を許すことになるであろう（池田・前掲・363）。

(注29) 既に述べたように，実務においては，過失犯の訴因には，①注意義務を課す根拠となる具体的事実，②注意義務の内容，③注意義務違反の具体的行為（注意義務違反の態様），が記載されているのが通例である。検察教官室等・捜査書類・148 は，「過失致死傷罪の犯罪事実の記載に当たっては，①注意義務の有無・内容を判断する前提となる，行為当時の具体的事情，②要求される注意義務の内容，③注意義務違反の行為，並びに，④死傷の結果など行為との因果関係を明示しなければならない」とし，末永ほか・288 も，「どのような注意義務が要求されるかという法的判断の基礎となる行為当時の具体的事情を的確にとらえて簡潔に摘示しなければならない」とし，清水ほか・186 も，「注意義務発生の前提となる運転状況と道路状況」を記載することは「業過事件の犯罪事実記載の原則」であるとする。確かに，例えば前方注視義務のように，運転者の運転状況や道路状況等のいかんにかかわりなく，常に絶対的に遵守すべき注意義務の場合には，通常はその発生根拠たる具体的事実の存否自体問題とはならないが，本件のように，路面上の石灰の堆積凝固という特殊性を持った事実が，時速30～35キロメートルからの更なる減速という速度調節義務の発生を基礎づけているという事案においては，その事実とその認識（の可能性）が被告人にあったかどうかが，被告人にそのような注意義務があったといえるか否かを分けることになるのであり，実際の審理もこれを最大の争点として繰り広げられることになる。そうであるからこそ，このような場合には，検察実務においては，起訴状の公訴事実の欄に，被告人が違反したとする注意義務の発生根拠たる具体的事実まで記載する例となっているのだといえる。

しかし，翻って考えてみると，構成要件的行為と結果が要件事実であるという前提をくずさない限りは，過失犯の構成要件的行為は注意義務違反の行為であり，その注意義務の発生を基礎づける事実自体は要件事実を導く事情にすぎないと言わざるを得ない（どのような原因によるものであれ，「速度調節義務違反があった」と認定できれば，有罪認定をなし得る。小林・379 は，「①については，それが異なってきても②及び③に差異がなければ異なる態様の過失であるとは解されず，したがって，構成要件的に別個の法規範の違反があるとは言えないから，独立に訴因変更の対象にならないと解すべきである」とされる。）。この事実を訴因に書き込むという実務の扱いは，上述したとおり，この事実が被告人の防御にとって重要な事項であることにかんがみ，争点となるべき事実をあらかじめ明確にするという趣旨の下になされるものであるということができ，そのような意味で実務上記載すべきものとされていると解するのが相当であろう。つまり，この事実を訴因に記載しなかったら訴因が不特定となって違法な起訴となる，とまでする趣旨のものではないと解される（小泉・262 は，「過失行為は一定の注意義務違反という違法の実質を備えたものであることが判るように記載されるべきであるから，実務上はこれを明示する手段として①②を訴因等に掲げ，しかもそれが通常行われている過失認定の際の判断順序に適合するので分かりやすいという意味があるのにすぎないのではなかろうか」とされる。）。

(エ) 訴因変更の要否の観点からの本決定の意義

訴因変更の要否という観点から本決定の意義を探れば，それは，「現実に訴因として記載されている事実中，非要件事実（訴因の特

第3章　訴因変更の要否

定上記載が不可欠とはいえない事実）については（基本的に）訴因としての拘束力が認められず、したがって、その事実が変動しても、必ずしも訴因変更を要することなく、変動後の事実を認定することができる／もっとも、それが被告人に不意打ちとなってはいけないから、その危険がある場合には、何らかの不意打ち防止の措置を講じる必要がある」という考え方が示された、と解し得る点に求められよう。そうすると、これは、「訴因変更の要否の振り分けは、変動事実が訴因＝裁判対象を特定（画定）する上で不可欠か否かによる」ということを言っているのにほかならず、もはや**審判対象説**の内実を言い表しているものともいえ、今にして思えば、判例の流れの水面下で、近い将来の審判対象説の表舞台への浮上を暗示していたとも解することのできるものであった（後の**最決平13・4・11【15】**の評釈として、池田判事は、「本決定（**平成13年決定**）が最初に審判対象の画定という見地から訴因変更の要否を検討しているのは、……前記(1)で紹介した諸見解（本件昭和63年決定が含まれている。）にも通じるものと思われる」とされている（池田・判解13・70）。これに対して、なお**防御説**の立場から本判例に疑問を呈し批判するものとして、木谷・111）。

なお、本決定によれば、注意義務を課する根拠となる具体的事実を訴因に書き込まなければならないわけではないから、本件においても、路面が滑りやすい原因まで詳細に訴因に記載する必要はなかったことになる。この点について、池田判事は、「訴因に記載する注意義務の内容としては、路面が滑りやすい状況にあったから速度を調節して進行すべきであったという程度にし、滑りやすい原因が石灰と降雨であったことは冒頭陳述に委ねるというのも、一つの現実的な方法だったように思われる」とされる（池田・前掲・358）。争点を早く明確にし、第1回公判から実質的な攻防がなされるのが望ましいという実務上の要請との兼ね合いをどうつけるかという問題であるが、個別の事案に応じて調整してゆくほかはない。ただ、訴因に記載する場合にも、本来記載が不可欠な事項ではないことに照らし、コンパクトな摘示にとどめる工夫が必要であろう（川上・537は、「結局、収集された証拠の質や量、被告人の応訴態度等、事案に応じてケースバイケースで判断していくほかはないということになるのであろう」とされる）。

(3) 最決平13・4・11刑集55・3・127の登場——審判対象説の明示

最決昭55・3・4【13】の判例を契機として、上述したような様々な議論が展開され、審判対象説という、それまでの被告人の防御権の保障という視座を審判対象の特定というそれに転換させる発想も提示されたのであったが、それでも、なお、長年にわたり最高裁判例が、「被告人の防御に対する実質的な不利益」という表現を繰り返し用いて訴因変更の要否を論じてきたこと、【13】も、その措辞において、「被告人の実質的防禦権を不当に制限したものとは認められず、原判決には所論のよ

うな違法はない」と総括しているところから，大勢は相変わらず，判例は基本的には**抽象的防御説**に立脚していると解するものであった（松本・44，大谷・100，大澤・29。上記**最決昭63・10・24【14】**については，直接の判示事項との関係で，そこに秘められていた**審判対象説**への指向が読者の意識のそ上に昇って来にくかった。）。

ところが，次の判例が出現するに及んで，(1)に述べた視座の転換が現実味を帯びるところとなった。

【15】 最決平 13・4・11 刑集 55・3・127

事実 本件は，被告人が，N，Hらと共謀し，Nの知人らの住居に火災保険を掛け，放火して火災保険金を騙取するなどしたほか，口封じのため，Nと共謀して，Hを殺害し，死体を遺棄したという事案である。そのうち殺人事件についてみると，その公訴事実は，当初，要旨下記のようなものであったが，被告人がNとの共謀の存在と実行行為への関与を否定して，無罪を主張したことから，その点に関する証拠調べが実施されたところ，検察官が第1審係属中に訴因変更を請求したことにより，下記内容の事実に変更された。この事実につき，第1審裁判所は，審理の結果，下記の犯罪事実を認定し，罪となるべき事実としてその旨判示した。

本決定は，このような択一的認定の適否と，実行行為者が訴因において被告人と明示された場合において，訴因変更手続を経ることなくN又は被告人あるいはその両名であると択一的に認定したことの適否について，判断を示している。

起訴状記載の公訴事実
被告人は，Nと共謀の上，昭和63年7月24日ころ，青森市大字合子沢所在の産業廃棄物最終処分場付近道路に停車中の普通乗用自動車内において，Hに対し，殺意をもってその頸部をベルト様のもので絞めつけ，そのころ窒息死させて殺害した。
変更後の訴因事実
被告人は，Nと共謀の上，前同日午後8時ころから午後9時30分ころまでの間，青森市安方2丁目所在の共済会館付近から前記最終処分場に至るまでの間の道路に停車中の普通乗用自動車内において，殺意をもって，被告人が，Hの頸部を絞めつけるなどし，同所付近で窒息死させて殺害した。
判示認定事実
被告人は，Nと共謀の上，昭和63年7月24日から，被告人，N，Hの3人で青森市安方2丁目所在の共済会館地下の飲食店Kで飲食した後，同日午後8時ころから翌日未明までの間に，青森市内又はその周辺に停車中の自動車内において，N又は被告人あるいはその両名において，扼殺，絞殺又はこれに類する方法でHを殺害した。

判旨 「まず，以上のような判示が殺人罪に関する罪となるべき事実の判示として十分であるかについて検討する。上記判示は，殺害の日時・場所・方法が概括的なものであるほか，実行行為者が『N又は被告人あるいはその両名』という択一的なものであるにとどまるが，その事件が被告人とNの2名の共謀による犯行であるというのであるから，この程度の判示であっても，殺人罪の構成要件に該当すべき具体的事実を，それが構成要件に該当するかどうかを判定するに足りる程度に具体的に明らかにしているものというべきであって，罪となるべき事実の判示として不十分とはいえないものと解される。

次に，実行行為者につき第1審判決が訴因変更手続を経ずに訴因と異なる認定をしたことに違法はないかについて検討する。訴因と認定事実とを対比すると，前記のとおり，犯行の態様と結果に実質的な差異がない上，共謀をした共犯者の範囲

にも変わりはなく，そのうちのだれが実行行為者であるかという点が異なるのみである。そもそも，殺人罪の共同正犯の訴因としては，その実行行為者がだれであるかが明示されていないからといって，それだけで直ちに訴因の記載として罪となるべき事実の特定に欠けるものとはいえないと考えられるから，訴因において実行行為者が明示された場合にそれと異なる認定をするとしても，審判対象の画定という見地からは，訴因変更が必要となるとはいえないものと解される。とはいえ，実行行為者がだれであるかは，一般的に，被告人の防御にとって重要な事項であるから，当該訴因の成否について争いがある場合等においては，争点の明確化などのため，検察官において実行行為者を明示するのが望ましいということができ，検察官が訴因においてその実行行為者の明示をした以上，判決においてそれと実質的に異なる認定をするには，原則として，訴因変更手続を要するものと解するのが相当である。しかしながら，実行行為者の明示は，前記のとおり訴因の記載として不可欠な事項ではないから，少なくとも，被告人の防御の具体的な状況等の審理の経過に照らし，被告人に不意打ちを与えるものではないと認められ，かつ，判決で認定される事実が訴因に記載された事実と比べて被告人にとってより不利益であるとはいえない場合には，例外的に，訴因変更手続を経ることなく訴因と異なる実行行為者を認定することも違法ではないものと解すべきである。

そこで，本件について検討すると，記録によれば，次のことが認められる。第1審公判においては，当初から，被告人とNとの間で被害者を殺害する旨の共謀が事前に成立していたか，両名のうち殺害行為を行った者がだれかという点が主要な争点となり，多数回の公判を重ねて証拠調べが行われた。その間，被告人は，Nとの共謀も実行行為への関与も否定したが，Nは，被告人との共謀を認めて被告人が実行行為を担当した旨証言し，

被告人とNの両名で実行行為を行った旨の被告人の捜査段階における自白調書も取り調べられた。弁護人は，Nの証言及び被告人の自白調書の信用性等を争い，特に，Nの証言については，自己の責任を被告人に転嫁しようとするものであるなどと主張した。審理の結果，第1審裁判所は，被告人とNとの間で事前に共謀が成立していたと認め，その点では被告人の主張を排斥したものの，実行行為者については，被告人の主張を一部容れ，検察官の主張した被告人のみが実行行為者である旨を認定するに足りないとし，その結果，実行行為者がNのみである可能性を含む前記のような択一的認定をするにとどめた。以上によれば，第1審判決の認定は，被告人に不意打ちを与えるものとはいえず，かつ，訴因に比べて被告人にとってより不利益なものとはいえないから，実行行為者につき変更後の訴因で特定された者と異なる認定をするに当たって，更に訴因変更手続を経なかったことが違法であるとはいえない。

したがって，罪となるべき事実の判示に理由不備の違法はなく，訴因変更を経ることなく実行行為者につき択一的認定をしたことに訴訟手続の法令違反はないとした原判決の判断は，いずれも正当である。」

本決定の控訴審は，第一審の訴因変更手続を経由しなかった点を適法と判断したが，その理由は，「原審における訴訟の経過をみると，検察官側では，被告人の行為として，Nとの間で，Hを殺害してその死体を遺棄することを共謀したとの事実，及び，右の共謀に基づき，被告人が単独で，殺害行為を実行するとともに，その死体を貝殻等捨場まで搬送して穴に投棄するまでの行為をしたとの事実を訴因の中に掲げて，これを立証しようとし，他方，被告人及び弁護人側では，そのいずれ

第3節 判例の基本的立場

の事実をも全面的に否定して争ってきたことが明らかである。そして，審理の結果，原判決においては，検察官が立証しようとした事実のうち，右の共謀の事実までは認められるが，もう一つの被告人が実行行為を担当したとの事実については，証拠上疑問が残るため，これを認めることができないとされて，結局，原判示のとおりの択一的な認定がなされるに止まったのである。このような認定がなされた場合には，被告人として，殺人及び死体遺棄について，共謀者としての刑事責任を免れないが，同時にその限度で責任を負うにすぎない。要するに，自分が実行行為を担当したか否かについては，防禦が功を奏したのである。そして，その結果として原判示のような択一的な認定がなされたとしても，そのことにより被告人が格別の不利益つまり不意打ちを受けたことにはならないはずである。従って，本件の場合には，訴因変更を要しないと解するのが相当であるから，原審の訴訟手続には所論のような法令違反はないと言わなければならない」というものであり，なお防御説，しかも具体的防御説の視点に立ったものであった。

これに対して，本決定は，端的に言えば，**審判対象説**の視座を明確に打ち出したものである。この点を詳しく見てゆくことにしよう。

【判旨の理解の仕方】
(ア) 審判対象説の視座の提示
まず，本件における事実の変動は次のようなものであったという。

訴因事実
「被告人は，Nと共謀の上，**被告人がHの頸部を絞めつけ殺害した**」
判決事実
「被告人は，Nと共謀の上，**N又は被告人あるいはその両名において**，扼殺，絞殺又はこれに類する方法でHを殺害した」

殺害方法についても表現振りは異なっているが，その実質的な内容はほぼ等しいといえるから，結局変化したのは，実行行為者がだれなのか，という点だけである。

本決定は，まず，本件のような共同正犯の訴因において，実行行為者の記載は，どのような意味を有しているのか，を検討している。この問題については，2つの考え方がある。一つは，訴因の記載は特定の犯罪構成要件に該当する事実を他の犯罪事実から識別できる程度になされていれば，訴因の特定はできていることになり，それで足りるのである（**識別説**）から，共同正犯の訴因に実行行為者を記載することは不要であると解する立場であり，他の一方は，それを超えて被告人の防御権の行使に十分な程度に記載されることが必要であり，それでようやく訴因は特定するのである（**防御権説**）から，実行行為者の記載は不可欠であるとする立場である。実務においては，前者の立場に立った運用が定着している（最判昭23・1・15刑集2・1・4，最判昭24・2・10刑集3・2・155，最大判昭33・5・28刑集12・8・1718〔練馬事件判決〕「共謀の判示は，謀議の行われた日時・場所又はその内容の詳細すなわち実行の方法，各人の行為の分担役割等につい

訴因変更〔Ⅰ〕 **117**

てまで，いちいち具体的に判示することを要しない」など）。この識別説を前提にして考えると，本件の訴因における実行行為者が被告人である旨の記載は，訴因を特定する上では，必要不可欠な記載ではなかったということになる（「殺人罪の構成要件に該当すべき具体的事実を，それが構成要件に該当するかどうかを判定するに足りる程度に具体的に明らかにしている」か否か，という問題意識に立った上での，「そもそも，殺人罪の共同正犯の訴因としては，その実行行為者がだれであるかが明示されていないからといって，それだけで直ちに訴因の記載として罪となるべき事実の特定に欠けるものとはいえないと考えられる」との判示）。その記載部分は，構成要件該当事実ではない，と言い換えてもよい。

　要件事実でない事実の存否は，犯罪の成否には無関係である（その事実の存否を証拠により確定しなければ有罪・無罪の実体判決ができないわけではない）から，その意味での審判の対象とはならない。したがって，もともと認定の遺漏が許されないような審判対象でない事実がどう動こうが，審判の対象の範囲を画している訴因を変更する必要など生じるはずもないといえる（「訴因において実行行為者が明示された場合にそれと異なる認定をするとしても，審判対象の画定という見地からは，訴因変更が必要となるとはいえないものと解される」との判示）。

　また，このことを，**訴因の判決拘束力**という観点からみることもできよう。その場合には，訴因として記載された事項の中には，訴因として拘束力が認められる（＝判決が逸脱できない）事項とそうでない事項とが存在するという前出の最高裁の考え方（**最決昭63・10・24【14】**）を確認しておかなければならない。前者は，判文にいう，それが明示されないと「それだけで直ちに訴因の記載として罪となるべき事実の特定に欠ける」こととなる事項（「訴因の記載として不可欠な事項」とも表現されている）である（**本最高裁決定**）。その代表的なものは，犯罪の行為・結果などといった，犯罪の特別構成要件として規定されている要素（構成要件要素）の一つ一つに該当する具体的な事実（構成要件該当事実／要件事実）である。本件においては，被告人が実行行為者である旨の摘示部分は，識別説による限り，これに該当しない（「共同正犯の訴因としては，その実行行為者がだれであるかが明示されていないからといって，それだけで直ちに訴因の記載として罪となるべき事実の特定に欠けるものとはいえない」，「実行行為者の明示は，訴因の記載として不可欠な事項ではない」との判示）。したがって，この部分は訴因としての拘束力を有しない（本決定はそれを確認した。）から，これと別異の事実を裁判所が認定する上で，訴因変更手続を経る必要はないことになるのである。

　もっとも，元来訴因の特定上不可欠とはいえない事項についても，いったん訴因中に明示されると訴因ないし罪となるべき事実となる，したがって拘束力が認められる場合があることをいうものと解し得る説もある（松本・46）。この点については，上記【14】が

消極であったことと整合して，**本決定**は，共同正犯の訴因における実行行為者の記載について，明確にこのような考え方に立つことを否定した（ただし，罪となるべき事実（構成要件要素）そのものとはいえないが，訴因の特定・識別上極めて重要な役割を果たし，したがってできる限り記載すべきものと法定されている（256条3項）犯行の日時・場所・方法という諸要素についてはなお別論とする余地をも，この判示によって最高裁が完全にふさいだとみるのは，早計であると思われる）。

本決定の以上のような考え方，すなわち，まずもって「審判対象の画定という見地から」訴因変更の要否を検討するというアプローチ（訴因変更の要否は，被告人の防御上の不利益という基準ではなく，これに優先させて，まず，「審判対象の画定」という見地から，裁判所が認定しようとする事実が，検察官が訴因として設定した審判対象の範囲を逸脱しないかどうか，を基準に判断する）は，最高裁判例上初めて明言されたものである。そして，この判示の裏側には，「審判対象の画定に必要な事項が変動する場合には，被告人の防御の不利益の有無を考慮することなく，訴因変更が必要である」という考え方が前提として置かれている，ということになろう（池田・判解13・70，井上・103）。これは**審判対象説**の考え方そのものであるといわなければならない。

(イ)　**防御の視点からの訴因変更の要否──その1──**

しかし，訴因の特定，すなわち審判対象の範囲の画定という見地からは以上のようにいえても，共同正犯として訴追された場合において，その実行行為者がだれであるとして訴追されているのかは，一般的に，被告人にとって極めて重大な関心事であり，争点の明確化という観点から訴訟における防御上重要な意味をもつものであることは間違いのないところである。このことから，実務においても，共同正犯として起訴する場合に，その実行行為者がだれであるのかをも公訴事実に記載することは珍しくない（検察教官室等・捜査書類・207など。末永ほか・366は，「共犯の場合は，各人の行為内容をできるだけ具体的に摘示するように努めるべきである」とする）。要件事実ではない事実とはいえ，このような一般的に重要な意義をもった事実については，それがいったん訴因の中に書き込まれた以上は，自然の帰結として，被告人はそれを対象として防御を尽くすことになるから，被告人の知らないうちにそれとは違った事実が認定されるようでは**不意打ち**となる。そうであれば，それを回避するために，訴訟上の手段として考えられる不意打ち防止策のうち，事柄の重要性にかんがみ，原則的には訴因変更の手続を選択して新たな防御の対象を被告人に明示する必要がある，とすることもできるであろう。また，訴因に掲げた以上それに見合った手続に乗せて処理することがバランス上望ましいという配慮も，この「原則として訴因変更手続によることとする」選択の在り方を後押しするであろう。また，翻って考えてみると，共同正犯における実行行為者のいかんが一般的に被告人の防御にとっての重要

事項であることからすれば，上述したように，事案の内容に応じて（例えば，共謀共同正犯の場合や，共犯者の一人が見張り役であった場合，本決定の事案のように当該訴因の成否について争いがある場合など）実行行為者を訴因に明記するという扱いは，争点明確化の観点からも推奨すべきものといえる。そうだとすれば，その観点からこれが訴因に明記された場合には，その点の事実関係が変動したときは，やはり，**争点明確化**の観点から，訴因変更手続を要するものとすることには合理性があろう。ただ，それは，審判対象を画定するという観点からその範囲の逸脱に対処するための訴因変更ではなく，あくまでも争点の明確化すなわち**被告人の防禦権の保障**という観点からのものなのであるから，訴因変更手続に固執するまでの必要はなく，実際の審理の過程で，争点明確化の趣旨を実現する他の手続がとられていた場合にはそれでよしとすることのできる性質のものといえよう。その意味で，「原則として」訴因変更が必要であるとしておけば足りることになる（「とはいえ，実行行為者がだれであるかは，一般的に，被告人の防禦にとって重要な事項であるから，当該訴因の成否について争いがある場合等においては，争点の明確化などのため，検察官において実行行為者を明示するのが望ましいということができ，検察官が訴因においてその実行行為者の明示をした以上，判決においてそれと実質的に異なる認定をするには，原則として，訴因変更手続を要するものと解するのが相当である」との判示）。本決定は，共同正犯における実行行為者の明示が要件事実ではないことを理論的に確認しながらも，上述したような実務の一般的運用をも積極的に評価したものと考えられ（「最高裁がこの点について判断を示したのは初めてであり，理論的にも実務的にも見落とすことのできない重要な判断である」（池田・判解13・69）），その点を踏まえて，訴因変更の要否につき更に一歩を踏み込んで検討を進めたのである。

なお，この判示の部分を，共同正犯の実行行為者を訴因に明記することについて，審判対象の画定の見地からは罪となるべき事実への一体化を否定しつつも，被告人の防禦権の保障の見地からはそれを肯定した（したがって拘束力を肯認した）ものと読むことは可能だろうか（木谷・133，137はそのように理解されている。──「単に防禦の必要から記載された事項も，訴因に記載された以上原則として拘束力があると判示している」）。「訴因変更を要する」としているところから，一見可能なようにみえるが，「原則として」という留保が付されていること（訴因の範囲を逸脱するかしないかが，当該訴訟手続における審理の具体的状況等により決まるというのは，おかしなことである。），訴因として明示された事実でも訴因変更を要しない場合があるとした**最決昭63・10・24【14】**が存在することなどを併せ考えると，**本決定の趣旨とは異なる**というべきであろう（池田・前掲・71参照）。つまり，この判示部分がいう訴因変更は，訴因の拘束力に起因するものではなく，その意味で，訴因固有の機能に基づくものではない，というこ

とであり、この点には改めて留意する必要がある。訴訟の過程では、争点を明確化し不意打ちを防止することが訴因変更以外の場面でも広く要請されるが（例えば、**最判昭58・12・13刑集37・10・1581【125】**）、この判示部分での訴因変更は、その表現振りからしても、そのような一般的な要請（「争点の明確化のた̇め̇」の事実明示）に基づくものと理解され得る。そうであるからこそ、次のパラグラフにおいて、具体的な審理の経過を考慮することにより訴因変更が不要となる「例外」の存在を肯認することになるのである（訴因の拘束力に起因する訴因変更においては、具体的な審理の経過を考慮することはない。大澤・32は、「（上述の訴因変更の場面は、）このような一般的な争点明確化＝不意打ち防止の要請が、訴因の記載にも当てはまる結果、訴因として拘束力がない事項についても、訴因変更手続をとることが問題となる場合にほかならない。」とされる。鈴木・重判・197も、本決定の上記判示部分について、「最高裁は、訴因の『審判対象の画定』機能と『争点の明確化』機能を区別し」後者の観点から原則として訴因変更必要としているものと説明している。）。以上のところからすると、共同正犯の訴因に明記された実行行為者についての認定が変動した場合に、それを反映させた訴因変更を経ないまま判示認定することは、絶対的控訴理由としての「訴因逸脱認定」（378条3号後段）ではなくて、相対的控訴理由としての「訴訟手続の法令違反」（379条）とされるにとどまるであろう（同旨、加藤・鈴木祝賀・356）。

㈦ 防御の視点からの訴因変更の要否—その2—

このように、共同正犯の訴因における実行行為者の摘示は、その格別の重要性にかんがみて、その事実に変動があった場合には、特別に、訴因変更を要するものとされたのであったが、もっとも、それだからといって、共同正犯の訴因における実行行為者の摘示が要件事実になるというわけではないから、元来その記載が不可欠でなかったことに変わりはなく、重要性の程度において、やはり要件事実とは一線を画するものであることは当然としなければならない。実行行為者の摘示が重要であるということの意味は、前段で述べたとおり、あくまで被告人の当該事件における防御上の不利益を考えてのことであるから、審理の具体的経過、状況等に照らして、訴因変更の手続まで経ることはしなくとも、当該被告人の現実の防御上格段の不利益を生じないと認められるのであれば、現訴因に掲げられた実行行為者の摘示部分を訴因変更手続にのっとって書き換えずとも、そのままそれと異なる実行行為者の認定をしても構わない道理となろう（「しかしながら、実行行為者の明示は、前記のとおり訴因の記載として不可欠な事項ではないから、少なくとも、被告人の防御の具体的な状況等の審理の経過に照らし、被告人に不意打ちを与えるものではないと認められ、かつ、判決で認定される事実が訴因に記載された事実と比べて被告人にとってより不利益であるとはいえない場合には、例外的に、訴因変更手続を経ることなく訴因と異なる実行行為者を

第3章　訴因変更の要否

認定することも違法ではないものと解すべきである」との判示—この中にいう「不利益」の意義につき、池田・前掲・72は、「仮に認定が定型的に不利益なものではないといえるのであれば、そもそも不意打ちという問題は生じないと考えられるから、ここで指摘された不利益とは当該事案に於ける具体的な不利益をいうものであ（る）」とする）。訴因の拘束力に縛られた結果としての訴因変更ではなく、訴訟の全体を通じて常にかつ広く求められる**争点の明確化＝不意打ち防止**というフェアプレイの要請に基づく訴因変更である以上、訴訟の過程のどこかでこれを満足させる何らかの手続がとられていればそれでよしとできる筋合いである（第4節4で後述する「争点の顕在化」参照）。

本決定を以上のように解した場合、その判示を分析的に表示し直せば次のようになろう。

などのため、検察官において実行行為者を明示するのが望ましいということができ、**【検察官が訴因においてその実行行為者の明示をした以上、】**判決においてそれと実質的に異なる認定をするには、

ⅰ）《原則として，》訴因変更手続を要するものと解するのが相当である。

ⅱ）しかしながら、実行行為者の明示は、前記のとおり訴因の記載として不可欠な事項ではないから、少なくとも、**被告人の防御の具体的な状況**等の審理の経過に照らし、

① 被告人に**不意打ち**を与えるものではないと認められ、かつ、

② 判決で認定される事実が訴因に記載された事実と比べて被告人にとってより**不利益**であるとはいえない場合には、《例外的に，》訴因変更手続を経ることなく訴因と異なる実行行為者を認定することも違法ではないものと解すべきである。

Ⅰ　そもそも、殺人罪の共同正犯の訴因としては、その実行行為者がだれであるかが明示されていないからといって、それだけで直ちに訴因の記載として罪となるべき事実の特定に欠けるものとはいえないと考えられるから、**【訴因において実行行為者が明示された場合に】**それと異なる認定をするとしても、**審判対象の画定**という見地からは、訴因変更が必要となるとはいえないものと解される。

Ⅱ　とはいえ、実行行為者がだれであるかは、一般的に、**被告人の防御**にとって重要な事項であるから、当該訴因の成否について争いがある場合等においては、争点の明確化

【判旨のまとめ】〜本決定によって示された訴因変更要否の判断枠組み〜

結局、本決定によって示された訴因変更要否の判断枠組みとは、

① まず、訴因として明示されたその事項が審判対象を画定するのに必要な事項か否かを検討。必要な事項であれば訴因変更必要。

② 審判対象画定の見地からは訴因変更不要の場合であっても、一般的に被告人の防禦にとって重要な事項については、それが訴因として明示された以上、その変動には、原則として、訴因変更必要。

第3節　判例の基本的立場

③　②の例外として，審理経過に照らして被告人に不意打ちを与えるものでなく，しかも認定事実が訴因事実と比べて被告人に不利益といえない場合には，訴因変更不要

ということになる。

これをより分かりやすくするために図示すれば，次図のようになるであろう。

これが，訴因変更の要否の判断基準に関する最高裁判例理論の今日における到達点である。

従来，訴因として記載された事項のうち，訴因にとっての本質的事実（審判対象の画定に不可欠な部分）に変動が見られた場合には訴因変更を必要とし，非本質的部分について変動を来した場合には訴因変更を必要的とはせず，任意的訴因変更をも含んだ何らかの不意打ち防止のための措置を講じておけば足りるとする見解（いわば「2段階構造説」）が有力であったが（本章第2節3⑶参照），本決定は，共同正犯の訴因における実行行為者の記載については，その重要性にかんがみて，認定事実との間に変動が生じた場合には，原則として訴因変更を必要とし，例外的に訴因変更手続を経なくとも違法とはいえない場合があるとして，上記2つの類型のいわば中間的な類型の事実があることを示した（いわば「3段階構造説」）ものと解することができよう（池田・時の判例・220）。

【本決定の事案への具体的適用】

上述した判断枠組みにより，本件の事案においては，共同正犯の訴因中に記載された実行行為者が被告人である旨の記載は，その点についての認定事実が動いたとしても，罪となるべき事実自体は変わらずに特定されているから，審判対象画定の見地からは訴因変更を不要とするものであり，しかし，一般的に被告人の防御にとって重要な事項であるために，その見地から原則として訴因変更を要するものであることが，理論的に確定している（もっとも，本決定について，「実行共同正犯の訴因で共謀共同正犯の認定をするのは，基本的に一種の縮小認定とみることが可能だった。ただ，後者の主張が顕在化していないため，被告人の防御に一定の不利益を与える場合がないとはいえない。また，実行共同正犯と共謀共同正犯とでは，同じく共謀といっても，その強度において差があるとの見方もありえよう。したがって，これらの点から被告人の防御に影響を与える場合には，例外的に訴因変更を必要とすると解すべきことになる」とする理解もある（鈴木・重判・197）。これに対する異論として，加藤・研修・16）。しかしながら，論者が指摘するような「縮小認定」という見方は，本決定が訴因変更不要の理由としているところとは明らかに別物である。4(2)参照。訴因に明記された実行行為者の変動は，「原則として訴因変更を要する」とするのと，「被告人の防御に影響を与える場合には，例外的に訴因変更を必要とする」のとでは，前者の方が被告人の防御権保障により手厚い配慮を施していることになる。そして，

訴因変更〔I〕　**123**

第3章　訴因変更の要否

訴因として明示された事実の変動と訴因変更の要否

訴因として明示された事実の変動と訴因変更要否の判断視点		訴因変更				
〔第1次〕審判対象画定の見地	必要な事項（＊）	要				
	不要な事項	不要	訴因として明示された事実の変動と訴因変更要否の判断視点	訴因変更	被告人の具体的防禦の視点	訴因変更
			〔第2次〕防御権の見地	一般的に，重要な事項（＊＊）	（原則）要	①不意打ち，②不利益認定	有	要
							無	不要
				一般的に，非重要な事項	不要			

Cf.（＊）「訴因の記載として不可欠な事項」＝その部分の記載を欠くと「それだけで直ちに訴因の記載として罪となるべき事実の特定に欠けるものといえ」る事実
　　　　　　　　　　　　　　＝審判対象の画定に必要な（不可欠な）事項
　　　　　　　　　　　　　　＝訴因の（特定）明示に必要不可欠な事実
　……その例としては，構成要件事実である「犯罪の行為・結果等」の記載が挙げられている（池田・時の判例・220，井上・103）。
（＊＊）「一般的に被告人の防御にとって重要な事項」＝「当該訴因の成否について争いがある場合等においては，争点の明確化などのため，検察官において（訴因に）明示するのが望ましい」事実

後者によれば，「例外的に訴因変更を必要とする」ような「被告人の防御に影響を与える場合」とは具体的にどのような場合なのかが問題となるが，その判定基準は必ずしも明確に示されていない。これに対し，**平成13年決定**によれば，この点は明快である（「不意打ち」と「認定事実の不利益性」）。**平成13年決定**が判示する趣旨を，訴因縮小認定と防御権説の視点からの2段構えの思考プロセスに還元させて理解しようとする上記の立場は，訴因変更要否の判断枠組として**平成13年決定**が定立した3段構えの緻密な判断のスキーム（上記表の(I)，(II)-(1)，(II)-(2)）を逆戻りさせるものにほかならず，相当でない。

なお，後出**東京高判昭56・7・15【68】**の【コメント】参照）。そこで，残された問題は，例外的に訴因変更を不要とする事情—不意打ちの不存在と認定事実の不利益性の欠如—を被告人の防御の具体的な状況等の審理の経過に照らしてどう判断するか，である。

本決定のこの点についての具体的な判示の内容は上記のとおりであり，公判当初から，共謀の存否とともに，実行行為者が被告人・Nのいずれであったかが主要な争点となり，これらをめぐり証拠調べが重ねられたことなど当事者の主張・立証の内容と，そのような審理の結果，実行行為者について被告人の主

第3節　判例の基本的立場

訴因中の記載		訴因変更の要否	具体例
（Ⅰ）訴因にとっての本質的事実（審判対象の画定に不可欠な部分） ＝審判対象の画定の見地から変更が必要となるもの		要	要件事実（犯罪の行為，結果等）
（Ⅱ）非本質的部分 ＝審判対象の画定の見地からは変更が不要となるもの	(1) 防御権の保障の見地から変更が必要となるもの	原則的要，例外的不要	共同正犯における実行行為者
	(2) 防御権の保障の見地からも変更が不要となるもの	不要（何らかの不意打ち防止措置は要＊）	犯行の動機，計画

＊　最判昭58・12・13刑集37・10・1581（「何らかの不意打ち防止措置」の一つとして，任意的訴因変更を排除していないと思われる。第4節4参照。）

張が一部採用され認定されたという，具体的な審理経過等が考慮されている。共同正犯において，実行行為を担った者の方が共謀したにとどまった者よりも刑事責任が重いとは一概にはいえない（暴力団の組長が輩下の組員に指図して敵対する暴力団組長を殺害させた事例を想起すれば明らかである。）が，本件事案におけるように，被告人とNとがほぼ対等の立場にある場合には，犯行の態様と結果の基本的部分に変わりがないのであれば，一般的には，実行行為のすべてを被告人が担ったときよりも，Nと分担したときや全く分担せずN一人に委ねたときの方が，犯情は軽いといえよう。また，当の被告人自身が，実行行為への関与を否定し殺害したのはNであると主張したのでもあったから，判決はこれを部分的に採用したものにほかならず，このような具体的な訴訟の経過に照らせば，実行行為者に関する判示のような認定は，不意打ちにも，より不利益な認定にもならず，したがって，本件は結局訴因変更を要しない事例であった

とされたものである。

【本決定に対する評価】
　(ア)　審判対象説の採用について
　本決定の最大の特徴は，訴因変更要否の判断の方法として，まず最初は「**審判対象の画定という見地から**」判断すべきものであることを明言した点にある。これは**審判対象説**の考え方そのものであり，第一次的に被告人の防御の利益を離れた判断の視点（「審判対象の画定の見地」）をその文言のままに表明した，その反面において最高裁がこれまで繰り返し用いてきた「**被告人の防御に実質的な不利益を及ぼすおそれ**」に終始言及しなかったことのインパクトは，極めて大なるものがある。

　この判例の評釈者として，大澤教授は，「訴因変更の要否をめぐる従来の議論は，事実記載説を前提とした抽象的防御説の立場を到達点とすると総括してよいであろう。このような訴因変更の要否をめぐる議論に対し，訴因の果たすべき機能からの理論的反省を

訴因変更〔Ⅰ〕　**125**

第3章　訴因変更の要否

迫ったのが，**最決平13・4・11**である。直接には，殺人の共同正犯の訴因における実行行為者の記載と判決におけるその認定に関する判断であるが，そこで示された考え方の枠組みは，より広く，訴因変更の要否の問題一般に意義を持ち得るように思われる」，「むしろ，訴因対象説からは，（訴因の2機能のうち）『審判の対象という側面における当事者主義化』を示す『裁判所に対し審判の範囲を画定する機能』こそが重要であると考えられてきた（松尾・上・174）。訴因の拘束力も，訴因が審判対象であることと表裏一体の関係にあると考えられてきたといえよう。そうだとすれば，訴因の拘束力に起因する訴因変更の要否の問題は，まずもって，裁判所の審判範囲の問題として検討されることが理論的であるといわなければならない。この点で，従来の議論が，専ら被告人の防御に対する不利益に焦点をあてていたことは，反省すべき点があったといえる。もっとも，従来の抽象的防御説においても，訴因と認定事実とを比較して抽象的・一般的になされる防御の不利益の判断は，認定事実が訴因によって設定された審判範囲を逸脱しないかという判断と，いわば表裏の関係にあったと見ることも可能である。そうだとすれば，抽象的防御説による具体的防御説の克服は，防御の不利益の有無という基準を維持することで判例の連続性を保ちつつ，実質的には，そこに審判対象の画定という見地をとり込む試みであったといい得るかもしれない。しかし，そうだとしても，審判対象の画定という問題の核心を，被告人の防御に対する不利益という解釈の余地の広い基準の中に埋没させてしまうことは，訴因変更の要否に関する判断の明確化を阻害してきたように見える。本決定が，審判対象の画定という見地を正面に据えたことは，訴因変更の要否について，より明確な判断枠組み構築の可能性を開いたといえる」と積極的に評価されている（大澤・29）。また，最高裁調査官として池田判事は，「訴因の機能としては，審判対象の画定と被告人の防御権の保障という2点が指摘されており，両者は同一事象の表裏という関係にあるものの，審判対象の画定の見地から必要な事項であれば訴因変更が必要になるのは当然と考えられる上，概念の明確さという点でも前者の方が優れているから，まず前者を用いて訴因変更の要否を判断すべきであるように思われる。本決定が最初に審判対象の画定という見地から訴因変更の要否を検討しているのは，そのような考えに基づくものと解され（る）」，「本決定は，一般的に，訴因変更の要否を判断する場合には，まずその事項が審判対象を画定するのに必要な事項か否かを検討すべきとしているものと解されるから，訴因変更の要否を検討する場合の重要な指針を示したものといえる」とされている（池田修・判解13・70）。(注30)

(注30) 以上に対しては，本決定はなお抽象的防御説の基調に立った上で具体的防御の観点をも補充的に考慮したものとする評価（小林・刑訴法・131）もあることを付言しておく。なお，「判例には，いわゆる縮小理論（大は小を兼ねる）によったものや被告人の弁解するところに従っていることといった，具体的な訴訟の経過を踏まえるものが主流である（近時

のものとして，**最決平成13・4・11刑集55・3・127**)。」との見方も示されている（河村博・新刑事手続Ⅱ・222）。

(イ) 新カテゴリー「一般的防御上重要事項」の創設について

本決定の第2の特徴は，それ以前の議論においては，抽象的防御の観点からするにせよ審判対象の画定の観点からするにせよ，訴因変更不要とされた後にあっても，なお具体的な防御の観点から，訴因変更を必要とする場合がある，少なくとも，不意打ち防止のための何らかの法的措置を必要とする場合がある，とされてきたところについて，基本的にそのような思考方法を採用した上で，しかし，「原則として訴因変更が必要になるが，例外として，具体的防御の観点から訴因変更不要の場合がある」とした点である。これは本決定が打ち出した新機軸であって，特筆に価する。従来**学理上の審判対象説（2段階構造説）**としては，審判対象画定の見地から訴因変更不要とされたものにつき，具体的防御説が補完的に作用して変更必要となる場合があるとする考え方と，具体的防御の視点から被告人の防御上実質的な不利益が生ずるおそれのあると認められる場合には任意的訴因変更をも含む不意打ち防止のための何らかの措置を講ずる必要があるとする考え方の2つが見られたが（第2節3(3)参照），本決定は，そのいずれにもくみすることなく，訴因の中に掲記された事実の中には，（Ⅰ）訴因の特定上不可欠であって訴因変更を要するもの，（Ⅱ－1）訴因の特定上不可欠ではないが一般的に防御上重要であって原則として訴因変更を要するもの，（Ⅱ－2）訴因の特定上不可欠でなく一般的に防御上重要でもなく訴因変更を要しないもの，の3種類が存在することを明らかにし，問題となっている変動事実が，これらのうちのどれに該当するかによって訴因変更の要否の判断が決まってくるという判断枠組みを整えて提示した。これによって，いわば第3の審判対象説——**判例法上の審判対象説（3段階構造説）**が創造されたことになる。

この（Ⅱ－1）に該当する事実については，審判対象画定という第一次的見地からは変更不要とされながら，被告人の防御上の一般的重要性という第二次的見地から「訴因変更が原則必要」とされるに至るのであり，その分，従来の「何らかの防御権保障の措置がとられればよい」とする議論（いわゆる**争点顕在化論**——第4節4参照）のレベルを超えて防御の利益により手厚い配慮を加えるものであるといえる。(注31)(注32)本決定がそのような配慮を加えた実質的理由についてはそんたくするしかないが，共同正犯における実行行為者の明示が一般的に争点の明確化＝被告人の防御にとって有する重要性に充分配意したということであろう（大澤・32は，「訴因における争点明確化＝不意打ち防止の要請を重視したことの現れと見ることもできる」とされる。）。そして，この事実の変動が原則として訴因変更を必要とするのは，それが「一般的に，被告人の防御にとって重要な事項であるから」なのであり，したがって，ここでの視点は，なお一般的・類型的なものにとどまっている点に

訴因変更〔Ⅰ〕 **127**

注意を要しよう。そういう意味では，**抽象的防御説**の視座がここに取り込まれていると見得る（大澤・32）のであって，そうだとすると，本決定は，第一次基準である審判対象画定の見地の「裏面」のほかに，第二次基準である「一般的に，被告人の防御にとって重要な事項であるか否かの見地」の２箇所に，**抽象的防御説**の適用場面を見出しているものということができる。そして，この後者を，**具体的防御説**により補完しようとする立場であるということになる（ただし，**学理上の審判対象説**においては訴因変更を必要とする方向に作用するのに対して，**判例法上の審判対象説**においてはこれを不要とする方向に作用する点で，具体的防御の視座の働き方は正反対となる。）。おそらくは，第二次基準としていきなり具体的防御の視点を持ち出すと，その視点から訴因変更が必要となる場合を抽出するのはまったくの個別具体的な判断に委ねられてしまうこととなり，法的安定性の確保という面で十分でないと考えられたからではなかろうか。さらには，訴因変更要否の基準のこのような立て方をすると，防御権保障は訴因変更のみが担保すべきものではないという基本的な考え方と不整合を来すことにもなろう。(注33)第二次基準としてなお一般的・類型的な視点から原則的に（第一基準との関係ではあくまで例外的ではあるが）訴因変更を必要とする場合を抽出しておいて，その上で確認的に具体的防御の視点を加えて，当該事案において被告人の防御に実質的な不利益を生ずるおそれがないのであれば訴因変更までは不要として具体的妥当性の確保を図る行き方は，当該事実の防御上の重要性という評価の問題とその事実についての現実の不意打ちの有無という事実認定の問題とを２段階に分けて判定する構造をもたらしている点で十分に分析的・合理的であり，判断基準の立て方としてより明せきなものであるといえよう。

（注31）審判対象の範囲の画定＝防御対象の限定という意味合いにおいて，審判対象説が抽象的防御説をその裏腹とするものであるところから，前説の適用により被告人の防御上の利益も保護されることに帰する。本決定は，その上に更に，訴因変更が原則必要とされる保護の対象が存在することを宣明したのである。この点を見落として，本決定が，「一般的に，被告人の防御にとって重要な事項」について，原則として訴因変更を必要としつつそこに例外を認める点において，抽象的防御説が具体的防御説により侵食されるのを許している（防御の利益を軽視している）ものと見るのは，本末転倒の評価だということになる（大澤・32。同旨，加藤・170）。

（注32）以上に対し，田口・佐々木喜寿祝賀・739は，「問題は，『拘束力のない訴因事実』はもともと本来の訴因変更手続の対象となる事実ではないのであるから，まずもって訴因変更手続以外の防御権保障手続を考慮すべきであるという点にある。そして，まさにこの点に関して**最判昭58・12・13**は『争点顕在化』という手続を示唆したと見るべきであろう。……結局，（平成13年決定の当該判示部分は，）『拘束力のない訴因事実』については**争点顕在化手続**の一つの方法としての訴因変更手続が考えられる，ということを判示したものと理解すべきであろう」とされる。

（注33）第２基準として具体的防御の見地から訴因変更の要否を判断するということは，第１基準（審判対象画定の見地）からは変更不要とされたすべての事実変動について**具体的防御説**を直接適用することにほかならないから，その限りで，従来訴因変更要否の基準論としての具体的防御説に向けられてきた批判（３章２節2(1)参照）がそのまま当てはまる面を生ずることになろう。

第3節　判例の基本的立場

```
第1次基準：審判対象画定の見地
《審判対象説》

審判対象の画定による防御対象の
限定の見地
《抽象的防御説》

　　　　〔訴因変更不要〕⇒　　　第2基準：一般的に，被告人の防御
　　　　　　　　　　　　　　　　にとって重要な事項であるかの見地
　　　　　　　　　　　　　　　　《抽象的防御説》

　　　　　　　　　　　　　　〔訴因変更要〕⇒　　例外基準：《具体的防御説》
　　　　　　　　　　　　　　　　　　　　　　　　　　　〔訴因変更不要〕

…│審判対象の画定│→〔変更要〕
　　　　　→〔変更不要〕→│抽象的防御の観点│→〔原則　変更要〕→│具体的防御の観点│→〔変更要〕
　　　　　　　　　　　　　　　　　　　　　　　　　　　　　　　　　　　　　　　　　〔例外　変更不要〕
　　　　　　　　　　　　　　　　　　→〔変更不要〕→ただし，〔任意的変更〕
　　　　　　　　　　　　　　　　　　　　　　　　　　　　〔争点顕在化〕
　　　　　　　　　　　　　　　　　　　　　　などの何らかの防御権保障措置必要。
　　　　　　　　　　　　　　　　　　　　　　（最判昭58・12・13刑集37・10・1581【125】）
```

　上記（Ⅱ-2）のカテゴリーに属する事実の変動に対応するのに例外的に訴因変更が必要的となる（怠れば違法となる）ことがあり得ないかについては，本決定は直接は言及していない。しかし，訴因変更の要否については基本的に審判対象画定の見地から判断することとし，そこにおいて本来訴因変更不要とされたものにつき，争点明確化＝不意打ち防止の観点から，例外的に訴因変更を必要とする特段の事由として「一般的な防御上の重要性が肯認されるもの」を採り上げていることからして，その反面において，「一般的な防御上の重要性が肯認されないもの」についてはこれを例外（訴因変更を怠れば違法）としない趣旨を読み取ることができよう。

【本決定の意義】
　以上のような特色を備えた本決定の意義については，①最高裁が，審判対象説の立場にあることを明言したこと，②そして，このことにより，従来の一連の最高裁判例のうちの昭和30年代後半以降の，従来抽象的防御説に立つとされて来たものについて，審判対象説の観点からの意味付けが可能になったこと（3⑴参照），③審判対象の画定と被告人の防御対象の明確化という訴因の持つ2つの機能から，訴因変更の要否について，原則と例外とを構造的に整理して提示し，このことによって今後の訴因変更の要否判断の指針を実務に示したこと，④この基準（判断枠組み）よれば，従来の判例に見られた訴因変更要否の結論に異同を来すものもあり得るところとなり，その意味で過去の判例の結論を単純に現在の事案に当てはめて結論を得たものとすることには危険があり，本決定の基準に照らして先例としての価値を個々に見直す必要が

訴因変更〔Ⅰ〕　**129**

第3章　訴因変更の要否

出てきたこと，などの諸点を挙げることができよう。とりわけて意義深く感ぜられるところは，以下のとおりである。

(ア)　訴因変更要否基準論の理論的整序―訴因特定論との整合―

既に言及したとおり（第3章第2節3(4)(b)，第3章第3節(3)参照），訴因特定論の領域における識別説と防御権説との対立図式の中で，判例・実務は識別説を採ってきた。ある犯罪の特別構成要件に該当すべき具体的事実を，それが構成要件に該当するかどうかを判定するに足りる程度に具体的に明らかにしているかどうか（審判の対象として，特定・識別されているか）―そのことを問題としてきたのである。それは，訴因の識別（＝審判対象の画定）機能と防御機能のうち，前者を第一次的，本来的なものと位置付けているからにほかならない。ところが，訴因変更要否の基準論においては，旧来，「被告人の防御に実質的な不利益を及ぼすおそれ」の有無が採用されてきた。このことは，訴因変更論の領域においては，訴因の2つの機能のうち，専ら防御機能に焦点が定められてきたことを意味している。訴因をめぐる諸議論のスタート地点においては識別機能に視座を置きながら，その延長線上での議論であるにもかかわらず，後に至ると忽然としてそれが防御機能に移動するというのは，考えてみれば不自然，不合理なことである。

本決定による**審判対象説**の明示的採用により，いずれの段階においても，審判対象の画定の見地という一貫した視座によって解決が導かれるべきものであることが明らかにされた。**本決定**が，これまでに見られた，訴因特定論の領域における識別説の採用と訴因変更要否論の領域における防御説の採用という理論的不整合を解消したことの意義は，極めて大なるものがあるというべきではなかろうか。

(イ)　実務に対する指導性

本決定の評者者としては，調査官池田判事が，「**本決定**は，訴因において実行行為者が明示された場合にそれと実質的に異なる認定をするには訴因変更手続を要するかという問題につき，審判対象の画定と被告人の防御の対象の明確化という訴因の持つ2つの機能を考慮した上，原則的な考え方と，例外的に許される場合について判示したものであり，訴因変更の要否を判断する際に参照すべき基本的な判例ということができよう」とされ（池田・時の判例・220），井上判事が，「**本決定**の示した判断基準，手法は，相当なものといえよう」とした上で，「これまで被告人の防御上の不利益の有無という基準で一元的に考えられてきた訴因変更の要否について，異なる視点から審判対象の画定という新たな判断基準を明示するとともに，重層的できめ細かな判断の枠組みを示したものといえる」，「**本決定**は，訴因変更の要否の問題について，今後の指針となる明確な基準を示した重要判例というべきである」とその意義を高く評価されている（井上・103）。旧来の防御説に比べてよりクリアで緻密な基準が実務に提示された（【**本決定に対する評価**】参照）ことの意義は誠に大きいといえよう。

特に，見落としてならないのは，**本決定**が，事案によっては，共同正犯の訴因中に不可欠でもない実行行為者を明示することも少なくない実務の現状について，「当該訴因の成否について争いがある場合等においては，争点の明確化などのため，検察官において実行行為者を明示するのが望ましい」と述べて，これをはっきりと後押ししたことである。そして，明示された実行行為者に変動が生じた場合原則的に訴因変更を要するとするのもその上でのことであるから，最高裁が推奨する実行行為者の明示が訴因変更の必要性の拡大につながる道理ともなっている。

もっとも，このような訴因変更の原則的必要性に関する判示それ自体は，法理としての意義はともかく，これによって従来の実務の在り方が変容を余儀なくされるようなものではないといい得る。理由は二つあって，その1は，**本決定**自身が，例外を認めている点である。そして，その内容は，審理を進めてゆく上で通常必要とされている被告人に対する**争点明確化＝不意打ち防止**の配慮を怠らなければおのずから実現されることとなるレベルのものであり，結果として訴因変更をしなかったことが違法とされるケースが本決定を契機として増大することは考えにくいということである（現にそうはならなかった）。その2は，**任意的訴因変更**の手続が，実務ではかなり以前から安全弁として汎用されているという点である。特に，本件のように訴因として明示された事実を変えるには，起訴状ないし訴因変更請求書による訴因掲示と同格の方法による訴因掲示，すなわち訴因変更手続をとることが通常のやり方になっているといえよう。したがって，この結果としても，**本決定**の要求するところは既にして満たされていることが多いとしてよいように思われる。

そうすると，**本決定**の意義としてむしろ重要なのは，ケースにより共同正犯の訴因中に実行行為者を明示する検察実務の現状を望ましい在り方として確認し，将来にわたって推奨した──そのような指針を示した──点に求めるべきことにもなりそうである。あるいは，最高裁の真意とするところはこの辺りにあったのかもしれない。この点，池田判事が，「本件の公訴事実は，実務の運用例に従い，実行行為者を特定しないものであった。仮に，本件の訴因が最後まで公訴事実のままであったり，あるいは検察官が釈明によって実行行為者を特定したにとどまったのであれば，釈明内容の訂正等の不意打ち防止の措置を採ることで足りたものと思われる。そのことだけを考えると，検察官が訴因変更までして実行行為者を特定するのは無用なことと受け取られかねないであろう。それにもかかわらず，**本決定**が，実行行為者の特定は被告人の防御にとって重要な事項であるから，争点の明確化などのため，検察官が実行行為者を明示するのが望ましいと判示した上，訴因において明示した場合には原則として訴因変更を要するとしながらも，例外的に訴因変更手続を経なくても違法ではない場合もある旨判断したのは，事案によっては実行行為者の明示が望ましいという実務の運用を積極的に肯定すべ

第3章　訴因変更の要否

きものと判断し，仮に訴因において明示されたとしても，不意打ち防止という訴訟においては常に必要とされる配慮をして審理していれば，違法となるようなことは考えにくいと判断したためではないかと推測される。以上のように，**本決定**は，訴因変更の要否に関して重要な判示をしたものであって，訴因変更の要否を判断する際に参照すべき基本的な判例ということができる」と述べられているところが興味深い（池田・判解13・73）。また，大澤教授は，「**本決定**は，結論において，訴因変更手続をとらなかった第一審の訴訟手続を違法ではないとして救済した。しかし，本件のような場合，むしろ訴因変更手続を経る運用を期待していることは疑いない。一般に，訴訟の進行過程では，その円滑を期するとともに，上級審における破棄の危険を避けるため，念入りな訴因変更手続がとられる傾向にあり，またそれが望ましいとされている。**本決定**が，『例外』による救済の先例であることは疑いないが，『原則』を定着させる推進力となることも期待されているというべきであろう」とされている（大澤・32）。あるいは，最高裁は，**本決定**の判示を通じて，広く実務における安全弁としての「**任意的訴因変更**」の積極活用をも推奨しているものであろうか。

【**本決定をめぐる問題点と残された課題**】
① 記載上不可欠事項は何か。
本決定が示した訴因変更要否の判断枠組みにのっとってその判断を進めてゆく上で，ま

ず最初に問題となるのは，判文にいう「（それが明示されないと）それだけで直ちに訴因の記載として罪となるべき事実の特定に欠ける」こととなる事項（「訴因の記載として不可欠な事項」とも表現されている。以下「**記載上不可欠事項**」という。**本決定**の評釈者からは，「審判対象の画定の見地から必要な事項（審判の対象を画定するのに必要な事項）」（池田・判解13・70），「審判の対象を画定するのに不可欠な部分」（池田・時の判例・220），「審判の対象範囲を画定するために必要不可欠な本質的部分」（井上・103），「訴因の特定に不可欠な事項」（大澤・31），「審判対象の画定に必須の事実」（鈴木・重判・197）などと表現されている。）とは，具体的には何か，である。

その代表的なものが，「犯罪の行為・結果などといった，犯罪の特別構成要件として規定されている要素（構成要件要素）の一つ一つに該当する具体的な事実（**構成要件該当事実／要件事実**）」であることについては，争いがない（池田・時の判例・220，判解13・67，井上・103，大澤・31）。また，「共同正犯における実行行為者」が上記の記載上不可欠事項に該当しないことは，**本決定**により確認された。このことからして，「共謀の日時・場所・内容」も，記載上不可欠事項とはされないことは間違いないであろう（いずれについても，**識別説**の帰結として判例上も承認されていた──**最大判昭33・5・28（練馬事件判決）**等）。さらには，**最決昭63・10・24【14】**により，「過失犯における一定の注意義務を課す根拠となる具体的事実」が記載上不可欠事項でな

いことも明らかにされている。256条3項にいう「犯罪（実行行為と結果発生）の日時・場所・方法」は記載上不可欠事項か。**最大判昭37・11・28（白山丸事件）【4】**によれば，消極である。しかし，この最後の諸要素は，上述したその余の諸事実とは，訴因（罪となるべき事実）特定上の重要性において格段の径庭があるようにも思われ（第2節3(4)参照。），その点でなお別論とする余地も残されているのではないかという疑問がある（記載上不可欠事項について，松田・70，加藤・研修19は，「具体的には，いわゆる『六何の原則』を充足する事実（犯罪の①主体，②日時，③場所，④客体，⑤方法・行為，⑥結果）と解される」とする。）。

以上の問題について，**本決定**の評釈者として，鈴木教授は，「絶対的要変更事項の範囲を決するに当たっては，従来の抽象的防御説的見地も考慮されることになろう。しかし，審判対象の画定に当たっては，単に被告人の防御上の利益・不利益のみならず，当該行為が該当する犯罪類型の性質，また訴追に当たっての検察官の刑罰関心のいかん等も，総合的に勘案する必要がある。今後は，かかる観点からの具体的基準の検討が必要となろう」と指摘されている（鈴木・重判・197）。

② **一般的防御上重要事項は何か。**

本決定が示した訴因変更要否の判断枠組みにのっとってその判断を進めてゆく上で，その次に問題となるのは，判文にいう「一般的に，被告人の防御にとって重要な事項であり，当該訴因の成否について争いがある場合等においては，争点明確化などのため，検察官において訴因に明示するのが望ましい事項」，それはすなわち，審判対象の画定の見地からは訴因変更不要であるが防御権の保障の見地からは原則訴因変更が必要となる事項（以下「**一般的防御上重要事項**」という。）のことであるが，それは具体的には何であるのか，である。**本決定**により，「共同正犯における実行行為者」がこれに該当することは明らかにされた。その他にはどのようなものがあるであろうか。

審判対象特定上は記載が不可欠ではない（その記載なしで審判可能）にもかかわらず，「一般的に，被告人の防御にとって重要な事項」であり，最高裁が「当該訴因の成否について争いがある場合等においては，争点明確化などのため，検察官において訴因に明示するのが望ましい」事項とまでして検察官の訴因構成に容喙するものとなると，この部類に属する事項はそれ程広範なものではないであろう（池田・71同旨）。「犯行の動機，計画」などは，動機犯罪といわれるものにおいてさえも，まずこれには該当しないであろうが（第2節3(4)(C)参照。加藤・鈴木祝賀・359は反対か。），その他具体的には，①に挙げた，「共謀の日時・場所・内容」（後出**東京高判昭59・8・7【27】**の【コメント】及び第4節1(5)に後出の**最判昭58・9・6刑集37・7・930【69】**（日大闘争警官死亡事件）の【コメント】参照。），「過失犯における一定の注意義務を課す根拠となる具体的事実」（後出**東京高判平21・3・6【59】**の【コメント】及び（注29）参照。），「犯罪（実

行行為と結果発生）の日時・場所・方法」（犯罪の日時・場所等については，記載上不可欠事項ならずとも，少なくとも一般的防御上重要事項であるというべきであろう（第2節3(4)(b)参照。），後出福岡高判平16・10・8【30】の【コメント】参照。）などについて，一般的防御上重要事項該当性が検討されてゆかなければならないであろう。今後の判例による事例の集積に待つことになる（加藤・鈴木祝賀・359は，**一般的防御上重要事項**の例として，「過失犯における注意義務発生の根拠となる事実（**最決昭63・10・24**参照），共謀の日時・場所等（**最判昭58・12・13**参照），犯行の動機（**大阪高判平12・7・21**参照），傷害事犯における加療期間・財産罪における被害品の時価相当額などが想定される」という。この最後の事項については，本章第4節1(4)(b)参照。）。(注34)(注35)

(注34) 田口・321は，「『争点の明確化のために明示することが望ましい事項』という基準はきわめて曖昧といわざるをえない。被告人が争うであろう事項については訴因として明示しておくというのであれば，実質的に訴因の特定に関する防御権説に近い基準となるように思われる」と批判されている。
(注35) なお，**本決定**におけるこの一般的防御上重要事項に関する判示について，「審判対象の画定に必要でなく，単に防御の必要から記載された事項も，訴因に記載された以上原則として拘束力がある」との趣旨を述べたものとする理解も表明されている（木谷・137）が，**本決定**は，審判対象画定の見地からは訴因変更不要であるが，「一般的に，被告人の防御にとって重要な事項であり，当該訴因の成否について争いがある場合等においては，争点明確化などのため，検察官において訴因に明示するのが望ましい事項」についてのみ，訴因に記載された場合には原則として訴因変更を要する，としているのであるから，「単に防御の必要から記載された事項」でありさえすれば原則として訴因変更が必要になる，としているものとは解し得ない。また，判示を「拘束力がある」

との趣旨に理解されている点にも賛同いたしかねる（【判旨の理解の仕方】(イ)参照）。

③ 一般的防御上重要事項に関する例外的変更不要の2条件の関係と「不利益」性の判断視点

本決定が，一般的防御上重要事項について，不意打ちを与えないことと併せ，被告人にとって訴因より不利益な認定でなければ，例外として訴因変更手続を要しないとしている点について，この2つの条件の関係はどのように解すべきものであろうか。

この点は，本件事案に即した判示と解され，その両者の関係やそれぞれの効果などは必ずしも明確でない（池田・72）が，その表現振りからして双方の条件が共に満たされることが必要とされているものと解されるし，実際上も，どちらか一方だけで訴因変更不要とするのは適当ではないだろう（同旨，加藤・鈴木祝賀・361）。

ただ，認定事実が訴因事実よりも被告人に不利益かどうかは，主として法定刑を基準にして抽象的・類型的にしか判定できないのではないか。もしそうなら，それは第一次の基準である審判対象画定の見地（その裏腹にある抽象的防御説の視点）からの判断において既に考慮済みの事項にほかならないはずである（法定刑の比較において＝犯罪類型ないし構成要件該当事実の対比において，認定事実が訴因事実よりも被告人に不利益に変動しているのであれば，審判対象説のみならず抽象的防御説からしても，訴因変更が必要とされていよう）。そして，そこでは消極の結論に到達している

第 3 節　判例の基本的立場

わけである。そうであるとすれば，これと重複する蒸し返しの判断を，しかも具体的な訴訟経過に照らした不意打ちの存否という異質な判断と同じステージ上で行うことになり，構造的に問題があるということになろう。他方で，そうではなくて，具体的な訴訟経過を踏まえた上での犯情の点を比較対照するというのであれば，訴因変更は「これまでの」審判内容に後からつじつま合わせをするものではなく「今後の」審判の対象を訴訟上に顕在化させる手続であることとの関係上，本末てん倒を許してしまうことになりはしないか。

そこで考えてみると，実務上，本決定の第一審訴訟経過がそうであったように，訴因についての審理が相当に進み，その経過の中で訴因をめぐって攻防が繰り広げられることを通じて，おのずから新たな事実が浮かび上がって来たことによって，訴因変更の機運が生ずるというのが，むしろ通常の姿であろう（そうでないと，変更先の訴因の中身が見えない。）。しかし，その変更のタイミングにはおのずから限度というものがあるのであって，浮上してきた新たな犯罪事実について訴因変更手続をとらないまま情状事実の審理まで尽くしてしまうようなことが許されるはずもなく，その特別構成要件該当事実が証拠上それなりに像を結んだ時点で変更手続はとられなければならないし，実務上現にそうされているといえよう。そうすると，具体的な訴訟経過を踏まえた上での犯情の点を比較対照するといっても，その犯情とは，訴因事実に関しても，また浮上してきた犯罪事実に関しても，

要件事実の周辺にこれにおのずから随伴しているという程度の範囲内のものに限られざるを得ない。本決定の事案に即していえば，被告人とその共犯者とされるNとの間に，暴力団組織の中の上下関係などはみられず，ほぼ対等の関係にあったこと及び殺害の態様と結果の基本的部分とは，双方に共通する事実で，そのことを前提としてみたときに，被告人がすべての実行行為を一人で担ったという訴因事実の方が，Nと分担した，あるいはNがすべての実行行為を一人で担った可能性をも含む認定事実よりも，被告人にとって犯情の上で不利になる，という判断である。逆にいえば，この限度でなら，問題の提起に当たって指摘したような，法定刑（要件事実）の対比とは別次元で，かつ，本末てん倒を避けながら，具体的な訴訟経過を踏まえた上での犯情の点を対比して利益・不利益を判定することは充分可能であり，また，本決定の事案においてもそうであったように，訴因事実に関する被告人の主張・立証の具体的な内容と認定事実との照合も，この判定の助けとなるであろう。結局，本決定がいっている認定事実が訴因事実よりも被告人に不利益にならないかどうかの判断は，このレベルから導かれるものとして想定されている，と理解するのが合理的であろう。（これに対して，池田・判解・73 は，「一般的には，1人で全部を担当した場合の方が，他と分担した場合や全く担当しなかった場合より責任が重いように思われる。しかし，犯情まで問題にすると，事案によっては，逆に犯情が悪くなることも考えられないではな

訴因変更〔Ⅰ〕　**135**

い。例えば，自ら実行するよりも主謀者として実行者に命じて実行させる方が犯情が悪くなるからである。被告人にとって不利益か否かを判断するに当たっては，このような具体的事情も考慮されることになる」とされている。量刑の基礎となる具体的な細目についてまで比較対照すべきことをいうのだとすれば問題であろう。)

④ 非記載上不可欠事項かつ非一般的防御上重要事項の変動への対処

記載上不可欠事項でなく，一般的防御上重要事項でもないとされた事実に変動がみられた場合の訴因変更の要否については，**本決定**は直接的には何も触れるところがないが，判示の裏腹として，訴因変更を要しないとしているものと読める。その場合，この事実について，防御権保障のため，訴因変更以外の他の措置（任意的訴因変更，求釈明による争点顕在化手続など）までもとる必要がないかどうかは，**本決定**の射程の外に在る問題である。これについては，別途，**最判昭58・12・13刑集37・10・1581【125】**などを参照すべきことになる（【**本決定に対する評価**】(イ)，第4節4参照)。

⑤ 一般的防御上重要事項に関する例外的変更不要後の措置

一般的防御上重要事項について，具体的な審理の経過に照らして，不意打ちにならず，不利益認定にもならないとして訴因変更不要とされた場合，なお，争点顕在化などの措置を要するか。「具体的な審理の経過に照らして，不意打ちにならず，不利益認定にもならない」と認定されるのは，通常は，当事者の

攻撃防御がおのずから認定事実にまで及んでいたか，それまでのどこかの段階で争点顕在化などの防御権保障措置がとられたかしたからであろう。そもそも，「具体的な審理の経過に照らして，不意打ちにならない」と判断されたのにもかかわらず，争点明確化などの措置を必要とすることは，矛盾しよう。

⑥ **最決昭55・3・4【13】**との整合性

最後に，**本決定**が提示した訴因変更要否の判断枠組みが，【13】において示されたそれと整合するかどうかの点を検討しておく。同決定の事案について，**本決定**の判断構造にしたがって検討してゆくと，まず最初の審判対象画定の見地からの判断であるが，問題となったのは，酒酔い運転の訴因事実（「酒気を帯びて車両を運転した場合において，アルコールの影響により正常な運転ができないおそれがある状態にあった」）が酒気帯び運転のそれ（「酒気を帯びて車両を運転した場合において，身体に呼気1リットルにつき0.25ミリグラム以上のアルコールを保有する状態にあった」）に変動したということであった。この場合，変動部分の事実（「アルコールの影響により正常な運転ができないおそれがある状態」）は，**記載上不可欠事項**である。しかし，通常，それは，変動後の事実（「身体に呼気1リットルにつき0.25ミリグラム以上のアルコールを保有する状態」）を包含している関係にある（実務上，酒気帯び運転の成立しないアルコール保有量の者に対して酒酔い運転で起訴することは，現実的にはまず考えられないと言ってよいであろう。）。したがって，訴因事実の中に認定事実

第3節　判例の基本的立場

が包み込まれている以上，認定事実もまた審判の対象（の一部）とされていたと考えることができ，審判対象の範囲をはみ出すものではないから，審判対象画定の見地から訴因変更が必要になることはない（このような場合には，厳密には，そもそも記載上不可欠事項たる事実は変動していないのだ，というべきであろう）。次に，この事実が，**一般的防御上重要事項**に該当するか否かであるが，そもそもが記載上不可欠事項なのであるから，一般的防御上重要事項ではあり得ないことは当然である。そうすると，この段階で，審判対象画定の見地からする訴因変更不要の例外を成すものではないことが結論付けられるはずである。結局，**本決定**の判断構造に従う限り，訴因変更が必要的である（怠れば違法となる）とされる場合が生じることはないケースであったことになる（もとより，訴訟の具体的経過・状況に照らして何らかの防御権保障措置——争点顕在化——を講ずべき場合とされ得ることは別論であり（**最判昭58・12・13刑集37・10・1581【125】**），**本決定**の判断基準の適用によってもその点は同じ結論となろう）。

さて，そうなると，【13】において，「しかも本件においては運転開始前の飲酒量，飲酒の状況等ひいて運転当時の身体内のアルコール保有量の点につき被告人の防禦は尽くされていることが記録上明らかであるから，前者の訴因に対し原判決が訴因変更の手続を経ずに後者の罪を認定したからといつて，これにより被告人の実質的防禦権を不当に制限したものとは認められない」としているところは，

この部分を訴因変更を不要とする理由として必要的なものと位置付けているとすれば，**本決定の判断構造とは整合しないことになる**。これを整合的に解するためには，この判示部分は，事案の特殊性に由来する「念のための駄目押し」であったと読むことになる（【13】の解説の項参照。）か，あるいは，【125】がいう争点顕在化措置の一つとしての任意的訴因変更の手続について論じているものと読むことになろう。

この点に関しては，【13】の「『被告人の防禦は尽くされている』」という判示部分も，審判対象画定の見地＝抽象的防御説から訴因変更の必要がない場合であることを前提に，さらに個別の事案に即して防御権が害されていないかを検討したものであるとすれば，**本決定と整合的に理解できることになる**」とする見解が示されている（大澤・33）が，**本決定**は，「審判対象画定の見地から訴因変更不要とされたものについて，具体的防御説の適用により変更を必要とする結論を導くという2段構えの判断構造」をとっているわけではない。確かに，**本決定**のスキームによっても，具体的防御説の視点からの吟味を経て訴因変更必要の結論に至ることは当然想定されているが，そこに至るまでには2段構えよりももっと分析的で重畳的な判断構造が形成されているのであり，そこでは，具体的防御の視座は，訴因変更を不要とする方向に働く指標として用いられることとされている（**【本決定に対する評価】**(イ)参照）。いわば，「審判対象画定の見地からは訴因変更の必要がないも

訴因変更〔Ⅰ〕　**137**

第3章　訴因変更の要否

のの，抽象的防御の視点から訴因変更の必要がある場合であることを前提に，さらに個別の事案に即して防御権が害されているかを検討」する，というのが**本決定**の考え方である。しかも，この判断過程を経るのは，一般的防御上重要事項についてなのであり，既述のとおり，**【13】**における変動事実は記載上不可欠事項であって一般的防御上重要事項には該当しないから，**本決定**のスキームによる限り，具体的防御の視座からの必要的訴因変更（それを怠れば違法とされる訴因変更）の要否の検討に入る余地はないはずなのであり，したがって，「被告人の防禦は尽くされている」という判示部分は，それが必要的訴因変更不要の理由として説示されているのであれば，**本決定**の考え方からすると本来不必要なものであった，というほかはないのである（結局，両決定を整合的に理解するには，「訴因変更の要否の判断は，まず，審判対象の画定の見地からこれを検討すべきものであり，そこで訴因変更は不要とされたものについても，被告人の防御上重要な意味を持つ場合があり，そのようなものについてはなお訴因変更を必要とする結論に至ることがあり得る」という大枠の限度において考え方が一致している，とみるべきものであろう）。

4　訴因縮小の理論

(1)　リーディングケース

訴因事実中に含まれている事実を認定する場合は，被告人に新たな防御の機会を与える必要がなく，防御に実質的な不利益を生じないから，訴因変更は必要ではないと解する，いわゆる**縮小理論**を示したリーディングケースは次の判例である。

【16】　最判昭26・6・15刑集5・7・1277

事実

起訴状記載の公訴事実
被告人は，Nと共謀して，焼酎を交付させようとしてV女に対し脅迫手段を用い，同女の抵抗を抑圧して，これを強取した。

判示認定事実
被告人は，Nと共謀して，焼酎を交付させようとしてV女に対し脅迫手段を用い，同女をして暗に承諾しなければならなくして，これを喝取した。

控訴審（福岡高判昭25・10・12）は，強盗の訴因に対し，訴因変更手続を経ないまま，上記のとおり恐喝を認定判示したが，その認定理由は次のとおりであった。「成る程強盗罪の手段たる脅迫は相手方の反抗を抑圧するに足る程の強度のものでなければならないのであるが，原判決に挙示された証拠によれば被告人がNと共謀して焼酎を交付させようとしてV女に対し施用した原判示脅迫手段は，被告人等の主観においても客観的観察においても，相手方の反抗を抑圧する程の強度のものと

は認め難いのみならず、右V女においても五月蠅い拘り合い度くない勝手にするかい、と思わせる程のものであつて、物の処分について全く自由意思を失うていたものとは到底認め得ないので、原判決が被告人等において同女に対し原判示のような脅迫手段を用いて同女方から焼酎を持ち出したという所為に対し強盗罪を以て問擬したことは、事実を誤認し、惹いて法令の適用を誤つたものと言うべく、右の誤認は判決に影響を及ぼすことが明かであるから論旨は理由がある。仍て爾余の論旨に対する判断を省略し刑事訴訟法第397条に則り原判決を破棄し、更に同法第400条但書を適用して次のように自判する本件について当裁判所が認める被告人の犯罪事実は原判決摘示の第二事実の中『強取』とあるのを『喝取』と『同女の抵抗を抑圧し』とあるのを『同女をして暗に承諾しなければならなくし』と夫々改める外原判決摘示の事実（前科の点を含め）と同一であり、又右事実を認めるための証拠は原判決挙示の証拠の中『当公廷に於ける供述』とあるのを『原審公判調書中の供述記載』と読み替える外之と同一であるから茲に夫々之を引用する」

判旨「原判決は第一審判決を破棄し自ら判決を為すに当り、公訴事実中強盗の点につき、訴因罰条の変更手続を経ることなく、恐喝の事実を認定していること所論の通りであるが、元来、訴因又は罰条の変更につき、一定の手続が要請される所以は、裁判所が勝手に、訴因又は罰条を異にした事実を認定することに因つて、被告人に不当な不意打を加え、その防禦権の行使を徒労に終らしめることを防止するに在るから、かかる虞れのない場合、例えば、強盗の起訴に対し恐喝を認定する場合の如く、裁判所がその態様及び限度において訴因たる事実よりもいわば縮少された事実を認定するについては、敢えて訴因罰条の変更手続を経る必要がないものと解するのが相当である。

そして、論旨が引用している札幌高等裁判所の判決（札幌高判昭24・12・3高刑集2・3・282）も亦、強姦致傷の起訴に対し強姦を認定する場合につき、この理を明らかにしたものと考うべきである。従つて、原判決はむしろ、右判例と同旨に出でたものというべく、これと相反する判断をしたものとは考えられない。論旨は理由がない」

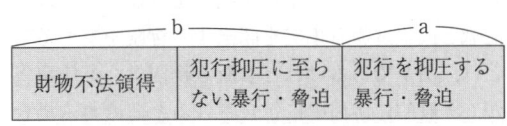

財物不法領得	犯行抑圧に至らない暴行・脅迫	犯行を抑圧する暴行・脅迫

…A〔強盗罪〕= a + b ⊃ B〔恐喝罪〕= b

また、次の判例は、縮小理論を採用した上で、当該事案についてそれが適用にならない場合であることを判示したものとして参考になる。

【17】 名古屋高金沢支判昭28・9・17高刑集6・11・1457

事実

起訴状記載の公訴事実

被告人は、昭和27年10月1日行われた衆議院議員選挙に際し、富山県第一区から立候補した同議員候補者Kの選挙運動をした者であるが、同候補者の当選を得しめる目的を以て、同候補者への投票取纏めを依頼する趣旨の下に、其の報酬として、同年9月26日頃魚津市××番地所在株式会社○○製作所事務室に於て、Qに対し、現金5,000円を供与した

判示認定事実

被告人は、昭和27年10月1日施行の衆議院議員選挙に際し、富山県第一区より立候補したKの選挙運動者であるが、同候補者の当選を得しめる目的を以て、同候補者への投票取纏めを依頼する趣旨の下に、其の報酬として、同年9月26日頃Qを介しOに対し、現金5,000円を供与したものである

第3章　訴因変更の要否

　第一審（魚津簡裁）は，「Qに対する供与」の訴因に対し，訴因変更を経ないまま，上記のとおり「Qを介してのOに対する供与」の事実を認定判示した。

判旨　「思うに，裁判所は，被告人の防禦権の行使に対し，実質的に不利益を蒙らしめない限り，訴因変更の手続を経る迄もなく，訴因の記載と或程度異る事実を認定する権限を有することは，明かであるけれども斯る権限は，認定事実が，一般的に訴因中に包含されると認め得る場合にのみはじめて，これを適法に行使するを得ると解すべく，便宜に流れて濫りに権限行使の範囲を拡張し，訴因の拘束力を有名無実ならしめるが如き解釈は，到底これを採るを得ない。従つて，訴因記載事実の範囲を逸脱した限度に於て，犯罪事実を認定するが如きは仮令，審理中証拠関係等より，斯る認定に到達すべき可能性あることを，被告人弁護人等に於て，或程度予測し得たとしても被告人自ら該認定事実と符合する事実の存在を主張したるが如き特別の事情なき限り，該認定事実に対する被告人の防禦を完全ならしめたものと言うを得ず，若し裁判所が訴因変更の手続に依らずして斯る措置を執つたものであるに於ては，斯る措置は，刑事訴訟法第256条，第271条，第312条等の趣旨に違背する違法のものであると言うべきである。これを本件について観るに，訴因記載の事実に依れば，『被告人はQに対し，金5,000円を供与したものである』と言うに対し，原審認定事実は，『被告人はQを介し，Oに対し金5,000円を供与したものである』と言うにあつて，原審認定事実は，訴因記載事実の限度を逸脱するものであることが明らかであり，原審が訴因変更の手続を経由しなかつたことは既に説示した通りであつて，しかも記録を精査しても，原審の事実認定につき被告人の防禦権行使に不利益を与えない既述の如き特別事情の存在を見出すことが出来ない。

そうして見れば，原審は訴因変更の手続に依らずして，訴因の範囲を超えて事実を認定し，これによつて被告人の防禦権行使に実質的な不利益を与えたものと言わざるを得ず，従つて，原審の訴訟手続には判決に影響する法令の違背があるとなさざるを得ないから，論旨は理由があり，原判決は此の点に於て破棄を免れない」

(2) 縮小理論の再構成

　学説等による評価として，一般に，縮小理論は抽象的防御説の帰結であるとされることが多く（第2節2(2)），以下に掲げる判例自身も，被告人の防御権の観点から理由付ける表現をとっているものが少なくないが，縮小認定の考え方は審判対象説からも十分に説明のできるものであり（第2節3(1)），既に見たとおり，最決平13・4・11【15】を経た今日においては，後者の観点から理解されるべきものであろう。

　(a)　つまり，【15】が採用した審判対象（画定）説によれば，記載上不可欠事項について訴因に記載さたところと裁判所の認定に係るところとの間にずれが生じた場合には，当該事項に「訴因の拘束力」があることに起因して訴因の同一性が損なわれることとなるため，審判対象の画定の見地から訴因変更が必要的となるところ，「大」なる前者が「小」なる後者を完全に包摂しているときには，両者の間にずれ（後者が前者を部分的にせよはみ出していること）は生じていないから，「訴因の拘束力」を破る（訴因の同一性を損なう）という問題は生ぜず，したがって訴因変更は不要となる。これが，従来から言われてきた

訴因縮小認定の理論の適用場面にほかならない，と整理するわけである。換言すれば，縮小認定とは，訴因事実の一部について裁判所の認定がなされなかったというにとどまるものであって，それまで訴因に摘示されていなかった新たな事実の認定がなされるというものではない（いわゆる「認定落ち」）から，元来，訴因変更の要否が問題となるような訴因逸脱の危険性を伴う場面ではない（事態を逆から見れば，訴因の残りの部分が認定される，ないし黙示された予備的訴因が認定されるというのにほかならず，その意味で，「厳密にいえばそもそも事実に変動はない」（岩瀬・86）のである。）のであり，したがって，縮小認定をするに当たって訴因変更が必要的となることは，基本的に考えられないことといえる。その意味では，縮小認定の可否を論ずるに当たって，審判対象事実の変動（もとより「ずれ」をいう。）があったことを前提として【15】が示している訴因変更の要否についての判断枠組みを適用するのは，的外れ（いわば前提誤認）ともいうことになる。前段において縮小認定の理論的基礎は【15】の観点から理解されるべきであると論じたのは，同決定が訴因の機能としては「審判対象の画定」こそを最重要視すべきものとした以上，縮小認定が認められる根拠を論じるに当たっても，この最高裁判例の考え方に立ち，まずもって「審判対象の画定」の視点から考察するのが，訴因論として整合性を保つゆえんであるからにほかならない。そして，2節3(1)において述べた縮小認定の理論的基礎とそこから導かれる縮小

認定の例外的不許容についての考え方は，正しく，この「審判対象の画定」の見地からの考察にほかならないといえるのである。

　ところで，【15】が示したように，訴因の機能としては「**被告人の防御権の保障**」というものがいわば第2次的な位置付けをもって存在するのであるが，「審判対象画定」の見地からは縮小認定が許されるものの，この「被告人の防御権の保障」の観点から縮小認定が許されないこととなるという場合はあるであろうか。縮小認定の例外的不許容という事態が，「審判対象画定」の見地のほかに，「被告人の防御権の保障」の見地から導かれることがあるか，という問いである。例えば，縮小認定に対して新たな弁解の提出が予想されるとき——既遂の訴因について裁判所が未遂を認定する場合において，被告人としては，未遂の訴因であれば中止犯を主張するというようなケース（香城・351）——はどうだろうか（ただし，現実の訴訟においては，中止犯であることを理由として既遂を争っている以上，被告人が中止未遂の主張を提出しないままでいるなどということは，まず想定し難いところである。）。しかし，「被告人の防御権の保障」という観点からの要請である以上，それを充足する手続——いわゆる争点の顕在（明確）化——が採られさえすればそれで足りるのであるから（香城・350等），訴因変更の手続により対応するのでなければ違法であるとまでする論理的必然性はない。"認定されようとしている事実に対して被告人において争点とすべきところがあるのか否か，裁判所は不意

訴因変更〔I〕**141**

打ち認定の結果を招来することのないよう意を用いてその争点顕在化の機会を確保する責務がある"という当然の事理は，裁判のあらゆる過程・局面を通じて裁判所は公正さと中立性を保たなければならないという一般的要請の現れに外ならず，訴因の機能について審判対象説を採用した以上は，本来的に，訴因変更の要否という問題領域のらち外での議論であると整理されるべきであろう（刑事訴訟手続において訴因変更の要否が問題となるゆえんにつき，1章3節1(1)(2)参照。）。もとより，争点顕在化の方法の一つとして縮小後に認定されようとしている事実への訴因変更という手続を用いるということがあり得ないではなかろうが，それはあくまでもいわゆる任意的訴因変更であるのにとどまるのである。

以上は，**記載上不可欠事項**の縮小認定に関する議論であった。

(b) 訴因に記載された事項のうち，記載上不可欠事項以外のものについては，「**訴因の拘束力**」は認められないから，仮にずれ（訴因事実からのはみ出し）が生じたからといって，訴因の拘束力が破られるようなことにはならず，訴因の同一性も損なわれることはないので，訴因変更を経なければ認定できないというものではなく，したがってそもそもこのような大小の包含関係（**縮小理論の適否**）の問題自体生じないはずのものである。

ところが，【15】によって，記載上不可欠事項でなくとも，それが**一般的防御上重要事項**であれば，訴因に明示されている以上は，「判決においてそれと実質的に異なる認定をするには，原則として，訴因変更手続を要する」こととされた。そこで，この一般的防御上重要事項の場合にも，記載上不可欠事項の場合と同様に，「大」なる前者が「小」なる後者を完全に包摂しているときには，両者の間にずれは生じていないから，例外的に訴因変更は不要に帰する，と立論することはできないものであろうか。"単なる「認定落ち」にすぎず，厳密にいえばそもそも事実に変動はない"という点においては，記載上不可欠事項について論じたところと同じ様に思われるからである。もっとも，【15】が，裁判所において訴因記載の一般的防御上重要事項と実質的に異なる認定をするには訴因変更を原則的に要するとしたのは，非記載上不可欠事項のうち一般的防御上重要事項に限って**訴因の拘束力**を認めたためではなく，あくまでも，被告人の**防御上の利益**にとっての重要性を考慮したためであるから，一般的防御上重要事項について事実の変動＝ずれ（訴因事実からのはみ出し）が生じていないことによって訴因の拘束力が破られない（訴因の同一性が損なわれない）ことを論拠として訴因変更不要を導くことはできない道理である（前段において指摘したとおり，一般的防御上重要事項については，もともと，ずれが生じた場合においてさえ，訴因の拘束力が破られることにはならない，すなわち，訴因変更の要否が問題となるような訴因逸脱の危険性を伴う場面はおよそ出現しない——そうであるにもかかわらず，訴因の拘束力による理論的縛りとは別の政策次元で，「原則として訴因変更必要」とされたものである

第 3 節　判例の基本的立場

ことが忘れられてはならない。)。したがって，ここでは，やはりその**防御**の観点から，事実の変動が生じていないことによって"「大」についての被告人の防御はおのずから「小」についての防御に及んでいるため，被告人に不利益なしとして訴因変更不要に帰するのだ"という理屈立てに依る必要がある。問題は，この理屈が通るかであるが，これがもし可能であるとすると，ここにも**訴因縮小認定の理論**の適用場面を見い出し得ることになる（加藤・研修・11 は，傷害の加療期間や被害品の時価評価額を例として挙げて，縮小認定を行うことができるとする）。

だが，この問題については，【15】自身がこれを否定していると解される。同決定の事案において，検察官は，被告人が一人で実行行為のすべてを行った実行正犯者である旨摘示した訴因（「被告人は，N と共謀の上，被告人が，……したものである」）を設定したのであったが，裁判所は，被告人一人が実行正犯者であるとの点については合理的な疑いを残しているとして，その事実を認定しなかった。すなわち，訴因記載の事実の中から，被告人一人が実行正犯者である旨の部分が抜け落ちたわけである。そこで，罪となるべき事実の認定としては，「被告人は，N と共謀の上，……したものである」となり，これで罪となるべき事実の特定に欠けることはないとするのが実務である。それでは，本件において裁判所は実行正犯者はだれであると認定したことになるのかというと，"被告人が一人で実行した／N が一人で実行した／被告人と N が二人で役割を分担して実行した，のいずれであるか不明であるが，そのいずれかであることは間違いない"，と認定したのにほかならない（「被告人は，N と共謀の上，……したものである」という訴因の下で，実行行為者として想定し得る者を網羅的に列挙すれば，こうならざるを得ない。この限定された範囲内に実行正犯が存在することは合理的疑いを超えて証明されたものの，そのうちのいずれであるかまでは合理的疑いを超える証明が果たされなかったのであるから，このような択一的認定に帰着せざるを得ない）わけである。そこで，そのことを明記するとなれば，「被告人は，N と共謀の上，被告人又は N あるいはその両名において，……したものである」となるのであるから，つまるところ，この罪となるべき事実の記載は，「被告人は，N と共謀の上，……したものである」という罪となるべき事実の記載（訴因から被告人一人が実行正犯者である旨の事実摘示が認定落ちしたもの）に等しいのである。そうすると，事実摘示を見る限り，これは訴因を**縮小認定**したものになっているというほかはない（大澤・現刑・69 も，【15】の原審判決——仙台高判平 11・3・4 判時 1688・176／判タ 1018・277——の評釈において，高裁が上記の択一的認定をするに際して訴因変更不要と判示しているところについて，「**縮小認定の一種**としているようにも見える」として，この択一的認定の在り方が訴因事実を縮小して認定しているものであることを肯認する。その上で，実行行為者の変動という点に関する限り，原判決のこのような認定は，「**縮小理論**で説明し得る範

訴因変更〔I〕　*143*

囲内であるように思われる。」とされ，縮小認定は訴因変更不要という**訴因縮小の理論**の適用を肯定されているのである。——これに対して，加藤・研修・16は，「変更後の訴因と比べ，裁判所の事実認定には，訴因に現れていないXの実行行為が新たに加わっているから，両者の間には『完全な』大小関係（包含関係）は認められないであろう。」とされる）。しかしながら，【15】は，この場合は，"原則として訴因変更必要"とした。このことはつまり，【15】の判断枠組みによれば，"**一般的防御上重要事項**については，訴因縮小認定は訴因変更不要との判断（縮小理論の適用）がなされることはない"ものであることを意味している。縮小認定理論というのは，**審判対象画定＝抽象的防御の視座**からの立論であるところ，【15】が示した判断枠組みによれば，**一般的防御上重要事項**については，"抽象的防御の視座から訴因変更を原則的に必要とし，更に進んで具体的防御の視座から訴因変更を例外的に不要と帰結する"という思考過程をたどるべきものとされているのであり，このように，**抽象的防御の視座に基づく訴因変更要否の判断**において，ここでは，縮小理論とは正反対の結論が導かれていることに注目しなければならない。すなわち，【15】は，訴因掲記の一般的防御上重要事項について裁判所がこれと実質的に異なる事実を認定する場合において訴因変更手続を経ることを要しないとの結論を導くに当たって，抽象的防御の視座から縮小認定論を適用することなく，**具体的防御の視座**を適用しているのである。そして，

【15】が創設した訴因変更要否についての判断のスキームとその当該事案への具体的適用の有り様を見れば，一般的防御上重要事項の認定落ちの場合にも，これが，「判決においてそれと実質的に異なる認定をする」場合に該当し，「原則として，訴因変更手続を要する」ものであることを当然の前提として置いた上で，「大」なる訴因記載事実（「Nと共謀の上，被告人が…した」）のままで「小」なる判決認定事実（「Nと共謀の上，…した」又は「Nと共謀の上，被告人又はNあるいはその両名において…した」）を認定することは，"被告人の防御の具体的な状況等の審理の経過に照らして，①被告人にとって不意打ちにならず，かつ，②被告人により不利益な認定にならない"という条件を充足する場合にのみ，訴因変更手続を経ることを要せずに許される，とされているのである。そこには，上述した，"事実の変動＝事実としてのずれ（訴因事実からのはみ出し）が生じていないことによって「大」についての被告人の防御はおのずから「小」についての防御に及んでいるため，被告人に不利益なしとして訴因変更不要に帰するのだ"という縮小認定理論の視点は全く採用されていない（既出の【本決定の事案への具体的適用】においても，【15】について，"訴因縮小認定に当たるが例外的に訴因変更の必要があり得ることを判示したもの"との理解は正鵠を射ていないことを指摘しておいた）。

その理由を慮ると，以下のようなことになろうか。【15】が創設した訴因変更要否の判断スキームを見ると，一般的防御上重要事項

は，非記載上不可欠事項である以上本来どう変動しようとも訴因変更を要するものではない（審判対象画定の視座からする第1ステージでの判断＝【原則】）はずのところを，最高裁は，それが訴因に明示された限りにおいては被告人の防御にとり一般的に重要な意味を有するものとなることに着眼して，裁判所がその訴因記載とは別異の事実を認定しようとするには，特別に，原則として訴因変更を要するものとあえて位置付けた（【例外】）のであり，審判対象画定の視座からする訴因変更不要の判断の次に第2ステージとしてセットした抽象的防御の視座において，このような別格扱いを施した上，それが被告人の防御権保障の必要性に基づくものである以上最終的には具体的防御の視座からのその必要性の確認を要することから，それを行うための第3ステージを設けて，ここにおいて再び訴因変更不要に帰着する（【例外の例外】）ことのあり得る道筋を構築したものであることが知れる。そこで，もしも，上記のスキームの中に，先に述べた"事実の変動＝事実としてのずれ（訴因事実からのはみ出し）が生じていないことによって「大」についての被告人の防御はおのずから「小」についての防御に及んでいるため，被告人に不利益なしとして訴因変更不要に帰する"という縮小認定理論を位置付けるとすれば，その立論の視座は抽象的防御のそれであることから，当然第2ステージに置かれることとなるが，そうなると，同ステージ自体の中に，【例外】(i)（本来の訴因変更不要に対する「原則的必要」）と【例外の例

外】(ii)（【例外】(i)に対する縮小認定理論の適用による【そのまた例外】としての訴因変更不要）とが混在することになる上，次の第3ステージにおいて，【例外(i)の例外】（原則的訴因変更必要に対する具体的防御上不要という例外）と【例外の例外(ii)の例外】（「『大』についての被告人の防御はおのずから『小』についての防御に及んでいる」という縮小理論の立論の根拠が，当該個別案件に妥当しているかどうかを，その具体的な審理の状況に照らして確認する必要があろう。その確認の結果，具体的防御の有り様からすると被告人の防御は『小』についての防御に及んでいないことが判明した場合には，三度結論が逆転して訴因変更必要となる。）が併置されるという，かなり錯綜したスキームが出現することになる。最高裁が，一般的防御上重要事項について，「原則として訴因変更を要する」ものとあえて位置付けたのは，そのような別格扱いをいわば決め打ちすることにより，そのまた例外の吟味は専ら第3ステージに委ねるという簡明な仕組みの構築を目指したとも考えられるのではなかろうか。さらには，仮に第2ステージにおいて縮小理論の適用により訴因変更不要となっても，それを直ちに結論とすることはできず，結局第3ステージに歩みを進めたうえで上記①及び②の具体的防御の観点がクリアされなければ変更不要の結論は確定できないのであるから，その前段階において別途縮小理論の適用を試みることには実益もない。むしろ，ここで縮小理論の適用を論ずることなく，第2ステージにおける訴因変更必要の原則（そ

訴因変更〔I〕 **145**

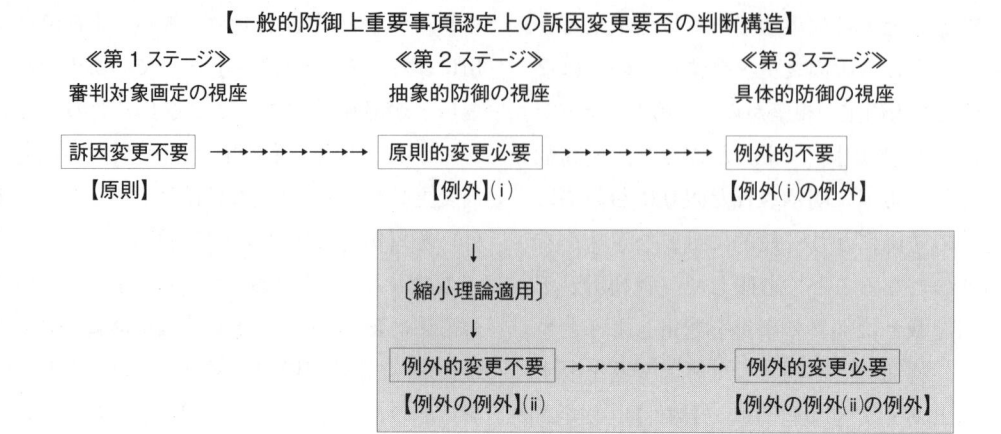

第3章　訴因変更の要否

【一般的防御上重要事項認定上の訴因変更要否の判断構造】

≪第1ステージ≫　　　　　　　≪第2ステージ≫　　　　　　　≪第3ステージ≫
審判対象画定の視座　　　　　　抽象的防御の視座　　　　　　　具体的防御の視座

訴因変更不要　→→→→→→　原則的変更必要　→→→→→→　例外的不要
【原則】　　　　　　　　　　　【例外】(ⅰ)　　　　　　　　　【例外(ⅰ)の例外】

　　　　　　　　　　　　　　　　↓
　　　　　　　　　　　　　〔縮小理論適用〕
　　　　　　　　　　　　　　　　↓
　　　　　　　　　　　　　例外的変更不要　→→→→→→　例外的変更必要
　　　　　　　　　　　　　【例外の例外】(ⅱ)　　　　　　【例外の例外(ⅱ)の例外】

れが本来的には【例外】としての取扱いであることについては先述のとおり。）に乗ったまま第3ステージに進み，端的に具体的防御の視座から例外的訴因変更不要の成否を見ることの方が，はるかに効率的といえよう（先述の加療期間や時価評価額の縮減の場合（加藤・研修・11）にも，上記①及び②の具体的防御の観点がクリアされることを確認するだけで必要十分である。これに対して，記載上不可欠事項については，縮小認定であれば訴因変更不要は第1ステージで確定し，それ以上第2ステージに進むルートはないから，第3ステージにおける上記①及び②の観点が登場する余地はない。後は争点顕在化論の見地から任意的訴因変更ないし釈明等の手続の必要性が問題となり得るのみである。(a)参照）。

　こうして，最決平13・4・11【15】は，一般的防御上重要事項については，縮小理論の適用は想定していないものと考えられる。

　このようにして，訴因変更の要否についての判断枠組みを構築し直した【15】の登場により，訴因縮小認定の考え方の訴因変更要否論上の位置付けもおのずと整序され，その理論付けも再構成されたものというべきではなかろうか。

（3）　従来の判例

　縮小の理論をとって訴因変更の必要がないとした判例の主なものとしては，上記(1)の判例をも含めて以下のものがあるとされている。

　ただし，上記判例も指摘しているとおり，縮小とはあくまでも事実の縮小であって，刑事責任の縮小をいうものではないから，
（α）刑の軽い犯罪を認定するからといって，直ちに訴因変更不要であるとはいえない。例えば，強制わいせつから公然わいせつ（最判昭29・8・20刑集8・8・1249【94】），収賄から贈賄（最判昭36・6・13刑集15・6・961【9】），殺人から重過失致死（最決昭43・11・26刑集22・12・1352【97】），傷害致死から過失致死（福岡高判昭33・10・10高検速報757）などの変動の場合は，訴因からはみ出た認定をすることに

146　刑事訴訟法判例総合解説

なるのであるから，当然訴因変更が必要となる，

（β）下記判例があるからといって，単純に罪名同士を比較して一般化することはできないことに留意する必要がある（中山・214）。事実の縮小認定の成否こそが問われなければならない。

また，これらの判例のすべてが本当に縮小理論によって変更不要としたものであるかについては争いもあることに加え，さらに，叙上のとおり，最高裁判例の歴史的な展開を踏まえてみると，下記判例の中には，今日，先例としての意義を保ち得るものかどうか疑問のあるものも含まれていることについても，併せて注意を喚起しておきたい。

判例	訴因事実	判示認定事実
福岡高判昭25・7・18判特12・112	窃盗既遂	未遂
仙台高判昭26・6・12判特22・57	殺人	傷害致死
最判昭26・6・15刑集5・7・1277【16】	強盗	恐喝
最判昭28・5・29刑集7・5・1158【18】	横領	占有離脱物横領（①）
最決昭28・9・30刑集7・9・1868【19】	殺人	同意殺人（②）
最判昭28・11・10刑集7・11・2089【20】	詐欺の単独犯	詐欺の共同正犯（③）
最決昭28・11・20刑集7・11・2275	殺人未遂	傷害
最判昭29・1・21刑集8・1・71【22】	窃盗の共同正犯	窃盗の幇助犯（⑤）
最判昭29・1・28刑集8・1・95【23】	密輸入の共同正犯	密輸入の幇助犯（⑥）
最決昭29・5・20刑集8・5・711【90】	公職選挙法の供与	同法の交付
最判昭29・8・24刑集8・8・1392	殺人未遂	傷害
最判昭29・10・19刑集8・10・1600	強盗	恐喝
最判昭29・12・17刑集8・13・2147	強盗致死	傷害致死
最判昭30・10・18刑集9・11・2224【91】	爆発物取締罰則3条違反	同6条違反
最判昭30・10・19刑集9・11・2268【21】	傷害の共同正犯	暴行の単独犯（④）
名古屋高判昭31・4・9裁特3・8・385	殺人	嘱託殺人（②）
福岡高判昭31・1・28高刑集9・1・33	業務上過失致死傷	重過失致死傷
福岡高判昭31・2・6判時75・27		
最判昭33・6・24刑集12・10・2269【24】	強盗殺人の共同正犯	殺人の幇助犯（⑦）
最判昭35・12・13判時255・30【25】	加重収賄	単純収賄（⑧）
最決昭40・4・21刑集19・3・166【26】	業務上過失致死	重過失致死（⑨）
最決昭55・3・4刑集34・3・89【13】	酒酔い運転	酒気帯び運転
東京高判昭59・8・7判時1155・303【27】	事前共謀による共同正犯	現場共謀による共同正犯（⑩）

第3章　訴因変更の要否

以上のうち，上に指摘したような観点から若干の検討を要するものについて，以下順次考察を加えることとする。

《横領→占有離脱物横領》

【18】　最判昭28・5・29刑集7・5・1158（①）

事実　控訴審判決（名古屋高判昭26・10・30）
「原判決の認定した事実（訴因事実）によれば，大垣信用組合の出納係事務員が，Ｉに支払うべき現金3万5,000円を誤つて被告人に交付し，被告人はこれを受領して保管中，右返還を拒否して着服横領したと謂うにあつて，右現金3万5,000円は，被告人に形式的に占有の移転が為されたものであるけれども，その授受の内容に錯誤があるもので，右出納係事務員の真意に基かないで，その手を離れたものと謂うことができるから，右現金は，刑法第254条に所謂『占有を離れたる他人の物』と解すべきものである。従つて，これを横領した被告人の責任は，刑法第254条に該当するもので，原審がこれに同法第252条第1項を適用したのは，法律の解釈適用を誤つたことになる。而して，この法令違反は，判決に影響することは明らかであるから，論旨は結局理由があることになり，原判決は，この点において，破棄を免れない。……よつて刑事訴訟法第397条，第380条により，原判決を破棄し，同法第400条但書により，次の通り判決する。」

訴因事実
被告人は，昭和25年9月12日大垣市御殿町大垣信用組合において，同人の次女Ｎ子名義の定期貯金証書（額面1,249円61銭）の全額払戻を請求したところ，同組合出納係事務員が過失により被告人をＩと誤信し，同人に支払うべき現金3万5,000円を交付したのを，そのまま受領したのであるが，同日肩書居宅において，前記組合事務員Ｏより，右事情を聞き，自己が誤つて多額の金員を受領したことを知悉したに拘らず，財布の内容を調査せられたい旨要求せられるや，右金員を自己に領得する目的で，財布は自己の使用人に預けたから今手許になく調査ができないと虚構の事実を申向け，更に警察吏員より追及せられるや，右財布は全部当日大垣の裁判所法廷で何人かに窃取せられたから受領した金額は判明しないと称し，前記金員の返還を拒否して，これを着服横領した。
（刑法第252条第1項）

判示認定事実
被告人は，昭和25年9月12日，大垣市御殿町大垣信用組合において，同人の次女Ｎ子名義の定期貯金証書（額面1,249円61銭）の全額払戻を請求したところ，同組合出納係事務員が，被告人をＩと誤信し，同人に支払うべき現金3万5,000円を誤つて被告人に交付したものを被告人はそのまま受領して，これを保管中，同日肩書居宅において前記組合事務員Ｏ等から前記の事情を告げられ財布の内容を調査せられたいと要求せらるるや，前記現金を領得する目的で，擅にこれが返還を拒否し以てこれを着服横領した。
（刑法第254条）

判旨　「原判決は第一審判決を破棄して自ら判決をなすに当り，訴因，罰条の変更手続を経ることなく一審の横領の認定を変じて占有離脱物横領としたことは所論のとおりであるが，本件被害金員を被告人が占有する関係を前者は委託に基づくものと観るに対し，後者はこれを占有離脱物の占有と観るに外ならず，すなわち，同一事実に対する法律的評価を異にするに過ぎないもので固より両者訴因を異にするものというを得ない。かくして問題は罰条の記載の点であるが，一審における各罰条の記載と原審の適用した罰条とが違つていることが被告人の防禦に実質的な不利益を生ずる虞があるか否かについて考えると，原審において弁護人は第一審判決がした横領の事実認定を非難し自ら占有離脱物横領と認定すべき旨主張していること並びに横領罪と占有離脱物横領罪との刑の軽重等を考慮すれば，右罰条の記載の誤り

は被告人の防禦に実質的な不利益を生ずる虞があつたものとは認められない（最判昭 26・6・15 参照）。以上の理由により原審の判例違反並びに訴訟法違反を主張する論旨は採用できない」

● コメント

　最高裁は，縮小理論のリーディングケースである**昭和 26 年判決【16】**を引用して，横領の訴因に対して訴因変更を経ないまま占有離脱物横領の事実を認定することは違法でないとした。しかし，その理由付けについては，「同一事実に対する法律的評価を異にするに過ぎないもので固より両者訴因を異にするものというを得ない」と述べた上で，横領罪の罰条を掲記したことが誤りであったとし，その誤りが被告人の防禦に実質的な不利益を生ずる虞があったものとは認められないことを挙示している。**26 年判決**の援用は，この最後の部分に係るものであり，したがって，最高裁として，本件が直ちに**縮小認定**の一事例であるとしているわけではないことに留意すべきである（調査官による解説においても，「一見訴因変更の観を呈しながら，同一事実に対する法律的評価を異にするに過ぎない，従って罰条変更の問題に帰する事案として」本判例が引用されている（寺尾・判解 29・246）。これに対し，香城・316 は，本件判例は黙示の予備的訴因による縮小認定の場合の一事例とされる。）。

　Ａ事実がＢ事実を包摂する関係（Ａ＝ａ＋ｂ，Ｂ＝ｂ）にある場合に，要件事実 ａ の証明不十分の結果その存否不明なときは，ＡＢ両事実に共通な要件事実 ｂ，すなわちＢ事実の限度で事実認定が可能となる。これが**縮小理論**である。これを本件に当てはめてみると，Ａ＝横領＝ａ（客体である他人所有物についての委託信任関係に基づく占有の存在）＋ ｂ（当該物の無権限領得）であるから，ａ が真偽不明で認定落ちすると，残った ｂ だけでは，占有離脱物横領罪の特別構成要件（原占有者の意思によらずにその占有を離れた他人所有物の存在＋当該物の無権限領得）を充足しないことになり，縮小理論により犯罪事実としてのＢ＝占有離脱物横領を認定することはできない。したがって，本件は，**縮小理論**がそのまま適用になる事案とは別異のものである。もっとも，ａ の事実の中で，「委託信任関係に基づく」という点だけについて，その存否が証拠上不明に終わったときは，訴訟法上当該事実の不存在を意味する（「**疑わしきは被告人の利益に**」原則が作用することにより，その事実と裏腹の二者択一関係にある「委託信任関係の不存在」の事実が事実認定上擬制される）と解することができるのであれば（佐々木・判例演習・326），被告人は当該物を占有者からの委託に基づいて保管・占有しているのでないこと，すなわち，当該物は被告人に対する関係では占有者の意思によらずにその占有を離れた物であるとの事実が擬制認定されることになる。そしてそれをほしいままに領得すれば占有離脱物横領である。以上のように解するならば，端的に，ｂ＝占有離脱物横領，ａ＝その物についての委託信任関係の存在，という構成としても同じことである。この関係の下で，ａ の事実が証明不十分のときに残った ｂ からＢを認めるのは，縮小認定にほかなら

ない。ただ，見てのとおりこの当てはめはかなり技巧的なものであるし，事実面での大小関係というよりも，法的評価の面での大小関係を立論しているものともいえる。これには，本来の縮小認定の考え方からすると実利（被告人の防御に実質的不利益なし／訴訟経済にも寄与）を選んでの拡大解釈をしているとの批判もあるだろう。また，上述の「疑わしきは」原則が証明されなかった事実の不存在を擬制するという考え方にも少なからぬ批判がある（佐々木・前掲・327）。したがって，実務的には，典型的な縮小認定のケースでないことを踏まえ，安易に「縮小理論の考え方」に依存することなく訴因変更手続を経ることが相当であるように思われる（**昭和26年判決【16】**の事例との相違点は，同判決のケースにおいては，暴行・脅迫の程度が問題とされたのに対して，**本判決**のケースにおいては，委託信任の有無が問題とされているところにある。）。

最高裁は，「同一事実に対する法律的評価を異にするに過ぎないもので固より両者訴因を異にするものというを得ない」として訴因変更の要否の問題は生じないとした（寺尾・判解29・246が，本件の罰条変更の問題に帰する事案とされていることは前述。）。確かに，訴因事実と認定事実を見比べてみると，そこに摘示されている事実はまったく同じといってもよいくらいである。したがって，訴因事実と認定事実との間に食い違いは生じていないことになる。「信用組合の窓口の事務員が被告人を正当な受領権者と誤信して現金を交付した」という同一の事実について，これにより「当該現金の保管についての委託信任関係が発生した」とみるか，「事務員の意思に基づかずにその占有を離れた」とみるかの「評価」の相違があったにすぎないこととなり，本件のこの事案の下では，訴因変更の要否がそもそも問題とならなかったといえる。しかし，もう一歩踏み込んで考えてみると，「委託信任関係の存在」，「占有離脱物であること」は各々の特別構成要件に該当する「事実」であって，裁判所の「評価」に委ねられる筋合いのものではなく，本来，訴因にも判示罪となるべき事実にも，要件事実の一つとして明記されることが不可欠の要素であるはずである。本件公訴事実の記載も，判示罪となるべき事実の記載も，この点で不足があったというべきであり，この意味での事案の特殊性も踏まえる必要があるのであって，本件判旨を一般化することには慎重であるべきである。

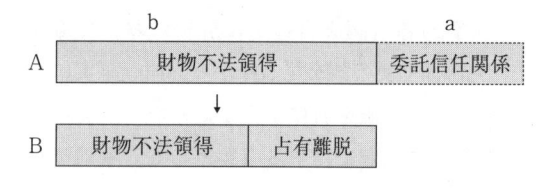

	b	a
A	財物不法領得	委託信任関係
	↓	
B	財物不法領得	占有離脱

《殺人→同意殺人》

【19】　最決昭28・9・30 刑集7・9・1868（②）

事実　起訴状記載の公訴事実はＶ女に対する殺人（刑法199条）であったが，裁判所は訴因変更を経ることなく，Ｖ女の承諾がなかった

のにあったものと誤信して殺害したとの事実を認定し，刑法38条2項を適用して，承諾殺人罪（刑法202条後段）に問擬した（**福岡高判昭28・4・25**「原判決のあげている各証拠を仔細に検討すると，原判決が詳細に判示しているとおり，被告人は判示のような経緯から判示Ｖ子が，被告人との心中を承諾していないのに，同女がそれを承諾しているものと誤信して，判示殺人の所為に及んだ事実が認められる」，「原判決の確定した事実に法律を適用すると，被告人の判示所為は，生じた結果の点からみれば，刑法第199条に当るべき場合であるが，はじめの認識の点からみると，承諾殺人の犯意に止まるので，同法第38条第2項に則り，同法第202条後段の承諾殺人罪の刑に従い，所定刑中，懲役刑を選択し，その所定刑期の範囲内で，被告人を懲役5年に処し……」）。

判旨　「本件において殺人の起訴に対し原判示の事由により刑法38条2項を適用し同意殺人の責任を認めたからといつて訴因，罰条の変更を必要とするものでないことは明らかである」

● **コメント**

本決定は，訴因変更を要しないのは明らかであるとするのみで，その理由を示していない。**名古屋高判昭31・4・9裁特3・8・385**も，普通殺の訴因に対して嘱託殺人を認定するには訴因変更を要しないとしているので，一括して考察すると，訴因事実として同意，嘱託の事実が増加しているにもかかわらず，これらの判例が，訴因変更は必要でないとしている点はどう理解すべきものであろうか。

現にこの判例の立場については，事実記載説をとりながらこのような考え方をとるのは，検察官の訴因変更がないのに被告人の自白ないし不利益事実の陳述のみによって審判の対象（訴因）が設定されたことになり，訴因は審判の対象として検察官の自己限定機能を持つとするその理論と矛盾する，という批判が加えられた（岸・62）。

しかし，「この場合，同意，嘱託という事実は，被告人にとって有利な事実であるので，類型的に防御の利益を考慮する必要がない場合であるとも考え得る。また，殺人は『被害者の意思に反している』という事実の有無によって，同意殺・嘱託殺と区別されるとすれば，殺人と同意殺等との関係は，『大は小を兼ねる』という関係と考えることができる」とされ（書研・講義案・131），「刑法38条2項を適用し同意殺人の責任を認めるときは訴因変更不要とするのも**最判昭26・6・15**と同趣旨に出る」とされている（寺尾・判解29・245）。Ａ事実＝ａ事実＋ｂ事実，Ｂ事実＝ｂ事実という関係がある場合に，ａの存否不明なときは，両事実に共通なｂ，すなわちＢの限度で事実認定が可能となる，というのが**縮小理論**にほかならないが，これを本件になぞらえていうと，上記の解説によれば，ａ部分が「被害者の意思に反していること」，ｂ部分が「殺意に基づく殺害」となろうが，これでは，Ａが普通殺を意味するのはよいとしても，Ｂが同意（嘱託）殺を意味することにはならないのではないかという疑問が残る。しかし，ａが証明不十分となったときには，「疑わしきは被告人の利益に」の原則により，それと表裏一体の択一関係にある「被害者の意思に反していないこと」が擬制される関係にある。その意味では，端的に，ａ部分が

第3章　訴因変更の要否

「同意（嘱託）の不存在」，b部分が「同意（嘱託）殺人」であるといってもよいであろう。また，Aの殺人の要件事実 a b を「被害者の意思に反していること」，「殺意に基づく殺害」と措定した以上，bは必然的に同意（嘱託）殺人を意味することになる，なぜならば，「殺意に基づく殺害」の事実が証明された以上，被告人には，必ず殺人又は同意（嘱託）殺人のいずれか一方の犯罪が成立する関係にあるところ，疑わしきは原則の適用により被告人に問うことができるのは軽い方の後者の罪しかないことになるからである，という説明の仕方もあるだろう。いずれにしても，このような考え方が許されるならば，Aが普通殺，Bが同意（嘱託）殺を意味することになり，縮小理論の適用という形式論理は成り立つことになるが，かなり技巧的な説明をせざるを得ないものであり，訴因縮小認定における包摂関係をかなり緩やかに認める方向での発想であるといえる。したがって，実務的には，典型的な**縮小認定**のケースでないことを踏まえ，安易に縮小理論に依存することなく訴因変更手続を経ることが相当であろう。しかし，おそらく，この決定自身は，本件もまた，**最判昭 26・6・15【16】**が訴因変更不要の理由として掲げる「被告人に不当な不意打を加え，その防禦権の行使を徒労に終らしめる虞れのない」ケースの一つであるとして，**防御説**の視点から結論を導いているものと思われる。

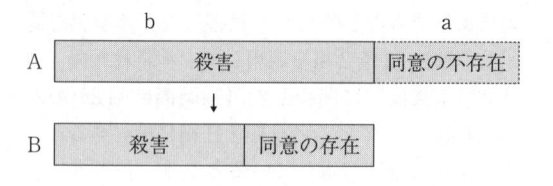

	b	a
A	殺害	同意の不存在

↓

| B | 殺害 | 同意の存在 |

《単独犯→共同正犯》

【20】　最判昭 28・11・10 刑集 7・11・2089（③）

事実

起訴状記載の公訴事実
被告人は，Vを欺罔し金 25 万円を騙取した。
判示認定事実
被告人は，Nと共謀して，Vを欺罔し金 25 万円を騙取した。

原審である**東京高判昭 27・1・31** は，「原判決は被告人がNと共謀してVを判示の通り欺罔し金 25 万円を騙取したと認定して居ること記録上洵に明かであるが，所論原審証人V，同N，同Mの各供述を記録（第 2，3 回公判調書）により仔細に検討すると，右Vと主として接衝し，金員を受領したのは所論の通りNであつたけれども，判示欺罔の点については被告人も同人と意思相通じ，其の間に連絡のあつたことを窺われるのであるから，被告人は毫も欺罔の所為に出でず其の意図もなかつたとの論旨は理由がなく且此の点につき右は判示認定に何等所論の如き支障を生じないのみならず，却て原判決挙示の証拠を綜合考覈するときは裕にNと共謀による原判示詐欺の事実を認めるに足るのであつて記録を精査しても，原判決に所論の如き理由不備乃至は齟齬あり又は右事実認定に誤謬ありと為し難いから，論旨は理由がない」と述べ

152　刑事訴訟法判例総合解説

第3節　判例の基本的立場

て第一審判決の事実認定を是認した。その第一審においては、上記のとおり詐欺の単独犯の訴因に対して訴因変更を経ないまま詐欺の共同正犯を認定判示したのであったが、その点は控訴審においては争点とされることなく、上告審に至って初めて問題とされたものであった。

判旨　「論旨は、第一審判決が詐欺の単独犯として起訴された被告人の所為を、訴因変更の手続を経ることなくして、詐欺の共同正犯とし、原判決もこれを維持したことを以て判例に違反するものと主張する。しかしこのことは控訴趣意として主張されず、従つて原審の判断を経ていない事項に関する主張であるから上告適法の理由とならない。のみならず、本件のような場合には、単独犯として起訴されたものを共同正犯としても、そのことによつて<u>被告人に不当な不意打を加え、その防禦権の行使に不利益を与えるおそれはない</u>のであるから、訴因変更の手続を必要としないものと解することが相当である。（**最判昭26・6・15**参照）。従つて原判決にはこの点に関して所論のような法令違反もない」

● **コメント**

最高裁は、縮小理論のリーディングケースである**最判昭26・6・15【16】**を引用して、単独犯の訴因に対して訴因変更を経ないまま共同正犯の事実を認定することは違法でないとした。しかし、その理由付けとして明示しているところは、「本件のような場合には、単独犯として起訴されたものを共同正犯としても、そのことによつて被告人に不当な不意打を加え、その防禦権の行使に不利益を与えるおそれはないのであるから」ということであり、そのような理由付けの正統性をいうために【16】（縮小認定が訴因変更なきまま許されることの理由として、「被告人に不当な不意打を加え、その防禦権の行使を徒労に終らしめる……虞れのない」ことを挙げている。）の参照を求めているのであって、本件が直ちに**縮小認定**の一事例であるとしているわけではないと解される（同旨、寺尾・判解34・278）。

これに対しては、被告人が一人で詐欺の実行行為の全部を行ったとの訴因に対して、実行行為の大部分は共犯者たるNが行ったと認定されるのであるから、被告人が関与した事実の範囲が縮小されるとともに、被告人の刑責も縮小される事実を認定することとなるのであり、縮小理論を適用して判断できる一場合に属するのではないか、との疑問もあろう。そして、単独犯の訴因で共同正犯を認定する場合として、前出**最判昭34・7・24【8】**もまた訴因変更を不要としていたが、この【8】の原判決（東京高判昭31・7・2）はまさにその理由として「本件において単独犯の起訴に対し前段に認定したように共同正犯と認定するについては訴因変更の手続を必要とするものでないかどうか疑いが存すると思われるのでこの点について念のため一言附加しておく。このような場合においても被告人に不当な不意打を加え、その防禦権の行使に不利益を与えるおそれのないかぎり訴因変更手続を必要とするものでないことは**最高裁判所昭和28年11月10日判決**の判示するとおりである。本件において被告人は、原審における当初よりその犯行を否認し、後には当審が共犯と認定したKの単独犯行であると主張し続けて来たものであつて、前に掲げた証拠により被告

訴因変更〔Ⅰ〕　**153**

人と右Kの共同正犯と認定することは、犯罪の態様において被告人のこれに関与した限度並びにその犯情において訴因たる事実よりも縮少された事実を認定することにもなり、これによつて被告人の利益にこそなれその防禦に不当な不意打を加え不利益を与えることは全く存しないものと認められるから、当審において敢えて訴因変更手続を採る要はないものと解するのを相当とすると思料されるのである」と述べていた。また、この【8】について、学説の中にも、「被告人の犯行への関与の程度が軽くなるような態様のものであれば、縮小認定の考え方に従い、訴因変更の必要はない。逆に、被告人が実行行為には関与しておらず共謀共同正犯として責任を問われることになるような態様の場合は、縮小認定とはいえないので、訴因変更が必要である」との解説がみられるところである（池田／前田・262）。

しかし、【8】の控訴審判決が理由とするところについては、「犯罪の成立後の問題であるところの犯情と犯罪の成否そのものとを混同するきらいがないであろうか。単独犯の訴因に対して共同正犯と認定することが、まず犯罪の態様、限度の問題として、訴因事実よりも縮小されて被告人に利益だとは決していえないし、犯情の問題としても、しかく一概にはいいきれない。共同正犯の方が犯罪の成否自体としては拡張された事実に相違ないのであるし、犯情においてもより悪質で不利益になる場合もありうる。これは利益不利益を類型的にみないで、具体的事件の審理経過からみる立場からの立論であろうか」と批判されているところであり（寺尾・判解34・277）、また、前段に紹介した学説の【8】の受け止め方についても、賛成できない。単独犯としての訴追は、共犯者不存在の事実主張であり、この訴因の中に共同正犯の事実がいわば歩留まりの犯罪事実として包摂されているという関係にはない。したがって、縮小理論を適用することのできる場合ではない。以上【8】について述べたところは、そのまま**本判決**を**縮小理論**の適用事例とみる理解の仕方にも妥当しよう。なお、縮小理論は、事実の縮小についてのものであって刑責の縮小についてのものでないことからすれば蛇足にわたるが、単独犯と共同正犯とでは、そのいずれが刑責の点において大であり小であるかは、個々の具体的事例ごとに区々様々であり、到底一概に言えるものではない。

まして、**本判決**は、上記控訴審判決からすると、必ずしも明瞭ではないが、被告人を共謀共同正犯の罪責に問うたもののように思われる面もある（光藤・183）。もしもそうであるとすれば、上記の学説の立場からしても訴因変更を要することとなるし、**審判対象の画定の見地**からすれば、被告人についての犯罪の成否を分ける決定的な要件事実である共謀の事実が新たに審判対象として登場するのであるから、従来の訴因の枠を明らかにはみ出すこととなる（単独犯の訴因中には、「何人とも共謀することなく単独で」という要件事実が黙示されていると解さなければならないところ、この要件事実が、「共謀が、なかったのか／な

かったとはいえないのか，を審判すべし」という訴因の拘束力を生じさせている。「なかったとはいえない」（存否不明）ということと「あった」（存在）ということはイコールではないから，この拘束力によって，共同正犯の「共謀あり」との要件事実を審判対象とする（「共謀があったのか」を審判する）ことは，許されないことになる。「『共謀なし』との要件事実と『共謀あり』との要件事実は，その一方が否定されればおのずから他の一方が認定されるという表裏一体の関係にあって，結局同じことを審判するに等しい」という理解は正確でない。）。当然に訴因変更を必要とすることになろう。**本判決**が，いかなる理由で「本件のような場合には，単独犯として起訴されたものを共同正犯としても，そのことによつて被告人に不当な不意打を加え，その防禦権の行使に不利益を与えるおそれはない」と言い切ったのか不明であるが，これが**具体的防御**の観点からのものであるとすれば，今日訴因変更を不要とした先例としての意義は喪失しているというべきであるし，また，そもそも，その基となった**26年判決【16】**が，縮小理論の根拠として不意打ち防止と防御の利益保障の視点を挙げている点も，審判対象画定の見地からのものに改められてしかるべきであろう（これに対し，**本判決**について，香城・313は，「事案は不詳であるが，単独の実行正犯を共謀による共同正犯と認定された模様であるから，防禦権の具体的な侵害の有無は問題とされてしかるべきであり，本判決でもその点の審査がなされたようである。しかし，詐欺の日時，相手方，欺罔手段，騙取物な

どの点で訴追対象事実の同一性が明らかであれば，防禦権の当然の侵害まではなかったといってよいであろう」とし，「訴追対象事実に変化がなく，ただその具体的内容の一部に変化が生じたにとどまる場合」，「訴因に掲げられた以外の犯罪事実を認定したとはいえない程度に軽微な事実の変更をしたにとどまる場合」として位置付け，検察官処分権主義の観点から訴因変更が必要でないとされる）。

　一方の**34年判決【8】**も，前述したように**具体的防御説**からの立論であると解すべきであるところ，もはやこの点は別に措くとしても，被告人の単独所持の訴因に共同実行行為者としてのKが加わってくるというだけの事実の拡張である点では，**本判決**の事例に比して共謀の存否が被告人の犯罪の成否を左右する面は薄いとはいえる。しかし，その拡張が要件事実そのものの変動を意味し，単独犯か共同正犯かで被告人が負う刑責にも違いが出てくる可能性があるものである以上，**審判対象説**の立場からは，やはり訴因変更を要するものとすべきではなかろうか（これに対し，香城・314は，この判例につき，「所持の日，所持した覚せい剤の形態，本数が同一であり，ただ共同所持者に加わっただけであるから，訴追対象事実に変化はなかったとみることができ，したがって，防禦権の当然の侵害があったということはできない。判示もその趣旨を明らかにしたものと解せられる」と評し，「訴追対象事実に変化がなく，ただその具体的内容の一部に変化が生じたにとどまる場合」，「訴因に掲げられた以外の犯罪事実を認定したとはいえない程度

第3章　訴因変更の要否

に軽微な事実の変更をしたにとどまる場合」として位置付け，検察官処分権主義の観点から訴因変更が必要でないとされる）。

なお，後出4節1(6)基本的構成要件とその修正形式及び修正形式相互《単独犯→共同正犯》の項並びに同所に掲げた札幌高判平5・10・26【77】の【コメント】参照。

《共同正犯→単独犯》

【21】　最判昭30・10・19刑集9・11・2268
　　　（【50】と同じ）　　　　　　　　　（④）

事実

起訴状記載の公訴事実

　被告人は，Aと共同して，昭和26年5月31日午前2時頃高岡市堀上町世界館前道路に於て，高岡市横田△町二番地Vに対し，同人の足を蹴り顔面を殴打して同人に治療一週間を要する左眉毛部裂創並に上下眼瞼皮下溢血腫張の傷害を与えた。

判示認定事実

　被告人は，昭和26年5月31日午前2時頃高岡市堀上町世界館前道路において，高岡市横田△町二番地Vに対し，些細なことで立腹し，同人の腰部を下駄穿きの足で蹴上げもつて暴行した。

控訴審（名古屋高金沢支判昭28・1・31）は，上記「傷害の共同正犯」の訴因に対し，訴因変更を経ることなく，上記のとおり「暴行の単独犯」を認定判示したが，その理由は次のとおりであった。「原判決挙示の証拠を調査すると，被告人は判示Aと相前後して判示Vの腰の辺りを足蹴にしたことは認められるが，右Vの判示傷害は被告人の右暴行とは無関係であつて判示A独自の顔面殴打行為に基いて惹起されたものであることは極めて明白であるから右は刑法第207条にいわゆる傷害の軽

重を知ること能わず又はその傷害を生ぜしめたる者を知ること能わざるときに該当しないことは云うまでもない。又被告人と判示Aとの間に判示Vに対する暴行につき意思の相互連絡の存した事実の証明されないことは原判示の趣旨通りであるから原判決の右事実の認定並に法律の適用には判決に影響ある事実の誤認並に擬律の錯誤があるものと云わなければならない，論旨は理由がある」

判旨　「原判決は第一審判決を破棄し自ら判決をなすに当り，公訴事実中傷害の点につき訴因罰条の変更手続を経ることなく暴行の事実を認定していることは所論のとおりであるが，この点に関する原審の判断は正当であつて所論の理由なきこと，当裁判所の判例（最判昭26・6・15参照）の趣旨とするところである」

● コメント

　本件においては，共犯者Aとの傷害の共同正犯として被告人が訴追されている状況の下で，裁判所の心証上，共謀の点が否定され，かつ，公訴に係る傷害の結果をもたらした暴行はAのそれのみであるとされ，結局，被告人について証拠上認定できるのは，Vの「腰部を下駄穿きの足で蹴り上げた」との暴行の事実だけとなった，という事案である。これに照応する公訴事実の記載としては，Vの「足を蹴った」との事実が摘示されているのみで，厳密には両者の間に大は小を兼ねるの関係にない食い違いが存在している。このような場合について，最高裁は，縮小理論のリーディングケースである昭和26年判決【16】を引用して，訴因変更を経ないまま後者の事実を認定することが違法でないとした。ここから，最高裁が，訴因変更を経ないまま

の本件認定の適法性の根拠を，「裁判所が勝手に，訴因又は罰条を異にした事実を認定することに因って，被告人に不当な不意打を加え，その防禦権の行使を徒労に終らしめる」というようなおそれがないというところ（**26年判決【16】**）に見出していることは明らかであるが，それ以上に，本件も**縮小理論**の適用場面としているか否かは，上記のとおりの判示でしかないので，不明である。

学説中には，「共同正犯の訴因で単独犯を認定する場合には被告人の犯行への関与の程度が重くなることが多く，そのようなときには訴因変更が必要になる。もっとも，訴因に含まれている実行行為の一部を認定するにすぎないような場合は，**縮小認定**といえるから，訴因変更の必要はない」とした上で後者の例として**本判決**を引用されているものがあり（池田／前田・262。香城・317 も，**本判決**について，「傷害の共同正犯の訴因に対しこれに含まれる本人の暴行の事実を認定した」と評し，黙示の予備的訴因による縮小認定の一例とされる。小林・386 も，認定すべき事実が訴因に対しこれに完全に包摂される縮小的構成要件の関係にある場合として本判決を紹介されている。），また，調査官による解説においては，「本件において，裁判所が認定した犯罪事実と訴因たる犯罪事実とは基本的類型を同じくするもので，しかも前者は後者に比してより小さい犯罪事実であり，両者の相照応する暴行の態様も後者が足を蹴ったというに対し前者は腰部を蹴上げたというのであって大差のない点からみても本判旨に異議を挟む余地はないと思われる」とされている（伊達・判解30・296）。

しかし，本問については，なお検討すべき点がないではない。共同正犯の訴因に対し裁判所の認定が被告人の単独犯という場合，訴因変更の要否についてはどのように考えるべきなのであろうか。この問題につき，詳しくは，後述第4節1(6)基本的構成要件とその修正形式及び修正形式相互《共同正犯→単独犯》の項で論じるが，結論的には，共同正犯の訴因に対して単独犯を認定するには，本来的，基本的に訴因変更を要すると考えるべきものである。単独犯は共謀者の不存在を意味するものである（佐々木・判例演習335）ことから，共同正犯と排斥し合う択一関係に立ち，そのために，共同正犯の訴因中に，たとえ被告人のみが実行正犯であることが明記されている場合であっても，その訴因が単独犯の訴因を包摂している関係は生じ得ない（共謀の存在が証明不十分に終わった場合に，「疑わしきは被告人の利益に」原則の適用によって共謀の不存在が擬制されるという関係にもない。共謀不存在が被告人にとって利益であるとは一概に言えないからである。）。したがって，単独犯を共同正犯の訴因の一部分として**縮小認定**することは許されないといわなければならない（大澤・208 同旨。上記のとおり，池田／前田・262，香城・317，小林・注釈4・386 は反対）。また，共同正犯の訴因事実の中で中核的な位置を占めるのは共謀の事実であるが，これが訴因としての拘束力を有することから，裁判所は，共同正犯の訴因のままで，この要件事実とは異なる他の要件事実を審判対象とする

ことができない。上述のとおり、単独犯が成立するためには、他に共謀者が存在しないことが要件となるが（後出の札幌高判平5・10・26【77】）、この要件事実は、共謀ありとの訴因事実が有する拘束力によって審判対象となる途を塞がれているのである（「『共謀あり』との要件事実と『共謀なし』との要件事実は、その一方が否定されれば自動的に他の一方が認定されるという表裏の関係にあって、結局同じことを審判するに帰する」というのは誤解である。）。以上のことから、単独犯を認定するためには、訴因変更手続を経由することによりその訴因を審判対象として掲げる必要が生じる。

　これが本来的、基本的な考え方である。しかしながら、共同正犯の訴因中に被告人の担った実行行為の内容が明記されている場合において、その訴因を審理した結果、たまたま共犯者とされた者との共謀が存在しないことが心証形成されるに至ったときには、**訴因縮小認定**とは別の見地から、訴因変更を経ることなく被告人をその内容どおりの実行行為を行った単独犯として認定することがまったく許されないことなのかについては、なお疑問とする余地がないではない。――その可能性を探るものとして、後出の（注44）において、上記のような共同正犯の訴因には、単独犯の予備的訴因が黙示に付加されていると解釈する、という試案に言及している。ただし、これは、上述した香城・317のように、その訴因が共同正犯の訴因の中に含まれていると解するものではない。

　そこで、本件であるが、共同正犯の訴因に被告人がいかなる実行行為を担ったかは明記されていない。また、その点について、検察官が釈明等により明らかにしたという判示も見当たらない。しかし、本件が、公訴事実のうち共謀の存在の立証だけが不首尾に終ったという、最も想定しやすいケースであるとすれば、検察官の冒頭陳述により、被告人が足蹴／Aが顔面殴打の旨の実行分担が明示されていよう。第2段落に紹介した本判決に対する評釈は、いずれもその趣旨での訴追であるとの理解を前提にしているが、おそらくこのような忖度に基づくものなのであろう。そして、本件が実行共同正犯であり、被告人が担った実行行為は被害者の足を蹴ったことである、という検察官のこの主張は、その時点では共同正犯の訴因の明細を述べているのにすぎないものではあるが、単独犯への認定替えを視野に入れるに至った裁判所の立場からは、訴因中に「被告人が足を蹴った」と明記されていたのと同じことであったと解釈することは許されないものであろうか。そうして、上記試案にいうように、この単独犯の予備的訴因が黙示的に付加されていたものと解釈し直せることにはならないものか。もしもこのような構成が認められるとするならば（その成否は慎重に吟味されなければならないが、本判決の結論を支持する前記の諸説は、いずれも、本件訴因は「被告人が足を蹴った」ことをいうものとしているとの理解に立っているようにみえる。）、共謀事実の不存在が認められた後、訴因変更手続（共同正犯→単独犯）を経るま

第3節　判例の基本的立場

でもなく，それまで共同正犯の主位的訴因の背後に隠れていた単独犯の予備的訴因が姿を現すことになる。そして，その訴因に記載されている足蹴にした対象部位としての「足」が，認定において「腰部」へと変動している点について，訴因変更（単独犯→単独犯）を要するほどのものか否かの判断をすることになる（このような判断の事例につき，第4節1(4)(b)参照）。そうして，「足を蹴った」というのも「腰部を蹴上げた」というのも「大差のない」もので訴因変更を必要とするほどではないと判断されるであろう。第2段落の諸見解とは，異なった立場から出発しながら，結論的には，本件では訴因変更不要に帰一することになる。もっとも，上記試案自体が多分に実際上の見地からのものであり（注44参照），それに基づく上述の理屈の組立ての仕方にはかなり技巧的な面がある。訴因変更がなされなかった場合の事後における救済的議論にとどめおく程度が無難であるかもしれない。なお疑問を留保する。

なお，共同正犯の訴因に対して単独犯を認定するについて，本判決とは逆に訴因変更を要するとしたものとして，後出の**大阪高判昭29・12・4【80】**，**大阪高判平元・6・23【81】**参照。

《共同正犯→幇助犯》

【22】　最判昭29・1・21 刑集8・1・71
（【5】と同じ）　　　　　　　　　　　　（⑤）

事実

起訴状記載の公訴事実

　被告人Ｉは，相被告人Ｎと共謀の上，昭和25年10月8日新潟県中蒲原郡横越村大字小杉，Ｏ方牛小屋で同人所有の2才雌牛一頭を窃取した。

判示認定事実

　被告人Ｉは，被告人Ｎが牛を盗むことを知つて，前同日の朝肩書居村部落の消防小屋の土手附近の阿賀野川堤防下道で，同人に対し，前に飼い牛のいることを見て知っていた前記Ｏ方の所在場所を地面に図解して同家を教示し，よつて被告人Ｎの前記犯行を容易ならしめこれを幇助した。

原審判決（**東京高判昭26・4・12**）「今本件記録を調査するに，被告人Ｉに対する公訴事実は……というに対し原審は訴因変更の手続をとることなく，原判決のとおり被告人Ｉは同日朝右Ｎの右牛一頭の窃取行為についてその所在場所を同人に教示してこれを幇助したものと認定したことは所論のとおりである。しかしながら原審が取り調べた証拠に現われた事実によれば被告人Ｉは司法警察員の取り調べにも亦原審公判廷に於ても，自分は牛の所在をＮに教えてやりその牛を処分してやつた旨主張しているのであるから訴因変更の手続をとらずに共同正犯を幇助と認定しても日時及び目的物には変りなくただ共謀の上牛一頭を窃取したというのをその所在場所を教えて相被告人の犯行を容易にしたというので公訴事実の同一性は害せられず且つ被告人の防禦に実質的な不利益を生ずるおそれがないのであるから，本件においては訴因の変更手続をとらずに公訴事実の訴因と異なる事実

訴因変更〔Ｉ〕　**159**

第3章　訴因変更の要否

を認定しても何等訴訟手続に違背があるものではなく，もとより公訴事実にない事実を認めたものでもない」

判旨　「法が訴因及びその変更手続を定めた趣旨は，原判決説示のごとく，審理の対象，範囲を明確にして，被告人の防禦に不利益を与えないためであると認められるから，裁判所は，審理の経過に鑑み被告人の防禦に実質的な不利益を生ずる虞がないものと認めるときは，公訴事実の同一性を害しない限度において，訴因変更手続をしないで，訴因と異る事実を認定しても差支えないものと解するのを相当とする。本件において被告人は，第一審公判廷で，窃盗共同正犯の訴因に対し，これを否認し，第一審判決認定の窃盗幇助の事実を以て弁解しており，本件公訴事実の範囲内に属するものと認められる窃盗幇助の防禦に実質的な不利益を生ずる虞はないのである」

● コメント

次の【23】も同旨であるので，この判決に対するコメントにおいて一括して述べる。

【23】　最判昭29・1・28 刑集 8・1・95
　　　　（【6】と同じ）　　　　　　　　　　　　（⑥）

事実

起訴状記載の公訴事実

被告人は，
1　相被告人K等3名の日本人，2名の中国人と共謀の上，昭和24年5月8日早朝愛知県知多郡大野町西方沖合約3里の大野灯台付近海上に漁船2隻を廻送させ船籍不明の外国汽船からストレプトマイシン，ペニシリン，サントニン等合計104梱を受け取り法定の除外事由なく且つ許可なく同日午後9時ころ同県海部郡富田町所在の堤防より密に陸揚げして輸入しようとした，

2　約45日後，右のようにして密に陸揚げして輸入しようとして右104梱の原価金35,163,663円20銭に対する関税額7,741,226円53銭の逋脱を図った。

判示認定事実

被告人は，右中国人1名から依頼された右貨物が密輸入品であり，且つ関税逋脱となるべきことを認識しながら，右貨物の陸揚げの際，相被告人某の納屋を借り受け或いは陸揚げ人夫を雇い入れる等の準備をして，これを幇助した。

第一審判決（**名古屋地判昭25・3・6**）「被告人Y，同K，同Fに対しては中華民国人との共同正犯として起訴せられたのであるが当裁判所は同被告人等に共同正犯は成立しないと認めた。然し本件起訴状は右被告人等の行為に付詳細に事実を摘示しているので右被告人等に対する訴因を変更せしめないで幇助と認定しても，何等同被告人等に不利益を及ぼすものでなく，又共同正犯の起訴は大は小を兼ねると云う理論により当然幇助犯をも包含するものであると認め敢へて本件については検察官の訴因の変更なくして幇助犯として認定したのである」

原審判決（**名古屋高判昭25・12・15**）「被告人Y，K及びFに対する訴因は密輸入をしようとし且つ関税逋脱を図った行為の共同正犯となっているのに原審がこれをその幇助犯と認定したこと及びその認定の変更について訴因変更に関する法定の手続を履践していないことは論旨の通りであるが凡そ正犯を幇助と認定するについてその事実関係に差異を生じ従って特に当事者に攻撃防禦の機会を与える必要のあるときは格別であるが本件においてはその認定の変更について事実関係に差異を生じておらず従って特に当事者に攻撃防禦の機会を与える必要もないのであるから訴因変更に関する法定の手続を履践しなかったことを目して直ちに違法であるとするのは失当でありこの点の論旨は理由がないものとせねばならない」

第3節　判例の基本的立場

判旨　「刑訴法が訴因及びその変更手続を定めた趣旨は，審理の対象，範囲を明確にして被告人の防禦に不利益を与えないためと解されるから，裁判所は，審理の経過に鑑み，被告人の防禦に実質的な不利益を生ずる虞がないものと認めるときは，公訴事実の同一性を害しない限度において，訴因の変更をしなくても訴因と異る事実を認定しても差支えないものであることは，当法廷の判例とするところである。(**最判昭29・1・21**参照)。そして，本件では，被告人が相被告人K等と共謀の上貿易等臨時措置令違反並びに関税法違反の行為をしたという起訴事実に対し，原一，二審判決は，訴因変更の手続を執らないで同幇助の事実を認定したものであつて，被告人は，第一審の公判廷で，知情の点を除いて幇助の事実を自認したものである。されば，原一，二審の右措置は，その審理の経過に鑑み被告人の防禦に何等実質的な不利益を及ぼすものとは認められないから，所論は，採用できない」

● コメント

本判決の調査官は，「最高裁判所判例は，訴因を以って攻撃，防禦殊に防禦の手段と見る傾向にあったが，この判例はこの趣旨を明らかにしたものであり，更に被告人の防禦を害しないならば殊に被告人の方でその旨主張しているようなときは，必ずしも構成要件的評価に拘わらないという方向に更に前進したように見える。同趣旨の判例が**昭和29年1月21日宣告の第一小法廷判決にある**」とされ（青柳・判解29・11），他の調査官は，「最高裁の判例は，……正犯を幇助と認定するような場合には，被告人の防禦に実質的な不利益を及ぼす虞がないかどうかを事件毎に決しようとする慎重な態度がうかがわれる」

「（昭和29年1月21日判決も同月28日判決も）いずれも，被告人の方で公訴事実の範囲に属する幇助の事実をもって弁解していることを，防禦に実質的な不利益を生ずる虞れのない具体的な事由としている」とされている（寺尾・判解29・246）。最高裁のこれら両判決が**具体的防御説**の観点から訴因変更が不要であることを理由付けていることは判文上明らかであり，そこに**訴因縮小理論**の適用の姿勢は明示されていない。

しかし，**本1月28日判決**の第一審判決（名古屋地判昭25・3・6）は，共同正犯の訴因には幇助犯が含まれていると解しているし，学説の中にも同旨の理解がみられる（香城・316は，これら最高裁の両判決について，黙示の予備的訴因による縮小認定の場合として説明されている）。

だが，**審判対象説**の見地からするときは，共同正犯の訴因で幇助の認定をする場合，具体的な幇助行為が当初の訴因の範囲外となるときには，訴因変更手続を要することになる（池田／前田・263）。第一審判決中の「本件起訴状は右被告人等の行為に付詳細に事実を摘示しているので右被告人等に対する訴因を変更せしめないで幇助と認定しても，何等同被告人等に不利益を及ぼすものでな（い）」との判示部分及び原審判決（名古屋高判昭25・12・15）が「凡そ正犯を幇助と認定するについてその事実関係に差異を生じ従って特に当事者に攻撃防禦の機会を与うる必要のあるときは格別であるが本件においてはその認定の変更について事実関係に差異を生じておらず

訴因変更〔Ⅰ〕　**161**

第3章　訴因変更の要否

従って特に当事者に攻撃防禦の機会を与うる必要もないのであるから訴因変更に関する法定の手続を履践しなかったことを目して直ちに違法であるとするのは失当」としているのこそ，問題の核心を突いたものというべきである。これらのいうとおり事実変動がなく法的評価だけが変化したのだとするならば，事実記載説の立場からは，訴因変更を要しない帰結となるが，**1月21日判決【22】**も同月**28日判決【23】**も，起訴状記載の公訴事実と判示認定事実とを見比べてみれば，被告人の構成要件的行為について事実変動が生じていることは明らかといわなければならないであろう。最高裁判例の到達点を踏まえた今日的視点からすれば，訴因変更を要するものとなすべきである（同旨，加藤・研修・10。なお，**防御説**の立場から訴因変更が必要であることをいうものとして，**名古屋高判平18・6・26高刑集59・2・4【75】**）。

【24】　最判昭33・6・24刑集12・10・2269⑦

事実　Tと被告人K子は内縁の夫婦であるが定職を持たず共に知り合いの家を転々としている中に金銭に窮し，V方に宿泊した際夜間突如Tが金品を強奪しようとしてVの首を絞めているのを知るや，これに共同して殺害するに至らせたというのが本件の事実であって，訴因はこれを強盗殺人の共同正犯とし，一審判決はほぼそのとおり認めたが，原判決はこれを強取の企図まで察知しなかったとして殺人の幇助と認定したものである。

第一審判示認定事実

被告人Tは，昭和29年6月26日午後12時頃V方6畳の間にV及被告人K子と3人枕を並べて就床したものの，来し方行末様々に思い巡らす中遂に転落自棄の気持は阻止すべくもなく寧ろVを殺害して一挙に相当額の金品を強取し被告人K子と高飛びしようと企て，翌27日午前3時頃隣に就寝していたVの身体にのしかかり其頸部を両手で絞扼した処，被告人K子はVの悲鳴を聞いて電灯を点じ，此光景を観取するや容易に被告人Tの企図を察知し，茲に被告人両名所謂強盗殺人をなすことを共謀の上，被告人Tは引続きVの頸部を両手で強扼し，一方被告人K子は抵抗するVの頭髪を掴み押えつけて右抵抗を阻止し以てVを其場に失心させた上，更に殺害貫徹の方法として被告人K子は自己の着用していた寝巻の腰紐である白紐1本を解いて被告人Tに渡し同人はこれと傍に在つた黒紐1本とを夫々2本取りにして順次Vの頸部に巻付けて結び，右白紐と頸部との隙間に前記S方を立去るに当り持ち来たつた長さ74センチメートル，元口5センチメートル平方位末口直径3センチメートル位の棍棒の一端を差しこんで3回捻り更に之を黒紐の隙間に差しこんで半回転捻りVの頸部を強烈に絞め上げ，因てV（当51年）をして窒息させて殺害した上，同家屋内よりV所有のナショナル6球スーパーラジオ1台並にジョセット女単衣1枚他衣類14点位及現金1,200円位在中の手提袋1個を強取した。

控訴審判示認定事実

被告人Tは，同月26日午後12時頃V方6畳の間にV及被告人K子と3人枕を並べて就床したものの，来し方行く末様々思いめぐらすうち遂に絶望の極に陥り，寧ろVを殺害して一挙に相当額の金品を強取し，被告人K子と高飛びしようと企て，翌27日午前3時頃隣に就寝していたVの身体にのしかかり，その頸部を両手で絞扼し，以てVをその場に失心させた上，更に殺害貫徹の方法として被告人K子よりその着用していた寝巻の腰紐である白紐1本を受取り，これと傍に在つた黒紐1本とを夫々2本取りにして順次Vの頸部に巻付けて結び，右白紐と頸部との隙間にS方を立去るに当り持ち来たつた長さ74センチメートル，元口5センチメートル平方位末口直径3センチメートル位の棍棒の一端を差しこんで3回捻り更に之を黒紐の隙間に差しこんで半回転捻り同

第 3 節　判例の基本的立場

女の頸部を強烈に絞め上げ，因つてＶ（当 51 年）をして窒息させて殺害した上，同家屋内より同女所有のナショナル 6 球スーパーラジオ一台並びにジョセット女単衣 1 枚他衣類 14 点位及び現金 1,200 円位在中の手提袋 1 個を強取した。

又被告人Ｋ子は，前記の如く被告人ＴがＶを殺害するためＶの頸部を両手で絞扼した際Ｖの悲鳴を聞いて電灯を点じ，その光景を観取するや，<u>被告人ＴのＶ殺害の企図を察知したのであるが，被告人Ｔよりの求めに応じ同被告人が金品強取の意思あることを知らずして単に殺害の用に供するものなる事情を知り乍ら</u>，自己の着用していた寝巻の腰紐である前記白紐 1 本を同被告人に渡してやり，以つて同被告人の前記Ｖ殺害を容易ならしめてこれを幇助した。

判旨　「所論第一点は，原審は訴因変更が必要であるのにかかわらずその変更をしないで，被告人に対し強盗殺人の共同正犯の訴因で殺人の幇助を認定したのは，論旨引用の高等裁判所の判例と相反する判断をしたものであるというに帰する。しかし，当裁判所の判例（**最判昭 29・1・21**）によれば，訴因は審判の対象を明確にして被告人の防禦に不利益を与えないためであるから，被告人が幇助の主張をしているようなときに共同正犯の訴因で幇助を認定するのは妨げない旨判示しており，また共同正犯の訴因で幇助を認めても妨げない旨の判示（**最決昭 28・3・5**）もあるのであるから，所論高等裁判所の判例は，このような当裁判所の判例によつて変更されたものである。されば原判決には判例違反はない。しかも，<u>本件犯罪の外形的事実は全く同一であつて，これについてどの程度の犯意があつたと認定するかによつて，強盗殺人の共同正犯ともなり，殺人の幇助ともなる事案である。そして原審の認定は訴因よりも遥かに被告人に有利でありその防禦を害したものとは認められない</u>のであるから所論は採るをえない」

● コメント

本判決担当の調査官は，「訴因に記載された事実と原判決認定の事実とは幾分事実が縮小されているほかはほとんど同一であつて，両者の差異は被告人の犯意をどの程度に認定するかということにかかっていた。既に強盗致死を傷害致死と認定するには訴因に包含された事実であって防禦権の行使を阻害し又はこれを徒労にしないから訴因の変更を必要としない旨の判例（**最判昭和 29 年 12 月 17 日**）があり，また被告人が幇助を主張しているようなときは共同正犯の訴因で幇助を認定して妨げない旨の判例（**最判昭和 29 年 1 月 21 日**）……（中略）……もあるから，これらを組み合わせれば当然本件の判示となる理である」とされ（青柳・判解 33・462），学説の中からは，「幇助行為が当初の共同正犯の訴因に含まれているような場合には，具体的な防御の経過を考慮するまでもなく，**縮小認定の理論**により，訴因変更の必要なく幇助を認定できる」として**本判決**が引用されている（池田／前田・263。香城・317 も，この判決について，黙示の予備的訴因による縮小認定の場合として説明している）。

訴因事実と認定事実を対比してみると，前者の中に掲げられていた「被告人Ｋ子は，此光景を観取するや容易に被告人Ｔの（強盗殺人の）企図を察知し，茲に被告人両名所謂強盗殺人をなすことを共謀の上，被告人Ｔは引続きＶの頸部を両手で強扼し，一方被告人Ｋ子は抵抗するＶの頭髪を掴み押えつけて右抵抗を阻止し以てＶを其場に失心させた」との事実，すなわち，「被告人Ｋ子が相被告人Ｔと強盗殺人を共謀したという事実」と「被告

訴因変更〔Ｉ〕　**163**

第3章　訴因変更の要否

人K子が被告人Tの扼頸中Vを押さえつけて抵抗できないようにしたという事実」が認定落ちしており，後者の中にこれに変わって「被告人K子は，その光景を観取するや，被告人TのV殺害の企図を察知したのであるが，被告人Tよりの求めに応じ同被告人が金品強取の意思あることを知らずして単に殺害の用に供するものなる事情を知り乍ら」との事実が挿入されていて，その余の事実は同一である。認定落ちした2つの事実のうちの前者と認定事実に挿入された事実とは，結局K子の認識内容のいかんに関わるものであるから，客観的事実の面での変動は，Tの扼頸中にK子がVを押さえつけて抵抗を阻止したか否かの点だけであることになる。そして，この事実が認定落ちすることが**縮小認定**であることはいうまでもない。主観的事実の面での変動は，強盗目的での殺人の認識→単なる殺人の認識であるから，強盗目的を認識したという事実の認定落ちであってこれも**縮小認定**にほかならない。そして，これらの認定落ちの結果，本件においては，強盗殺人の共同正犯から単純殺人の幇助犯へと法的評価が変動することになるのであるが，**事実記載説**の立場からは，訴因変更不要というに帰することになる。

《加重収賄→単純収賄》

【25】　最判昭35·12·13判時255·30（⑧）

事実　上告趣意から推論すると，被告人は地方公務員で林務出張所の所長であったが，森林組合関係者と共謀し，虚偽の事業竣工検査書等の公文書を作成し，出納関係者より事業補助金を詐取した上，その謝礼としてその森林組合関係者から5万円を収賄したというのが起訴事実であったところ，第一審判決では，虚偽公文書作成・同行使・詐欺関係が無罪となったため，加重収賄の点が単純収賄と認定された。そこで，控訴趣意は，本件では加重収賄の訴因に対しその変更手続を経ないで単純収賄をの事実を認定したのは違法であると主張したところ，控訴審は，「刑法第197条第1項の規定も同第197条の3第1項の規定も要するに『公務員等が職務に関し賄賂を収受した』という要件において全然同一であり，唯前者は不正行為を伴わない抽象的危険の存する段階において処罰しようとするものであり，後者は現実の不正行為という加重情状のあった場合を特に重く処断しようとする点において差異あるにすぎないのである。従って後者として起訴のあった場合，起訴事実中の加重情状たる不正行為の点を否定することは後者の構成要件以外の別個な事実を認定したものではないから，被告人の防禦権を害するものとは言い難く，単に被告人弁護人の防禦が奏功し利益の認定を受けたというに過ぎない」という理由で控訴趣意を排斥した。

上告趣意は，さらにこの点を突いて，起訴事実は不正行為の謝礼として収賄したというのであり，その不正行為というのは虚偽公文書作成行使詐欺であるから，その不正行為が存在しないとなると何の謝礼になるかは，検察官において訴因として主張しなければならない，訴因変更の要否は常に

第3節　判例の基本的立場

被告人の具体的な防禦権の行使に関連させて考えるべきで，大は小を兼ねるなどという抽象論では解決されない，なるほど不正な職務執行といえども収賄罪の概念上は職務行為と解するほかはないが，加重収賄行為における不正行為は本来の職務から逸脱した職務外的行為であり，単純収賄行為における適法行為は本来の職務から逸脱しない職務内的行為であるから，訴因において加重収賄事実を構成する事実として指摘せられている不正行為の内容如何によってはこの不正行為の存否の審理をもって常に職務内の適法行為と賄賂と目される利益との関係の審理が尽くされているとはいえない，本件では不正行為の存否に防禦権の行使が集中され，かりに不正行為がなかったとしたらどのような職務上の便宜が供与されたことになるのかという点は少しも議論されたり審理されていない，本件は，例えば税務官吏の税額査定に関する収賄事件で，不正査定の謝礼という加重収賄の訴因に対し，不正査定なしとして単純収賄の認定をする場合とは異なる，この後者の場合は賄賂の授受と具体的職務行為との関係が自然審理されるからである，と主張した。

判旨　「所論は判例違反を主張し，論旨引用の判例は，要するに刑法176条の強制猥褻罪の起訴に対し同174条の公然猥褻罪を認定するについては，訴因の変更または追加の手続を経ることを必要とするというのであるところ，記録によると，本件は刑法197条の3の加重収賄の起訴に対し同197条の単純収賄を認定した場合であるから論旨引用の判例は事案を異にし本件に適切でない。

公訴事実の同一性を害せず，かつ，被告人の防禦に実質的な不利益を生ずる虞れがない場合には，訴因の追加変更の手続を経ずして訴因と異る事実を認定しても違法でないことは当裁判所の判例とするところであり，論旨の言及する東京高等裁判所の判例（集4巻6号583頁所載）もまたこれと同趣旨のものである。これを本件について見るに，被告人は第一審第1回公判で本件金5万円を収受したことは認めたが，その趣旨を否認し儀礼的なものであったと弁解しており，その趣旨がいかなるものであったかについては，攻撃防禦の方法が尽されていると認められるばかりでなく，本件では起訴事実よりも縮小された軽い事実が認定されているのであるから，本件の如き認定が被告人の防禦に実質的な不利益を生ぜしめる虞れがあったとはいえない。判決の認定事実が起訴事実と同一性のあるものであることは多言を要しない。論旨は採用し難い。」

● コメント

　判決は，「被告人は本件5万円を収受したことは認めたが，その趣旨を否認し儀礼的なものであったと弁解しており，その趣旨がいかなるものであったかについては，攻撃防禦の方法が尽されていると認められる」こと，また，「本件では起訴事実よりも縮少された軽い事実が認定されているのであるから，本件の如き認定が被告人の防禦に実質的な不利益を生ぜしめる虞れがあったとはいえない」ことの2点を理由に掲げて，訴因変更手続を経由しなかったことを是認した。

　しかし，いずれの点についても賛成し難い。それは，端的に言えば，単純収賄の要件事実のうち，「被告人のいかなる職務に関していかなる趣旨の下に」賄賂が供されたものであるかが，現訴因のままでは不明だからである。正確には，本件起訴状に記載の公訴事実の内容と判示認定事実とを対比してみなければならないところであるが（第一，二審の資料が

訴因変更〔Ⅰ〕　**165**

ない），起訴が加重収賄であってその要件事実としての職務関連性（職務との対価関係／賄賂の趣旨）を「虚偽の事業竣工検査書等の公文書を作成し，出納関係者より事業補助金を詐取した上，その謝礼として」その森林組合関係者から5万円を収賄した，と摘示していたというのであれば，この「虚偽の事業竣工検査書等の公文書を作成し，出納関係者より事業補助金を詐取した」事実の存在を被告人が争う限りにおいては，それが奏功すれば訴因の中から職務関連性を示す事実が脱落するだけでこれに変わって何らの賄賂の趣旨が浮かび上がってくるものでもない（なお，原審は，刑197条の3第1項〔事前加重収賄罪〕の適条を考えていたようであるが，これは197条の3第2項〔事後加重収賄罪〕であろう）。本判決は，被告人が公訴事実記載の上記の趣旨を否認し「儀礼的なものであった」と弁解していたことから，その趣旨がいかなるものであったかについては攻撃防禦の方法が尽されていると認められる，としているのであるが，このような弁解が直ちに単純収賄該当事実としての職務関連性についての認否にもなるとはいえないであろう。そもそも単純収賄とした場合の被告人の職務内容と本件5万円供与収受との関連性が訴因として明らかにされていないのであるから，被告人として認否のしようもない道理である（あるいは，判旨は，「儀礼的なもの」との弁解をしているということは，単純収賄としてもその趣旨を否認しているのにほかならないから，それ以上敢えて単純収賄に訴因を変更するまでもなかった，と言いた

いのかもしれない。しかし，実際に単純収賄の訴因が掲げられたならば，そこに具体的に明示された職務関連性事実の存否をめぐって，被告人側として更なる主張やあるいは反証をもなし得たかもしれないのである。このことは一般的にそう言えることであり，そのような抽象的なレベルでの防御権侵害を不可とするのが**抽象的防御説**の思想である。そしてまた，現実の訴訟の場においても，被告人側として，現に防御の的として設定されている単純収賄の賄賂の趣旨を積極的に争うその機会を奪う結果になることは間違いないところであるから，**具体的防御説**の立場に立ってみても，現在の加重収賄の訴因に対して「儀礼的なもの」とその供与の趣旨を弁そしていることの一事をもって，これが仮に単純収賄の訴因に変更せられても被告人側の防御の態度は同じことであるとそう軽々に決めつけてしまうことは許されないのではなかろうか。）。本件賄賂供与・収受の趣旨をめぐって，単純収賄の成否をも視野の内にとらえつつ，攻撃防御が尽くされたと認める，などと断ずることは到底できないところであろうと思われる。この点について，本判決は，また，「本件では起訴事実よりも縮少された軽い事実が認定されている」としている。しかし，これは法定刑の軽重についてはいえても，事実としては，加重収賄罪（刑197条の3第2項）の要件事実（「公務員が，その職務上不正な行為をしたことに関し，賄賂を収受した」）が単純収賄罪（刑197条）の要件事実（「公務員が，その職務に関し，賄賂を収受した」）を常に完全に包摂している関係にあるとはいえな

い。そのことは，単純収賄の訴追に当たって，公訴事実としては，①被告人の職務権限の具体的内容，②賄賂がその職務に関する報酬（対価）であることの具体的内容，の各記載が不可欠であるとされている(注36)ことに照らしてみても明らかであろう。本件公訴事実の中から，①「虚偽の事業竣工検査書等の公文書を作成し，出納関係者より事業補助金を詐取した事実」が抜け落ちれば（その結果として，当然に，②「その上でその謝礼として（受領した）との事実」も抜け落ちることになる。），その後に①②に相当する事実として残るものは何もない。百歩譲って，①については，「事業竣工検査書等の公文書を作成し，出納関係者より事業補助金を得る」ことを職務権限として想定できたとしても，②の点はどうにも措定できないのである。したがって，本判例判示のように**縮小認定**が成立するものとすることは，無理というほかないはずである。なお，これも資料がないので断定的にいうことはできないが，あるいは，第一，二審の具体的な訴訟経過の中で，被告人が単純収賄としての賄賂の趣旨，すなわち職務関連性に関する事実を具体的に述べて自認していたのだとしたらどうであろうか。この点をとらえて被告人の防御に実質的な不利益はないから訴因変更不要とするのは，具体的防御説の発想である。これはこれで一つの見解ではあるが，本判決の措辞からして，この立場からの立論ともにわかには思えない。まして，**平成13年決定【15】**を踏まえた**審判対象説**の見地からするときは，本件において仮にそのような事情が見られたとしても，当然に訴因変更を要するものとすべきであろうと考えられる。(注37)

（注36）検察教官室等・捜査書類・114，末永ほか・235参照。具体的には，例えば，「①被告人は，○○町建設部長として同部所管の建設工事に関する設計・積算，請負人との契約締結及び下請工事業者の承認等の職務を担当するものであるが，②建設資材の販売等を業とする甲から，○○町が同人に発注した町営××霊園造成工事に関し，同人が下請できるよう種々便宜な取り計らいを受けた謝礼の趣旨で供与されるものであることを知りながら」などと摘示される。

（注37）本判決の評釈に，横井・154があり，そこでは，「判示はいわゆる大は小を兼ねるという抽象的基準を根拠としているように見える点に不満を覚える。訴因変更の基準を被告人の防禦権の行使に実質的な不利益となるかどうかに置くとすると，大は小を兼ねるということと右の基準とが常に一致することの論証のない限り，大は小を兼ねるといってみたところで仕方がないわけである。この点は上告趣意が鋭く突いているとおりである。そういう意味から，**最決昭35・8・12刑集14・10・1360**の判示が表裏の関係とか主従の関係という基準を持ち出しており，その基準がより具体的であり，興味があるわけである。この基準で本判決の上告趣意に答えるとなるとどういうことになるであろうか。甚だむずかしいようである」と述べられている。

《業務上過失致死→重過失致死》

【26】 最決昭40・4・21刑集19・3・166（⑨）

事実

起訴状記載の公訴事実
　被告人はK製紙株式会社製紙工場の管理班並びに仕上場の責任者として生産工程の管理機械設備の整備補修等の業務を担任する者であるが，昭和37年

第3章　訴因変更の要否

6月9日午後3時頃右工場の2階仕上げ場に設置された製品等運搬用のエレベーター整備のためにその構成部分の一部をなす減速機に注油をしようとした際エレベーターの昇降台は捲き上げられたままとなつており，その附近にはV等9人位の同室作業員が立ち働いていたのであるから，そのような場合には昇降台を落下させ，又は完全な落下防止措置を講じた上で注油をし事故を未然に防止せねばならぬ業務上の注意義務があるのにこれを怠り，何等の措置を講じないで漫然減速機のメタルカバーを取外した重大なる過失によりその瞬間前記Vが過つて右昇降台に立入つたところ同時に同台は落下してその台と仕上げ室床端との間にVを挟んで強圧しその結果胸部内臓破裂，肋骨々折等の重傷を負わせてその場において死亡するに至らしめた。
（罪名罰条　業務上過失致死，刑法第211条前段）

判示認定事実

　被告人は，川之江市金生町下分〇〇番地所在K製紙株式会社第2工場の管理係長として会社の業務管掌規定に定められた材料倉庫班，管理班の業務を担当し，かつ，特に命ぜられて右工場の2階仕上場に設置された断裁機の整備補修業務を担当していたものであるが，昭和37年6月9日午後3時頃，右2階仕上場西南隅寄りに設置された製品運搬用のエレベーター（四隅に鉄の円柱あり，昇降台はこの円柱を伝つてエレベーターの最上部に取付けた電話機の回転，減速機，歯車減速装置による調節により昇降台の上部に取付けた一本のワイヤーロープの捲き上げ下げによつて上下する仕組になつている）の減速機に注油するにはメタルカバーを取外さねばならず，これを取外しているときに昇降台に重量が加わるときにはオームギヤが浮上りギヤのかみ合せがなくなり，昇降台が落下することがあるのであるから，そのメタルカバーを取外すときには昇降台が上昇中は落下防止のため設けられた安全装置（北側2本の鉄円柱にそれぞれ1本のピン「安全ピンという」を差込みこれによつて落下を防止する装置「会社のエレベーター作業細則には昇降台上昇中は安全ピンを差込み，かつ，昇降台に這入れないよう安全柵を施し作業中以外は昇降台に立入つてはならない旨定められこの旨の注意書がエレベーターの北側に掲示してあつた。」）の安全ピンの差込みの有無を確め，差込んでなければこれを差込むか又は昇降台を下まで降下させ落下することのない状況に置いてからメタルカバーの取外しにかかるべき当然の注意義務があり，この僅かの注意を払ことにより事故を容易に防止し得たにもかかわらず，被告人は何等の措置を講ぜずその附近にはエレベーター専任の操縦者V等数名が掃除をして居たのに只漫然と自己の担当業務以外である前掲減速機に注油のためメタルカバーを取外した重大なる過失によつて，その取外した瞬間に前記Vが不用意にも右昇降台に立入り台に重量が加わつため前掲理由によつて昇降台が落下し始め同人はこれに驚き急拠昇降台東口から仕上場床上に飛び出ようとした際，床端と昇降台の上枠とに挟まれ強圧しその結果胸部内臓破裂肋骨々折等の重傷を負いその場において死亡するに至らしめた。
（重過失致死　刑法第211条後段）

　第一審判決（伊予三島簡判昭38・12・5）は次のように判示し，控訴審判決（高松高判昭39・7・20）もこれを是認した。「およそ業務上過失致死と非業務重過失致死とはその犯罪構成要件を異にするが，業務上の過失には業務者に単純な軽過失があるときのほか，重大な過失があるときをも包含することは言を俟たないから業務上の過失致死の訴因事実の過失であつて重大な過失に該当する限り，前者に対する被告人の防禦は当然に後者に対するそれを包含するものということができるのみならず，元来被告人の起訴された所為を軽過失と判定するか重過失と判定するかは該所為を前提とする法律上の価値判断に属するので，訴因の変更又は追加の手続なくして業務上過失致死の公訴事実を非業務重過失致死として認定することは許さるべきものと解すべきである。そこで前示本件業務上過失致死の公訴事実のうち，その業務上の過失は前示のとおりであつてまさに重大な過失に該当するので前に説示したところにより，訴因の変更手続がなくてもこれを非業務重過失致死と認定することによつて，被告人の防禦に特に不利益を与えるものということはできないから，前示業務上過失致死の事実を非業務重過失致死として認定し，被告人に対し，刑法第211条後段を適用処断するを相

当と認める」

判旨　「本件につき、業務上過失致死の訴因に対し訴因罰条の変更の手続を経ないで重過失致死罪を認定した一審判決を是認した原審の判断は正当である」

● コメント

　既に同様の問題について、**福岡高判昭31・1・28 高刑集9・1・33** の先例があり、本件第一審判決は、この高裁判決の見解に従ったものとみえる。

　最高裁自身は、括弧書きとして上記判示をしたのみであり、訴因変更を不要とする理由を直接明示してはいない。担当調査官は、「業務上過失の構成要件事実そのものに対する防禦は、業務でないことと過失でないことを主張立証するを以って足るのであり、過失がないことの主張の中には、もとより重過失でないことの主張をも含んでいるとせざるを得ないので、裁判所が業務上過失の起訴事実を重過失に認定することに因って、被告人に不当の不意打を加え、防禦に不利益を与えることにはならず、表象された事実としては全体と部分の関係に準じて考えることができよう。業務上過失と重過失の関係では、最初の最高裁判例であるが、このように補足すれば、従来の最高裁判例（**最判昭26・6・15**）に副うていることが理解される」と述べて、**縮小理論**の準用を見いだしている（木梨・判解40・228）。

　業務上過失と重過失との関係をどう見るかは、それ自体実体法上の一個の問題である。業務上過失の刑加重理由について、**義務加重説**（**最判昭26・6・7刑集5・7・1236**、団藤・各論・432、大谷・各論・57、西田・58 など）をとれば、業務上過失と重過失は異なったものと解されることになり、業務上の軽過失もまた業務上過失（刑211条1項前段）に当たることとなるが、**重大過失説**（平野・概説・89、大塚・45、山口・67 など）をとれば、業務上過失は重過失が類型化されたものと解されることになり、業務上の軽過失は単純過失（刑209条、210条）に落ちることになる。また、「業務上の過失についても、軽度の過失と重大な過失とを区別することは理論上は可能であるが、業務上の過失については、いわば当然に重過失と擬制される関係にあるから、いちいち区別を試みることは無意味であり、業務上過失に該当しない場合にはじめて、過失の重大性を問うべきである（仙台高判昭30・11・16裁特2・23・1204[注38]）」とする見解もある（藤木・179）。ここで義務加重説を採ってみれば、業務上過失の訴因の中に常に重過失の事実が包含されているとみることはできない。業務上過失とされている過失の、その程度としては、軽過失にとどまる場合もあるからである。やはり、第一審判決が指摘するように、過失の程度として重過失であるものが業務上過失として訴追されている場合に初めて後者が前者を包摂するという関係が生じることとなろう。ただし、この関係は、本来の「大は小を兼ねる」の関係ではない。訴因に掲記されるべき「業務上過失」の要件事実と「重過失」の要件事実を対比してみると、両者は完全には重なり合わないからである（下

表）。したがって，上記の包含関係は，事実面でのそれというようりも法的な評価の面での関係を意味するものであり，この点で，典型的な縮小理論の適用場面とは異なる点に留意する必要がある。調査官解説が，「準じて考える」としているのも，この趣旨においてであろう。

業務上過失	業務上必要な注意義務の存在	左記の注意義務違反（過失）の存在	
重過失	注意義務の存在		違反の程度が著しいこと（わずかの注意を払えば結果の発生を回避できたこと）

　ただ，本件においては，起訴状における罪名・罰条の表示からして，訴因が業務上過失致死として訴追されているものであることは明らかではあったものの，訴因事実の中には「……注意義務があるのにこれを怠り，何等の措置を講じないで漫然減速機のメタルカバーを取り外した重大なる過失により……」との摘示がなされており，これは認定事実の中の「……注意義務があり，……被告人は何等の措置を講ぜず……只漫然と……前掲減速機に注油のためメタルカバーを取外した重大なる過失によつて」の判示部分に即応するものであった。すなわち，訴因の中に重過失の要件事実が書き込まれていたとも解することのできる事案であったところに特徴がみられる。このような条件の下では，業務性が認定落ちしただけでその余の事実が訴因事実のとおり認定されるのは，**縮小認定**そのものと

いってよく，その認定事実に対する法的評価が重過失致死に変化することについては，**事実記載説**の立場からは訴因変更を要しない帰結となる。(注39)(注40)

(注38)「過失致死傷に関する刑法各本条の規定を彼此対照し相関的に観察して同法第211条前段及び後段の法意を稽えるに，いやしくも業務上必要な注意を怠り人を死傷に致した以上，その重過失に基くと軽過失に基くとを問わず，ひとしく前段のいわゆる業務上過失致死傷罪を構成し，後段の規定は，その他の一般過失致死傷のうち重過失に基くもののみをいわゆる重過失致死傷罪として処罰する趣旨であると解するのを相当とする」

(注39) 書研・講義案・138は，「業務上過失にして重過失であるという起訴に対し，裁判所が業務性を認定しないで重過失で判決することは許されよう（『縮小の理論』の応用）。重過失である旨が訴因として示されていなくても，具体的な過失の態様自体が異ならなければ，重過失か軽過失かは，法的評価の問題だから，同様に取り扱ってよい。その意味で，業務上過失に対し，重過失を認定するには，訴因変更は不要である」としている。

(注40) なお，上述した**福岡高判昭31・1・28**の事案も，起訴状記載の公訴事実において「業務上過失」の内容とされていたところは，被告人が自動車を運転して進行中，「前方から進行して来た自動三輪車と離合する際これに注意を奪われ，列車の進行及び警報器の吹鳴や危険信号の赤電燈の点滅に気付かず，列車の通過等に依る危険のないことを確認するため踏切で一旦停車すべきに拘らず，停車もせず漫然踏切内に進入した」というものであって，優に「重大な過失」に該当する事実の摘示と見得るものであった。

《共同正犯（事前共謀）→共同正犯（現場共謀）》

【27】 東京高判昭59・8・7判時1155・303
(⑩)

事実 強盗致傷罪で起訴された2名の被告人の共謀の時点が問題となった事案において、事前共謀による共同正犯の訴因に対し、現場共謀による共同正犯を認定するには、訴因変更を要するか否かが問題とされたものである。

起訴状記載の公訴事実

被告人両名は、昭和58年5月1日午前2時ころ、東京都新宿区高田馬場2丁目19番地先西武新宿線線路下避難通路（通称トンネル）東側路上において、通行中のC（当28年）を認め、同人から金品を強取しようと企て、共謀の上、同人に対し、「酒代をくれ」などと金員を要求し、こもごも、その顔面を手拳で殴打するなどの暴行を加えて同人を右トンネル内に連れ込み、同所で更に同人に対し、その顔面を手拳で殴打するなどの暴行を加えてその反抗を抑圧した上、同人のポケットから金品を強取し、更に同人の逃走等を妨げるなどのため同人に暴行を加え、右一連の暴行により同人に傷害を負わせた。

判示認定事実

1　被告人Aは、前記トンネル東側道路を歩いて来たCに対し、「酒代をくれないか」と声を掛けたところ、同人が応じなかったばかりか、山口組に関係があるかのような言動を示したとして立腹し、手拳でその顔面を殴打するなどの暴行を加えて同人にトンネル内に入るように促し、付近にいた被告人Bにも同行を求め、相前後して右トンネル内に入り、同所において、被告人Aは右Cとつかみ合いになり、同人の顔面を手拳で殴打するなどの暴行を加え、

2　更に、被告人Aは、Cから山口組関係の証拠を捜し出すべく、それまでトンネルの東側出入口付近で様子を見ていた被告人Bにも応援を求め、被告人両名においてCの着衣を調べ上げ、被告人Aにおいて Cのジャンパー内ポケットから現金等在中の財布一個を捜し出し、紙幣を取出して枚数を数えるなどしていたところ、Cが被告人Aから右紙幣を奪い返し、同被告人の顔面を殴打してトンネルから逃げ出そうとした。ここに至り、被告人両名は暗黙のうちに意思相通じて共謀の上、Cから金員を強取しようと決意し、被告人BにおいてCの逃走を阻止したのち、被告人両名においてCの顔面を手拳で殴打するなどし、更に被告人Aが指示し被告人BにおいてタオルでCの両手首と両足首を縛り上げるなどの暴行を加えてその反抗を抑圧したうえ、被告人AにおいてCのズボンのポケットから17万8,000円位の紙幣を抜き取って強取し、その際、右一連の暴行により、同人に対し、加療約一週間を要する頭部・顔面・両眼部打撲、頸部擦過傷、左小指咬創の傷害を負わせたが、右頭部・顔面打撲及び頸部擦過傷の傷害は、被告人両名の前記強盗の犯意発生の前後すなわち前示1、2いずれの暴行によって生じたものか不明である。

判旨　「原判決は、被告人両名の強盗の犯意発生及び共謀の時期をトンネル内においてCが被告人Aから紙幣を取り返して逃げ出そうとしたときと認定したもので、強盗の共謀の成立時期が訴因におけるそれよりも繰り下がっていることは所論のとおりである（なお、これに伴い原判示1は被告人Aの単独の暴行となり、現金強取の時期も繰り下がり、訴因にある強取金品の一部が除かれている）。しかし、訴因の事実と原判決の認定した罪となるべき事実とを比較すると、日時、場所は一致しており（被告人Bについては原判示2の範囲で）、いずれも被告人両名が被害者Cに対し暴行を加えて傷害を負わせ、同人から現金を奪取した一連の行為を内容とするもので、その基本的事実関係は同一であるから、原判決の認定が公訴事実の同一性を害するものでないことはいうまでもない。ただ、訴因が被告人両名は当初から金品強取を共謀して行動したとするのに対し、原判決は、両名が当初から金品強取の意図・共謀のもとに犯したと認定するには合理的な疑いが残るとして、共謀の成立時期を前記のとおりに認定したもので、原判示の限度で検察官の主張を肯認する趣

第3章　訴因変更の要否

旨のものと認められる。そうしてみると，原判決の右認定はいわゆる縮小認定とみることができるのであって，原判示事実は訴因の事実におおむね包含されており，あらかじめ訴因変更の手続を経なければその認定が許されないほど訴因の事実と異なるものとは認められない。のみならず，原審において被告人両名の弁護人は，被告人両名の強盗の犯意及び共謀を否定し，被告人AはCに対する暴行が終了した後に財物奪取の意思を生じたものであると主張し，証人Cや被告人両名らに対し事案の全般にわたって詳細な質問をするなど，十分に防禦を講じ，強盗致傷罪の成立を争っており，単に本件発生の発端となった前記路上での被告人Aと被害者との応酬や同人らがトンネル内に入った経緯，目的のみが攻防の対象とされたのではないことが認められるから，原判決の認定が被告人らに対して不意打ちであったとは考えられない。したがって，原裁判所が審判の請求を受けない事件について判決をしたものでないことは明らかである」

● コメント

本判決は，訴因変更を不要とする理由として，共謀成立の時点が訴因にいう事前共謀よりも繰り下がったものであって縮小認定といえること（「原判決の右認定はいわゆる縮小認定とみることができるのであって，原判示事実は訴因の事実におおむね包含されており」），被告人の具体的な防御に不利益を与えていないこと（「原判決の認定が被告人らに対して不意打ちであったとは考えられない」）の2点を指摘している。

一般に，共謀の態様について変動が生じた場合に，訴因変更が必要となるか否かについては，「共謀の態様に関して変動がある場合についても，このような考え方（審判対象説，最決昭63・10・24）に従って訴因変更の要否を決することになる。具体的には，共謀の態様が変動することによって，実行行為や結果の範囲が異なってくるような場合に，訴因変更が必要となる。共犯者については，その範囲が変わることによって実行行為や結果の範囲が変わってくることが多いであろう。これに反し，共犯者の範囲にも実行行為や結果の範囲にも変動がなく，共謀の態様が異なるに過ぎない場合は，訴因変更の必要はないものと考えられる」とされている（池田・判解13・68）。そして，「この事案では，訴因と認定すべき事実との間で共犯者の範囲に変わりはなく，実行行為と結果の内容も，先行して暴行を加えた被告人Aに関しては変更がなく，遅れて加担した被告人Bに関しても訴因より狭い範囲の認定がされたといえる」（池田・判解13・78）ことから，訴因変更不要と帰結されることになる。

実務の依拠する識別説による限り，共同正犯の訴因において，共謀共同正犯か実行共同正犯か，前者であればその共謀の日時，場所，内容はどうかについては，訴因の明示に必要な事項＝要件事実ではない。まして，実行共同正犯としての訴追の場合に，その共謀の日時，場所，内容が要件事実とされることはない（小林・諸問題・29）。共同正犯の要件事実としては「共謀の存在」が求められているのであり，それが具体的にどのようにしてもたらされたか（事前共謀か現場共謀か）という態様の点は，立証上の問題であって要件事実

そのものではなく，したがって訴因としての拘束力は持たないと考えられよう（**最決昭63・10・24【14】**参照）。もっとも，事前共謀である旨が訴因事実として掲記された以上は，**平成13年決定【15】**が指摘したいわゆる**一般的防御上重要事項**にそれが当たるのであれば，これを現場共謀に認定替えするには原則として訴因変更が必要となる。上段の池田判事の見解は，事前共謀の事実の摘示が一般的防御上重要事項ではないとしていることになろうか（なお，第4節1(5)参照）。

事前共謀の事実の中に現場共謀の事実が包含されているとするのは，証明の対象となる「生の事実」そのものを見比べる限りは，無理のある立論であり，そこに法的な評価の観点を加えて，大小関係を是認できるということになる点で，本判決も自認しているとおり，本件は典型的な縮小認定のケースではない。あえて縮小理論になぞらえて議論するよりは，上述した**審判対象説**の訴因の同一性に関する考え方による方が簡明に理解できるし，そうすべきであろう（これに対し，田口・法セミ・115は，「『事前共謀』の訴因で『現場共謀』を認定するのは，多くの場合，一部認定といってよい。共犯者が行動を共にしている場合は共謀状態が継続しているとみうるからである。とすれば本件は縮小認定の事案である」とされる）。

以上に見てきたとおり，**縮小理論**については，要件事実の観点から大は小を兼ねる関係にないという場合についても，「その趣旨・考え方を推し及ぼす」というアプローチが採られることがまま見られる。そして，そのような場合の実体としては，被告人の防御に実質的な不利益を及ぼさない場合であることを言っているのであった。しかし，このようなアプローチの方法は，一歩間違えると**具体的防御説**のいわば化身にもなりかねない。その観点から，縮小理論に安易に依拠することがなされていないかどうかの警戒を常に怠ってはならないであろうし，訴因変更の要否についての今日の最高裁判例の到達点が**審判対象説**であることを踏まえると，縮小理論の趣旨の推及というアプローチは可及的に避けることが望ましいといえるのではなかろうか（寺崎・判例演習・195は，「最高裁判例は……被告人の防禦機能を重視するため，縮小認定は被告人の『防禦権の行使を徒労に終らしめる……虞れのない場合』だから，訴因変更を経ずに縮小事実を認定できる，と説明するのである。しかしながら，被告人の防禦の利益（不意打ち防止）のみを強調する見解には，賛同できない。訴因のもつ審判対象限定機能を重視する見解が妥当である。この理解を前提にすれば，縮小認定を認めるには，事実αが事実βを包含しているかどうか，を厳密に見て行く必要がある」とされている）。

第3章　訴因変更の要否

第4節　旧来の判例による訴因変更要否の具体的判断とその見直し

　従来の訴因変更の要否に関する主要な判例を参照することにより，判例による変更要否の基準をより具体化すると，およそ以下の1から4までに分説するとおり整理されよう（条解刑訴・623，高田・627，横川・ポケット・811，小泉・256，小林・判タ・4，香城・302，350，高橋・759参照）。ただし，留意を要するのは，

①　一つには，既に詳説してきたとおり，訴因変更の要否をめぐる最高裁判例の動きには相当大きなものがあり，旧来の判例は先例としての意義を喪失していると思われるものも少なくなく，取り分け，**平成13年決定【15】**の出現により，要否の基準についての新機軸が定立されたことによって，この分野における判例は総体として見直しを迫られているという点である。もっとも，この決定自体，基本的な判断の枠組みを提示したにとどまっており，なお，今後の判例の集積に待たざるを得ない問題点も少なからず残されている状況にある。その意味では，これまでの「**被告人の防御に実質的な不利益を及ぼすおそれの有無**」を中心的な視点に据えた累次の判例が積み重ねてきた変更要否の判断事例を分析・整理しておくことも，【15】の「**審判対象の画定の見地**」に中核的な視座を置く新たな基準との対比を見る上で，あながち意義のないことではない（【15】も，正面から判例変更を宣言しているわけではない）。したがって，以下の叙述については，上記の点の留保を踏まえた上で，これまでの判例の傾向を見るという限度で参照されるべきものであり，今後とも不動の先例基準と誤解することのないようにしなければならない。

②　次には，実務上は，**任意的訴因変更**の活用が望まれる場面が少なくないという点である。とりわけ，構成要件該当事実の変動については，それが軽微なものにとどまっていて訴因＝審判対象の同一性がなお保持されているとみられる（つまり，訴因変更不要な）場合であっても，訴因の本質的部分＝訴因としての拘束力を有する部分の変動であることの重みにかんがみて，任意の訴因変更手続を経由するという入念な配慮が求められよう。元来，「訴因変更の要否の問題」というのは，実務家にとっては，その点の実務上の配慮を欠いたときに，「違法適法の限界線はどの辺りであるか」，「違法とまではいえないとして破棄を免れ得る限度はどこまでか」を探る議論にほかならない。「訴因変更は不要である」というのも，この意味に解しておかなければならないことを銘記すべきであり，このことが任意的訴因変更という実務上の知恵（安全弁）をもたらしてきたのである。

第4節　旧来の判例による訴因変更要否の具体的判断とその見直し

訴因変更の要否に関する最高裁判例については，香城元判事による分析と整理（香城・309以下）が極めて有益である。ここでその概要をとりまとめて掲げておくことにする（ただし，個々の判例の位置付けについては，異論の余地がある）。

I　訴因変更が必要な場合
　……別の訴因を認定することになる場合
　i　訴因で定められた訴追対象事実を拡大して認定する場合
　　最決昭 25・6・8 刑集 4・6・972【101】
　　〔窃盗→窃盗＋住居侵入〕
　　最決昭 40・12・24 刑集 19・9・827【12】
　　〔ほ脱所得についてほ脱額の増加を招く実質所得金額の増加を認定〕
　ii　訴因で定められた訴追対象事実と異なる内容の犯罪事実を認定する場合（訴因と異なる事実を認定したことにより訴追対象事実に変化が生じた場合）
　　最判昭 29・8・20 刑集 8・8・1249【94】
　　〔強制わいせつ→公然わいせつ〕
　　最判昭 36・6・13 刑集 15・6・961【9】
　　〔収賄共同正犯→贈賄共同正犯〕
　　最大判昭 40・4・28 刑集 19・3・270【10】
　　〔供与幇助→供与共同正犯〕
　　最判昭 41・7・26 刑集 20・6・711【11】
　　〔業務上横領→特別背任→業務上横領〕
　　最判昭 46・6・22 刑集 25・4・588【31】
　　〔発進時のクラッチペダル踏み外し急発進→接近進行中の制動遅滞〕
　iii　黙示の予備的訴因にも含まれていない事実を認定する場合

II　訴因変更が不必要な場合
　……訴因に掲げられた犯罪事実の認定にとどまると認められる場合
　i　訴因に掲げられた以外の犯罪事実を認定したとはいえない程度に軽微な事実の変更をしたにとどまる場合（訴追対象事実に変化がなく，ただその具体的内容の一部に変化が生じたにとどまる場合）
　　最判昭 28・11・10 刑集 7・11・2089【20】
　　〔詐欺単独犯→詐欺共同正犯〕
　　最判昭 30・10・4 刑集 9・11・2136【64】
　　〔詐欺の日時場所，欺もう方法，相手方に交付した物品の品質数量，相手方から騙取した現金の金額が全く同一で，被欺もう者及び被害者を父から娘に変更〕
　　最判昭 32・3・26 刑集 11・3・1108【36】
　　〔路肩に寄り過ぎたという行為が過失行為とされている点で同一，その具体的事情に差異あり〕
　　最判昭 33・7・18 刑集 12・12・2656【84】
　　〔傷害同時犯→傷害共同正犯〕
　　最判昭 34・7・24 刑集 13・8・1150【8】
　　〔単独所持→共同所持〕
　　最決昭 35・8・12 刑集 14・10・1360【56】
　　〔背任：第三者図利益目的→自己図利益目的〕
　ii　明示された訴因に含まれていると解せられる黙示の予備的訴因を認定する場合（黙示の予備的訴因による縮小認定の場合）
　　最判昭 26・6・15 刑集 5・7・1277【16】
　　〔強盗→恐喝〕
　　最判昭 28・5・29 刑集 7・5・1158【15】
　　〔横領→占有離脱物横領〕
　　最決昭 28・9・30 刑集 7・9・1868【19】
　　〔殺人→同意殺人〕
　　最決昭 28・11・20 刑集 7・11・2275
　　〔殺人未遂→傷害〕
　　最判昭 29・1・21 刑集 8・1・71【5】【22】
　　〔窃盗共同正犯→窃盗幇助〕
　　最判昭 29・1・28 刑集 8・1・95【6】【23】
　　〔密輸入共同正犯→密輸入幇助〕
　　最決昭 29・10・19 刑集 8・10・1600
　　〔強盗→（強盗幇助）→恐喝〕
　　最判昭 29・12・17 刑集 8・13・2147
　　〔強盗致死→傷害致死〕
　　最判昭 30・10・18 刑集 9・11・2224【91】
　　〔爆発物取締罰則3条→同6条〕
　　最判昭 30・10・19 刑集 9・11・2268【21】【50】〔傷害共同正犯→暴行単独犯〕
　　最判昭 33・6・24 刑集 12・10・2269【24】
　　〔強盗殺人共同正犯→殺人幇助〕
　　最決昭 55・3・4 刑集 34・3・89【13】
　　〔酒酔い運転→酒気帯び運転〕
　iii　罪数に関する検察官の法律判断と裁判所のそれとが異なる場合
　　a　一罪→数罪

訴因変更〔I〕　175

第3章　訴因変更の要否

> 　　　　最判昭 29・3・2 刑集 8・3・217【109】
> 　　　　最判昭 32・10・8 刑集 11・10・2487【111】
> 　　b　数罪→一罪
> 　　　　最決昭 35・11・15 刑集 14・13・1677【123】
> 　iv　事実に変動なく適用罪名について検察官の法的判断と裁判所のそれが異なる場合
> 　　　　最判昭 28・5・8 刑集 7・5・965【104】
> 　　　　最決昭 30・7・1 刑集 9・9・1769【105】
> 　　　　最決昭 32・7・19 刑集 11・7・2006【106】
> 　　　　最決昭 40・4・21 刑集 19・3・166【26】
> 　　　　最決昭 53・2・16 刑集 32・1・47【128】

1　同一構成要件内のずれの場合

(1)　犯罪の日時，場所

　犯罪の日時，場所は，それが著しく異なれば，そもそも公訴事実の同一性が失われるから，訴因変更自体不可能となる。そこまで至らない場合であってそのずれの程度が大きなものでなければ（条解刑訴 623，高橋・760 は，「著しく異なるところにまで至らなければ」と表現される。），訴因変更を不要とした判例が少なくない。

【訴因変更不要】

札幌高函館支判昭 25・5・8 判特 10・129　横領時期に約 4 箇月の差
最判昭 30・7・19 刑集 9・9・1885【28】　麻薬所持の場所：大宮市内の被告人の自宅→被告人の自宅外である大宮市 I 方（後出）
最判昭 30・10・4 刑集 9・11・2136【64】　欺もう場所の変更：某地 A 方→同所 B（A の長女）方（むしろ，変更があったというに値しない事案ともいえる。）
東京高判昭 32・5・6 東時 8・7・181【54】　収賄罪につき金員授受の場所の多少の変更
最決昭 35・2・11 刑集 14・2・126【55】　詐欺罪におけ
る欺もう行為の日時：11 月 3 日ころ→12 月 5 日ころ
名古屋高金沢支判昭 38・3・19 下刑 5・3＝4・176　公職選挙法違反の犯行日時：10 月 10 日ころ→9 月 20 日ころ，10 月中旬ころ→9 月 22 日ころ
東京高判昭 45・6・15 東時 21・6・212　暴行時期に約 3 箇月の差
東京高判昭 54・4・5 東時 30・4・57　包括一罪の一部をなす個々の横領行為の日時：11 月 10 日ころ→9 月 22 日ころ，10 月 4 日ころ
東京高判昭 56・6・11 高検速報 2523　犯行日時：昭和 50 年 1 月 12 日午後 10 時ころ→同日午後 2 時ころ
広島高判昭 60・5・16 判時 1169・155　無免許運転の犯行日：5 月 22 日→5 月 25 日

【28】　最判昭 30・7・19 刑集 9・9・1885

判旨　「論旨第 3 点は，右第 2 の起訴事実と第一審判決の認定事実とは所持の場所を異にするが故に不告不理の原則に違背すると主張する。なるほど本件所持罪においては，所持の場所はかなり重要な訴因の内容をなすことではあるが，所持の目的物が同一である限りその場所に多少の変更があつたとしてもその一事を以て直ちに公訴事実の同一性（ママ）が失われると解すべきではないから，第一審判決が公訴事実と全然別箇の事実を認定したものということはできないとした原判決の判断は相当である」

　このような結論は，旧来，被告人の防御に特に不利益を来すことが少ないであろうから，という理由で是認されてきたが，今後の**審判対象説**による視点としては，例えば，訴追対象事実の変化を来したか否か，換言すれば，

第4節　旧来の判例による訴因変更要否の具体的判断とその見直し

訴因に掲げられた以外の犯罪事実を認定したとはいえない程度に軽微な事実の変更をしたにとどまるか否か（香城・309—そのとどまる場合の例として，「同一犯罪の日時，場所，方法のわずかな変更がこれに当たる」とされる。池田／前田・259は，「犯行の日時・場所の小さな齟齬」，書研・講義案・134は，「犯行の日時，場所のささいな変化」と表現される）などの，**訴因の同一性基準**によることとなる。以下の(2)〜(6)においても，基本的な考え方は同じことである（小林・382は，「同一公訴事実の範囲内である限り，犯罪の日時，場所を訴因と異なって認定することから犯罪の成否や量刑が異なってくるということは通常考えられないから，一般的には訴因変更は必要としないと解すべきであろう」とされた上で，同趣旨のものとして，上記【28】，【55】を挙げられる。また，田宮・197は，「犯罪の日時・場所・方法等は，通常罪となるべき事実そのものに属しないので，アリバイ関係で犯罪の成否に影響するような例を別にして，判例上変更を要しないとされる場合が，ある程度ゆるやかに認められる傾向がある。もっとも，有意的なずれがあれば，変更を行わせたうえで認定するというのが，むしろ裁判実務の運用であり，それは妥当なことというべきであろう」とされている。）。

そうして，日時，場所の相違が直接犯罪の成否にかかわる場合には，訴因変更が必要となるとする判例がある。「法律的，社会的意味合いを異にする事実の変化があった」場合（平野・136，書研・講義案・128）ないし「事実の質的意味」に変動を来した場合（田宮・

195）とみることができよう（これに対し，条解刑訴・623，小林・389などは，具体的防御説の視座から訴因変更が必要になる場合であると解されている。）。

【訴因変更必要】

東京高判昭26・12・28判特25・141【29】　昭和21年から同23年まで職務権限ある地位に就いていた被告人の収賄時期：昭和24年4月ころ→昭和22年12月ころ　　　　　　　　　　　　　　　　　　　　　　①

福岡高判平16・10・8高検速報1445【30】　収賄日時・場所：6月21日ころ，同町c（番地略）所在のd有限会社敷地内において→6月ころ，同町内又はその周辺において　　　　　　　　　　　　　　　　　②

【29】　東京高判昭26・12・28判特25・141
　　　　　　　　　　　　　　　　　　　　　　　　　①

● コメント

　小林・389は，「私は，抽象的防禦説から出発しつつも，**具体的防禦**の観点を全く捨象するのは相当でないと考えるものである。犯罪の日時，場所を訴因と異なって認定するについては抽象的にみるならば訴因の変更を必要としないというべきであるけれども，被告人が訴因の日時，場所についてアリバイを主張しているような場合はこれを必要とすることにほぼ異論はないであろう。このことは，被告人の防禦に実質的な不利益を来すかどうかについては，具体的訴訟の経過を離れて決し難い面のあることを如実に物語るものであろう」，「抽象的にみるならば，訴因と異なった認定をするに当たって訴因の変更を必要と

しない犯罪の日時，場所についても，具体的事件において，被告人がアリバイを主張するなどの事情があってその相違が犯罪の成否に影響するときは，訴因の変更を必要というべきである」とした上，本判例をそのような事例として理解できるとされる。

審判対象説の立場からは，本判決の事実変動は，「社会的・法律的意味合いを異にする事実の変化があった」ないし「事実の質的意味に変動を来した」場合に該当し，当初訴因により画定されていた審判対象の範囲を逸脱する（訴追対象事実と異なる内容の犯罪事実を認定する），と評価されることになろう。

【30】 福岡高判平 16・10・8 高検速報 1445
(②)

事実

起訴状記載の公訴事実

被告人は，平成7年4月23日及び平成11年4月25日に施行された長崎県南高来郡a町議会議員選挙にいずれも当選し，同町議会議員として，平成11年5月11日に予定された同町議会議長選挙に際し，これを選挙する職務権限を有していたものであるが，平成10年11月ころから平成11年5月8日ころまでの間，同町b（番地略）所在の同町役場ほか2か所において，同町議会議員であり，同町議会議長選挙において当選したいと考えていたAから，同選挙で同人が当選できるよう自己への支持をしてほしい，また，他の同町議員に対しても同選挙で自己への支持をするように働きかけてほしい旨の請託を受け，同年6月21日ころ，同町c（番地略）所在のd有限会社敷地内において，その謝礼として供与されるものであることの情を知りながら，日本刀1振（時価約20万円相当）の供与を受け，もって，自己の前記職務に関し，請託を受けて賄賂を収受した。

判示認定事実

日時・場所以外の事実については，本件公訴事実と同一の事実を認定しながら，日時・場所につき，「同年6月ころ，同町内又はその周辺において」と認定した。

判旨 「このように，原判決が検察官の主張する日時・場所と異なる日時・場所を認定する場合，とりわけ，原審第11回公判において裁判官から検察官に対して訴因変更の示唆があったにもかかわらず，検察官が本件公訴事実を維持する態度を明らかにしたのであるから，訴因変更の手続を経ることなく，いきなり，本件公訴事実記載の日時・場所を包含するとはいえ，上記のごとく，その記載より広い範囲の日時・場所において罪を犯した旨認定することは，被告人に不意打ちの打撃を与え，その防御に実質的な不利益を及ぼすおそれがあるといわなければならない。

したがって，記録中には本件公訴事実記載の日時・場所を証する証拠がある反面，これ以外の日時・場所における犯行を示すような内容の証拠が存在するとは言い難く，被告人の罪責を問うためにはこの点について更に審理を尽くす必要があり，その結果いかんによっては判決に重大なる影響を及ぼすことが考えられる。

そうであれば，原審が訴因変更の手続を経ないで，日時・場所を前記のように認定したのは訴訟手続の法令に違背し，その違反が判決に影響を及ぼすことが明らかであるといわざるを得ない」

● コメント

判文は，見てのとおり，被告人の防御権の観点から判断を加えている。**審判対象説**の立場から考えてみると，判旨は，判示されている検察官の釈明が審判の対象を厳格に固定する作用を及ぼしたとみるものであろうか。訴

第4節　旧来の判例による訴因変更要否の具体的判断とその見直し

因に関する釈明内容が直ちに訴因事実を構成すると考えてよいかどうか，裁判例においても判断が分かれているところであるが，瑕疵なく有効に成立していて訂正の余地もない訴因である場合に，その明細を述べる検察官の釈明が直ちに訴因の内容をなすと考えることは，**識別説**の基本的な考え方と相容れないものであろう。上記訴因事実と判示認定事実との間には訴追対象（訴因）の同一性が明白に認められるところであり，訴因変更の手続を経なければ違法な認定となるようなケース（犯行日時場所の変動が犯行の成否を分けることになるようなケース）とも見えないから，**審判対象画定の見地**からする限り，訴因変更不要ともなし得たと思われる。

　純理論的には，以上のとおりといえる。もっとも，犯行の日時・場所について裁判所から訴因変更の示唆を受けた検察官がこれに応じない意思を明示したということは，実際上，訴因の識別機能を際立たせる働きをするであろうから，審判対象が訴因記載どおりの日時・場所における犯行というものに固くしばり付けられるとの受け止め方を，裁判所，被告人・弁護人に，検察官の訴追意思としてもたらすことは免れ難いところである。このような場合には，検察官の意思解釈の結果として，裁判所の認定との対比において訴追対象事実に変動が生じたとされることになろうか。しかし，検察官の釈明を待つまでもなく訴因の記載それ自体により特定十分で適法有効に訴因が成立している場合，その訴因の審判対象としての識別性は，やはり当該訴因に

記載されている事実—主として要件事実—そのものによって支えられているのであり，これを訴因外の非要件事実に関する検察官の釈明内容が限定する法的な根拠はないであろう（小林・諸問題33参照—識別説の立場から，共同正犯の訴因において，検察官が共謀の日時，場所を釈明して明らかにした場合ですら，裁判所がそれと異なる事実を認定するには，訴因変更不要とされる）。検察官が本件のような対応をとった場合には，一層争点顕在化＝防御機会付与の必要性が高くなり，その措置をとらなかったことが判決に影響を及ぼすべき訴訟手続の法令違反（379条）に該当することとなりかねない点に十分留意すべきであるが，訴因変更を経ない判示認定が訴因逸脱となるとするのは行き過ぎと思われる。

　ただし，犯行の日時・場所は，いわゆる**一般的防御上重要事項**に属すると解する立場からは（第2節3(4)(b)，【15】の【コメント】参照），この点から訴因変更が原則的に必要となることを忘れてはならないし，またそうでなくとも，被告人側にとって防御の範囲が広がるものである以上，裁判所としては，予めその点を被告人側に注意喚起する（いわゆる争点顕在化により防御の機会を与える）ことに配意すべきである。その方法の一環として，任意的訴因変更の手続をとることは考えられる。

(2)　**行為の態様，方法等**

(a)　過失犯

　これまで，行為の態様，方法等のずれは，

訴因変更〔I〕　**179**

第3章　訴因変更の要否

それが被告人の防御方法を基本的に修正することを必要とする程度のものである場合に，訴因の変更を必要とする，とされてきた（条解刑訴・623，高橋・760）。

過失犯における過失態様の変更はその典型的な場合である。過失犯の場合，訴因事実と認定事実との間の差異が過失の態様に基本的な変動をもたらす性質のものであれば，重要な事実の変動があるから訴因変更を要するが，事故の具体的状況に多少の変動はあっても過失の態様に基本的な差異をもたらさないような性質のもので，被告人の防御に実質的な不利益を与えないものであれば，訴因変更を要しない，とするのが最高裁判例の考え方であろう，とされてきたのである（池田・判解63・358。なお，小林・379は，過失の態様の差が些少な場合は，被告人の防禦に実質的な不利益を来さないものとして，訴因変更を必要としないと解すべきであろうとされる）。

そして，この場合，過失の態様とは，注意義務の種別に対応した過失の種類とその違反の程度の双方が含まれており（小泉・264，田口・評論・80），それが基本的に変動したかどうかの判定については，これを肯定する場合として，①事故の状況が全く異なる場合にこれに応じて過失の態様も変動する（過失の態様に差異をもたらせるほど，背景となる事故の状況が異なる）とき（最判昭46・6・22刑集25・4・588【31】，最判昭46・11・26裁集182・163，東京高判昭51・9・21東時27・9・125，東京高判昭52・3・22判時850・111などがその例とされる），②事故状況は同じでも訴因に明示された過失の存在時点とは別の時点で過失をとらえたために注意義務の内容が異なり過失態様に変動を生じるとき（仙台高判昭43・7・18高刑集21・4・281，大阪高判昭44・3・10刑月1・3・193など），③態様の異なる他の過失を重畳的ないし併存的に認定するときでその過失が訴因に掲げられた過失と基本的に異なるとき（大阪高判昭46・5・28高刑集24・2・374など），などが挙げられ，これを否定する場合として，①背景となる事故の状況が異なっても，例えば，被害者の行動に関する細部の食い違いにすぎず，過失の態様に影響を与えないとき（最決昭36・11・8裁集140・47【41】），②訴因掲記の過失に更に別個の過失を付加して認定する場合であっても，付加された過失が二次的ないし副次的・派生的であるとき（東京高判昭46・3・29高刑集24・1・282【34】，大阪高判昭42・8・29下刑9・8・1056【37】，東京高判昭43・11・22判タ235・286）など，単に注意義務を尽くす手段・方法が訴因と異なるにすぎないときは，同一態様の過失の内部における事実の変動であって，訴因変更は不要である，とされている（毛利・62，三井・争点・129）。

しかし，今日の最高裁判例の到達点から見ると，上記の考え方の枠組みの中には問題とすべき点が認められる。

まず，「過失の態様」とは，「注意義務の種別に対応した過失の種類とその違反の程度の双方が含まれている」とされている点であるが，果たして「程度」が異なることにより「過失の態様」が異なってくるものなのであろうか。例えば，「速度調節義務違反」とい

第4節　旧来の判例による訴因変更要否の具体的判断とその見直し

う「注意義務の種別に対応した過失の種類」の枠内で，速度調節の「程度」が異なることで「過失の態様」が異なったものとなるのか。この点，**最決昭63・10・24【14】**は，「速度調節義務違反」の過失の存在を判示認定したことに違法はないとしたものであるが，「降雨による路面湿潤の事実」と「路面上の石灰の堆積凝固の事実」とは，「いずれも路面の滑りやすい原因と程度に関するものであって，速度調節義務を課す根拠となる具体的事実である」から，訴因としての拘束力は有しないものであることをその理由としていた。これら速度調節義務の発生根拠となる前提事実のいかんにより，路面の滑りやすさ，したがって速度調節の具体的な「程度」が相当異なってくるために訴訟上問題化したのであったが（3節3(2)参照），最高裁は，訴因に掲記された「降雨による路面湿潤の事実」に訴因外の「路面上の石灰の堆積凝固の事実」を付加して認定することにより「速度調節義務（違反）」を認定することも問題ないとの趣旨を述べていると解されるのである。もしも速度調節義務（違反）の「程度」が違えば「過失の態様」が変わる（「降雨湿潤」に基づく速度調節義務違反と「降雨湿潤」プラス「石灰堆積凝固」に基づく速度調節義務違反とは，別訴因になる。）という前提に立つのであれば，このような認定は訴因逸脱となろうから，最高裁としては，その立場にはないのではないかと推測される（田口・前掲80は，注意義務の程度の「差異が著しく大きければ過失の態様自体も異なってくる可能性もあろう」とされる。

これに対し，寺崎・警研30は，「確かに減速の『程度』が問題として残るが，それは石灰の堆積による路面の滑走という特殊な条件がなくとも，適切であるべき速度には，降雨の量や道路の具体的な状況に応じた相違があるはずである。従って，第一審は『雨による路面滑走』の訴因を変更することなく，『石灰による路面滑走』の事実を認定し得たものと考える」とされる）。

次に，「被告人の防御に実質的な不利益を与えない限り」という留保が付されている点は，旧来の**防御説**の名残をとどめたものであり，**審判対象説**の立場からは訴因変更要否の判断に異質なものを持ち込もうとするものとの批判が加えられるであろう。過失とは，単なる責任形式ではなくして過失犯の構成要件に該当する行為＝注意義務違反の行為としてもとらえられるものであるところ，過失の態様が変化するときは過失行為の内容たる事実そのものが異なってくるから，それはすなわち要件事実の変動である。したがって，その変動があった場合には，訴因事実としての過失行為の同一性を動揺させることのないような微細なものを除いて，原則的に訴因変更を要するとするのが，**最決平13・4・11【15】**の趣旨にそぐうものであろう（なお，田宮教授は，「結果の不法より過失行為（態様）の不法に着目する新しい過失観」を踏まえ，「このような過失行為こそ重要であるならば，それが過失を犯罪たらしめる中核的事実であり，その具体的内容が明らかにされなければ犯罪事実の識別は不可能である」（田宮・交通百選・209），「過失犯は未完結の構成要件だから，それを補充する

訴因変更〔Ⅰ〕　**181**

第3章　訴因変更の要否

個々の注意義務違反は，故意犯であれば行為の内容（態様）にも比すべき重要性をもつ」，「過失犯の訴因として掲げられるものの中でもっとも重要なのは，義務違反の行為（過失の態様，事故の状況，因果関係を構成する事実など）であるから，それに違いをきたせば，訴因変更を要すると解すべきであろう」（田宮・197）とされる。また，高木・261は，「過失致死傷罪の構成要件について刑法の規定するところは，わずかに210条，211条の2カ条にすぎないが，これは構成要件が開かれた構成要件として規定されているからにほかならないのであって，本来ならば，過失行為の類型を異にするごとに異なった構成要件として規定されるべきものといわなければならない。そうだとすれば，過失態様の相違は過失行為の内容たる事実そのものを異にする結果となるのであって，その相違が同一類型のなかのきわめて些少な部分に過ぎないため実質的防禦を害することがないと認められる場合は格別，そうでない限りは訴因の変更を必要とするものといわざるを得ない」とされており，鬼塚・判解46・138もこれに同調されている。小林・378も，「同一法条に触れると言っても，過失の内容たる注意義務違反が異なるときは，構成要件的に別個の法規範の違反があると言うこともできる。したがって，訴因とは異なる態様の過失を認定するときは訴因の変更を必要とすると解すべきであろう」とされる。さらに，香城・305は，「過失の態様の場合，そのとらえ方に相違が生じやすく，訴因構成上の範囲にも広狭が生じやすいが，同一の過失行為とみられないときには，訴因の変更を待って新しい過失行為を認定すべきである」とされている。
——以上に対し，木谷・133は，**防御説**を堅持して，「過失態様に変動がなくても，例えば前提事実に大きな変動があって防御の必要性が大きいときは訴因変更が必要」とされる）。

《過失態様の変動》

【訴因変更必要】

東京高判昭32・2・5東時8・2・23　前方不注視でVの進行に気づかなかった→Vを完全に追い抜かなかったのにそのように軽信し追越し後におけるVの位置不確認
東京高判昭40・8・27下刑7・8・1583　前方不注視→減速徐行義務違反を付加
大阪高判昭41・7・22下刑8・7・970　前方不注視→追抜中止義務違反
仙台高判昭43・7・18高刑集21・4・281　歩行者の側方通過時の安全間隔不保持→酒酔いによる運転避止義務違反
大阪高判昭44・3・10刑月1・3・193　交差点を左折する際の過失→交差点の直前20メートル付近での過失
東京高判昭45・10・12高刑集23・4・737　被害者の自転車に接近して進行したこと→駐車車両との間に十分な間隔を置かずに進行したこと
大阪高判昭46・5・28高刑集24・2・374　不徐行・安全間隔不保持→急制動・急転把付加
最判昭46・6・22刑集25・4・588【31】　発進時の濡れた靴によるクラッチの踏みはずし→接近中のブレーキのかけ遅れ　　　　　　　　　　　　　　　　　　　①
東京高判昭46・8・5判時655・87【89】　同乗者と雑談して前方不注視は同一だが，被害車両が対面進行して交差点を右折中→同車が左折のため一時停止中　　②
札幌高判昭46・8・31高検速報77・15　後退時の安全確認不適切→誘導能力のない者を誘導者に選任した過失

第4節　旧来の判例による訴因変更要否の具体的判断とその見直し

東京高判昭46・10・28刑月3・10・1340　左後方の安全確認義務違反→法定合図義務違反付加	東京高判昭52・3・22判時850・111　道路幅員が狭い場所で対向自転車を認めた場合の停車避譲義務違反→同自転車と安全にすれ違いできるよう進行し臨機の処置をとって事故発生を防止すべき義務違反（3）
広島高岡山支判昭46・10・28高検速報46・6　酒酔いによる運転中止義務違反→運転中の前方注視・減速義務違反	東京高判昭52・9・27東時28・9・114　交差道路の左方から進行してくる被害車両を約230メートル先に認め、その動静を注視し安全確認進行義務違反→同交差点の手前約17メートルに接近し、被害車両も同交差点に接近した時点で、交差点の手前で一時停止した上交通の安全を確認して進行すべき義務違反（3）
最判昭46・11・26裁集182・163　酒酔いによる運転避止義務違反→運転進行中、路上に仰臥していた被害者を発見して一旦停止し、下車して同人を道路左端に移し再び発進した際、右被害者の動静に注意し前方を注視しながら進行すべき注意義務違反	東京高判昭54・11・28刑月11・11・1373　前方注視義務違反は同一だが、対向車が実在したか否かによりその違反の具体的態様が異なる上、違反時期を早く認定（2）
仙台高秋田支判昭47・12・12高検速報47・8　酒酔いによる運転中止義務違反→追越し時の前方注視義務違反	東京高判昭54・12・26判タ420・125　前方注視による進路の安全確認義務違反→できるだけ道路左側に寄って徐行し、警笛吹鳴等によって自車の進行状況を対向車に知らせ、事故の発生を防止すべき注意義務違反
東京高判昭48・2・19刑月5・2・107　制限速度遵守義務違反→前照灯下向き進行過失付加	東京高判昭57・8・9東時33・7＝8・42　減速義務違反→その後における急転把付加
広島高岡山支判昭48・7・31判時717・101　対向車発見時における対向車との衝突事故防止義務違反→対向車と接近した時点における避譲義務違反（3）	東京高判昭59・11・27東時35・10＝12・94　太陽光線による眩惑のための運転避止義務違反→前方注視による進路安全確認義務違反
東京高判昭49・1・10判時738・112　自ら左側併進車両の有無・動静注視し安全確認すべき義務違反→左側併進車両の有無・動静注視を助手席に同乗していた妻に尋ねるなどして安全確認すべき義務懈怠（4）	大阪高判昭60・10・2判タ585・81　左後方の後続車両との安全確認義務違反→左側併進車両との安全確認義務違反（2）
大阪高判昭49・2・20刑月6・2・139　前方左右の注視義務違反は同一だが、被害者の自転車が被告人車と同一方向に進行中→同自転車が交差道路を左手から交差点内に進入してきた（2）	東京高判平5・9・13判時1496・130【32】　交差点進入前停止できるよう直ちに減速あるいは徐行する義務を怠り漫然同一速度で進行を継続したこと→直ちに減速して交差点手前で停止すべき義務を怠り同一速度のまま進行し交差点内に進入したこと（5）
東京高判昭51・8・24東時27・8・110　交差点右折時の直進車両確認義務違反→直進車両の進行妨害避止義務違反	福岡高判平6・9・6判タ867・296　直ちに急制動の措置をとるべきであったする点は同一だが、その措置の地点が約90メートル離れている上、被告人車両の速度はその間に加速している
東京高判昭51・9・21東時27・9・125　交差点の信号機の赤信号に従って停止位置で停止すべき義務違反、従前の速度で進行→赤信号に従って停止位置で停止できるような速度と方法で交差点に接近すべき義務違反、対面信号が青になるのは間近と判断して従前の速度のまま交差点に接近（4）	
仙台高秋田支判昭52・1・25高検速報52・3　対向車線内に進入したことを前提とする適正進路保持義務違反→対向車線に進入した場合はもとより自車線内にとどまっていた場合でも中央線付近にある以上は適正進路保持義務があるとして同義務違反を認定	

訴因変更〔Ⅰ〕　183

第3章　訴因変更の要否

【31】　最判昭46・6・22 刑集25・4・588（①）

事実　下記公訴事実に対して，第一審は，訴因変更の手続を経ないで，下記罪となるべき事実を認定判示した。そして，原審弁護人が，本件においては起訴事実と認定事実との間で被告人の過失の態様に関する記載が全く相異なるから訴因変更の手続を必要とする旨の主張をしたのに対し，原判決は，その差は同一の社会的事実につき同一の業務上注意義務のある場合における被告人の過失の具体的行為の差異に過ぎず，本件においてはこのような事実関係の変更により被告人の防禦に何ら実質的不利益を生じたものとは認められないから，第一審が訴因変更の手続を経ないで訴因と異なる事実を認定したことは何ら不法ではない旨の判断を示して，原審弁護人の前記主張をしりぞけ，第一審判決を維持した。

起訴状記載の公訴事実

被告人は，自動車の運転業務に従事しているものであるが，昭和42年10月2日午後3時35分頃普通乗用自動車を運転し，江見町方面から天津方面に向つて進行し，千葉県安房郡鴨川町横渚905番地先路上に差掛つた際，前方交差点の停止信号で自車前方を同方向に向つて一時停止中のＶ1（当34年）運転の普通乗用自動車の後方約0.75米の地点に一時停止中前車の先行車の発進するのを見て自車も発進しようとしたものであるが，かゝる場合自動車運転者としては前車の動静に十分注意し，かつ発進に当つてはハンドル，ブレーキ等を確実に操作し，もつて事故の発生を未然に防止すべき業務上の注意義務があるのに，前車の前の車両が発進したのを見て自車を発進させるべくアクセルとクラッチペダルを踏んだ際当時雨天で濡れた靴をよく拭かずに履いていたため足を滑らせてクラッチペダルから左足を踏みはずした過失により自車を暴走させ未だ停止中の前車後部に自車を追突させ，因つて前記Ｖ1に全治約2週間を要する鞭打ち症，同車に同乗していたＶ2（当44年）に全治約3週間を要する鞭打ち症の各傷害を負わせた。

判示認定事実

被告人は，自動車の運転業務に従事している者であるが，昭和42年10月2日午後3時35分頃普通乗用自動車を運転し，江見町方面から天津方面に向つて進行し，安房郡鴨川町横渚905番地先路上に差しかゝつた際，自車の前に数台の自動車が一列になつて一時停止して前方交差点の信号が進行になるのを待つていたのであるが，この様な場合はハンドル，ブレーキ等を確実に操作し事故の発生を未然に防止すべき業務上の注意義務があるのに，これを怠り，ブレーキをかけるのを遅れた過失により自車をその直前に一時停止中のＶ1（当34年）運転の普通乗用自動車に追突させ，よつて，右Ｖ1に対し全治2週間を要する鞭打ち症の，同車の助手席に同乗していたＶ2（当44年）に対し全治約3週間を要する鞭打ち症の各傷害を負わせた。

判旨　「本件起訴状に訴因として明示された被告人の過失は，濡れた靴をよく拭かずに履いていたため，一時停止の状態から発進するにあたりアクセルとクラッチペダルを踏んだ際足を滑らせてクラッチペダルから左足を踏みはずした過失であるとされているのに対し，第一審判決に判示された被告人の過失は，交差点前で一時停止中の他車の後に進行接近する際ブレーキをかけるのを遅れた過失であるとされているのであつて，両者は明らかに過失の態様を異にしており，このように，起訴状に訴因として明示された態様の過失を認めず，それとは別の態様の過失を認定するには，被告人に防禦の機会を与えるため訴因の変更手続を要するものといわなければならない」

● **コメント**

本判決が理論的にどのような立場をとって訴因変更必要と結論付けたものであるかは明らかでない。判文が指摘しているのは，訴因事実と認定事実とが明らかに過失の態様を異

184　刑事訴訟法判例総合解説

第4節　旧来の判例による訴因変更要否の具体的判断とその見直し

にしているという点と，そのような認定をするには被告人に防御の機会を与えるために訴因変更を要するという点である。そして，この事件の具体的な訴訟経過をみてみると，被告人としては，訴因事実は争わないが判示認定事実がもし訴因とされたならばこれを争ったであろうと推認できるところであり，そのような情況下での一審認定は被告人にとってまさに不意打ちであったと見られる。したがって，判文上，「被告人の防御に実質的な不利益を及ぼすかどうか」という伝統的なタームは用いられていないものの，実際上はこの視点からの判断であったという見方も十分に成り立つ。

だが，他方で，「この判例は，過失犯においては過失の態様が，故意犯における行為や結果と同様に，訴追意思の形成に重要な役割を果たしていることを承認し，これを訴因の異同を決する要因とした点に，画期的な意義があると解せられる」とする評価もある（香城・313。小林・378 も，過失の内容たる注意義務違反が異なるときは構成要件的に別個の法規範の違反があるとみられるから訴因と異なる態様の過失を認定するときは訴因変更を要すると解すべきであるが，本判決はその趣旨である，とされる）。訴因にいう「発進時におけるアクセル，クラッチペダル操作の誤りによる暴進」と判示にいう「停止の際のブレーキ操作の誤りによる不停止」とでは，明らかに過失の態様（過失行為の内容）を異にする。**審判対象説**の採用という最高裁判例の姿勢が明確に打ち出された今日においては，後者の理解

をもって至当としよう。

なお，本判決については，「一見極めて厳格に訴因変更を要求し，過失態様の相違が同一類型のなかのきわめて些少な部分にすぎない場合でない限り訴因変更を要求する趣旨とも解される余地もある」との指摘がある（池田・判解63・360）。上述した高木・261の見解に担当調査官である鬼塚判事が同調された上で，「本件の場合過失の態様の相違が『同一類型のなかのきわめて些少な部分にすぎない』とは到底いえないので，本判決がいうように，訴因変更手続を要する場合にあたるというべきであろう」とされ，それまでに下級審が訴因変更不要とした事例の中にかなり変更を必要とすべきものがあろうことを指摘されている（鬼塚・判解46・138，141）ところを指すものであろう。そして，そのことによって，本判決以降の控訴審判例は，厳格に訴因変更を要求しているものが多いとされ，そのために，一審では，上級審からとがめられることのないようにと相当きめ細かく訴因変更が行われてきた，このような運用には批判的見解が多い，とも指摘されている（海老原・大系・130，池田・前掲・361。小林・379 も「高裁判例の中にはやや厳格に過ぎると思われるものも見受けられる」とし，その例として**東京高判平 5・9・13 判時 1496・130【32】**を挙げられている）。たしかに，「訴因と少しでも違った認定をしようとするときは必ず判決直前に再開して訴因を判決書の認定事実に合わせる方法もとられている」点は，「不必要な変更まで行われることになり，理論的な方法

訴因変更〔Ⅰ〕　**185**

第3章 訴因変更の要否

とはいえない」（海老原・前掲・130）であろうし，「訴因と認定との間の細かな相違については訴因変更以外の方法で被告人の防御権を保護すればよいとする指摘は示唆に富む」，「当事者に攻撃防御の機会を与えれば訴因変更を要求しないという方法は，訴因と認定との相違が小さく，過失の態様に基本的な変動がないような場合に限り，十分検討に値する」（池田・前掲・361）といえるであろう。ただ，上記の高木説・鬼塚説も，「訴因と少しでも違った認定をしようとするときは必ず」訴因変更をすべきものとまでは考えていないことは明らかなのであり，結局，「きわめて些少な部分」，「基本的な変動を来さない程度」についての見極めに悩んだ第一線の実務が，上級審での批判を懸念する余り，とにかく訴因変更の手続によることで無難さを求めたということであろう。今後は，必要的訴因変更の場面なのか，そうでないとして，任意的訴因変更で対処するか，それ以外の争点顕在化の手段を講じるか，とりわけこの最後の選択肢のあることを忘れないように判断の視点を多角的に持って臨機応変弾力的に対応することも求められようが，上級審の目から見ればときに下級審の訴因変更の措置が神経質に過ぎると映ることもあろうけれども，手堅さが追求されること自体は裁判というものの性質上基本的に悪いことではないはずであり，問題といってもそう深刻なものということではあるまい（軽微な事実変動の場合であれば，訴因変更の手続も，公判廷において口頭により請求され，直ちに許可決定されるのが通常であろう。）。そして，こと要件事実に関しては，その変動には訴因変更を要するというのが何といっても基本なのであるから，訴因の同一性をなお保ち得る程度の軽微なものであって必要的訴因変更には至らずとも，任意的訴因変更の手続を選択するのが相当といえるのではなかろうか（池田・判解13・71，79も「通常は，同等の手続を経るよう配慮して運用するのが望ましく，実務上の指針としては有用である」とされている）。

なお，本判決のような過失の態様に着眼する考え方をとる場合でも，「『足を滑らせてブレーキペダルから足を踏み外した』という過失の訴因に対して，『ブレーキをかけるのが遅れた』との過失事実を認定するようなときには，一方は，足を滑らせてブレーキをかけそこなったというのに対し，他方は，ブレーキをかけるのが遅れたというのであり，どちらも停止の際に適時，適切なブレーキ操作をしなかったということには変わりがない。注意義務の種類もその存在時点も同じであって，過失行為の内容に若干相違があるにすぎないのであるから，この程度の違いであれば，訴因変更を要しないとみてもよいのではないか」とされる裁判実務家もある（毛利・62）。

② 東京高判昭46・8・5判時655・87，大阪高判昭49・2・20刑月6・2・139，東京高判昭54・11・28刑月11・11・1373，大阪高判昭60・10・2判タ585・81

● コメント

「このような事案においては，被害車両の

第4節　旧来の判例による訴因変更要否の具体的判断とその見直し

位置が異なることによって過失の内容が変動したり，信頼の原則の適用の余地が生ずる場合もあるから，訴因変更が必要となることが多いと思われる。しかし，**東京高判昭46・8・5**の事案は，過失の内容に変動がないうえ，全くの前方不注視であって信頼の原則が問題になるとは考え難いから，不意打ち防止の措置をとることで足り，訴因変更の必要はなかったように思われる。**大阪高判昭49・2・20**の事案も，判文からは明らかでないが，同様の可能性がある。なお，右のように信頼の原則の適用の余地が生ずる場合につき，被害車両の位置等を確定しなかった点に審理不尽の違法等があるとして破棄した事例として，**大阪高判昭61・10・14判タ631・237**等がある」とする評論（池田・判解63・370）に対し，「これらの判例（**東京高判昭46・8・5，東京高判昭54・11・28，大阪高判昭60・10・2**）における前提事実は過失態様と不可分であるがゆえに，やはり訴因としての拘束力を持つと考えるべきであろう。したがって，これらの判例は，今回の63年判例にもかかわらず維持されると思われる」とする評釈がなされている（田口・評論・80）。前方左右の注視義務のように，周囲の状況，運転者の置かれた立場のいかんに関係なく，常に絶対的に遵守を求められる普遍的義務に違反し，かつ，その懈怠がなければ事故の発生を防止することができたという場合に，被害者の位置等を含む周囲の状況が訴因と裁判所の認定とで異なったときに訴因変更を要するかについては，消極に解する（当該注意義務の発生根拠となる具体的事実でさえ要件事実ではないという**最決昭63【14】**の立場からすればなお更のこととなろうか）。

③　広島高岡山支判昭48・7・31判時717・101，東京高判昭52・3・22判時850・111，東京高判昭52・9・27東時28・9・114

● コメント

「過失をとらえる時点を遅らせるなどしたために過失の態様に若干変更が生じたものの，訴因に含まれる過失行為の内容を詳細に判示したにすぎないか，いわゆる縮小認定をしたと解する余地もある」として，訴因変更必要とした結論に疑問を呈する見解がある（池田・判解63・368）。これらの判示認定では訴因の同一性が失われているものとはいえないであろう。

④　東京高判昭49・1・10判時738・112，東京高判昭51・9・21東時27・9・125

● コメント

「これらの事案は，過失の態様に変更がなく，過失行為の内容を詳細に認定したにすぎないと思われる」，「以上の事案は，いずれも過失行為の内容に基本的変動がないから，不意打ち防止の措置がとられていれば訴因変更までの必要はなかったように思われる」として，訴因変更必要とした結論に疑問を呈する見解がある（池田・判解63・370）。これらの判示認定では訴因の同一性が失われているものとはいえないであろう。

第3章　訴因変更の要否

【32】　東京高判平5・9・13 判時1496・130 ⑤

事実

起訴状記載の公訴事実

　被告人は，業務として前記自動車を運転し，前記場所先の信号機により交通整理が行われている交差点に，越谷市方面道路から，時速約60キロメートルで差しかかり，同交差点を東京都方面に向かい直進しようとした際，同交差点の同方面出口に設置された対面する信号機が赤色を表示していたのを，同信号機手前約78メートルにおいて認めたのであるから，同交差点進入前停止できるよう，直ちに減速あるいは徐行し，もって，事故の発生を未然に防止すべき業務上の注意義務があるのに，これを怠り，先を急ぎ，右対面信号機は間もなく青色に変わるものと軽信し，漫然前記速度で進行を継続した過失により，同交差点進入直前，なお，右対面する信号機が赤色を表示していたのを認め，次いで，折から，同交差点右方道路から進行して来たA子（当55年）の運転する普通貨物自動車（軽四）を右前方約13.2メートルに認め，急制動の措置を取ったが間に合わず，同交差点ほぼ中央において，同車前部に自車右側部を衝突させて同人を車外路上に転落させ，よって，同人に頭部外傷等の傷害を負わせ，同日午後9時20分ころ，東京都足立区《番地略》甲野病院において，同人を右傷害による頭蓋内損傷により死亡するに至らせた。

第一審判示認定事実

　被告人は，対面する信号機が赤色を示しているのを同信号機の約78メートル手前で認めたので，直ちに減速して交差点手前で停止すべき業務上の注意義務があるのに，これを怠り，右信号機の表示が間もなく青色に変わるものと軽信し，減速せず前記速度のまま進行し，赤色信号を表示している同交差点内に進入した過失により，折からA子（当時55歳）の運転する普通貨物自動車（軽四）が青色信号に従い，右方道路から同交差点内に進行してきたのを右前方約13.2メートルに認め，急制動の措置を取ったが間に合わず，同車前部に自車右側部を衝突させて同人を車外路上に転落させ，よって，同人に頭部外傷等の傷害を負わせ，同日午後9時20分ころ，東京都足立区《番地略》甲野病院において，同人を右傷害による頭蓋内損傷により死亡するに至らせた。

控訴審判示認定事実

　前記日時ころ，業務として前記自動車を運転し，前記道路を越谷市方面から東京都方面に向かい時速約60キロメートルで進行中，前同所先の信号機により交通整理の行われている交差点の進行方向出口に設置された対面する信号機が赤色を表示していたのを，同信号機手前約78メートルにおいて認めたのであるから，同信号機の赤色表示が続くときは同交差点進入前に停止することができるよう，減速・徐行するなどし，もって，事故の発生を未然に防止すべき業務上の注意義務があるのに，これを怠り，先を急ぐ余り，右信号機の表示が間もなく青色に変わるものと軽信し，漫然前記速度のまま進行を続けた過失により，同信号機手前約41.5メートルにおいて同信号機が赤色を表示していたのを認めたもののそのまま直進し，同交差点進入直前に，折から同交差点右方道路から進行してきたA子（当時55歳）の運転する普通貨物自動車（軽四）を右前方約13.2メートルに認め，急制動の措置を取ったが間に合わず，同交差点ほぼ中央において，同車前部に自車右側部を衝突させて同人を車外路上に転落させ，よって，同人に頭部外傷等の傷害を負わせ，同日午後9時20分ころ，東京都足立区《番地略》甲野病院において，同人を右傷害による頭蓋内損傷により死亡するに至らせた。

判旨

　「訴因事実と認定事実の両者を比較してみると，本件訴因は，約78メートル手前で対面する信号機が赤色を表示していたのを認めたことを前提に，被告人に，同交差点進入前に停止することができるよう，減速あるいは徐行すべき業務上の注意義務を課し，被告人が，これを怠り，漫然と前記速度で進行を継続した点を過失としてとらえているのに対し，原判決では，同様の具体的状況を前提としながら，被告人に直ちに減速して交差点手前で停止すべき業務上の注意義務を課し，被告人が，これを怠り，減速せず前記速度の

第4節　旧来の判例による訴因変更要否の具体的判断とその見直し

まま進行し，赤色信号を表示している同交差点内に進入した点を過失としてとらえているのであって，両者には被告人の注意義務と過失の内容につき重要な差異があることは明らかであり，縮小認定が許される場合でないことも明らかである。してみると，本件について原判決のように認定するには，訴因変更手続が必要であるというべきであるところ，記録上原審においてそのような手続がとられた形跡は認められず，したがって，原判決には，必要な訴因変更手続を経ることなく訴因と異なる事実を認定した，訴訟手続の法令違反があるものというべく，この違法が判決に影響を及ぼすことは明らかである（なお，原判決は，交差点で停止すべき業務上の注意義務があるとするが，時速約60キロメートルで走行中，対面する信号機が赤色を表示しているのを原判決が認定する時点で認めた場合に，交差点進入前に停止することができるよう，減速・徐行すべき業務上の注意義務があるというべきであるが，直ちに減速して交差点手前で停止すべき業務上の注意義務があるとはいえない）。」

● コメント

　訴因，一審認定，控訴審認定の3者について，過失のとらえ方を対比すると，それぞれ，「交差点進入前に停止できるよう，直ちに減速・徐行すべき義務違反」，「直ちに減速して交差点手前で停止すべき義務違反」，「同信号機の赤色表示が続くときは同交差点進入前に停止できるよう，減速・徐行すべき義務違反」ということになる。また，3者のいずれにも共通するのは，被告人が対面信号機の赤色表示を手前約78メートルの地点において認めたのに，時速約60キロメートルのまま赤色信号を表示している同交差点内に進入し

た，という点である。

　本判決は，訴因と一審認定の間には，「注意義務と過失の内容につき重要な差異があることは明らかである」として訴因変更を経なかった一審手続を違法とした上，当初訴因にかえってこれを肯認する認定をした。しかし，本件訴因にいう減速・徐行義務は，交差点手前停止義務を排斥しているものでないことは，「同交差点進入前停止できるよう」減速徐行し「もって，事故の発生を未然に防止すべき業務上の注意義務があるのに，これを怠り……」としていることからみて明らかであろう。「事故の発生」とは，この場合，赤色信号表示下での交差点内への進入を意味するものでしかあり得ない。本件における訴因記載の合理的解釈としては，掲記されているような減速徐行義務を果たした上で信号表示に応じて要すれば交差点手前で停止することにより事故発生を回避すべき注意義務があったのにこれを怠る過失があった，としているものというべきではなかろうか。そうだとすれば，**審判対象画定の見地**からいって，一審判決の認定事実は，訴因の同一性の枠内になおとどまるものとして，訴因変更までは不要としてよかったのではないかと思われる（小林・379 も，本判決は「やや厳格に過ぎる」と評される。なお，後掲の**最決平15・2・20**判時1820・149【40】参照）。ただし，本件事案の下で，被告人に直ちに交差点手前停止義務を課することはできないから，一審の罪となるべき事実の認定が誤っていることは，控訴審指摘のとおりである。

訴因変更〔I〕　**189**

第3章 訴因変更の要否

《過失態様のわずかな変動》

他方で、過失の態様の変化についても、被告人の防御に実質的不利益を与えないなどの理由で訴因変更不要とした事例もある。

【訴因変更不要】

東京高判昭37・3・7下刑集4・3=4・183【33】 追越し前の注意義務→追越し直後の注意義務を付加 ①
東京高判昭46・3・29高刑集24・1・282【34】 安全間隔不保持→必要以上の転把による対向車線への進出を付加 ②
東京高判昭48・12・12東時24・12・176【35】 前方注視義務違反は同一であり、その差異はさほど大きくない ③
東京高判昭50・4・30高検速報2105 速度調節及びハンドル・ブレーキ的確操作義務違反並びに進路の安全確認義務違反→急転把の避止義務違反

【33】 東京高判昭37・3・7下刑集4・3=4・183　①

● コメント

訴因	認定事実
追越しに際して ・進路、速度、道路状況等を考慮し、安全を確認してから追い越すべき注意義務があるのに、高速度のまま右にハンドルを切って追い越そうとした過失	追越しに際して ・進路、速度、道路状況等を考慮し、安全を確認してから追い越すべき注意義務があるのに、高速度のまま右にハンドルを切って追い越そうとした過失 ＋ 追い越した直後における ・確実なハンドル操作義務に違反してハンドルを急遽左に切りすぎた過失

判旨は、訴因・認定事実のいずれも追越しの際の安全確認義務違反を摘示しているもので、その内容を示すにつき、措辞は相異なるが趣旨において異なっていない、との理由で訴因変更不要と結論付けた。

しかし、「追越しの際の安全確認義務違反」に該当する個々の具体的事実こそが犯罪構成要件該当事実なのであり、それがきちんと訴因に摘示された上で、それについて変動が生じたか否かを見るのでなければ、訴因変更の要否は判定できない（「安全確認を怠った」というのは、評価なのであって、事実の主張ではない。そのままでは、立証のしようがなかろう。）。したがって、訴因記載事実のうち、「高速度のままハンドルを右に切って追い越そうとした」との事実の存否が審判対象であるが、裁判所は、この訴因事実のほかに、追い越した直後における「ハンドルを急きょ左に切りすぎた」事実をも認定した。後者の事実は、明らかにそれまで審判対象とされていなかった新事実と言わざるを得ないものであって、**審判対象画定説**の見地からは当然に訴因変更が必要とされよう。

田口・岡野古稀・527は、本判決について、「認定された注意義務には新たな注意義務が追加されており、注意義務の同一性は失われているというべきであろう」とされた上で、「このような場合、注意すべき問題は、別の注意義務が追加されているか否かは、原注意義務を広く理解するか、狭く理解するかにも依存しているという点である。旧過失論の考え方から注意義務も主観的な義務と捉えれば、

第 4 節　旧来の判例による訴因変更要否の具体的判断とその見直し

そこには多様な具体的注意義務が包摂される可能性が出てくる。これに対して，新過失論に立脚して考えるならば，注意義務も客観的な結果回避義務となるので必然的に注意義務の範囲もより限定されたものとなろう。そうなると，新たな注意義務の認定はすべて別個の注意義務の追加と解される可能性も出てくる。したがって，問題は，このような新過失論に立脚した客観的な注意義務を前提とした上で，注意義務の同一性を検討すべきである，ということになる」と主張される。さらに，「過失犯といういわゆる開かれた構成要件に関する訴因としては，注意義務違反の行為を可能なかぎり客観的に特定して記載することは，刑罰権の根拠を明確に示すという実体法的要請にかなうのみならず，審判対象の確定および被告人の防御権の保障という訴訟法的要請からも重要なこと」であると指摘された上で，過失犯の訴因変更の要否に関するリーディングケースの一つである最判昭46・6・22【31】は，「実体法における過失犯の理解がいわゆる旧過失論から新過失論へと移行してきたことの訴訟理論への反映を表した判例であった」と分析されている（田口・岡野古稀・522）点が注目される。

【34】　東京高判昭46・3・29 高刑集24・1・282
（②）

判旨　「所論は，原判示第3の事実の重大な過失について，訴因は先行車との安全な車間距離を保持しないで進行した点に求めているのに対し，原判決は右過失の外に，先行車が急停止したのに対し右に必要以上に転把したことも事故に直結する重大な過失であるとしているので，両者は過失の態様及び存在時点を異にしているから，このように相異なる別個の過失を併せ認定するについてはその旨の訴因の追加手続を経由すべきであるのに，その手続を欠いたのは訴訟手続が法令に違反するものである，というのである。

　そこで，検討すると，原判決は本件事故の原因を被告人が時速約45キロメートルで先行車に追従するに当り，同車が急停止などした場合に自車もこれに即応して事前に急停止できるよう十分な車間距離を保持して進行すべきであるのに，これを怠り，先行車との車間距離を僅か約8メートルに保持したのみで進行したためであると認定した上，これに加えて先行車が急停止したのに即応して急制動の措置をとらず，いきなり右転把したため，道路右側に進出して対向車である本件被害自動車に衝突したことをも重大な過失の一つとして附加したものであるが，右のうちで先行車との車間距離を十分に保持しなかつたことが<u>第一次的乃至基本的過失</u>というべきであり，右転把したことは<u>第二次的乃至派生的過失</u>として判示されたに過ぎないと認められる。そして，このような派生的過失の有無は<u>当審における事実の取調の結果をあわせ考えても被告人の防禦に実質的な不利益を与えていない</u>から，特に訴因の追加手続を要する場合には当らない。論旨は理由がない」

● コメント

判文上，本件事故の決定的要因は，車間距離の不保持にあったとみられる。訴追に際して道路右側部分への進出を過失としてとらえなかったのは，もはやその部分は因果の流れの一環と見たからであるように思われる。それほど，時速45キロメートルで追従中わず

訴因変更〔Ⅰ〕　**191**

第3章　訴因変更の要否

かに8メートルの車間距離まで詰め寄っていたことの責任は大きく，前車が急停止すればハンドル操作によらなければ同車への追突を避けることが困難であったとすら考えられ，必要以上に転把したことをもって過失ととらえるにしても，とっさの場面での緊急の対処を主たる非難の的とすることは適当でない。そのような運転態度を余儀なくさせた自らの無謀な行為＝車間距離不保持の点こそが本件過失の中核であり，この点には何らの変動も生じていないから，訴因変更は必要でない（これに対して，田口・岡野古稀・526は，「ハンドル操作の問題は必ずしも車間距離の問題とは重ならないと思われるので，はたして『派生的過失』といってよいか疑問のある裁判例のように思われる」とされる）。

【35】　東京高判昭48・12・12東時24・12・176　　　　　　　　　　　　　　　　（3）

判旨　「本件における起訴状に記載された被告人の懈怠した過失の態様（「歩行者の発見が遅れた」）と原判決の認定した被告人の守らなかった過失の態様（「発見しなかった」）とを対比考察するに，いずれも同一の自動車を運転して同一道路上における同一の区間を進行するに際し，自動車運転者として守るべき<u>前方注視義務を怠った態様</u>に関するものであって，その差異はさほど大きくはなく，公訴事実の同一性を害しないことはもちろんのことであり，記録にあらわれた原審における審理の経過にてらしても，右両者の相違が被告人の防禦に実質的な不利益を及ぼすものとは，とうてい考えられないのであるから，原審が訴因変更手続きを経ることなく，前示のような被告人の守るべき注意義務を怠った過失の態様を起訴状と異なって認定したことは適法であるといわなければならない」

●コメント
いずれも前方注視義務を怠った態様に関するもので，その差異はさほど大きくないとして訴因変更は不要と判示したもので，「参考になろう」とする評価（毛利・63）と，「判決は，過失の程度を訴因よりもむしろ重く認定しており，縮小理論によってはまかない切れない事案と思われ，判示には賛同できない」として反対する評価（鈴木・大系・284）とがある。本判決が縮小理論を適用したものであるかは，判文上断定しかねるが，「発見遅滞の過失」は，「発見すべき時点・地点において発見しなかった」ことを意味しているのであるから，原判決の認定が訴因の中に表れている過失と異なるものとはいえない。

《過失態様の変動なし》
　さらに，過失態様の変化はないとして訴因変更を不要とした判例がある。

【訴因変更不要】

最判昭32・3・26刑集11・3・1108【36】　カーブを左折する際，中央方向に進行せず路肩に寄り過ぎたまま直進→中央方向に進行せず直進し軟弱な路肩にかかって傾斜して初めて中央方向に進行しようとしたが時既に遅く路肩が崩壊して転落　　　　（1）

大阪高判昭42・8・29下刑9・8・1056【37】　前方左側駐車車両の右側進出に当たり，前方左右注視し障害物早期発見に努め把手操作を確実に行う等して事故

第4節　旧来の判例による訴因変更要否の具体的判断とその見直し

発生を未然に防止すべき注意義務違反→道路左側部分を進行しつつ対向車の動静に十分注意し，場合により警音器を吹鳴して対向車両に進路避譲を求め，駐車車両付近で対向車両と対向離合するにおいては，安全に対向する間隔のあることを確認して進行し，対向車両と接触のおそれあるときは，自ら減速して駐車車両付近における対向車両との対向離合を避ける等して対向車両との接触による事故の発生を未然に防止すべき義務違反〔付加認定された過失は訴因例示の過失に包摂される〕　　　　　　　　　　（②）

東京高判昭43・11・22判タ235・286　左側方安全確認義務違反→被害者を避難させる義務違反〔過失の内容を証拠により具体的に表明したまで〕

東京高判昭44・10・22判時593・103【38】　あらかじめ速度を調節して道路左側を進行し，対向車両を発見しても，急制動又は避譲の措置をとることなく安全に離合すべき業務上の注意義務があるのに，軽卒にも対向車両を予測せず，漫然と時速約30キロメートルで道路右側部分にはみ出して進行し，対向してくるV運転の普通乗用車を発見するや，不用意にも急制動措置と左に避譲の措置をとった過失→対向車両を発見しても急激な制動避譲措置を採らずに安全に離合できるよう速度を調節し，事故の発生を防止すべき業務上の注意義務があるにもかかわらず，漫然と時速約30キロメートルで進行した過失　　　（③）

東京高判昭47・10・9東時23・10・194　前方を注視しできる限り道路左側に寄り適当に減速するなどして対向車との衝突を防止すべき義務違反→ハンドル操作を確実にし中央線から適当な間隔をとって進行し対向車との接触を防止すべき義務違反〔過失行為は，いずれも対向車と擦れ違う際に同車の動静に留意せず道路中央寄りを進行したというもので差異なし〕

東京高判昭48・3・26東時24・3・33　後退するに際し，助手席の者を降車させ，後方の安全確認を尽くさせ，その誘導に従うなどして後退すべき義務違反→助手席の者に後方の安全確認をさせながら後退すべき注意義務違反〔注意義務を果たす方法（態様）が異なるにすぎない〕

東京高判昭57・11・9高検速報2632　事故直前の走行速度：時速約30キロメートル→時速約42キロメートル，行為態様：自車を衝突させ→自車を衝突させて被害車両をその先のガードレールに衝突させ〔訴因記載の過失内容を敷衍する事情にすぎない〕

東京高判昭58・9・22東時34・9＝12・61　バスの運転手の乗客の動静確認義務違反：老人の客が，「自車に乗車しないものと即断した」→「乗車し終わったものと即断した」〔同一過失の縁由に過ぎない事情を異なって認定するのに訴因変更は不要〕

東京高判平6・2・23判タ858・294【39】　右方道路の安全確認不十分→右方道路の安全確認不十分　　（④）

最決平15・2・20判時1820・149【40】　進路前方を注視せず，進路の安全を確認しなかった→進路前方を注視せず，ハンドルを右方向に転把して進行した　　　　　　　　　　　　　　　　　　　（⑤）

【36】　最判昭32・3・26刑集11・3・1108（①）

● コメント

　訴因でも認定でも，路肩に寄りすぎたという行為が過失行為としてとらえられており，その具体的事情に違いがあるにとどまるから，過失の態様に変化はなかったといってよい（香城・314，池田・判解63・360）。なお，小林・387は，本判決について，路肩に寄り過ぎたという被告人の過失行為と道路外への転落による結果発生との因果の流れが多少異なっても，訴因変更を要しない趣旨のものであると評される。

訴因変更〔Ⅰ〕　**193**

第3章　訴因変更の要否

【37】　大阪高判昭 42・8・29 下刑 9・8・1056
（②）

● コメント

訴因事実	認定事実
	道路左側部分を進行しつつ ・対向車の動静に十分注意し， ・場合により警音器を吹鳴して対向車両に進路避譲を求め，
前方左側駐車車両の右側進出に当たり， ・前方左右注視し障害物早期発見に努め ・把手操作を確実に行う	
	駐車車両付近で対向車両と対向離合するにおいては， ・安全に対向する間隔のあることを確認して進行し， ・対向車両と接触のおそれあるときは，自ら減速して駐車車両付近における対向車両との対向離合を避ける
等して 事故発生を未然に防止すべき注意義務	等して 対向車両との接触による事故の発生を未然に防止すべき義務

　上表の左右欄を比較対照してみれば明らかなように，訴因事実と認定事実との間には，注意義務の発生存続時期とその具体的内容に相当の違いが生じているといわざるを得ない。判旨は，認定事実も訴因事実に包摂されており，新たな注意義務を判示したものではないとしたが，訴因末尾に摘示の「等して事故発生を未然に防止すべき注意義務」という包括文言に依拠するわけにはいかないのは当然である（田口・岡野古稀・527は，本判決について，「この場合，裁判所の認定した注意義務は明らかに訴因事実を超えているというべきであるから，この場合に注意義務の包摂関係を認めるのは不当であろう」とされる）。訴因変更を必要とすべきであった。

【38】　東京高判昭 44・10・22 判時 593・103
（③）

● コメント

　訴因が過失として指摘している行為は，「急制動措置と左に避譲の措置をとった」というものであり，裁判所が過失として認定した行為は，「時速約30キロメートルで進行した」というものであるから，単純に比較すると，別個の注意義務違反行為となり，訴因変更を要するもののようであるが，判旨は，いずれも注意義務としては対向車両との離合の際における安全通行，事故防止義務を示し，その内容として速度の調節と急激な制動，避譲措置を避けることを指摘しているのであって，両者の掲げる注意義務に異なるところはないとし，「唯一はその内容の一を，他はその内の他をとり上げて直接の過失の態様を示したというに止まり，被告人に所掲安全運行，事故防止の注意義務に違反した過失あるもの

第4節　旧来の判例による訴因変更要否の具体的判断とその見直し

とした点において訴因の変更はない」とした。

下表のとおり比較対照すると，訴因事実と認定事実とは，「対向車両を発見しても急制動又は避譲の措置をとることなく安全に離合できるように速度を調節しなければならないのに，時速約30キロメートルで進行した」という点(A)で一致している。その上で，訴因は，いわゆる直近過失として「急制動措置と左に避譲の措置をとった」こと(B)を挙げているが，その前段階の時速約30キロメートルでの走行自体(A)が注意義務違反のあるまじき態度であることも訴因中には示されているところ，裁判所は，被告人は，そのような走行(A)をしたがために急制動措置と左に避譲の措置をとること(B)を余儀なくされたと認定し，時速約30キロメートルでの走行自体(A)を直近過失と認めたものであろう。要は，A＋Bをいう訴因がAと認定されたということであり，実質的な縮小認定にほかならないといえよう。

訴　因	認定事実
・あらかじめ速度を調節して道路左側を進行し， ・対向車両を発見しても，急制動又は避譲の措置をとることなく 安全に離合すべき業務上の注意義務があるのに，軽卒にも ・対向車両を予測せず，漫然と ・時速約30キロメートルで ・道路右側部分にはみ出して進行し，　　(A)	・対向車両を発見しても急激な制動避譲措置を採らずに安全に離合できるよう ・速度を調節し，事故の発生を防止すべき業務上の注意義務があるにもかかわらず， 漫然と ・時速約30キロメートルで進行した 　　　　　　　(A)
対向してくるV運転の普通乗用車を発見するや，不用意にも ・急制動措置と ・左に避譲の措置をとった 　　　　　　　(B) 過失	過失

本判決について，田口・岡野古稀・528は，「この辺りになると，措辞の違いということで注意義務の同一性はなお維持されているといってよいように思われる」とされ，判旨を是認されている。

【39】　東京高判平6・2・23 判タ858・294
　　　　　　　　　　　　　　　　　　　(④)

事実

起訴状記載の公訴事実

被告人は，平成4年12月4日午前8時10分ころ，普通貨物自動車を運転し，川崎市川崎区渡田4丁目8番14号先の交通整理の行われていない交差点を渡田新町方面から旧市電通り方面に左折するに当たり，右交差点には一時停止の道路標識が設置され左右の見通しも困難であったから，同交差点の直前で一時停止して左右道路の交通の安全を確認すべき業務上の注意義務があるのに，これを怠り，同交差点の直前で一時停止したが，<u>右方道路の安全を十分確認しないで時速約10キロメートルで進行した過失</u>により，自車右側面を右方道路から進行してきたV運転の自動二輪車に衝突転倒させ，同人に加療約10週間を要する左上腕外科頚骨折の傷害を負わせた。
（論告）
被告人の過失は，本件交差点を左折するに際し，一時停止の道路標識に従い一時停止したが，現場道路は左右の見通しが困難であるうえ，右方道路からは左折してくる貨物自動車のため，右方向の見通しが困難であったのであるから，<u>左折車の通過を待って，右方道路の安全を確認したうえ，左折進行すべ</u>

訴因変更〔Ⅰ〕　**195**

第3章　訴因変更の要否

き注意義務があったにもかかわらず、これを怠り、右方道路の安全を十分確認しないまま左折進行したことである。

判示認定事実
本件交差点には一時停止の道路標識が設置され、左右の見通しも困難であったから、同交差点の直前で一時停止して左右道路の交通の安全を確認すべき注意義務があるのに、同交差点の直前で一時停止はしたが、右方道路の安全を十分確認しないで時速約10キロメートルで左折進行した過失がある。 （事実認定の補足説明） 　左折貨物自動車も徐行進行しているのであるから、必ず、左折車の通過を待ってからでなくては、被告人車は左折進行してはならないともいえず、この間に被告人車も左折進行を開始しても差し支えないものと考えられるのである。……ただし、このような場合に、左折車のあとから直進進行してくる車両のあることは十分予想しうるのであるから、この直進車の進行を妨害しないように、被告人車としては、右方道路からの直進車の有無及びその安全を確認しながら左折進行する注意義務を負うのである。しかるに、被告人は、左折車の後から直進進行してくる車両の有無及びその安全の確認を怠ったまま、左折進行した過失により、右方道路から直進進行してきた被害車両の発見が遅れ、その進路を妨げることになり、被害車両に急制動を余儀なくさせて、転倒、滑走させるに至ったものであり、その刑事責任は否定できない。

判旨　「所論は、この原判断を論難し、原判決は、検察官の主張する『左折貨物自動車の通過を待って左折を開始すべき義務』を否定したのであるから、原判決のいう被告人の過失は、具体的には、『貨物自動車の後から直進進行してくる車両の有無及びその安全を確認していたならば、被告人車が右貨物自動車の通過を待たないで、貨物自動車を認めハンドルを左に切った地点から被害車両を認めた地点までの間に、被害車両を発見できたはずである』ということになるが、これは、明らかに訴因と異なる事実を認定するものである。弁護人は、『左折貨物自動車の通過を待ったうえで、右方道路の安全を確認して左折を開始すべきで あった』という訴因に対する防御に専念してきたのであって、原判決の右認定は、被告人に対する不意打ちであるから、原判決は、刑事訴訟法378条3号により、破棄を免れない、というのである。

　しかし、訴因の主張するところは、あくまでも、『左折時における右方道路の安全確認義務』の懈怠であり、左折貨物自動車の通過を待って左折を開始すべきか否かは、右方道路の安全確認の一方法であって、検察官の右釈明及び論告は当初の訴因を右の範囲に限定するほどの拘束力をもつものではないと認めてよい。すなわち、検察官は、論告中において、右方道路の安全確認義務を尽くすためには、左折貨物自動車の通過を待つべきであると主張したのに対して、原判決は、過失内容を、同じく、右方道路の安全確認義務ととらえつつも、その義務を尽くす手段としては、左折貨物自動車の通過を待つことまでは要求されないとしたにすぎないのである。したがって、検察官の主張する過失と原判決の認定する過失とは、その態様において、若干異なる部分があるとはいえ、被告人の過失行為を『左折時における右方道路の安全確認義務違反』ととらえている点においては当初の訴因の範囲内であるから、釈明、論告とは若干異なる過失を認定したとしても不意打ちというまでのことはなく、原判決が審判の請求を受けない事件について判決をしたという非難は当たらないというべきである」

● **コメント**

下表のとおりであって、審判の対象そのものに変化はなく、訴因変更はもちろん不要である。

審判対象		義務履行のための具体的手段	判示認定事実
訴因掲記の過	右方道路の安全を	左折貨物自動車の通過を待って、右方道	右方道路の安全を

第4節　旧来の判例による訴因変更要否の具体的判断とその見直し

| 失内容 | 十分確認しないで進行した〔起訴状公訴事実〕 | 路の安全を確認した上で進行すべき義務違反〔論告〕左折車の後方からの直進車の有無及びその安全を確認しながら進行すべき義務違反〔判決・補足説明〕 | 十分確認しないで進行した〔判決・罪となるべき事実〕 |

【40】　最決平 15・2・20 判時 1820・149　⑤

事実

起訴状記載の公訴事実

被告人は、平成7年7月22日午前5時30分ころ、業務として普通乗用自動車を運転し、広島市東区《番地略》先道路上を中山方面から安芸大橋方面に向け進行するに当たり、前方左右を注視し、進路の安全を確認して進行すべき業務上の注意義務があるのにこれを怠り、前方注視を欠いたまま漫然進行した過失により、自車を道路右側部分に進出させ、折から対向進行してきたA運転の大型貨物自動車に衝突させ、よって、自車同乗者B子（当20年）に加療約4か月間を要する上・下口唇裂傷、歯肉裂傷等の傷害を、同C（当20年）に加療約4か月間を要する右下腿骨骨折、顔面打撲（多発挫創瘢痕）等の傷害を、同D子（当20年）に加療1年間以上を要する頭蓋骨頭蓋底骨折、硬膜外膿瘍、髄液漏等の傷害をそれぞれ負わせた。

判示認定事実

被告人は、平成7年7月22日午前5時30分ころ、業務として普通乗用自動車を運転し、広島市東区《番地略》先の直線道路上を中山方面から安芸大橋方面に向かい時速約60キロメートルで進行するに当たり、進路前方を注視し、ハンドルを厳格に握持して、自車の進路である道路左側部分を進行すべき業務上の注意義務があるのにこれを怠り、前方を注視せず、ハンドルを右方向に転把して進行した過失により、自車を対向車線に進出させ、折から対向進行してきたA運転の大型貨物自動車に衝突させ、よって、自車同乗者B子（当時18歳）に加療約4か月間を要する上・下口唇裂傷、歯肉裂傷等の傷害を、同C（当時18歳）に加療約4か月間を要する右下腿骨骨折、顔面打撲（多発挫創瘢痕）等の傷害を、同D子（当時18歳）に加療1年間以上を要する頭蓋骨頭蓋底骨折、硬膜外膿瘍、髄液漏等の傷害をそれぞれ負わせた。

判旨　「原判決が認定した過失は、被告人が『進路前方を注視せず、ハンドルを右方向に転把して進行した』というものであるが、これは、被告人が『進路前方を注視せず、進路の安全を確認しなかった』という検察官の当初の訴因における過失の態様を補充訂正したにとどまるものであって、これを認定するためには、必ずしも訴因変更の手続を経ることを要するものではないというべきである」

● コメント

訴因に掲げられた過失と認定に係る過失とは、「前方左右を注視し、進路の安全を確認して進行すべき業務上の注意義務があるのにこれを怠り、前方注視を欠いたまま漫然進行した過失」対「進路前方を注視し、ハンドルを厳格に握持して、自車の進路である道路左側部分を進行すべき業務上の注意義務があるのにこれを怠り、前方を注視せず、ハンドルを右方向に転把して進行した過失」という差異がある。つまり、訴因の過失は、「前方注視による進路の安全確認進行義務」違反であり、認定の過失は、「前方注視及びハンドル厳格握持による道路左側部分進行義務」違反である。この両者の過失は、一見すると、そ

訴因変更〔I〕　**197**

の内容（態様）においてかなり異なるようにも思われる。先に見た**最判昭46・6・22【31】**の姿勢に照らしても，また**最決平13・4・11【15】**の審判対象画定の見地からも，別異の注意義務違反の行為すなわち過失犯の実行行為が出現しているとして，訴因変更が必要となりそうなものである。

　しかし，いずれの過失によっても，それに起因して自車を対向車線に進出させて折から対向進行してきたＡ運転の大型貨物自動車に衝突させた点は同一である。そこで端的に直近過失をとらえていえば，自車を対向車線上に進出させてはならない注意義務，そのような運転方法をとってはならない注意義務に違反したというのが，本件被告人の過失の本体を成しているのではなかろうか。そのように過失をとらえ直せば，「前方注視による進路の安全確認進行義務」違反も「前方注視及びハンドル厳格握持による道路左側部分進行義務」違反も，過失行為に至る経過又は過失の原因を示しているだけのことになる。つまり，実は，訴因も認定も，過失行為としては同一の内容を想定していて，表現上の誤差が生じただけではないのか（田口・岡野古稀・525も，「本事案に関しては，訴因の『進路の安全を確認して進行すべき業務上の注意義務』をより具体的に認定すると，『ハンドルを厳格に握持して，自車の進路である道路左側部分を進行すべき業務上の注意義務』となるという関係にあるように思われる。すなわち，両者の注意義務は同一性を保っているといってよいように思われる」とされる。）。また，対向車線進出回避義務とは道路左側の自車進路保持進行義務にほかならず，この進路保持は，前方注視，進路安全確認，ハンドル厳格握持によってもたらされるのであるから，訴因にいう「進路の安全確認進行」とは，認定にいう「ハンドル厳格握持による道路左側部分進行」を当然に含んで表現されていたものであり，そして，訴因にいう「漫然進行した」とは，認定にいう「ハンドルを右方向に転把して進行した」を当然に含んで表現されていたものではないのか。更にいえば，進路の安全確認・ハンドル握持・道路左側部分進行保持は，すべて前方注視を尽くすことによっておのずから実現されることなのであり，本件においては，被告人が前方注視を怠ったがために，進路の安全不確認のまま漫然と進行した＝ハンドルを右方向に転把して進行したに帰するのではないか（田口・前掲は，「右側車線へのはみ出しという同一事実の２つの説明方法の違いにすぎないように思われる。すなわち，一つは左側車線の進行を維持するためのハンドルの確実な把持をしなかったという不作為の過失の面であり，他は右側車線にはみ出すようなハンドルの右転把という作為の過失の面である。この場合，この両面は同じ事実の別表現と言うことができるのではなかろうか。」とされる。）。結局，諸悪の根源は，前方不注視にあったと言えはしまいか。そして，この前方不注視の過失は，訴因にも認定にも共通して摘示されているのである。この観点からも，訴因も認定も，実は過失行為としては同一内容をとらえており，表現上の誤差を生じたにすぎないと解することがで

第4節　旧来の判例による訴因変更要否の具体的判断とその見直し

きそうである（田口・前掲は，「平成15年判例の事案を見るかぎりは，『過失の態様』は同一であって，訴因変更手続を取る必要のある事案ではないように思われる」とされる。）。そうしてみれば，訴因の摘示が「進路の安全確認」といういささか抽象度の高い表現になっていたところを，認定においてこれをかみ砕いて具体化したにすぎないとみることができることになる。そして，訴因として一応特定しており有効に成立しているが必ずしも十分でないところを補って完成させるのは，訴因の「訂正」であるから（1章4節2(2)(a)参照），本件の認定はまさにそれを行ったことになろう。本決定について，訴因変更を必要とした前出【31】との違いは，「2つの過失態様に距離があるか，一体であるかという違いであろう。一体的であれば訴因変更の必要はなく，訂正で足りることとなる。ただし，それが被告人の具体的防御にかかわるのであれば，争点として顕在化すべきこととなろう」と解説されている（田口・315）のも同趣旨をいわれるものであろう（なお，加藤・鈴木祝賀・358は，本決定についての判時1820・150のコメント——「最判昭46・6・22刑集25・4・588が被告人の防御のためには訴因変更を必要とする旨判示したものと受け取られかねなかったのに対し，**最決昭63・10・24刑集42・8・1079**は，そのような被告人の防御の利益は，不意打ち防止等の見地から訴因変更とは別途の手段で対処すれば足りる旨判示しており，前記**最判昭46**から軌道修正を図ったとみる余地もあろう。」——を参照した上で，**本決定**が「過失の態様を補充訂正したにとどまる」から訴因変更手続を要しないと判示したのは，「昭和63年決定と同様に，かつ平成13年決定の判断枠組みに沿って，過失犯における過失態様の変化は訴因変更を要するとした昭和46年判決から『軌道修正』を図ったものとみられる」と評している。**最判昭46・6・22【31】**が防御説に立脚することを前提とする立論であるが，同判決が審判対象説の立場からも理解可能であることにつき，3章4節1(2)(a)に既出の同判決に対する【コメント】参照）。

また，**本決定**の受け止め方については，次の指摘にも十分留意しておく必要があろう。「本最決は，『必ずしも訴因変更の手続を経ることを要するものではない』と述べるにとどまるが，被告人に不意打ちとならないよう，釈明権の行使などにより争点を顕在化させ，被告人の防禦権を害することのないよう，訴因変更を含めて柔軟な措置を講じることが求められているといえよう」（安村・196）

《事故時の状況の変動》

なお，過失の態様以外の事故時の状況の変動に関して，次の判例がある。

【訴因変更不要】

最決昭36・11・8裁集140・47【41】	「道路右側を北方に向かって歩行中の被害者に接触した」→「道路左寄りから斜め右北方に向かって道路中央寄りに出て来た被害者と接触した」（後出）
東京高判昭46・1・21東時22・1・14	自動車後退時の被害児童の行動：「後方を横断していた」→「後方で遊んでいた」
東京高判昭47・12・18東時23・12・236	道路の状況，

訴因変更〔Ⅰ〕　199

第3章　訴因変更の要否

事故発生前の対向車の状況を付加説明

東京高判昭57・11・29高検速報2632　進路を左側に変更する際の左側後続車両との安全確認義務懈怠は同一で、進路変更前の被告人車の速度や衝突の結果としての傷害の発生経過は基本的事実を敷衍するにすぎない

東京高判昭60・3・20東時36・3・15　同じ過失の態様の中で注意義務の発生根拠となる具体的事実を明確にしたもの

【41】　最決昭36・11・8裁集140・47

判旨　「いずれにしても被告人が前方注視義務を怠ったことによって道路上を歩行中の被害者に自己の運転する軽自動車を接触させたことについては同一であり、<u>かかる細部の点に関する訴因事実の訂正は、訴因の変更手続を履まなくとも被告人の防禦に実質的な不利益を与えるものとは認められない</u>から、原判決にはこの点において所論のような違法はない」

● コメント

　判旨は<u>防御説</u>の立場からの理由付けであるが、平成13年決定【15】により宣明された<u>審判対象説</u>によれば、訴因に掲記されてはいるが過失犯の要件事実でないものは訴因としての拘束力を有しないから（最決昭63・10・24刑集42・8・1079【14】）、その変動については訴因変更は必要的でない、とされることになる。

《因果関係の変動》

　また、結果の発生過程（因果関係）に変動が生じた場合については、「訴因の内容をなす因果関係は認定できないが、これと異なる因果関係を認定できる場合は、犯罪の成否が異なってくるという観点から、訴因の変更を必要とするというべきであろう。もっとも訴因と認定すべき事実が因果関係の意味ないし構造を基本的に変更するものでないと認められるならば、抽象的に考えても被告人の防御に実質的に不利益を来さないものとしてなお訴因の変更を必要としないと解することが可能であろう」とする見解がある（小林・385―最判昭32・3・26刑集11・3・1108【36】を、路肩に寄り過ぎたという被告人の過失行為と道路外への転落による結果発生との因果の流れが多少異なる場合としてとらえた上、自説と同趣旨の下に訴因変更を不要としたものと解されている。）。他にも、「過失犯に特有の問題というわけではないが、過失行為と結果との間の因果関係が異なる場合には、訴因変更が必要となろう」とされている（池田・判解63・369）。

　判例としては次のものがある。

【訴因変更必要】

大阪高判昭42・4・25下刑9・4・391【42】　被告人車に接触転倒させて後輪で轢過→被告人車に接触転倒させて後続車に轢過	①
東京高判昭54・2・8高刑集32・1・1【43】　被害者を自車に衝突転倒させて他車に轢過させて死亡させた→被害者を自車に衝突転倒させて死亡させた	②
東京高判昭57・3・24刑月14・9・727【44】　被告人運転の自動2輪車を被害者に衝突させて死亡させた→被告人運転の自動2輪車を被害者の直近に進行させたため同人が危険を感じ狼狽の余り駆け出して路上に転倒して死亡	③

第4節　旧来の判例による訴因変更要否の具体的判断とその見直し

【42】　大阪高判昭 42・4・25 下刑 9・4・391
　　　　　　　　　　　　　　　　　　　　（①）

判旨　「業務上過失致死罪につき，被告車に接触転倒させ後輪で轢過したとの起訴に対し，被告車に接触転倒させ後続車に轢過させた事実を認定するには，相当因果関係の有無すなわち被告人の致死の結果に対する罪責の存否又は少なくともその軽重に差異を生ずるので，訴因の変更を必要とする」

【43】　東京高判昭 54・2・8 高刑集 32・1・1
　　　　　　　　　　　　　　　　　　　　（②）

判旨　「本件は被告人が深夜降雨中を時速約五五キロメートルで普通乗用自動車を運転中，前方を十分注視しないで進行した過失により自車左前部を被害者Ｖ（当時三〇年）に衝突させ，同人は同所で脳挫滅等の傷害により死亡した事案であるところ，右衝突時以降の状況につき，起訴状記載の訴因は『同人に自車左前部を衝突させてボンネット上にはね上げたうえ路上に転落させ，転倒している右Ｖに気づかなかつた通行中の他の車両をして同人に衝突するに至らしめ，よつて同人に脳挫滅等の傷害を負わせて，そのころ同所において，同人を右傷害により死亡するに至らしめたものである』というのであるが，原審は訴因変更の手続をとらないで右の点につき，『同人に自車左前部を衝突させてボンネット上にはね上げたうえ路上に転落させ，よつて同人に脳挫滅等の傷害を負わせて，そのころ同所において，同人を右傷害により死亡するに至らしめたものである』と認定判示したことが認められる。右訴因として記載された事実と原判決認定事実を対比すると，被告人車が被害者に衝突し，被害者が死亡するに至る因果の過程において，訴因は被告人車の衝突の後，本件現場を通行中の他の車両（以下第二次車両という。）もまた被害者に衝突し，その結果，被害者が受傷，死亡したものとして被告人の過失責任を問うているのに対し，原判決は被告人車の衝突のみによつて被害者が受傷，死亡したものと認定判示したことが明らかである。

　ところで，過失責任を問うために前提とされる結果発生の予見の可能性の中には，結果そのものゝほか，その発生に至る因果の系列をなしている事実も含まれると解せられるばかりでなく，結果発生に至る因果の過程に，第三者の行為が介在したかどうかは，過失責任の有無，軽重に差違を生じ，被告人について実質的な利益の消長を来し得るのであるから，因果の系列をなしている事実についても，訴因と認定事実との間に実質的な差違を生ずる場合には訴因の変更手続を要すると解せられるところ，現に原審における審理の経過をみると，検察官は冒頭陳述においてはもとより，論告においても本件は二重轢過事件であるとして意見を述べていること所論のとおりであり，その間原審裁判所あるいは検察官により原判決認定事実に副う釈明ないし示唆がなされた形跡は記録上全く窺われず，被告人側も終始，被害者が第二次車両による衝突という経緯を経て受傷，死亡したことを前提として防禦活動を展開してきたものであることが認められ，もし原判決認定事実が訴因とされたならば，被告人車の衝突のみによつて被害者の死亡という結果が発生したかどうか，衝突時の被害者の体位，第二次車両による衝突の有無，程度，ひいては被告人の過失責任の存否，軽重などの点につき，被告人の防禦の範囲，主張立証における重点の置き方などが自ら相違したであろうことが容易に推認されるところであるから，原判決の事実認定は被告人にとつて十分な防禦の機会を与えられないままなされた不意打のものであつたと解せられ，原判決のように認定するためには，

訴因変更〔Ⅰ〕　201

第3章　訴因変更の要否

被告人の防禦に実質的不利益を与えないように，訴因変更手続を経なければならなかつたといわなくてはならない。そうすると，原審が訴因変更を要するのに右手続を経ることなく，起訴状の訴因とは異る原判決のような認定をしたのは，結局訴訟手続に法令の違反があつてその違反が判決に影響を及ぼすことが明らかであるから原判決は，破棄を免れない」

● コメント

　「因果関係についての条件説にあっても因果経過は重要である。したがって，因果経過が特異なものである場合には，検察官は訴因にある程度くわしく因果経過を記載すべきであり，また裁判所が訴因とは別の因果経過を認定して因果関係を肯定する場合には，事情によっては訴因変更が必要ということにもなってくる。相当因果関係説をとれば，問題は一層はっきりしてくる。相当説は，因果関係の有無ではなく，その『相当性』を問うものである。この『相当性』には因果経過の相当性も当然含まれる。具体的な因果経過がどうであったかは，相当性判断のための必須の事実的前提であり，構成要件的に重要な事実を構成する。したがって，訴因と認定事実との間で，因果経過に関して重要な変化があったときは，訴因変更を要すると解すべきである。この点は，故意犯と過失犯とでとくに相違はない」，「本判決は，訴因変更を要する理由として，予見可能性ないし過失責任の有無，軽重に差異を生ずるから，とする。しかし，因果関係と予見可能性は異なる。予見可能性は，客観的な因果関係が肯定されてはじめて問題になることである」，「具体的な因果経過がどうであったかということは，客観的な因果関係の存否じたいにかかわる問題なのである」，「本判決は，被告人の防御の実質的な不利益の有無及び実際の防御活動の内容を問題としているところから，**具体的防御説**に傾斜したもの，とされている」（阿部・89）。

　その判示からして，本判決が**防御説**に立ったものであることは明白であるが，これを**審判対象説**の目でとらえ直してみても，被告人車の衝突のみによって被害者の死亡という結果が発生したかどうかという，犯罪の成否が異なってくることがあり得るとの観点からして，二重轢過による致死の結果発生をいう訴因事実が被告人車両との衝突のみによる致死へと変動した場合には，訴因の同一性が損なわれる（訴追対象事実に変動が生じた）とされることになろう。

【44】　東京高判昭57・3・24刑月14・9・727
(③)

判旨　「本件においては，前段説示のとおり，主たる訴因及び予備的訴因に対し，原判示事実は，その過失と結果との間の因果の過程につき，一部とはいえ，衝突の有無という重要な点に関し，その認定を異にしていることが明らかである。そして，右衝突の有無についての相違は，Vの受傷，死亡という結果に至る因果の系列として，同人自身による，前記のような二個の行動（「駆け出」した行動及び「その弾み」による路上への転倒という，被害者自身の二個の行動）を認めることの適否の問題を生じ，これがひいて被告人の過

失責任の有無，程度に影響を及ぼすと考えられるから，そのような部分について，訴因として明示された因果関係を認めず，それとは別の態様の因果の過程を認定するには，被告人側に防禦の機会を与えるため，訴因変更手続を要するものと言わなければならない」

《業務上過失致死傷→重過失致死傷》

最後に，同一構成要件内のずれの場合として位置付けるには問題もあるが，ここで，業務上過失致死傷（刑法211条1項前段）の訴因に対して重過失致死傷（同項後段）の認定をする場合の訴因変更の要否について触れた判例を掲げておこう。いずれも変更不要としている。このうちの最決昭40・4・21【26】については，以前に触れた（3節4）。

【訴因変更不要】

福岡高判昭31・1・28 高刑集9・1・33	業務上過失致死傷→重過失致死傷
福岡高判昭31・2・6 判時75・27	
最決昭40・4・21 刑集19・3・166【26】	
高松高判昭42・11・8 高検速報317	

(b) その他の事犯

その他横領，詐欺，供与，偽造文書行使，公務執行妨害等々の態様，方法について，訴因変更の必要性を認めた事例がある（小林・384は，犯罪行為の手段，態様等の変動について，「訴因の内容をなす行為は認定できないが，これと異なる手段，態様の行為を認定できる場合は犯罪の成否が異なってくるという観点から，訴因の変更を必要とするというべきであろう」として，下記のうち，東京高判昭28・6・11，名古屋高金沢支判昭29・9・14，東京高判昭42・11・14等をその例とされている。また，同・385では，「訴因における犯罪行為の手段，態様等を一部変更又は追加して認定する場合は，有罪であることに変わりはないわけであるから，量刑が異なってくるかどうかの観点から訴因変更の要否を決すべきである」として，下記のうち，大阪高判昭41・11・25，東京高判昭42・1・30等はこの観点からのものと理解できなくはないとされる）。

【訴因変更必要】

東京高判昭28・2・23 高刑集6・1・148 偽造公文書行使の態様：相被告人と共謀して第三者に交付→情を知らない相被告人に交付
東京高判昭28・6・11 高刑集6・7・831 詐欺の態様：職員でない者が職員として任命されたように装って俸給手当を騙取→職員に任命されたが任命以来出勤していないのに出勤しているように装って俸給手当を騙取
名古屋高金沢支判昭28・9・17 高刑集6・11・1457【17】 金員供与の態様：直接供与→第三者を介した供与
名古屋高金沢支判昭29・9・14 裁特1・5・209 幇助の態様：「生糸を盗んでこい云々」と申し向けて窃盗幇助→自転車を貸与して窃盗幇助
大阪高判昭31・4・26 高刑集9・4・373【45】 横領の態様：着服横領→拐帯横領 ①
大阪高判昭41・11・25 判時485・69 売春防止法12条の罪（管理売春）につき，被告人が部屋を借用して売春婦を居住させた事実を付加
東京高判昭42・1・30 高刑集20・1・14 商標不正使用商品の所持につき，所持期間を訴因の2倍以上長期に認定
東京高判昭42・11・14 東時18・11・302 暴行の態様：訴因の暴行だけなら正当防衛と解する余地あるときに訴因にない暴行を付加

第3章　訴因変更の要否

東京高判昭45・12・22東時21・12・430　暴行の態様：顔面を手けんで数回殴打し左肩部挫創・上口唇部挫滅創等の負傷→足で左そけい部をけり同部打撲傷を負わせた事実を付加
東京高判昭51・3・30判時824・121【46】　公務執行妨害の態様：やにわに喚声をあげて突進し土足のまま裁判所書記官用の机にとび上って所持の書面を投げつけるなど（検察官において例示的であるという趣旨ではない旨釈明）→身を伸ばして法壇上の机に手をかけたとの暴行を付加　　　　　　　　　　　　　（②）
福岡高判昭60・9・2高検速報60・358　恐喝の態様：積極的脅迫による恐喝→相手方の畏怖に乗ずる恐喝
東京高判平15・5・14判時1857・145【47】　特別背任行為：不要取引→架空取引　　　　　　　　　　　（③）

【45】　大阪高判昭31・4・26高刑集9・4・373
　　　　　　　　　　　　　　　　　　　　　　（①）

事実

起訴状記載の公訴事実

　被告人は，昭和29年9月7日頃，京都府与謝郡伊根町字本庄上××番地C方において，同人よりM外約20名に対する立木売却代金支払のため，現金19万円，又Kより立木伐採搬出に要する諸道具の借賃として現金5万円をいずれも預り保管中，同年9月13日頃，大阪市西成区津守町東4丁目××番地飲食店I方その他において，遊興飲食費その他自己の用途に充当するため，内金9万円をほしいままに着服して横領した。

判示認定事実

　昭和29年9月9日ごろ，京都府与謝郡伊根町字本庄上△△番地の住居で，2，3日前から，Cの依頼にしたがい，同字に住むMに渡すため，金19万円を預っていたのをよいことに，同住居から他の府県に出向くに際し，ほしいままに全額を携え拐帯した。

判旨　「刑事訴訟法第256条第3項において『公訴事実は，訴因を明示してこれを記載し

なければならない』と定めているのは，公訴犯罪事実が法律的にどのような形に構成せられて審判せられるかという具体的構成要件事実を示すことによつて，裁判所に対しては審判の対象に限界をつけるとともに，訴訟当事者に対しては攻撃防禦の目標と範囲とを限定するためにほかならないから，訴因の追加変更手続の目的は，訴訟の発展段階における審判の対象としての訴因の変化を明示し，よつて訴因の拘束力をその変化に順応させるとともに，訴訟当事者に新たな攻撃防禦の機会を与えるにあるといわなければならない。従つて，訴因の横領を詐欺と変更するように，犯罪の抽象的構成要件すなわち各罰条の類型的構成要件に変更を来す場合には，<u>訴訟当事者の攻撃防禦に実質的な不利益を及ぼすか否かにかかわらず訴因の追加変更を要する</u>し，右の場合に当らなくても，訴因の追加変更が訴訟当事者の攻撃防禦（主として被告人の防禦であるが，裁判所が検察官の思いがけない方向に訴因を変更する場合をも含めて解釈する必要がある）に実質的な影響を及ぼすおそれのあるときには，訴訟当事者にあらかじめ警告を与えなければならないから，ひとしく訴因の追加変更の手続を採ることを要すると解するべきである。結局その要否の標準は，刑事訴訟におけるフェアープレーの原理の要請するところに従つて判定せられなければならないと考える。

　本件起訴状によれば，……審判の対象は，(1)Cから預つた山林立木代金19万円と(2)Kから預つた伐採搬出の諸道具借賃金5万円の2口合計金24万円中9万円を9月13日頃大阪市において着服横領した事実である。これは，被告人が三重県下へ行く汽車中において金24万円中15万円を盗まれたのちにおいて領得の意思を生じたという弁解に基き残額9万円の着服横領として起訴したものである。これに対し，原判決は，……山林立木代金全額につき，9月9日頃被告人の住居から他府県へ出向くとき拐帯横領したと認定したのである。右

204　刑事訴訟法判例総合解説

第4節　旧来の判例による訴因変更要否の具体的判断とその見直し

の判文を起訴状と対照すると，同じ横領罪の構成要件の範囲内に属することは相違ないが，その内容実質において，金員委託者2名を1名とし，従つて委託金2口を1口とし，領得意思発現の態様を着服横領から拐帯横領に，従つてその日時場所を変更したのみならず，横領金額9万円を19万円に拡張したのであつて，かような変更は抽象的構成要件には変更がなくても，<u>被告人の防禦権の行使に実質的な影響を及ぼすものといわなければならない</u>。従つて，原判決が刑事訴訟法第312条に定める訴因変更の手続を採らないで，いきなり判決において前記のように訴因と異る認定をしたのは違法であるといわなければならない」

● コメント

　本判決は，構成要件に変動が生ずる場合には，被告人の防御に実質的な不利益が生ずるか否かを問うことなく訴因変更を要するのに対し，同一構成要件内での事実変動の場合には，被告人の利益に実質的な不利益が生ずるか否かによって訴因変更の要否が決まる，という考え方に立脚している（なお，条解刑訴・623参照）。その前段部分の発想は，今日の**審判対象説**に連なり得るもので興味深い。その後段部分についても，審判対象説の立場からすれば，審判の対象に異動が生じてしまえば訴因変更をもって対応しなければならない，ということになり，これを本件事案に当てはめてみれば，まさしく審判対象である要件事実が各般にわたり変動を来しており，訴因変更が必要ということになる。

【46】　東京高判昭51・3・30 判時 824・121
　　　　　　　　　　　　　　　　　　　（②）

判旨　「原判決には，訴因の拘束力を無視して訴因の枠外の事実を認定した点に，訴訟手続の法令違反があるとのそしりを免れない（刑訴法378条3号にいう審判の請求を受けない事件について判決をした場合には当たらない。）。」，「もともと，右のような場合，訴因変更を要しない，すなわち，訴因の枠外の事実を認定したことが違法にならないのではないかとの疑問も生ずるが，<u>検察官から起訴状につき前示の釈明がなされた以上</u>，やはり右疑問には消極に解さざるを得ない」

● コメント

　訴因に記載された暴行の態様は，「など」という表現をもってくくられているが，これは例示列挙を意味するものでないとの検察官の釈明が，裁判所の厳格な判断を招いた。本件の訴因事実と判示認定事実との間の齟齬は，通常は，訴追対象事実に変動を来したとまではみられない程度のものとして処理され得るものと考えられるが，その際の安全弁として機能すべき「など」の文言が生かされなかった（香城・305参照）。しかし，それにしても，裁判所の上記の判断は硬直に過ぎよう（**仙台高判昭52・2・10 判時 846・43**，（注43）参照）。いわゆる**争点顕在化**の措置を施すことにより防御の機会を与えさえすれば，それで問題のない事案であった。

訴因変更〔Ⅰ〕　**205**

第3章　訴因変更の要否

【47】　東京高判平 15・5・14 判時 1857・145
(3)

事実

起訴状記載の公訴事実

　原審相被告人 c は d 及び同社の関連会社で宝飾品の仕入と d への販売を業とする e の各代表取締役副会長として両社の業務全般を統括するとともに, g を実質的に経営していたもの, 被告人 a は, d 及び e の各代表取締役社長として両者の業務全般を統括していたもの, 被告人 b は, g の代表取締役社長であったものであるが, 被告人両名及び c は, 共謀の上, 長期在庫品の処分等と称し, d が仕入れた商品及び顧客から買い取った商品等を g に対し仕入価格より低額で売却した上, 同社から同商品の販売委託を受け, これを顧客に売却した際には, g への売却金額より高額で同社から e を介して d が買い戻すという不要な取引をして差額相当分の利益を得させて利を図ろうと企て, 原審相被告人 c, 被告人 a において, それぞれ d が商品を仕入れ, 販売するに当たり, 商品を仕入価格より低額で他に売却した上高額で買い戻す不要な取引による無用な支出を避けるなど, 同社のために忠実にその職務を執行すべき任務を有していたにもかかわらず, これに背き, 自己及び g の利益を図る目的をもって, 原判決別紙犯罪事実一覧表(1)記載のとおり, 平成 2 年 10 月 4 日ころから平成 5 年 3 月 22 日ころまでの間, 前後 3648 回にわたり, d 本部において, ダイヤモンドプチネックレス等合計 5286 点について, 売却後も d が g から販売委託を受けて販売し, これを顧客に販売した際には, d が g から売却価格より高値で買い戻してその差額分の利益を同社に与える目的の下にその売却手続をして, g をして d に対し額面合計 2 億 536 万 3667 円の小切手を振り出させて同金額を d に入金させた上, 平成 5 年 12 月 10 日ころから平成 8 年 12 月 10 日ころまでの間, 前後 37 回にわたり, d 本部において, 顧客に販売した前記ダイヤモンドプチネックレス等合計 5286 点について, これらを e を介して代金合計 9 億 5845 万 7900 円で g から買い戻した代金の支払として, d 振出しの約束手形を e 宛てに振り出し, e をして g 宛てに合計 9 億 1281 万 7050 円

の買戻し代金支払のための約束手形を振り出させ, もって, d に g からの入金額と e に対する支払額の差額である 7 億 5309 万 4233 円について, 無用な支出をさせ, d に同金額の損害を与えた。

判示認定事実

　原審相被告人 c は, 平成元年から平成 5 年 6 月まで d の代表取締役として, その後は同社の代表取締役副会長として, その業務全般を掌握して統括し, 被告人 a は, 平成元年に同社の取締役に就任し, 平成 5 年 6 月以降は同社の代表取締役として, その業務全般を掌握して統括し, いずれも, 同社の取締役として同社のために忠実にその職務を遂行すべき任務を負っていた者であり, 被告人 b は, 昭和 58 年以降, 被告人 c の意向によって設立された旧 g の, 平成 2 年 10 月以降は旧 g を継承した新 g の各代表取締役に就任していた者であるが, 被告人両名及び c は, c 及び被告人 a の d に対するその任務に背き, 自らと新 g の利益を図る目的で d の資金を新 g に流失させて蓄積することを企て, 共謀の上, 両社や d の関連会社の e の帳簿や伝票類を操作するなどして, 平成 2 年 10 月 4 日ころから平成 5 年 3 月 22 日ころにかけて, 原判決別紙犯罪事実一覧表(1)記載のとおり, 3648 回にわたり, d が g に 5286 点の商品を, その販売権を d に留めて, d がこれを顧客に販売したときは, 同社の関連会社の e を介して g から買い戻すことができる旨の特約の下に, 仕入価格の約 1 割相当の合計 2 億 536 万 3667 円の廉価で売却したように偽装した後, 同表記載のとおり, 平成 5 年 12 月 10 日ころから平成 8 年 12 月 10 日ころにかけて, 37 回にわたり, d がその各商品をその特約に基づいて新 g から e を介して合計 9 億 1281 万 7050 円で買い戻したかのように再び偽装し, その買戻代金の支払のためとして, e から新 g 宛てに各買戻代金を支払金額とする各約束手形を, 更に, d から e 宛てにその買戻代金に 5 パーセントを加えた支払金額 (合計 9 億 5845 万 7900 円) の各約束手形をそれぞれ振り出させて, いずれも, そのころ, その決済をさせ, よって, d に, 前記当初の新 g への売却金と買戻し時の e の新 g への支払金の差額 7 億 745 万 3383 円の損害を与えた。

判旨

「前記公訴事実と, 原判決の認定した罪となるべき事実とを対比すると, 罪となる

第4節　旧来の判例による訴因変更要否の具体的判断とその見直し

べき事実では、dやg、eの帳簿や伝票類を操作したとの事実が付加されているが、その取引が偽装か否かを別とすれば（偽装であれば帳簿や伝票への記入が「操作」と評価される。）、起訴状記載の公訴事実でも、dからgへの在庫商品の売却、gからdへのその商品の販売委託、顧客への販売時におけるeを介してのgからdへの再仕入れという一連の取引を行った旨が記載されているから、会社間の取引であれば、当然その取引に伴う帳簿や伝票の記載はされるはずであって、新たに事実を付加したとまでみることはできない。しかしながら、各所論が指摘するとおり、原判決は、『売却したかのように偽装し』、『買戻したかのように再び偽装し』などと記載し、『弁護人の主張に対する判断』第一の一『本件取引きの実体に関する主張について』の項でも、本件取引について種々検討を加え、その結論として『本件取引きは、……架空のものであり、被告人らが、dにおいて、それまでに行っていた棚卸し資産（の100パーセント）を除外する方法に替えて、gへの商品の廉価売却（実質的には、棚卸し資産の8割ないし9割相当分の除外）を偽装することによって、dに課せられる法人税を軽減して免れる（節税と称する脱税）とともに、その後、その商品の高値の買戻しを偽装することによって、その廉価売却額と高値の買戻し額との差額の金員をgに流失、蓄積させて、被告人cらdの役員やその関係者及びその協力者の被告人bのために私的に費消することを図って行った』ものと説示し、同5の『公訴時効に関する主張について』の項でも、『本件取引きによるdの商品のgへの廉価売却と、同社からの高値の買戻しは、前記のように、被告人らが自らとgの利益を図り、dの資金を秘かにgに流失させて蓄財するための、いわば、贈与を隠蔽するための偽装として行った実体のない架空のものであり、それ故、その廉価売却行為は、単に伝票や帳簿上で行われるもので、これによって、その商品の所有権がgに移転したり、dがgに対してその商品についての買戻し義務を負うに至るようなものではなく、その後に被告人らが行う、右贈与自体の実行を同様に隠蔽するための買戻しの偽装に備えたものにすぎず、被告人らがその後に行っていた、dのgからの商品の買戻しの偽装と、その代金支払いのためとして行った前記の支払手形の振出し及びその授受並びにその決済こそが本件背任の実行行為であり、』などと説示している。このように、原判決は、一連の取引は全てdの資産を私的に流用するためにした架空のものであると断じ、<u>債務を負担していないのに手形を振出し、決済したという行為を背任行為ととらえ、dとgとの本件取引は、その背任行為を取引行為に偽装するためにした架空のものであるとし、いわば犯罪行為を隠蔽するためにした偽装工作にすぎないとしている</u>ことは明らかであるのに対し、起訴状記載の公訴事実は、これを素直に読む限り、廉価売却、販売委託、高値買戻しという一連の本件取引がdにとって一方的に不利益で、損害を与える不要なものであるのに、敢えてその取引をしてdに損害を生じさせたという、本件取引全体の任務違背性を問題とし、<u>廉価売却を含む一連の本件取引行為を背任の実行行為としてとらえている</u>ものとみるほかなく、これらの取引が偽装であることを公訴事実の記載から推測することは困難である（架空取引の場合には、通常の公訴事実の記載方法は本件公訴事実とは大きく異なっており、少なくとも取引が架空のものであることは明示されるはずである。）。<u>本件各取引は架空のもので、資産を流出させるための偽装であるとする場合と、その取引の実体はあるが、dにとっては不要なもので、同社に損害を生じさせる取引ととらえるかでは、行為態様の悪質性にも大きな差異があり、その行為から発生する法律効果だけではなく、事実の側面においてもまったく様相を異にすることは明らか</u>であって、共謀の趣旨やそれに基づく具体的行為

訴因変更〔I〕　**207**

第3章　訴因変更の要否

態様も異なってくる。また，被告人の防禦の観点から見ても，前者であれば，その行為の態様からみて，会社の裏金作りのような事案を除けば，任務違背性や図利加害目的を争う余地は乏しいのに対し，後者であれば，本件取引の目的，会社にとってのその取引の有用性（任務違背性）や図利加害目的が争点になり得るのであって，被告人側の防禦の方法にかなりの差違が生じることになる。このように，起訴状記載の公訴事実と原判決の認定した罪となるべき事実を比較すると，行為の外形的事実はさほど変わらず，狭義の公訴事実の同一性は全く疑問の余地はないが，その事実の社会的，法律的意味合いを大きく異にする重要な事実の変更があり，その各事実を一般的，類型的に比較すると，明らかに被告人の防禦に実質的な不利益が生じる事実の変更であって，当事者に攻撃防禦の対象を明確にして，被告人の防禦を全うさせようという訴因の現実的な機能に着目すると，本件のような場合，訴因変更の手続を経ないで，原判決のような認定をすることは原則として許されないというべきである。もっとも，審理の具体的経過，状況に照らして，原判決の認定した事実について，被告人側の防禦が十分行われていると認められ，当事者に不当な不意打ちとなっていないことが明らかであれば，訴因変更を要せずに，原判示のとおり認定することも違法ではないと考えられなくはない。しかしながら，原審に関与した検察官は，本件取引が架空のものであるというような主張はしていない。検察官は，冒頭陳述においても，本件取引を『本件不正取引』と表現して，その内容を廉価販売，販売委託取引，高値再仕入取引に分け，その方法，手順を詳述しているのであって，それが架空取引であるなどとは主張していない。論告においても，まず，被告人両名及び原審相被告人ｃは，商法違反の点については，いずれも起訴状記載の各取引がされたことを前提にし，その取引の任務違背性，背任の故意，図利加害目的及び共謀をそれぞれ否認しているとして，その主張を要約し，第1，2の冒頭で『本件各起訴状公訴事実記載の各取引がなされたことは当事者間に争いがなく，本件各犯行の経緯等についても，以下の事実は当事者間に争いがない』として取引の経緯，取引の内容等を詳細に論じ，本件取引に節税効果があるとは認められず，公訴事実記載の取引がｄにとって不要な取引であり，同社に無用な支出を行わせ，一方的に損害を負わせる取引であったことは優に認定できるなどと主張している。当審における検察官の所論は，原審検察官は，本件取引が架空のものであることを前提に訴訟活動をしているというが，所論が指摘する，例えば，冒頭陳述書において，新旧ｇの実態について，『新旧ｇとも，本店所在地，電話番号は，ｈと同一で，独自の社印も存在せず，後述の不正取引をするに当たっても，ｄ側で作成した書類を受領するだけで，取引に関する商品の物流にも関与せず，書面上取引をしたことにした上で，売買代金の授受を行っていた』等と記載している点も，新旧ｇの支配権をｃが掌握していたことや，本件取引が通常の取引と異なる不自然さを，任務違背性や図利加害目的を推知させる一つの事情として指摘しているものと考えられるのであって，全体としてみれば，原審検察官は本件取引の実在性を前提に，特別背任罪の成立を論じていることは明らかである。また，弁護人は，その各証人尋問や被告人質問においても，取引自体は実体があるものとの前提で，その取引には会社経営上の合理性，有用性が認められるとして，その事実を証明すべく，証人尋問や被告人質問を行っているのであって，取引の存在自体は所与の事実とし，それが形式上の帳簿上だけの操作であるとか，仮装であるか否かなどという尋問・質問は全くしていないし，その弁論においても，本件取引が実際に行われたことを前提にして，その取引の有用性や公訴時効の成否を論じているのであって，争点となってい

第4節　旧来の判例による訴因変更要否の具体的判断とその見直し

ない本件取引の架空性については，両被告人の弁護人は，何ら触れていない。以上のとおり，本件取引が架空で一連の取引が単なる偽装であるか否かが争点になるのであれば，その点についての立証の機会を与える必要があるところ，原審裁判所が，そのような点を争点として明示し，立証の機会を与えた形跡は全くなく，また，原審相被告人 c の被告人質問時に，原審裁判長が，g と d との取引について，取引を全て d 側だけで決めるのはおかしくないか，g 側が行っていたのは伝票操作だけではないかなどと質問しているが，これらも，本件取引が図利目的を推認させるような不自然な取引であるとして質しているとも受け取れるもので，取引自体の架空性を問題としていることを明確に示して訴訟指揮をした事実は認められない。したがって，<u>具体的な訴訟の経緯</u>をみても，原判決の認定した罪となるべき事実については，被告人側の防禦が尽くされているとは認め難く，<u>不意打ちの認定</u>であるといわざるを得ない。そうすると，原審が，検察官による訴因変更を経ることなく，原判示第一の商法違反に関する罪となるべき事実を認定したのは，訴訟手続に関する刑訴法 312 条に違反したものといわざるを得ず，その違反が判決に影響を及ぼすことは明らかであり，同法 379 条の事由があるものと認められ，原判決は，被告人 a については，詐欺の訴因と共に 1 個の刑を科しているので，結局，原判決のうち被告人両名に関する部分はすべて破棄を免れない」

● コメント

　判旨は，まず**事実記載説**の立場から，本件の「実在の無用取引（訴因）」と「架空取引（認定）」とを対比して，この点の事実変動が訴因変更を必要とするレベルのものであるか否かを考究するに当たり，まず，①「その事実の社会的，法律的意味合いを大きく異にする重要な事実」の変更かどうかを見ている。これは学説（平野・136，書研・講義案・128 など）を参照したものであろう。そしてこの基準への該当性を認めた上で，②更に**抽象的防御説**の視座から，「その各事実を一般的，類型的に比較すると，明らかに被告人の防禦に実質的な不利益が生じる事実の変更」に当たるとして，原則訴因変更必要の方向性を導いている。理論的には，**審判対象説**の考え方からすると，①の基準に該当すればそれだけで例外なく訴因変更必要となすべき筋合いのものとなる。しかし，本判決は，更に論を進め，**具体的防御説**の視点から，結局は訴因変更が不要となる場合を想定し，その線に沿って本件の具体的な審理の経過をたどり，現実にも不意打ちであったことを確認して，訴因変更必要の結論を固めている。このように，本判決は，いわゆる **2 段構えの防御説**に立脚する判断構造を採用しているといってよいだろう。**平成 13 年決定【15】**を経ても，防御説がなお実務に根強く浸透していることを看取することができる一例である。

　他方で，変更不要とされた事例も多い（小林・384 は，犯罪行為の手段，態様等の変動について，「訴因と認定すべき事実が行為の意味ないし構造を基本的に変更するものでないと認められるならば，抽象的に考えても被告人の防禦に実質的な不利益を来さないものとしてなお訴因の変更を必要としないと解することが可能であろう」とされ，下記のうち，**東京高判昭 25・10・2【48】**，広島高判昭 26・2・27，札幌高判昭

第3章　訴因変更の要否

26・11・22，最決昭27・10・16，最判昭30・7・5【49】，最判昭32・1・24【53】，最決昭35・2・11【55】，最決昭35・8・12【56】等をその観点から支持できるとされている。また，同・385では，「訴因における犯罪行為の手段，態様等を一部変更又は追加して認定する場合は，有罪であることに変わりはないわけであるから，量刑が異なってくるかどうかの観点から訴因変更の要否を決すべきである」として，下記のうち，最判昭30・11・30【51】，東京高判昭31・3・5，最判昭32・1・17【52】等はこの観点からのものと理解できなくはないとされる。しかし，後者の考え方は，「一部変更又は追加して認定する」ことになるかどうか未だ不明，したがって「有罪であることに変わりはない」と断定できない訴訟の段階で訴因変更の要否が問題となった場合には成り立たない。もともと訴因は審判の対象であってその事実の実存性をこれから証拠調べし判定してゆこうとするものであり，このことは変更後の訴因についても当然同様であるから，現訴因についても，変更の要否が問題となっている（変更先の）新訴因についても，証拠調べとこれに基づく心証形成が終了しているとの前提で訴因変更要否を論じることは，筋論を違える本末顛倒となろう）。

【訴因変更不要】

東京高判昭25・10・2判特13・7【48】	横領の態様：着服横領→費消横領　（①）
広島高判昭26・2・27判特20・11	横領の態様：費消横領→着服横領
札幌高判昭26・11・22判特18・65	不法利得の態様：宿泊代金不払い→同金額の代金等につき5日間の支払猶予獲得
最決昭27・10・16刑集6・9・1114	酒税法違反の態様：無免許で，濁酒製造→雑酒製造
東京高判昭28・2・21高刑集6・1・143	準強盗における暴行の目的：罪跡湮滅→逮捕免脱
東京高判昭28・11・10高刑集6・12・1665	犯行順序：〔脅迫⇒傷害〕→〔傷害⇒脅迫〕
最判昭30・7・5刑集9・9・1805【49】	贈賄における相手方の職務内容：機器の修理契約・同代金支払等→古機器の払下げ　（②）
最判昭30・10・19刑集9・11・2268【50】	傷害共同正犯→暴行単独犯　（③）
最判昭30・11・30刑集9・12・2529【51】	地方税法違反におけるせん動文言の付加　（④）
東京高判昭31・3・5裁特3・5・196	強盗の手段：脅迫→脅迫，暴行
最判昭32・1・17刑集11・1・1【52】	賄賂罪における依頼事項の追加　（⑤）
最判昭32・1・24刑集11・1・252【53】	収賄における被告人の職務内容・金品供与の趣旨：接収地借上料値上げの謝礼→同値上げ問題の情報提供の謝礼　（⑥）
東京高判昭32・3・4高刑集10・2・212【60】	殺人における未必の故意→通常の故意
東京高判昭32・5・6東時8・7・181【54】	収賄における賄賂の趣旨：「S区役所より同区立S中学校の第2期工事を請負っている甲から……材料購入の為工事代金の前払いをなし得る旨の議案を同区議会に提出して可決せしめ且つ……右工事代金の中前払金五百万円を急速に支払った謝礼」→「F会社がS区役所の小中学校建築工事請負契約競争入札に際し，競争入札者として指名されるについて便宜な取扱を受けたこと及び請負工事代金を急速に支払って貰ったこと等に対する謝礼並びに将来も同様の便宜を計られたいという趣旨」　（⑦）
最決昭35・2・11刑集14・2・126【55】	詐欺の態様：自己所有と誤信させた土地の売却→第三者所有の土地取得の仲介を虚構　（⑧）
最決昭35・8・12刑集14・10・1360【56】	特別背任における背任目的：第三者図利→自己図利　（⑨）

第4節　旧来の判例による訴因変更要否の具体的判断とその見直し

東京高判昭48・1・23 東時24・1・4	犯行順序：〔強盗致傷⇒強盗強姦未遂〕→〔強盗強姦未遂⇒強盗致傷〕
東京高判昭48・5・31 判時718・110	児童福祉法違反における児童であることについての確定的認識→未必的認識
東京高判昭56・6・11 高検速報2523	死体損壊の凶器：ナイフ→包丁
東京高判平9・10・9 東時48・1＝2・64	暴行の態様：突き飛ばして路上に転倒させるなどした→肩付近を正面から手で突くなどして，後退，転倒させるなどした
高松高判平10・3・3 判時1642・160【57】	青少年保護育成条例違反における青少年の年齢知情→不知 ⑩
大阪高判平12・7・21 判時1734・151【58】	恐喝の動機・原因：「Vがバッグの取引を撤回したことに因縁をつけ」→「Vが被告人に依頼した不正なロムの代金を約束期日に支払おうとしなかったことなどに因縁をつけ」 ⑪
東京高判平21・3・6 高刑集62・1・23	不作為による詐欺の作為義務の発生時点：公訴事実記載の時点より繰り下げて認定 ⑫

【48】　東京高判昭25・10・2 判特13・7 （①）

● コメント

「訴因と構成要件的評価の差が些少な事実を認定するときは，被告人の防禦に実質的不利益を来さないものとして訴因変更を要しないと解するのが相当である。着服横領の訴因を同一日時ころの費消横領と認定するについて，両者の差は不法領得の行為を着服の時点でとらえるか若干ずらせてより確実な費消の時点でとらえるかに過ぎず，訴因と認定事実との間にこの程度の差しか存在しない場合は

訴因の変更を必要としないのが妥当である。本判決は同旨のものである」（小林・381）とされているが，**審判対象説**の立場からは，この程度の事実変化は，要件事実の変動ではあるけれども，なお審判対象としての同一性を保ち得る軽微な変動にとどまるものと解されよう（訴因変更要否の判断の２局面性として２節３(4)(a)に上述したところを参照）。

【49】　最判昭30・7・5 刑集9・9・1805 （②）

判旨　「判示事実も公訴事実もともに，被告人が判示の日時場所において前記法律２条の会社に当る関西配電株式会社京都支店資材課員Oの職務に関し賄賂を供与したという基本たる事実は全く一致し，単に職務の個々の具体的部分に相異があるに過ぎないのであるから，公訴事実（ママ）の同一性が害されるという主張は当らず，訴因変更の手続をとらなかつたからといつて，これがため被告人の防禦権行使に不当な影響を及ぼすものとは認められない。これと同趣旨に出た原判決の判示は正当であつて所論は理由がない」

● コメント

贈賄被告事件において贈賄の相手方の職務内容につき，訴因において「機器の修理契約その代金支払手続等の事務」とあったのを，訴因変更なきまま「変圧器等古機器の払下」と認定判示したのを適法と認めた判例であるが，担当調査官は，「訴因変更手続に関する従来の最高裁判例の立場を踏襲したものである。蓋しその職務内容が当該会社の資材課員としての通常の範囲に属し，被告人の職員に

訴因変更〔Ⅰ〕　**211**

第3章　訴因変更の要否

対する交渉関係が前記のように当該範囲に関する本件においては争なきところであろう」とされている（高橋・判解30・187）。「機器の修理契約その代金支払手続等の事務」は、この資材課員の上司である資材課長の職務内容であり、被告人はこの両者に対する贈賄の罪により起訴されたものであった。そうすると、関西配電株式会社京都支店資材課の所管事項について「世話になった謝礼金並びに将来も同様世話になりたい趣旨の下に」その課に属する課員と課長に対して現金を供与したという点で、訴因と認定事実との間に重要な/実質的な齟齬はないとみなしてもよい事案であったということであろうか。むしろ、実体は、証拠に照らしてみたときの起訴状の明白な誤記に近いものであったのではあるまいか。供与現金と相手方の職務権限との具体的な対価関係（職務関連性）の有無が賄賂性の有無と直結することからすれば、この部分の摘示は、本来的には、賄賂罪の要件事実の核心を成すものと言うべきところであり、本判決は、救済判例として位置付けておくことが無難であろう。なお、後出**最判昭32・1・17【52】**参照。

【50】　最判昭30・10・19 刑集9・11・2268
　　　（【21】と同じ）　　　　　　　　　　（③）

事実

起訴状記載の公訴事実
　被告人は、昭和26年5月31日午前2時頃高岡市堀上町世界館前道路に於て、高岡市〇〇町××番地鮮魚商Iに対し、Aと共同して、同人の足を蹴り顔面を殴打して同人に治療一週間を要する左眉毛部裂創並上下眼瞼皮下溢血腫張の傷害を与えた。

判示認定事実
　被告人は、昭和26年5月31日午前2時頃高岡市堀上町世界館前道路において高岡市〇〇町××番地鮮魚商Iに対し些細なことで立腹し同人の腰部を下駄穿きの足で蹴上げもって暴行した。

判旨　「原判決は第一審判決を破棄し自ら判決をなすに当り、公訴事実中傷害の点につき訴因罰条の変更手続を経ることなく暴行の事実を認定していることは所論のとおりであるが、この点に関する原審の判断は正当であつて所論の理由なきこと、当裁判所の判例（**最判昭26・6・15**参照）の趣旨とするところである」

● コメント

　審判対象説の立場から、本件を黙示の予備的訴因による**縮小認定**の場合ととらえる見解がある（香城・317）一方で、本判決を「足を蹴り顔面を殴打して治療1週間を要する左眉毛部裂創、上下眼瞼皮下溢血腫張の傷害を与えたとの訴因に対し、腰部を下駄ばきの足で蹴り上げたと認定するのに訴因変更は要しない、と判示して、傷害を暴行に縮小認定したもの」と理解した上で、「暴行の態様についても、右のように訴因事実と異なった事実を認定していながら、この程度の変更は大差ないとしたものとも解することができ、参考になろう」とする評価（毛利・59）、判旨について同様の理解に立った上で、「殴打か足蹴りかは暴行の明細事実であって、（訴因の）必要的記載事項（拘束力のある訴因事実）ではないということになる」とする指摘もなさ

第4節　旧来の判例による訴因変更要否の具体的判断とその見直し

れている（田口・目的258）。──このような**縮小認定**の視座からの本件判旨の理解の仕方の当否につき，3節4(3)における本判決【21】の【コメント】参照。ここでは，上記理解を前提として論じることとする。──

　もっとも，本件において，公訴事実に被告人の分担した実行行為として被害者の「腰部を下駄ばきの足で蹴り上げた」と摘示されていたなどの場合であれば，もとより別論であるが，本件公訴事実のような記載にとどまっている状況の下で，構成要件該当事実にこの程度の食い違いが生じているのを，一概に大小関係にあると断じたり大差なしとして切り捨てるのは，審判対象の画定という見地からすると，問題がないわけではないように思われる。裁判実務家の中に，「同じ殴打でも，平手と手拳では，暴行の態様の悪質さが違うし，ましてや，バット等の凶器を用いたとなると，大きく違う。殴打と足蹴でも同様であろう。足蹴の程度にもよるので一概にはいえないが，……量刑上看過し難い違いがあるということになると，訴因変更が必要だということもあろう」という指摘がみられる（毛利・59）ことに留意したい。「暴行」（刑208）＝「不法な有形力の行使」があったか否かを裁判するには，その法的評価に該当する具体的事実（要件事実）の存否を審判対象とするほかない（「暴行罪における『暴行』や傷害罪における『傷害』については，これらの具体的内容を立証できなければ，暴行罪や傷害罪の構成要件に該当する被告人の行為の存在を立証することができないであろうから，これらの具体的内容を訴因に表示する必要があると解される」（平木・判解14・376））。(注41)実務の在り方としては，安易に縮小理論に寄りかかることなく，また要件事実の変動については極力訴因変更手続を経ておくことが妥当な運用とも言えよう。

（注41）小林・諸問題35は，起訴状の公訴事実に単に「暴行を加えた」とのみ記載されている場合を前提として，検察官においてその具体的態様として「手で殴る」，「足で蹴る」等と釈明した場合について，これらの釈明内容は訴因の明示に必要な事項ではないと解しているが，このような公訴事実の記載がなされることは，通常は考えられない。最決昭58・5・6刑集37・4・375は「有形力を行使して，屋上から路上に落下させた」〔殺人未遂〕，最決平14・7・18刑集56・6・307は「その頭部等に手段不明の暴行を加えて……の傷害を負わせ，よって……死亡させた」〔傷害致死〕とのみ記載された事例であるが，暴行の具体的方法を特定するに足りる証拠収集が格段に困難であったこと，当該犯罪との異同が問題になるような同種の行為は存在せず他の犯罪事実との区別が問題にならないという特徴があることなどの「特殊事情」（最大判昭37・11・28〔白山丸事件〕【4】）が存在していた極めて例外的な事例である。なお，殺人罪や傷害致死罪における「暴行」や「傷害」については，これらの具体的内容を立証できなくても，人の死亡という犯行の結果が発生している関係で，殺人罪，傷害致死罪の構成要件に該当する被告人の行為の存在を立証することが可能な場合があるといえるから，これらの具体的内容を訴因に表示することが不可欠であるとはいえない，とする指摘もある（平木・376）。

【51】　最判昭30・11・30刑集9・12・2529 ④

判旨　「所論は，第一審判決が，起訴状に記載のない『委員長は税金が戦争準備のために

訴因変更〔Ⅰ〕　**213**

第 3 章　訴因変更の要否

使われていないというが，平衡交付金が減らされたこと自体，戦争準備の為に使われている証拠だ』との文言を，被告人の発言内容として判示したのは，刑訴378条3号の『審判の請求を受けない事件について判決をした』違法があるというのである。しかし，第一審判決が附加した事実は，<u>訴因の内容たる事実を明確にし詳細にしたに止まり訴因に変動を来すものではなく</u>，従って公訴事実（ママ）の同一性を害するものでもないから，第一審判決は審判の請求を受けない事件について判決をしたものではない」

● コメント

　担当調査官は，「本件で起訴状に記載のなかった事実は，起訴状に記載されている被告人の発言内容と一連一体をなすもので，同じく『税金が戦争準備に使われている』という趣旨を例証した発言であって，被告人の発言の趣旨を起訴状記載のものと異なる趣旨のものとするものではない。全く本判決も言っているように訴因の内容たる事実を明確にし詳細にしたもので，換言すれば，より具体的にしたに過ぎず訴因を変更したものではないというべきであろう」と解説されている（岩田・判解30・352）。判示認定に係る事実は，税金の不納せん動に関する罪の訴因に摘示された要件事実の明細を述べるもの（いわゆる**明細事実**）であって，平成13年決定にいわゆる訴因の記載上不可欠事項よりも1ランク下の階層に位置するところの非要件事実とすることができるものである。本判旨は異論のないところと思われる。

【52】　最判昭 32・1・17 刑集 11・1・1　（⑤）

事実

起訴状記載の公訴事実

　被告人は，昭和25年7月6日頃の午前10時頃千葉市営競輪場で，第6レースに出場する選手Tに対し，「今日はT君2着になれよ，お前が2着になれば今日は俺が儲るのだから相当礼金をする」旨申向けもつて右自転車競争に関し選手に対し賄賂を提供した。

判示認定事実

　被告人は，同年7月6日頃同市営自転車競争に際し，右競輪場において，当日の第6レースに出場したT選手に対し「今日は2着にならないか，3着でもいいからなつてくれよ，そうすれば俺ももうかるから相当礼金をする」旨しつこく申し向け，もつて該競争に関し，右T選手に対して賄賂を提供した。

判旨　「本件起訴状記載の公訴事実と第一審判決判示事実とは，所論のようにその依頼事項の内容につき<u>多少の相違</u>，追加はあるが，<u>この程度の相違，追加は，本件賄賂罪としての事実の同一性を害するものではなく</u>，また，事実審が訴因変更の手続を執ることなくかかる事実を追加認定したからとて，<u>被告人の防禦権を侵害したもの</u>とも認められない。そして，かかる場合に訴因変更の手続を必要としないと解すべきことは当裁判所の屡々判示したところである。それ故，原判示は正当であり，また，引用の判例ともその趣旨を異にするものではない。論旨は採るを得ない」

● コメント

　特段異論のないところであろう。ただし，**審判対象説**からすれば，被告人の防御権侵害の有無を訴因変更要否の基準に同格的に取り

第4節　旧来の判例による訴因変更要否の具体的判断とその見直し

込むことは不当だということになる。単に，判示は明細事実を付加して罪となるべき事実の具体性を増したにすぎない。

【53】　最判昭 32・1・24 刑集 11・1・252　⑥

事実

起訴状記載の公訴事実

被告人は，東京調達局管理部不動産評価課土地係員として民公有接収地に対する賃借料算定等の職務に従事していたものであるが，入間川基地住宅用接収地地主組合の副組合長Kより同組合員所有の入間川基地住宅用接収地借上料が高額に値上げされたことの謝礼の趣旨で供与されるものである情を知りながら金5万円の供与を受け以て其の職務に関し収賄した。

判示認定事実

被告人は，東京特別調達局管財部不動産評価課に勤務し，接収地借上料並びに土地買収価格の各評価算定等の事務に従事していたものであるが，Kから前示接収地借上料問題の情報提供等をしたことの謝礼の趣旨で供与されるものであることを知りながら金5万円の供与を受け，以て其の職務に関し収賄した。

判旨　「本件起訴状記載の公訴事実と第一審判決の判示認定事実との所論差異のごときは，公訴事実の同一性は勿論，訴因の同一性をも害するものとはいえないから，公訴事実に争のある通常の審理手続をするを以て足り，訴因変更のごとき特別手続をなすべきものではない。けだし，当法廷が屡々判示したごとく，訴訟法が訴因変更の手続を設けた趣旨は，予め審理の対象，範囲を明確にして，被告人の防禦に不利益を与えないためであるから（最判昭 29・1・21 判例集 8 巻 1 号 71 頁以下等参照），公訴事実並びに訴因が同一性を有す

る限り，これらの同一性を害しない事実について，その変更手続をなすべきではない。なぜなら，公判審理中かかる事実の存否につき疑問を生ずる度毎に，裁判所が一々これが変更手続をなすがごときは，ただに無用であるばかりでなく，往々当事者をして裁判所が予断を抱くものと疑わしめる虞がなくはないからである。されば，原判決が，所論差異につき訴因変更等の手続を講ずることなく審判することができる旨判示したのは，結局正当であつて，論旨は職権事由としても採るを得ない」

● コメント

担当調査官は，「本件は，収賄罪における訴因と判決で認定された事実との間において，職務関係と金員授受の関連性について差異があるにすぎないものであるから，本判決の結論には異論がないと思われる」と解説されている（吉川・判解 32・38）。本件判示自体はかなり職権主義的な色彩の濃いものであるが，それは措いても，本件における訴因と認定との齟齬が訴因の同一性を害しないものであることの理由については，判決には何も触れられていない。調査官は，「職務関係と金員授受の関連性について差異があるにすぎない」とされているわけであるが，この差異が訴因変更を要求するほどの重要な／実質的な事項に当たらないというには，それなりの説明がほしいところであった。本件の場合には，起訴状の職務関連性に関する事実摘示が単なる誤記の実体を有するものであったとは考え難いところ，「組合員所有の入間川基地住宅用接収地借上料が高額に値上げされたことの謝礼」というのと「接収地借上料問題の情報提供等をしたことの謝礼」というのとでは，金

訴因変更〔Ⅰ〕　215

第3章　訴因変更の要否

員供与の趣旨が大分異なるといわざるを得ないように思われる。また，そもそもその趣旨が成り立つことの前提となっている客観的な証明対象事実が，「組合員所有の入間川基地住宅用接収地借上料が高額に値上げされた」ことから「接収地借上料問題の情報提供等をした」ことに変化している。賄賂罪の成否にとって，要件事実のうちでも，この職務関連性の具体的中身が何であるかは決定的に重要であって，実務においても中心的な争点とされることの多く見られる事項である。そのような核心部分についてこれだけの変動が生じた以上は，**審判対象の画定の見地**からは，訴因変更を要するものと考えるべきではなかろうか。なお，前出**最判昭**30・7・5【49】参照。

【54】　東京高判昭32・5・6東時8・7・181　⑦

事実　賄賂の趣旨

起訴状記載の公訴事実
S区役所より同区立S中学校の第2期工事を請負っている甲から……材料購入の為工事代金の前払をなし得る旨の議案を同区議会に提出して可決せしめ且つ……右工事代金の中前払金500万円を急速に支払った謝礼
判示認定事実
F建設株式会社がS区役所の小中学校建築工事請負契約競争入札に際し，競争入札者として指名されるについて便宜な取扱を受けたこと及び請負工事代金を急速に支払って貰ったこと等に対する謝礼並びに将来も同様の便宜を計られたいという趣旨

判旨　「右原判示事実は，金員授受の当事者，その日時，場所，金額，これが被告人のS区助役たる職務に関する賄賂たることにおいて起訴状記載の公訴事実と全く同一であるのみならず，右金員授受の趣旨においても，起訴状の記載と原判決の認定したところとは，究極において被告人の右職務上便宜，有利な取り計らいに対する謝礼並びに依頼等の趣旨に出たものであることを表示していることは明らかであって，右事実認定は毫も訴因の同一性を逸脱し被告人の防禦に実質的な不利益を及ぼすところはないものと認められるから，訴因変更の手続を経ずに判示事実を認定した原審の措置には何等所論の如き訴訟手続上の法令違反の廉はない」

● コメント

　訴因と認定とは一部分において重なり合っているところのある点が，前出**最判昭**32・1・24【53】のケースとは異なる。認定において「請負工事代金を急速に支払って貰ったこと等につき将来も同様の便宜を計られたいという趣旨」が付加されたことも，審判対象を別物にするほどの重大な意味を有するものではない。しかし，「S区役所より同区立S中学校の第2期工事を請負っている甲から……材料購入の為工事代金の前払をなし得る旨の議案を同区議会に提出して可決せしめたことに対する謝礼」と「F建設株式会社がS区役所の小中学校建築工事請負契約競争入札に際し，競争入札者として指名されるについて便宜な取扱を受けたことに対する謝礼及び将来も同様の便宜を計られたいという趣旨」とでは，証明対象事実として大きく異なっている。判旨は，「究極において被告人のS区助役たる

第4節　旧来の判例による訴因変更要否の具体的判断とその見直し

職務上便宜，有利な取り計らいに対する謝礼並びに依頼等の趣旨に出たものであることを表示している」との理由で訴因の同一性を逸脱するものではないと断じているが，この思考によるときは，訴因事実としては，つまるところ，単に，「Ｓ区助役としての職務上便宜，有利な取り計らいを受けたことに対する謝礼及び今後も同様の便宜を得たいとの趣旨の下に」とさえ記載しておけばそれで足りるという道理になる。しかし，このような抽象的な摘示では，贈賄罪の構成要件に該当する具体的事実（賄賂性の要件事実）が示されたとはとてもいえまい。この記載事実そのものを直接証明することは不可能である。上記【53】に対するコメントで述べたような観点からも，にわかに賛成し難いところのある判示である。

　もっとも，小林・375 は，訴因変更要否の一般的基準について，「構成要件的評価を異にする事実の変動か，これを異にしない事実の変動かで二分し，前者は原則として訴因の変更を必要とし，後者はそのうち（判決）主文が異なってくる場合につきこれを必要とする」と提唱され，更に小林・諸問題 385 では，「訴因における犯罪行為の手段，態様等を一部変更又は追加して認定する場合は，有罪であることに変わりはないわけであるから，量刑が異なってくるかどうかの観点から訴因変更の要否を決すべきである」とされている。この基準によると，本件の場合，訴因変更が不要と判断される可能性がある。

【55】　最決昭 35・2・11 刑集 14・2・126　（⑧）

事実

起訴状記載の公訴事実

　被告人は，昭和 31 年 11 月 3 日ころ，その自宅において，Ｔに対し，長野県北佐久郡軽井沢町大字長倉字鶴溜 2,115 番地の 5 筆の土地 12,963 坪は自己所有のものであるから，代金完済後は移転登記をする旨虚構の事実を申し向けてその旨誤信させ，同人から代金名義で即時 70 万円，同年 12 月 3 日ころ 70 万円，同月 7 日ころ 40 万円の交付を受けて，これを騙取した。

判示認定事実

　被告人は，昭和 31 年 12 月 5 日ころ，右自宅において，右Ｔに対し右土地は第3者の所有に属し，これを買い受けられる見込のないことを秘し，あたかもその見込があるように装い，同人をして被告人が右土地の所有者から取得できる見込があり，代金を完済すれば直ちにその所有権移転登記を受けられるものと誤信させ，同日 7 日ころ右Ｔから前記売買代金の内金名下に 40 万円の交付を受けてこれを騙取した。

判旨　「弁護人の上告趣意第一点は，判例違反をいうが引用の判例は事案を異にし本件には適切でなく所論は前提を欠き（所論訴訟法違反の認められないことは，原判示のとおりである），同第二点は，事実誤認，単なる訴訟法違反の主張であつて，いずれも，刑訴 405 条の上告理由に当らない」

● **コメント**

　担当調査官は，「本判例は，訴因の変更手続をする必要のない理由を明示していないが，当裁判所第一小法廷の従来の判例，すなわち，**最判昭 29・1・21**（「法が訴因及びその変更手続

訴因変更〔Ⅰ〕　**217**

第3章 訴因変更の要否

を定めた趣旨は，審理の対象，範囲を明確にして，被告人の防禦に不利益を与えないためであると認められるから，裁判所は，審理の経過に鑑み被告人の防禦に実質的な不利益を生ずる虞れがないものと認めるときは，公訴事実の同一性を害しない限度において，訴因変更手続をしないで，訴因と異る事実を認定しても差支えない」，同旨，**最判昭29・1・28，最判昭32・1・24**）の趣旨に従い，本件においても，審理の経過にかんがみ被告人の防禦に実質的な不利益を生ずるおそれがあるものとは認められないことに重点をおいて，訴因変更の手続をする必要はないとした原判決を是認したものと解される」と，**防御説**の視点から説明されている（吉川・判解35・49）。

本件においては，11月3日ころの70万円及び12月3日ころの70万円詐取が認定落ちして縮小認定の形になっているが，その点はさて措き，本件での欺もう行為，従って錯誤内容は，要するところ，本件土地をTに取得させることができないのにそれが可能であると装いその旨信じ込ませた，というものであるから，要件事実そのものに変動が生じているわけではなく，訴因の変更をもって対処しなければ違法とされるような局面とはいえない。**審判対象説**からはそのようにいえるのであろう。もっとも，実務上の対処の在り方としては，任意的訴因変更の手続を経ておくのが適切といえよう。

【56】 最決昭35・8・12刑集14・10・1360（⑨）

事実

起訴状記載の公訴事実
被告人は，Iからの融資の申入れを受けた際，当該貸付けは被告人らの任務に背くものであり，かつ，<u>右貸付けがIのため利益になる</u>と同時に被告人の勤務先会社（本人）の損害となるものであることを認識しながら，任務に背き右Iに対し融資をなし，もって同会社に財産上の損害を加えた。

判示認定事実
被告人の本件Iに対する融資は，<u>部下のKがほしいままに会社資金をIらに浮き貸しして多額の回収困難を来していることについての部下監督上の責任を回避し，会社に対する被告人の面目信用失墜の事態を免れる目的に出たものであり，特に第3者たるIの利益を図ることが動機となって本件融資行為に出たものではない。</u>

判旨

「記録によれば，第一審判決認定の犯罪事実と起訴状記載の公訴事実とは具体的には同一の事実であり且つ判決の摘示せる自己（被告人ら）の利益を図る目的をもってした背任行為と訴因として明示された第三者（I）の利益を図る目的をもってした背任行為とは，<u>具体的な本件においては全然無関係の行為ではなく，いわば主従，表裏の密接な関係にある</u>ことを窺うに足り，かかる事実関係にある本件において，記録上明らかな原判決指摘の訴訟経過に徴すると，第一審裁判所が訴因変更手続を経ないで，訴因と異なる事実を認定したからといつて被告人らのそれまでの防禦を徒労に終らせるような不意打を加え，その防禦権を実質的に侵害したものとはいえない。所論の点についての原判示は正当である」

218 刑事訴訟法判例総合解説

第4節　旧来の判例による訴因変更要否の具体的判断とその見直し

● コメント

　本決定については，相反する2つの見方が評釈として示されている。一方は，「判例の基本的態度は，元来，訴因又は罰条の変更につき一定の手続が要請される所以は，裁判所が勝手に訴因又は罰条を異にした事実を認定することに因って，被告人に不当な不意打を加え，その防禦権の行使を徒労に終らしめることを防止するに在るから，斯る虞れのない場合には敢えて訴因罰条の変更手続を経る必要がない，認定事実が訴因事実よりいわば縮小された事実であるとか，罪質が軽いとか，両者が同一態様の犯罪であって法定刑が同一であるとかいうようなことは，右の虞れがないことの例示的理由にすぎず訴因変更手続の要否を決定する唯一且つ必須の条件ではない，大局的に審理の経過にかんがみ，被告人のそれまでの防禦を徒労に終らせるような不意打を加え，その防禦権を実質的に侵害することがないかどうか，例えば，訴因事実自体からは全く窺い知ることもできないような新規な争点の出現することにより，被告人が防禦方法を根本的に立て直さなければならない程度の変更をもたらすかどうかを訴因変更手続の要否決定の一般的基準となすものと理解したい。……右の基本的態度を採る場合においては，具体的事件ごとに，訴因事実と認定事実とを犯罪の態様，犯罪構成要件，適用罰条，法定刑等の諸点から対照し，更に公訴事実に対する被告人の弁解，検察官の立証とこれに対応する被告人側の反証，当時者双方の弁論の内容等その事件の審理の経過を個々的に観察して変更手続の要否を決定することに成るのは当然であり，当審決定が第一審判決の認定せる『自己の利益を図る目的』をもってした背任行為と訴因として明示された『第三者の利益を図る目的』をもってした背任行為とは，具体的な本件においては全然無関係な行為ではなく，いわば主従，表裏の密接な関係にあること並びに記録上明らかな原判決指摘の訴訟経過を特に考慮に置いたのは十分に理由のあることである。本決定は，背任目的の変更は常に如何なる場合にも訴因変更手続を必要としないという抽象的基準を設定したものではなく，前掲の基本的態度には些かも変更がないことを明らかにしておきたい」という**具体的防御説**を基盤とするものであり（栗田・判解35・326），もう一方は，本決定を「訴因に掲げられた以外の犯罪事実を認定したとはいえない程度に軽微な事実の変更をしたにとどまる場合」の一例とし，「ここでは防禦権の具体的な侵害があったか否かが検討されているが，その前提として，背任目的のみの変更によっては特別背任の訴追対象事実が別異なものとならず，防禦権の当然の侵害はなかったことが承認されているのであって，正当な先例ということができる」とする**審判対象説**に立脚するものである（香城・315）。

　平成13年決定【15】が打ち出した審判対象説によった場合，本件におけるような目的犯における目的の変動が，審判対象画定の見地からしたときに審判対象の同一性を害さないものといえるか。まずもって，第三者図利目的と自己図利目的という異なる構成要件要

訴因変更〔I〕 **219**

素は，それぞれ具体的事実としての独自の内実を有するものとして，検察官により主張（訴因に明記）され，その実存性が審判の対象とされるべきものである。したがって，このような要件事実に変動がみられる以上は，訴因変更を要するとするのが原則である。本件のような事案においては，判旨が指摘しているように，実体としては第三者図利目的と自己図利目的とが表裏，主従の一体的関係にあることが少なくないが，本件訴因の記載それ自体からそのようなことが読み取れるわけではなく，検察官により審判対象として提示されたのは第三者図利目的（財産的利益の帰属）だけであるというほかない。そうすると，次には，**訴因変更要否の判断の2局面性**（2節3(4)(a)）に照らして，自己図利目的（責任回避，保身）という新たな要件事実を認定することが，訴因の同一性を害しない程度の軽微な事実変動にとどまるといえるかどうかが問題となる。この点について，上記香城説は，「訴追対象事実には変化なく，ただその具体的内容の一部に変化が生じたにとどまる」とみているわけである。ここでのポイントは，背任罪の構成要件該当事実中，図利目的の対象だけが第三者から自己に変動しても，訴追の対象となっている任務違背の具体的な融資行為そのものは不動であると見る余地があるところにある。しかし，他方では，明らかに独立した構成要件要素として法定されている第三者図利目的に該当する事実が，訴因としての拘束力を有しないという結論を承認することにも抵抗がある。審判対象画定の見地から訴因変更を不要とするも要するとするも，いずれにも一理あるというべきであろうが，私見は必要説に与する。なお，訴因変更不要とした場合には，さらに，図利目的の対象者がだれであるかは，一般的防御上重要事項であるか否かが問われることになろうか（**平成13年決定【15】**）。それが要件事実であるからには一般的防御上重要事項に該当することはあり得ないから，結局，この立場からは，訴因変更は不要であり，後は，被告人の具体的防御権の保障の見地から不意打ち防止のため争点顕在化手続（任意的訴因変更も含む。）に載せることを考慮すべきことになる。元来要件事実の変動であることにかんがみて，この措置が必要とされよう。

【57】 高松高判平10・3・3判時1642・160 ⑩

判旨 「徳島県青少年保護育成条例（以下，単に「条例」という。）は，14条1項において，『何人も，青少年に対し，いん行又はわいせつな行為をしてはならない』と規定し，24条2号でその罰則を定めるとともに，26条の2において，『第13条の6第1項第3号，第14条第1項，第14条の2第1項又は第15条の規定に違反した者は，当該青少年の年齢を知らないことを理由として，第24条又は第24条の2の規定による処罰を免れることができない。ただし，過失のないときはこの限りでない』と規定しているところ，右各規定の体裁などからすると，条例26条の2は，当該行為を行った者の処罰について，青少年の年齢を知らないだけでは，刑事訴訟法335条2項にいう『法律上犯罪の成立を妨げる理由となる事実』となら

第4節　旧来の判例による訴因変更要否の具体的判断とその見直し

ない旨を定めるとともに，その点につき過失もないことは右犯罪成立阻却事由となる旨を定めたものであり（同様の規定を有する児童福祉法60条3項の解釈に関する**最高裁昭和33年3月27日判決・刑集12巻4号658頁参照**），<u>一種の解釈的な補充規定であって</u>，所論がいうように，条例24条2号が青少年の年齢を知っていた場合の罰則規定，条例26条の2が過失によりその年齢を知らなかった場合の罰則規定となるものではない。したがって，被告人が青少年の年齢を知っていたものとして起訴され，その成否が争点とされて公判審理がなされている本件のような場合においては，犯情を明らかにする意味でも，これを判決中で明らかにすることが望ましいことはいうまでもないが，<u>本罪の罪となるべき事実としては，被告人が青少年の年齢を知っていたか，あるいは過失によりこれを知らなかったかを判示することが法律上要求されているものではなく</u>，また，被告人が過失により青少年の年齢を知らなかった場合の罰条についても，条例24条2号，14条1項のみを挙示すれば足り，むしろ，26条の2は挙示すべきではない。したがって，これらの点について原判決に理由の不備ないし食い違いがあるという前記(2)及び(3)の所論は採用できない。

次に，(1)の所論についても，以上に説示したような本条例の規定の構造，すなわち，<u>被告人が青少年の年齢を知っていた場合も，過失によりこれを知らなかった場合も同一法条により処罰されるものであり，かつ，その法定刑も同じであること</u>からすると，本件のように，被告人が，A子が18歳未満であることを知っていたとして起訴された場合であっても，検察官において，被告人が過失により年齢を知らなかったときは起訴しない趣旨である旨の釈明がなされるなど，被告人の防禦に実質的な不利益を及ぼすと認められるような事情がない限り，訴因の変更手続を経ることなくその旨認定して有罪の判決をすることができるものというべきである。これを本件についてみるに，検察官が，被告人がA子の年齢を過失により知らなかった場合を起訴しないとの釈明をしたような事実はなく，かえって，原審弁護人は，第1回公判期日における被告事件に対する陳述として，被告人には過失もないとの主張をいったんは行い，さらに検察官は，論告において，仮に被告人がA子の年齢を知らなかったとしても，その点に過失がある旨主張している（これに対し，弁護人は，右主張は訴因の変更手続を経ていないから許されない旨の意見を述べているが，裁判官において，その部分の撤回を命じるなどの措置はとられていない。）のであるから，訴因の変更手続を経ることなく，被告人が過失によりA子の年齢を知らなかったことを認定して有罪の判決を言い渡すことが，被告人の防禦に実質的な不利益を及ぼすと認められるような事情は認められない。したがって，原判決は，被告人がA子が18歳未満であることを知っていたと認定したのか，あるいは過失によりこれを知らなかったと認定したのかは判文上不明であるが，仮に後者であったとしても，この点に関する所論(1)も採用できない。」

● コメント

訴因変更の要否を検討する前提として，本件条例違反の罪の**要件事実**を確定する必要があるところ，本罪の**主観的要素**については，どのように考えるべきであろうか。

この関係で参考となるのは，判旨も引用している**最判昭33・3・27**である。同判決は，児童福祉法60条3項の規定の解釈を論じたものであるところ，同項本文の「年齢を知らないこと」の主張は，刑訴法335条2項の主張に当たらないが，児童福祉法60条3項ただし書の「過失のない」旨の主張はこれに当た

訴因変更〔I〕　**221**

るとした。その趣旨をどう理解するかについては、担当調査官において、「児童の年齢を知らないことにつき過失がないという主観的事実は刑訴法335条2項の『法律上犯罪の成立を妨げる理由となる事実』にあたるという旨の判示は、児童の年齢を知らないことが右2項の犯罪成立阻却事由とならない旨の判示と相い俟って、児童の年齢についての認識の有無が主観的な構成要件となっていないのだ、従って罪となるべき事実としても、その認識の有無を認定判示する必要がないのだ、という趣旨が、右判示の背後に消極的に示されているようにも解されるのであるが、かように解して妨げないかどうかはなお検討を要するものがあろう」と述べられているとおり（高田・判解・163）、なかなか機微なものがある。しかしながら、刑訴法335条2項に規定されている「法律上犯罪の成立を妨げる理由となる事実」とは、「罪となるべき事実以外の事実であって、構成要件該当性阻却事由、違法性阻却事由及び責任阻却事由を意味する」ものとされており（大判昭2・7・12刑集6・266）、児童の年齢を知らないことにつき「過失のない」ことがこれに該当する（構成要件該当性阻却事由と解されよう（中谷・大コメ・144））という以上は、その反面において、「過失のある」ことが「罪となるべき事実」とされていないことをいわんとするものと解するのが、上記判文の素直な読み方というべきであろう（もしこれが「罪となるべき事実」であるとすれば、「過失のないこと」は、「過失あり」との犯罪構成要件事実に対する単なる否認にすぎない

ものとなるが、このような否認は、335条2項の規定する「法律上犯罪の成立を妨げる理由となる事実」に当たらないのである（最判昭24・5・17刑集3・6・729)）。結局、故意・過失の存在が罪となるべき事実（主観的構成要件要素）として要求されるものではなく、ただ、年齢不知について無過失であることが、いわば抗弁事由として、犯罪成立を妨げる、というに帰する。

最高裁の言わんとするところをこのように解してもよいのであれば、児童福祉法60条3項の規定の解釈論とパラレルに、本条例違反の罪の主観的要素についても、本判決のいうとおり解すべきこととなろう（上記児童福祉法60条3項の規定の解釈論に関し、本判決と同様の立場を示した下級審の裁判例として、東京高判昭41・7・19高刑集19・4・481等がある）。——学説としては、「児童を使用する者が、（第60条——筆者注）第1項又は第2項違反の罪を犯したと認定するに際し、児童の年齢を知っていたか、過失により知らなかったかを積極的に認定する必要がな（い）」（澤／長島・805）とするものもあるが、「当該犯罪事実が故意犯を起訴する趣旨か、または過失犯を起訴する趣旨かは訴因において明示されなければならないと解される」、「本項（3項）により過失犯が成立する場合において、児童の年齢を知らなかったことに過失のあることは、罪となるべき事実に属さないから判示する必要はないとの裁判例（福岡高判昭28・2・19高刑集6・1・138、同高判昭28・5・14、前記最判昭33・3・27の原審及び前記東京高判昭41・7・19）が

第4節 旧来の判例による訴因変更要否の具体的判断とその見直し

あるが,過失により児童の年齢を知らなかったことは過失犯における罪となるべき事実であるが,挙証責任の転換により無過失の主張および立証がない限り過失のあることが推定されるので,無過失の主張があったときに刑訴法335条2項の主張に対する判断を示せば足り,罪となるべき事実において判示する必要がないと解すべきであろう」とするものもある(小泉・74)。

こうして,本件条例違反の罪の特別構成要件該当事実として,被告人の青少年の年齢についての知情性が要求されていない(というよりも,故意も過失も構成要件要素とされていない)以上は,本件においてそうであったように訴因にその点の記載がなされていたとしても,それは余事記載にすぎないから,訴因としての拘束力を有することはなく,したがって,審判対象画定の見地からは,訴因変更を要しないこととなる。

それでは,訴因に記載された「A子が18歳未満であることを知りながら」との事実摘示は,**平成13年決定【15】**のいう**一般的防御上重要事項**に当たるとは考えられないだろうか。もしもこれを積極に解するならば,原則として訴因変更が必要となるから,この点の検討が忘れられてはならない。この問題を検討するに当たっては,「青少年の年齢についての故意・過失の存在が罪となるべき事実(主観的構成要件要素)として要求されていない」ということの意味をもう一度確認しておく必要があろう。「青少年の年齢についての故意・過失の存在が罪となるべき事実とされていない」ということは,この故意・過失が本罪の構成要件該当事実ではないということにほかならないから,検察官としては,訴因上,青少年の年齢についての故意・過失の存在を摘示する必要がないばかりか,その立証をも要しないことになる。すなわち,被告人が青少年の年齢を「知っていた」ことを立証しなくとももちろん,「知らなかった」ことを立証せずとも,つまり,被告人の青少年の年齢の知情性について何らの主張・立証を要せずして,被告人は有罪とされる,ということである。のみならず,被告人が青少年の年齢を知っていようがいまいが,そのいずれであろうとも,適用される罰条・法定刑が同一とされ,類型的・定型的に本罪の犯情に影響しないものと位置付けられている——というよりも,年齢を知っていようがいまいが一様に同一犯罪として処罰されるとされている——ものである以上,被告人が青少年の年齢を知っていたのか知らなかったのかは,犯罪の成否に影響しないばかりか,犯情としても基本的に重要でないとされているものと解すべきではなかろうか。そうであるとすると,青少年の年齢の知情性は一般的防御上重要事項には当たらないこととなる。

これに対しては,本判決も述べているように,「被告人が青少年の年齢を知っていたものとして起訴され,その成否が争点とされて公判審理がなされている本件のような場合においては,犯情を明らかにする意味でも,これ(被告人が青少年の年齢を知っていたか,あるいは過失によりこれを知らなかったか)を判

第3章　訴因変更の要否

決中で明らかにすることが望ましいことはいうまでもない」という考え方もあり得よう。しかしながら、この判旨も、被告人が青少年の年齢を知っていたか否かが争点とされたという現実の訴訟経過を踏まえてのものであり、青少年の年齢の知情性が具体的な審理の有り様を離れて一般的に被告人の防御にとって重要な事項であるとまでしているものではない。判旨は、抽象的防御ではなく、具体的防御の観点から、「被告人が青少年の年齢を知っていたか、あるいは過失によりこれを知らなかったかを審判対象とすることが望ましい」としているものと解される。

翻って考えてみると、「青少年の年齢についての故意・過失の存在が罪となるべき事実とされていない」ということは、本罪については、故意犯の訴因もなければ、過失犯の訴因というものも存在しないことを意味している。そうである以上は、訴因に「Ａ子が18歳未満であることを知りながら」と記載されたとしても、それは故意犯の訴因を掲げたものではなく、また、裁判所が審理を経たことにより被告人は「過失によりＡ子が18歳未満であることを知らなかった」との心証を形成したとしても、それを表現すべき過失犯の訴因自体存在しないのであるから、「被告人が青少年の年齢を知っていた」という訴因を「過失によりこれを知らなかった」という訴因に変更するなどということにはなり得ようもないわけである。

もとより、「被告人は青少年の年齢を知っていた」とする検察官の主張に対し、被告人が「知らなかった」と主張して争っている訴訟の具体的な経過にかんがみて、不意打ち的に「被告人は過失によりこれを知らなかった」と認定することは被告人の防御権を侵害することになるから、その過失の有無を争点として顕在化させることが等閑視されてはならないことは当然である。しかし、これはあくまで訴因変更の要否の問題とは別次元に属する事柄である。

【58】　大阪高判平12・7・21判時1734・151
(⑪)

判旨　「原審において取り調べられた関係証拠によれば、動機原因の点はともかく、被告人らが、公訴事実記載の日時場所において、同記載の被害者に対し、おおむね同記載のそれに近い暴行脅迫を加えて同記載の財物を交付させた恐喝罪該当の事実を優に肯認することができるところ、原判決は、恐喝行為が、検察官主張の原因によるものか、被告人ら主張の原因によるものかでは、社会的事実としては全く異なるものとなり、訴因変更の手続きを経ずに被告人らの主張する原因による恐喝罪を認定することは許されないとしているが、<u>恐喝の動機原因は、恐喝罪の構成要件要素ではなく、訴因を特定する上での必要的記載事項でもない。恐喝の動機原因に食い違いが生じても、それだけで社会的事実としての同一性が失われることはなく</u>、それが被告人の防禦に実質的な不利益をもたらすものでない限り、検察官が主張する恐喝の動機原因と異なるそれを認定することについて必ずしも訴因変更の手続を経る必要はない。むろん、恐喝の動機原因が公訴事実に記載された場合には、それと異なる動機原因を認定するには、

第 4 節　旧来の判例による訴因変更要否の具体的判断とその見直し

その点を争点として顕在化させ，被告人に防禦の機会を与えなければならないが，本件では，右のとおりの審理経過からみて，恐喝の動機原因につき充分な防禦活動がなされている上，結局被告人両名が供述するとおりの動機原因を認定することは，情状面においても被告人両名に有利なものであり，被告人両名の防禦に不利益を生じさせるおそれは全くない。また第一四回公判期日における検察官の釈明が，検察官主張の原因が認められなければ処罰意思を放棄する趣旨でないことも明らかである。そうすると，恐喝罪該当の事実が肯認できるのに，それが公訴事実に掲げられた検察官主張の原因によるものとは認められず，検察官に訴因変更請求の意思がないとの理由で無罪の判決をした原判決は，訴因変更の要否についての解釈を誤った訴訟手続の法令違反があり，その誤りが判決に影響を及ぼすことが明らかである」

● コメント

恐喝罪において，犯行の動機が要件事実でないことは明らかであって，その点に変動を来しても訴因変更に結び付くことはない。**審判対象説**からしても異論のないところである（加藤・鈴木祝賀・359 は，**平成 13 年決定【15】**のいう**一般的防御上重要事項**には該当するとされるが，恐喝罪における犯行動機は，実務上，「争点の明確化などのため，検察官において明示するのが望ましい」とまでは位置付けられていない）。

【59】　東京高判平 21・3・6 高刑集 62・1・23
　　　　　　　　　　　　　　　　　　　（⑫）

事実　〔判示認定事実〕は，「被告人は，株式会社Ｂ（以下「Ｂ」という。）の代表取締役であったものであるが，同社が販売する分譲マンション「ａ」（神奈川県Ｃ市所在，以下「本件物件」ともいう。）につき，同社において，Ｄ（以下「Ｄ」という。）ほか 10 名との間で各居室の売買契約を締結していたところ，遅くとも平成 17 年 10 月 27 日午後 2 時過ぎころまでには，本件物件について，建築確認申請に提出された構造計算書の計算結果が虚偽であり，建物の安全性が建築基準法に規定する構造計算によって確認されていないこと，及び，本件物件の販売済みの居室の引渡し（残代金の支払い）が翌 28 日であることをいずれも知ったのであるから，同日の引渡予定の契約者らにその構造計算書の計算結果が虚偽であるなどの事実を告げるなりして残代金の支払請求を一時的にでも撤回すべきであったのに，これをしなければ何らその事実を知らない契約者から残代金支払名下に金員をだまし取る結果になることを認識しながら，それでもかまわないとの考えのもと，あえて，その後も，Ｄらに対し，その事実を告げず，かねて支払期限を同月 28 日午前中までとしていた残代金の支払請求をそのまま維持し，同人らをして本件物件が建築基準法に規定する構造計算によって安全性が確認されているものと誤信させ，よって，同人らをしてＢ名義の普通預金口座に金員（合計 4 億 1409 万 5000 円）を振込入金させ，もって，人を欺いて財物を交付させた。」というものであった。

他方，〔起訴状記載の公訴事実〕には，被告人が本件物件について，建築確認申請に提出された構造計算書の計算結果が虚偽であり，建物の安全性が建築基準法に規定する構造計算によって確認されていないこと，及び本件物件の販売済みの居室の引渡し（残代金の支払い）が翌 28 日であることをいずれも知ったのは，「平成 17 年 10 月 27 日午前 10 時 30 分ころまでには，」であると記載され，裁判所の認定よりも約 3 時間 30 分早い時点が摘示されていた。

訴因変更〔Ⅰ〕　**225**

第3章　訴因変更の要否

判旨　「(1) 論旨は、要するに、…（中略）…原判決は、上記の各事実を認識した時刻を繰り下げ、当初の訴因と異なる事実を認定している。原判決は、この点につき、『これは、いわゆる縮小認定であり、訴因変更等の措置を要するものではない』と判示しているが、原判決の上記認定は、弁護人にとっては防御の機会を与えられないままなされた不意打ちのものであり、被告人の防御に実質的な不利益を与えるものであるから、訴因変更手続を経るべきであったのであり、その手続を経なかったという点で原審の訴訟手続には法令違反があり、それが判決に影響を及ぼすことは明らかである、というのである。

(2) そこで検討すると、確かに、所論指摘のように、原判決が、訴因変更手続を経ないで、①本件物件について、建築確認申請に提出された構造計算書の計算結果が虚偽であり、本件物件の安全性が建築基準法に規定する構造計算によって確認されていないこと（以下、本件物件に関する上記各事実を、「本件物件の安全性に関する瑕疵」という。）、②本件物件の販売済みの居室の引渡し（残代金の支払い）が翌28日であること（以下「本件物件の引渡しに関する事実」という。）の両方を知った時点・時間を繰り下げて認定していることが認められる。この点は、原判決によれば、被告人が、「本件物件の安全性に関する瑕疵」及び「本件物件の引渡しに関する事実」の両方を知った時点において、初めて、Ｄらに対し、本件物件の安全性に関する瑕疵を告げるなどして、残代金の支払請求を一時的にでも撤回する義務（作為義務）が生じるとされるところ、原判決は、この作為義務発生の根拠となる事実に関して、被告人は、「本件物件の安全性に関する瑕疵」の点については、平成17年10月27日午前10時30分ころまでには知ったと認定したが、「本件物件の引渡しに関する事実」については、同日午前10時30分ころまでには明確に認識していたとはいえず、同日午後2時過ぎころに至って確実に認識したものと認定して、それに伴い時間を繰り下げて認定したものである。

原判決が、この点をいわゆる縮小認定と解し、訴因変更の必要がないと判断したのは、おそらく次のような理由からであると思われる。すなわち、本件公訴事実の内容を検討すると、当初の訴因は、被告人が、平成17年10月27日午前10時30分ころ以降、ＤらがＢ名義の預金口座に現金を振込入金することを停止する手続を取ることができる時刻（なお、関係証拠によれば、本件被害者らの中で、その時刻が最も早いのはＥであって、その時刻は同年10月27日午後6時であったことが認められる）までの間、Ｄらに対し、本件物件の安全性に関する瑕疵を告げるなどして残代金の支払請求を一時的にでも撤回すべき義務があったというものであり、原判決が、本件公訴事実中の「同年10月27日午前10時30分ころまでには」という部分を「遅くとも同年10月27日午後2時過ぎころまでには」と認定した点については、被告人が、発生した作為義務に従ってＤらに上記行為を行うべき時間帯について、本件公訴事実よりも縮小して認定したのであるから、いわゆる「縮小認定」であって訴因変更は不要である。以上のように解したのではないかと思われる。

しかしながら、<u>本件のような不真正不作為犯において、作為義務発生時点を上記のとおり約3時間半も繰り下げて認定した場合には、作為義務の発生根拠となる具体的事実（状況）が変化し、その変化に対応した立証活動が必要となるのであって、本件は、時間の長短だけが問題となるような通常いわれる縮小認定とは局面を異にするもの</u>といわなければならない。所論のこの部分の指摘は正しいと思われる。したがって、<u>これをいわゆる縮小認定と判断し、訴因変更を要しないとした原判決は、説明が不十分であるか、判断を誤っているといわなければならない</u>。

第4節　旧来の判例による訴因変更要否の具体的判断とその見直し

しかし，本件において，訴因変更の手続を要するか否かについては，更に検討を要する。本件における犯罪行為の本質的部分は，同月28日の引渡予定の契約者らにその構造計算書の計算結果が虚偽であるなどの事実を告げるなりして残代金の支払請求を一時的にでも撤回すべきという作為義務に違反して，これをせずに支払請求をそのまま維持したため，各被害者から金員を詐取したという点にあると解される。作為義務発生の時刻が繰り下がったといっても，このような犯罪事実の本質的部分に関しては，訴因と原判決の認定事実（以下「認定事実」という。）との間において相違する点は認められない。作為義務発生の時刻が繰り下がることにより事実に相違が生じてくるのは，作為義務発生の根拠となる事実（本件の場合は，「本件建物の安全性に関する瑕疵」及び「本件物件の引渡しに関する事実」を認識していたということ）を基礎付ける具体的事実の範囲（内容）についてである。実際には，原判決の認定によれば，「本件物件の引渡しに関する事実」を認識していたという点を基礎付ける事実として，10月27日午後2時過ぎころ，F（以下「F」という。）が被告人に対し，「明日のaの引渡しをしてもよろしいでしょうか。」と尋ねたところ，被告人から引き渡してよいとの返答があったとの事実を挙げているが，この事実は当初の訴因が作為義務発生の時刻として掲げた10月27日午前10時30分ころより後の時間帯の出来事である（原判決は，10月27日午前10時30分の段階では，本件物件の引渡日が翌28日であること（「本件物件の引渡しに関する事実」）について，「確たる認識はなかった」「せいぜい未必的な認識しかなかった」とし，同日午後2時過ぎころ，Fから，上記のような質問を受けて初めて，「確定的な認識を持つに至った」としている。）。また，「本件物件の安全性に関する瑕疵」を認識したという点を基礎付ける事実については，10月27日午前11時ころからのG株式会社（以下「G」という。）とBとの会議においてG側からどのような情報が与えられたか（本件物件が後述のI物件に該当するなどという情報が与えられたか）という点が，同日10時30分ころ以降の出来事として問題となるが，この点について，原判決は，「本件建物の安全性に関する瑕疵」についての認識を基礎付ける事実としては，取り上げていない（ただし，原判決は，被告人が，同日10時30分ころまでに，上記会議に至るまでのその余の状況によって，上記「本件建物の安全性に関する瑕疵」を認識した旨認定している。そして，原判決は「本件争点の前提となる事実」の中で，上記会議においてGから「本件建物の安全性に関する瑕疵」に関する情報を伝えられた旨認定・説示している。）。ところで，このような作為義務発生の根拠となる事実（本件においては，「本件建物の安全性に関する瑕疵」及び「本件物件の引渡しに関する事実」を認識したこと）を基礎付ける事実は，審判の対象となる犯罪事実の本質的部分とはいえないから，訴因の拘束力はそこまでは及ばないというべきであり，必ずしも，訴因に記載しなければならないというものではない。そして，それが訴因に記載されたような場合においても，認定事実において異なる事実を認定することになる場合に，訴因変更手続を必ず経なければならないものと解することはできない。しかし，そうはいっても，上記のような事実は，作為義務の有無を決定づける重要な事実であることに変わりはないから，その点に変化（本件の場合は事実が追加されている。）が生じるのであれば，それが不意打ちになるとか，被告人の防御に不利益を与えることにならないために，それが訴因に掲げられているのであれば，訴因変更の手続をとることが望ましいが，仮にそうでない場合においても，それに代わる適切な措置を講じることは必要である。

本件は，上記のような事実がそのまま訴因の中に記載された場合ではないが，作為義務発生根拠

訴因変更〔Ⅰ〕　**227**

第3章　訴因変更の要否

となる事実の発生時刻，引いては作為義務発生の時刻が繰り下げられることによって，その大本となる基礎事実の範囲に変化が生じるのであるから，そのような事実に変化が生じる場合と同様に考え，これに準じて対処すべきである。

そこで，本件において，訴因変更をしなかったことが，被告人にとって不意打ちに当たるとか，被告人の防御に実質的な不利益を与えるものであったか否かについて検討する。一件記録によれば，原審における訴訟進行の経過等について，以下の事実が認められる。

（「本件物件の引渡しに関する事実」の認識に関して）

①　検察官は，冒頭陳述において，「被告人が，顧客に残代金の支払いを求める請求を維持し，引渡手続を行うべき旨を指示したことに関する主要な事実」の中で，10月27日のGとの会議終了後のこととして，(5)として，「被告人は，10月27日，上記Gとの会合終了後，Fから「明日のaは引き渡してよろしいですか。」と尋ねられ，「問題ない。」と答えたこと」との事実を主張していること

②　原審第4回公判期日において，Fの証人尋問が実施されたが，その際，Fは，「同年10月27日のGとの会議が終わった後の午後2時過ぎころ，被告人に対し翌日の本件物件の引渡しの可否について確認を求めたところ，被告人からその了解を得た。」旨供述し，弁護人側は，Fに対し，この点についても相当に詳細な反対尋問をしたこと（なお，原判決はFのこの供述等に基づいて，被告人は同年10月27日午後2時過ぎころ，翌日が本件物件の引渡しの日であることを認識したと認定した。）

③　被告人は，第1回公判期日における冒頭陳述において，同年10月27日午後2時過ぎころ本件物件を顧客に引き渡すことを了承した旨供述していたが，原審第14回公判期日以降の被告人質問において，「同年10月27日の時点では，本件物件の引渡しは既に終わっているものと思っていた，本件物件の引渡しあるいは残代金の支払いが同月28日であることはまったく知らなかった。」などと供述するに至ったこと

④　弁護人は，原審第14回公判期日において，音声データ入りCD-ROM（原審弁第3号証ないし同第5号証，以下「本件録音データ」という。）を証拠として請求するなどし，それ以降，本件録音データに基づいて，上記の証言を含めてF証言は信用できないとの立証活動を展開したこと

⑤　弁護人は，原審弁論において，上記②のFの供述は虚偽であって，被告人は，同年10月27日の時点では，本件物件の引渡しは既に終わっているものと思っていた旨主張したこと

（「本件物件の安全性に関する瑕疵」の認識に関して）

⑥　検察官は，冒頭陳述において，「被告人が，aの構造計算結果が虚偽であることを認識していたことに関する主要な事実」の中で，10月27日午前10時30分ころまでの事実（(1)ないし(6)）に加えて，(7)として，「被告人は，10月27日のG等との会合において，GのH代表取締役から，aを含む建築確認済みの11物件についてIが構造計算書を改ざんしていたとの調査結果を告げられ，Iも「震度6の地震で建物が保つかどうか分からない。」旨発言したこと」との事実を主張していること

⑦　弁護人は，10月27日午前11時から午後2時ころまで行われたGとBとの会議において，aの物件名が出されたか否かという点に関心を持ちながら，J，H，K，Lら関係者の証人尋問を行い，また，その点に関して被告人質問を行ったこと以上の事実が認められる。

これらの事実に基づき検討すると，10月27日午前11時ころから行われたGとBとの会議の終了後である同日午後2時過ぎころ，Fが被告人に対し，「明日のaの引渡しをしてもよろしいでしょ

第4節　旧来の判例による訴因変更要否の具体的判断とその見直し

か。」と尋ねたところ，被告人から引き渡してよいとの発言があったとの点については，検察官の冒頭陳述においても立証すべき事実として掲げられ，原審第4回公判期日において，証人Fが，10月27日午後2時過ぎころ，Fが被告人に対し，「明日のaの引渡しをしてもよろしいでしょうか。」と尋ねるなどした旨証言した際には，相当に詳細な反対尋問がなされ，それに関する被告人質問もなされて，その上で，弁護人側よりその点に関連する本件録音データに基づく反証活動が行われたことが認められるのであって，この10月27日午後2時過ぎころの被告人とFとのやりとりが本件の争点となっていることは，当事者において十分に理解していたということができる。

　また，「本件物件の安全性に関する瑕疵」の認識に関しては，10月27日午前11時ころからのGとBとの会議でG側から本件物件を含む竣工済み7物件等の構造計算書が改ざんされたことが，その物件名を挙げて伝えられたという点は，原判決において作為義務発生の根拠となる事実を基礎付ける事実としては正面から認定されていない（経過事実として認定されていることは前記のとおりである。）のであるが，他方，この点は，当初より検察官の冒頭陳述において，立証対象事実として主張され，関係者の証人尋問においても，その点に関する尋問が詳細になされていたことが認められるのであって，この点も両当事者が本件の重要争点として捉えていたことが明らかである。

　<u>これらの事情に照らせば，訴因変更をしないまま，作為義務発生の時間を繰り下げて判示事実を認定したことが，不意打ちに当たるとか，被告人に実質的に不利益をもたらすということはできない。結局，原審の訴訟手続に判決に影響を及ぼすような法令違反を認めることはできない。」</u>

● コメント
1　本件は，マンション販売会社の代表取締役である被告人が，その販売したマンションの構造計算書の計算結果が虚偽であり，建物の安全性が建築基準法に規定する構造計算によって確認されていないことを認識しながら，マンション居室の買主から既存の約定どおり残代金の振込入金による支払を受けた行為につき，買主に対し建物の安全性に重大な瑕疵がある旨を告げるなどして，かねてからの残代金の支払請求を一時的にでも撤回すべき作為義務に反するものとして，不作為による詐欺罪に当たるとされた事案である。訴因においては，その作為義務の発生時期につき，「同年10月27日午前10時30分ころまでには」と記載されていたが，一審判決は，訴因変更を経ることなしに，「遅くとも平成17年10月27日午後2時過ぎころまでには」と認定したことから，その適否が問題とされた。

2　一審判決は，**縮小認定の理論**に依拠して訴因変更を経ないことの適法性を説明したのであった。しかしながら，"「10月27日午前10時30分ころまでには，知った」か否か"を審判することが，当然に（おのずから）"「遅くとも同日午後2時過ぎころまでには，知った」か否か"を審判することになるものではない。したがって，審判対象説の立場からする以上，縮小理論を適用することが許されないことは自明としなければならない。

3　平成13年決定【15】の審判対象説を前提に本件における訴因変更の要否を検討してみると，問題の所在は，まずもって，

訴因変更〔Ⅰ〕　**229**

"不真正不作為犯における作為義務の発生時期は，構成要件該当事実（要件事実）であるか否か"，ということになる。作為義務の発生時期は，そのような法的義務が被告人に課されることの根拠となる具体的事実の出現時期と重なり合うから，この問題は，"不真正不作為犯の作為義務の発生根拠となる具体的事実は，要件事実であるか否か"という命題に置き換えてもよいであろう。

この問題を考える上で参照されるべきは，3章3節3(2)に既出の**最決昭63・10・24【14】**である。同決定は，「過失犯に関し，一定の注意義務を課す根拠となる具体的事実については，たとえそれが公訴事実中に記載されたとしても，訴因としての拘束力が認められるものではない」と述べた上で，「本件において，降雨によつて路面が湿潤したという事実と，石灰の粉塵が路面に堆積凝固したところに折からの降雨で路面が湿潤したという事実は，いずれも路面の滑りやすい原因と程度に関するものであつて，被告人に速度調節という注意義務を課す根拠となる具体的事実と考えられる」として，これらの事実に変動を生じても訴因変更は不要としたのであった。訴因の機能に関する**審判対象特定説（識別説）**の立場からするならば，①過失犯における特定の注意義務の不履行は，過失犯の実行行為そのものとして要件事実であるものの，②当該注意義務の発生根拠となる具体的事実については，非要件事実であると整理されることに

なる。非要件事実は本来訴因の記載上不可欠な事項ではないから，それがたまたま訴因に書き込まれたからといって，審判をその事実の有無に限定する力を有しない。以上が，**最決昭63**の論理であるとされている（同決定に対するコメント参照。）。

そこで，被告人がある特定の条件，状況の下に置かれていることを根拠として被告人に一定の法的な義務が課され，それに違反する行為が犯罪の実行行為性を帯びる点において過失犯と同じ構造を有する不真正不作為犯においても，これとパラレルに考えることができるのではなかろうか。

すなわち，①不真正不作為犯における特定の作為義務の不履行は，不真正不作為犯の実行行為そのものであるから，この作為義務の具体的内容とこの義務の存在，そしてこれに対する違反行為（不作為）の存在は，要件事実である。――本件で言えば，「被告人は，本件物件について，28日に引渡予定の契約者らに対して，建築確認申請に提出された構造計算書の計算結果が虚偽であり建物の安全性が建築基準法に規定する構造計算によって確認されていないとの事実を告げるなりして残代金の支払請求を一時的にでも撤回すべきであった《作為義務の存在とその内容》のに，その事実を告げず，かねて支払期限を28日午前中までとしていた残代金の支払請求をそのまま維持した《作為義務違反行為》」との事実。

しかしながら，②被告人にこの作為義務を課す根拠となる具体的事実は，要件事実

第4節　旧来の判例による訴因変更要否の具体的判断とその見直し

（訴因の記載上不可欠な事項）ではない，と解すべきことになる。――**最決昭63**になぞらえて言うと，「被告人が，平成17年10月27日午前10時30分ころまでには，本件物件について，建築確認申請に提出された構造計算書の計算結果が虚偽であり，建物の安全性が建築基準法に規定する構造計算によって確認されていないこと，及び，本件物件の販売済みの居室の引渡し（残代金の支払い）が翌28日であることをいずれも知ったという事実と，遅くとも平成17年10月27日午後2時過ぎころまでには，上記事実をいずれも知ったという事実は，いずれも被告人が建築確認申請に提出された構造計算書の計算結果が虚偽であり建物の安全性が建築基準法に規定する構造計算によって確認されていないなどの事実を認識したこととその時期に関するものであつて，被告人に対して，契約者にこれらの事実を告知するなどして代金支払請求を一時撤回するという作為義務を課す根拠となる具体的事実と考えられる。」

【最決昭63・10・24】　　　　　　　　　　　　　　　　　　　【本判決】

訴因事実	判示認定事実	訴因事実	判示認定事実
被告人は，普通乗用自動車を業務として運転し，時速約30ないし35キロメートルで進行中，	被告人は，普通乗用自動車を業務として運転し，時速約30ないし35キロメートルで進行中，対向進行してきた普通乗用自動車を進路前方に認めたが，	被告人は，株式会社B（以下「B」という。）の代表取締役であったものであるが，同社が販売する分譲マンション「a」（神奈川県C市所在，以下「本件物件」ともいう。）につき，同社において，D（以下「D」という。）ほか10名との間で各居室の売買契約を締結していたところ，	
<u>当時降雨中であつて，アスファルト舗装の道路が湿潤し，滑走しやすい状況であつたから，</u>	当時被告人の走行していた道路左側部分は，付近の石灰工場から排出された石灰の粉塵が路面に堆積凝固していたところへ折からの降雨で路面が湿潤し，車輪が滑走しやすい状況にあつたのであるから，	<u>平成17年10月27日午前10時30分ころまでには，</u>	<u>遅くとも平成17年10月27日午後2時過ぎころまでには，</u>
		本件物件について，建築確認申請に提出された構造計算書の計算結果が虚偽であり，建物の安全性が建築基準法に規定する構造計算によって確認されていないこと，及び，本件物件の販売済みの居室の引渡し（残代金の支払い）が翌28日であることをいずれも知ったのであるから，	
対向車を認めた際不用意な制動措置をとることのないよう，あらかじめ減速して<u>進行すべき業務上の注意義務があるのに</u>	対向車と離合するため減速するにあたり，不用意な制動措置をとることのないようあらかじめ適宜速度を調節して<u>進行すべき業務上の注意義務があるのに</u>	同日の引渡予定の契約者らにその構造計算書の計算結果が虚偽であるなどの事実を告げるなりして残代金の支払請求を一時的にでも撤回<u>すべきであったのに，</u>	
これを怠り，前記速度で進行した過失により，	これを怠り，漫然右同速度で進行し，前記対向車に約34メートルに接近して強めの制動をした過失により，	（中略）Dらに対し，その事実を告げず，かねて支払期限を同月28日午前中までとしていた残代金の支払請求をそのまま維持し，	

訴因変更〔Ⅰ〕　**231**

第3章　訴因変更の要否

| 対向車を認め急制動して自車を道路右側部分に滑走進入させ，折から対向してきた普通乗用自動車に自車を衝突させ，右自動車の運転者に傷害を負わせた。 | 自車を道路右側部分に滑走進入させて同対向車に自車前部を衝突させ，同対向車の運転者に傷害を負わせた。 | 同人らをして本件物件が建築基準法に規定する構造計算によって安全性が確認されているものと誤信させ，よって，同人らをしてB名義の普通預金口座に金員（合計4億1409万5000円）を振込入金させ，もって，人を欺いて財物を交付させた。 |

⇒　網掛け部分は，いずれも，その下段に登場する法的義務を被告人に課す根拠となる具体的事実であって，訴因の記載に不可欠な事項ではなく，したがって訴因としての拘束力を有しない。

　この点についての本判決の考え方を見ると，「本件における犯罪行為の本質的部分は，同月28日の引渡予定の契約者らにその構造計算書の計算結果が虚偽であるなどの事実を告げるなりして残代金の支払請求を一時的にでも撤回すべきという作為義務に違反して，これをせずに支払請求をそのまま維持したため，各被害者から金員を詐取したという点にあると解される。」と述べており，本判決が，判示中随所で「（審判の対象となる）犯罪行為／犯罪事実の本質的部分」と称しているのが「要件事実」を意味しているとの理解に立つと，結論的には，上述した私見と同旨となるもののように思われる。

　もっとも，最決昭63【14】の過失犯の場合と異なり，本件は故意犯であるので，「同月28日の引渡予定の契約者らにその構造計算書の計算結果が虚偽であるなどの事実を告げるなりして残代金の支払請求を一時的にでも撤回すべきという作為義務に違反して，これをせずに支払請求をそのまま維持したことによって，各被害者から金員を詐取した」との，詐欺の犯罪構成要件に該当する具体的事実の客観面の全般にわたって被告人に認識・認容があったことが要件事実となるのであり，訴因に摘示されている必要があることに留意を要する。そして，実務においては，通常は，訴因上に個々の故意犯の特別構成要件に該当する客観的事実の摘示があれば，それに見合う故意の存在はおのずから黙示されていると解されていることから，結果的には，故意が明記されていなくても不適法の問題が生じることは少ないのであるが，本件のように，不真正不作為犯の場合には，本来構成要件が作為犯として規定されているものを不作為により実現するという特殊性を帯びていることからして，当該事犯の"作為犯との等価値性"を明らかにするためには，故意の存在を訴因上に明記することが望ましいとの考え方もあり得よう。この考え方によるときは，上記表の記載から省いた「これをしなければ何らその事実を知らない契約者らから残代金支払名下に金員をだまし取る結果になることを認識しながら，それでもかまわないとの考えのもと，あえて，その後も，（Dらに対し，その事実を告げず，かねて支払期限を同月28日午前中までとしていた残代金の支払請求をそのまま維持し，

232　刑事訴訟法判例総合解説

第4節　旧来の判例による訴因変更要否の具体的判断とその見直し

……以下省略）」との記載部分が，故意の存在を明記する意図に出たものであるとして評価されることはもとより，作為義務を課する根拠となる具体的事実を示すものとして本来記載不要とされた「平成17年10月27日午○×時×分ころまでには，本件物件について，建築確認申請に提出された構造計算書の計算結果が虚偽であり，建物の安全性が建築基準法に規定する構造計算によって確認されていないこと，及び，本件物件の販売済みの居室の引渡し（残代金の支払い）が翌28日であることをいずれも知ったのであるから，」との記載部分も，これを故意の存在を明示するものとして位置付けることにより，有意の摘示と評価されることになろうか。ただし，この場合であっても，「平成17年10月27日午○×時×分ころまでには，」との記載部分に訴因としての拘束力までを認めることはできない。実行行為（作為義務違反の不作為）の時点における当該行為とその結果の認識・認容の存在が故意の要件であって，それがいつ発生したかの具体的な日時は，故意の明細を示す事実ではあっても，要件事実ではないからである。

4　以上のとおり，作為義務の発生時期ないし作為義務を課す根拠となった具体的事実は，要件事実ではないので，訴因としての拘束力を有しない（前記**最決昭63**参照。）から，この点についての事実変動があっても，審判対象画定の見地からは，訴因変更が必要（変更しなければ違法）となることはない。

それでは，この訴因上に明記された作為義務の発生時期ないし作為義務を課す根拠となった具体的事実は，**平成13年決定【15】**にいう**一般的防御上重要事項**に該当するか。これを積極に解するならば，平成13年決定のスキームによれば，原則として訴因変更を経ることが必要となる。

本判決は，この重要な論点については何も触れていないし，そもそも，その判示に係る「作為義務発生の根拠となる事実（本件の場合は，「本件建物の安全性に関する瑕疵」及び「本件物件の引渡しに関する事実」を認識していたということ）」それ自体が，「審判の対象となる犯罪事実の本質的部分」＝要件事実＝訴因の記載上不可欠事項であるのか否かについて，明言していない（前述したとおり，「本件における犯罪行為の本質的部分は，同月28日の引渡予定の契約者らにその構造計算書の計算結果が虚偽であるなどの事実を告げるなりして残代金の支払請求を一時的にでも撤回すべきという作為義務に違反して，これをせずに支払請求をそのまま維持したため，各被害者から金員を詐取したという点にあると解される」と述べているところからすると，この「作為義務発生の根拠となる事実」は本質的部分ではないと解しているもののように思われるのであるが，もしそうであるとするならば，**平成13年決定【15】**のスキームによる限りは，当該事実は一般的防御上重要事項に該当するのか否かを論ずべきことになるはずのものである）。

訴因変更〔I〕　233

第3章　訴因変更の要否

　この問題については，積極・消極の両様の考え方があり得ようが，不真正不作為犯における作為義務の発生根拠となり得べきものが何であるかについては，実体法上の重要な論点として様々な議論のあるところであり，被告人についての当該作為義務の存否が，多くの場合において，犯罪の成否の分水嶺となろうものであることに照らしてみれば，訴因上に作為義務を課する根拠となる具体的事実が明記されている場合においては，被告人としては，その事実の存否こそが直ちに当該作為義務の存否を決することとなる最大の争点であるという前提の下に防御を尽くすであろうことが容易に想定される。このような意味において，当該作為義務を課する根拠となる具体的事実は，被告人にとって一般的に防御の上で重要な事項であるとされることに，相当の理由があると言うべきではなかろうか。実務上も，不真正不作為犯の作為義務の発生根拠については，如上のような重要性にかんがみて，訴因に記載する例が少なくないと思われる（そして，このような発想からすると，**過失犯における特定の注意義務の発生を根拠付ける具体的事実**も，それが訴因に明記された場合には，**一般的防御上重要事項**に該当するというべきもののように思われる。注29参照。）。

　もしも，このように解するとすれば，本件において，「遅くとも平成17年10月27日午後2時過ぎころまでには，……知った」と認定するには，原則として訴因変更手続を経ることが必要となる。

　そして，その上で，**平成13年決定【15】**のスキームにのっとり，具体的防御の視座から本件訴訟の進行状況をつぶさに検討することとなるが，本判決判示のとおりの事実関係が認められる以上は，防御権の具体的な侵害はないとして，最終的には，例外的に訴因変更は不要に帰することとなる。

　なお，本判決は，そのいわゆる「作為義務発生の根拠となる事実（本件の場合は，「本件建物の安全性に関する瑕疵」及び「本件物件の引渡しに関する事実」を認識したこと）」と，この事実を「基礎付ける具体的事実」──被告人が，本件物件について，建築確認申請に提出された構造計算書の計算結果が虚偽であり建物の安全性が建築基準法に規定する構造計算によって確認されていないこと及び本件物件の販売済みの居室の引渡し（残代金の支払い）が翌28日であることを知ったのが，いつ，どのようにしてであったか，など──の両者を切り離した上で，後者の事実変動に伴う訴因変更の要否に力点を置いて論じているが，「作為義務発生の根拠となる事実」は，「被告人に一定の作為義務を課す根拠となる具体的事実」をいう（**最決昭63【14】**参照。）ものとすれば，両者は本来分かち難いものがある。本件の訴因上には，本判決のいう「基礎付ける事実」は明記されていないが，少なくとも，被告人が「本件建物の安全性に関する瑕疵」及び「本件物件の引渡しに関する事実」を認識した時点についての訴因上の記載は，本判決のいう「作為義務発生の根拠となる事実」に含ましめられてしかるべきであろう。本文に上述した私見は，その前提に立っている。また，仮に，訴因上に本判決のいう「基礎付ける事実」が明示されているような場合においては，私見

によれば，それもまた「作為義務発生の根拠となる事実＝作為義務を課す根拠となる具体的事実」として，**一般的防御上重要事項**に位置付けられることとなる。

5　本判決は，**平成13年決定【15】**が採用した審判対象説の考え方に近い視座の下で考察を進めているようには見えるものの，同決定が示したスキームそのものにのっとって訴因変更の要否を判断するという手法を採っていない。また，訴因に記載された事実のうちのどの事項が訴因としての拘束力を有するかを論じる上で，先例である**最決昭63【14】**の議論の進め方が意識された様子が見えない。そのために，上述したような問題点を残した。**平成13年決定【15】**が出現して以降，同決定を中核として訴因変更の要否に関する判例の体系を構築してゆく上で，本件は，"不真正不作為犯における作為義務を課す根拠となる具体的事実は，訴因の記載上不可欠事項に該当するか否か／否として，**一般的防御上重要事項**に該当するか否か"という新たな論点について，高裁として判断の先例を示すよい機会であったが，これが得られなかったのは残念なことであった。

《作為犯⇔不作為犯》

　なお，作為犯を不作為犯に又はその逆に認定する場合，訴因の変更を要すると解される。特に不真正不作為犯の場合には，作為義務の存在，結果防止の可能性等，作為犯にはない構成要件的事実が要求されるのであるから，その必要性が大きい（高橋・760，小林・380）。

(3)　故　　意

《未必の故意→確定的故意》

　未必の故意の訴因に対して，確定的故意を認定する場合には，訴因変更を要するか。

　殺意が要件事実であることは争いないが，実務上，**識別説**の立場から，起訴状の公訴事実へのその記載は，単に「殺意をもって」とすることで足り，それ以上に確定的殺意か未必的殺意かの区別にまで及ぶ必要はないと解されている（松本・46）。

　そこで，問題は，公訴事実中に未必の殺意による犯行である旨が明示された場合である。

　この場合には，未必の殺意であることは，訴因ないし罪となるべき事実になるものと解されるとする立場がある（松本・46）。この説は，①確定的殺意と未必的殺意は，結果発生を確定的なものと認識するか不確定的なものと認識するかの点で故意の態様を異にするものであって，それは単に認識の程度の差に過ぎないというようなものではなく，法律的意味合いを異にする質的相違を示すものといい得ること，②確定的殺意と未必的殺意とでは，その発生時期，原因，状況等に差異を生ずるところから，被告人にとって防御の仕方が変わってくることもあり得ること，③確定的殺意に基づく犯行と未必的殺意に基づく犯行とでは犯情に差があって，刑の量定に重要な影響を及ぼすことがあり得ることなどを考慮すると，未必的殺意の訴因に対し確定的殺意を認定することは，訴因の内容を実質的に変更するものとして，訴因の同一性を失わせ

ることになると考えられる，として，この場合には事実記載説の立場からは訴因変更を要する，とされるのである。(注42)

(注42) なお，同説が，「故意について確定的か未必的かの区別は，たとえ，それが訴因に記載された場合においても，故意の態様までが訴因ないし罪となるべき事実の要素になるということはなく，単に犯情を明らかにするため記載されたにすぎないとみるべきであるという反対論も考えられる。しかし，仮にそのような見解に立ったところで，当然に訴因変更が不要となるわけではあるまい。故意の態様がはっきり訴因に記載された以上は，記載された態様における故意につき明確に防禦の対象とされてしまっているからである。したがって，その事実としての重要性も考え合わせると，本来の訴因事実に準じて考えるべきことになろうかと思われる」とされている（松本・58）ところの，後段の指摘には賛成できない。この論法によれば，**識別説**によれば必ずしも記載不要の事実であっても，いったん訴因に記載された以上，それが被告人の防御上重要事項であれば**訴因としての拘束力**を保有するに至ることとなるが，その思考は審判対象説とは相容れないし，判例（**最決昭63【14】**，**最決平13【15】**）の考え方とも整合しない。この点，田口・佐々木喜寿・737 は，「識別説からすれば，訴因事実となることを否定する消極説が妥当といえよう」とされる。

他方で，「これは，構成要件的評価において差を来さない事実の変動がある場合であるから，判決主文が異なってくるかどうか（量刑が異なってくるかどうか）の観点から訴因変更の要否を考えるべきであり，犯情に相当の差を生ずるときは訴因の変更を必要とするが，いわば紙一重の差でいずれかに傾く事案であって，そのいずれを認定しようと犯情にそれほどの差がない場合は，訴因の変更を必要としないと解すべきである」とする立場もあ

る（小林・382）。

この問題を，審判対象の画定の見地を唱える**最決平13・4・11【15】**の判断枠組みの中に当てはめてみると，訴因に記載された未必の殺意が認定上確定的殺意に変動したとしても，殺人罪の要件事実としての「殺意をもって」という事実の限りにおいては，変動は生じていないわけである。未必の殺意の摘示は，「殺意をもって」という殺人罪の訴因の特定にとって不可欠な事実（**記載上不可欠事項**）の摘示を超過する具体性を備えている―いわゆる**明細事実**である―ことにおいて，「未必的」であることをいう点は殺人罪の構成要件充足の有無に影響しない事実（すなわち，訴因としての拘束力をもたない事実）の記載とみてよい。したがって，そのような部分の事実の変化は，審判の対象，すなわち訴追の対象となっている犯罪事実の同一性を損なうようなものとはいえない。また，犯意が確定的であるか未必的であるかの点は，【15】にいわゆる**一般的防御上重要事項**にも該当しないであろう（実務上も，確定的・未必的のいずれであっても単に「殺意をもって」と表記することが大多数であるように思われる。その点で，共同正犯の訴因に実行行為者を摘示することの少なくない実務の運用とは相違がある。このような実情の下で，最高裁として，訴因への犯意の確定的・未必的の書き分けを，被告人の防御にとって一般的に重要な事項として新たに推進させようとまでする立場に在るとは，いかにも考え難い。）。このように考えると，訴因変更が必要的とまではいえないことになる。もっと

も，上記の各説が指摘しているように，未必の故意と確定故意とでは犯情にかなりの差異が生じてそれが量刑上の格差となって現れるということも少なくないから，そのような場合に備えて，被告人に不意打ちの認定とならないよう，そのための手当て（いわゆる争点顕在化）を講じておくのが相当とされる場合のあることは別論である。

判例には，訴因変更不要とするものがある。

【訴因変更不要】

【60】 東京高判昭 32・3・4 高刑集 10・2・212

未必の殺意→確定的殺意

判旨 「本件起訴状に『死ぬかも知れないと認識しながら』とあるを，原判決において『殺害するにしかずと決意し』と認定したことは所論のとおりであるが，右はいずれも殺人の故意であることに変りはないのであるから，原審が右の如く認定するにつき訴因の変更を要するものではなく，従て原審の訴訟手続には所論のような違法はなく，論旨は理由がない」

● コメント

田原・413 は，本判決について，**事実記載説**によっても訴因の同一性を肯定するのではあるまいか，とされている。上述したとおり，首肯できる見解である。もっとも，被告人の防御の姿勢にもよることであるが，争点顕在化を経ておくことは必要であろう。量刑上影響を持つ場合はもちろんのこと，そうでない場合であっても，不意打ちの確定的殺意認定は避けるようにしなければならない（前者の場合の不意打ちは違法とされよう。後者の場合のそれは違法とまではされないが，被告人に裁判の公正を疑う不信を残さないように，また，未必の故意の認定であれば減刑されたのではないかとの疑心暗鬼を生じさせることのないように，配意するのは難しいことではない）。

《確定的認識→未必的認識》／《傷害の故意→暴行の故意》

以上とは逆に，確定的認識による訴追に対して未必的認識を認定する場合につき，また，傷害の故意ある傷害の起訴に対して暴行の故意による傷害を認定する場合につき，いずれも訴因変更不要とした判例がある。縮小認定とみるのが一般的な理解の仕方であろう。

【訴因変更不要】

| 東京高判昭 48・5・31 判時 718・110　児童福祉法違反における児童であることについての確定的認識→未必的認識 |
| 東京高判昭 38・12・27 東時 14・12・253　傷害の故意→暴行の故意 |

《確定的故意→それ以前の時点における未必の故意》

なお，殺意の発生時期を，訴因よりもさかのぼらせて認定するについて，訴因変更を要するとした下記判例がある。

第3章　訴因変更の要否

【訴因変更必要】

| 東京高判昭32・4・2判特4・7・172【61】 | 確定殺意→それ以前の時点における未必的殺意　①　 |
| 東京高判平元・3・2判時1322・156【62】 | 確定殺意→それ以前の時点における未必的殺意を付加　② |

【61】　東京高判昭32・4・2判特4・7・172（①）

事実　起訴状記載の公訴事実には，一回目の殴打で誤って側頭部に重傷を与え被害者の苦痛を免れさせるために二度殴打して殺害したとあるのを，訴因変更ないまま，裁判所は，憤激のあまり最初から殺意をもって3回殴打し脳障害のため死亡させたと認定した。

判旨　「起訴状の訴因（確定的故意）と原判決が認定するところ（未必的故意）とはその発生原因，状況，程度が異なり，原判決の認定するところは起訴状の訴因の範囲内とは到底認められない。原判決がその認定する如く殺意を認定するためには起訴状の訴因を変更した上でなければ許されない」

● コメント

　田原・413は，本判決の判示は行きすぎであるとしてこれに反対されている。しかし，ある行為についてそれが確定的な殺意によるものであったとされているのを未必の殺意によるものであったと認定替えする場合には，殺意という要件事実そのものに変動はないから，訴因変更まで必要とされることはないというべきであるが，本件の訴因と認定とを対比すると，一回目の殴打について殺意がなかったとの訴因に対してこれが殺意に基づくものであったと認定替えがなされようとしている状況の下では，犯意に関する要件事実の異同により当然に審判対象も変動することになるから，**審判対象説**の立場からは，訴因変更を要するものとしなければならないであろう。

【62】　東京高判平元・3・2判時1322・156（②）

事実

起訴状記載の公訴事実

　被告人は，昭和60年11月26日午後零時30分過ぎころ，群馬県邑楽郡板倉町《番地略》C方庭先において，B子（死亡当時60年）から母親に対する暴行などのことを注意されて憤激し，いきなり右B子の顔面を右手拳や右手に持った石塊などで数回殴打して転倒させたが，憤激の余り殺意をもってコンクリート塊（重さ約17.6キログラム）や石塊などで仰向けに転倒している同女の顔面・頭部を数回殴打し，更に通称細スコップの先で同女の顔面を数回突き刺し，よって同女をして，同所で，間もなく頭部及び顔面打撲による脳挫滅により死亡させて殺害した。

判示認定事実

　被告人がB子から，母親に乱暴しては駄目だと諫言されたことなどに激昂し，同女が死に至るのも意に介せず，同女の顔面を手拳で殴打したり，頭部を石1個（重さ1.6キログラムのもの）で殴打した結果，同女が転倒して大の字になったまま動かなくなり，同女の頭部から血が流れ出すのを認めるや，同女を殺害したものと思い，気も動転して自宅に戻ったものの，精神的に極度に興奮して心因性もしくは情動性のもうろう状態に陥り，スコップ1丁を持ち出して再度右C方庭先に至り，「興奮のあまり確定的な殺意をもって，」倒れている同女の顔面を，付近にあった大谷石1個（重さ9.5キログラムのもの）やコンクリート塊3個（重さ17.5キログラムのもの，

238　刑事訴訟法判例総合解説

第4節　旧来の判例による訴因変更要否の具体的判断とその見直し

重さ10キログラムのもの，重さ20.5キログラムのもの）で殴打し，あるいは，右スコップの先端で顔面を突き刺すなどの暴行を少なくとも10数回以上反復し，同女に頭部及び顔面打撲による脳挫滅の傷害を負わせ，よって，同女を右傷害によりそのころ同所で死亡するに至らしめて殺害した。

判旨　「本件訴因と原認定との間には，ともに被告人がB子を殺害したという基本的な事実について異なるところはないが，殺意発生の時期に関し差異が存することは明らかであり，原判決は，所論の指摘する第1加害行為（当初，手拳や石で被害者B子を殴打して転倒させた加害行為）に未必的にもせよ殺意を認めた点で<u>訴因の範囲を超えた事実を認定したもの</u>といわざるをえない。しかも，原判決は，被告人は責任能力を有する状態で未必的な殺意のもとに第1加害行為に及び，その結果招いた事態により，心神耗弱状態（心因性もしくは情動性のもうろう状態）に陥ったのであるから，たとえ心神耗弱状態に陥った後に確定的な殺意を生じたものとしても，右時点以後の行為について刑法39条2項を適用することは社会正義に反し許されない旨の判断を示して，被告人が本件犯行当時責任能力を欠いていた旨の原審弁護人の主張を排斥しているのであり，仮に，第1加害行為について殺意が認められなければ，原判決のもとでは，被告人の責任能力について，右と異なった判断がされたはずである。また，本件訴因と原認定とでは，殺意の発生時期とその状況等を異にしており，この点のいかんは犯情を考えるうえでも決して軽視できないところである。しかも，原審における主張，立証の経緯をみると，検察官側はもとより，被告人側も第1加害行為は殺意をもって行われたものでないことを当然の前提とし，専ら本件訴因に即して訴訟活動を行っていたことが容易に看取されるのであって，<u>この点について，被告人側に防御の機会が十分に与えられていたとも認め難い</u>。してみると，原審が第1加害行為について，その判示するような未必の殺意を認定するためには，訴因の変更を要するものといわざるをえないが，記録上，原審がこの手続を採っていないことは明白であり，右の訴訟手続の違法が，原判決に影響を及ぼすことは明らかである。従って，原審が審判の請求を受けない事件について判決をした違法があるとはいえないが，訴訟手続の法令違反をいう論旨は理由があり，原判決はまずこの点において破棄を免れない」

● コメント

審判対象説の見地からすると，第1加害行為の犯意が非殺意から殺意に変動した，すなわち要件事実が変動したのであるから，これにより訴因の同一性が損なわれたといえ，訴因変更をもって対応しなければならないこととなろう。

(4)　被害者，被害の種類・数量・程度等
(a)　被害者等の変動

犯罪の被害者等として，訴因に掲げられている者ではなく他の者を認定すべきときは，犯罪の成否に影響がある場合として，訴因変更を要すると解するべきであろう（小林・383）。

【訴因変更必要】

大阪高判昭25・4・22 判特9・43	麻薬譲渡の相手方：甲→乙
東京高判昭28・2・22 高刑集6・1・148	偽造文書行使の相手方：甲→乙

もっとも，犯罪の被害者として訴因とは別の者を認定するというよりは，むしろ正確に認定する場合は，訴因変更を要しないものと

訴因変更〔I〕　**239**

第3章　訴因変更の要否

いうべきであろう（小林・390）。

【訴因変更不要】

最決昭28・3・5刑集7・3・443【63】　威力業務妨害罪における業務：会社の業務→工場長の業務　　　①
最判昭30・10・4刑集9・11・2136【64】　詐欺の被害者：父→娘　　　②
東京高判昭32・6・4高刑集10・4・395　詐欺の被害者：被欺もう者→被害金の所有者
東京高判昭32・8・10東時8・8・269　窃盗の被害者：被害場所の管理者たる会社取締役→被害品所有者たる同会社社員

【63】　最決昭28・3・5刑集7・3・443（①）

[事実]

起訴状記載の公訴事実

　被告人は、会社工場長の制止するにかかわらず、これに反抗して同工場に対する送電用スウィッチを切断して送電を不能ならしめ、もって威力を用い同会社の業務を妨害した。

判示認定事実

　被告人は、送電設備の状況を監視していた右会社の工場長に対し、同人が制止するにかかわらず暴行、脅迫をなし、その間数回にわたってスウィッチを切断し、もって威力を用い右工場長の業務を妨害した。

[判旨]　「記録によれば、本件訴因と第一審判決の認定した事実との間の差異は、前者は所論会社の業務妨害であり、後者はS工場長の送電設備状況監視の業務妨害であるという点に存するのみであつて、しかも右工場長は所論会社の工場の長で、会社の業務を職務として執行するものに外ならず、第一審判決の認定した右工場長の業務

を妨害した行為は、すなわち右会社の業務を妨害した行為に外ならないことが認められる。してみれば、第一審判決の認定した事実と、起訴状記載の事実との間には、犯罪の客体の判示につきいささか表現を異にしただけでその同一性につき欠けるところはなく、従つて、第一審判決のなした事実認定及びこれを肯認した原審判決には何等の違法はない。所論の判例は、訴因と裁判所の認定した事実との間に、犯罪の態様、犯罪地、被害者等において相異る場合に関するものであつて、本件とその前提を異にし、本件に適切でなく、所論は刑訴405条の上告理由に当らない」

【64】　最判昭30・10・4刑集9・11・2136（②）

[事実]

起訴状記載の公訴事実

　被告人は、昭和27年10月ころ、香川県多度郡××町古鉄商鈴木三重吉方において、同人に偽造の砲金棒を示してこれが純正な砲金棒であるように装い、同人をその旨誤信させ砲金棒合計27本の買受方を承諾させて現金合計27万3,500円を騙取した。

判示認定事実

　被告人は、昭和27年10月ころ、香川県多度郡××町古鉄商鈴木花子（鈴木三重吉の娘）方において、同人に偽造の砲金棒を示してこれが純正な砲金棒であるように装い、同人をその旨誤信させ砲金棒合計27本の買受方を承諾させて現金合計27万3,500円を騙取した。

[判旨]　「起訴状記載の公訴事実に、被欺罔者及び被害者が鈴木三重吉と記載されていることは、所論のとおりであるが、第一審判決挙示の証人鈴木花子の証言によると、同人は右鈴木三重吉の娘であつて、父は古鉄商をしていたが、現在

第4節　旧来の判例による訴因変更要否の具体的判断とその見直し

隠居して同証人が主として仕事をしており，同人が被告人らから……本件偽造の砲金棒合計 27 本を代金合計 27 万 3,000 円で買受けた事実が認められる。そして，右公訴事実と第一審判決が認定した判示の事実とを対比すると，犯罪の日時，場所，相手方を欺罔した方法，相手方に交付した物品の品質，数量及び相手方から騙取した現金の金額は全く同一であり，ただ，被欺罔者及び被害者が前者は父，後者は娘である点において差異があるにすぎないものであつて，<u>結局の被害はただ一個しかなく，しかも，これに関与する被告人らの行為もただ一つしかありえないという関係にあることが認められるから</u>，訴因の変更手続を経ないで右第一審判決のような認定をしたからといつて，被告人の防禦権の行使に不利益を及ぼしたということはできない。論旨記載の大高昭和 24 年 10 月 12 日第 10 刑事部判決は，寄託者を異にする横領罪につき，大高昭和 25 年 4 月 22 日第 1 刑事部判決は，麻薬の譲渡の場合買受人が異つてきたときにつき，いずれも訴因の変更を必要としたものであつて本件に適切でない」

● コメント

担当調査官の解説は，「訴因，罰条の変更をとらないで起訴事実と異なる事実を認定することが許される場合について，かなり多くの当裁判所の判例があるけれども，本決定が，被告人の防禦権の行使に不利益を及ぼすか否かということは，各具体的事件によって異るべきものであることを示したものとみることができるならば注目すべきものと思われる」というものである（吉川・判解 30・260）。**審判対象説**の立場からは，「訴追の対象とされた詐欺の事実は，その行為の面からも結果の面からも明白に特定されており，ただ被欺罔者と被害者の内容が異なっていたにとどまるから，訴追対象事実を逸脱して防禦権を当然に侵害したということはできない。もし防禦権の具体的な侵害があったのであれば，その観点から救済を図ればよいのである。本件は理由も結論も正当ということができる」と評されている（香城・314）。この考え方をどこまで一般化できるかには疑問もないではないが，本件事案に関する限りは，むしろ客観的・実体的には起訴状の記載の明白な誤りと見てもよい程のことであったと評し得よう。

(b)　被害の種類・数量・程度等の変動

被害の「種類」，「数量」等にかかわる事項のずれは，それがこれらの事項を縮減させるものである場合には，いわゆる**縮小認定**として訴因の変更を要しないことに争いない。被告人の不利益となる方向での**拡大認定**が問題となるが，訴因と認定すべき事実との差が僅･少･な･も･の･である場合は，いずれを認定しようとも異･な･っ･た･量刑に至る可能性ないし蓋然性は少なく，むしろ同じ量刑がなされる可能性が大きいから訴因の変更を必要としないというべきである。しかしながら，その差･が･か･な･り･大･き･な･場･合･には上記の可能性ないし蓋然性があるから，訴因変更を必要とする（小林・383，条解刑訴・624，高橋・762，松本・48，毛利・58），と解するのが一般的である。

審判対象説の立場からは，「訴追対象事実の構成要件的評価又はこれと行為とが同一であっても，犯罪の結果に変動が生じれば，訴追対象事実が異なる」との基本認識の下に，「犯罪の結果の変動とは，傷害罪における傷

害の部位，形態，窃盗罪における盗品の種類，数量などをいう」とされ，「例えば宝石の窃盗と特定しているのに，現金の窃盗と認定するときには，（訴追対象事実と異なる内容の犯罪事実を認定する場合として）訴因の変更を必要とする」と結論づけられている（香城・305）。確かに，傷害の名称，部位については，それらが具体的に明示されない限り傷害の存在が立証されたとはいえない関係にあるし，財産罪の被害物品については，その種類，数量が明示されないと訴因が不特定になる（現金の金額や物の個数はその性質上無限の広がりがある。）関係にある（松本・48。覚せい剤所持における所持の数量についても同様のことがいえる（毛利・58））。したがって，これら要件事実の拡大的変動の場合は，訴因変更が必要となろう。しかし，この点は，被害物品の種類の付加認定については相当厳格に考えなければならないだろうが，数量のみの拡大認定についてはそれよりも比較的緩やかに判断してよいだろう（松本・50）。

これに対して，公訴事実における「傷害の加療期間」や「被害物件の価格」などの「程度」の記載については，「傷害の名称・部位」，「被害物件の名称・種類・数量」とは異なって，本来的には訴因それ自体（**最高裁平成13年決定【15】**のいう**記載上不可欠事項**）とはいえない事実であって，それについて量的に拡大する事実を認定するとしても，それは訴因の同一性には何ら関係ないのであるから，訴因変更をしないで認定してかまわない道理である（土本・130，松本・48，毛利・57）。もっとも，これらの事項は刑の量定にかなりの影響を及ぼすものであることにかんがみ，当事者に対する不意打ち防止，被告人の実質的防御権の確保の観点から，いきなり心証に従って拡大的に認定するのではなく，任意的訴因変更をも含む裁判所の釈明等のしかるべき措置を講ずることが必要な場合があろう，とされている。（毛利・57）。これに対しては，これらの事項について，実際の認定との相違が著しくて刑の量定に重要な影響を及ぼすような場合には，現に訴因として記載されてしまっていることを考慮し，訴因変更手続を経由すべきものと思われるとする意見もある（松本・49――もっとも，この説においても，よほど重要な変更でもない限り訴因変更を要しないと考えてよい場合が多い，とされている。）。この最後の説を更に進めると，これらの事項は，**最高裁平成13年決定【15】**のいう**一般的防御上重要事項**に該当し，その故に原則として訴因変更を必要とするという理解（加藤・鈴木祝賀・359，同・研修・11）に至る。この考え方は，今日の実務における処理の在り方とも十分に整合的であるといえよう。

なお，被害物品等につき訴因と認定事実が異なるといっても，①単に表現の相違にすぎないような場合（前掲最決昭28・3・5刑集7・3・443【63】など），②被害物件の数が多く，訴因ではその一部だけを具体的に表示し，その余は概括的に記載されていた（「……等」の表示）ものを，判決において証拠上認められるところに従って適宜補充して認定摘示するような場合，③誤記，計算違いであることが証

第4節　旧来の判例による訴因変更要否の具体的判断とその見直し

拠の合理的，一義的理解により明白である場合にこれを修正する場合などは，そもそも訴因の同一性に問題を生じているものとはいえないから，これらの場合には訴因変更の要否という問題自体が生じないことに留意しよう。

《傷害の名称，部位，程度の変動》

【訴因変更必要】

大阪高判昭29・12・4 高刑集7・11・1676【80】　Aの頭部殴打及びBの頸部強圧→Aの頭部殴打及び頸部強圧
東京高判昭45・12・22 判タ261・356　顔面を手けんで数回殴打し左肩部挫創・上口唇部挫滅創等の負傷→足で左そけい部をけり同部打撲傷を負わせた事実を付加
大阪高判昭46・5・28 高刑集24・2・374　頭部打撲挫傷並びに挫創・頸椎打撲捻挫→頭部打撲傷並びに脳損傷等

【訴因変更不要】

福岡高判昭25・9・13 判特13・156　左頬下部一面の皮下出血→歯齦炎症
東京高判昭27・4・4 判特29・110　傷害の全治期間：約2週間→約1箇月間
名古屋高判昭28・12・15 高刑集6・13・1885　左拇指掌指関節捻挫・左臀部打撲傷→左中指捻挫・臀部打撲傷
最判昭30・10・19 刑集9・11・2268【50】　足を蹴り顔面を殴打して治療1週間を要する左眉毛部裂創，上下眼瞼皮下溢血腫脹の負傷→腰部を下駄ばきの足で蹴り上げた暴行
仙台高判昭46・8・10 高検速報昭46・23　加療期間：約3箇月半→約5箇月

《財産犯における被害物件の種類，数量の変動》

【訴因変更必要】

名古屋高判昭25・7・10 判特11・83　横領物：畳表161枚→同200枚〔横領態様も変化〕
名古屋高判昭26・2・28 判特27・39　故買内容：背広4反外9点を6万5,000円で→洋服生地37，8反を13万円で
東京高判昭27・5・28 東時2・7・165　2,880円，8,000円，6万4,000円の騙取→3万6,720円，9万4,000円，65万1,755円の騙取
東京高判昭27・6・7 判特34・55　横領金額：20万円→43万円
東京高判昭30・3・9 裁特2・7・195　騙取木材の価額：14万7,300円相当→24万7,300円相当

【訴因変更不要】

札幌高判函館支判昭24・2・9 判特1・263　窃盗品：衣類等25点→同30点
東京高判昭25・2・21 判特8・36　窃盗品：百十余点→百二十四点
東京高判昭26・9・4 東時1・4・37　牙保対象：衣類約110点→衣類2百数十点
最判昭27・3・25 判例集不登載【65】　窃取対象：現金45円70銭在中のハンドバッグ→現金45円70銭及びパン購入券8枚在中のハンドバッグ　　(後出)
最判昭35・2・11 刑集14・2・126【55】　詐取金額：総計180万円→40万円

【65】　最判昭27・3・25 判例集不登載

判旨　「訴因に記載なき事項について判断をなし被告人の防禦権を侵害した違法があると

訴因変更〔Ⅰ〕　243

第3章　訴因変更の要否

いうことはできない。けだし被告人が被害者某所有の現金在中のハンドバッグ1個を窃取した旨起訴状に記載された以上罪となるべき事実はこれにより特定されて居り，そのハンドバッグ中に右現金以外の外価格の僅少な物が偶々在中したか否かは，何等右の如き公訴犯罪事実の特定を妨げるものではないからである」

《その他の被害関係事実の変動》

下記判例中，**最決昭40・12・24刑集19・9・827【12】**については，3節2(1)で検討した。

【訴因変更必要】

東京高判昭30・12・6高刑集8・9・1162　非現住建造物放火・延焼→現住建造物放火
最決昭40・12・24刑集19・9・827【12】　法人税ほ脱罪におけるほ脱所得額の内容：新たな勘定科目追加，検察官主張の勘定科目削除，実質所得額105万円増加
東京高判昭42・1・30高刑集20・1・14　商標不正使用商品所持の所持期間：10日→2倍以上の長期
福岡高判昭56・4・27高検速報1288　錯誤の内容：被告人に保険金の半額を取得する権利があるものと誤信させ→被告人に保険金の半額を謝礼として交付しなければ保険契約が無効とされ保険金が受領できなくなると誤信させ
名古屋高判平21・2・7高検速報732【66】　致傷を伴わない強盗強姦→致傷を伴う強盗強姦　（後出）

【66】　名古屋高判平21・2・7高検速報732

【基本的な論点】

致傷事実の摘示を伴わない強盗強姦の訴因に対して，罪となるべき事実として致傷を伴う強盗強姦を認定するには，訴因変更手続を経ることが必要か。

強盗犯人が女子を強姦して傷害を与えた場合については，刑法に特別の規定がなく，判例は，強盗強姦罪を定める刑法241条前段が適用されるとの立場を採っている（大判昭8・6・29刑集12・1269，東京高判昭45・2・5高刑集23・1・103，東京高判昭57・11・4判時1087・149，宮崎地判昭53・2・16刑裁月報10・1＝2・142，東京地判平元・10・31判時1363・158等）。すなわち，刑法241条前段が適用されるのは，いわば，強盗強姦の場合と強盗強姦致傷の場合とがあり，後者の場合においては，法条自体には致傷が構成要件要素として挙示されていないものの，刑法の解釈論によって，これが黙示されている（刑法241条前段は，実質上，強盗強姦罪と強盗強姦致傷罪とを規定しているのにほかならない）と解するわけである。してみると，強盗犯人が女子を強姦して傷害を与えた場合において，その致傷の事実は要件事実そのものであるといわなければならない。実際，実務においても，致傷を伴う強盗強姦を審判対象とし，また認定する上では，起訴状の「公訴事実」／判決書の「罪となるべき事実」の各々に，その致傷の事実を摘示することとしているのである。そして，そうである以上は，訴因の性質について審判対象説を採る立場からは，致傷事実の摘示を伴わない強盗強姦の訴因に対して罪となるべき事実として致傷を伴う強盗強姦を認定するには，訴因変更手続を経ることが当然に必要との結論に至る。

この問題に関連する裁判例として，**本判決**がある。ただ，この裁判例は，上述の論点そのものについて判示したものではなく，原審が，致傷を伴わない強盗強姦の訴因について，その訴因どおりに罪となるべき事実を認定摘示しておきながら（したがって訴因変更手続を経ていない），原判決の証拠の標目に挙示されている証拠の内容や量刑理由中の説示に照らすと，実質上，致傷を伴う強盗強姦の犯罪事実を認定して致傷の点をも処罰し

第4節　旧来の判例による訴因変更要否の具体的判断とその見直し

ているとみざるを得ないものであったことから，そのいわば潜脱的な態度を問題として採り上げたものである

判旨　「刑法241条前段の強盗強姦罪は，致傷を伴わない強盗強姦にも，致傷を伴う強盗強姦にも適用されるものの，致傷を伴うか否かで事実の内容が異なるし，その有無は社会的にも，被告人の防御の上でも重要なものというべきであるから，審理の過程でその点が主張，立証されていても，訴因変更手続を経ることなく，致傷を伴わない強盗強姦の訴因で，致傷を伴う強盗強姦として致傷の点をも実質的に処罰することは許されない。」

● コメント

本判決の結論そのものはもとより正当であるが，訴因変更の必要性は，致傷という新たな要件事実が付加されることによって審判対象が拡大することに端的に求められるべきである。

【訴因変更不要】

東京高判昭35・2・13下刑2・2・116　収賄金額：7,500円→1万5,000円
最判昭56・7・21税務訴訟資料125・1482【67】　継続した年度の法人税逋脱罪について，前期所得額を争う弁護人の主張を一部容認し，その減額を認定した結果に伴う当期所得額の増加を認定するには，訴因変更の手続を要しない　　　　　　　　　　　　（後出）

【67】　最判昭56・7・21税務訴訟資料125・1482

事実　原審判決（大阪高判昭56・1・23判タ440・153）「原判決は訴因変更の手続きを経る

ことなく逋脱税額を検察官主張のそれよりも多額に認定した点で，審判の請求を受けない事件について判決をした違法又は訴訟手続きの法令違反があると主張するが，昭和49年5月期における逋脱所得の各勘定科目中，益金科目である売り上げ，期末棚卸，交際費等の損金不算入の各金額につき減額を主張し，その期の実際所得金額を争ったことが明らかであり，それが容れられるときには，昭和50年5月期の逋脱所得のうち損金科目である未納事業税及び期首棚卸につき検察官主張のそれよりも少額に，すなわち納税者に不利益に認定する結果を来し，実際所得金額の増加をもたらし，逋脱税額が増加するであろうことは当然に予測されたところであり，このように，継続した2事業年度の各法人税逋脱罪が共通して審判の対象となっている場合において，検察官の主張した前期における個々の勘定科目につき金額の増減が争われ，それが認容されることにより当期における逋脱税額の増加を来すことが予測されるときは，その増加分を認定するについて，納税者側の防御に実質的な不利益を与えるおそれはなく，訴因変更の手続きを経る必要はないと解するのが相当であり，原判決には違法はなく，論旨は理由がない」

判旨　「被告人両名の弁護人の上告趣意第一点は，判例違反をいうが，所論引用の判例は事案を異にし本件に適切でなく，その余の点は，憲法31条，39条違反をいう点を含め，実質はすべて単なる法令違反，事実誤認の主張であつて，いずれも刑訴法405条の上告理由にあたらない」

● コメント

前期の実際所得金額について変動が生じたことにより，その当然の帰結として当期の実際所得金額の変動がもたらされる関係にあるところ，その両期における法人税ほ脱が共通して審判対象とされている以上は，これらを

通じてみたときには，審判対象に異同があったものとはいえないことになるから，訴因変更は不要とされるのが，**審判対象説**による帰結となろう。

(5) 共謀，役割分担等

共謀の態様のずれも，行為の態様のずれと同様に，原則として訴因変更を必要としないが，共犯者の範囲や実行行為の範囲等が異なってくるような場合には訴因変更が必要になるし，その他検察官の主張との関連において，被告人の防御方法を修正することを必要とする程度の場合には，例外的に訴因変更を必要とする場合もあるであろう，とされるのが一般的である（条解刑訴・624，高橋・760）。

しかし，**平成13年決定【15】**の立場を踏まえると，共謀の態様に関して変動がある場合についても，**審判対象説，最決昭63・10・24【14】**の趣旨に従って訴因変更の要否を決することになる。そもそも，実務が採用している**識別説**に従う以上，実行共同正犯であれ共謀共同正犯であれ，また事前共謀であれ現場共謀であれ，共同正犯の要件事実（**記載上不可欠事項**）としては，「共謀の上……した」と摘示しさえすれば必要十分であり，したがって，訴因中にそれ以上の実行共同／共謀共同，事前共謀／現場共謀の別を示す具体的事実が記載されたとしても，要件事実的には過剰な部分ということになり，その記載部分が訴因としての拘束力を有することにはならないものと思われる（**最決昭63・10・24【14】**参照）。つまり，実行共同／共謀共同，事前／

現場といった共謀の内容・態様を示す具体的事実関係が変動を来たしたとしても，それだけであるならば，訴因変更は必要的とはならないと考えられる。これらの事実面の変動が，共同正犯の訴因を特定する上で不可欠な他の要件事実の変動を伴う場合にはじめて訴因変更の必要性が生じてくると解される（**平成13年決定参照**）。しかし，この場合に訴因変更が必要となるのは，あくまでも要件事実が変動したからであって，共謀の態様が変動したことを理由とするものではない。具体的には，「共謀の態様が変動することによって，**実行行為や結果の範囲が異なってくるような場合**に，訴因変更が必要となる。共犯者については，その範囲が変わることによって実行行為や結果の範囲が変わってくることが多いであろう。これに反し，**共犯者の範囲にも実行行為や結果の範囲にも変動がなく，共謀の態様が異なるに過ぎない場合は，訴因変更の必要はないものと考えられる**」（池田・判解13・68）とされているとおりであると思われる。

ただし，実行行為者の変動は，それが原始訴因に明記されている以上は，**平成13年決定【15】**のいう**一般的防御上重要事項**として，原則として訴因変更を必要とすることになる点に留意を要する。それでは，共謀の態様が訴因上に明示されている場合に，それが変動したらどうであろうか。「共謀の態様が異なるに過ぎない場合は，訴因変更の必要はないものと考えられる」（池田・判解13・68）とするのは，この場合であっても，共謀の態様いかんは**一般的防御上重要事項**ではないとの

第4節　旧来の判例による訴因変更要否の具体的判断とその見直し

理解に立つものといえようか。後出の**最判昭58・9・6【69】**（日大闘争警官死亡事件）等において検討する。(注43)

(注43) 訴因中に「共謀の上……した」と記載されているのみで，実行共同／共謀共同，事前共謀／現場共謀の別が示されていない場合において，検察官が釈明ないし冒頭陳述によりそれらの別を明らかにしたときに，裁判所の認定事実がこれと異なることとなれば，訴因変更を要するであろうか。

　識別説をとる限り，検察官の上記釈明内容は非要件事実に関する事柄であり訴因の必要的記載事項（256条3項）ではないのであるから，それらが訴因の内容となることはなく（仙台高判昭52・2・10判時846・43「公訴事実の記載が，訴因の特定・明示の要求に適合しないために，これが補正が必要となり，検察官においてこれを補正するということは実際上起りうることである。このような場合には，補正のために主張された事実が起訴状記載の公訴事実と一体不可分の関係に立ち，合して特定・明示された訴因としての評価を受けることになろう。しかし，当初より公訴事実の記載において訴因の特定・明示の要求に欠けるところがない場合には，たまたま検察官が冒頭陳述あるいは釈明の形で，さらに公訴事実を敷衍して陳述したからといって，これが直ちに訴因としての評価を受けるというものでないことはいうまでもない」。なお，反対の趣旨のものとして，**東京高判昭51・3・30判時824・121【46】，東京高判昭55・2・25判タ415・92**），したがって訴因変更を必要としない（小林・諸問題27以下参照。なお，後出**東京高判昭56・7・15【68】，大阪高判昭56・7・27【70】**参照）。この場合に，いわゆる争点顕在化の措置を講じて被告人に防御の機会を付与する必要の生じ得ることは，いうまでもない（酒巻・298・71参照）。

　この結論は，例えば，訴因に，「被告人は，甲と共謀の上，……した」とだけ記載されている場合において，検察官が，「実行行為を行ったのは被告人一人である」旨釈明し，又は冒頭陳述においてその旨主張したときを考えると，訴因自体に実行行為者が明記された（「被告人は，甲と共謀の上，被告人において……した」）場合には訴因変更が原則的に必要となる（**最高裁平成13年決定【15】**）こととの対比において，いずれも同じ検察官の主張でありながら，訴

因変更の要否の点に不整合を来すことにはなる。しかしながら，**平成13年決定**自身が，「検察官が訴因においてその実行行為者の明示をした以上，判決においてそれと実質的に異なる認定をするには，原則として，訴因変更手続を要する」と述べて，訴因上に実行行為者が明記された場合に限定して訴因変更の原則的必要性を肯定していることからすると，やはり，訴因上に実行行為者が明記されておらず，検察官の釈明ないし冒頭陳述により実行行為者が特定されたにすぎない場合は，訴因上に明記する形での主張からは一段下のレベルでの主張にとどまるとして，これをいわゆる**一般的防御上重要事項**とは位置付けていないことが明確に看て取れる。**平成13年決定**は，裁判所が，検察官が釈明ないし冒頭陳述により初めて特定した実行行為者とは異なる者を実行行為者と認定をする上で，訴因変更を経ないことを違法とまでするものとは解し得ない。そして，訴因上に明記された場合とのこのような差異を生じることが果たして不合理であるのかについては，次のように考えられよう。①**平成13年決定**の趣旨が，争点の明確化と不意打ちの防止という訴因の防御機能に第二次的な位置付けを与えつつもそれに相応の積極的な意義を見い出しているものであることに想到すれば，訴因変更の必要性を導くのはあくまでも訴因上に明記されている事項であることを前提とするというのも，なお理解の届くところであるし，②実行行為者の特定が釈明等によりなされた場合にあっても，不意打ち防止のために争点顕在化手続が必要とされる場面でこれを確保することは当然に要求されるところであり，③他方，実行行為者が訴因に明記された場合にあっても，同様の不意打ち防止の配意が施されている限り最終的には訴因変更不要に帰するのが**平成13年決定**のいわんとするところであって，結局は，両者に不合理なインバランスが生じることにはならないといえよう。

　以上のことからすると，検察官が釈明ないし冒頭陳述によって実行行為の分担を特定した場合に，それと異なる事実を認定するにも訴因変更は不要である。訴因に実行行為の分担内容が明記されていた場合にどうなるかについては，後述《実行共同正犯内部における実行行為分担内容の変動》参照。

訴因変更〔I〕　**247**

第3章　訴因変更の要否

《実行共同正犯→共謀共同正犯》―その1：現場共謀→現場共謀

【訴因変更不要】

【68】　東京高判昭56・7・15判時1023・138

現場共謀による実行共同正犯→現場共謀による共謀共同正犯

事実

起訴状記載の公訴事実

　被告人らは、ほか多数の者と共謀のうえ、
第1　昭和53年3月26日午後1時30分ころから同2時10分ころまでの間、新東京空港警察署前路上から成田市古込字込前122番地先を経て同市古込字古込10番2先に至る路上及びその周辺において、同所周辺における違法行為の規制・検挙などの任務に従事中の多数の警察官らの生命、身体に対し、共同して危害を加える目的をもって、前記多数の者とともに多数の火炎びん、鉄パイプ、石塊などの兇器を準備して集合し、
第2　前記日時・場所において前記任務に従事中の前記警察官らに対し、鉄パイプで殴打し、多数の石塊・火炎びんを投げつけるなどの暴行を加え、もって火炎びんを使用して右警察官らの生命・身体に危険を生じさせるとともに、同警察官らの職務の執行を妨害し、その際前記暴行により警察官23名に各傷害を負わせた

判示認定事実

　被告人らは、かねてから新東京国際空港（いわゆる成田空港）の建設に反対する闘争を支援していたものであるところ、開港予定のせまった昭和53年3月26日、同空港建設反対派が同空港周辺で「開港阻止決戦勝利」等を呼号して過激な集団行動に出た際、いずれもこれに加わり、同日午後0時30分過ぎころには、約700名の者とともに、千葉県香取郡多古町一鍬田33番地S学院グランドに集結し、前部にラッセル車様に鉄骨鉄板を取りつけた普通貨物自動車一台のほか、小型貨物自動車一台に火炎びん（ビールびんを使用し布栓の点火装置を施したもの、以下同じ）や石塊を積み込み、これらを先頭にして、火炎びん、鉄パイプ等を携帯した多数の者らと隊列を組んで同空港に向かい、途中警察部隊の規制等によって隊列を分断されたりしたのち、同日午後1時30分過ぎころ、約300名の集団で同県成田市古込字込前122番地先の8の2ゲート付近に至ったが、右の約300名の者と共謀のうえ、
第1　同日午後1時30分過ぎころから同日午後2時10分ころまでの間、前記8の2ゲート付近から同市古込字込前133番地千葉県新東京空港警察署前、同所から右8の2ゲートを経て同市古込字古込10番2先の8の1ゲート付近に至る路上及びその周辺において、違法行為の規制、検挙等の任務に従事中の多数の警察官らの生命及び身体に対し、共同して危害を加える目的をもって、前記多数の者とともに、多数の火炎びん、鉄パイプ、石塊等の兇器を準備して集合し、
第2　同日午後1時30分過ぎころ、前記貨物自動車二台を先行させて、前記新東京空港警察署正門の門扉にラッセル車様に加工した一台を激突させたうえ、右二台に乗り込んでいた約20名の者が路上に降り、違法行為の規制、検挙等にかかった同警察署内外に配置中の警察官らに対し、点火した火炎びんを投げつけて炎上させ、鉄パイプで殴りかかるなどの暴行を加え、さらにその後同日午後2時10分ころまでの間、右約20名及びこれに後続してきた多数の者が、同警察署近くの10ゲート前交差点付近から前記8の2ゲートを経て前記8の1ゲート付近に至る路上及びその周辺において、右警察官ら及び同様任務のため応援に駆けつけた神奈川県警察本部警備部第一機動隊、千葉県警察本部警備部第一機動隊、同第二機動隊等所属の多数の警察官らに対し、点火した火炎びんを投げつけて炎上させ、石塊を投げつけ、鉄パイプで殴りかかるなどの暴行を加え、もって、火炎びんを使用して右警察官らの生命及び身体に危険を生じさせるとともに、右警察官らの職務の執行を妨害し、その際右暴行により原判決書添付の別表記載のとおり、Kら22名の警察官らに同表記載の各傷害を負わせた

第4節　旧来の判例による訴因変更要否の具体的判断とその見直し

判旨　「要するに，検察官としては，被告人らが本件集団に直接参加し犯行現場にあって互に他の者と共同して犯行を実現する認識のもとに行動したという事実関係に立って，実際に実行行為に出た被告人に対して実行共同正犯，そうでない被告人に対して現場共謀による共同正犯としての責任を追及していると解される。原審においては本件集団の行動及び被告人らの関与の有無等についての審理がなされ，証拠調の結果，原判決は，被告人らが他の共謀関係にある共犯者らとほぼ終始行動を共にし，その間に犯行がなされたが被告人らが直接犯行そのものに関与したか否か不明であるとし，いわゆる現場共謀にもとづく犯罪の成立を認めているのであって，いわゆる事前共謀による共同正犯を認定しているものではないから，本件における審理の経過等にかんがみるときは，原判決が訴因変更の手続をとることなく被告人らに対し現場共謀による共同正犯の責任を問うても，被告人らの防禦権を無視し不意打を与えたものとはいえず，所論の非難は当らない」

● コメント

これは，共謀の成立時点に関しては訴因と認定事実との間に差はなくいずれも現場共謀とされ，ただ，検察官の釈明により実行共同正犯とされていた者の犯行現場における実行行為の証明がないとされた事案である。**具体的防御説**的な視点からの判示とも読めるが，**審判対象説**からは，「この事案は，釈明によって共謀の態様が明示されたにすぎないが，実行共同正犯を現場共謀による共同正犯と認定しても，共犯者や実行行為と結果の範囲に基本的な変更はなかったといえる」（池田・判解13・78）。むしろ，**縮小認定**の一場合と理解することができるとする立場もある（小林・諸問題・37，佐藤・226）。

平成13年決定【15】に即して検討してみると，訴因中に実行行為者が明記されていたものではなく，検察官において，5名の被告人のうち2名を除いたその余の者が実行共同正犯である旨の釈明がなされたのであったから，その釈明により特定された実行行為者のいかんが訴因の内容（＝記載上不可欠事項）となることがないのはもとより（注43参照），それが訴因中に明記されていない以上**一般的防御上重要事項**でもないことが明らかである。したがって，この検察官の釈明内容と異なる共謀共同正犯である旨の認定が判示されるために訴因変更を経ることは必要ない。ただし，被告人に防御の機会を付与するため，争点が実行行為の有無から共謀共同正犯の成否に移動したことを顕在化する手続を講じる必要の生じ得ることは別論である。

なお，仮に，訴因の中に，実行行為者が特定明記されていたならばどうであろうか。この場合には，**平成13年決定**によれば，審判対象画定の見地からはなお訴因変更は不要であるが，実行行為者の明示部分が**一般的防御上重要事項**となることから，原則として，訴因変更が必要となる。その上で，実行行為者として摘示された被告人についてその実行行為が認定されなかった点をとらえて，「当初の訴因から，犯罪現場における被告人の実行行為が削られたに過ぎないとして，訴因変更までは要しない，と解することができる」と**縮小認定理論**の適用を認める立場もある（佐藤・226。なお，大澤・現刑・69も，**平成13年**

訴因変更〔I〕　**249**

第3章　訴因変更の要否

決定の原審判決である仙台高判平11・3・4判時1688・176／判タ1018・277の評釈において，佐藤説と同様の理解の仕方が可能であるとしている。）が，ここはあくまでも**平成13年決定**の判断枠組みに即しての検討をそのまま押し進めるべきで，その結果，「被告人の防御の具体的な状況等の審理の経過に照らし，被告人に不意打ちを与えるものではない」と認められることを条件に，「判決で認定される事実（共謀共同正犯）が訴因に記載された事実（実行共同正犯）と比べて被告人にとってより不利益であるとはいえない場合」に該当するとして，例外的に，訴因変更不要とされることもあることになる（平成13年決定のケースなど。これとは逆に，被告人が黒幕として実行犯に指揮命令したと認定されるときなどは，より不利益である――したがって，原則どおり訴因変更が必要――とされることがあり得よう。）。もしも上述のように被告人の実行行為についての認定落ちを縮小認定としてとらえる考え方に立つと，まず一律に訴因変更は必要的でないこととなり，後は個別の具体的事情・必要性に即して――例えば，前出の被告人が黒幕として実行犯に指揮命令したと認定されるときなどにおいては――例外的に被告人の防御権保障措置としての訴因変更手続等を講じることとなるが，このような結論が適切であるか疑問である（このような思考過程をたどるべきこととなるのであれば，**平成13年決定**が，せっかく，訴因中の実行行為者の特定部分が有する防御上の一般的重要性にかんがみて，その変動に対しては原則訴因変更必要として，防御権保障に手

厚い措置を講じたのを，無に帰せしめることになるであろう）。私見のように，"平成13年決定自身が，**一般的防御上重要事項**については，訴因縮小認定理論の適用はないと考えている"と解する立場（3章3節4⑵参照）からは，本件の事案において被告人に共謀共同正犯の刑責を問うに当たり訴因変更を経ることを要しないことの理由付けとして，縮小理論を援用することはできないこととなる。

《実行共同正犯→共謀共同正犯》――その2：現場共謀→事前共謀

【訴因変更必要】

最判昭58・9・6刑集37・7・930【69】（日大闘争警官死亡事件）　現場共謀に基づく実行共同正犯→事前共謀に基づく共謀共同正犯　　　①

東京高判昭55・2・25判タ415・92　現場共謀に基づく実行共同正犯→事前共謀に基づく共謀共同正犯〈上記最判の控訴審〉　　　①

大阪高判昭56・7・27高刑集34・3・355【70】　現場共謀に基づく実行共同正犯→事前共謀に基づく共謀共同正犯　　　②

【69】　最判昭58・9・6刑集37・7・930（日大闘争警官死亡事件）　　①

事実　被告人A1は，下記甲事実及び乙事実の二個の事実について，その余の被告人A2～A6は，乙事実のみについて，それぞれ公訴提起された。

乙事実に関する訴因がいわゆる現場共謀に基づく犯行の趣旨であることは起訴状における公訴事実の記載から明らかであるうえ，検察官は，第一

第4節　旧来の判例による訴因変更要否の具体的判断とその見直し

審審理の冒頭において，右訴因が現場共謀による実行共同正犯の趣旨である旨及び乙事実は甲事実とは別個の犯罪である旨の釈明をし，その後約8年半に及ぶ審理の全過程を通じて右主張を維持したので，乙事実に関する第一審における当事者の攻撃防禦は，検察官の右主張を前提とし，その犯行の現場に被告人らがいたかどうかの事実問題を中心として行われた。

　第一審裁判所は，審理の最終段階において，被告人Ａ3，同Ａ6の両名については，乙事実の被害者である警察官19名が負傷した時間帯である昭和43年9月4日午前5時30分ころから5時45分ころまでの間に同事実の犯行現場である5階エレベーターホールにいて犯行に加担したと認めるに足る証拠がなく，また，その余の被告人らについては，同日午前5時40分以前に右現場にいて犯行に加担したと認めるに足る証拠がないとの心証に達し，前記訴因を前提とする限り被告人らを無罪又は一部無罪とするほかないものの，乙事実の訴因を右現場共謀に先立つ事前共謀に基づく犯行の訴因に変更するならばこれらの点についても犯罪の成立を肯定する余地がありうると考えて，裁判長から検察官に対し，第54回公判において，甲・乙両事実の関係及び乙事実の共謀の時期・場所に関する検察官の従前の主張を変更する意思はないかとの求釈明をしたところ，検察官がその意思はない旨明確かつ断定的な釈明をしたので，第一審裁判所は，それ以上進んで検察官に対し訴因変更を命じたり積極的にこれを促したりすることなく，現場共謀に基づく犯行の訴因の範囲内において被告人らの罪責を判断し，被告人Ａ3，同Ａ6に対しては乙事実について無罪の，その余の被告人らに対しては前記5時40分過ぎ以降に生じた傷害，公務執行妨害についてのみ有罪（ただし，被告人Ａ1に対しては甲事実についても有罪）の各言渡しをした。

　これに対し，控訴審判決（東京高判昭55・2・25）

は，被告人Ａ1を除くその余の被告人らに対する関係では，乙事実の訴因につき訴因変更の手続を経ることなく事前共謀に基づく犯行を認定してその罪責を問うことは許されないものの，本件においては，右訴因変更をしさえすれば右被告人らに対し第一審において無罪とされた部分についても共謀共同正犯としての罪責を問いうることが証拠上明らかであり，しかも右無罪とされた部分は警察官一名に対する傷害致死を含む重大な犯罪にかかるものであるから，第一審裁判所としては，検察官に対し，訴因変更の意思があるか否かの意向を打診するにとどまらず，進んで訴因変更を命じ，あるいは少なくともこれを積極的に促すべき義務があつたとし，右義務を尽くさず，右被告人らについて乙事実又はその一部を無罪とした第一審の訴訟手続には審理を尽くさなかつた違法があるとして，右被告人らに関する第一審判決を破棄し，被告人Ａ1に対する関係では，同被告人については事前共謀に基づく一連の抵抗行為のすべてが訴因とされているとみるべきであるから，同被告人は，右抵抗行為中に含まれる乙事実につき仮にその実行行為の一部に加わっていなかったとしても共謀共同正犯としての責任を免れないとし，第一審判決が同被告人の事前共謀に基づく本件建物における一連の犯行を認めながら乙事実の一部を有罪としなかつたのは共同正犯に関する刑法60条の解釈ないし適用を誤つた違法があるとして，同被告人に関する第一審判決を破棄し，全被告人につき事件を東京地方裁判所に差し戻す旨の判決を言い渡した。

起訴状記載の公訴事実
〔被告人Ａ1関係〕 被告人は， (1)　昭和43年9月2日東京地方裁判所民事第九部が債権者学校法人日本大学の申請により行つた，債務者たる日本大学全学共斗会議，日本大学経済学部斗争委員会等所属の学生らに占拠されていた東京都千

訴因変更〔Ⅰ〕　**251**

第3章　訴因変更の要否

代田区三崎町1丁目3番所在同大学経済学部一号館等につき，債務者らの右建物等に対する占有を解いて債権者の申立をうけた東京地方裁判所執行官にその保管を命じ，執行官は債権者にその使用を許さなければならない等4項目の仮処分決定に基づき，同月4日，同地方裁判所執行官T外3名及び同職務代行者Kが，民事訴訟法第536条第2項の規定により援助を要請した警視庁機動隊所属の警視Mら670名の警察官の援助のもとに，補助者V外7名を使用して前記経済学部1号館に対する右仮処分の執行を行つた際，同建物を占拠していたほか数10名の学生らと共謀の上，同日午前5時20分ころから同6時15分ころまでの間，右経済学部1号館周辺において前記各職務に従事中の執行官及び警察官らに対し，同建物内2階ベランダ，3・4階窓及び5階屋上等から石塊，コンクリート破片，牛乳空びん，椅子等を投げつけ，あるいは放水するなどして暴行を加え，もつて右執行官及び警察官らの前記各職務の執行を妨害した，　　　　　　　　　　　　《甲事実》
(2)　昭和43年9月4日早朝，さきに日本大学の申請により東京地方裁判所民事第九部がなした前記仮処分決定の執行のため同大学経済学部1号館に赴いた同地方裁判所執行官一行のうち，Vらが同館北側一階エレベーターホール窓から右仮処分の執行を開始した際，右執行官よりの援助要請に基づき出動中の警視庁第5機動隊長警視Y指揮下の同機動隊第4・3・2中隊所属の警察官約130名が，右執行を援助するため同館北側幅約80糎の路地内から右1階エレベーターホール窓を破壊して同館内に進入しつつあるのを認めるや，同館5階北側窓付近に来合わせたほか数名の学生らと共謀の上，前記警察官らの右職務の執行を妨害しようと企て，同日午前5時30分ころから同5時50分過ぎころまでの間，同館5階エレベーターホール北側窓から，かねて同所付近に準備してあつた重さ数キログラムから10数キログラムに及ぶレンガ・コンクリート塊，コンクリートブロック塊等数10個を，同館内に逐次進入するため右路地内に密集していた前記警察官らめがけて激しく投下し，もつて前記警察官らの職務の執行を妨害し，その際，同機動隊巡査Kら18名に対し，加療約1週間乃至10か月間を要する（ただしHについては完治不能）頸椎骨折・同捻挫等の傷害を負わせ，巡査部長S（当時34年）に対しては左前頭部頭蓋骨骨折・脳挫傷の傷害を負わせたうえ，同人をして同月29日午

前11時ころ同区富士見2丁目10番41号東京警察病院において，右傷害に基づく外傷性脳機能障害により死亡するに至らしめた。　　　　　　　《乙事実》

〔被告人A2〜A6〕関係〕
被告人らは，乙事実のみについて公訴を提起された。

第一審判決結果
A1 (1)　有罪 (2)　午前5時40分過ぎ以降に生じた傷害，公務執行妨害についてのみ有罪 〈控訴審：事前共謀に基づく一連の抵抗行為のすべてが訴因とされているとみるべきであるから，A1は，右抵抗行為中に含まれる乙事実につき仮にその実行行為の一部に加わつていなかったとしても共謀共同正犯としての責任を免れない〉 A3・A6……無罪 A2・A4・A5……午前5時40分過ぎ以降に生じた傷害，公務執行妨害についてのみ有罪 〈控訴審：A2〜A6は，事前共謀に基づく共謀共同正犯としての罪責を問いうることが証拠上明らか〉

判旨　「思うに，まず，被告人A1を除くその余の被告人らに対する関係では，前記のような審理の経過（【事実】欄記載）にかんがみ，乙事実の現場共謀に基づく犯行の訴因につき事前共謀に基づく犯行を認定するには訴因変更の手続が必要であるとした原判断は相当である。そこで，……乙事実に関する現場共謀の訴因を事前共謀の訴因に変更することにより右被告人らに対し右無罪とされた事実について共謀共同正犯としての罪責を問いうる余地のあることは原判示のとおりである……。
　次に，被告人A1に対する関係では，乙事実の訴因は，その余の被告人らの場合と同じく現場共謀に基づく犯行の訴因であり，甲事実の訴因は，右乙事実の訴因とされている犯行部分を除くその余の部分に関する，右現場共謀に先立つ事前共謀

第4節　旧来の判例による訴因変更要否の具体的判断とその見直し

に基づく犯行の訴因であるところ（なお，乙事実の訴因とされている犯行部分が右事前共謀に基づくものとして予備的ないし択一的関係において主張されているという事実は認められない。），右乙事実の訴因につき右事前共謀に基づく犯行を認定する場合に訴因変更の手続を必要とすることはその余の被告人らの場合と同様であつて，右訴因変更手続を経ない限り，乙事実の訴因中被告人Ａ１が同事実の犯行現場である本件５階エレベーターホールにいて犯行に加担したと認めるに足る証拠のない部分について事前共謀に基づく罪責を認めることは許されないと解されるから，右訴因変更手続を経ないまま，同被告人につき事前共謀に基づく一連の抵抗行為のすべてが訴因とされていることを前提として第一審判決には共同正犯に関する刑法60条の解釈ないし適用を誤つた違法があると認めた原判決には，訴因の範囲に関する判断を誤つた違法があるというべきであり，右違法は判決に影響を及ぼし，原判決を破棄しなければ著しく正義に反するものと認める。

よつて，刑訴法411条１号により，全被告人に関する原判決を破棄し，さらに審理を尽くさせるため，同法413条本文により，本件を原裁判所である東京高等裁判所に差し戻すこととし，裁判官全員一致の意見で，主文のとおり判決する」

● コメント

本判決は，被告人Ａ１についてもその余の被告人Ａ２～Ａ６についても，現場共謀に基づく（実行）共同正犯の訴因である乙事実に関して，事前共謀を認め共謀共同正犯として有罪とするには，訴因変更が必要であるとした。その理由については，被告人Ａ２～Ａ６に関しては，「前記のような審理の経過にかんがみ」と述べられているだけであり，被告人Ａ１に関しては，何も述べられていない。

また，控訴審判決も，被告人Ａ２～Ａ６について，乙事実に関し事前共謀に基づく共謀共同正犯の罪責を問うには訴因の変更が必要であるとしたが，その理由は説示していない。なお，控訴審は，乙事実は，Ａ１については，事前共謀に基づくものと解し得るとしていたが，本判決はこれを否定した。

この乙事実をめぐる訴因変更問題においては，事実の変動が２つの面に見られる。その１つは，実行行為の主体（実行共同正犯→共謀共同正犯）であり（もっとも，本件公訴事実の記載そのものに実行共同正犯としての訴追である旨が表されているとまではいえない），他方は，共謀の態様（現場共謀→事前共謀）である。

まず，前者についてであるが，更に２つの局面に分かって考察すべき事柄が存する。

その１は，共同正犯において，実行行為者が共犯者のうちのいずれであるかは，**構成要件該当事実**なのかどうかである。判例・実務が依拠する**識別説**はこれを否定的に解している。したがって，訴因中にそれが明記されることは必要的ではないし，その事実に変動がみられても訴因変更が必要的でないことは当然の帰結となる（**審判対象説**）。ただ，実行行為者のいかんは被告人にとって**一般的防御上重要事項**であるから，それが訴因中に明記された場合に限っては，その事実変動は原則的に訴因変更を必要とすることになるが，更にこれにも例外が認められている（以上につき，平成13年決定【15】参照）。本件においては，訴因の記載それ自体に実行行為者が特定明記

訴因変更〔Ⅰ〕 **253**

されているとはいえないから，実行行為者としての訴追に対し共謀共同正犯を認定するのであっても，訴因変更は不要となる。後は，争点顕在化措置の要否の問題である。

　その2は，訴追側の意思として実行共同正犯であるとの趣旨の下に公訴提起されている場合において共謀共同正犯を認定するについては，共謀の性質をどうとらえるかによって訴因変更の要否が分かれる，という視点である。すなわち，共謀共同正犯における共謀とは，2人以上の者が特定の犯罪を行うため一体となって互いに他人の行為を利用し各自の意思を実行に移すことを内容とする謀議をなすことをいう（**最大判昭33・5・28刑集12・8・1718練馬事件**）ところ，これを謀議行為——実行共同正犯の共謀とは異なるより緊密な意思連絡——と理解すれば（**謀議行為説**），共謀の日時・場所・方法等は要件事実となるから訴因に明記されるべきものであり（この結論は，訴因特定論の領域における**防御権説**の帰結に等しくなるが，謀議行為説に立つ以上は，**識別説**を採っても同じことになるはずである。），したがって共謀共同正犯を認定する上では，この謀議行為の摘示が加わる点で旧来の訴因の枠をはみ出し，訴因の変更をしなければならない道理となる。しかし，共謀共同正犯においても，共謀は，謀議行為を意味するのではなく，犯罪の共同遂行の合意として把握すべきものと解される（**共同遂行合意説**。藤木・法協・13）。共謀の内容をなす緊密な意思連絡が時間の経過とともに徐々に醸成されこれを特定の日時，場所における謀議行為として把握できない場合や，諸般の事情から緊密な意思連絡が成立していることは明らかであるけれども被告人の黙秘等により謀議行為がなされた日時，場所等が判明しない場合も少なくなく，これらの場合には犯罪の共同遂行の合意と把握した方が理解が容易であるし，またそのように解するならば，共謀共同正犯における共謀と実行共同正犯における主観的要件としての共同実行の意思とを統一的に理解できる（実行共同正犯において自己が分担しない他人の実行行為についても刑責を負う根拠は，やはりその他人と犯罪遂行の合意をなしたことに求めざるを得ないのであり，その面では共謀共同正犯における共謀と同一視できる。共謀共同正犯における共謀は，実行共同正犯におけるそれと比し意思連絡の内容，程度において緊密でなければならいとする見解に対しては，この点につき両者の間に差はなく，ただ，実行共同正犯においては各自が実行行為を分担しているところから意思連絡の緊密性を推認でき，通常これを問題にする余地はないと解するのが正当と思われる。）。このように解するならば，共謀共同正犯における共謀は，要するに，犯行の時点までに形成された内心の意思状態にほかならないのであり，犯意と同一ではないにしてもこれと同性格のものであり（江里口・1233は，これを犯意の問題とする。），したがって，起訴状において単に「共謀の上」と記載するだけでも訴因の明示に欠けるところはない（小林・諸問題・31）。実務のよって立つこの**共同遂行合意説**による限り，共同正犯の訴因において，共謀共同正犯か実行共同正

第4節 旧来の判例による訴因変更要否の具体的判断とその見直し

犯か，前者であればその共謀の日時，場所，内容はどうかについては，訴因の明示に必要な事項＝**要件事実**ではない（前掲**最大判昭33・5・28**「共謀の判示は，……謀議の行われた日時，場所またはその内容の詳細，すなわち実行の方法，各人の行為の分担役割等についていちいち具体的に判示することを要するものではない」，この結論は，訴因特定論における**識別説**による帰結に一致することになる。）。まして，実行共同正犯としての訴追の場合に，その共謀の日時，場所，内容が**要件事実**とされることはない（小林・前掲・29）。共同正犯の要件事実としては「共謀の存在」が求められているのであり，それが具体的にどのようにしてもたらされたかという態様の点（現場共謀か事前共謀かの問題をも含むことになる。）は，犯罪共同遂行の合意成立の時点ないし成立の過程を示すものにすぎず，立証上の問題であって要件事実そのものではない。以上のように考えてくると，実行共同正犯であるとの趣旨での訴追に対して共謀共同正犯を認定するという面からの訴因変更は，不要ではないかと考えられる（同旨，小林・前掲・37）。

そこで，実行行為の主体の変動にかかわりなく，現場共謀が事前共謀に変動するという共謀態様の変化それ自体についての訴因変更の要否を考えてみると，ここでも，「共謀」の意義を上述のように解する以上は，本件乙事実についての公訴事実の記載の如く「現場」共謀である旨が訴因に明示されていても，その部分は訴因としての拘束力は持たないと考えられるから（**最決昭63・10・24【14】**参照），

結局，この面においても，訴因変更が必要的ということにはならないであろう（小林・諸問題・36）。ただし，現場共謀であることが訴因に明記されている以上，現場共謀か事前共謀かという共謀の態様が，**平成13年決定**にいわゆる**一般的防御上重要事項**に当たるか否かは問題とされなければならない。もしそれに該当するのであれば，その面から，訴因変更が原則的に必要とされるからである（これを積極に解するものとして，加藤・研修・17）。しかし，上述したとおり，共謀の日時，場所，内容が常に特定的に把握できるとは限らないという実情があり，「一般的に」被告人の防御にとって重要な事項であるというには難がある。また，理論的にも**共同遂行合意説**が採用されて，共謀とは「犯意と同一ではないにしてもこれと同性格のもの」とされている以上，その発生時期などを，最高裁が「争点明確化などのため，検察官が訴因において明示するのが望ましい」事項とまで位置付けて訴因に明記することを推奨するものとも解し難い。実務上も，単に「共謀の上」とするのが通常の訴因構成であり，現場共謀／事前共謀の別を訴因に掲げる例は多くないと思われる。この点で，共同正犯の訴因における実行行為者の明示に関する実務とも様相を異にしている。上記の諸点にかんがみると，共謀の態様いかんは，**一般的防御上重要事項**には当たらないとされるのではなかろうか。なお，本件とは逆に，訴因中に事前共謀である旨が明記されていたのが現場共謀に認定替えされるケースにつき，前出の**東京高判昭59・8・7**

訴因変更〔Ⅰ〕　**255**

【27】【コメント】参照。そこでも，この共謀の態様そのものの変動は訴因変更を必要としないとされている。

　以上の検討を踏まえると，本件においては，訴因変更を経る必要はないのではないかとも考えられるのであるが，最高裁はなぜそれを必要としたのだろうか。この点については，先に検討したところが，共犯者の範囲や実行行為と結果の範囲そのものは同一の枠組み内に在ることを前提とした議論であったことを想起しなければならない。本件事案においては，判文上は前記のような訴訟経過が重視されているが，この事件は，現場共謀であるか事前共謀であるかによって，共犯者の範囲や実行行為と結果の範囲が変わる事案であった。つまり，現場共謀から事前共謀へと共謀の日時，場所，方法等の態様が変化したことが直接訴因変更を必要的としているものではないことに注意しなければならない。あくまでも，共同正犯の**要件事実**の面に変動が生じたことが，訴因変更の必要性をもたらしたとみるべきものなのである（池田・判解13・78も同旨か）。

【70】　大阪高判昭56・7・27 高刑集34・3・355
（②）

事実

起訴状記載の公訴事実

　被告人は，………昭和52年6月25日午前10時45分ころ，全国大学連合原理研究会関大支部員Tが大阪府吹田市千里山東三丁目一〇番一号所在関西大学千里山学舎駐車場付近路上で通行人に口頭で呼びかけて伝道活動を行つているのを認め，Kほか3名と共謀の上，右Tを同市山手町三丁目七番地所在阪急電鉄関大前駅構内まで追いかけ，同所において同人の手足をつかんで約30メートルの間引きずるなどの暴行を加え，よつて同人に加療約3日間を要する左肩及び両上肢擦過傷の傷害を負わせた。

判示認定事実

　被告人は，………昭和52年6月25日午前10時45分ころ，前記Tが前記関西大学千里山学舎駐車場付近路上で通行中の学生に呼びかけて伝道活動を行つているのを知るや，Kほか3，4名と共謀の上，右Tを同市山手町三丁目七番地所在阪急電鉄千里山線関大前駅南側地下改札口まで追いかけ，同改札口に設置された結界の本枠にしがみつき駅員に助けを求める右Tに対し，右木枠にしがみついているその手指を一本ずつ引きはがすとともに，その両足を引張つて同人の右木枠から引き離したうえ，同所から約30メートルの間その両手両足をつかんで仰向きの状態で，その背中をコンクリートの床上にこするようにして同人を連行し，次いでその両手をつかんで，同人をうつむきの格好でコンクリート床上及び同駅南口階段を引きずり上げるなどの暴行を加え，よつて同人に全治までに約3日間を要する左肩及び両上肢擦過傷の害傷を負わせた。

　検察官は，釈明又は冒頭陳述により，本件共謀は，関大前駅構内までTを追いつめたところで，その後の暴行に及ぶ直前に暗黙の意思連絡の下に成立したものであること，また，本件は，被告人をも含む共犯者全員による実行共同正犯であることを明らかにしていた。原審判決は，「弁護人らの主張に対する判断」の部分において，(1)被告人が犯行現場に到着したのは，暴行行為が終了した直後であつた疑いがあり，被告人が暴行行為に加わつたとは認定できないこと，(2)しかし，被告人は，本件犯行の直前に，前記駐車場付近の関大会館前あたりにかけつけて，全国大学連合原理研究会（以下「原理研」という）に反対するグループのKら本件共犯者とともに，原理研関大支部員の行く

第4節　旧来の判例による訴因変更要否の具体的判断とその見直し

えを捜し，これを追跡しており，その追跡をはじめた段階から，同所付近でその直前までアンケート調査などの方法で伝道活動をしていた原理研関大支部員を見つけ出し，これに対し右Kらとともに追及ということで，暴行を加えてでも，その所持するアンケート調査用紙を取上げるなどして，その伝道活動を排斥，阻止，弾劾する意思であつたことは明白であること，(3)被告人は，他の仲間とともに暴行の実行行為に密接に関連し，これと不可分の関係にある追跡行動をはじめており，たまたま犯行現場に到着したのが遅れたに過ぎないのであつて，本件犯行につき共同正犯としての罪責があること，以上の説示をした。

判旨　「実行共同正犯と共謀共同正犯とは，法律構成を異にするものではないが，実行共同正犯の訴因に対し共謀共同正犯を認定することが被告人の防禦に実質的不利益をもたらす場合には，訴因変更の手続を必要とするものと解すべきである。これを本件についてみると，前記のとおり本件の訴因は，関大前駅構内における現場共謀に基づき，被告人においても実行行為を分担した旨の内容であつたのであり，これに対し被告人は，追跡行動をしたことは認めているものの，犯行現場である同駅構内に遅れて到着したため，共謀ないし実行行為には関与していない旨を述べ，公訴事実を全面的に争い無罪を主張していたのであつて，証人尋問等の証拠調の過程においては，暴行を加えた者の中に被告人がいたか否かが中心的争点となつており，実質的にはもつぱらこれをめぐつて攻撃防禦がくり返されていたこと，原判決が本件共謀の基礎とした被告人の追跡行動等は，犯行の経過として審理の過程にあらわれているに過ぎず，原判決が共謀の成立を認めた被告人らの追跡開始時における被告人の意思内容，他の共犯者との意思連絡の有無及び内容等については，十分の防禦が尽くされているものとは認めがたいことなど記録によつて窺われる事情に徴すると，本件の訴因のもとにおいて原判示のような共謀共同正犯の事実を認定することは，被告人の防禦に実質的不利益をもたらすことになり，訴因変更の手続を要するものと解すべきである」

● コメント

本判決については，「この事案では，共謀の成立時点が訴因より多少遡るものの，訴因と認定との間で共犯者や実行行為と結果の範囲に実質的な変更はなかったもののようにうかがわれるので，不意打ち防止のための何らかの措置が講じられていれば，必ずしも訴因変更が不可欠であったとはいえないように思われる」とする批評がみられる（池田・判解13・79）。本件においては，起訴状記載の公訴事実と判示認定事実との間に，共謀の点にも実行行為の点にも何ら食い違いは生じていない。要件事実に関する限りは変動が生じていないということであるから，**審判対象画定の見地**からすれば訴因変更は必要とならない道理である。ただ，本件においては，共謀の成立時期に関し，起訴状記載の公訴事実の表現振りと検察官の釈明，冒頭陳述内容に不整合があり，この釈明等に係る内容及び被告人が実行共同正犯であるとの釈明内容とが，判決書における「弁護人らの主張に対する判断」という補足説明に見られる裁判所の認定内容と食い違いを生じたわけである。したがって，訴因記載事項のレベルからは一段階下位のレベル（(注43)参照）での齟齬に基因する不意打ちの問題に対処することになるのであるから，**同等手続きである検察官の釈明**

訴因変更〔I〕　**257**

第3章　訴因変更の要否

を求めることにより，現場共謀から事前共謀へ，実行共同正犯から共謀共同正犯への争点の変動を顕在化させることが本来の在り方というべきであろう。

《共謀共同正犯→実行共同正犯》

　共謀共同正犯として訴追された（その旨訴因に明記された―「被告人は，甲と共謀の上，甲において……した」）者を実行共同正犯と認定する（「被告人は，甲と共謀の上，被告人において……した／こもごも……した」）には，訴因変更を要するか。

　一般的には，「実行行為の分担という新たな事実が加わる以上，訴因変更を要すると解すべきである」とされている（小林・380，高橋・762，加藤・研修・18）。しかし，**識別説**を前提とした場合に，**審判対象説**の立場からそう単純にいえるものであろうか。前出**最決平13・4・11【15】**によれば，「そもそも，……共同正犯の訴因としては，その実行行為者がだれであるかが明示されていないからといって，それだけで直ちに訴因の記載として罪となるべき事実の特定に欠けるものとはいえないと考えられるから，訴因において実行行為者が明示された場合にそれと異なる認定をするとしても，審判対象の画定という見地からは，訴因変更が必要となるとはいえない」とされていることを銘記する必要がある。この場合には，「実行行為者がだれであるかは，一般的に，被告人の防御にとって重要な事項であるから，……検察官が訴因においてその実行行為者の明示をした以上，判決にお

いてそれと実質的に異なる認定をするには，原則として，訴因変更手続を要する」とされるのである。そして，**平成13年決定**の事案とは逆に，「判決で認定される事実が訴因に記載された事実と比べて被告人にとってより不利益である」場合に該当するとして，「被告人の防御の具体的な状況等の審理の経過に照らし」ても「例外的に，訴因変更手続を経ることなく訴因と異なる実行行為者を認定することも違法ではないものと解す」ることはできない，したがって，最終的にも訴因変更が必要となる，とされることが少なからずみられるところとなるのではなかろうか（いつもそうなるとは限らないというところに，**平成13年決定**の判断枠組みの妙味がある）。

《実行共同正犯内部における実行行為分担内容の変動》

　実行共同正犯の内部において，訴因に明記された実行行為の分担内容（「被告人は，甲と共謀の上，被告人において……し，甲において……した」）にずれが生じた場合に訴因変更を要するか。これについても，前出の**平成13年決定【15】**の趣旨にのっとって対処することとなろう。すなわち，まずもって，審判対象の画定の見地からは訴因変更は不要である（**識別説**によれば，共犯者各人が担った実行行為の内容は，訴因の記載上不可欠事項ではない。）。次に，「被告人と共犯者の間での実行行為の分担内容がどのようなものであるか」が，「一般的に，被告人の防御にとって重要な事項である」か否か，が問われなけれ

ばならない。しかし，被告人・共犯者間の役割分担のいかんが一般的に被告人の防御にとって重要な事項か否かは，事案によることになるのではないか。すなわち，訴因に明記された役割分担の内容と認定に係るそれとを対比してケース・バイ・ケースで判断してゆくほかはない事柄であって，そのような個別具体的な検討を待たずに「一般的に」いえることではないように思われる（平成13年決定の事案では，「被告人実行」の訴因が，「共犯者実行」若しくは「被告人実行」又は「両名実行」の判示認定となった。「被告人実行」が「共犯者実行」に変動する場合はもとより，「被告人実行」が「被告人及び共犯者の両名実行」に変動する場合においても，唯一の実行正犯としての刑責を問われている被告人にとっては，「一般的に防御にとって重要な事項」の変動に当たるであろう。「被告人がA部分実行，共犯者がB部分実行」が「被告人がB部分実行，共犯者がA部分実行」に変動することが被告人にとって持つ重要度とは，おのずから相違する面があるのではないか——例えば，住居侵入窃盗の共同正犯の訴因において，「共犯者が見張りをし，被告人が侵入し盗んだ」という場合と，「被告人が財布を盗み，共犯者が時計を盗んだ」という場合とでは，それらの役割分担についての事実の入れ替わりが被告人の防御にとって有する重要度は随分異なる——という問題意識である。なお，疑問を留保する。）。もしそうだとすれば，実行共同正犯内部における実行行為の分担内容が何か（実行行為中の当該部分の実行行為者がだれであるか）は，**一般的防御上重要事項**ではな

いこととなるから，その変動が訴因変更を必要とすることもないに帰する。個別具体的な判断の結果，被告人の防御にとって重要な事項の変動となれば，争点顕在化手続により被告人に防御の機会を確保させることとなる。

《実行共同正犯→実行共同正犯》
——事前共謀→現場共謀
　下記判例については，3節4で検討を加えた。

【訴因変更不要】

> 東京高判昭59・8・7判時1155・303【27】　事前共謀による実行共同正犯→現場共謀による実行共同正犯

《共犯者の入れ替わり》
　共犯者の範囲に変わりがあったが，実行行為と結果の範囲には変わりがないという場合に，訴因変更を要するか（例えば，特定の共犯者が別の共犯者に変わる場合）。この点については，少なくとも**平成13年決定【15】**のいう**一般的防御上重要事項**に属するように思われるとする見解がある（池田・判解13・79）。だがむしろ，**審判対象画定の見地**から**訴因変更を要することになる**，と考えられよう（これに対して，大澤裕＝植村立郎「共同正犯の訴因と訴因変更の要否」法学教室324・93の植村発言は，訴因と認定に係る事実との心証上のズレが具体的事案における攻撃・防御にどれほどの重要性を持っているかという基本的視座から，消極の見解を述べる。しかし，「甲と共謀の上」から「乙と共謀の上」への変動は，犯

第3章　訴因変更の要否

行の主体の変動であり、構成要件に該当する具体的事実＝要件事実の変動と言わざるを得ないのではなかろうか。それは、被告人の当該犯罪の成否を初めとするその防御上の利益に及ぼす影響とは無関係に、検察官が有罪認定のために不可欠な罪となるべき事実として―外のだれでもない「甲その人」との共犯事件として―その存否の判断を裁判所に求めた審判対象そのものの変更であろう。なお、加藤・鈴木祝賀・360は、「共犯者が変動する場合については、例外を許容する相対的訴因変更事項（一般的防御上重要事項）に属すると解して、裁判所に個別の柔軟な対応を可能にする方がよいように思われる。ただし、これにとどまらず共犯者の人数も増減するような場合には、絶対的に訴因変更を要するであろう」とする。）。判例としては、訴因において共犯者が特定されていた場合に、訴因変更手続を経ずに不特定の別人を共犯者と認定することは許されない旨判示したものがある。

【訴因変更必要】

東京高判平10・7・1判時1655・3（ロス銃撃事件） 【71】　共謀の相手方：Yと共謀→氏名不詳者と共謀　　　　　　　　　　　　　　　　　　　　　　（①）
函館地判平15・3・18判時1849・135【72】　共謀の相手方：Bと共謀→氏名不詳者と共謀　　　　　　　　　　　　　　　　（②）

【71】　東京高判平10・7・1判時1655・3（ロス銃撃事件）　　　　　　　　　　　　　　　　　　　　（①）

判旨　「共謀の相手方の変更は、共謀の日時、場所、方法などといった共謀を外部から特定するだけの事実の変更とは異なり、その者の行為を介して実行行為を行ったと主張されている意味で、実行行為の内容そのものに直結した主張内容の変更であり、それは、防御対象の骨格を大幅に変えてしまう。加えて、共謀の相手方の変更は、多くの場合に、共謀の内容とされてきた具体的事実経過についても、大幅な変更をもたらさずにはおかない。すなわち、共謀の相手方をYとする当初の訴因は、その基礎にあるところの、XがYと、いつ、どこで会ったり、電話をしたりして、犯行についてどのような連絡を取り合ったかという具体的事実と結びついてその上に構成されている筈であるから、その場合に、訴因上共謀者を変更するということは、基礎にあるこのような具体的事実をこれまでとは違う新たな事実と組み替えざるを得ないことを意味している。そうした場合には、等しく共謀といっても、その具体的内容はかなり異なったものにならざるを得ない。二人だけの間で共謀がされたと主張されている場合にその共謀の相手方を差し替えることは、事件についての基本的な主張と立証の枠組みを大きく変更させ、防御への影響が極めて大きいと考えられるのである。……このようにみてくると、訴因を『Yとの共謀』とするか、『氏名不詳者との共謀』とするかは、少なくとも本件のような事案では、防御の対象と重点を一変させるのであって、そのことを考えれば、共謀の相手方が誰であるかは、被告人側の防御にとって、抽象的にも具体的にも、極めて重要であり、まさに防御上の不利益に直結した事実と考えるべきである。したがって、原審裁判所において、『Yとの共謀』を訴因として審理を進める中で、もし『氏名不詳者との共謀』の事実を認定するのが適当だと判断するに至ったときは、まず検察官に訴因を変更させ、その点を手続上明確な争点とし、両当事者に攻撃、防御を尽くす機会を与えた上で、その点に関する事実の認定をする手順を踏むべきものであったと考えられる。原審が、訴因変更の

第4節　旧来の判例による訴因変更要否の具体的判断とその見直し

手続をとることなく，検察官が争点としてはっきり主張していなかった『氏名不詳者との共謀』を突然認定した手続は，違法と考えねばならない」

【72】　函館地判平 15・3・18 判時 1849・135
　　　（【82】と同じ）　　　　　　　　　　　（②）

判旨　「被告人Aに関しては，本件放火の首謀者として，何者かに放火の実行を依頼したことが強く推認されるところではあるが，本件放火において実行犯として問擬されている被告人Bについては，本件放火との関わりを疑わせる事実はないわけではないものの，実行犯であることを認めるに足りる証拠はないといわざるを得ず，本件放火に関与したとの証明がないことになり，したがって，被告人Bが本件放火に関与したことを前提としている保険金騙取の事実についても，その帰結として犯罪の証明がないことになる。したがって，被告人Bについて無罪の言渡しをすることはもちろんであるが，…（中略）…本件放火の審理においては，訴因としては明示されていないものの，検察官は実行犯が被告人Bであることを審理の経過において明確に主張しており，実行犯が被告人Bであるかどうかという点は被告人Aの防御権の行使にとって重要な事項であることは明らかであるから，訴因変更手続を経ることなく，本件放火に関し，被告人B以外の者を実行犯として，被告人Aにつき，共謀共同正犯の成立を認めることは，被告人Aの防御権を抽象的にも具体的にも侵害しているといわざるを得ず，許されないものというべきである（そもそも，被告人B以外の者が本件放火を実行した可能性があるという前提に立ったとしても，その者がどういう者で被告人Aとどのような関係にあるのか，被告人Aと本件放火についてどのように謀議したのかなどについて，全く立証はなされていない。）。よって，被告人Aが，本件放火の首謀者であると強く推認される状況にはあるが，この点の事実を確定するまでもなく，本件放火の事実に関しては，被告人Bと共謀して放火を実行したという証明がない以上，被告人Aについても無罪の言渡しをせざるを得ないというべきである。」

《共謀共同正犯の共謀成立過程の変化》

【訴因変更不要】

福岡高判昭 41・10・31 下刑 8・10・1331　共謀共同正犯の共謀の成立過程につきこれを縮小して認定

《まとめ》

【●の位置は，訴因事実を示す／判例・学説掲記の位置は，認定事実を示す／要・不要の記載は，訴因変更についての結論を示す】

	共謀共同正犯	実行共同正犯
事前共謀	最判昭 58・9・6 刑集 37・7・930（日大闘争警察官死亡事件）【69】：要 （下記2判例同旨） 東京高判昭 55・2・25 判タ 415・92 大阪高判昭 56・7・27 高刑集 34・3・355【70】 （注）上記3判例において，訴因上実行共同正犯である旨明記されていたとはいえない。 小林・諸問題・38：不要 池田・判解 13・78：大阪高判昭 56・7・27【70】の事例につき不要	小林・諸問題・36：不要
現場共謀	東京高判昭 56・7・15 判時 1023・138【68】：不要 小林・諸問題・37：不要	●

	共謀共同正犯	実行共同正犯
事前共謀	私見：不要（ただし，共犯者の範囲や実行行為と結果の範囲不動の場合）	●

訴因変更〔Ⅰ〕　**261**

第3章 訴因変更の要否

| 現場共謀 | 私見：不要（同上） | 東京高判昭59・8・7判時1155・303【27】：不要 |

	共謀共同正犯	実行共同正犯
事前共謀	小林・前掲・37：不要	〔現場共謀→事前共謀〕の面では、小林・前掲・37：不要〔共謀共同→実行共同〕の面では、小林・前掲・39、高橋・762：要
現場共謀	●	小林・前掲・39、高橋・762：要

(6) 基本的構成要件とその修正形式及び修正形式相互

《既遂→未遂》、《共同正犯→教唆犯／幇助犯》

　基本的構成要件とその修正形式及び修正形式相互間におけるずれについては、いわゆる**縮小認定**の考え方によることができる限り、訴因の変更なしに既遂を未遂、未遂を予備と認定してもよく、共同正犯を幇助と認定するためには訴因変更を不要とした事例もほぼ同様に考えてよい、とされる（条解刑訴624、高橋・762）。**審判対象説**の立場からも、「共同正犯の訴因の中には教唆犯又は幇助犯の予備的訴因が黙示に含まれていると解してよい。教唆行為又は幇助行為の具体的内容が訴因中に掲げられていない場合でも、『共謀の上』実行したという抽象的事実の中に、共謀に至らない教唆又は幇助により正犯者を通じて実行させたという事実が含まれていると解せられるからである。もちろん、その行為の具体的内容を検察官に釈明させたうえ、立証と防禦をつくさせるべきである。具体的防禦権を擁護する観点からは、訴因変更の手続をとらせるのが妥当とされる場合もあろう。実務上そうすることも多い」とする見解が表明されている（香城・307）。

　これらの場合、縮小理論の適用が厳格であるべきことについては、3節4で前述した。その立場からすると、問題とされている事案において、訴因に掲げられている共同正犯の要件事実と事実認定変動後の教唆犯又は幇助犯の要件事実とが別異のものである限りは、事実面において「大は小を兼ねる」の関係が成立しているとはいえず、**審判対象画定の見地**からするならば、訴因変更を要すべきものと思われる（香城説が、「もちろん教唆・幇助行為の具体的内容を検察官に釈明させたうえ、立証・防御をつくさせるべきである」とされるのは、審判対象の特定・明確化のための措置としてではなく、防御権保障＝争点顕在化のための措置としてという趣旨であろうか。しかし、検察官が立証を尽くす対象の具体的事実として当然かつ必要的に検察官において明らかにしなければならない事実とは、審判対象事実＝訴因事実にほかならないのではないか。小林・380は、「共犯は未遂と同じく構成要件の修正形式とされており、したがって、訴因と認定すべき事実との間に共犯形式相互の差があるときは、構成要件的評価に差がある場合として訴因変更を必要とすると解すべきであろう」とされる。）。下記最高裁判例については、3節4でも検討を加えている。

第4節　旧来の判例による訴因変更要否の具体的判断とその見直し

【訴因変更不要】

東京高判昭24・11・12 高刑集2・3・264	既遂→未遂
福岡高判昭25・7・18 判特12・112	
広島地判昭39・11・13 下刑6・11=12・1284【73】	未遂→予備 ①
最判昭29・1・21 刑集8・1・71【5】【22】	共同正犯→幇助 ②
最判昭29・1・28 刑集8・1・95【6】【23】	
最判昭33・6・24 刑集12・10・2269【24】	
東京高判昭50・11・26 東時26・11・196	共同正犯→幇助
浦和地判平3・3・25 判タ760・261【74】	共同正犯→幇助 ③
東京高判昭48・11・14 刑月5・11・1423	共謀共同正犯→幇助
東京高判昭50・2・4 東時26・2・19	
仙台高秋田支判昭25・9・18 判特12・177	共同正犯→教唆

という事実自体に変動はなく，法的評価に変動が生じたものであった。したがって，事実記載説による限り，訴因変更が問題となる場面ではなかったといえる。訴因事実に掲げられていない事実を認定することによって予備罪の成立を認める場合には，**審判対象説**の立場からは，訴因変更を要するものというべきである。

> 最判昭29・1・21 刑集8・1・71，最判昭29・1・28 刑集8・1・95，最判昭33・6・24 刑集12・10・2269　　②

「これらが果たして**具体的防御**の点を論ずる必要があったかは疑問である」との意見がある（条解刑訴・624）。**審判対象説**の立場からもまずは審判対象画定の見地からの検討となる（3節4の【コメント】参照）。

> 【74】　浦和地判平3・3・25 判タ760・261　③

事実

起訴状記載の公訴事実
被告人は，Aと共謀の上，法定の除外事由がないのに，平成元年8月6日午後9時ころ，福島県いわき市〈住所略〉コーポむつみ7号室B方において，同人から，覚せい剤であるフェニルメチルアミノプロパンを含有する白色結晶粉末約1グラムを代金2万円で譲り受けた。
判示認定事実
被告人は，法定の除外事由がないのに，平成元年8月6日午後9時ころ，Aが，福島県いわき市〈住所略〉コーポむつみ7号室B方において，同人から，覚せい剤であるフェニルメチルアミノプロパンを含

> 【73】　広島地判昭39・11・13 下刑6・11=12・1284　　①

判旨　「被害者の前で殺意をもってあいくちに手を掛けたが，相手方が逃走したため抜くに至らなかった行為は，いまだ殺人の実行行為に着手したものではなく，予備の段階にとどまったものと解するのが相当である」

● コメント

　上記のとおり，この事案では，「被害者の前で殺意をもってあいくちに手を掛けたが，相手方が逃走したため抜くに至らなかった」

第3章　訴因変更の要否

有する白色結晶粉末約1グラムを，有償で譲り受けた際，これに先だつ同日夕刻，Aから，同県いわき市〈住所略〉の当時の被告人方において，B方への案内及び同人への紹介を依頼されたのに対し，自己の面識のあるBが覚せい剤の密売人であることを知っており，かつまた，Aが，面識のないBから覚せい剤を譲り受けようとしている事実を察知しながら，右取引を容易にする意思でその依頼を了承し，同人の運転する自動車に同乗して，前記B方へAを案内し，更に，不在であったBを求めて，付近のパチンコ店「S・B」へ赴き，同店内にいた同人に対し，自己の同道したAを事実上引き合わせるなどし，もって，Aの前記覚せい剤有償譲受けの犯行を容易にさせて，これを幇助した。

判旨　「本件において，検察官は，覚せい剤の共同譲受けの訴因しか掲げていないので，訴因変更手続を経由しないまま，幇助の事実を認定することができるかどうかにつき，法律上問題がないわけではない。なぜなら，訴因に掲げられた共同譲受けの事実と，当裁判所が認定した譲受け幇助罪の事実とは，犯行の日時・場所・方法が厳密には一致せず，また，いわゆる『大は小を兼ねる』関係にもないので，訴因変更の要否に関する講学上の事実記載説及び抽象的防禦説を忠実に貫く限り，幇助の事実を認定するためには，訴因変更手続が必要であるとの見解も成立し得ると思われるからである。しかし，周知のとおり，<u>最高裁判所の判例は，訴因変更の要否に関し，抽象的防禦説を貫くことなく，具体的防禦説的考慮を相当程度取り入れており</u>，現に，共同正犯の訴因に対し幇助罪を認定するのには，訴因変更手続を要しないとした判例も，相当数集積されている。そして，本件において，当裁判所が認定した幇助行為は，その日時・場所が譲受け行為のそれに接着しているもので，検察官も，『犯行に至る経緯』としてではあるが，冒頭陳述中でこれを明確に主張しているところ，被告人・弁護人も，被告人が，客観的に，右幇助行為にあたる行為をしたこと自体は，これを争っていない。他方，右行為に及んだ際の被告人の主観的意図（幇助の意思）は，共謀の主張の中に包含されていると認められ，被告人側は，共同譲受けの訴因事実を争う過程において，被告人が当時，幇助の意思すら有していなかったという観点からの反証を尽くしており，従って，本件においては，幇助罪の成否に関し，その客観面についてはもとより主観面についても，立証上の防禦が十分尽くされていると認められ，しかも，右の点は，論告・弁論において，明示的に弁論の対象ともされているのである。右のとおり，<u>共同譲受けの訴因事実の審理の過程において，幇助行為及び幇助の意思の存否に関する十分な主張・立証が尽くされている本件事実関係のもとにおいては，訴因変更手続を経ることなく幇助罪を認定しても，被告人に何らの<u>不意打ちを与えるものではない</u>。従って，本件において，幇助の限度で有罪の立証がされている以上，訴因変更の手続を経ていないというだけで，同罪の認定を拒否するわけにはいかない」

● **コメント**

　判示にみられるように，本判決は，「周知のとおり，最高裁判所の判例は，訴因変更の要否に関し，**抽象的防禦説**を貫くことなく，**具体的防禦説**的考慮を相当程度取り入れており……」という理解・認識に立脚している（ただし，平成3年当時のそれであることに注意。）。その上で，事実記載説及び抽象的防御説を忠実に貫く限り訴因変更を要するとの見解も成立し得るが，**具体的防御説**の考え方を適用すると本件においては訴因変更不要に帰する，という思考の巡らせ方をしている。平成13年決定【15】を経た今日においては，**審判対象説**の立場から，端的に訴因変更必要とすべきことになろう。

第 4 節　旧来の判例による訴因変更要否の具体的判断とその見直し

【訴因変更必要】

【75】　名古屋高判平 18・6・26 高刑集 59・2・4

事実

共同正犯→幇助

起訴状記載の公訴事実	判示認定事実
被告人が開設したホームページの電子掲示板に児童ポルノ画像を送信して記憶・蔵置させた者ら（以下、「投稿者ら」という。）と共謀の上、当該ポルノ画像合計 11 画像を公然と陳列した。	投稿者らが当該ポルノ画像を上記電子掲示板に送信して記憶・蔵置させ、公然陳列しようとした際、上記電子掲示板を管理しうる立場にあった被告人が、違法画像が上記電子掲示板に受信・掲載されているのを発見した場合には、不特定多数の者に閲覧等されるのを防止すべき義務があるのに、敢えてこれを放置し、もって、これを幇助した。

判旨　「一般に、共同正犯の訴因に対し、幇助犯を認定する場合には、いわゆる縮小認定として、訴因変更の手続を必要としないこともあるといえるが、その認定の変更（ずれ）が、被告人の防御方法につき抜本的な変更を生ぜしめるような場合には、訴因変更手続を経ないまま変更した事実を認定すれば、被告人の防御に実質的な不利益を生じるのであり、訴因変更の手続を経る必要があると解される。以上の解釈は、作為犯を想定してのものであるが、本件は、作為犯である共同正犯の訴因につき、同じく作為犯の幇助犯を認定するという場合とは異なり、作為犯である共同正犯の訴因につき、不作為犯の幇助犯を認定する場合に該当するのであり、更なる検討を要する。この場合、作為犯と不作為犯の両者の行為態様は基本的に異質であり、被告人の防御の重点も、当然に、共謀の存否、作為犯における作為の存否などから、不作為犯における作為義務の存否、作為義務違反の存否などに移行することになると思われる。被告人の防御方法が抜本的に修正を余儀なくされることは明白であり、本件は、訴因変更の手続が必要とされる場合に当たるというべきである。

　なお、本件では、原審において、原審弁護人から本件は幇助犯に該当する旨の主張もなされており、具体的には、ある程度の防御権の行使があったことが窺われるが、本件は、前述のように、作為犯である共同正犯の訴因につき、不作為犯の幇助犯を認定する場合に該当し、一般的にいって、防御の観点から訴因変更が必要と解される場合である上、現実にも、審理対象を不作為による幇助犯と明確にしなかったことから、十分な防御活動が展開されなかったように思われる。例えば、原審弁護人は、弁論要旨において、「なにをもって幇助とするか」という表題の下に、「不真正不作為犯の成立要件」、「不真正不作為犯に関する裁判例」、「作為義務の特定」という項目をもうけてそれぞれ論じてはいるが、あくまで一般論を述べるにとどまり、本件について、不作為犯の幇助犯であるとしたときに、それを争う趣旨であるのか、争うとしてどの点について争うのかは明示されていない。更に、「作為義務の特定」の項目においては、幇助犯については、作為義務の内容・発生根拠が特定されなければ本件起訴は訴因不特定により無効である、とも主張しているのである。いずれにしても、原審において、具体的にある程度の防御が行われていたことは、訴因変更手続が必要であるとの前記の判断を左右するものではないと解される。

　そうすると、訴因変更手続をしないで、原判示第 2 の事実を認定した原審の訴訟手続には法令違反があり、その違反が判決に影響を及ぼすことは明らかである」

第3章　訴因変更の要否

● コメント

　本判決は，**平成13年決定【15】**の後においても，なお**防御説**に立脚する裁判例の存在することを示す一例である（本判決には，少なくともその判文上は，平成13年決定の**審判対象説**を顧慮した形跡も見られない。）。しかしながら，**審判対象説**に立てば，「作為犯と不作為犯の両者の行為態様は基本的に異質であ（る）」ことを理由として，直ちに訴因変更が必要とされるべきものである。被告人による構成要件に該当する具体的行為＝要件事実の内容について，起訴状の公訴事実（訴因）に掲げられたところと原審判決中の罪となるべき事実に掲げられたそれとは，明らかに別個の事実＝審判対象を指し示している。

　裁判の到達すべき先を訴訟手続それ自体の中で顕在化させた上で審理を進めてゆくこととするのが訴因制度の真骨頂である。心証上，その行く末を指し示す道標の矢印の向く先が変わってしまっているのに，当初検察官が設定した道標の方向を違えたままで原審が別ゴールに向けて審理を進め着地したことは，予定ルートと目標地点からの裁判所独自の逸脱行動にほかならない。これは，被告人の防御への影響の有無を問題とするまでもなく，刑事訴訟手続の基本的な在り方を崩すものとして許されないことである（3章2節3(1)参照）。

　学説の側から，このような発想は，「実務の現場においては，教義学的と受け取られ，敬遠されやすいのではないか」との懸念が示されている（大澤裕＝植村立郎「共同正犯の訴因と訴因変更の要否」法学教室324・98の大澤追記）。また，審判対象説とは，先にも一言したとおり（3章3節3(1)(3)），旧来，**抽象的防御説**と表裏一体の関係の下にその裏面に姿を隠していたものにほかならないから，実務上訴因変更要否の結論を得る上では，両説の帰結がさほど大きく異なることにはならないとも言えよう（現に本判決における結論がそうである）。このことは，実務家にとって，実利実益の点からして，実務が馴れ親しんで来た抽象的防御説からの視座の転換を必然とするインセンティブが働きにくいという面をもたらすものでもあり得よう。さらには，被告人の防御上の利益・不利益という視点は，具体的な利益衡量を通じてバランスのとれた結論を導くという実務の発想にマッチしやすい面があり，このような実質的なアプローチを重んじる下級審の実務感覚が，**防御説**をなお捨て難いものとしていることも考えられないではない。本判決はこれらの問題意識の一端を裏付けるものともなろうか。

　だが，訴因変更要否の問題局面においては，訴因変更を不要とする対立利益が存在しているわけではなく（検察官は，変更必要とあらば変更請求すれば足りるだけのことである。しかも，検察官にとっては，当初訴因を維持しつつ，予備的又は択一的に訴因を追加する方途が残されている。），したがって，裁判所による対立当事者間の利害調整場面とは様相を異にしている（しかも，訴因変更の要否については，裁判所自体も，検察官と時を同じくしつつその判断を進めており，必要に応じて，検察官に求釈

第4節　旧来の判例による訴因変更要否の具体的判断とその見直し

明したり，変更を勧告したり，命じたりする仕組みとなっている）。したがって，被告人に実質的に不利益が生じないか否かの視座が，ここでの問題解決の上で，最重要・最優先のものとは必ずしも言えない。やはり，現行刑訴法に導入された訴因（制度）の存在意義に照らしてみたときに，刑事訴訟の在るべき姿とされている基本部分を掘り崩すようなことは許されないものとして，まずは「意識して」「通すべき筋を通す」ことが求められている場面である，と言うべきなのではなかろうか。かねてから少なからぬ裁判実務家が**審判対象説**を支持して来ている現実の見られることも（3章2節3(1)），実務の現場における審判対象説の考え方の今後の一層の浸透と将来の定着を予感させるものと言ってよいように思われる。

《未遂→既遂》，《幇助犯／教唆犯→実行正犯／共同正犯》

　未遂を既遂と認定する場合や，幇助犯，教唆犯を共同正犯と認定する場合には，訴因変更を要するとされる。下記**最大判昭40・4・28【10】**については，3節2(1)で解説した。

【訴因変更必要】

福岡高判昭39・3・5下刑6・3＝4・153　現金の窃盗未遂→ちり紙一束窃盗既遂
大阪高判昭26・4・4高刑集4・3・253　幇助犯→単独実行犯：食糧管理法違反につき，「甲が乙から米を買い受けるに当たり甲を幇助した」→「乙から米を買い受けた」
最大判昭40・4・28刑集19・3・270【10】　幇助犯→共同正犯

名古屋高判昭28・12・7高刑集6・13・1866　業務上横領教唆犯及び贓物収受→業務上横領の共同正犯

　しかし，上記のような事実の拡張による場合だけでなく，事実の変動によってかえって軽い犯罪を構成するときであっても，訴因変更が必要とされる場合がある。

　次がその例である。

《教唆犯→幇助犯》

【訴因変更必要】

名古屋高金沢支判昭29・9・14裁特1・5・209　窃盗教唆（又は幇助）→同幇助

判旨　「『生糸を盗んでこい云々』と申向けて窃盗を教唆（または幇助）したとの起訴に対し，自転車を貸与して窃盗を幇助したと認定するには，訴因の変更を必要とする」

《単独犯→共同正犯》

　単独犯を共同正犯と認定するについては，訴因変更を不要とした最高裁判例が2件あるが，これについては，①「共犯は未遂と同じく構成要件の修正形式とされており，したがって，訴因と認定すべき事実との間に単独犯と共犯との差があるときは，構成要件的評価に差がある場合として訴因変更を必要とすると解すべきであろう」（小林・380），「共謀という新たな事実が加わることから，実務上はむしろ訴因変更手続をとるのが一般と思われる」（高橋・763）などと訴因変更を必要とする説，②「具体的防御の見地から訴因変更

訴因変更〔I〕　**267**

第3章　訴因変更の要否

を不要とした事例があるが，この点を一律に考えることはできず，被告人の実行行為への関与の程度によっても違いが生じ，例えば，被告人が実行行為には関与しておらず共謀によって責任を問われるというような場合には，むしろ逆に，訴因変更が必要となろう」（条解刑訴・625），「単独犯の訴因につき，実行を担当しなかった共謀共同正犯と認定する場合又は他の実行共同正犯と実行を分担した共同正犯と認定する場合には，共犯の行為の点で新たな事実が付け加わるから，縮小認定は許されず，訴因の変更を要する。これに対し，単独正犯の訴因につき自らも単独正犯の成立に十分な実行行為をしたが，なお他に共謀した者がいたとして共同正犯と認定する場合には，実質上の縮小認定と解してよいであろう」（香城・308）などと訴因変更の要否はケースバイケースで異なるとする説が提唱されており，これらを通じてみると，共謀共同正犯に問われる場合には変更要とする点で異論をみないが，その他の場合については区々に分かれている。

単独犯とは共謀者の不存在を意味するものであり（大澤・重判208，佐々木・判例演習336。**最決平21・7・21【76】**は，反対か。──「検察官において共謀共同正犯者の存在に言及することなく，被告人が当該犯罪を行ったとの訴因で公訴を提起した場合において，被告人1人の行為により犯罪構成要件のすべてが満たされたと認められるときは，他に共謀共同正犯者が存在するとしてもその犯罪の成否は左右されないから，裁判所は訴因どおりに犯罪事実を認定

することが許されると解するのが相当である。」），その要件事実に訴因としての拘束力が生じるから，共謀者の存在という共同正犯の要件事実を，訴因変更しないまま審判対象とすることはできない道理である。訴因にない共謀の事実を新たに審判対象とする点で，訴因変更を要するものと考える。**審判対象説**の帰結としてはこのようになろう。下記最高裁判例については，1節等で前述した。

【76】　最決平21・7・21　判例集未登載

判旨　「原判決の認定及び記録によれば，本件の事実関係及び審理の経過は，次のとおりである。

(1)　本件は，被告人が原動機付自転車を窃取した窃盗3件，通行人からかばん等をひったくり窃取した窃盗3件，不正に入手した他人名義のキャッシュカードを用いて現金自動預払機から現金を窃取した窃盗1件，同様に現金を窃取しようとしたがその目的を遂げなかった窃盗未遂1件の事案であり，いずれも被告人の単独犯として起訴された。

(2)　被告人は第1審公判で公訴事実を認め，第1審判決は訴因どおりの事実を認定したが，被告人は，原審において，第1審で取り調べた被告人の供述調書に現れている事実を援用して，このうち4件の窃盗については，被告人が実行行為の全部を1人で行ったものの，他に共謀共同正犯の責めを負うべき共犯者がおり，被告人は単独犯ではないから，第1審判決には事実誤認がある旨主張した。

(3)　原判決は，第1審で取り調べた証拠により，

268　刑事訴訟法判例総合解説

第4節　旧来の判例による訴因変更要否の具体的判断とその見直し

このうち2件の窃盗について，被告人が実行行為の全部を1人で行ったこと及び他に実行行為を行っていない共謀共同正犯者が存在することが認められるとし，第1審裁判所としては共謀共同正犯者との共謀を認定することは可能であったとしたが，このような場合，検察官が被告人を単独犯として起訴した以上は，その訴因の範囲内で単独犯と認定することは許されるとして，第1審判決に事実誤認はないとした。

所論は，被告人が実行行為の全部を1人で行っていても，他に共謀共同正犯者が存在する以上は，被告人に対しては共同正犯を認定すべきであり，原判決には事実誤認があると主張する。

そこで検討するに，検察官において共謀共同正犯者の存在に言及することなく，被告人が当該犯罪を行ったとの訴因で公訴を提起した場合において，被告人1人の行為により犯罪構成要件のすべてが満たされたと認められるときは，他に共謀共同正犯者が存在するとしてもその犯罪の成否は左右されないから，裁判所は訴因どおりに犯罪事実を認定することが許されると解するのが相当である。」

● コメント

被告人Aが1人で実行行為の全部を行った場合を考えると，上記**最決平21・7・21**によれば，検察官が，Aについて，「被告人は，……したものである」との訴因で公訴を提起したときは，他に共謀共同正犯者Bが存在するとしても，裁判所は，罪となるべき事実の認定において，共謀共同正犯者の存在に言及することなく，「被告人は，……したものである」とのを認定することが許されることになるのであるが，これでよしとなし得るかは大いに疑問がある。

被告人Aが1人で実行行為の全部を行った場合においては，①共謀共同正犯者が存在しないとき（Aの単独犯），②共謀共同正犯者Bが存在するとき（AとBとの共同正犯），③共謀共同正犯者としてのBが存在するか否かが証拠上確定できないとき（Aの単独犯なのか，AとBとの共同正犯なのか不明），の3つのケースが生じ得る。これらの各々が訴因に犯罪構成要件該当事実として摘示されるとどのようになるか（起訴状における公訴事実の記載振り）については，①は「被告人は，……したものである。」（①'），②は「被告人は，Bと共謀の上，（被告人において）……したものである。」（②'），③は「被告人は，単独又はBと共謀の上，（被告人において）……したものである。」（③'いわゆる択一的訴因）とすべきものと考えられ，現に実務においてそうされて来た（検察教官室・検察講義案・66, 70, 186～193, 195～198）。裁判書の罪となるべき事実の記載についても，同様である（刑裁教官室・起案の手引・23～24, 25, 30, 82以下）。

ところが，**本決定**によると，①'の「被告人は，……したものである」との訴因ないし罪となるべき事実の記載は，①共謀共同正犯者が存在しないときだけでなく，②共謀共同正犯者Bが存在するときをも含意し得ることになる（←「他に共謀共同正犯者が存在するとしても……，裁判所は訴因どおりに（共謀共同正犯者の存在に言及することなく，被告人が当該犯罪を行ったと）犯罪事実を認定することが許される」）。

しかしこれでは，①'の訴因は，その記載

訴因変更〔I〕　**269**

自体からは審判対象として①（単独犯），②（Bとの共同正犯）のいずれを摘示しているのかが識別できないということになる。すなわち，**本決定**の事案でいえば，これまでの実務においては，①のケースに対しては，刑法235条が規定する窃盗罪の基本的構成要件に該当する具体的事実が①'の形で摘示され，②のケースに対しては，その基本的構成要件の修正形式としての刑法60条が規定する共同正犯の要件に該当する具体的事実が②'の形で摘示されるべきものとされて来たのであり，このように①と②とでは，それぞれ共謀の有無の点で要件事実を異にするものであるにもかかわらず，そのいずれであるのかを判別できないのでは，訴因として不特定であるとのそしりを免れないこととなろう。また，①'の訴因記載の意味するところを**本決定**のように解するとなると，そこには，③のケースもが含意されてしまうことにならざるを得ないであろうが，これにより一層審判対象不特定の度合いが大となる。

あるいは，**本決定**の考え方は，①'の訴因ないし罪となるべき事実は，①ないし③のいずれをも含意しているものではなく，ただ被告人が1人で実行行為の全部を行ったという事実それだけを意味しているものである，とする趣旨であるのかもしれない。しかし，もしそうであるとするならば，①'の訴因ないし罪となるべき事実には，①②のいずれに関しても，犯罪構成要件を充足する事実摘示がなされていないこととなってしまう（検察教官室・検察講義案・66は，「公訴事実には，特定の犯罪構成要件に該当するすべての事実を具体的に記載すべきであり，基本的構成要件に該当する事実はもとより，その修正形式としての未遂罪，共同正犯，教唆犯及び幇助犯の要件に該当する事実も記載しなければならない。」とし，刑裁教官室・起案の手引・25は，「（罪となるべき事実には）当該犯罪の構成要件要素に当たる事実のすべてを漏れなく記載しなければならない。」，同・23「罪となるべき事実とは，犯罪を構成すべき積極的要件に該当する事実をいい，通常次の事実がこれに当たる。(1)刑法各本条に規定されている特別構成要件及び処罰条件に該当する事実, (2)故意及び過失に関する事実, (3)未遂に当たる事実, (4)共犯に当たる事実」としていて，いずれも，共同正犯の場合にはその要件事実である「共謀」の事実を摘示することによって単独犯と共同正犯とを「訴因（公訴事実）」／「罪となるべき事実」の記載上明瞭に書き分けることを求めているのである。「他に共謀共同正犯者が存在するか——被告人は共同正犯——，存在しないか——被告人は単独犯——には触れることなく，ただ被告人が1人で実行行為の全部を行ったという事実それだけを意味している」というような「訴因」／「罪となるべき事実」は，単独犯としても共同正犯としても各々の要件事実を充足していない点で，この要請に明らかに反している。この点は，**最大判昭33・5・28刑集12・8・1718〔練馬事件〕**も，「共謀共同正犯が成立するには，二人以上の者が，特定の犯罪を行うため，共同意思の下に一体となって互に他人の行為を利用し，各自の意思を実行に移すことを内容とする謀議をなし，よっ

第4節　旧来の判例による訴因変更要否の具体的判断とその見直し

て犯罪を実行した事実が認められなければならない。したがって右のような関係において共謀に参加した事実が認められる以上，直接実行行為に関与しない者でも，他人の行為をいわば自己の手段として犯罪を行つたという意味において，その間刑責の成立に差異を生ずると解すべき理由はない。さればこの関係において実行行為に直接関与したかどうか，その分担または役割のいかんは右共犯の刑責自体の成立を左右するものではないと解するを相当とする。他面ここにいう『共謀』または『謀議』は，共謀共同正犯における『罪となるべき事実』にほかならないから，これを認めるためには厳格な証明によらなければならないというまでもない。しかし『共謀』の事実が厳格な証明によって認められ，その証拠が判決に挙示されている以上，共謀の判示は，前示の趣旨において成立したことが明らかにされれば足り，さらに進んで，謀議の行われた日時，場所またはその内容の詳細，すなわち実行の方法，各人の行為の分担役割等についていちいち具体的に判示することを要するものではない。」と述べて，共謀共同正犯において，共謀が存在した事実は共同正犯の構成要件該当事実にほかならないと明言していることからして，被告人Aに対して，Bとの共同正犯としての刑責を問う場合には，訴因に同人との「共謀」の事実を摘示する（それが上記②'である。）ことが不可欠であることが確認されている。そして，このことの反面として，訴因に他者との共謀の事実の摘示がない場合（上記①'にほかならない。）には，それは共同正犯者の不存在，すなわちAの単独犯であることを当然に意味することになるわけである。）。

本決定がいう「他に共謀共同正犯者Bが存在する」場合とは，「被告人Aとこの Bの両名の間に共謀が存在し，その共謀に基づいて，Aが当該基本的構成要件該当行為を実行した」場合にほかならず，その反面において，当然に，「Aはだれとも共謀することなく当該基本的構成要件該当行為を実行した」場合（単独犯）でないのにほかならないから，検察官が掲げた単独犯の訴因（①'）をそのまま認定することは許されず，上記**最大判昭33**にのっとって共同正犯の訴因（②'）に変更した上でこれを認定するほかないのである。

本決定は，裁判所が訴因どおりに犯罪事実を認定することが許されると解する理由として，「被告人1人の行為により犯罪構成要件のすべてが満たされたと認められるときは，他に共謀共同正犯者が存在するとしてもその犯罪の成否は左右されないから」としているのであるが，確かに，①②のいずれのケースであろうとも，被告人に窃盗罪が成立すること自体は同じである。

しかしながら，既述のとおり，①と②とは要件事実を異にする，すなわち，審判対象を異にするのである。②のケース，すなわち，AがBと共謀の上1人で実行行為の全部を行った場合においては，Bについて共謀共同正犯として刑法60条が適条されるのはもとより，Aについても共同正犯として刑法60条が適条される——したがって，Aに対する訴因においてもBとの共謀の事実が摘示されなければならない——というのがこれまでの

訴因変更〔I〕　**271**

第3章　訴因変更の要否

確定した判例（上記最大判昭33）であり実務なのである。**本決定**の考え方は，この**最大判昭33**以下の確定判例・実務に反するものであり，別異の審判対象を一つのものに混同するものといわざるを得ないように思われる（なお，この点について，大澤・現刑・68は，「刑罰法令本条適用の要件が，そこに定型化された犯罪実行行為を行うことに尽きているとすれば，また，犯罪の実行行為すべてを行った者について，他者との共謀があった場合に，必ず共同正犯としなければならない理由に乏しいとすれば，実行行為すべてを行った者は，他者との共謀の存否に拘らず，刑罰法令本条の『正犯』であると考える余地もあるように思われる。」，「二人以上の者が犯罪の実行を共謀し，共謀者の一部が共謀にかかる犯罪を実行した場合に共同正犯が成立するという共謀共同正犯と，刑罰法令本条所定の犯罪の実行行為を行った場合に本条所定の犯罪が成立するという本来の正犯とが，両者の交錯点である，他者との共謀の上実行行為のすべてを行った者について，いずれか一方のみ排他的でなければならない理由はないように思われる。」と述べておられる。実体法上，もしもこのように考えることが可能なのであれば，ここから**本決定**の考え方——また，これと同根のものと見得る**東京高判平10・6・8判夕987・301**：被告人が覚せい剤を所持したことが証拠上明白である事案において，他者と共謀の上これを所持した疑いがあっても，そう認定する（「被告人は，覚せい剤を所持したものである。」と認定する——筆者注）ことに問題はない旨判示したもの——も是認されることとなろう。しかし

ながら，「単独犯」とは共同正犯者の不存在を意味するものであるから，これと「共同正犯」とが排他的であることは当然としなければならず，したがって，上記の考え方は，端的に言えば，「単独犯」という概念を用いないことを意味している（大澤・前掲・68はこのことを明記した上，「刑罰法令本条の『正犯』」という表現を用いている。）。だが，現に生起した犯罪の「正犯」とは，実体上，「共謀」の有無を分水嶺として「単独犯」か／「共同正犯」かのいずれかなのであり，これに呼応して，実体法適用上，刑法60条の適用の有無を分水嶺として「刑罰法令各本条の適用のみ」か／「刑罰法令各本条の適用に加えて刑法60条適用」かのいずれかなのであって，このように各々犯罪構成要件そしてそれに該当する具体的事実（いわゆる要件事実。ここでは，共謀の有無）を異にするものである以上，実体法上その区別を無視するわけには行かず，また，その異同を審判対象として訴訟手続に上程しないなどということは，審判対象画定の見地からして，許されないのではなかろうか）。

何より問題なのは，上述したとおりの検察実務の在り方からして，検察官にとって，①'の訴因は，①の趣旨でのもの，つまり共同正犯者の不存在を意味しているものなのであり，**本決定**のいうように他に共謀共同正犯者が存在するとしても「被告人は……した」と認定することは，審判対象設定者たる検察官の訴追意思に反するという点である。これは訴因制度の本旨にそぐわない在り方と言わねばならない。

ちなみに，これまでの実務における伝統的

な考え方によると、①'の訴因は、①の趣旨での審判対象の設定であり、したがって、「共謀共同正犯者Bが存在する」との被告人側の主張は、訴因事実に対する否認（いわゆる積極否認）となるから、**本決定**がいうように裁判所がこれに構わず訴因どおりに「被告人は……した」と犯罪事実を認定することは許されず、検察官においてBが共謀共同正犯者でないことを立証することになる。この訴訟進行は、①'の訴因の成否を審理するものであって、②'の訴因の成否を審理するものではないから、もとより訴因変更手続を経た上でのものである必要はない。そして、検察官がその立証に成功すれば、被告人Aの単独犯であって共謀共同正犯者は存しないとの①の事実が訴因どおりに認定されるが、検察官の立証が奏功せず、共謀共同正犯者Bの存在が認められるというのであれば、犯罪事実に「Bと共謀の上」という要件事実が新たに加わることになるのであるから、裁判所は、②'の訴因への訴因変更手続を経た上で、②の事実を認定すべきことになる（**本決定**がいうように、裁判所が「被告人は……した」と犯罪事実を認定することは許されない）。また、共謀共同正犯者としてのBが存在するか否かが裁判所の心証上確定できない結果に終わるというときには、犯罪事実に、単独で「又はBと共謀の上」という要件事実が新たに加わることになるのであるから、裁判所は、③'の訴因への訴因変更手続を経た上で、③の事実を認定すべきことになる（**東京高判平4・10・14【83】**参照）。このような実務の運用と

それを基礎付けている考え方によれば、①ないし③の各ケースに①'ないし③'の各訴因が1対1で対応していて訴因（審判対象）の特定性は十分であり、また、要件事実の摘示にも過不足は見られない。もとより、検察官の訴追意思との乖離の問題も生じない。

【訴因変更不要】

最判昭28・11・10 刑集7・11・2089【20】 詐欺の単独犯→（共謀）共同正犯〔実行行為者＝共犯者（？）〕
最判昭34・7・24 刑集13・8・1150【8】 覚せい剤所持の単独犯→実行共同正犯〔実行行為者＝被告人＋共犯者〕
札幌高判平5・10・26 判タ865・291【77】 殺人の単独犯→共同正犯〔実行行為者＝被告人〕（後出）

【訴因変更必要】

名古屋高判昭29・9・14 裁特1・5・209 甲の贓物牙保単独犯→それと包括一罪の関係にある別個の乙の単独犯の事実を含め甲乙の共同正犯一罪

【77】 札幌高判平5・10・26 判タ865・291

事実 後記のとおり、いわゆる黙示的択一的認定（秘められた択一的認定）を施した事案である。

判旨「記録によれば、原審検察官が、原判示第1の1につき、被告人単独の犯行として起訴し、これに対し被告人及び弁護人が、……被告人単独の犯行ではなく、右所論（被告人が、単独で考え実行したものではなく、当時所属していた甲会の総長Cの命令のもとに、同会のDからけん銃の調達を受けて実行に及んだ）のとおりの態様でC及びDらが右犯行に関与していた旨主張し

て争ったこと……の経緯が明らかである。……関係各証拠によれば、原判示第1の1の犯行は、被告人がその実行行為のすべてをしたことは明らかであるところ、右関係各証拠及びこれらによって認められる状況等に照らすと、断定はできないけれども、確かにCらが所論主張のような態様（被告人は、Cからの殺害命令を受け、Dの助力を得て敢行した）で関与しているとみる余地があると判断することができ、……。換言すると、検察官主張にかかる被告人単独の犯行を内容とする起訴事実は、いわゆる合理的な疑いが残るものであり、したがって、ことを被告人の利益に判定し、本件では所論主張のような態様でのCらの犯行関与があった、したがって、これによれば、被告人とCらとの間に事前の謀議があり、被告人はこの謀議（共謀）に基づき犯行をした（ただし、関係各証拠に照らし、被告人は、自らの意思・判断でCの指示に従う決意をしたものと認められる。）ものと認定すべきである。当裁判所の論旨に対する後記の判断は、この見地に立つものであるが、この見地においても、原判決の量刑は、後記するとおり、結局、是認し得るものであるから、前記の主張（量刑不当）は採用することができない。なお、付言すると、共犯者の有無は、単に量刑事情にとどまらず、罪となるべき事実の認定や刑法60条の適用にも係る事項であるから、原判決が、その「犯罪事実」欄や「法令の適用」欄で、これらの認定・処理をしていない点をどのように判断すべきかの問題があるが、本件では、被告人が原判示第1の1の実行行為のすべてをしたことは明らかであるから、右の点は、被告人が単独でしたか他の者と共謀をしていたかの違いにすぎない（なお所論も、本件で原判決が「犯罪事実」欄で共犯認定をしなかったことは理解できるとした上で、Cらの関与を量刑事情として考慮すべきことを主張するにとどまっている。）こと、そうして、Cらが所論のように関与していたとして被告人の量刑を判断しても、後記のとおり、原判決の量刑は是認し得るものであること等に照らすと、原判決が、その「犯罪事実」欄や「法令の適用」欄で共犯の認定・処理をしていない点をかしとみても、それらは判決に影響を及ぼすことが明らかな場合であるとはいえない」

● コメント

「被告人の単独犯」の訴因に対して、被告人の弁解を容れて、「組織内の上位者（共謀共同正犯者）からの犯行命令の下に実行正犯となった旨の共同正犯の事実」を認定したものであるが、ただし、その心証の実体は、単独犯か共同正犯か証拠上いずれとも決し難いというものであった。本判決が、共謀者存在の可能性が認められる以上、「検察官主張にかかる被告人単独の犯行を内容とする起訴事実は、いわゆる合理的な疑いが残る」とした点は重要な意味を持つ。この理解は、「単独犯を認定するためには、共謀の不存在が積極的に証明され共同正犯の可能性が排除されていなければならない」とする学説の理解（大澤・重判208）に通じるものであり、正当な視座であると思われる。しかし、このような場合において、「ことを被告人の利益に判定し」との理由で「共同正犯」を**黙示的択一認定**するという行き方には問題ありとせざるを得ない。私見は、「単独犯と共同正犯の**明示的択一的認定**」をなすべきものと考えている（佐々木・判例演習336、後出《共同正犯→単独犯》の項本文参照）。

しかし、今はその点を措いても、この「共同正犯」の訴因への訴因変更手続を経ないま

第4節　旧来の判例による訴因変更要否の具体的判断とその見直し

まその事実を判示認定できるとする理由について，判旨は，何も触れるところがない。**具体的防御説**に立つのであればともかく（本件では，被告人自身が共同正犯を主張している。），**審判対象説**からすれば，共謀者の不存在を主張する現訴因（「単独犯は，共謀が存在しなかったものとして扱う類型である」大澤・前掲208）に対して，それと相容れない「Ｃとの共謀」という新たな要件事実が審判の対象となる（「だれとも共謀していない」という事実と「Ｃと共謀した」という事実とは，その一方が否定されれば自動的にもう一方が肯認されるというような表裏一体の関係にあるものでは決してない。）以上，それは現訴因の拘束力（訴因の同一性）を破ることであって，審判対象が移動したとして訴因変更を要するものというべきであろう。これに対して，香城・308は，本件のように，共犯者として共謀共同正犯が付け加わるだけのケースでは，被告人を共同正犯と認めるのは，「実質上の**縮小認定**と解してよい」とされる（同旨，池田／前田・262）。本件判旨と同様に，共謀共同正犯者と責任を分かち合う関係が生じたとみて被告人の刑責が縮減されると解するところに，このような考え方を採る理由があるのであろう。しかし，事実面では，共謀の事実が付け加えられる点で明らかに審判対象は拡大している。「縮小認定」は責任の縮小の問題ではなく訴追事実の縮小の問題である。この原点から離れると，訴因の拘束力に基づく審判対象の画定が，甘く不正確になる危険を伴うであろう（なお，3節4参照）。しかも，共謀共同正犯者の出現は犯行主体の刑事責任を全体として量的に増大させるものであるかもしれず，一概に，共同正犯の中の実行正犯となる方が，定量の刑責の分かち合いによって単独犯に問われるよりも刑責が軽くなるとは言い切れない。「実質上の**縮小認定**と解してよい」という考え方には賛成しかねる（前述**最判昭28・11・10【20】**のコメント参照）。

なお，共謀の存否不明の心証下において，本判決とは異なって共同正犯と単独犯の**明示的択一的認定**を判示したものとして，後出**東京高判平4・10・14【83】**参照。次項の《共同正犯→単独犯》本文の説明も参照のこと。

《共同正犯→単独犯》

以上とは逆に，共同正犯として訴追された者を単独犯に認定替えする場合について，後掲の諸判例がある。

この問題に対しては，「共同正犯の訴因の中には，原則として，黙示の単独犯の予備的訴因が含まれていると解してよいであろう。『共謀の上』実行したという抽象的事実の中に単独正犯の事実が含まれていると解せられるからである。もっとも，被告人の行為が訴因中に，より具体的に記載されており，それが，単独正犯を成立させるに足りない場合には，『共謀』の事実を除外したのみで単独正犯を認定することができず，したがってその事実の記載があったとはいえないので，訴因の変更を要する」（香城・307）とする見解がみられる。

第3章 訴因変更の要否

【共同正犯の訴因⊃単独犯の黙示の予備的訴因】
〈包含関係〉

共同正犯　〔起訴状の公訴事実の記載〕

被告人は共犯者甲と共謀の上	（被告人が）実行した
	単独犯　〔黙示の予備的訴因〕

　この立場からは，共同正犯の訴因に対して単独犯の認定をするには，原則として，**縮小認定**としてこれが可能であり，訴因変更を要しないということになろう。

　しかし，共同正犯の訴因が原則として単独犯の訴因を包摂しているものとはいえないと思われる。①まず，構成要件の構造をみると，一見，単独犯に共謀を上乗せしたものが共同正犯であるようにみえても，要件事実論としては，共同正犯の要件事実は，"単独犯の要件事実＋共謀"なのではなく，"共謀＋共謀に基づく共謀者の一部の者又は全員による実行行為の存在"である。すなわち，共同正犯と単独犯とは単純な大小の包摂関係にはない。②そもそも単独犯であるということは，共謀者の不存在を意味する（したがって，①にいう「単独犯の要件事実に共謀を上乗せする」こと自体がそもそも不可能といわなければならない。これに対して，大小（包摂）関係が認められる場合の構成要件の構造としては，例えば，"単純横領（自己の占有する他人の財物を横領すること）＋業務性（その占有が業務上のものであること）＝業務上横領"という関係が成立する。）。単独犯を認定するためには，被告人のほかに本件の刑事責任を負担すべき者が存在

せず，被告人ひとりがすべての刑事責任を負うべき事案であることが，合理的な疑いを残さず立証されていなければならないのであって，たとえ共同正犯の訴因の中に被告人が唯一の実行正犯であることが明記されていてその事実は認定し得るとしても，共謀者の存否不明の場合，すなわち共犯者とされている者との間で共謀があったかもしれないという不確定な心証状態の下で，被告人の単独犯であると断定するわけにはゆかない（「単独犯を認定するためには，共謀の不存在が積極的に証明され共同正犯の可能性が排除されていなければならない」（大澤・重判208）。同旨の判例として，前出札幌高判平5・10・26【77】。これに対して，自己の占有する他人の財物を横領すればそれだけで単純横領であって，その占有の業務性の不存在が証明される必要はなく，存否不明であっても単純横領にとどまることに変わりはない。），③逆に，共同正犯の成否の観点からみると，被告人が実行行為のすべてを行ったのであっても，そのことについて共謀した者がいる限り，被告人は単独犯ではなく常に共同正犯である（最低限単独犯が成立して，それがより大きな共同正犯に発展し吸収される，という関係ではない。もともと，単独犯とは相互に排他的な択一関係にある共同正犯しか成立しない。），とするのが実体法上の確立された考え方である。このことは，「共同正犯が成立しなくても，被告人が実行正犯である限り，それだけで少なくとも単独犯は成立する」という関係にはないことを意味する（これに対して，業務上横領の占有に業務性が認められな

第4節　旧来の判例による訴因変更要否の具体的判断とその見直し

くても，自己の占有する他人の財物を横領したのである限り，いわば歩留まりとして，少なくとも単純横領は認められることになる。）。

以上のことからすると，実行行為と発生した結果の内容に変化のないことを前提として，共同正犯の訴因に対して，(i)共謀の存在につき合理的疑いが残るケースにおいては，訴因上実行行為者の摘示がない場合はもとより，被告人が実行行為者として明記されている場合であっても，単純に縮小認定として単独犯の成立を認めることは許されない。さりとて，共同正犯の成立を認めるわけにゆかないことはいうまでもない。結局，単独犯か共同正犯かの**択一的認定**をなすべきである（佐々木・判例演習・335―このような心証下での認定について，裁判例は，**択一認定**したもの（後出東京高判平4・10・14【83】），単独犯を認定したもの（後出東京高判平10・6・8判タ987・301），共同正犯を認定したもの（前出札幌高判平5・10・26【77】）に分かれている）。これに対して，(ii)裁判所の心証上，更に進んで共謀の不存在までもが認定されるに至ったときには，実行行為者たる共同正犯として訴追されていた被告人を単独犯として認定することが可能になってこよう。

もとより，「甲との共謀の不存在」が認定されたからといって，甲以外の他の第三者との共謀が存在する可能性はなお残されているのであるから，それだけで直ちに「何人とも共謀なし」の事実が認定されたことになるわけではないはずのものである。しかしながら，「他の誰とでもない甲と」共謀したとの検察官の事実主張であったとみれば，その甲とすら共謀はなかったとの認定であり，その認定が証拠上も他者との共謀の合理的な疑いが認められないことに裏付けをもっている限りは，訴訟における裁判所の心証形成の実際上は，誰とも共謀することなく被告人が単独で実行したと認定できる／されることとなろう（このことは，単独犯の訴因に対して，被告人が共同正犯者甲の存在を主張して争った場合についても同様にいえる）。(注44)

手続的には，(i)(ii)いずれの認定をするについても，訴因変更を要すると考えられる。

まず，(i)において単独犯か共同正犯かの択一的認定をするためには，訴因変更（共同正犯の現訴因に，単独犯の予備的又は択一的訴因を追加する。）が必要と解される。

【共同正犯の訴因＋単独犯の訴因】〈追加的変更〉

被告人は	共犯者甲と共謀の上 (A)	被告人が実行した。(C)	共同正犯

＋

被告人は	何人とも共謀することなく単独で(B)	実行した。	単独犯

単独犯が共謀者の不存在を意味するということは，共同正犯と単独犯とは相互に排斥し合う択一関係にあるということであるから（大澤・前掲208，佐々木・前掲336），たとえ「共同正犯の訴因」中に被告人が唯一の実行正犯である旨が記載されていた(C)としても，その部分は「単独犯の訴因」であることを意味し得ない。―「共謀者のいない被告人が」「共犯者と共謀した」という訴因は背理であって成り立たない。―したがって，共同正

訴因変更〔Ⅰ〕　**277**

第3章　訴因変更の要否

犯の訴因は単独犯の訴因を包含していない。それゆえに、訴因変更を経るまでもなく「単独犯の訴因」が審判対象となっているとすることはできない。このことは、先述したとおりである。

　そこで、上記の共同正犯の訴因における要件事実と単独犯の訴因におけるそれとを対比してみると、前者の中核をなす要件事実「共犯者甲と共謀して」(A)が訴因としての拘束力を有する（裁判所が審判の権限と義務を持つ対象は、「甲と共謀したと認め得るか／そこまでは認め得ない（合理的な疑いが残る）か」の二者択一問題に限られる）ために、現訴因のままでは裁判所がこれと別異の要件事実「何人とも共謀することなく単独で」(B)を審判の対象とする（「だれとも共謀しなかったこと」を証明の主題として審判する）ことは許されない関係にある。したがって、この新たな要件事実(B)をも審判対象とするためには、訴因変更の手続を経てこれを内容とする単独犯の訴因を追加設定しなければならない（**審判対象説**の帰結である。後出《共同正犯→単独犯又は共同正犯の択一的認定》の項参照））。―もっとも、実務上、単独犯の訴因に、上記の「共謀者の不存在」の要件事実(B)が明記されることはない。しかし、それは自明のこととして省略（黙示）されているだけでのことであって、特段怪しむに足りない（審判対象を画定するものである以上、訴因には、訴追に係る特定の犯罪構成要件に該当するすべての事実を具体的に記載しなければならないことは当然であり、まずもって充足すべき基本的構成要件

該当事実が摘示されることになる。そして、共同正犯の場合には、更に当該基本的構成要件の修正形式を充足すべく「共謀の存在」を示す事実が要件事実として記載されなければならないこととなるわけであるが、このことの反面として、その事実摘示がない以上、それはおのずから、「共謀の不存在」つまり「共同正犯者の不存在」を意味し、審判対象として主張・設定していることになるわけである。**最決平21・7・21【76】**の論評参照）。

　(ii)において単独犯を認定するにも、訴因変更（こちらは単独犯の訴因への交換的変更でもよい）を経た上で認定する必要がある。(i)に上述したところは、この場合にも何ら変わりないからである。

【共同正犯の訴因→単独犯の訴因】〈交換的変更〉

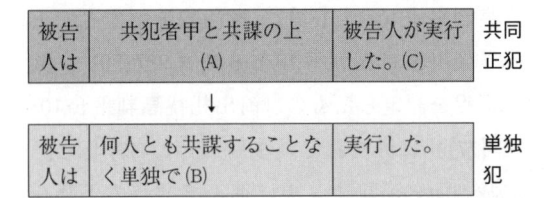

被告人は	共犯者甲と共謀の上(A)	被告人が実行した。(C)	共同正犯
	↓		
被告人は	何人とも共謀することなく単独で(B)	実行した。	単独犯

　この点で、「甲との共謀の不存在」(B)が認定されたのは、証拠上たまたまそうなったという結果論にすぎないことを確認しておく必要がある。この共同正犯の訴因(A)の下で裁判所が審判の対象としていたのは、あくまでも、「甲と共謀したと認め得るか」(a)、換言すれば、「甲と共謀していないのではないかという合理的な疑いがあるか否か」（下表の(a)ラインを越えるか否か？）だったのであり、これを審理した結果、たまたま証拠（その多くは甲との共謀を否認する被告人・弁護人提出

第4節　旧来の判例による訴因変更要否の具体的判断とその見直し

のものとなろう。）が存在したために，そのような疑いを残すにとどまることなく，「甲と共謀していない」との事実までが積極的に認められるという結果が生じた（下表(b)ラインを越えた。）のにすぎないわけである（(b)ラインを越えるか否かを審判対象とすることは，訴因(A)の拘束力を逸脱するものであり許されない）。

(a) 共同正犯の訴因(A)		
合理的疑いなし	合理的疑いあり	
甲との共謀存在	甲との共謀の存否不明（なかったのではないか？）	
	甲との共謀の存否不明（あったのではないか？）	甲との共謀不存在
	合理的疑いあり	合理的疑いなし
(b)		

(a) 共同正犯の訴因(A)		
合理的疑いなし	合理的疑いあり	
甲との共謀存在	甲との共謀の存否不明（なかったのではないか？）	
	何者かとの共謀の存否不明（あったのではないか？）	何人とも共謀不存在
	合理的疑いあり	合理的疑いなし
単独犯の訴因(B) (b)		

　　　　　(a)　　　　　　　　　(b)

合理的疑いなし	合理的疑いあり	合理的疑いなし
共謀存在	共謀存否不明	共謀不存在

（注44）上の2番目の表からも明らかなように，共同正犯と単独犯の両訴因は，前者が認定されなければ自動的に後者が肯認されるというような包摂・被包摂の関係にあるものでは決してないし，前者が認定されないことによって「疑わしきは被告人の利益に」の原則の適用下，後者の訴因事実が擬制認定されるという関係にもない（単独犯の事実が共同正犯の事実より被告人に利益であるとは一概に言えない。）。したがって，共同正犯から単独犯への訴因変更の必要性については，理論的には本文記載のとおりである。

　しかし，(A)について裁判所が形成した(i)「甲との共謀存否不明」の心証（「甲との共謀不存在の合理的疑い」）は，その裏返しとして「甲との共謀存在の（合理的）疑い」をなお残すものであるところ，この「甲との共謀があったのではないか」との合理的疑いは，それだけで単独犯の認定を不可とするものである点においては，「何者かとの共謀があったのではないか」との合理的疑いに等しいものであり，したがって，(B)の事実「何人とも共謀なし」の真偽不明＝「何者かとの共謀の存否不明」の心証を導くものであるし，また，(A)について裁判所が形成した(ii)「甲との共謀不存在」の心証は，実際問題としては，(B)の事実の肯認をもたらすことになる（これについては本文に上述した。）。このような現象は，事・実・上・（訴訟の実際証上）は，(A)について審判することが，おのずから(B)について審判するのに等しい結果ともなることを意味している。

　そうであれば，上記のような共同正犯の訴因は，その裏面に単独犯の訴因を予・備・的・・黙・示・的・に随伴している，と解することは許されないものであろうか（単独犯の予備的・黙示的訴因を想定することは先の香城説と同様であるが，それが共同正犯の訴因の中に包摂されていると考えるのではなく，共同正犯の訴因にこの予備的訴因が黙示に付加されていると考える点で異なる。）。このような考え方は，実際的観点には適合したものといえ，もしもこれによることが許されるなら，訴因変更を不要とすることが可能となるが（前出最判昭30・10・19【21】【50】は，この見地からその結論を是認できようか。），根本的に，検察官の訴追意思との整合性の観点からは問題なしとしない面もある（検察官が，共謀の存否不明とされることを慮って単独犯の予備的訴因を黙示的に追加掲載しておく――共同正犯と単独犯の択一認定の

訴因変更〔Ⅰ〕　**279**

第3章　訴因変更の要否

途を開いておく——というのならまだしも，検察官として，共同正犯の訴因を設定しながら，共謀の不存在までが認定されることを想定して，予めこの共謀不存在の認定に備えて単独犯の予備的訴因を黙示的に追加掲載しておく——単独犯への認定替えの途を開いておく——というのは，我が国の検察官による共同正犯の認定とそれに基づく訴追の実務の在り方に照らしてみるときは，実際上極めて考えにくい事態といえる。しかも，検察実務としては，上記前者の場合には，当初から共同正犯と単独犯の択一的訴因を明示的に掲げる扱いであり，このことからすると，検察官が，共同正犯の訴因のみを掲げた以上は，単独犯の予備的訴因を黙示的に追加掲載している趣旨であると解釈するのは，相当困難といわざるを得ないであろう。）。訴因変更を不要とする上での「予備的訴因の黙示的追加あり」という理論構成は，検察官の合理的な訴追意思の解釈によるものである以上，ここで提起したような解釈を採るのはいかにも難しそうである。なお疑問を留保しておきたい——ちなみに，仮にこのように解することができたとしても，これとは逆に，単独犯の訴因の裏面に共同正犯の訴因が予備的・黙示的に随伴しているとは，通常は解し得ない。その訴因上，共犯者が特定できていないからである。

【共同正犯の訴因＋単独犯の黙示の予備的訴因】
〈追加関係〉

被告人は	共犯者甲と共謀の上(A)	被告人が実行した。(C)	共同正犯〔起訴状の公訴事実の記載〕
被告人は	何人とも共謀することなく単独で(B)	実行した。	単独犯〔黙示の予備的訴因追加〕

……前掲の〈包含関係〉の図と対照されたい。

【訴因変更不要】

東京高判昭24・10・15判特12・3　強盗共同正犯→単独犯

最判昭30・10・19刑集9・11・2268【21】【50】　傷害（実行）共同正犯→暴行単独犯

東京高判昭30・11・7東時6・10・377【78】　窃盗共同正犯→単独犯　　　　　　　　　　　　　　　　　　　　　　　（①）

名古屋高金沢支判昭34・3・12下集1・3・520【79】　文書偽造共同正犯→単独犯　　　　　　　　　　　　　　　　　　（②）

【78】　東京高判昭30・11・7東時6・10・377
　　　　　　　　　　　　　　　　　　　　　　（①）

判旨　「審理の経過に鑑み被告人の防禦に不利益を生ずる虞がないものと認めるときは……訴因変更の手続をしないで訴因と異なる事実を認定してもさしつかえない……。本件において被告人は当初から窃盗共同正犯の訴因を全面的に否認し無罪を主張してあらゆる角度からの反証を挙げて争っておるのであって，原審認定の窃盗の単独犯に対する防禦方法としても欠けるところはなく，従って原審が特に訴因変更手続をしなかったからとてこれがため被告人の防禦に実質的な不利益を生じたと認むべき点はなく……」

● コメント

具体的防御説からの立論である。今日の審判対象説からは，本文掲記のとおり本来的に訴因変更を要するとすべきものと思料するが（本来的変更必要説），同じ審判対象説の立場に立ちながら，「原則として訴因縮小認定によりまかなうことができ，例外的に訴因記載の事実が被告人の単独犯を成立させるに足りないときにのみ訴因変更を要する」とする見解（原則的変更不要説）も示されている（香城・307）。ここにいわゆる例外をなす事例としては，強盗の共同正犯の訴因中に，被告人が暴行を加え，共犯者が財物を奪取した旨が

280　刑事訴訟法判例総合解説

第4節　旧来の判例による訴因変更要否の具体的判断とその見直し

記載されている場合に，被告人に強盗の単独犯の罪責を問おうとするときなどを想定することができよう。この後説によれば，本件でも訴因の具体的内容のいかんにより訴因変更の要否が分かれることになる。

【79】　名古屋高金沢支判昭34・3・12下集1・3・520　　　　　　　　　　（②）

判旨　「(1)本件起訴状の公訴事実には，被告人はＳと共謀の上，具体的に本件私文書偽造行使詐欺をなした旨記載されているのであって，右共謀の点を除外すれば被告人の単独正犯とするに足る事実が記載されているものであり，(2)被告人側の防禦の立場より観察するも，被告人は『犯意の有無はさておき公訴にいわゆる実行を担当したのは自己であって共犯者とされているＳではなく同人は背後にあって被告人を利用した者である』旨主張している……，以上の事実によれば被告人とＳとの共謀にかかる犯罪であるとの公訴事実を原判決のように被告人の単独犯行と認定しても何等公訴事実の同一性を害しないばかりでなく，被告人の防禦に不意打を加えて之に実質的な不利益を与えたものでないから原判決が訴因を変更することなく右共謀共犯の公訴事実を単独犯行と認定したことは何等違法でない」

● コメント

判旨によれば，本件訴因には被告人が実行行為のすべてを担った旨の記載があるようであるから，被告人が実行正犯，共犯者が共謀共同正犯としての訴追であろう。

本判決は，**具体的防御説**に立ってその観点から訴因変更の要否を判断しており，かつ，共謀者不存在が合理的疑いを残さずに証明されているか否かを論じることなく単独犯を認定しているところからみて，単独犯の認定に共謀者不存在の証明は不要と考えている（**不存在証明不要説**）とみられる。

審判対象説の中の**原則的包含説**（香城・307）によれば，本件共同正犯の訴因中に被告人の単独犯の黙示的予備的訴因が含まれていると解することになり，被告人の単独犯を認めるためには，訴因変更を経るまでもなく**縮小認定**をすればよい（**原則的変更不要説**）。これは，共謀の存否不明のときに縮小認定により単独犯の訴因を認定できるとするものであるから，**不存在証明不要説**を採るものにほかならないといえよう。これに対して，**非包含説**（大澤・重判208，佐々木・判例演習336）を採るならば，上記のような包摂関係を認めないから，このような**縮小認定**は許されない。そして，単独犯を認定するには，「共謀の不存在が積極的に証明され共同正犯の可能性が排除されていなければならない」（大澤・前掲208）とする**不存在証明必要説**（前出札幌高判平5・10・26【77】，佐々木・前掲336）を採ったことの帰結として，共同正犯の訴因と単独犯の訴因との間に訴因（要件事実）の同一性が認められないこととなり（先述した本文の説明参照），したがって，単独犯を審判対象とするためには訴因変更が必要となる。これが本来のあり方である（**本来的変更必要説**）。ただし，本件においては，被告人の単独犯の訴因に変更したとしても，判文上，Ｓとの共謀はなかったとの認定が未だ得られていない

訴因変更〔Ⅰ〕　**281**

第3章　訴因変更の要否

とみられるから，現状では証明不十分であり，被告人の単独犯を認めることはできないことになる（**不存在証明必要説**）。この場合には，共同正犯か単独犯かの択一的認定をするほかはない。もしも，裁判所の心証上，共謀不存在の認定に至っている（共謀者が存在するのではないかという合理的疑いが残っていない）ときには，**不存在証明必要説**の立場からしても当然単独犯を認定することができる。この場合，検察官の訴因構成を，共同正犯の訴因に単独犯の予備的訴因が黙示的に付加されていたと解釈し直すことによって，訴因変更をしないまま単独犯を認定するという便法をとることも絶対に許されないことではないように思われるが，疑問を留保する（注44参照）。

【訴因変更必要】

大阪高判昭29・12・4 高刑集7・11・1676【80】　被告人甲の頭部殴打及び被告人乙の頸部強圧による殺人の実行共同正犯→被告人甲の頭部殴打及び頸部強圧による殺人の単独犯	①
大阪高判平元・6・23判時1330・149【81】　傷害（実行）共同正犯→単独犯	②
函館地判平15・3・18判時1849・135【82】　詐欺（実行）共同正犯→単独犯	③

【80】　大阪高判昭29・12・4 高刑集7・11・1676　　　　　　　　①

判旨　「本件起訴状中の殺人の公訴事実の記載では『被告人両名は共謀の上Ｖ女（当19年）を殺害せんことを企て昭和28年1月12日午後6時30分頃和歌山県那賀郡龍門村大字××Ｑ神社附近道路上で被告人甲に於て所携の棍棒を以て同所を通行中の右Ｖ女の頭部を数回強打し更に被告人乙に於て同女の頸部を手にて強圧し因て同女を死亡せしめて殺害の目的を遂げ』た旨の訴因となつており，要するに訴因においては，被告人甲の頭部殴打の所為と同乙の頸部強圧の所為と相合してＶ女殺害の結果を招来したものとし，刑法第60条適用の結果，被告人甲は乙の行為の結果について刑事責任を負うべきものとする趣旨と解されるのであるが，原判決第1においては，同女殺害をもつて被告人甲の単独犯行と認定し，同女の頭部殴打のほか頸部強圧もまた同被告人の所為と判示しているのである。したがつて，前記のとおり頸部強圧の点については，<u>同被告人に関するかぎり明示された訴因の範囲外の事実を認定したことになるのであるから</u>，訴因追加等の手続をとることなくして頸部強圧の事実も認定した原審のこの措置は，刑事訴訟法第378条第3号後段にあたる違法があるものといわねばならない」

● コメント

このケースは，共同正犯の訴因において，共犯者2名の実行共同正犯であること，そしてそれぞれの実行分担の内容が明記されている点で，直前に掲記した**名古屋高金沢支判昭34・3・12【79】**の事例（共犯者2名の共同正犯であるが，被告人が実行行為者で共犯者は共謀共同正犯）と異なる。そして，この訴因についての審判の過程で，裁判所の心証として，共謀の事実は存在せず，被告人が訴因に記載されているすべての実行行為を行った単独犯であるとの認定に至ったものである（判文に「同女殺害をもつて被告人甲の単独犯行と認定し」とあるのが，もしも，裁判所が共謀の事実については存否不明との心証に立っていること

第4節　旧来の判例による訴因変更要否の具体的判断とその見直し

を前提としているのであれば，共謀の**不存在証明必要説**の見地からは単独犯を認定するのは不当なことであり，共同正犯と単独犯との択一的認定の問題を検討すべきこととなる。─佐々木・判例演習・335）。

　仮に，この事例において，被告人両名の共謀の事実を認定しつつ，ただ実行行為分担の内容を訴因とは異なって認定するという場合であれば，実行行為分担の内容いかんは共同正犯の**要件事実**ではなくしたがって同訴因の記載上不可欠事項ではないから，審判対象画定の見地からは，訴因変更を必要とすることなく，そのまま変動事実を判示認定できることとなる（**平成13年決定【15】**。なお，実行行為者いかんのほかに，このような実行分担の内容いかんも**一般的防御上重要事項**に該当するかどうかは，判例上未解決の問題であるが─4節1(5)《実行共同正犯内部における実行行為分担内容の変動》参照─，もしもこれに該当するのであれば，その観点から原則的に訴因変更が必要とされることになるのも，上記**平成13年決定**の示すところである）。

| 被告人両名は | 共謀の上 | 被告人甲が，棍棒でV女の頭部を数回強打し，更に相被告人乙が，同女の頸部を手で強圧し，よって同女を死亡させた。 | 共同正犯 |

[訴因変更不要]↓
ただし，審判対象画定の見地において

| 被告人両名は | 共謀の上 | 被告人甲が，棍棒でV女の頭部を数回強打し，更に同女の頸部を手で強圧し，よって同女を死亡させた。 | 共同正犯 |

　しかし，当然のことながら，**平成13年決定**は，共同正犯を判示認定する場合の論理を示したものであって，本件のように単独犯を認定する場合は，同判例の射程外である。ここでは，共同正犯と単独犯の訴因相互の関係をどうみるかが重要になる。詳細は本文に示したとおりであり，本来的には訴因変更を要するものというべきであろう。

　そこで，本件判旨についてみる前に，本件共同正犯の訴因に対し，①共謀の不存在が認定されたほかに，②頸部強圧行為が証明不十分となったことから，被告人の単独犯による頭部殴打の暴行だけを認定する場合を仮定して，訴因変更の要否を検討してみることにする。まず，②の点は，縮小認定であるから，訴因変更の必要性を導かない。しかし，①は，あくまで共同正犯の要件事実である「共謀の存在」について審理の結果，たまたま証拠があったために「共謀の不存在」までもが認定されるに至ったということであり，単独犯の要件事実である「共謀の不存在」を証明の主題として，すなわち審判対象として判断した結果ではない。共同正犯の現訴因の下で，単独犯の要件事実としての「共謀不存在」を審判対象となし得るかは，別問題として残されている事柄である。そして，この問題については，本文に述べたとおり，本来的に訴因変更が必要とされるべきものである。もっとも，一つの考え方としては，上記のような共同正犯の訴因と被告人の単独犯の訴因との実際の心証形成上にみられる密接な相互関係に照らして，前者に後者が予備的に付加黙示されて

訴因変更〔Ⅰ〕　**283**

第3章　訴因変更の要否

いるという解釈を用いて，この場合には，訴因変更を経ることなく単独犯を認定できるとする途も探られている。現象的には，縮小認定のようにも見えることとなろうが，それとは異質のものである（注44参照）。

【被告人甲についての要件事実の変動】

被告人は	相被告人乙と共謀の上	被告人甲が，棍棒でV女の頭部を数回強打し，更に相被告人乙が，同女の頭部を手で強圧し，よって同女を死亡させた。	共同正犯

① ↓ ②

被告人は	何人とも共謀することなく単独で	棍棒でV女の頭部を数回強打する暴行を加えた。	単独犯

さて，判旨についてであるが，本判決は，端的に，被告人の実行行為の内容という要件事実の拡大認定であることを理由として訴因変更が必要と結論づけている。**審判対象説**の見地に適合するものといえる。共同正犯の訴因に対して単独犯を認定する場合についての各論的訴因変更要否論からすると，本件においては，**原則的包含説**に立つ香城説（香城・307）によっても，「被告人の行為が訴因中に，より具体的に記載されており，それが，（殺人の）単独正犯を成立させるに足りない場合」に該当し，「『共謀』の事実を除外したのみで（殺人の）単独正犯を認定することができず，したがってその事実の記載があったとはいえないので」，例外的に包含関係の成立しない場合となり，「訴因の変更を要する」こととされよう。本文掲記の私見の立場からも，①要件事実において，共謀の「存在」が「不存在」に変動している点で訴因変更が本来的に必要である（「存在」を審判対象とすることと「不存在」を審判対象にすることが，結局同じことを表裏から審判することにはならないことにつき，本文の説明を確認のこと。ただし，注44参照）のみならず，②このケースでは，被告人の実行行為の内容について新たな要件事実が付加されており，訴因変更が必要との結論に至る。

【被告人甲についての要件事実の変動】

被告人は	相被告人乙と共謀の上	被告人甲が，棍棒でV女の頭部を数回強打し，更に相被告人乙が，同女の頭部を手で強圧し，よって同女を死亡させた。	共同正犯

① ↓ ②

被告人は	何人とも共謀することなく単独で	棍棒でV女の頭部を数回強打し，更に同女の頸部を手で強圧し，よって同女を死亡させた。	単独犯

【81】　大阪高判平元・6・23判時1330・149

（②）

事実

起訴状記載の公訴事実

　被告人は，………ほか数名と共謀の上，E子に対し，背後から突き飛ばし体当たりして同女の顔面を路傍のモルタル壁に打ち当てる暴行を加え……

判示認定事実

　被告人は，E子の背後から肩付近を一回突く暴行を加え，勢い余って同女の身体におおいかぶさるように倒れかかったことにより，同女をその場に転倒

第4節　旧来の判例による訴因変更要否の具体的判断とその見直し

させて、同女の顔面を前記「乙山」建物のモルタル壁に衝突更に擦過させるなどし………

本判決は、傷害事件において、共同正犯の訴因に対し、暴行の態様の異なる単独犯と認定するには、訴因変更の手続が必要であるとしたものである。

判旨　「論旨は、弁護人及び被告人は、検察官が主張する、被告人がE子の背後から、同女の肩付近を手で突き飛ばし、その衝撃により、同女の顔面をモルタル壁に打ち当て、続いて氏名不詳者2名と共に、同女の背後から体当たりし、その衝撃により同女の顔面、鼻をモルタル壁に打ち当てたという事実を中心に、被告人は同女にそのような暴行を加えたことはないとして争ってきたものであり、もし原判決認定のごとく、被告人らは他の者と共謀した事実がなく、かつ検察官主張にかかる暴行がなくとも、被告人が単独で、E子の肩付近を1回突き（なおこの点は問題ではない。）、勢いあまって同女の身体におおいかぶさるように倒れかかったことにより、同女をその場に転倒させ、同女の顔面をモルタル壁に衝突更に擦過させるという態様により有罪になり得ること並びに顔面打撲傷の訴因に対し、（同女が首を振ったため生じた）前額部・左頬部各擦過傷の他（同女の手指の爪先が接触したため生じた）左鼻根部挫傷が認定される可能性が審理の過程でうかがい知り得たならば、被告人側はその点に関しても防御を尽くす余地が十分あったものであり、従って、原審がこれに配慮することなく訴因変更手続を経ないまま原判示事実を認定したことは、被告人側にとっては不意打ちであり、判決に影響を及ぼすことが明らかな訴訟手続の法令違反をおかしたものである、というのである。

そこで、訴因変更手続の要否について検討すると、起訴状記載の本件公訴事実の訴因は……というのである（かつ、検察官は冒頭陳述で、『……同女の背後から、同女の肩付近を突き飛ばし、その衝撃により、同女の顔面を右モルタル壁に打ち当て、続いて、<u>氏名不詳者2名もこれに加わり被告人と共に、同女の背後から体当たりし</u>、その衝撃により同女の顔面、鼻を右モルタル壁に打ち当てた』と検察官が具体的に立証対象にする事実を明確にした。）。これに対し、原判決は、……という事実を認定している。即ち、原判決の事実は、本件の行為主体に関して、被告人と他の2名との共謀事実は認めないで、被告人の単独行為によるものと認定し、また暴行の態様に関しては、被害者の肩付近を1回突く行為とそれに引き続き被害者の身体におおいかぶさるように倒れかかり、その結果、被害者を転倒させて、その顔面を『乙山』建物のモルタル壁に衝突、擦過させた行為を認定して、<u>行為主体及び被害者が受傷するに至った過程という重要な点</u>に関し、訴因と異なった認定をしていることが明らかである。右<u>行為主体の相違</u>（被告人と他の2名との実行共同正犯による犯行とされるか、被告人の単独犯行とされるかの相違）は勿論のこと、その<u>受傷の原因となった暴行態様</u>（以下これを便宜上受傷過程という。）についても、本件は被害者E子と被告人とが、極めて至近距離に位置し、一連の経過の中では客観的に見て何らかの暴行が存在しても異としない緊迫した状況の中で発生した事件であるところ、E子が被告人による暴行の事実を訴える一方で、被告人は、E子の受傷につながる暴行の事実を一切否定しているのであるから、その訴因とされた<u>傷害の原因となる暴行態様の如何は、実行共同正犯者の有無とも密接に関連して、被告人にとって重大な防御対象であった</u>と言うべきである。すなわち本件における<u>犯行主体の相違も含めた受傷過程についての相違は、犯行態様の単なる表現上の相違というにとどまらず、被告人の刑事責任の有無そのものに関する主張、立証の要否、方法如何にも影響を及ぼ</u>

訴因変更〔Ⅰ〕　**285**

第3章　訴因変更の要否

すものと考えられる。従って，訴因として明示された暴行態様によっては被害者の受傷過程は認められず，それとは異なる態様の暴行による受傷過程がうかがわれる場合には，被告人側の防御が訴因に示された暴行事実の存在しないことに向けて反証活動をしていたものであることにかんがみ，防御対象たるべき受傷過程を明示し，訴因変更手続を経るか，あるいは少なくとも争点として顕在化させたうえで十分な攻撃，防御の機会を与え審理を遂げる必要がある。原審における審理の過程に照らすと，検察官は訴因をさらに敷衍する形で冒頭陳述により，前記のとおり，被告人が被害者の肩付近を突き飛ばし，その衝撃により同女の顔面をモルタル壁に打ち当てた暴行のほか，続いて氏名不詳者二名が加わり，被告人と共に，同女の背後から体当たりし，その衝撃で同女の顔面，鼻を右モルタル壁に打ち当てたとの暴行により同女に加療約5日間の顔面打撲擦過傷の傷害を負わせたことを立証の対象として具体的に明示し，原審第52回公判期日における証拠調終了後の意見陳述の際も，訴因どおり，被告人がE子の背後から同女の肩付近を手で突き飛ばしたほか，更に被告人と行動を共にしていた赤旗宣伝隊の者2名が，被告人と共に体当たりして，同女の顔面をモルタル壁に衝突，接触させたことが立証されたものと主張し，他方被告人側の反証活動も終始，そのような態様の暴行が存しないことを中心に展開していたことが認められ，もし原判示事実が訴因とされたならば，被告人側としては，なお，被告人が肩付近を1回突く暴行（なおこの部分については，訴因と認定事実の間にずれはないと考えてよい。）の後，勢い余って同女の身体におおいかぶさるように倒れかかった事実の有無及びそのことによる同女の転倒があり得るかなど防御の範囲，立証の重点の置き方などに相違があったものと推測される。

それにもかかわらず，原審は，何ら原判示事実に添うてその存否に関して防御する機会を与えることなく，審理を終結し判決に至ったもので，原判示のような事実認定は被告人側にとってはもとより，検察官側にとっても訴因，冒頭陳述及び証拠調終了後の意見陳述の内容から推して予想外の認定であったものと言わなければならない（原判決は，訴因変更手続を経ないまま共同犯行の訴因に対し単独犯行の事実を認定した理由については，（受傷過程に関して）訴因が実行共同正犯を主張し，本件の争点がもっぱら被告人の実行行為及びこれによる結果発生の有無に置かれていた審理経過に徴して，右手続を経ることは不要であると判断した旨説示する。しかし，本件では訴因によって主張された犯行主体の変更は，そのまま被告人自身の犯行態様如何に影響する場合である。即ち仮に単独犯行とするならば，検察官にとってはそのような場合であるとしてもなお訴因で主張しているとおりの傷害の結果が発生しうることを主張立証する必要が生じることはしばらくおくとしても，被告人側からみると，単独犯行とするならば訴因どおりの傷害の結果が発生しうるか否かの点に防御の対象を設定しなおして反証活動をする必要が考えられる場合であるから，当裁判所としては，原判決の右見解に賛同することができない。）。従って，原審が訴因変更手続を経ることなく，あるいは少なくとも争点として顕在化して防御の機会を与えることなく，訴因とは異なる原判示事実を認定したことは，結局，訴訟手続を誤ったものと言うべく，その違法は判決に影響を及ぼすことは明らかである。論旨は理由があり，原判決は破棄を免れない」

● コメント

本件の場合には，訴因事実である，①共謀の事実がなかったと認定され（一審判決は，被告人は他の者と共謀した事実がないと認め，

第4節　旧来の判例による訴因変更要否の具体的判断とその見直し

被告人の単独行為によるものと認定し、本判決は、「公訴事実にいう被告人と他の者による暴行の共謀事実はもとより実行共同正犯者の存在をさえ認定することはできない」としている。)、②「体当たり」の事実も認定落ちする一方、新たに被告人の「単独犯としての背後からの肩突き」と「その結果としての勢い余っての被害者へのおおいかぶさり」行為が認定され、これが負傷を生ぜしめた暴行とされたのである。

本文に上述したように、**審判対象説**からすると、①「共謀あり、よって共同正犯」の訴因から、「共謀なし、よって単独犯」の認定に至るには、前者の訴因の審判拘束力（"共謀があったか／あったというにはなお合理的疑いが残るか"を審判できるのみであって、"共謀がなかったか"を証明主題として審判することはできない。)を脱するために、その間に単独犯への訴因変更手続が必要になるのが本来の姿である（ただし、注44参照）。まして、本件においては、②被告人を含む共犯者3名のいずれかが、「背後から突き飛ばし→体当たり→被害者の顔面を壁に打ち当て→負傷させた」という訴因事実と、被告人が、「背後から肩付近を突き→勢い余って被害者の身体におおいかぶさるように倒れかかり→同女をその場に転倒させ→その顔面を壁に衝突させ→負傷させた」という認定事実とを見比べてみると、実行行為の態様と因果関係が重要とみられる点で異なっている。この②の要件事実の変動だけでも、訴因変更を必要とするものであろう。

《訴因事実》

	①	②	
被告人は	……ほか数名と共謀の上、	E子に対し、背後から突き飛ばし→体当たりして→同女の顔面を路傍のモルタル壁に打ち当てる暴行を加え→負傷させた。	共同正犯

↓

《認定事実》

被告人は	何人とも共謀することなく単独で、	E子の背後から肩付近を一回突く暴行を加え→勢い余って同女の身体におおいかぶさるように倒れかかったことにより→同女をその場に転倒させて→同女の顔面を前記「乙山」建物のモルタル壁に衝突更に擦過させるなどし→負傷させた。	単独犯

判旨は、基本的に、被告人の**防御権の侵害**の視点から、原審が、受傷の原因となった暴行の態様という重要な点について訴因と異なる認定を不意打ち的にしたことを問題とし、本件のような場合には、訴因変更を経るか、少なくとも争点顕在化手続を講ずる必要があったとしている。仮に、本件訴訟の具体的経過にかんがみると被告人にとって原審判示の単独犯の認定が不意打ちには当たらなかったとしても、**審判対象画定の見地**からは、やはり訴因変更を要したとすべきであり、したがって、被告人の防御の観点からする争点顕在化では足りないとすべきものと思われる。

また、判旨は、訴因に明記されていない実行行為者いかんの点について検察官が冒頭陳述により主張した内容、すなわち、「被告人が単独で背後から肩付近を突き飛ばし→被害者の顔面を壁に打ち当て→共犯者2名もこれに加わり被告人と共に背後から体当たり→被

訴因変更〔Ⅰ〕　**287**

第3章　訴因変更の要否

害者の顔面を壁に打ち当て→負傷させた」との事実を，実質的に訴因上の記載と同視した上で，被告人にとっての不意打ち性を論じている。そうなると，実行行為の態様と因果関係において，認定事実との相違は更に広がることになるわけである。共同正犯における被告人の実行行為の内容に関する検察官の訴因外の主張を，単独犯への訴因変更の要否を考える上でどのように扱う方途があり得るかの問題については，3節4(3)に前出の**最判昭30・10・19【21】**の【コメント】で触れた。もしも，その主張に係る事実が訴因に明記されているのと同様に扱うことが許される場合があるとするならば（ありとする論証は容易ではなかろう。(注43)参照。），そこに表出された被告人の実行行為の内容を単独犯とする予備的訴因が黙示に付加されていると解する方途もあろうかと思われるところ，これによれば，共謀の事実が不存在と認定されたときに，この単独犯の黙示的予備的訴因が審判対象として顕在化するから，裁判所の心証形成に係る事実がこれと合致していれば訴因変更を経ることなくそのままそれを判示認定できるし，合致していなければ訴因変更の必要性が生じることになる。仮にこのような考え方によった場合であっても，本件は，この後者のケースということになり，やはり訴因変更を要することとなろう。

《訴因事実》

被告人は	……ほか数名と共謀の上，	E子に対し，被告人が単独で背後から肩付近を突き飛ばし→被害者の顔面を壁に打ち当て→共犯者2名もこれに加わり被告人と共に背後から体当たり→被害者の顔面を壁に打ち当て→負傷させた	共同正犯〔主位的〕
被告人は	何人とも共謀することなく単独で，	E子に対し，背後から肩付近を突き飛ばし→被害者の顔面を壁に打ち当て→背後から体当たり→被害者の顔面を壁に打ち当て→負傷させた	単独犯〔予備的〕

《認定事実》
↓

被告人は	何人とも共謀することなく単独で，	E子の背後から肩付近を一回突く暴行を加え→勢い余って同女の身体におおいかぶさるように倒れかかったことにより→同女をその場に転倒させて→同女の顔面を前記「乙山」建物のモルタル壁に衝突更に擦過させるなどし→負傷させた	単独犯

【82】　函館地判平15・3・18判時1849・135
（【72】と同じ）　　　　　　　　　　　（③）

判旨　【72】参照。「…（中略）…次に，各保険金詐欺の事実に関しては，その実行犯としては被告人Aが想定されていると考えられるから，放火の場合と異なり，被告人Aについてだけでも犯罪事実が証明されれば，被告人Aを単独犯と認定することができるのではないかとの考え方も成り立ち得ないわけではないようにも思われる。しかしながら，本件は，被告人Aが放火を依頼した人物と共謀して保険金詐欺をも敢行した事案としてとらえるべきであるから，本件各詐欺についても，共犯者の存在が前提となっており，被告人

第4節　旧来の判例による訴因変更要否の具体的判断とその見直し

Aと本件放火の実行犯との共同正犯として起訴されているものと考えられる。したがって，本件放火を前提とした本件各保険金詐欺についても，訴因変更手続を経ることなく，被告人B以外の者を共犯者としたり，被告人Aの単独犯として詐欺罪の成否を検討することは許されないものというべきであるから，被告人Bにつき詐欺罪の成立が認められない以上，結局，被告人Aについても，本件各保険金詐欺の事実について，無罪の言渡しをすべきである」

● コメント

本判決は，訴因変更を経ることが必要な理由として，"①本件は，被告人Aが放火を依頼した人物と共謀して保険金詐欺をも敢行した事案としてとらえるべきである，→②本件各詐欺についても，共犯者の存在が前提となっている，→③被告人Aと本件放火の実行犯との共同正犯として起訴されているものと考えられる"ことを挙げている。要するに，「本件の実体は共犯事件であり，それとして起訴されたのであるから」単独犯を認定するにはその訴因への変更手続を経る必要がある，というのである。しかしながら，「実体が共犯事件であり，それとして起訴された」ことが何故に上記訴因変更の必要性を理由付けることになるのか，その点が明らかにされていない。そもそも，"共犯事件である"と心証形成しておきながら，この実体形成と矛盾する単独犯の認定を志向した上でそのための手続の要否を検討するという思考の進め方に，基本的に混乱が認められる。**平成13年決定【15】**を経た今日，訴因変更の要否は，端的に**審判対象画定**の見地（「要件事実変動論」と言ってもよい。）から検討されるべきものである。

《共同正犯→単独犯又は共同正犯の択一的認定》

【訴因変更不要】

【83】　東京高判平4・10・14高刑集45・3・66

事実

強盗の共同正犯→単独犯又は共同正犯の択一認定

起訴状の公訴事実
被告人は，Fと共謀の上，平成2年12月5日午前5時20分頃，東京都中央区銀座3丁目14番7号所在のコンビニエンスストア『N銀座店』（有限会社T経営）で，同店店員V（当25年）に対し，所携のモデルガンを突きつけ，その頭部をつかんで窓ガラスに数回打ちつけるなどの暴行，脅迫を加えてその反抗を抑圧した上，『キンセン。キンセン。』などと申し向けて金員を要求し，同人が開けたレジスター内から同会社代表取締役Sの管理する現金17万円を強取した。
判示認定事実
被告人が，単独で又はFと共謀の上，Vに対する強盗を実行した。

検察官は，原審公判廷において，上記犯行の実行行為者は被告人である旨釈明した。そして，公訴事実に対し，原審弁護人は，本件は，Fが計画し，心神喪失状態にあった被告人を道具として利用したものであると主張し，被告人も，自分が強盗の実行行為を行ったのはFの影響によるものであるが，Fからの具体的な働き掛けについては，

訴因変更〔Ⅰ〕　**289**

第3章　訴因変更の要否

全く記憶していない旨供述した。他方，Fは，原審公判廷において，犯行への関与を強く否定する供述をした。Fの事件について，別途審理を遂げた原審裁判所は，本件原判決とあい前後して，Fに対し，同人が本件被告人と本件強盗を共謀していたのではないかという相当の嫌疑は残るが，結局，右共謀の事実を認定するに足りる証拠はないとの理由で，無罪の言渡しをした（検察官控訴）。

判旨　「択一的認定の可否及び限度については種々の見解があり得るが，当裁判所は，少なくとも，前記のような事実関係のもとで，前記のような訴訟経過をたどった本件においては，被告人が『単独で又はFと共謀の上』原判示強盗を実行したと択一的な認定をすることが許される，そして，この認定をした場合には，単独犯と共同正犯の各事実について具体的な犯情を検討した上，犯情が軽く，被告人に利益と認められる事実を基礎に量刑を行うべきであると考える。本件においては，共同正犯の事実の方が犯情が軽く，被告人に利益と認められるので，この事実を基礎に量刑を行うこととなる。……このような認定を許容することにより，被告人に訴訟手続上の不利益を及ぼすことがないかどうかについて考えると，右択一的認定が許されるとすれば，訴訟手続上，被告人は，強盗の共同正犯と単独犯の双方の事実について防御しなければならなくなり，その分だけ負担が増すことは事実であるが，右負担の増加は，公訴事実を同一にする事実の範囲内において，予備的又は択一的訴因が掲げられた場合と異なるところはなく，刑訴法上当然に予想されたものというべきであって，これをもって，被告人に過大な負担を課すものとはいえない。また，本件のように，<u>強盗の実行行為を全て被告人が行ったとされていてそのこと自体に争いはなく，ただ，被告人と共犯者との共謀の有無につき，両名の各供述が顕著に対立しているにすぎない事案においては，</u><u>共同正犯の訴因に対し，共同正犯と単独犯の事実を択一的に認定しても，被告人の防御権を実質的に侵害することはないと認められるから，そのような択一的認定をするにあたり，訴因の変更又は追加の手続きを経由する必要はないと解される</u>」

● コメント

本件の訴因そのものからは，実行正犯が誰であるのか不明である。そこで，検察官の釈明があり，これによって被告人が実行行為者，Fが共謀共同正犯であるとの趣旨の下での訴追であることが判明した。そして，被告人が唯一の実行正犯であることについては裁判所も同じ心証を形成したが（道具の主張は認容しなかった。），Fとの共謀の存否については真偽不明の心証に終ったわけである。

共同正犯の訴因に対して，審理の結果，共謀の事実が存否不明に陥ったことにより，共同正犯と単独犯を択一的に認定しようとする場合，訴因変更を経ることを要しないものであろうか。本判決は，**防御説**の立場からこれを不要とした。被告人の弁解は，「Fが間接正犯となる事案であり，自らはその道具にすぎず無罪」というものであるから，実行行為のすべてを被告人が行ったこと自体は自認しているとみてよく，またFとの関係については，共謀したという以上に，支配され意のままに利用されたと主張しているものといえるところ，単独犯は共謀者の不存在を意味するから，被告人のこの主張・立証は，単独犯を否認する弁解，防御とみることができる。つまり，被告人の本件応訴の態度等からすると，共謀の点についても，単独犯の点についても，

第4節　旧来の判例による訴因変更要否の具体的判断とその見直し

具体的防御権の侵害はないと判断したものであろう。

　審判対象説の立場からは，どのように考えるべきものか。

　「共同正犯の訴因の中には，原則として，黙示の単独犯の予備的訴因が含まれていると解してよい」，「『共謀の上』実行したという抽象的事実の中に単独正犯の事実が含まれていると解せられる」とする**原則的包含説**の論者（香城・307）によれば，本件訴因のように，その記載そのものからは実行正犯がだれであるのか不明であっても，特段検察官によるその点の釈明を待つまでもなく，共同正犯の現訴因の中に既に被告人の単独犯の訴因も包摂されておのずから審判対象となっていると解するのであろうから，これら大小の両訴因を択一的に認定するにも，訴因変更は不要とされよう。というよりも，むしろ，**訴因縮小認定**として，訴因変更を経るまでもなく単独犯の成立を認めるのが，その論理的帰結となるであろう（ちなみに，「共同正犯の訴因」につき，それが「単独犯と共同正犯の択一的訴因」に変更されたのに対して，共謀の存否不明下で「単独犯」を判示認定した**東京高判平10・6・8判タ987・301**がある。同判決は，単独犯は共謀者の不存在を意味するという立場を採っていない点で，香城説と同根といえる。）

　しかし，この説は，「被告人は，甲と共謀の上，……した」と記載された共同正犯の訴因において，実行正犯である可能性は共犯者全員に等しく存在するはずであるのに，被告人が単独の実行正犯であることを原則となし得るのはなぜなのかを説明していない。そもそも，単独犯とは共謀者の不存在を意味するものであって共同正犯と単独犯とは相互に排斥し合う択一関係にあると考える**非包含説**の立場（大澤・重判208，佐々木・判例演習336）からは，仮に「共同正犯の訴因」中に被告人が唯一の実行正犯である旨が記載されていたとしても，その部分は「単独犯の訴因」であることを意味しないことになるから，共謀の存否不明の下では，被告人が唯一の実行正犯であるとの心証十分であっても，それだけで少なくとも単独犯（共謀者不存在）が成立するということにならないのはもちろんのこと，共同正犯の訴因の拘束力によって画された審判対象の範囲（共謀者存在が証明主題）の外に単独犯の訴因（共謀者不存在が証明主題）が置かれていると解するほかなく，択一的にせよ単独犯の要件事実（共謀者不存在）を審判の対象としてそれを認定するためには，訴因変更手続（単独犯の訴因の予備的，択一的追加）をとる必要があることになる（前項の《共同正犯→単独犯》本文の説明(i)参照）。まして，本件のように，訴因中に実行行為者が明記されていない場合にあっては，被告人を共謀共同正犯とする趣旨での訴追である可能性もあるのだから，なおさら訴因変更が必要とされよう（もっとも，本件においては，被告人が実行行為者，Fが共謀共同正犯である旨の検察官の釈明がなされた。前出の**最判昭30・10・19**【21】の【コメント】や**大阪高判平元・6・13**【81】の【コメント】でも言及したが，この釈明内容は，単独犯への訴因変更の要否を検討する限り

においては，訴因に明記されているのと同視してよいのではないかという立場も考えられなくはない。そうすると，被告人のみが実行正犯として記載された訴因ととらえ直すことになり，先の議論に戻ることになる。）。

以上に述べたところが，理論的な筋道である。しかし，また他方で，前述したような共同正犯の訴因と被告人の単独犯の訴因との実際の心証形成上にみられる密接な相互関係に照らして，前者に後者が予備的に付加黙示されているという解釈を用いて，この場合には，訴因変更を経ることなく単独犯を審判対象とすることができるとする方途も探られている。この場合，現象的には，縮小認定を試みているもののようにも見えることとなろうが，それとは異質のものである（（注44）参照）。そして，もしも，このような解釈を容れることができるのであれば，改めて訴因変更手続（単独犯の訴因の予備的，択一的追加）をとる必要はないことになる。

共謀の存否不明の心証下において，本判決とは異なって「共同正犯」の黙示的択一的認定を判示したものとして，《単独犯→共同正犯》に前出札幌高判平5・10・26【77】参照。

《同時犯⇔共同正犯》，《単独傷害→同時犯》

傷害の同時犯と共同正犯についても訴因変更を不要とした判例があるが，これについても，単独傷害を同時傷害と認定する場合はもとより，傷害の共同正犯を同時傷害と認定する場合にも，被告人の防御という観点から，「訴因変更を要するというべきであろう」（高橋・763），「要することがあろう」（条解刑訴・625），「単独犯→同時犯，同時犯→共同正犯も，構成要件的評価に差がある場合として訴因変更を必要とすると解してよいであろう」（小林・380）などとされている。刑法207条が定める同時傷害の成立要件は，①二人以上の者による暴行の存在，②この者らの間の共謀の不存在，③この者らの暴行の場所的時間的近接性，④傷害の原因をなした暴行を加えた者の不特定，である（渡辺・481）から，傷害の単独犯，共同正犯との間に要件事実として重なり合わない部分が出てくることになる。したがって，**審判対象説**からは，以上のすべての場合において，原則として訴因変更が必要になるというべきであろう（実行共同正犯としての訴追の場合であって，共犯者各人の実行行為の内容などが訴因に明記されているときなどは，これを同時犯に認定するのは別に考慮する余地があろう。後掲**最決昭25年**【85】等参照）。

【訴因変更不要】

最判昭33・7・18刑集12・12・2656【84】	同時犯→共同正犯 ①
最決昭25・11・30刑集4・11・2453【85】	共同正犯→同時犯 ②
大阪地判平9・8・20判タ995・286【86】	共同正犯→同時犯 ③

第4節　旧来の判例による訴因変更要否の具体的判断とその見直し

【84】　最判昭 33・7・18 刑集 12・12・2656
(①)

事実

起訴状記載の公訴事実

被告人等3名は、昭和30年3月8日午後5時20分頃、富山県中新川郡立山町栃津××番地N方前路上において、同県上市警察署岩峅寺駐在所勤務同県巡査V（当56年）に対し、その直前被告人Kが同巡査から所持せる自転車のことで取調を受けたことに因縁をつけ同自転車を示し「お前は自転車を何のために調べたのか、盗んできたものとでもいうのか、この鑑札が目に入らぬか」等と申向けた上、共同で手拳などにて同巡査の頭部、顔面などを殴打したり、胸部等を突き押したり、靴穿きの儘2、3回身体各部を蹴つたり、更に被告人Cが路上にあつた重さ1貫300匁位の石を拾つて同巡査の背部を1回強打するなどの暴行を加えて同巡査をその場に昏倒せしめ、因て同巡査に対し、治療期間約2ケ月を要する頭蓋骨骨折及び肋骨骨折の傷害を与えたが、その軽重を知ることが出来ず且つそれを生ぜしめた者を知ることが出来なかった。

判示認定事実

被告人等3名は共謀の上、昭和30年3月8日午後5時20分頃、富山県中新川郡立山町栃津××番地N方前路上において、同県上市警察署岩峅寺駐在所勤務同県巡査V（当56年）に対し、その直前被告人Kが同巡査から所持せる自転車のことで取調を受けたことに因縁をつけ同自転車を示し「お前は自転車を何のために調べたのか、盗んできたものとでもいうのか、この鑑札が目に入らぬか」等と申向けた上、交互に数回に亘り手拳にて同巡査の頭部、顔面などを殴打したり、胸部等を突き押したり、靴穿きの儘2、3回身体各部を蹴つたり、更に被告人Cにおいて路上にあつた重さ1貫300匁位の石を拾つて同巡査の背部を強打するなどの暴行を加えて同巡査をその場に昏倒せしめ、因て同巡査に対し、主なる傷害として治療期間約2ケ月を要する右側頭骨の陥没骨折、肋骨亀裂骨折等の傷害を加えた。

判旨　「本件のような場合に、傷害の同時犯として起訴されたものを共同正犯と認定しても、そのことによつて被告人に不当な不意打を加え、その防禦権の行使に実質的な不利益を与えるおそれはないのであるから、訴因変更の手続を必要としないものと解するのが相当である〔最判昭28・11・10 参照〕）。」

● コメント

審判対象説の立場から、判旨に賛成するものとしては、「傷害の同時犯は共犯の例により処罰されるのであるから、本件のような認定により訴追対象事実を変更したとはいえず、防禦権の具体的な侵害さえなければ、あえて訴因変更の手続は必要としないであろう」とされる見解がある（香城・314）。だが、共同正犯における「共謀の存在」は同時犯にはない要件事実として訴因に明記されるべきものであり、この点で審判対象に移動があったというべきであろう。「防禦権の具体的な侵害さえなければ、あえて訴因変更の手続は必要としないであろう」とされる点も、審判対象説の考え方とは調和しない。なお、本判決を最高裁が具体的防御説をとったと見受けられる例証として挙げる説もみられる（小林・388）。

【85】　最決昭 25・11・30 刑集 4・11・2453
(②)

判旨　「被告人と甲とが某所を通行中乙に出会い、乙が被告人に対して暴行を加えたので、甲が棍棒で乙の頭部を数回殴打した後、被告人がその棍棒を取って乙の頭部を数回殴打し、よって

訴因変更〔Ⅰ〕　293

第3章　訴因変更の要否

同人に2箇月間の安静加療を要する頭蓋不全骨折脳出血の傷害を負わせたとの趣旨の公訴事実を記載し，罪名及罰条として傷害罪刑法第204条と記載した起訴状をもってする起訴に対し，前と同一の経過順序で被告人と甲とが乙に対しそれぞれ暴行を加え，乙に対し前同様の傷害を負わせたが，右は，被告人及び甲のうち何人の暴行に基因するものであるかを知ることができないとの趣旨の事実を認定し，刑法第204条，第207条を適用するについては，訴因罰条変更の手続を経ることを要しない」

● コメント

　法律構成説の立場から，「数名の同時傷害の場合において，共同者でなくても共犯の例によるという特例（刑207条）が適用されるときは，何人が傷害を負わせたか及びその軽重について，検察官は立証の責任を免れることになる。これは防禦の立場から見ればあたかも構成要件に変更があったのと同様である。それ故，傷害の共同正犯として起訴された事件につき刑法207条を適用するときは，訴因，罰条の変更を要するものと解すべきである」とする指摘がある（小野・971）。事実記載説の立場に立ち，かつ審判対象説の視点から考えると，本件訴因のように，実行共同正犯者である被告人と甲が担ったそれぞれの実行行為が明記されている場合には，これと認定事実とを対比すると，共謀の事実（ただし，本件公訴事実に明記されていないようであり，罰条にも60条の摘示がみられない。）並びに共同実行行為と結果との因果関係の事実が認定落ちし，他方，被告人・甲の各実行行為のいずれが結果との因果関係を持つかを知ることができない（それぞれの暴行による傷害の軽重を知ることができない）旨が判示されている。しかし，後者の判示部分は，各実行行為のいずれか又は総体が結果との因果関係を有するとの認定（被告人，甲の上記暴行が当該傷害を惹起するに足りるものであったとの事実認定）を前提に置いているものであり，そうしてみると，結局のところは，**縮小認定**の一場合とみることも可能といえそうである。

【86】　大阪地判平9・8・20判タ995・286
（【127】と同じ）　　　　　　　　　　（③）

事実　事案は，被告人両名が第三者の暴行に中途から共謀加担して被害者に傷害を負わせたが，この傷害の結果が共謀成立の前後いずれの暴行により生じたものか不明というものであった。

　検察官の公訴提起は，当初からの共謀に基づく実行共同正犯であったが，裁判所はこれを認めず，更に承継的共同正犯の成立もない場合であるとした上，同時傷害の特例（刑法207条）の適用がある場合であると認めて，その認定手続につき以下のとおり判示した。

判旨　「傷害罪の共同正犯の訴因につき，判決で同時傷害罪を認定するためには訴因変更が必要であるかは一個の問題であるが（**最決昭25・11・30**は不要とする。），本件においては，……当裁判所の認定は<u>共謀の点・暴行の点ともに訴因の範囲内の縮小認定である上，刑法207条の適用の可否については，結審前に争点顕在化の措置を講じて当事者に新たな主張・立証の機会を付与しており，訴因逸脱認定又は不意打ち認定の問題は生じないと考えられるので</u>，当裁判所は，検察官

294　刑事訴訟法判例総合解説

第4節　旧来の判例による訴因変更要否の具体的判断とその見直し

の訴因変更の手続を経ることなく，判示の認定を行った次第である」

● コメント

　本件の事案は，そもそも論として，実体法上，同時犯が成立するのか否かの問題がある。本判決は，「本件のように共謀成立の前後にわたる一連の暴行により傷害の結果が発生したことは明らかであるが，共謀成立の前後のいずれの暴行により生じたものであるか確定することができないという場合にも，右一連の暴行が同一機会に行われたものである限り，刑法207条が適用され，全体が傷害罪の共同正犯として処断されると解するのが相当である。けだし，右のような場合においても，単独犯の暴行によって傷害が生じたのか，共同正犯の暴行によって傷害が生じたのか不明であるという点で，やはり『その傷害を生じさせた者を知ることができないとき』に当たることにかわりはないと解されるからである」と積極に解した。

　その上で，判示末尾において，括弧書きをもって，判旨のとおり訴因変更を不要とした理由を説明したものである。

　判旨は，**縮小認定**を理由に掲げ，更に争点顕在化措置も講じたとして，訴因変更要せずとの結論を導いている。理論的に整理すれば，不意打ち防止＝争点顕在化の必要性が直ちに訴因変更の必要性を導くものではない。まずもって，審判対象事実に変動が生じたか否かをみるべきものである。その点で，訴因縮小認定でまかなえるというのであれば，審判対象画定の見地からは訴因変更は不要に帰する。

また，要件事実の縮小認定であれば一般的防御上重要事項の変動に該当することもないから，被告人の抽象的防御の観点からの原則的訴因変更も必要とならない（以上につき，**平成13年決定【15】**参照）。学説からも，「そもそも傷害罪の共同正犯の訴因につき同時傷害罪を認定する為には訴因変更手続が必要であるか否かについては，不要説と必要説が対立しているが，必要説の説くところを見ると，『被告人の防御という観点から訴因変更を必要とする』としている。この点については，防御権保障の必要性それ自体を訴因の識別機能と離れて訴因変更要否の基準とすることは適当でないと考えられるので，本件大阪地判の理解したように訴因変更の必要はないケースと考えるべきであろう。……本判旨の判断も適切であったと思われる」とされている（田口・佐々木喜寿・732）。

【訴因変更必要】

大阪高判昭28・2・16判特28・6【87】	単独犯→同時犯　①
大阪高判昭62・7・10高刑集40・3・720【88】	共同正犯→同時犯　②

【87】　大阪高判昭28・2・16判特28・6　①

判旨　「単独で傷害したとの起訴に対し，被告人外2名の暴行を認めた上，刑法207条に当ると認定するには，訴因の変更を必要とする」

訴因変更〔I〕　**295**

第3章　訴因変更の要否

【88】　大阪高判昭62・7・10高刑集40・3・720　　(②)

判旨　「本件のように，甲の暴行終了前に乙がこれに共謀加担し，丙の傷害が，乙の共謀加担の前後にわたる甲の暴行によって生じたと認められる場合には，乙の共謀加担後の甲，乙の暴行とその加担前の甲の暴行とを，あたかも意思連絡のない2名の暴行と同視して，刑法207条の適用を認める見解もあり得るかと思われ，もし右の見解を肯認し得るものとすれば，本件においても，同条の規定を媒介とすることにより，被告人に対し傷害罪の刑責を問う余地は残されていることになる。しかしながら，右のような見解に基づき被告人に傷害罪の刑責を負わせるためには，その旨の訴因変更（予備的変更を含む。）手続を履践して，事実上・法律上の論点につき被告人に防禦を尽くさせる必要のあることは当然であると解せられる」

● コメント

喧嘩の際に，第三者が途中から共謀加担したが，傷害の結果が共謀成立の前後いずれの暴行により生じたか（甲の単独犯としての暴行によって傷害が生じたのか，甲と乙との共同正犯としての暴行によって傷害が生じたのか）は不明であるという場合，前出**大阪地判平9・8・20【86】**は，中途加担者には同時傷害の特例が適用されるとの見解を採っている。本判決は，「丙の傷害が，乙の共謀加担の前後にわたる甲の暴行によって生じたと認められる場合には」という言い方をしているが，「乙の共謀加担後の甲の暴行」は，「乙との共同正犯としての暴行」を構成するものであり，要するに，「乙の共謀加担前の甲の単独犯としての暴行」と「乙の共謀加担後の甲と乙との共同正犯としての暴行」のいずれが丙の傷害を生じさせたか不明の場合を想定しているものであろう。

ただし，本判決自身は，同時犯の規定の適用を認めているわけではないことに注意を要する（乙について，傷害罪の承継的共同正犯の成立を否定し，暴行罪の共同正犯を認めた）。傍論として，同時犯成立の可能性を仮定したとしても，その適用に当たっては訴因変更手続を要するところ，これが履践されていないことから，同時犯の成否を論じる余地なしとしたものである。ここで訴因変更を要する理由としては，事実上，更に法律上の論点についての被告人の**防御上の必要性**を指摘しているが，今日においては，**審判対象画定の見地**（訴因事実と判示認定事実たるべきものとの間における要件事実のずれ）から考究されるべきであるし，法律上の論点について防御を尽くさせるのは訴因の担うべき役割ではない。それは，**争点顕在化の手続**によるべきものである。

《途中加担の実行共同正犯→当初からの承継的共同正犯》

承継的共同正犯を認定するについて，訴因変更を必要とするとした判例がある。

第4節　旧来の判例による訴因変更要否の具体的判断とその見直し

【訴因変更必要】

【89】　名古屋高判昭46・8・5高刑集24・3・483

事実

恐喝・傷害→先行する共犯者による暴行の承継的共同正犯付加

起訴状記載の公訴事実

第2　被告人H，同Y（いずれも原審相被告人）の両名は，共謀の上，同年（昭和45年）10月16日午後11時30分ころ，前記キヤバレー甲において，V子に対し，同女の髪の毛を手で交々引張つたり，被告人Hが手拳で顔面を数回殴打したり，同女の脇腹を足蹴りにして床上に転倒させ，さらに同店前駐車場に駐車中の普通乗用自動車内に連れ込み「今日はカチカチに頭にきた。ヤキを入れてやる」などと申し向けつつ被告人Hが同女の化粧箱をとり上げて同女の頭部を殴打したり，被告人Yが髪の毛をつかみ頭部を数回手拳で殴打するなどの暴行を加え，もつて数人共同して暴行を加えた。

第3　被告人M，同H，同Yの3名は，共謀の上，右V子から金員を喝取しようと企て，同年10月17日午前0時30分ころ，名古屋市中区新栄町×丁目×番地▽▽ビル地下ホストクラブ乙において，同女に対し「俺はNのために金を使つたんや。お前金を出せ。」など怒号し，同女の座つていた丸椅子を足蹴りして同女を転倒させたり，同女の頭部を手拳で数回殴打し，更に卓子上にあつた食塩瓶で同女の頭部を数回殴打するなどの暴行を加えたうえ，同女を同日午前1時30分ころ，前記丙ホテル4階客室に連れ込み，さらに同女に対し「これぽつちのヤキですむと思うと大間違いだ。生爪をはいだり，歯を5，6本抜くぐらいのことはやつてやる」「Nには入墨を入れるのや，探すのに組の者を大勢使つて7，80万円の金を使つた。お前はNの女なんだから30万円だせ」「30万円の金はお前がパンパンをやつても作れ」などと申し向けて脅迫しつつ金員を要求し，もしこの要求に応じなければ同女の身体などに更に暴行を加

えかねない態度を示して同女を極度に畏怖させ，その場において，同女をして，同月24日金30万円を支払う旨約束させ，もつて不法の利益を得るとともに，前記暴行により同女に加療約37日間を要する頭部，右手，左大腿部挫傷等の傷害を負わせた。

判示認定事実

第3　被告人H，Yの両名は共謀の上，以前被告人Hとともに前記キヤバレー甲に勤めていたことのあるNが同被告人に不義理を重ねたまま所在不明になつたことを種に，Nと親しくしていた前記V子から金員を喝取しようと企て，同年同月16日午後11時30分頃前記キヤバレー甲において，Vに対し，同女の髪の毛を交々手で引張つたり，被告人Hにおいて手拳で顔面を数回殴打したり，脇腹を足蹴りにして床上に転倒させ，更に同店前駐車場に駐車中の普通乗用自動車内に連れ込み，「今日はカチカチに頭にきた，てつていきにやきを入れてやる」などと申し向けつつ，被告人Hにおいて手拳乃至同女のハンドバックで同女の頭部顔面等を殴打し，被告人Yにおいて同女の髪の毛をつかんで押えつける等の暴行を加えた上，翌17日午前零時過ぎ頃名古屋市中区新栄町×丁目×番地▽▽ビル地下1階ホストクラブ乙へ連行し，被告人Hにおいて同所において被告人Mの面前で「親分さんの前に出て挨拶をせんのか」「Nのために金を使つた。お前金を出せ」などと怒号し，同女の坐つていた椅子を足蹴りして同女を床に転倒させ，同女の頭部を手拳で数回殴打し，更に卓上の食塩瓶で同女の頭部を数回殴打する等の暴行を加え，被告人Yにおいて倒れている同女の髪や肩をつかんで引き起しては被告人Hの方へと突きとばす等の暴行を加えたが，この有様を見た被告人Mも被告人H，同Yの同女に対する既発の暴行脅迫を利用し，これに加わることによつて同女から金員を喝取しようと企て，ここに被告人3名共謀の上，被告人Mにおいて「こういうものはいつみてもおもしろい，ええ音だ」などと云つて右暴行に気勢を添えたのち，「この女は俺が連れて行く」と述べて自己の運転する普通乗用自動車に同女を乗用させ，被告人H，同Yは別の車に乗つて追随し，同日午前1時半頃同女を前記丙ホテル4階客室に連行し，更に同所において被告人Yが「最初からおとなしくついてくればこんな痛い目に会わんですむのだ」，被告人Hが「これぽつちのヤキで済むと思つたら大まちがいだ。今日はボ

訴因変更〔I〕　**297**

第3章　訴因変更の要否

テボテにヤキを入れてやる」，被告人Mが「俺がやるならこんなに甘くはない。生爪をはがすぐらいのことはやるし，歯の5，6本ペンチで抜いてやる」などと交々同女を脅迫した上，被告人Hにおいて「Nの入れ墨代は12万円もした。Nを探すには組の者を何百人も使つて60万円使つておる。お前は30万円出せ」，被告人Mにおいて「お前が金を作つてこんとHに指をつめてもらわにやならん。30万円位はお前の体を張つても作つてこい」などと申し向けて金員を要求し，もし右要求に応じなければ同女の身体に更にどのような暴行を加えるかわからない言動を示して同女を極度に畏怖させ，その場において同女をして同月24日午後8時に前記キヤバレー甲で現金30万円を交付する旨約束させて，もつて財産上不法の利益を得るとともに，右一連の暴行により同女に加療約37日間を要する頭部，右手，左大腿部挫傷等の傷害を負わせた。

被告人Mに対して訴因変更を経ないまま公訴事実第2についても刑責を問うたことが，控訴審において問題とされた。

判旨　「昭和45年11月12日付起訴状記載の公訴事実をみるに，……というのである。しかるに，原判決はその罪となるべき事実第3において……と認定し，右認定の事実に対する被告人Mの所為を刑法60条，249条2項の恐喝罪，同法60条，204条の傷害罪に問擬している。そしてその認定の理由として原判決法令の適用欄の末尾において『なお検察官は右判示第3の所為中，被告人H，同Yのキヤバレー甲及び同店駐車場に駐車中の自動車内におけるVに対する各暴行を，その後の被告人3名による恐喝傷害とは区別してこれを暴力行為等処罰に関する法律1条，刑法208条に該当するものとして，併合罪として起訴しているのであるが，関係各証拠によれば，被告人H，同Yには右キヤバレー甲における暴行の時点において既に恐喝の犯意があつたこと，Vにおいてもその旨を十分察知していたことは明らかであるし，右暴行と同店前駐車場に駐車中の自動車内での暴行と更にホストクラブ乙における暴行とは，短時間の間に同一犯意の下に接着してなされた一連の行為であること，被告人Mとしては判示の如く右ホストクラブにおいて後から加わつたものの，被告人H，同YのVに対する既発の暴行脅迫を利用して，更にこれに加わつて暴行脅迫をして金員を喝取しようとしたこと等を総合して考えると，被告人H，同Yによる右キヤバレー甲及び同店前駐車場に駐車中の自動車内における各暴行は，その後の被告人3名による恐喝（及びこれと一所為数法の関係に立つ傷害）の罪に吸収されるものとみる方が相当である』旨説示している。右説示にある如く，H，Yに対する併合罪の起訴を裁判所が一罪と評価して認定する場合に訴因変更の手続を要しないことは是認できる。しかし，このことは本件被告人（M）については直にあてはまるものではないこと明らかである。原判示第3の摘示事実および前説示部分を仔細に検討すれば，原判決は所謂承継的共同正犯理論を採つて，被告人に対して，ホストクラブ乙以前の前記H，Yの暴行行為についても被告人に責任があるがごとき認定をしていることが明らかに看取できる。しかしながら，<u>被告人に対する訴因は乙以後の恐喝，傷害を明示しているに過ぎないのであるから，被告人に対する審判の対象は右訴因に限るべきである</u>。原審が前記の様な見解に立つて，被告人に対し，乙以前の共犯者の行為についての責任を問うのであるならば，検察官の訴因変更請求をまつて，これを許可するか，または検察官に訴因変更命令を発して訴因変更の手続を履践したうえ，乙以前の共犯者の暴行行為を被告人に対する関係で審判の対象にすべきである。しかるに原審が被告人に対する関係でかかる訴因変更の手続を履践した形跡は全くないにかかわらず，原判示第3の事実を認定する挙に出たもので，かくては<u>被告人に対し不意打を喰わせ，被告人の防禦に実質的な不利益を生ぜしめた</u>ものといわなければならない。され

第4節　旧来の判例による訴因変更要否の具体的判断とその見直し

ば，原判決には刑事訴訟法378条3号後段の審判の請求を受けない事件について判決した違法があるというべきであるから，その余の論旨について判断を加えるまでもなく，原判決は破棄を免れない」

● コメント

結論に異論はない。ただし，**審判対象説**の立場からすれば，訴追対象事実の変動だけで直ちに訴因変更必要となるから，本判決が付加的に述べている被告人の防御権保障の見地は無用の理由付けということになる。

2　構成要件を異にするずれの場合

(1)　当初の訴因に掲げられた事実の一部分を認定する場合

この場合には，該当する構成要件が異なることになっても，訴因の変更は不要である。以下のような縮小認定の事例がこれに当たるとされる（条解刑訴・625，高橋・763）。縮小認定については，3節4において，下記判例のうちの主要なものについて検討した。

若干の問題を含む判例について後述する。

【訴因変更不要】

最決昭28・11・20刑集7・11・2275	殺人未遂→傷害
最判昭29・8・24刑集8・8・1392	
最決昭28・9・30刑集7・9・1868【19】	殺人→同意殺人
名古屋高判昭31・4・9裁特3・8・385	殺人→嘱託殺人
最決昭30・10・19刑集9・11・2268【21】【50】	傷害共同正犯→暴行単独犯
最判昭26・6・15刑集5・7・1277【16】	強盗→恐喝
最決昭29・10・19刑集8・10・1600	
最判昭29・12・17刑集8・13・2147	強盗致死→傷害致死
東京高判昭26・7・17高刑集4・9・1093	準強盗→窃盗
東京高判昭30・4・9高刑集8・4・495	強盗未遂→共同暴行（暴力行為等処罰に関する法律違反）
福岡高判昭31・1・28高刑集9・1・33	業務上過失致死傷→重過失致死傷
福岡高判昭31・2・6判時75・27	
東京高判昭32・1・22裁特4・1=3・16	強姦致傷→強制わいせつ致傷
最決昭33・3・25裁集123・789	受託収賄→単純収賄
最判昭35・12・13判時255・30【25】	枉法収賄→単純収賄
仙台高判昭29・7・13裁特1・1・19	業務上横領→単純横領
東京高判昭32・3・18裁特4・6・132	
最判昭28・5・29刑集7・5・1158【18】	横領→占有離脱物横領
最決昭29・5・20刑集8・5・711【90】	公職選挙法上の供与→交付　　　　　　　①
最判昭30・10・18刑集9・11・2224【91】	爆発物取締罰則3条違反罪→同6条違反罪　　　　　②
最判昭39・11・24刑集18・9・610【92】	建造物損壊及び共同器物損壊（暴力行為等処罰に関する法律違反）→軽犯罪法1条33号（はり紙等）違反 ③

訴因変更〔I〕　**299**

第3章　訴因変更の要否

最決昭40・4・21刑集19・3・166【26】	業務上過失致死傷→重過失致死傷
東京高判昭42・6・5高刑集20・3・351	破壊活動防止法39条・40条所定の殺人及び騒擾の予備→陰謀
最決昭55・3・4刑集34・3・89【13】	酒酔い運転→酒気帯び運転

【90】　最決昭29・5・20刑集8・5・711（①）

事実

起訴状記載の公訴事実

　被告人は，昭和27年10月1日施行の衆議院議員選挙に際し，…立候補したSの選挙運動者であるが，同候補者に当選を得させる目的で，同候補者長男Mと共謀の上，同年9月8日頃から同月18日までの間に，4回にわたって，1所外2箇所で，右候補者の選挙運動者Fに対し，同候補者のため投票取纏め等の選挙運動方を依頼する趣旨の下に，その資金として，現金合計90万円を供与した。
〔罰条：公職選挙法第221条第1項第1号〕

判示認定事実

　被告人は，昭和27年10月1日施行の衆議院議員選挙に際し，…立候補したSの選挙運動者であるが，同候補者長男Mと共謀の上，同年9月8日頃から同月18日までの間に，4回にわたって，1所外2箇所で，右候補者の選挙運動者Fに対し，同候補者に当選を得しめる目的で，同候補者の選挙運動者に対し投票取纏め等の費用及び報酬として供与させる目的の下に，現金合計90万円を交付した。
〔罰条：同条同項第5号〕

原審判決（仙台高判昭28・9・21）：「原判決は，被告人Nが候補者Sに当選を得しめる目的で，Mと共謀の上Fに対し，投票取纏等の選挙運動依頼の趣旨の下にその資金として，90万円を渡した旨の事実を認定し之を供与罪としている。しかしな

がら，Mは候補者Sの長男，Fは同候補者の選挙事務長でS派としては，候補者Sが病中であつたのでFその他××党所属の地方有力者等が，選挙運動一切を担当し，その資金は，法定の選挙費用も選挙運動者に供与すべき投票取纏等の運動の費用及び報酬とすべき違反の運動の資金もすべてSが調達してFに交付し，Fにおいてそれぞれ必要の方面に配分するという仕組をとつていたもので，SからFに対する金員の交付はそれらの費用に充てるべき委託の趣旨で所持を移転したに過ぎず，その全部又は一部をFの所得に帰せしめる趣旨のものではなかつたことが明かである。原判示の金員授受は，右の内前記違法な選挙運動の資金の交付であつたこと，而して，被告人Nは，右選挙運動の首脳部の一人として参画し，右金員交付についてもMと犯意を通じSが調達した金員をFに手交する役割を演じたもので，即ちSと共謀して原判示の金員交付をしたものと認めるべきであること等が明かである。しかして原判決も右各金銭の授受については，原判示の他の犯罪事実の場合に『投票取纏等の選挙運動の費用及び報酬として』としたのと区別して，『投票取纏等の運動資金として』と判示し，その中にFに対する報酬を含まないこと，従つて同人の所得に帰せしめたものでないことを明かにしているのであつて，之を以て右金員の授受は他の選挙運動者に金銭を供与せしめる目的でその金員の所持を移転したに過ぎないことを判示したものでただその事実を法律上供与に当るものと解し公職選挙法221条1項1号を適用したものと解される。従つて原判決は交付罪の事実を認定しながら法律を誤解して供与罪と認めその該当法案を適用した擬律錯誤の違法あるのみに帰する。而して，金銭交付と金銭供与は，共に公職選挙法221条1項の罪で，その法定刑も同一のものであるから，この点の擬律錯誤が判決に影響を及ぼすこと明白であるとはいい得ない」

300　刑事訴訟法判例総合解説

第4節　旧来の判例による訴因変更要否の具体的判断とその見直し

判旨　「交付罪も供与罪も所謂買収犯の一態様であり，公訴事実の同一性を欠くものではなく，その法定刑も同一であるから，所論の如き供与罪の起訴に対し，原判決が訴因及び罪条の変更なくして交付罪の事実を認定したからといつてこれにより被告人の防禦権を不当に制限したものとは認められない。原判決には所論のような違法はない。」

● コメント

起訴状記載の公訴事実	判示認定犯罪事実
被告人は，昭和27年10月1日施行の衆議院議員選挙に際し，……立候補したSの選挙運動者であるが，	
同候補者に当選を得させる目的で，	
同候補者長男Mと共謀の上，	
同年9月8日頃から同月18日までの間に，4回にわたって，I所外2箇所で，	
右候補者の選挙運動者Fに対し，	
	同候補者に当選を得しめる目的で，
同候補者のため投票取纏め等の選挙運動方を依頼する趣旨の下に，その資金として，	同候補者の選挙運動者に対し投票取纏め等の費用及び報酬として供与させる目的の下に，
現金合計90万円を	
供与した。	交付した。
〔罰条：公職選挙法第221条第1項第1号〕	〔罰条：同項第5号〕

　当時の担当調査官は，「訴因をいかに考えるかは，もとより，一つの問題であるが，最高裁の判例は，訴因を以って，攻撃防御・殊に防御の手段と見る傾向にあるということができよう（最判昭26・6・15，最判昭28・11・10，最判昭29・1・21，最判昭29・1・28など参照。）。

本決定も，かかる見解を踏襲したものと考えられる」と解説されている（竜岡・判解29・118）。なるほど，判旨は，**防御説**の立場から考察して，訴因変更を経ずに認定したことを防御権の不当な制限には当たらないとして是認しているのであるが，その防御権の不当な制限に当たらないことの理由として述べているところ（「交付罪も供与罪も所謂買収犯の一態様であり，公訴事実の同一性を欠くものではなく，その法定刑も同一であるから」）は，不意打ち防止の観点とは別次元のことであり，**防御説**の立場から見ても，かなり乱暴な議論といわざるを得まい。

　そこで，今日の最高裁判例の立場である**審判対象説**の見地から本件を眺めてみると，どうなるであろうか。

　まず，その前提として，供与罪と交付罪のそれぞれの特別構成要件を本件事案に即して確認しておくこととする。

供与罪〔公職選挙法第221条第1項第1号〕	交付罪〔同項第5号〕
（Sに）当選を得させる目的をもって	（Sに）当選を得させる目的をもって（F以外の他の）選挙運動者に対し金銭の供与をする行為をさせる目的をもって
選挙運動者（F）に対し	
金銭を	
供与した。	交付した。

　両者を比較対照すると，①目的の内容，②「供与」／「交付」の2点において相違して

訴因変更〔I〕　**301**

いる。①については，供与罪は，金銭を手交する相手方（本件では，F）自身にS候補を当選させるための選挙運動をしてもらうことを前提として，同人にその報酬等を贈与するもの（いわばFの選挙運動を買収する行為）であり，交付罪は，Fの外の選挙運動者（Xとする。）にS候補を当選させるための選挙運動をしてもらうことを前提として，Fに対して，FからXにその選挙運動の報酬等として贈与させるべく，その資金を預託するもの（いわばXの選挙運動を買収するための予備行為）である。②については，①について上述したところからもおのずと明らかなとおり，「供与」も「交付」も占有を移転する点では同じだが，前者は所有権の移転をも伴うが後者は伴わない点に差異があることが，法解釈として確定している（大判昭12・2・15刑集16・149）。

そこで，本件で第1に問題となるのは，訴因事実として，「投票取纏め等の選挙運動方を依頼する趣旨の下に，その資金として，……供与した」と記載してあるのをどう解すべきかである。Fに対して，「投票取纏め等の選挙運動」をしてもらうために，その「費用及び報酬として」手交したというのであれば，それは正しく「供与」であるが，「その資金として」というのはいかなる意味であろうか。一面，Fに運動してもらうその「費用（交通費，事務費等）及び報酬として」との意味にも解し得ないではないが，他面，Fが他の選挙運動者を通じて投票買収等を行う上での「費用（有権者への買収資金等）及び報酬

（他の選挙運動者に対する報酬）として」預託したという意味にも解し得る。そして，この後者であれば，それは「供与」ではなく「交付」となる。このように，本件起訴状の公訴事実の記載は，元来，不特定な面を有するものであった。

審理の結果，原判決は，上記の点につき，第一審判決としては，後者の事実摘示（「（F以外の）選挙運動者に対し投票取纏め等の費用及び報酬として（Fをして）供与させる目的の下に」）がなされている趣旨であると解し，それを前提にして，交付罪の事実を認定しながら供与罪で処罰するという法令適用の誤りを犯したものにすぎないと位置付けた（「原判決は，原判示の他の犯罪事実の場合に『投票取纏等の選挙運動の費用及び報酬として』としたのと区別して，『投票取纏等の運動資金』としてと判示し，その中にFに対する報酬を含まないこと，従つて同人の所得に帰せしめたものでないことを明かにしているのであつて，之を以て右金員の授受は他の選挙運動者に金銭を供与せしめる目的でその金員の所持を移転したに過ぎないことを判示したものでただその事実を法律上供与に当るものと解し公職選挙法221条1項1号を適用したものと解される」／なお，最高裁は，前記のとおり，**防御説**—時代背景としては，具体的防御説が採用されていた時期に該当する。—の立場から，訴因変更不要としたものであるので，このような原判決の理解の当否については述べてはいない）。

しかしながら，要件事実を正確に摘示するという在るべき姿からいえば，本件訴因が一

第4節 旧来の判例による訴因変更要否の具体的判断とその見直し

義的に明確でないことは否定できないところであり，現在の訴訟実務の在り方からすれば，まずもって，「その資金として」の意義について検察官に釈明させるところから出発し，訴因について所要の補正措置を講じさせるべきであったろう。

次に，仮に，訴因にいう「その資金として」の意義が，「Fに運動してもらうその費用（交通費，事務費等）及び報酬として」というものであったとして（最高裁はこの前提に立っている。），裁判所として，「Fが他の選挙運動者を通じて投票買収等を行う上での費用（有権者への買収資金等）及び報酬（他の選挙運動者に対する報酬）として」手交したとの事実を認定するためには，その旨の訴因への変更手続を要しないものであろうか。

本件では，被告人がFに現金90万円を渡したという外形的事実は不変であるが，訴因事実と認定事実とでは，その現金手交の趣旨とそれに伴い現金についての所有権移転の有無が変化している。これを図式化すれば次のようになる（矢印は現金90万円の流れを示す）。

```
被告人 ───〔供与〕──→ 選挙運動者F
       占有移転＋所有権移転

被告人 ───〔交付〕──→ 選挙運動者F
       占有移転
           ┊
           └─〔供与〕┄┄→ F以外の選挙運動者（X）
              占有移転＋所有権移転
```

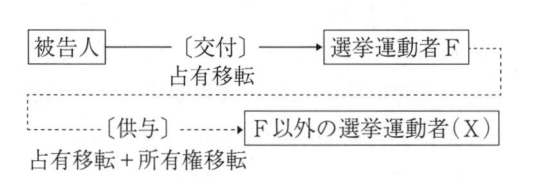

ここから，一つの見方としては，「供与」も「交付」も占有を移転する点で同一事実をいうものであり，ただ前者は所有権の移転をも伴う点に差異があるのであるから，その部分のみが認定落ちしても，それは**縮小認定**である，という立場が出てこよう。

しかしながら，供与・交付双方の要件事実の正確な比較対照なしには，軽々に縮小認定することは許されない。そこで，前掲の供与罪と交付罪のそれぞれの特別構成要件を本件事案に当てはめてそれぞれの構成要件該当事実を見てみると，下表のようになろう。

供与罪の構成要件	交付罪の構成要件
（Sに）当選を得させる目的をもって	（Sに）当選を得させる目的をもって（F以外の）選挙運動者に対し金銭の供与をする行為をさせる目的をもって
選挙運動者（F）に対し	
金銭を	
供与した。	交付した。
供与罪の要件事実	交付罪の要件事実
S候補に当選を得させる目的をもって	Fに，S候補に当選を得させる目的をもって，その候補者の選挙運動者であるF以外の者に対し，同人がS候補のため投票取りまとめなどの選挙運動をすることに要する費用及びその運動に対する報酬として贈与（実務では「供与」と記載されるのが通例である。）させる目的をもって
S候補の選挙運動者であるFに対し	
	FがS候補のため投票取りまとめなどの選挙運動をすることに要する費用及びその運動に対する報

訴因変更〔Ⅰ〕　**303**

第3章　訴因変更の要否

酬として	
現金90万円を	
贈与した。（実務では「供与した」と記載されるのが通例である。）	預託した（実務では「交付した」と記載されるのが通例である。）

これによれば，供与の要件事実と交付のそれとでは，①現金手交の趣旨・目的において，また，②手交された現金の所有権が移動したのか否かについて，証明されるべき具体的「事実」として，明白な食い違いがあるといわざるを得ず，供与の要件事実が交付のそれを包摂している関係にあるとは到底いえない。**縮小認定**は許されず，審判対象説からする限り，訴因変更不要とすることはできない道理であろう。

【91】　最判昭30・10・18 刑集9・11・2224
(②)

事実

起訴状記載の公訴事実
　被告人は，治安を妨げ且つ身体財産を害する目的をもって，昭和27年7月21日福岡市××町自宅において，ダイナマイト75瓦包1個等を所持した。
〔罰条〕爆発物取締罰則3条

判示認定事実
　被告人は，同日同所においてダイナマイト75瓦包1個等を所持した。

〔適条〕爆発物取締罰則6条

判旨　「本件公訴事実は……というにあり，これに対し，第一審判決は……事実を認めたことは起訴状及び第一審判決上明瞭であるから，第一審判決が公訴事実と同一性のある事実を認定したといいうること勿論である。しかして，右起訴状においては訴因を右罰則3条の罪としたのに第一審判決が訴因変更の手続をとらずして右罰則6条によつて処断したことも記録上明白であるが，右罰則3条の罪の審判の範囲には当然右治安を妨げ又は身体財産を害する目的の存否が包含せられる（ことは被告人側の予見すべき且つ容易に予見し得べきところである）のであつて，右訴因を変更せずして裁判所が罪質の軽い右罰則6条によつて処断したとしても被告人側の意表に出でその防禦権を侵害した違法あるものというを得ず，所論の各判例に違背するものでもない。論旨は理由がない」

● **コメント**

　判旨は，被告人の防御権の侵害の有無に着目して結論を導いているが，**審判対象説**の立場からするとどうであろうか。
　爆発物取締罰則は，その第1条において，「治安ヲ妨ケ又ハ人ノ身体財産ヲ害セントスルノ目的ヲ以テ…」と規定した上，第3条において，「第1条ノ目的ヲ以テ爆発物…ヲ所持…シタル者ハ3年以上10年以下ノ懲役又ハ禁錮ニ処ス」と，第6条において，「爆発物ヲ…所持シ…タル者第1条ニ記載シタル犯罪ノ目的ニアラサルコトヲ証明スルコト能ハサル時ハ6月以上5年以下ノ懲役ニ処ス」と，各規定している。つまり，第3条は，上記目的が存在することを要件事実としており，第6条は，その目的の存否が不明であることを要件事実としている，と解される。このことは，第3条違反の訴因の中から，「治安を妨げ又は人の身体財産を害せんとする目的を

第4節　旧来の判例による訴因変更要否の具体的判断とその見直し

もって」との要件事実が，証明上合理的疑いを残して認定落ちした場合には，第6条違反の罪が成立することを意味しているから，してみれば明らかなとおり，第3条の罪の要件事実は第6条のそれを完全に包摂しているのであり，本件は縮小認定そのものといえる。「結局3条の罪の訴因について審判を受ける者が，1条の目的の存否いずれとも判明しない場合には，6条によって処断されることになるわけである。従ってこの場合に訴因の変更ということを考える余地はないのではなかろうか」（吉川・判解30・288）とされているとおりであると思料される。

【92】　最判昭39・11・24刑集18・9・610（③）

事実

起訴状記載の公訴事実
　被告人は，昭和33年3月18日午後11時過頃Y外3名と共同して，
　(1)　メリケン粉糊を用いてビラ合計34枚を建造物の一部である駅長室内の北西側壁及び南東側白壁下部の腰板に貼り付け，もって国鉄所有の建造物を損壊し
　(2)　前同様の方法でビラ合計30枚を同室内北西側窓，同出入口並に駅事務室に通ずる出入口の各ガラス戸及び衝立に貼り付け
　もって数人共同して国鉄所有の器物を損壊した。
〔罰条〕
(1)について刑法第260条，(2)について暴力行為処罰に関する法律第1条第1項

判示認定事実
　被告人は，Y外3名と共謀の上，昭和33年3月18日午後11時過頃，山口県吉敷郡小郡町所在の国鉄山陽線小郡駅々長室兼小郡駐在運輸長室において，無断で同室北西側板壁，南東側白壁下部腰板，北西側硝子窓，同側出入口及び西側事務室に通ずる出入口の硝子戸等に，「人べらしは死ねということだ，」「人間らしい生活をさせよ」等と墨書し又は「みんなの力で賃金調停を有利に出させよう」などと印刷してある，縦約37糎，横約13糎のビラ約60枚を糊で貼り付け，以つてみだりに他人の家屋にはり札をした。
〔適条〕
軽犯罪法1条33号

　原審判決（広島高判昭37・1・23）「刑法第260条，第261条等の損壊罪と軽犯罪法第1条第33号の罪とは，その違法性や侵害性の程度や一般国民の違法感情の程度において，格段の相違があり，両者を全く異質な犯罪と考えた原判決も一概に失当と言い得ないようにも考えられるのである。しかしながらもともと軽犯罪法なるものは，日常生活における卑近な道徳違反の行為のうち，その違法性や侵害性の比較的軽微なものを処罰の対象として規定しているだけで，その本質はやはり刑事犯的な性質を具有するものと解せられて居り，軽犯罪法第1条第33号の罪は，刑法の毀棄損壊罪に達しない程度のビラ貼行為や汚損行為を，処罰の対象とするもので，両者の相違はその違法性と侵害性の程度にあるとされているのである。して見れば本件ビラ貼行為を内容とする建造物損壊等の訴因を，軽犯罪法第1条第33号の罪に変更認定することは，その基本的な事実関係を動かすものでないのはもちろん，構成要件的にもその違法性や侵害性において，またその刑責において，はるかに縮小された事実を認定するものであるばかりでなく，これを本件訴訟の経過について見ても，弁護人は原審において，本件ビラ貼行為について労働組合法第1条第2項の刑事免責を主張しながら，念のため本件は建造物損壊等の規定に該当するものではなく，軽犯罪法第1条第33号に該当するもので

訴因変更〔I〕　305

あることに論及している位であるから，本件の場合建造物損壊等の訴因を軽犯罪法第1条第33号の罪と変更認定するには，敢えて訴因変更の手続を経るの要はなく，訴因の変更追加の手続を経ないで，右のような認定をしたからといつて，被告人の防禦に不測の不利益を及ぼすとは考えられないのである。

しかるに原判決が右と異なる見解の下に，前記のように，建造物損壊等の公訴事実を無罪としたのは，訴訟法令の解釈適用を誤り判決に影響を及ぼすべき過誤を犯したものとせざるを得ない（なお検察官は当審において，念のため軽犯罪法の訴因を予備的に追加している。）。検察官の論旨は理由があり，原判決は破棄を免れない」

判旨「上告趣意は，検察官が前示の本件ビラ貼り行為を，刑法260条の建造物損壊および同261条の器物損壊を内容とする『暴力行為等処罰ニ関スル法律』違反の各訴因として起訴した以上，これを軽犯罪法1条33号の罪と変更，認定するには訴因変更の手続を要するのにかかわらず，原判決が右手続を経る必要がないと判示したことは，判例違反ないし訴訟法違反であると主張する。しかしながら，所論引用の各判例はいずれも事案を異にし本件には適切でないから，判例違反の主張はその前提を欠き，また，所論原判示は相当として是認することができる。しかも，本件記録に徴するに，原審第3回公判期日（昭和36年4月21日）において検察官が右訴因（並びに罰条）の予備的追加の請求をしたことおよび原審第6回公判期日（昭和36年12月4日）において，原裁判所が右請求を許可する旨の決定をしたことは，いずれも明認されるところであるから（本件におけるように，控訴審が事実の取調をしたうえ，第一審判決を破棄，自判する場合で，しかもそれが被告人の防禦上実質的利益を害しないと認められる場合には，検察官の予備的訴因の追加請求を容れ，

追加された訴因を認定することの許されることは，当裁判所の判例の趣旨とするところである。（**最決昭29・9・30**，**最決昭37・3・15**各参照），論旨は，その点においても前提を欠き不適法たるを免れず，適法な上告理由に当らない」

● **コメント**

本判決が訴因変更を不要とした理由は，判文に現れていない。

審判対象説の立場からの「強盗罪と暴行罪又は脅迫罪との関係の場合には，後者が前者に吸収されるのみで，後者が前者の一般法又は補充法であるとは解せられないので，前者の訴追に伴い後者があわせて予備的に訴追されていると解するのは妥当でないであろう。刑法と特別法（例えば，軽犯罪法）の各罪との間にも，同様に解すべき場合が多いと考えられる」との立論（香城・308）からすれば，本件においては**縮小認定**が許されないこととなりそうであるが，なお異論があろう。

《事実の欠落による重い犯罪への変動》

同意堕胎の訴因に対して不同意堕胎を認定する場合のように，嘱託・承諾の事実が脱落することによってかえって重い構成要件に当たる結果となる場合にも，訴因の変更を要すると解すべきである（書研・講義案・131，石井・87，高田・627，629，高橋・764）。

もっとも，殺人を同意殺人と認定する場合などにおいて，「殺人は『被害者の意思に反している』」という事実の有無によって，同意殺と区別されるとすれば，殺人と同意殺等との関係は，『大は小を兼ねる』という関係と

第4節　旧来の判例による訴因変更要否の具体的判断とその見直し

考えることができる」という立場（書研・講義案・131）を採るのであれば，この場合は，「嘱託・承諾等という事実の脱落（＝事実の縮小）」ととらえるのではなく，逆に，「被害者の意思に反しているという事実の付加（＝事実の拡大）」によって刑責が増大するときである―下記(2)の場合の一つ―ということになるから，訴因変更が必要とされるのも当然の事理となる。

(2) 当初の訴因をはみ出す事実を加えて認定する場合

この場合には当然に訴因変更を要する。

《もとの訴因より法定刑の重い犯罪への変動》

もとの訴因よりも法定刑の重い罪を認定するときは，通常この場合に当たろう。例えば，次のような判例がある。

【訴因変更必要】

最判昭 30・7・5 刑集 9・9・1777【93】	単純収賄→請託収賄（後出）
東京高判昭 30・12・6 高刑集 8・9・1162	非現住建造物放火・延焼→現住建造物放火

【93】　最判昭 30・7・5 刑集 9・9・1777

判旨　「所論の被告人の所為について，本件起訴状記載の訴因はいわゆる単純収賄（刑法197条1項前段）であるにかかわらず，第一審判決は，訴因変更の手続を履まず，いわゆる請託収賄（同条同項後段）と認定をしたことは所論の指摘するとおりである。このような場合訴因変更の手続を定めた刑訴法の趣旨からいつて，第一審がその手続をとらないで判決したことは違法たるを免れない」

● コメント

担当調査官の「刑法197条1項前段の単純収賄の事実と同条同項後段の請託収賄の事実とは，事実関係並に犯罪構成要件を異にし，しかも後者の法定刑は前者のそれよりも重いから，訴因変更の手続を経ることなく前者の訴因に対して後者の犯罪事実を認定することは違法というべきであろう」とする解説があるが（伊達・判解30・184），法定刑の点をいう理由付けは蛇足であろう。後述参照。

《法定刑が同じ又はそれ以下の犯罪への変動》

翻って考えてみると，訴因が犯罪の特別構成要件に当てはめて法律的に構成した事実である以上，構成要件的評価において直接又は間接に異なる事実の変動がある場合は，原則として訴因の変更を必要とすると解するのが相当であり（小林・377），したがって，法定刑が同じ又はそれ以下の罪に当たる事実への変化であるからといって，そのことを理由に訴因変更を不要とすることはできない道理である（条解刑訴・625。高橋・764は，「法律構成を異にする結果，事実面でもずれとなって現れる場合は，そのずれが重要であるか否かによって訴因変更の要否が決まる。その場合，法定刑が同じ又はそれ以下であるかどうかにかかわらない」とされる）。変更を要するとした判

訴因変更〔Ⅰ〕　307

第3章　訴因変更の要否

例として，例えば，以下のものがある。このうちの【9】，【11】については，3節2(1)で検討済みである。

【訴因変更必要】

名古屋高金沢支判昭29・9・14裁特1・5・209	窃盗教唆（又は幇助）→同幇助
最判昭29・8・20刑集8・8・1249【94】	強制わいせつ→公然わいせつ　　　　　　　　①
仙台高判昭30・5・24裁特2・10・490【95】	重過失傷害→業務上過失傷害　　　　　　　　　②
最判昭32・4・30法律新聞51・8【96】	業務上横領→背任　　③
福岡高判昭33・10・10高検速報757	傷害致死→過失致死
最判昭36・6・13刑集15・6・961【9】	収賄共同正犯→贈賄共同正犯
最判昭41・7・26刑集20・6・711【11】	特別背任→業務上横領
最決昭43・11・26刑集22・12・1352【97】	殺人→重過失致死　　④
高松高判昭47・6・14刑月4・6・1002	公職選挙法249条の5第2項違反（個人の同法199条の5第2項の禁止違反）→同法249条の5第3項違反（団体の同禁止違反に個人関与）
大阪高判昭52・2・14判時870・111	公職選挙法違反：「甲に当選を得しめる目的をもって，立候補届出前，選挙人に対し，甲のため投票並びに投票取纏めの選挙運動方を依頼しその報酬等としてポットスタンド（ごみ容器）を供与し，もって立候補届出前に選挙運動をなした」（公選法違反，同法221条1項1号，239条1号，129条〔供与行為による事前運動罪〕）→「甲に当選を得しめる目的をもって，立候補届出前，選挙人に対し，『業界代表で政治力があり，我々が推している乙に縁もある甲のため協力を願う旨など』，『近く行われる参院選挙には業界の政治力強化のため甲会長の応援をしてもらいたい旨など』，『業界代表の甲を落すようなことがあっては米屋が不利になる。大阪では10万票とらねばならぬので協力を願う旨など』，右甲のため投票ならびに投票とりまとめの選挙運動方を依頼し，もって立候補届出前に選挙運動をした」（公選法239条1号，129条〔依頼行為による事前運動罪〕）
東京高判昭55・5・29判時992・129【98】	1項詐欺→2項詐欺　　⑤
広島高判昭58・1・20判時1101・125	故意による指定通行区分違反→過失による同違反
東京高判昭62・2・23判タ648・268【99】	売春防止法13条1項違反（自然人の行為）→同違反（法人の代表者としての行為）　　　　　　　　⑥
東京高判昭59・6・4高検速報2721	故意による安全運転義務違反→過失による同違反
大阪高判平2・1・25判タ730・253	
東京高判平7・5・22判タ918・260【100】	署名偽造→印章偽造付加　　　　　　　　　　⑦

第4節　旧来の判例による訴因変更要否の具体的判断とその見直し

【94】　最判昭29・8・20刑集8・8・1249　①

事実

起訴状記載の公訴事実

　被告人両名は，飲酒酩酊の上，昭和25年3月17日午後10時30分頃大阪府南河内郡富田林市字北別井の街路を歩行中通行中のM子（当22年）を認むるや，被告人Sは矢庭に同女の肩に手を掛け猥褻の振舞をせんとしたので同女が同所××番地I方に馳込んで逃れるのを両名共之を追跡し，同家2畳の間に於て同女を仰向けに押倒した上夫々馬乗りとなり被告人Tは強いて同女の陰部に自己の手を挿入する等の暴行を加え被告人両名共夫々猥褻の行為をしたものである。

判示認定事実

　被告人両名は飲酒酩酊の上，起訴状記載の日時，街路を通行中，たまたま通りかかつた予てから馴染の仲である同市内の喫茶店O方の女給M子（当22年）に遭うや相前後して同町××番地飲食店I方に立入つた際被告人Sは右I及び同店の客T外2名の面前において同家2畳の間の上り端に腰かけている右M子にその前方から抱き付き同女が仰向けに畳の上に倒れるや更に同女の上に乗りかかつてゆき被告人Tも亦被告人Sの背後に接着して同女の上に乗りかかつてゆき，以て被告人両名それぞれ公然猥褻の行為をしたものである。

判旨　「本件起訴状には公訴事実として……と記載され，罪名及び適条としてそれぞれ『強制猥褻刑法176条』と掲記されている。即ち，本件は強制猥褻の訴因を以つて起訴されたものである。ところで，第一審判決は右犯罪の証明がないとして被告人両名に対して無罪を言渡し，これに対して検察官から事実誤認を理由として控訴を申立てたところ，原判決は『案ずるに本件公訴事実について左記のとおり被告人等の犯罪行為が認められるに拘らず原審が犯罪の証明ないものとして無罪の言渡をしたのは事実を誤認したものというべく論旨は理由あるに帰し，原判決は破棄を免れない』として，自判して被告人等を公然猥褻罪に問擬した。即ち，原判決は……との事実を認定し，刑法174条を適用して被告人等を各罰金3,000円に処した。しかし，本件起訴状記載の公訴事実は前記のとおりであつて，原判決の認定したような『飲食店I方』において『右I及び同店の客T外2名の面前において』という本件行為の公然性を認めるに足る事実は何ら記載されていないばかりでなく，起訴状記載の罪名及び罰条に徴しても，原判決の認定したような公然猥褻の点は本件においては訴因として起訴されなかつたものと解するのが相当である。なお，記録を精査しても，本件において訴因または罰条につき，追加変更の手続が適法になされたと認むべき資料はない。して見れば，原判決は結局，審判の請求を受けない事件について判決をした違法があるものといわなければならないのであつて（最判（ママ）昭25・6・8参照），若し審判の請求を受けた強制猥褻被告事件について犯罪の証明がなかつたのであるなら，判決で無罪の言渡をしなければならなかつた筈である（刑訴336条）。従つて，右の違法は明らかに判決に影響を及ぼすべきものであり且つ原判決を破棄しなければ著しく正義に反するものと認められるから，刑訴411条1号，413条本文に則り主文のとおり判決する」

● コメント

　強制わいせつ罪と公然わいせつ罪とでは，要件事実が異なっており，「強制」と「公然」は重なり合うところがないのであるから，訴因の同一性を論じる余地がない。判旨のいうとおりである。「行為の公然性を明示せずに女性に対して強制猥褻の行為をしたことのみの事実を記載した訴因で，客ら4名の面前に

訴因変更〔I〕　309

おいてその女性に対し公然猥褻の行為をしたという事実を認定するのは、明白に訴追対象事実の変更になる。また、強制猥褻のみが成立するとの見解に立っても、両者は事実にずれがあり、単なる拡大、縮小の関係にはないから、公然猥褻の訴因が黙示的に掲げられていたと解することはできない。判旨は正当というべきである」（香城・310）。

担当調査官は委曲を尽くして次のように述べている—「もし被告人等がM女の陰部に手を挿入した事実がなかったとするならば、検察官は恐らく本件を起訴しなかったのではないかとも思われるし、原判決の認定したような事実しか認められないならば、果たして公訴を維持する必要ありとしたか否か疑わしいばかりでなく、逆に原判決の認定した事実だけでもなお強制猥褻罪または少なくともその未遂が成立するとの見解の下に、主張立証すべきものを持っていたかも知れない（起訴状記載の訴因には被告人等が既に街路上においてM女に猥褻の振舞をせんとしたので同女がS方に馳込んで逸れるのを追跡し云々とある）。また、被告人側にとって見れば、原判決の認定した事実だけでは酔余の戯れにすぎず（M女は被告人等にとって予てからの馴染の女給である）、未だ公然猥褻罪における猥褻の域に及んでいないと主張し、且つこの点について反証を挙げることもできたかも知れないのである。しかるに、原判決は前記のように卒然として訴因と異なる事実を認定し、これを当事者の予想しなかったと思える公然猥褻罪に問擬したのであるから、まさに攻撃防禦の双方に不意打を喰らわしたものとの非難を免れ得ない。従って、本件においては、訴因の本質を如何に解するにしても、原判決が訴因と異なる犯罪事実の成立を認めたことは、違法であるとされなければならなかったと思える。殊に、本件行為の公然性については、捜査の当初から明らかにされていたのであるから、検察官としては訴因として掲げた強制猥褻の事実は同時に公然猥褻罪にあたるものとして、両罪を一所為数法の関係において起訴することができたのである。しかるに、検察官は特に強制猥褻の点のみを訴因として起訴しているのであるから、公然猥褻の点については起訴する意思がなかったものと解されても已むを得ないところである。しかるに、原判決は訴因たる強制猥褻の事実を認定しないで、却って公然猥褻の事実を認めているのである。しかし、かような科刑上の一罪を構成する数個の罪について、検察官がその中の一個の罪のみを特に訴因として掲げて起訴した場合には、たとえ攻撃防禦に実質的な不利益を与えないとしても、訴因以外の罪を認定するには訴因の追加変更の手続を経なければならないのではなかろうか。そしてこの点は、本判決が引用している**昭和25年6月8日第一小法廷判決**（ママ）の趣旨からも当然演繹されるところである」（天野・判解29・220）。なお、同調査官解説は、いわば今日の**審判対象説**の視点から、当時の、訴因を被告人の防御のための手段とみることに発する**防御説**の基調を持つ最高裁判例の考え方に、批判的な私見を述べている点で注目すべきものである（もっ

第4節　旧来の判例による訴因変更要否の具体的判断とその見直し

とも，本判決は，上記のとおり，訴因変更を必要とする理由を専ら訴追対象事実からの逸脱という審判対象説の視座に求めており，「被告人の防御に実質的な不利益を及ぼすおそれ」という防御説の視点に全く言及していない）。

【95】　仙台高判昭 30・5・24 裁特 2・10・490
（②）

判旨　「重過失傷害と業務上過失傷害とは，その構成要件を異にし，かつ前者に対する被告人の防禦は当然後者を包含するものとは解されないから訴因の変更又は追加の手続なくして重過失傷害の公訴事実を業務上過失傷害として変更して認定することは許されないものである」

【96】　最判昭 32・4・30 法律新聞 51・8　（③）

判旨　「本件は，検察官より業務上横領罪として公訴の提起があつただけでその後の段階において背任罪として訴因，罰条が追加，変更された形跡は全く認められない。……原審はさらに進んで，本件事実関係においては，横領罪の成立は認められないが，背任罪の要件には当るとし，起訴状には業務上横領罪の訴因，罰条のみで背任罪の訴因罰条についてなんの記載もなく，またその追加，変更もないのにかかわらず，背任罪としての事実関係は，第一審において十分な証拠調が行われているから，背任罪の成否を審判するを妨げるものでないとしてその判断を進めたのである。しかしながら，本件において両者は公訴事実を同一にするが，訴因，罰条を異にするこというまでもないから，訴因，罰条に関する手続規定存在の趣旨にかんがみるときは，被告人の防禦について十分の考慮を払うことなく，前判示のような証拠調が十分にされているという理由のみで訴因に示されていない事実を認定することは原則として許されないと解するを相当とする。記録によれば，本件の被告人は，第一審においても，原審においても業務上横領罪の公訴に対する防禦に終始し，背任罪について特に防禦をした形跡は認められない。すなわち第一審においては被告人は石炭諸掛を不正に水増したことは認めるが，不法領得の意思がなく，また止むを得ない行為であつた旨主張して防禦をしていたのであり，背任罪の構成要件たる任務に背いたか否かについて公団本部との交渉関係については意識して防禦していた事跡は存しない。控訴趣意において附加的にF総裁の了解が得られたかのような主張があり，原審もその点に関しさらに当時の幹部たるMの証人尋問を行い，さらに被告人にも質問をしているが，その後の弁論が控訴趣意を繰り返していることに徴しても，特にその点について防禦をしているとはいい難い。それ故，本件は結果において無罪となつたから判決に影響がないことになるが，もし背任罪の成立を認め有罪とする場合には，訴因，罰条の追加，変更の手続をとることなく，原審のような審判手続を行つても防禦に影響しないというのは，当事者の地位を軽視するとの非難を免れないであろう（最判昭 29・1・21 参照）。従つて原判決はこの点において判断すべからざる判断をした違法あるを免れない」

● コメント

　訴因変更を必要とする理由につき，判旨は，まず訴因の同一性を欠いていることを挙げ（なぜそう判断したのかは示されていない。），更に**具体的防御**の観点から検討して認定事実についての防御が実際になされていないこと

訴因変更〔Ⅰ〕　**311**

第3章　訴因変更の要否

を挙げている。**審判対象説**の立場からすれば、後者の理由付けは不要である。

【97】　最決昭43・11・26 刑集22・12・1352
(4)

事実

起訴状記載の公訴事実

　被告人は伊勢市の暴力団松山組の幹部であるが、松山組と同系統の谷口組の組員であるUが最近伊勢市方面に勢力を伸して来た大阪の暴力団柳川組の組員と行動を共にし、松山組を蔑視した態度をとるようになり、被告人の内妻Yから、松山組の者が柳川組の者に土下座して謝つたとUが云つて居たと聞かされ、また、被告人の実兄Aが前記Uに呼出されて、柳川組の者に因縁をつけられたこと等にいたく憤激し、昭和39年12月9日午前1時30分頃伊勢市一之木町××番地松山組事務所において、前記Uに対し、前記のような事実があつたか否かを問詰するうちに口論となり、松山組長Mより「根性があるならやつて見よ」と云われて2連発猟銃1挺宛を手渡されたので、前記Uを射殺しようと企て、同人に発砲したが、その傍らにいたNの左腹部に命中し、同人を肝、腎、腸、貫通による出血多量のため、同日午前1時45分頃、同市常磐町××番地K病院において、死亡するに至らしめた。

判示認定事実

　被告人は、伊勢市一之木町××番地に事務所を置き、松山興業社を主宰するMことSから、盃を貰い、その弟分となり、右興業社で働いていた者であるが、昭和39年12月9日午前1時過ぎ頃、右松山組2階事務所において、同組と同系統の谷口組組員Uと口論の末、被告人側にはその兄弟分のNが、U側にはその友人のWがそれぞれ加担し、Sの面前で四名入り乱れて殴り合いの喧嘩を始め、Sに制せられて、一応乱闘は治まったものの、激昂した被告人とUとがなおも口論してやめなかったところ、持て余したSは、両人に対し、「お前ら、本気で喧嘩するのか。殺し合いの喧嘩をする気があるのか。ここには庖丁でも鉄砲でもある。根性があるならやつてみよ。」と言つて、事務室東北隅の鉄砲格納戸棚から12番口径2連発猟銃1挺ずつと弾丸2発ずつとを取出し、被告人とUとに渡したので、各々これを受け取つた。

　被告人は、Uと応接用テーブルを隔てて2米足らずの近距離に相対する位置で、右猟銃と弾丸を受け取つたが、その場の空気は、依然として相当緊迫して険悪なものであつた。加えるに、右事務所は、ほぼ八畳間ぐらいの広さ（3米×3・86米）の板敷きの部屋で、しかも当時室内には応接用テーブル、椅子等の応接セット数点の外、机、石油ストーブ、戸棚等が置かれているうえに、右S、被告人、N、U、Wの外、Yを加えて6名もの多数が入っていたので、きわめて狭隘となり、混雑をきわめていた。

　叙上のような状態のもとで、猟銃を携帯するものは、些細の衝撃による暴発の危険を防止する為、みだりに室内において装弾するがごとき暴挙を厳に戒むべきことは勿論で、仮に装弾したとしても、直ちに安全装置を施し、引鉄部分に指を触れないように留意するなどして、事故の発生を未然に防止すべき注意義務があるものというべきところ、被告人は、これを怠り、Sから猟銃を受け取ると、漫然右事務所内でこれに弾丸1発を込め、安全装置も施さないで、しかも猟銃の引鉄部分近くに手指を置いたまま、Uと近距離で向い合う位置でこれを携帯した重大な過失により、被告人の傍らにいたYが危険を感じ、被告人を制止すべく、その体に手を触れたのを、被告人が振り払おうとしたはずみに、猟銃を暴発させたため、Uの傍らにいたNに弾丸を命中させ、因つて同人を肝、腎、腸等貫通銃創による出血多量のため、同日午前1時45分頃、同市常磐町××番地K病院において死亡せしめた。

　原審判決（**名古屋高判昭42・4・17**）「原判決は、『被告人は、当初から殺人の犯意を否認し、過失を主張しているのであるが、訴因の追加も変更もない本件において過失犯の成否を論じ得ないこと当然である。』として、直ちに本件につき無罪の言渡をしているので、その当否について考察してみるのに、本件起訴状記載の訴因は、殺人であつて、検察官が原審において訴因の追加も変更もしなかつたことは、記録上明白であるから、そのままで

第4節 旧来の判例による訴因変更要否の具体的判断とその見直し

は重過失致死の事実を認定することができないことは当然であるけれども……」

判旨「裁判所は、原則として、自らすすんで検察官に対し、訴因変更手続を促しまたはこれを命ずべき義務はないのである（最判昭33・5・20参照）が、本件のように、起訴状に記載された殺人の訴因についてはその犯意に関する証明が充分でないため無罪とするほかなくても、審理の経過にかんがみ、これを重過失致死の訴因に変更すれば有罪であることが証拠上明らかであり、しかも、その罪が重過失によつて人命を奪うという相当重大なものであるような場合には、例外的に、検察官に対し、訴因変更手続を促しまたはこれを命ずべき義務があるものと解するのが相当である」

● **コメント**

担当調査官は、「本件一、二審判決は、ともに、殺人を重過失致死に認定するためには、訴因変更手続を必要とする見解を前提にしている。しかし、検察官は、控訴審で、本件については訴因変更手続を経ることなく重過失致死を認定し得たはずであると主張しており、この点も一応問題になるところである。殺人として起訴されたものを、殺意の証明がないということで傷害致死に認定するような場合には、訴因変更手続を要しないであろう。しかし殺人と重過失致死では、犯意の有無のほか、あらたに注意義務違反という別の要件が加わるわけであるから、殺人の訴因によっておおいつくせるものではない。一般論としては訴因変更手続を必要とするといわざるを得ないであろう。しかし、被告人の防禦に実質的な不利益を生ずるおそれがない場合には、必ずしも訴因変更手続を要しないとするこれまでの判例の態度からみて、本件のような場合にかぎって、その手続が要らないという考え方がとれるかもしれない。なぜなら、本件被告人は、一審以来、『暴発による過失であって、罪のつぐないをしたい。』と述べているのであって、そのような被告人の公判廷における態度、事案の内容、訴訟の経過などにてらし、なんら被告人に不意打をくらわすことにはならないと思われるからである。もしそうだとすれば、一審判決が、重過失致死の事実を認定せずに被告人を無罪にしたことは、事実誤認であり、この点で破棄を免れなかったことになる。しかし、本決定は、やはり訴因変更手続が必要であるとの前提にたっているもののようである」と解説されている（石田・判解43・386）。本件殺人の訴因に対して被告人が重過失致死の事実を自認しているところから、訴因変更不要とする**具体的防御説**の適用可能性が示唆されているが、本決定が、本件において重過失致死罪を認定するためには訴因変更手続を命ずべき義務があるとしているところからみて、訴因変更が必要的であると考えていることは間違いのないところと思われる。**審判対象画定の見地**からすれば、当然の結論であろう。

第3章　訴因変更の要否

【98】　東京高判昭 55・5・29 判時 992・129
(5)

事実

起訴状記載の公訴事実

被告人は、多数の者から高利を支払う約束のもとに金員を借り受けていたものであるが、借入金が次第に増加して到底約束どおりに返済する見込がない状態に立ち到ったのにかかわらず、あたかも返済できるように装って金員を騙取しようと企て、昭和51年7月7日前橋市城東町5丁目×番×号F方において、同女に対し、真実は他に多額の借入金があるため、入手した金員は直ちにその返済や利息の支払いに充当する意図であるのにこれを秘し、いかにも他に貸付けて有利に運用するものであり、かつ約束の期日には確実に返済するように装って、金員の借用方を申入れ、同人をして約束どおり返済してくれるものと誤信させ、よって同人から金30万円を騙取した。

判示認定事実

被告人はFに対し、前橋市城東町5丁目×番×号の同人方において前同様の趣旨（高利で運用する趣旨）で預託を受けそのころ返済期限の到来した30万円の債務につき、同人が、被告人においてこれを預った時の言のとおり他に投資して有利に運用しているもので、従って向後も約定の高利の支払を確実に受けられるのはもとより、何時でも元本の返済を受けられるものと誤信しているのに乗じ、多数の者から預り金をしてその利息の支払に追われている実情を秘匿して、借用証書の書替による期限の延期を求め、同人をしてこれが返済期限を昭和52年7月7日まで延期させ、もってこれに相当する財産上不法の利益を得た。

判旨

「起訴状の公訴事実の要旨は、……というのであり、これに対する罰条として刑法246条1項が掲げられているところ、原審裁判所は、右公訴事実について訴因変更の手続を経ることなく、原判示掲記のとおり……との事実を認定し、同条2項を適用したことが認められる。ところで、右両事実が被害者及び犯行の日時、場所を同じくし、同種内容の欺罔手段を用いてなされた詐欺の犯罪事実であって基本的事実関係の同一性を失わず、その間に公訴事実の同一性があることは明らかであり、従って原審裁判所は当然のことながら右事実について適法に審理を進めることができたのであるが、前示のとおり起訴状記載の公訴事実として掲げられた訴因は30万円の金員を騙取したという刑法246条1項のいわゆる一項詐欺の事実であり、原判決認定事実は同額の債務の期限を延期させ財産上不法の利益を得たとする同条2項のいわゆる二項詐欺の事実であるところ、<u>前者は人を欺罔して財物を騙取することをその行為定型とし、後者は同様の方法により財産上不法の利益を得、又は他人をしてこれを得せしめることをその行為定型とするもので、両者は犯罪の抽象的構成要件を異にし、所定刑も同一でその間に軽重はないのであるから、前者を後者に、あるいは後者を前者に変更して認定し判決するについては、その前提として訴因変更の手続を採ることを要すると解するべきである。</u>しかるに原審は前示のとおり起訴状記載の一項詐欺の訴因に対し、刑訴法312条に定める訴因変更の手続を採ることなく、原判示のように二項詐欺の事実を認定したのであるから、<u>右訴訟手続には違法があるといわなければならない。</u>しかしながら記録によれば<u>被告人は原審審理の当初から、</u>前記起訴状記載の公訴事実に対し、同記載の日時に金員を借受けたのではなく、同日証書を書き替え、返済期限の到来した債務の期限を延期したものである旨原判決の認定事実に添う供述をし、弁護人もまた同旨の主張をしていたものであることが明らかで、原審が訴因変更の手続を採らなかったことにより<u>被告人の防禦に何ら実質的不利益を及ぼしていないのであるから</u>原審の前記訴訟手続の違法は判決に影響を及ぼすものとは認められない。また、原判決が被告人

第4節　旧来の判例による訴因変更要否の具体的判断とその見直し

において前記のように証書書替の事実を認めているから縮少認定として前示起訴状記載の公訴事実に対し原判示のように認定することが許される旨説示するのは前叙したところからも明らかなように相当でないが，右判断を前提とする原判決の訴訟手続の瑕疵が判決に影響を及ぼすものでないことも前示のとおりであり，またもともと必要的判断事項でない訴因変更の要否やその理由について原判決がとくに判示するところが不十分であるとして原判決に判決に理由を付さない違法があるとすることはできない」

● コメント

　本判決は，訴因と認定に係る各事実が，行為定型を異にし，大小の包摂関係にもないことを理由に挙げて，訴因変更を経なかった原審を違法と断じている。しかし，**具体的防御**の視点から検討した結果，被告人側に認定事実の自認があったことに着眼して，被告人の防御に実質的な不利益はなかったとして，先の違法が判決に影響を及ぼすことはない（379条参照）と結論付けている。訴因変更が必要であったとする論旨は，**審判対象説**に馴染むものであり，その後の判示に具体的防御説に慣用されている措辞のみえるところから一見紛らわしいところはあるものの，訴因変更が必要的であったという判断は最後まで維持されているのであり，具体的防御説が（補完的にも）採用されているわけではないことは明らかである。もとより，訴因逸脱認定が378条3号所定の絶対的控訴理由に該当すると解する立場からは，本判決とは結論を異にすることとなる。

【99】　東京高判昭62・2・23 判タ 648・268
　　　　　　　　　　　　　　　　　　　　　　⑥

事実

起訴状記載の公訴事実

　被告人Aは，Cが
第1　昭和59年5月上旬ころから同60年5月20日までの間，高知市△町△△番△△号所在の個室付浴場「浮世風呂歌麿」において同店の営業として，ソープガール（売春婦）と売春契約を結び，お豆ことD，数名のソープガールが右歌麿において，不特定の男客を相手方として売春するに際し，その客室を貸与して売春を行なう場所を提供することを業とするものであることの情を知りながら同59年5月上旬ころ，高知市△町△△番△△号の歌麿の事務所において自己の所有する右建物を毎月250万円の家賃で賃貸することを承諾して前記建物を引き渡し，もつて売春を行なう場所を提供することを業とする者に，これに必要な右建物を提供し
第2　昭和59年5月上旬ころから同60年5月29日までの間，高知市△町○○番○○号所在の個室付浴場「ろまん湯異人館」（旧店名トルコソウル）において同店の営業として，ソープガール（売春婦）と売春契約を結び，長崎ことEら数名のソープガールが，右異人館において不特定の男客を相手方として売春するに際し，その客室を貸与して売春を行なう場所を提供することを業とするものであることの情を知りながら，同59年5月上旬ころ高知市△町△△番△△号の歌麿の事務所において自己の所有する右建物を毎月300万円の家賃で賃貸することを承諾して前記建物を引渡し，もつて売春を行なう場所を提供することを業とする者に，これに必要な建物を提供した。

判示認定事実

　被告人有限会社乙物産及び同甲観光開発有限会社は，いずれも個室付き浴場の経営，不動産賃貸等を目的とするもの，被告人Aは，両会社の代表取締役として両会社の業務全般を統括しているものであるが，
第1　（省略）

訴因変更〔I〕　**315**

第3章　訴因変更の要否

第2　被告人有限会社乙物産は、高知市△町××番××号所在の鉄筋コンクリート造陸屋根四階建の個室付き浴場用建物（延面積504.77平方メートル、以下「異人館建物」という。）を所有し、その賃貸等の業務を営んでいたところ、被告人Aは、同社の代表取締役として、同社の業務に関し、昭和59年5月上旬ころ、高知市△町△△番△△号所在の後記歌麿建物内において、Cに対し、同人が右異人館建物内浴場で稼働する女性に売春を行う場所として提供することを業とすることの情を知りながら、同建物を賃貸し、もつて、売春を行う場所を提供することを業とする者に、これに必要な建物を提供し

第3　被告人甲観光開発有限会社は、有限会社丙観光開発から、その所有にかかる高知市△町△△番△△号所在の鉄筋コンクリート造陸屋根四階建の個室付き浴場用建物（延面積322.61平方メートル、以下「歌麿建物」という。）を賃借し、その転貸等の業務を営んでいたところ、被告人Aは、被告人甲観光開発有限会社代表取締役として、同社の業務に関し、昭和59年5月上旬ころ、同所において、Cに対し、同人が同浴場で稼働する女性に売春を行う場所として提供することを業とすることの情を知りながら、同建物を転貸し、もつて、売春を行う場所を提供することを業とする者に、これに必要な右建物を提供した。

判旨　「職権を以て原審の訴訟手続を調査するに、被告人Aに対する昭和60年6月19日付起訴状に記載された公訴事実は、……というものであるところ、検察官は、昭和60年6月26日付を以て、右第1事実につき被告人甲観光開発有限会社に対し、同第2事実につき被告人有限会社乙物産に対し、各被告会社の代表取締役である被告人Aが、各被告会社の業務に関し右各所為を行つたものとして、公訴を提起した。なお、右起訴状によれば、異人館建物は被告人有限会社乙物産の所有であるとされており、また、歌麿建物については、所有者の明示がないが、被告人甲観光開発有限会社が同建物の賃貸等の業務を営んでいた旨の記載があるので、同被告会社の所有とする趣旨であると解される。右2通の起訴状記載の公訴事実を対比すると、同一日時場所で同一の相手方に対してなした同一建物の提供行為につき、行為者（一方は自然人としての被告人A個人、他方は各被告会社の代表者としての被告人A）、建物の所有者を異にし、互いに相容れない関係にあることが明らかであるから、原裁判所としては、検察官に対し、各起訴状記載の公訴事実につき釈明を求め、両者の間に整合性を保たせるよう、然るべき是正手段を促すべきであつたものと考えられる。この場合において、のちの起訴状記載の公訴事実に照らしてみるときは、さきの起訴状記載の公訴事実は、各被告会社の代表者としての被告人Aの行為を起訴すべきところを自然人としての同被告人の行為を起訴したものと解されるところ（そうでないとすれば、本来簡易裁判所の専属管轄に属する各被告会社に対する公訴提起につき、刑事訴訟法3条1項、9条1項2号の準用により、地方裁判所に関連事件の併合管轄を認むべき余地もないこととなる。）、同一人の行為であつても、自然人としての行為と法人の代表者としての行為とでは、事実記載、法律構成、被告人の防禦方法を異にすることが明らかであるから、これを変更するには、起訴状の訂正では足りず、訴因、罰条の変更の手続を要するものと解するのが相当である。

然るに、原裁判所は、何ら訴因変更等の手続をとることなく、判決において、次の各事実を認定した（原判示第2事実は、さきに引用した公訴事実第2と、原判示第3事実は、同公訴事実第1とそれぞれ対応するものである。）。………被告人Aについてみれば、右認定事実は、各被告会社の代表者としての同被告人の行為を認定したものであることが明らかであり、さきに説示したとおり、自然人としての同被告人個人の行為を起訴した公訴事実とは事実記載、法律構成、被告人の防禦方法を異にするから、右のような認定をするについては訴因、罰条の変更の手続をとる必要があるものと解するのが相当であり、右手続を経ることな

第4節　旧来の判例による訴因変更要否の具体的判断とその見直し

く前記各事実を認定した原判決は，訴訟手続の法令に違反したものであり，右法令違反が判決に影響を及ぼすことは明らかであるから，この点において破棄を免れない。〔両罰規定に関する法令適用の誤について職権を以て原判決の法令の適用を査閲するに，原判決は，被告人Aの原判示第1ないし第3の各事実及び被告人甲観光開発有限会社の原判示第3の事実についての適条において，売春防止法13条1項を挙示するのみであつて，両罰規定に関する同法14条を掲記していない（なお，被告人有限会社乙物産の原判示第1，第2の各事実については，同法13条1項，14条がそれぞれ適用されている。）。法人である被告人甲観光開発有限会社に対し，売春防止法13条1項の罪の刑責を問うためには法人に対する処罰根拠である同法14条を適用する必要のあることはいうまでもないのみならず，被告人Aについても，右と同様に解するのを相当とする。蓋し，同法13条1項の罪は，犯罪主体を限定していないから，本来何人でも犯し得るものであるが，本件における建物の提供行為は賃（転）貸契約という法律行為に基づく引渡の履行としてなされているのであり，右法律行為の当事者は各被告会社であつて自然人としての被告人A個人ではない。従つて，各被告会社のなした各建物提供行為につき被告人Aの刑責を問うには，同法14条に『その行為者を罰する』とある規定を処罰の根拠とすべきことも当然である。従つて，原判決が，被告人A及び同甲観光開発有限会社についての適条において同法14条を挙示していないのは法令の適用を誤つたものであり，右誤が判決に影響を及ぼすことは明らかであるから，原判決はこの点においても破棄を免れない〕」

● コメント
審判対象の画定の見地からみれば，【事実】欄に掲記した公訴事実（訴因）と認定事実と

を対照するだけで，訴因変更の必要性が看取される。

【100】　東京高判平7・5・22 判タ 918・260
(⑦)

判旨　「起訴状の公訴事実は，『被告人は，窃盗未遂事件の被疑者として，千葉東警察署司法警察員警部補丁海太郎から取り調べを受けた際，知人甲野春夫の氏名を詐称し，自己が犯した別件窃盗事件の刑責を免れようと企て，自己の氏名を甲野春夫と名乗り，行使の目的をもって，ほしいままに，第1　平成6年6月1日，千葉市若葉区小倉町859番地2所在の千葉東警察署において，右丁海警部補が作成した同日付の被疑者供述録取書末尾の供述人署名欄にボールペンで『甲野春夫』と記載した上，その名下に，自己の左示指で指印し，第2　同月6日，同所において，右丁海警部補が作成した同日付の被疑者供述録取書末尾の供述人署名欄にボールペンで『甲野春夫』と記載した上，その名下に，自己の左示指で指印し，第3　同月13日，同所において，右丁海警部補が作成した同日付の被疑者供述録取書末尾の供述人署名欄にボールペンで『甲野春夫』と記載した上，その名下に，自己の左示指で指印し，もって他人の署名を偽造したものである」というものである。このように，右起訴状は，被告人が『甲野春夫』と冒書した点のみならず，その名下に自己の左示指を指印した点をも公訴事実中に記載しており，加えて，その罪名を私印偽造としている点からすると，署名偽造のみならず，私印偽造をも訴因としているものと解せられないではない。しかしながら，被告人の行為が刑法167条1項に該当する場合には，それが署名偽造であっても，罪名は『私印偽造』とするのが一般的な扱いであるうえ，

訴因変更〔Ⅰ〕　317

第3章　訴因変更の要否

検察官は，右の公訴事実を『もって他人の署名を偽造したものである』として，しめ括っていることに照らせば，被告人が他人の署名を偽造した点のみを訴因として起訴しているものと認められ，その名下に自己の左示指で指印したという点は，署名偽造の犯情として記載されたにとどまり，厳密にいうならば，いわゆる余事記載にあたるものということができる。ところが，原判決は，罪となるべき事実第3として，右の公訴事実と同様の事実を認定しながら，その摘示において，『もって他人の署名を偽造したものである』という記載を欠落させているため，罪となるべき事実を署名偽造に限局する趣旨かどうかは明らかでなく，かえって，法令の適用において，各供述調書の署名指印部分を偽造部分として没収する旨を摘示していることからすると，原判決は，署名の偽造に加えて，被告人が左示指で指印したことをも捉えて，他人の印章を偽造したものと認定し，罪となるべき事実として，これを摘示しているものと考えられる。そうだとすると，原判決は，署名偽造の訴因に対し，署名偽造のほか，私印偽造をも罪となるべき事実として認定判示したことになるが，署名偽造も私印偽造も同一罰条内で評価される行為とはいえ，追加的に認定された私印偽造の部分は，当初の訴因の範囲を超えるものであるので，このような認定をするためには，訴因の変更手続等の措置がとられる必要があるというべきところ，原審において，このような措置がとられたことは，記録上窺われない。したがって，原判決には，検察官が起訴する意思がなく，単に事情として記載したにすぎない事実につき，訴因変更等の手続を経ることなく，これを犯罪事実として認定した訴訟手続の法令違反があるというべく，この違反が判決に影響を及ぼすことは明らかである（なお，被告人が自己の左示指で指印した行為が他人の印章を偽造したことになるのかどうかは問題であり，原審としては，むしろ，署名偽造の限度で罪となるべき事実を認定すべきであったと思われる。）。」

● コメント

　刑167条1項は，「行使の目的で，他人の印章又は署名を偽造した者は，3年以下の懲役に処する」と定めている。本件同様，警察官の取調べを受けて，警察官の作成した供述調書の末尾に他人の名前を冒用して署名・指印したケースについて，罪となるべき事実としては，署名・指印の双方を摘示しながらそれに対する法的評価としては署名の偽造罪のみの成立を認めた判例がある（京都地判昭56・5・22判タ447・157）。その結論においては，本判決と同旨ということになる。

　叙上の問題については，まず実体法上の論点として，本判決が指摘しているように，自分自身の指印が他人の印章の偽造となるのか，という問題がある。仮にこれが積極に解され得るとして，次には，本件事案及び上記京都地判の事案のように，署名の外になされた指印の行為につき犯罪の成否はどうなるのか，が問題である。それ単体では私印偽造罪が成立するとしても，それと署名偽造罪との関係がどうなるのか，という問題である。上記京都地判がこの点についてどのような法律判断を加えたのか，判示からは分からない。あるいは署名偽造罪に吸収されるという考え方もあるかもしれないが，おそらくは双方共に167条1項に該当する包括的一罪とされるのではないかと思われる。そう考えられるということが，以下訴因変更要否の問題に検討を進める前提である。

第4節　旧来の判例による訴因変更要否の具体的判断とその見直し

以上の前提に立って考えてみたときに，起訴状記載の公訴事実には「指印し」と摘示されており，罪名・罰条には「私印偽造・刑法第167条第1項」と記載されているのであるから，指印した行為についても私印偽造罪の訴追があると解する余地は十分にあるといえる。本判決がこの点についての検察官の訴追意思を忖度する部分は，それなりに理由のあるところではあるが，そう解さなければならないというほどの必然性もない。訴因に要件事実にそぐう事実が摘示されている以上，その事実に対する法令の適用は裁判所の専権事項であるはずであり，訴因記載の事実以外の事実を新たに認定しようとするものでもなく，訴因変更の問題とする余地はないのではないかと思われる（本判決がいうように訴因変更するとしても，結局，本件起訴状記載の公訴事実の書き振りと大同小異の訴因にしかならないのではなかろうか）。

《科刑上一罪の関係にある事実の追加》

もとの訴因に科刑上一罪の関係にある他の罪を加えて認定する場合も訴因変更が必要となる（条解刑訴・625，高橋・763）。訴因にない新たな要件事実が審判対象として付加されるのであるから，当然のことといえる。次のものが同旨の判例である。

【訴因変更必要】

【101】　最決昭25・6・8刑集4・6・972

窃盗→窃盗＋住居侵入

判旨　「原判決が所論のごとく住居侵入と窃盗の事実を認定し，それぞれ相当法条を適用した上牽連犯として重き窃盗の刑を以て処断したことは所論のとおりである。そして，本件起訴状には公訴事実中に『屋内に侵入し』と記載されてはいるが罪名は単に窃盗と記載され罰条として刑法235条のみを示しているに過ぎない。しかも第一審公判調書を見るに右住居侵入の訴因について，裁判官の釈明もなく検察官において罰条を示して訴因を追加した形跡もなく第一審判決もその点について何等の法律適用を示していない。されば，住居侵入の点は訴因として起訴されなかったものと見るのが相当である。しかるに原判決は第一審判決が前科のある事実を判決の理由中に示さなかった点を職権を以て理由にくいちがいあるものとして（判決に理由を附せずの誤りと認める昭和3年大審院刑事判例集33頁参照）破棄自判しながら訴因の追加もないのに住居侵入の犯罪事実を認定しこれに対し刑法130条を適用したのは，結局審判の請求を受けない事件について判決をして違法があるものといわなければならない。しかし，原判決は住居侵入と窃盗の牽連一罪の刑を以て処断したものであるから，右違法は未だ原判決を破棄しなければ著しく正義に反するものと認め難い」

● コメント

審判対象説からは，「訴追対象事実を拡大して認定する場合であるから，訴因変更の手続を要することは明白である」とされている（香城・310）。「屋内に侵入し」というだけの

第3章　訴因変更の要否

事実摘示では，住居侵入罪の要件事実の記載としては不完全であり，訴追対象事実とされているとみることはできまい。

以上に対して，当初の訴因をはみ出す事実を加えて認定する場合において，訴因変更を不要とした判例として次のものがある。

《事実の付加による軽い犯罪への変動》

下記2判例については，3節4(3)で検討を加えた。

【訴因変更不要】

最決昭28・9・30刑集7・9・1868【19】	殺人→同意殺人
名古屋高判昭31・4・9裁特3・8・385	殺人→嘱託殺人

《同じ法定刑の犯罪への変動》

【訴因変更不要】

名古屋高判昭26・4・21判特27・79【102】	贓物故買→贓物牙保	①
最判昭31・6・5判例集不登載【103】	1項詐欺→2項詐欺	②

【102】　名古屋高判昭26・4・21判特27・79　　　　　　　　　　　　　　①

判旨　「贓物故買又は牙保は，刑法第256条第2項に規定してある罪で，何れも，贓物の返還請求を困難ならしめる取引行為で，被告人自身が買主となったときが故買罪であり，被告人が自ら買わず，第三者に買わしめたのが牙保罪で，何れも取引においたことは，差異がない。故買罪と牙保罪とは，犯罪事実の微細な点においては，その構成要件が異なっているが，贓物を流通においた点については異同がない。訴因とは，犯罪の構成要件に該当する事実と解すべきものであるが，公訴事実に或る訴因が包含せられていると見らるべき場合や犯罪の基本的構成要件に異同がなく，枝葉の点に差異があるのみで，同一法条の犯罪であることに変りがないときは，訴因の同一性を失わず，従って，訴因の変更なくして，起訴状の公訴事実と異なる事実を認定することができるものと解すべきである。かくの如く解しても，被告人の防禦に何等支障は生じない。贓物故買罪と言うも贓物牙保罪と云うも，贓物を売買したことに変りがなく，その売買の買主が被告人であるか，被告人以外の者であるかに相違点があるだけで，構成要件は贓物であることを知りながら，売買行為を為したと見るべきで，そう見ると，訴因の変更なく贓物故買罪を牙保罪と認定するも違法ではない」

●コメント

贓物の故買罪も牙保罪も，「贓物であることを知りながら売買行為をなした」という同じ構成要件に該当する行為である，という本件判示には，いかにも無理があると思う。両罪は同じ法条の中に規定されてはいるが，要件事実は異なっていると言わざるを得ず（牙保罪の要件事実は，「贓物の法律上の有償処分行為である売買，交換，質入等の媒介周旋」がその中核を占めるものであり，訴因にはこの仲介周旋の具体的事実を記載しなければならない（検察教官室等・捜査書類・322，末永ほか・502））。**審判対象説**の立場からは，当然に訴

因変更が必要とされよう。

【103】　最判昭 31・6・5 判例集不登載　　（②）

判旨　「刑法 246 条 1 項詐欺の訴因を同条 2 項詐欺の認定に変更する場合のごときは，訴因変更手続を要しないものと解するのが相当であり，被告人の防禦を困難ならしめる虞もないのが通常である」

● コメント

　1 項詐欺を 2 項詐欺に認定替えするについて常にこのように言えるわけではない。むしろ，要件事実の変動があることからして訴因変更を要すると考えるべきであろう（東京高判昭 55・5・29【98】参照。）。

(3) 事実に変動なく法的評価だけを異にする場合

　例えば，見張りの事実関係は明白で，ただ単に共同正犯か幇助犯かが問題になるような場合には，**事実記載説**の思考に従う限り，法令の適用は裁判所の専権であることからみて，訴因変更を必要としないと解すべきである，とされる（小林・386）。ただ，見張り行為が幇助犯として起訴されている場合の起訴状には，その幇助の要件事実しか記載されていないであろうから，これを共同正犯に認定替えするには，共謀の事実が付加されるという事実変動が生じ，その部分は訴因をはみ出すことになるから，その意味では訴因変更を要するとされることが少なくない（**最大判昭 40・

4・28 刑集 19・3・270【10】**，3 節 2 (1)，4 節 (6) 参照。）。訴追対象事実の変動がない場合について，香城・354 も，**審判対象説**の見地から，「裁判所は，訴因として掲げられた犯罪事実に対し正しく法令を適用する権限を有しており，適用についての検察官の意見に拘束されない」とする**裁判所による法令適用権の専有**を指摘し，「事実に変化はなく，ただその適用罪名についての検察官の法的判断と裁判官の法的判断に相違があるときは，訴因の特定性に問題がなく，被告人に弁論の機会が与えられている限り，訴因の変更を要せずに正しい法令を適用することができると解すべきである」とされる。この観点から訴因変更を不要としたとみることのできる判例としては，次のものがある。いずれも訴追対象事実の内容が特定しており，単にその該当法令についての法的判断が相違していたため，訴因の記載に多少の異動を生じたにとどまる，とされた事例である。このうち，【18】，【26】については，3 節 4 (3) で検討済みである。なお，【128】については，4 章において検討する。

【訴因変更不要】

最判昭 28・5・8 刑集 7・5・965【104】	背任→詐欺　　　　（①）
最判昭 28・5・29 刑集 7・5・1158【18】	横領→占有離脱物横領
最決昭 30・7・1 刑集 9・9・1769【105】	猥褻物公然陳列罪→公然猥褻罪教唆　　　　（②）
福岡高判昭 31・1・28 高刑集 9・1・33	業務上過失致死傷→重過失致死傷
福岡高判昭 31・2・6 判時 75・27	

第3章　訴因変更の要否

最決昭32・7・19刑集11・7・2006【106】	競馬法30条1号違反→同条3号違反　　（③）
東京高判昭38・11・28東時14・11・193	指定速度（毎時40キロ）超過→法定速度（毎時50キロ）超過：〔毎時60ないし70キロで運転〕
最決昭40・4・21刑集19・3・166【26】	業務上過失致死→重過失致死
最決昭53・2・16刑集32・1・47【128】	暴行→共同暴行（暴力行為等処罰に関する法律違反）
最判昭63・1・29刑集42・1・38【107】	殺人→逮捕監禁，殺人　　（④）

【104】　最判昭28・5・8刑集7・5・965（①）

事実

起訴状記載の公訴事実

　被告人Yは鳥取県八頭郡智頭町八河谷ミタアト××番地所在の杉林約五反歩をKと共に所有し，被告人Nは昭和23年3月頃より同町C木材株式会社に雇われ木材仕入生産係として同会社が買入れる山林の調査をなす等の任務を有していた者であるが，被告人Yは昭和24年4月頃右会社より右杉林の売却方を求められたのを奇貨とし，立木数量を実際より過大に計上して売買名下に同会社係員より金銭を騙取しようと企て，同年4月20日頃肩書住居地において被告人Nに対し，「多少の礼はするから山の木を見るときに帳付けはどうでもなるだけ適当によい具合にやつてくれ」と申向け，以て，山林調査の際には，立木数量を実際より過大に計上するよう依頼し，被告人Nは，右依頼にもとづき前記任務に背き，同人の利益を図るため，同年4月25日同社員6名3組に分れ，右山林の調査を為すにあたり被告人Nは，同社員Iと一組になり同人には立木の太さを測らせ自分は之を記帳したがその際，同人の調査区域の立木数は626本位であつたのに拘らず1,583本ある如く寸検表と題する書面に記載して同会社係員Uに提出報告し，ために同人は該山林全部の立木実数は2,496本位であるのを3,453本位あるものと誤信するに至つたのであるが，被告人Yは右山林の調査現場において，Nが実際より相当過大に記載した事実を知り，従つて右Uがその如く誤信している事実を認識しながら之を黙秘し，同日智頭町D旅館において同人と前記山林約5反歩上の立木全部の取引を為すにあたり同人の錯誤を利用し之を金85万円にて右会社の為に買取る契約をさせ，即時同人より売買代金名下に金85万円の交付を受けて之を騙取し，被告人Nは右背任処為の結果同額の損害を同会社に加えたものである。

控訴審判示

　原判示によれば，「被告人NはC木材株式会社に雇われ，木材仕入生産係として，同会社が買入れる山林の調査をなす等の任務を有していたものであるが，同会社に対し山林立木の売却をしようとしていた被告人Yと共謀し，前記任務に背き，同被告人の利益を図るため，同会社の他の社員と手分けして同会社が買受けようとしている右山林の調査をした際，自己の調査区域の立木数は626本位であつたにかかわらず，1,536本あるが如く，寸検表と題する書面に記載して同会社係員に提出報告し，よつて，同係員をして右山林全部の立木実数は2,496本位であるのを3,453本位あるものと誤信せしめ，被告人Yは同係員の右錯誤を利用して同係員をしてこれを代金85万円で同会社のため買い取る契約をさせ，即時同係員より売買代金名下に右金員（原判決に「金85円」とあるは「金85万円」の誤記と認める）の交付を受けてこれを騙取し，被告人Nは右背任所為の結果同額の損害を同会社に加えた」ものであるから，被告人Nの本件所為は詐欺罪を構成し，たとい，背任罪の成立要件を具備していても，別に背任罪に問擬すべきものではない。

　原審判決（広島高松江支判昭26・8・29）「原判示によれば，被告人Nは……したものであるから，被告人Nの本件所為は詐欺罪を構成し，たとい，背任罪の成立要件を具備していても，別に背任罪に問擬すべきものではない。されば，原判決が被告人Nに対し背任罪の規定を適用処断したのは，

第4節　旧来の判例による訴因変更要否の具体的判断とその見直し

所論の如く法律の適用を誤つた違法があるもので，その違法は，判決に影響を及ぼすことが明らかである。従つて論旨はこの点において，理由があるから，原判決中被告人Nに関する部分は破棄を免れない。そこで，当裁判所は刑事訴訟法第400条但書に従い，更に，被告人Nに対する本件について，次のとおり，判決することとする。原判決の認定した前示被告人Nの所為は刑法第246条第1項第60条に該当するから，所定刑期範囲内において処断すべきところ，……。なお，本件起訴状によれば，検察官は被告人Nに対する訴因を背任とし，罰条として刑法第247条を掲げたけれども，原審第1回公判において，同被告人に対する訴因を詐欺，罰条を刑法第246条とそれぞれ変更し，その後原審第2回公判において更に右の訴因，罰条を本件起訴状のとおりに変更すること即ち訴因を背任，罰条を刑法第247条とすることを請求し，弁護人はこれについて，被告人Nの所為は詐欺であつても，背任ではないと異議を述べたが，原審は検察官の右変更請求を許しその請求のとおり訴因と罰条が変更されたことは記録上明らかである。従つて，当裁判所が被告人Nに対する本件公訴事実に基いて詐欺の成立を認め，刑法第246条を適用したのは，訴因罰条の変更なくして本件起訴状に掲げられたところと異なる訴因を認定し，異なる罰条を適用したものに外ならない。しかし，本件公訴事実に基いて被告人Nの所為を背任と認定し或は詐欺を認定するも，公訴事実そのものには何の変りもなく，唯これに対する法律見解を異にするに過ぎず，公訴事実の同一性は失われないのみならず，既に明らかにしたとおり，原審において弁護人は検察官の請求した再度の訴因，罰条の変更について，異議の理由として，被告人Nの所為は詐欺であつても背任でないと述べた程であり，また，当審においても，控訴趣意として同趣旨の主張を繰えしているのであるから，<u>かかる場合には訴因罰条の変更手続をとらないで背任の訴因</u>罰条に比し<u>重い詐欺の訴因を認定し，重い詐欺罪</u>の規定を適用するも，被告人Nの防禦に実質的な不利益を生ずることはないというべきである。されば，当裁判所は検察官に対し訴因罰条の変更を命ずる措置をとらないで，前叙のとおり自判するものである。」

判旨　「本件起訴状によれば検察官は被告人Nに対する訴因を背任とし，罰条として刑法第247条を掲げたけれども，第一審第1回公判において，同被告人に対する訴因を詐欺，罰条を刑法246条とそれぞれ変更し，その後第一審第2回公判において更に右の訴因罰条を起訴状のとおりに変更することを請求し，弁護人はこれについて被告人Nの所為は詐欺であつても背任ではないと異議を述べたが，第一審は検察官の右変更請求を許しその請求のとおり訴因と罰条が変更されたことは記録上明らかである。そして第一審判決は背任の事実を認定し，これに対して背任罪の規定を適用しているのであるが，他人の委託によりその事務を処理する者が，その事務処理上任務に背き本人に対し欺罔行為を行い同人を錯誤に陥れ，よつて財物を交付せしめた場合には詐欺罪を構成し，たとい背任罪の成立要件を具備する場合でも別に背任罪を構成するものではないと解すべきであるから，第一審判決が本件起訴状に基いて背任の事実を認定しこれに対して背任罪の規定を適用してもそれは詐欺の事実が確定されているものといわねばならない。従つて第一審判決は詐欺の事実を認定しながら背任の法条を適用した誤があるものといわねばならないから原審が第一審判決を破棄した上適条の誤を正したのは正当であり，<u>右のような場合には訴因の変更を必要とするものではない</u>」

● **コメント**

法的評価が法定刑のより重い罪に変わる場

訴因変更〔Ⅰ〕　**323**

第3章　訴因変更の要否

合であっても訴因変更の手続を要しないかは一個の問題である。控訴審判決は，被告人（弁護人）の自認を挙げて具体的防御の視点を加えつつ訴因変更不要の場合としたが，本判決は，その間の経緯を指摘はしたものの，その後では，本件公訴事実に，本人に対し欺罔行為を行い同人を錯誤に陥れよって財物を交付せしめた，という詐欺の要件事実が盛り込まれていることをとらえて，その意味での公訴事実どおりの認定事実に対する適条（詐欺罪と背任罪が競合する場合の実体法上の処理）の問題として解決している。そこには，被告人の防御に実質的な不利益を及ぼすか否かの視点への言及が直接になされているわけではないが，最終的に，「右のような場合には」とする留保の中に，判示前段の部分が意味をもって含まれているとするならば，本件被告人のような自認のない場合は別論となる可能性も否定されてはいないことになる。

　この問題については，**事実記載説**に立脚して**審判対象画定の見地**から訴因変更の要否を考える立場からは，訴因変更そのものは必要的でないとするのが論理的である。**最決昭53・2・16【128】**は，重い罪への適用罪名の変更が見られた場合である（単純暴行→共同暴行（暴力行為等処罰に関する法律違反））が，そこでは，訴因変更は必要的でないことが当然の前提とされた上で，そのような場合に罰条の変更が必要か否かの議論が展開されているところからみて，最高裁は，事実面の変動がない場合に法定刑の重い罪への法的評価の変動が訴因変更を必要的とするものではない

ことを，黙示的にではあるが示しているものと解される。ただ，この場合にも，そのような被告人にとって不利な擬律が不意打ちとなることは問題であるので，被告人に対する注意喚起と今後の防御方針の検討に資するよう，裁判所として，罪責の重い方向への法的評価の変動のあり得ることを何らかの形で示唆しておくことが望ましいといえよう（例えば，公判廷において，検察官に対して（場合によっては罪名をも示して）法律構成の再検討を求めるなど）。

【105】　最決昭30・7・1 刑集9・9・1769（②）

事実

起訴状記載の公訴事実

　被告人は，Xと共謀して，昭和25年9月17日東京都北区甲町所在乙劇場においてストリップ・ガールY子をして，伴奏曲にあわせ脚光を受けながら逐次着衣全部を脱ぎこれを両手にて腰部にあて舞台全面を踊りながら2回にわたり衣裳をわきにずらせ陰部を露出させ最後に舞台中央にて手にした衣裳を下にずり下げ陰部を示す等猥褻な日本舞踊を躍らせ，これを約200名の観客に観覧させ，以って猥褻のものを公然陳列した。

（罪名及び罰条）
猥褻物公然陳列罪
刑法第175条

第一審判決（東京地判昭26・12・17）

（罪となるべき事実）
　被告人はXと共謀の上，昭和25年9月17日東京都北区甲町所在乙劇場においてストリップ・ガール，ポーラ旭ことY子をして伴奏曲『湯島の白梅』に合

第4節　旧来の判例による訴因変更要否の具体的判断とその見直し

せて脚光をうけ逐次着衣を脱ぎ且つ衣裳を両手で押えこれを左右に交互に振りつつ多数観客の面前で踊りながら時折衣裳をわきにずらせ陰部を露出させる等猥褻な行為をなさしめた。
（法令の適用）
刑法第175条

控訴審判決（東京高判昭27・12・27）

被告人の判示所為たるや、Y子を教唆して猥褻行為を実行させたというのであるから、判示所為につき被告人を処断するには刑法第61条第1項第174条の規定によつて、これをしなければならない筋合である。しかるに、原判決は事茲に出でず、被告人に擬するに同法第175条を以てした。原判決の、この措置たるや同条の規定を誤解して、適用すべからざる規定を適用した違法の譏を免れないのである。多数の観客の前で、陰部を露出して猥褻な姿態を示しても、これを以て同法第175条にいわゆる猥褻物の公然陳列というべきものではないのである。人の姿態は法律上は行為を以て論ずべきものであり、その姿態が陰部を露出するというような形式でなされたならば、それは当然同法第174条にいわゆる猥褻な行為に該るものといわなくてはならないのである。かようなわけで、原判決は法律の適用を誤っているので、この点に関する論旨はおのずから理由あるものというべく、原判決はこの理由によってとうてい破棄を免れないのであるから、刑訴法第397条に則つてこれを破棄し、同法第400条但書に従つて更に判決することとする。
それで、原判決の挙示する証拠によつて、原判決の摘示する公然猥褻教唆の事実を認定し、これに対して刑法第61条第1項第174条を適用し……

【判旨】「原審において認定した事実は事実に対する法律的判断を異にするだけで本件公訴事実と全く同一であつて公訴事実の同一性の範囲内で罰条の記載の誤を正したとしても所論のように被告人の防禦に実質的な不利益を生じたものとは記録上認められない」

● コメント

訴因事実と判示認定事実との間に齟齬はないから、訴因変更は不要である（当該事実に対する擬律判断は異にするが、法令適用は裁判所の専権に属する事柄であり、その発動自体に制約はない。ただし、当事者に対する不意打ち防止の観点から、法律上の争点としての顕在化手続は──この事案の場合には検察官に対する関係でも──必要とされよう。）。調査官解説は、委曲を尽くして次のように述べている。──「結局刑法が規定する猥褻罪において人の身体を法律上『物』と見るか否かの問題であって検事は人体を『物』と見た為本件事実を『……以って猥褻のものを公然陳列したものである』と法律的に価値判断をし第一審はその価値判断を異にし本件を公然猥褻の行為をなさしめたものと認めたものである。もっとも刑法第175条と同法第174条との法定刑を比較すると検事が本件を猥褻物陳列罪で起訴した意図を推測し得ない訳ではなく本件行為の実体と猥褻な物件を公然陳列した場合とをその法定刑について比較した場合、刑の均衡上不合理の点のあることは認められるが本件行為を公然猥褻罪に問擬した第一、二審判決は従前の最高裁判例（最判昭25・11・21刑集4・11・2356、最判昭25・12・19刑集4・12・2578）に照せば相当であるといわなければならない。そしてまた本件について教唆犯の成立を認めた第二審の判断も起訴状に明示せられた訴因並びに第一審判決摘示の事実に徴し妥当なものと解せられる」（松本・判解30・182）

第 3 章　訴因変更の要否

【106】　最決昭 32・7・19 刑集 11・7・2006
(3)

事実

起訴状記載の公訴事実

被告人Kは、競馬施行者でないのにいわゆる馬券取次業をなして財産上の利益を図る目的もつて、A、B、C、及びD外数名と共謀の上、別表記載のごとく、昭和30年12月30日より同31年1月26日までの間、木更津市木更津××番地△△屋ことK方店舗において、馬事振興会連合会木更津出張所の名義をもつて、船橋、大井、川崎、浦和の各地方競馬の競走に関し、M等約1,900名より連勝式勝馬投票券約7,000枚の購入の依頼を受け、投票券1枚につき金100円及び手数料金10円を徴収し、これと引換えに購入依頼者に対しそれぞれ同人等が勝馬投票の的中者となつた場合、競馬主催者が、当該競走の的中者に払戻すいわゆる配当金と同一金額を払戻す依頼書と題する証票合計約1,900枚を同人等に交付し、もつて勝馬投票券に類似するものを発売して競馬を行つた。
〔罰条〕競馬法30条1号

判示認定事実

被告人Kは、昭和30年6月14日法律第21号による競馬法の一部改正の結果、従前黙認されていたいわゆる「場外馬券取次業」が、全面的に禁止されるにいたつたにもかかわらず、このことを熟知しながら敢て、馬事振興会連合会の名をかりて、脱法的私利をはからうとくわだて、A、B、C、D、E及びF等と共謀の上、別紙犯罪一覧表(2)記載のごとく、昭和30年12月30日から同31年1月26日までの間に、木更津市木更津××番地△△屋ことK方において、前記連合会木更津出張所なる名称の事務所を設け、その都度折柄施行中の各地方競馬の競走に関し、M等約2,646名から、連勝式勝馬投票券合計約11,000枚の購入方委託を受け、投票券一枚につき110円（投票券面額に手数料として10円を加算したもの）の割合による金員を徴収し、これと引換えに購入委託者に対し、それぞれ右委託を受けたことの証たると同時に、該委託者が勝馬投票の的中者となつた場合には、競馬主催者がその競走の的中者に払い戻す金額と同一の金額を支払うべきことの証として、依頼書と題する投票番号等特記の証票合計約2,646枚を交付し、よつて現実には委託どおりの購入をせず、万一的中者となれば、これに自己資金をもつて払戻金と同一の金額を支払うが、さもないときには、そのまま徴収金を利得してしまう方法によるいわゆる「呑み行為」をし、もつて購入委託者に勝馬投票類似の行為をさせて利を図つた。
〔適条〕競馬法30条3号

原審判決（東京高判32・2・11）「弁護人W控訴趣意第1点に対する判断　被告人Kに対する本件公訴事実は、その起訴状によれば、……というのであつて、これに対して原判示の認定した犯罪事実は、……というのである。しかして各別表に掲げられた地方競馬名、犯罪年月日、購入委託者氏名は両者一致するところであり、購入依頼者の人数及び依頼書交付枚数は一致しない部分もあるが、起訴状別表の右人数及び枚数については原公判廷において原判決別表のごとく訂正せられたところである。ところで、右起訴状記載の公訴事実を検討してみると、それは単に業として勝馬投票券の購入の委託を受け、又は財産上の利益を図る目的をもつて不特定多数の者から勝馬投票券の購入の委託を受けた事実ではなく、また日本中央競馬会、都道府県又は指定市町村以外の者が、勝馬投票券その他これに類似するものを発売して、競馬を行つた事実（競馬法30条1号の要件事実—筆者注）でもなく、まさしく地方競馬の競走に関し勝馬投票類似の行為をさせて利を図つた事実（競馬法30条3号の要件事実—筆者注）につき被告人Kの処罰を求めたものとみられるのである。であるからよしや同起訴状記載の公訴事実の末尾に競馬を行つたものであると記載されてあり、罰条の部分に競馬法第30条第1号と記載されていて、一見同法第1条第3項の規定に違反した事実を公訴事実の内容とするがごとくであるとしても、右末尾の辞句は余計なものであり、公訴事実に対する検察官

第 4 節　旧来の判例による訴因変更要否の具体的判断とその見直し

の罰条の記載は全く誤れるものであつて，原判決摘示のごとく競馬法第 30 条第 3 号が正当であることは論をまたないところである。しかり而して，原判決が被告人Ｋにつき認定した犯罪事実と同被告人に対する公訴事実とを対比するに，前説示によつて明らかなごとく，その基本たる事実においては両者同一性を失うものではないのであつて，ただ起訴状において，検察官が罰条の記載を誤つたものであるが，右起訴状と原判決記載の各罰条はいずれも競馬法第 30 条に定むるところであつてその法定刑を同じくするものであるから，右起訴状の罰条の記載の誤は，<u>被告人の防禦に実質的な不利益を生ずる虞のないものというべく</u>，公訴提起の効力に影響を及ぼすものではない。果して然らば，原判決に審判の請求を受けた事件について判決をせず，又は審判の請求を受けない事件について判決をした違法は存しないのであつて所論は排斥するの外なく，該論旨は理由なきものである。」

判旨　「原判決の弁護人Ｗの控訴趣意第 1 点に対する判断は正当である」

● コメント

　検察官の訴追意思の合理的解釈を経て訴因事実を確定した結果，起訴状における適条は検察官の誤記であるとして，裁判所の法令適用権に基づき適条を施したものであり，そのような適条のし直しが被告人の防御に実質的不利益を及ぼすものでないことも確認されていたが，以下のとおり，疑問である。

　起訴状の公訴事実の記載中，①「財産上の利益を図る目的をもって」というのは，1 号の罪の要件事実でなく，むしろ，「財産上の利益を図った」という 3 号の罪の要件事実に近い，②「連勝式勝馬投票券の購入の依頼を受け，投票券 1 枚につき 100 円及び手数料 10 円を徴収し，依頼書と題する証票合計約 1,900 枚を交付した」というのは，「勝馬投票券その他これに類似するものを発売し（た）」との 1 号の罪の構成要件該当事実とみることは可能であるが，③「競馬を行っ（た）」との同罪の構成要件該当事実が摘示されていない（「もって書き」の記載は，特別構成要件該当の評価を示す文言と位置付けるのが通常である。）。したがって，この公訴事実が 1 号の罪の要件事実を摘示しているものとはいえない。他方，この公訴事実を，3 号の罪の要件事実の摘示として十分かを見るのに，④上記②の記載部分を，「勝馬投票類似の行為をさせ（た）」との構成要件該当事実の摘示とみることができ，⑤「投票券 1 枚につき…手数料 10 円を徴収し（た）」点を，「財産上の利益を図った」との構成要件該当事実の摘示とみることができなくもなかろうが，この「財産上の利益を図った」ことの実体は，判示認定事実にあるように，いわゆる「呑み行為」にあったわけであり，3 号の罪の要件事実の摘示というためには，本来，この呑み行為の事実摘示が起訴状の公訴事実中になければならないはずのところである。そうすると，原判決の判断するように，「起訴状記載の公訴事実を検討してみると，……まさしく地方競馬の競争に関し勝馬投票類似の行為をさせて利を図った事実につき被告人Ｋの処罰を求めたものとみられる」と断じるには躊躇を覚えるところである。原判決は，判示認定事実と公訴事実とを対比すると，「その基本

第3章　訴因変更の要否

たる事実においては両者同一性を失うものではないのであって，ただ起訴状において，検察官が罰条の記載を誤ったものである」としているが，判示認定事実は，訴因の同一性をはみ出すものといわざるを得ないのではないだろうか。

最高裁は，上記の原判決の判断を正当としているが，担当調査官は，これについて，「原判決の前示説示を是認した本判例は，刑訴378条3号にいう事件は，訴因ではなく，公訴事実を指すとした趣旨に解せられる」と解説されており，あるいは，審判の対象についての**公訴事実対象説**の立場からの立論と解釈されているようにも見える（吉川・判解32・399）。

【107】　最判昭63・1・29刑集42・1・38
　　　　（【112】と同じ）　　　　　　　（④）

事実

起訴状記載の公訴事実

被告人Kは，神戸市兵庫区湊町×丁目×に本拠を置く暴力団甲会の幹事長（若頭），同Tは同会幹事長補佐（若頭補佐），同Aは同会若衆であるが，被告人3名は，かねて同会と友誼関係にある暴力団乙二代目会長Yから依頼を受け，甲会組員ほか数名と共同して，さきに暴力団丙組長Xをけん銃で狙撃して負傷させ，殺人未遂事件の犯人として警察から指名手配されていた右乙幹部V（当時26年）を昭和53年7月16日ころから兵庫県三木市志染町広野×丁目×番地の甲会理事長NのM事務所ほか3か所等に宿泊させてかくまっていたものであるが，右Vにおいて被告人Kらに無断で大阪市西成区鶴見橋×丁目×のSの自室に舞い戻るなどの身勝手な行動に出た上，

被告人Kらの説得にもかかわらず再度右西成区近辺に戻ろうとする同人の所為をもてあましたことや，かねて被告人Kらにおいて右Vに前記Xに対する挑戦状の手紙を書かせてこれを同人あてに郵送させていたため，右Vの口から被告人Kらの属する甲会の組織ぐるみで右Vを隠匿した事実や右挑戦状を書かせた事実が発覚することを恐れるあまり，被告人K，同Tの両名は，右Vを殺害するに如かずと決意し，同Aは，右殺害の目的を有しないまま，ここに被告人3名は，共謀の上，同年9月1日午後11時40分ころ，前記NのM事務所階下6畳間で，被告人Aにおいて右Vの背後から羽交締めにし，被告人Tにおいて右Vの両足首を日本手拭で緊縛するとともに両手首を同様の日本手拭で後手に緊縛し，被告人K，同Aの両名において布粘着テープで右Vの顔面及び頭部を鼻部だけ空けるようにして10数回にわたりぐるぐる巻きにし，更に同テープで両手首，両足首，膝部それに胸腹部辺りをそれぞれ何重にも重ねてぐるぐる巻きにし，そのころ，同所玄関前路上に停めていた普通乗用自動車の後部トランク内に同人を押し込んだ上，同月2日午前0時過ころ，同所先から被告人Kにおいて運転し，同Tにおいて54.2キロメートル離れた神戸市北区有馬町六甲山19191番の1先の県道明石・神戸・宝塚線瑞宝寺谷付近路上まで右乗用自動車後部トランク内に右Vを閉じ込めたまま搬送し，同日午前2時前ころ，同所付近路上において，被告人K，同Tの両名において同車後部トランク内から右Vを路上に抱え降ろし，被告人Kにおいて右Vを同所路肩から西側瑞宝寺谷へ向け約152メートル下方の同谷堰堤下付近まで滑り落しあるいは引きずり降ろし，同所において，身動きできない同人の胸背部を所携の登山ナイフ様のもので数回突き刺してとどめをさし，よって，そのころ同所で同人を心臓刺創により失血死させて殺害したが，被告人Aにおいては右Vの身体の自由を奪って同人を不法に逮捕監禁した。

罪名及び罰条
殺人　刑法199条，60条
なお被告人Aにつき，同法38条2項，220条1項

判示認定事実
第2　（殺人，逮捕監禁関係）
被告人3名は，前記のとおり，V（当時26年）を

第4節　旧来の判例による訴因変更要否の具体的判断とその見直し

匿っていたところ、同人が被告人らに無断で大阪市西成区内のSの自室に舞い戻るなどの身勝手な行動に出たうえ、被告人Kらの強い指示により前記R荘に帰った後も再度右西成区近辺に戻りたがるなどのことがあって、これを持て余したことや、Vの蔵匿の間に被告人Kが前記Yを介しVを唆してXに対する挑戦状を書かせ、これを同人に郵送させていたため、Vの口から甲会関係者らがVを匿っていた事実や挑戦状を書かせた事実が丙組関係者や警察当局に発覚することを恐れるあまり、被告人Kにおいて、当時Vが匿われていた前記M事務所から、同人を縛り上げて連れ出したうえ殺害しようと企て、同年9月1日午後11時過ぎころ、被告人TとともにM事務所に赴き、同所1階応接間において、被告人T及び予め被告人Kから指示を受けて同所に待機していた被告人Aに対し、Vを押え付けたうえ同人を縛り上げるよう命じ、被告人T及び同Aはこれを承諾した。ここにおいて、被告人Kは、Vを殺害する目的を持ち、同T及び同Aは、右殺害の目的を有しないまま、Vの身体を緊縛することを共謀の上、同日午後11時40分ころ、M事務所一階6畳間で、被告人Aにおいて、Vを同所2階から呼び降ろしたうえ、その背後から両腕を締め付け、被告人Tにおいて、Vの両足首及び後手にした両手首をそれぞれ日本手拭で緊縛し、被告人K、同Aの両名において、布粘着テープでVの顔面、頭部、両手首、両足首及び膝のあたり等に幾重にも巻き付けたうえ、翌2日午前零時過ぎころ、同所玄関前路上に停めていた普通乗用自動車の後部トランク内に同人を押し込んだうえ（被告人Aはここまでの逮捕監禁の限度で刑責を負う。）、被告人K及び同Tは、前同様の目的で、共謀の上、被告人Kにおいて運転し、同Tにおいて助手席に同乗して同車を発進させ、西神戸有料道路、神戸市兵庫区内の夢野交差点、平野交差点、有馬街道、裏六甲有料道路を経て、同日午前2時前ころ、M事務所から約54.2キロメートル離れた神戸市北区有馬町六甲山19191番の1先の県道明石・神戸・宝塚線瑞宝寺谷付近路上まで、Vを乗用自動車後部トランク内に閉じ込めたまま搬送し、もって、Vの身体の自由を奪って同人を不法に監禁し、更に、被告人Kは、同時刻ころ、トランクから路上に抱え降ろしたVを同所路肩から西側瑞宝寺谷に向け、約152メートル下方の同谷堰堤下付近まで、滑り落しあるいは引きずり降ろすなどして運んだうえ、同所において、身動きできない同人の胸背部を所携の登山ナイフ様の刃物で数回突き刺し、よって、そのころ同所において同人を心臓刺創により失血死させて殺害した。

適条
被告人Kの所為は刑法199条（逮捕監禁の限度では更に同法60条）に、被告人Tの所為は同法60条、220条1項にそれぞれ該当する。

被告人からの上告がなされ、弁護人は、「本件の逮捕監禁行為と殺人とは併合罪関係にあると解すべきところ、K及びTは殺人罪で起訴されたのであって、逮捕監禁罪では起訴されていないのであるから、原判決が両名の関係で逮捕監禁事実を審判の対象とし、有罪の認定をしているのは、不告不理の原則に反する」との上告趣意を掲げた。

判旨　「なお、不告不理の原則違反をいう所論にかんがみ、職権で判断すると、被告人3名に対する起訴状記載のV殺害関係の公訴事実は、……のとおりであり、起訴状には、これに対する罪名及び罰条として……と記載されており、これに対し原判決が被告人K及び同Tにつき認定判示した事実は、……のとおりであり、原判決は適条として……旨判示している。右起訴状の記載及び第一審における検察官の釈明等から、検察官としては、被告人K及び同Tについては逮捕監禁行為の開始自体が殺人の実行の着手に当たり、逮捕監禁の事実は殺人の実行行為の一部を組成するものであるとしていることが明らかであり、原判決も被告人Kの関係につき右と同様の見解をとっているものと思われる。

しかし、原判決認定事実においても、被告人Kは逮捕監禁に及ぶ以前に殺意を固めていたとはいえ逮捕監禁行為自体によりVを殺害しようとしたものではなく、後に別個の殺害行為を予定してまず逮捕監禁に及んだとされているのであるから、逮捕監禁の事実を殺人の実行行為の一部とみるの

第3章　訴因変更の要否

は相当でなく，右認定事実を前提とすれば，被告人Kについては逮捕監禁罪と殺人罪が共に成立し，両罪は併合罪であると解するのが相当である。このように，原判決には，罪数判断の誤りがあるといわなければならないが，<u>本件起訴状における逮捕監禁の事実は，単に被告人Aについての逮捕監禁罪の構成要件を示す趣旨で記載されているにとどまらず，被告人K及び同Tについては，その殺人の実行行為の一部を組成するものとして記載されていると解されるのであつて，検察官は右被告人両名に対しても犯罪事実としてその処罰を求めているというべきであるから，</u>原判決が前記のとおり被告人Kにつき殺人罪の実行行為の一部として右逮捕監禁の事実を認定判示し，被告人Tにつき逮捕監禁罪の成立を認めたことは，刑訴法378条3号にいう審判の請求を受けない事件について判決した場合には当たらない。」

● コメント

　最高裁は，本件の逮捕監禁の事実は殺人行為の一部を組成するものとして公訴事実中に記載されていると認められるので，原判決がKにつき殺人の実行行為の一部として上記逮捕監禁の事実を認定し，Tにつき逮捕監禁罪のみの成立を認めたことが，378条3号後段にいう審判の請求を受けない事件について判決した場合に当たるとはいえない，換言すれば，逮捕監禁の事実は起訴状において訴因の一部をなすものとして審判の対象とされているから，裁判所が，原訴因に手を加える手続を経由することなく（判旨は，逮捕監禁と殺人を併合罪と解しているので，もしも逮捕監禁を審判対象に加えるための何らかの措置を要するとすれば，それは「訴因変更」ではなく「追起訴」となる―1章3節3(2)参照。ただし，現状のままでは逮捕監禁を訴追するものとしては不特定な訴因を「補正」することにより，逮捕監禁についても「併合起訴」がなされているものと解釈することができる，とする立場が有力である。本節3(1)参照)，判決においてこの事実を有罪と認定しても，不告不理の原則に違反せず，訴因逸脱認定ともならない，とした（つまり，判旨は，(補正を施すまでもなく)併合起訴がなされたものと解していることになる。)。

　しかし，訴因中に何らかの犯罪的事実が書きこまれている場合に，それだけで直ちにそれが訴追対象とされているといえるかについては，なお当該訴因（起訴状）の解釈によって決せられる余地がある。先出の**最決昭25・6・8【101】**や**東京高判平7・5・22【100】**にその例がみられるところであり（前者においては「窃盗」のほかに「住居侵入」が，後者においては「署名偽造」のほかに「私印偽造」が訴追されているのか否かが問題となった。)，そのいずれにおいても，結論的には「余事記載」として退けられている。―前者の判例は，「本件起訴状には公訴事実中に『屋内に侵入し』と記載されてはいるが罪名は単に窃盗と記載され罰条として刑法235条のみを示しているに過ぎない。しかも第一審公判調書を見るに右住居侵入の訴因について，裁判官の釈明もなく検察官において罰条を示して訴因を追加した形跡もなく第一審判決もその点について何等の法律適用を示していない。されば，住居侵入の点は訴因として起訴されなかったものと見るのが相当である」といい，後者の

第4節　旧来の判例による訴因変更要否の具体的判断とその見直し

判例は、「被告人の行為が刑法167条1項に該当する場合には、それが署名偽造であっても、罪名は『私印偽造』とするのが一般的な扱いであるうえ、検察官は、右の公訴事実を『もって他人の署名を偽造したものである』として、しめ括っていることに照らせば、被告人が他人の署名を偽造した点のみを訴因として起訴しているものと認められ（る）」としている。そこで、これら判例との整合性に留意しつつ、本件起訴状の公訴事実の中に逮捕監禁の事実が記載されていたことから直ちにその事実もが審判対象とされていたといえるかどうか、を検討する必要がある。

上記【101】は、起訴状に住居侵入の罪名、罰条が記載されていないことを理由にしているところ、もしも最高裁が起訴状に罪名、罰条が記載されていることが、当該罪について有罪判決をするために常に不可欠である（但し縮小認定の場合を除く。）という解釈を前提にしているのであれば、本件においても、起訴状に殺人罪の罪名、罰条のみが示されている被告人K及び同Tに対して、逮捕監禁罪での訴追がなされていると解することはできないこととなる。しかし、【101】のケースでは、罪名、罰条の明示の問題以前に、もともと、訴因中に住居侵入罪の構成要件該当事実の大部分が摘示されていなかった（実務上住居侵入を訴因とするときは、侵入の目的、侵入箇所、侵入の方法及び「もって、故なく人の住居に侵入し」などという締め括り文言等が記載されるが、これらの記載がすべて欠落していたもののようである。）のであり、その訴因自体の解釈として、住居侵入の事実が審判対象として掲げられていたと解するのに大きな難点があったのだった。もしも、住居侵入の要件事実があらまし摘示されているような場合であれば、仮に同罪の罪名、罰条の記載が欠落していたとしても、刑訴法256条4項但書の存在に照らし、起訴状の解釈として、訴因中の当該記載は住居侵入の点をも犯罪事実として処罰を求める趣旨でなされたものであり、ただ、罪名・罰条の誤記があったにすぎない、とみることも十分可能としなければならない。したがって、この場合には、訴因の追加の手続を経ないで（住居侵入の要件事実を完全にするための訴因補正は必要となり得る。）住居侵入についても有罪判決をすることが可能というべきことになる（ただし、裁判所としては、釈明権を行使し、検察官に罪名、罰条を追加させるのが、運用上望ましいことは当然である。）。このように考えると、上記最高裁決定の趣旨も、そこまで硬直的なものとは解し得ない（安廣・判解63・53）。そうだとすると、本件訴因に記載された事実中には、逮捕監禁罪の要件事実が充足されており、しかも、締め括り文言として、被告人Aの行為につき逮捕監禁した旨明記されている（締め括り文言は、上記【100】が着眼するところである。）のであって、訴因それ自体の解釈として、逮捕監禁事実の訴追（殺人との併合起訴）がなされているとみるべきものであることに加え、起訴状のAについての罪名・罰条の記載からすれば、そのような理解がむしろ当然とされることとなろう。本判決の判旨は【101】と何ら矛盾

訴因変更〔Ｉ〕　**331**

するものではないし，その結論が妥当であることはいうまでもないであろう（安廣・前掲53）。

3 罪数の変化の場合

訴因は，当該公訴事実がどの犯罪構成要件に該当するかを明らかにするのはもとより，数個の犯罪構成要件に該当する場合はその罪数関係についても明らかにする程度に具体的に摘示されなければならない。当該公訴事実が併合罪の関係に立つ数罪に当たる場合は，各訴因ごとに他の犯罪事実から識別できるように特定して具体的に摘示する必要があるが，科刑上一罪に当たる場合は，成立する犯罪の罪名及び個数，その相互関係，被害金額や受傷内容と言った被害全体の概要等により，また，包括一罪に当たる場合は，犯行の始期と終期，行為の手段や回数，被害金額の合計額等により全体として特定すれば足りるとされている（中谷・130）。

しかし，こうして訴因上に示された検察官の罪数判断と，審理によって裁判所の心証上に生じた罪数判断とに食い違いが生ずることがある。その場合に，訴因を変更して対応することが必要であるか。

この問題については，起訴状に記載された範囲内の事実を認定する場合には，罪数的評価に変更を来しても，訴因変更を要しないとするのが判例である。一罪として起訴された事実を数罪と認定する場合も，その逆の場合も，等しく妥当する。これは，起訴状の公訴事実欄に記入された事実からはみ出すことなく認定した上であれば，その事実がいかなる法令に触れるかの問題は**裁判所の専権事項**であるからである（小林・386，香城・354）。したがって，訴因変更を不要とする条件は，訴因事実以外の事実の認定に及んでいないことにある点に留意を要する。

(1) 一罪⇒数罪への変化

訴因では一罪として起訴されたのに，判決では数罪とすべき場合には，数罪の訴因としての特定性がある限り，訴因変更を経ずにそのまま数罪と認定することができる。訴追対象事実の個数の判断も，法令適用権の内容をなし，裁判所に専属するからである（香城・355）。

この場合は，訴因事実と認定事実とが全く同一であるときと，結合犯を2罪に分割して認定するときとがある。後者の場合（例えば強盗傷人の起訴に対し，強盗と傷害の2罪を認定するとき）については，「このようなときには，訴因事実の一部が脱落してこうなることが多い（強盗の機会における暴行による負傷の事実が認定落ちするなど—筆者注）。また，刑の短期も被告人に有利になるわけだから，訴因変更を要しないと解してよい」（書研・講義案・141），「強盗致傷の訴因に対し，強盗の犯意発生時期を起訴状とは異なって認定して強盗と傷害の二罪が成立するとするような場合は，起訴状自体が予備的にそのような主張を含むとして，直ちに右二罪を認定できるものというべきである」（平野・基礎理論・

第4節　旧来の判例による訴因変更要否の具体的判断とその見直し

128, 小林・387）とも説明されている。

　もっとも，訴因制度を導入して当事者主義化した現行法の下においては，起訴と裁判とは，訴訟物をめぐって対応していなければならない関係にあるところ，これらの場合には，訴因（刑罰請求）の個数と判決（刑罰発動）の個数が対応していないのではないか，つまり審判の請求を受けない事件について判決した（378条3号後段）ことになるのではないか，との疑問もあり得よう。しかし，形の上では1個の訴因の中に，実質的には数罪の訴因とみることのできる事実が各犯罪の要件事実を充足して摘示されているために，法令適用の専権を有する裁判所の立場として，その権限の内容をなす訴追対象事実の個数の判断において，それが複数個存在していると，起訴行為の趣旨，検察官の訴追意思を「解釈」した（併合起訴がなされていると理解した）ものである以上，そこにはもはや訴因の個数と判決の個数に齟齬はない，としなければならない。

　以下に関係する判例を挙げるが，**最判昭63・1・29**については，4節2(3)でも検討した【107】。

【訴因変更不要】

広島高判昭26・8・30 高刑集4・8・1020　強盗傷人→傷害及び強盗の併合罪	
東京高判昭27・3・5 高刑集5・4・467　強盗→暴行及び恐喝の併合罪	
東京高判昭27・5・13 高刑集5・5・794【108】　強盗強姦未遂→強盗及び強姦未遂の併合罪	(①)
最判昭29・3・2 刑集8・3・217【109】　物品税ほ脱の包括一罪→同6罪併合罪	(②)
東京高判昭30・7・5 裁特2・14・726【110】　強盗傷人→傷害及び恐喝未遂	(③)
最判昭32・10・8 刑集11・10・2487【111】　窃盗の包括一罪→同2罪併合罪	(④)
札幌高判昭33・7・19 裁特5・8・342　道路交通取締法違反および業務上過失致死（又は重過失致死）の科刑上一罪→併合罪	
東京高判昭61・3・27 高検速報2838　暴行，脅迫の包括一罪→暴行と脅迫の併合罪	
最判昭63・1・29 刑集42・1・38【112】　殺人→逮捕監禁，殺人の併合罪	(⑤)

【108】東京高判昭27・5・13 高刑集5・5・794　　(①)

判旨　「結合犯たる一罪として起訴せられた強盗強姦罪については，その構成要件中に強盗及び強姦の各構成要件が結合して含まれているのであるから，裁判所が審理の結果，強姦罪と強盗罪の併合罪であると認めても，被告人の防禦に実質的な不利益を生じないので，訴因変更の手続を経ないで，強姦罪及び強盗罪の二罪を認定し得るものというべきである」

【109】最判昭29・3・2 刑集8・3・217 (②)

事実　製紙業者である被告人が，数か月にわたり，毎月その製造場から移出した製品の一部につき，これを所定の帳簿に記載せず，かつ所定の申告をしないで，この不正の行為により，それに対する物品税をほ脱したとの公訴事実につき，物品税ほ脱罪の包括一罪が成立するとの趣旨で，起訴状の訴因が記載されていたのに対し，裁

第3章　訴因変更の要否

判所は各月分ごとに1個の物品税ほ脱罪の成立を認めた。

起訴状記載の公訴事実
被告人は製紙業を営み，その製品を移出する場合は物品税を納付すべき義務あることを知悉し居るに拘わらず，法定の除外事由がないのに昭和25年1月より同年6月迄の間，別紙添付表の通り……外2名に対し物品税課税品である京花紙1,736締をその税込価格46万860円にて販売したのに，物品税逋脱の目的で之を正規帳簿に記載せず物品税課税標準額の申告もせず因って物品税4万1,870円を逋脱した。 〔別表〕 移出先（3名）別の販売一覧表（3通）をつけ，それぞれの販売一覧表には，個々の移出ごとに年月日・品名・数量・単価・移出価額が記載してある。

控訴審判示認定事実
被告人は肩書地に工場を設け製紙業を営んでいたものであるところ， 　(1)　昭和25年1月中株式会社J商店に対し京花紙168締を税込価格4万2,000円で販売してこれを製造場より移出し 　(2)　同年2月中Iに対し京花紙54締を税込価格1万5,120円で販売してこれを製造場より移出し 　(3)　同年3月中株式会社J商店及び株式会社K商店に対し5回に亘り京花紙計1,114締を税込価格合計30万880円で販売してこれを製造場より移出し 　(4)　同年4月中株式会社K商店に対し2回に亘り京花紙計150締を税込価格合計3万8,820円で販売してこれを製造場より移出し 　(5)　同年5月中右会社に対し2回に亘り京花紙計154締を税込価格合計4万40円で販売してこれを製造場より移出し 　(6)　同年6月中Iに対し京花紙96締を税込価格2万4,000円で販売してこれを製造場より移出したのに拘らずいずれも故意にこれを帳簿に記載せず且つ夫々所定の申告もしないで 右(1)に対する物品税3,810円 (2)に対する物品税1,370円 (3)に対する物品税2万7,350円 (4)に対する物品税3,520円 (5)に対する物品税3,640円 (6)に対する物品税2,180円 を夫々不正な方法で逋脱した。

判旨　「起訴状には，別表として犯罪一覧表が添付され，これによつて，物品の各移出毎に日時，数量，価格等が明確となつており，原判決は，そのとおりの事実関係（ただし各月にまとめて）を認定したうえで，各月分毎に一罪が成立するものとしただけであるから，訴因変更がなくても，違法とはいえない」

● コメント

　この判決においては，併合罪の認定をすることにより処断刑が重くなり，被告人にとっては不利益な認定となる場合であるにもかかわらず，判文上，被告人の防御に実質的な不利益が生ずるおそれの有無を顧慮することなく，訴因変更不要の結論が導かれていることが注目される。

　担当調査官は，「本件の場合，起訴状の訴因は，全事実について包括一罪が成立するとの法律的構成のもとに記載されているとみられるけれども，記載されている事実は，別表の添付により，きわめて個別的であって，そのまま各月分ごとに1罪の成立を認める法律的構成をも充足させうるものであることが，重要な点であると思われる。つまり，原審の認定事実は，訴因として記述されている具体的事実以外にわたるものではなく，ただ罪数に関する法律的構成だけが，原判決の認めた犯罪事実と訴因とで違っているわけである。その意味で，同じ具体的事実に対する起訴状の罰条と判決の罰条が相違する場合にも準じ

第4節　旧来の判例による訴因変更要否の具体的判断とその見直し

て考えることができる。そして，本判決は，本件の場合，訴因の変更（罪数的構成の変更）を経ないでも，被告人の防禦に実質的な不利益を生ずる虞はなかったとの前提のもとに，判示をしているものと考えられる」と解説され（戸田・判解29・39），本判決もなお被告人の防御の視点を踏まえているとの理解を示されているが，他の調査官からは，「一見訴因変更の観を呈しながら，同一事実に対する法律的評価を異にするに過ぎない。従って罰条変更の問題に帰する事案として，本判決参照」との評価がなされている（寺尾・判解29・246）。

　事実記載説の本来的立場からすれば，また，**審判対象説**の立場からすれば，このようなケースが，訴因変更を要せずして罪数の増大した判決をすることのできる典型的な場合といえる（「本判決の事例は，併合罪の起訴としても訴因の特定性に欠けるところはなく，単に罪数判断に相違があった場合についてであるから，当然裁判所の法令適用権が優先することになる」（香城・356。同旨，仙波ほか・357―法定刑や処断刑の高低に関わらないとされる。））が，その場合にあっても，罪数判断を争う被告人の防御上の利益を奪うべきではないから，場合によっては，検察官に罪数的構成の変更を促し，又は釈明することなどにより，被告人に罪数評価についての意見を述べる機会を保障すべきであろう（松本・52，髙橋・767）。なお，「一罪として起訴された訴因に対して数罪と認定することは処断刑が重くなるという意味では不利益な法律構成への変更とみる

べきであるから，事実記載説の立場でもやはり訴因変更を要すると解したい」とする説もある（臼井・458）。

【110】　東京高判昭30・7・5裁特2・14・726
（③）

判旨　「起訴状には強盗傷人の訴因罰条が記載せられているところ，原判決は恐喝未遂と傷害の事実を認定したこと所論のとおりであるが，恐喝未遂と傷害の事実はその犯行の日時，場所，方法等いずれも起訴状記載の訴因たる強盗傷人と基本的事実関係において一致しているのみならず，<u>前者は後者の制限縮小された態容の事実というべきで</u>，原判決が訴因の変更を命ずることすらせずに前者の事実を認定したのは<u>妥当でないとしても被告人に実質的な不利益を及ぼしたものと認められないから</u>，違法ではなく，論旨は理由がない」

【111】　最判昭32・10・8刑集11・10・2487
（④）

事実

起訴状記載の公訴事実
第1(2)　被告人Sは，M，N，Gと共謀の上，昭和28年12月下旬頃神戸市葺合区小野浜三井倉庫においてV管理・保管に係る落綿11俵（時価約11万円相当）を窃取した

判示認定事実
第1(2)　被告人Sは，昭和28年12月下旬頃神戸市葺合区小野浜三井倉庫において， (イ)　M，Nと共謀の上，同倉庫保管受渡課長V管理・保管の落綿6俵（時価約6万円相当）を， (ロ)　Gと共謀の上，同落綿5俵（時価約5万円相当）

訴因変更〔Ⅰ〕　**335**

第3章　訴因変更の要否

```
を
各窃取した
```

判旨　「原判決の肯認した第一審判決は訴因の追加変更若しくは訂正をすることなく，第1(2)(イ)(ロ)として論旨引用のとおりの各窃盗の事実を認定したこと記録上明白であるが，これによれば，被告人が判示の月下旬頃他人と共謀の上判示倉庫において落綿11俵を窃取したとの基本的事実関係においては公訴事実と一審判決認定事実との間に同一性があるということができ，そして，一審判決は，被告人が右窃盗のほか，別に，起訴状の公訴事実第2に基き，第2事実として，被告人が名港倉庫において焼綿18俵を窃取した事実をも認定していることまた記録上明らかであるから，同判決が所論起訴状第1の(2)の事実を2個の窃盗と認めても，これを1個の窃盗と認めた場合と同様，これらは右別個の18俵の窃盗及び一審判決判示第1の暴行と相まつて刑法45条前段の併合罪を構成し，しかも窃盗罪の刑に併合罪の加重を施した刑期範囲をもつて本件量刑の法律上の範囲とすることに変りはないから，同判決が前記のように第1(2)(イ)(ロ)の各窃盗を認定しても，被告人の防禦に実質的不利益を生ずる虞がないということができる。してみれば，結局原判決には所論のような判例違反若しくは判決に影響を及ぼすべき法令違反もなく，論旨は採用できない」

● **コメント**

　本判決は訴因変更を要しない理由として，上記の訴因を2罪に分解せずともどうせ他罪があって併合罪加重となることに変わりがないという本件に固有の点を挙げて，その意味で，上記訴因を2罪としても被告人の防御に実質的な不利益を生じるおそれがないことを述べている。そうなると，上記の訴因のみが起訴されていて他に併合罪となる訴因が存在しない場合には，この判例の射程が及ばないことになろうか。もしそうだとすると，先に見た**最判昭29・3・2【109】**の論旨の進め方と不整合を来すことにはなりはしないか。

　この事例は，先の【109】のケースとは違って，事実に変動なく単に罪数評価の点のみが異なったというのではなく，事実に変化があったために数罪と判断されるに至った，ともみることもできるものである（田宮・基礎知識・100，高橋・767，松本・62，香城・359，田口・317などはそうとらえられている。）。第一審判決挙示の証拠関係によれば，事実関係の詳細は，ＭＮＧはいずれも棉花荷造工であるが，被告人は昭和28年12月初旬ころＧに対し落棉を荷造りして三井倉庫Ａ2号に持参して置くように依頼し，同人はこれを承諾して同月中旬ころ落棉5俵を同倉庫に持参しておいた，他方，被告人は同月7日ころＭ，Ｎに対しても同様なことを依頼し，これを承諾した同人らは同月28日ころ同倉庫に落棉6俵を持参しておいた，これらの依頼は被告人からＧとＭ，Ｎに格別になされたものであり，同人らは各別個に（Ｇは被告人からＭ，Ｎに話のあったことを知らず，またＭ，Ｎは被告人からＧに話のあったことを知らないで）それぞれ被告人から言われたとおり，言われた場所に言われた数量だけの落棉を持参しおいたところ，被告人は同月下旬ころその落棉11俵を同時に一括して倉庫から持ち出し，これを売却してその代金12万円の中から2万4,000円をＧに，1万9,000円をＭに渡し

第4節　旧来の判例による訴因変更要否の具体的判断とその見直し

（Mはその中から9,000円をNに渡した。)，残りの金は自分で生活費等に費消した，というにあるようである（竜岡・判解32・512）。そして，この事実の変動があったと見る立場からは，その事実変化を理由に，訴因変更を必要とするという見解が示されている（松尾・法教・90，鈴木・119）。そして，担当調査官が，「本件のような場合にも訴因の追加・変更の手続を経る必要があるのではないかと思うものである」と私見を明らかにされているのが注目されるが，その理由にまでは言及されていない（竜岡・同・514）。本判決は，このような点に配慮して，冒頭に述べたところを本件において訴因変更を不要とする理由としたのではないか，とも解される。

本判決に対しては，予告なく併合罪加重されることが被告人に対する不意打ちとなるという点と，事実関係自体が異なるという点から，訴因変更を要するとする批判が加えられている（伊達・97）。また，「訴因逸脱認定といわざるを得ないし，被告人の防禦に実質的な不利益を生ずる虞れもあるので，訴因変更が必要であったと解すべきである」とする批判もある（臼井・458）。他方，**審判対象説**からは，検察官と裁判所との間で，「共犯関係についての見方に相違があった場合であるが，かりに検察官がM，N，Gと共謀した上での1個の窃盗であるとの主張を変えないときでも，その主張に拘束されて裁判所が全部又は一部の無罪の判断を強いられるはずはないから，法的評価の相違として裁判所の判断を優先させてよく，裁判所としては当然二罪の認

定が許されるというべきであろう」（香城・356）との理解が示されている。しかし，この事案においては，M，Nとの共謀による窃盗とGとの共謀による窃盗とは，罪数論的には，併合罪ではなく，観念的競合又は包括的一罪の関係に立つのではないかと解される。そうしてみると，裁判所の判示した罪となるべき事実は，観念的競合又は包括的一罪という実体法上一罪の訴因事実の摘示とみるべきことになる。つまり，事実面においても，M，N，Gとの共謀の事実を2つに分解しただけのことで，事実の変動があったというものではなく，罪数にも変化は生じておらず，ただ，単純一罪の訴追に対して観念的競合ないし包括的一罪の成立を認めるという法的評価の面だけに変動があったもの，と解するのが相当であろうと思われる。そうであれば，訴因変更が問題とならないのは当然のこととなる。

【112】　最判昭63・1・29刑集42・1・38
（【107】と同じ）　　　　　　　　　　　（⑤）

判旨　「検察官としては，被告人K及び同Tについては逮捕監禁行為の開始自体が殺人の実行の着手に当たり，逮捕監禁の事実は殺人の実行行為の一部を組成するものであるとしていることが明らかであり，……。しかし，……被告人Kは逮捕監禁に及ぶ以前に殺意を固めていたとはいえ逮捕監禁行為自体によりVを殺害しようとしたものではなく，後に別個の殺害行為を予定してまず逮捕監禁に及んだとされているのであるから，逮捕監禁の事実を殺人の実行行為の一部とみるのは相当でなく，右認定事実を前提とすれば，被告

第3章　訴因変更の要否

人Kについては逮捕監禁罪と殺人罪が共に成立し，両罪は併合罪であると解するのが相当である。このように，（本件起訴）には，罪数判断の誤りがあるといわなければならないが，本件起訴状における逮捕監禁の事実は，単に被告人Aについての逮捕監禁罪の構成要件を示す趣旨で記載されているにとどまらず，被告人K及び同Tについては，その殺人の実行行為の一部を組成するものとして記載されていると解されるのであつて，検察官は右被告人両名に対しても犯罪事実としてその処罰を求めているというべきであるから，原判決が前記のとおり被告人Kにつき殺人罪の実行行為の一部として右逮捕監禁の事実を認定判示し，被告人Tにつき逮捕監禁罪の成立を認めたことは，刑訴法378条3号にいう審判の請求を受けない事件について判決した場合には当たらない。」

● コメント

　被告人K及び同Tに対して，検察官は殺人罪一罪として公訴提起したが，その訴因事実につき，最高裁は逮捕監禁罪と殺人罪の併合罪を構成する2つの事実摘示（併合起訴）がなされているとの理解の下，Kについては両罪成立，Tについては逮捕監禁罪のみ成立との判断を示すに際し，原始訴因に手を加える手続を経ることは不要としたものである。

　そこで，原判決のように，Kについては，逮捕監禁及び殺人の事実が共に認定でき，Tについては，逮捕監禁の事実は認められるが，殺人の事実は認められないとした場合，裁判所としては，本来どのような判決をすべきであったのか。Kについては，殺人一罪としての起訴に対して逮捕監禁と殺人を認定する場合となり，Tについては，殺人一罪としての起訴に対して殺人は認められず逮捕監禁のみを認定する場合となる。担当調査官は，以下のように解説されている。「一般に，裁判所は訴因として掲げられた犯罪事実に対して正しく法令を適用する権限を有しており，法令適用についての検察官の意見に拘束されないのであって，罪数評価の問題は裁判所の専権に属する事項である，と解されているので，逮捕監禁の事実は起訴状においてK，Tの関係でも訴因の一部をなすものとして審判対象とされている旨の本判決の理由付けからすると，Kについては，逮捕監禁罪と殺人罪の両罪の成立を認め，併合罪処理するのが相当であった，ということになるであろう。訴因では一罪とされていても，裁判所が数罪と判断するときは，数罪の訴因としての特定性があるのであれば，訴因の変更ないし補正の手続を経ないで，そのまま数罪の認定をしてもよい，と解されるところ，本件起訴状においては，逮捕監禁の事実も十分特定されている。もっとも，第一審における検察官の釈明には，K・Tの関係では逮捕監禁は訴因としないなどという紛らわしい表現もなされているので，裁判所としては，Kにつき逮捕監禁罪と殺人罪の両罪を認めるのであれば，審理の過程でそのような判断に達することもありうる旨の見解を表明するなどして，当事者の注意を喚起しておく方が運用上望ましいことはいうまでもないであろう。」，「Tについては，殺人についての無罪を主文で言い渡すべきかどうかが問題になる。罪数についての検察官の見解と裁判所の判断が相違する場合に，いずれ

第4節　旧来の判例による訴因変更要否の具体的判断とその見直し

を基準として主文における無罪言渡の要否を決すべきかについては，裁判所は無罪と認めた事実については実体法を積極的に適用するわけではないから，もっぱら手続面の問題であり，訴訟の客体が一個か数個かは起訴状の記載を基準とすべきである，とする見解（岡田・所報・86，柴田・469，大判昭9・3・24刑集13・313，大判昭11・2・25刑集15・179，東京高判昭26・9・28判特24・86，東京高判昭27・5・13高刑集5・5・794，東京高判昭27・12・16判特37・122，仙台高判昭29・6・17判特36・82等）と，罪数評価の問題は裁判所の専権に属し，検察官の見解に拘束されるものではないから，裁判所の罪数判断を基準にすべきである，とする見解（神垣・355，東京高判昭40・11・26高刑集18・7・786）がある。前者によれば，殺人についての無罪は理由中にその趣旨を示せば十分ということになり，後者によれば，主文にこれを掲げなければならなかったということになる。後者によると（原）裁判所の罪数判断により一部上訴（357条参照）の可否が決まること，本件のように両罪につき有罪とされる共犯者と共通の判決書の場合には後者の方が自然であることなどを考慮すると，後者を支持するのが相当のように思われるが，困難な問題であり，深く検討する余裕もないので，結論は留保しておきたい。」（安廣・判解63・56）

被告人K及び同Tについては，逮捕監禁罪と殺人罪のいわゆる「混合的包括一罪」が成立するとは考えられないか。この混合的包括一罪という概念は，**最決昭61・11・18刑集40・7・523**によるところが大きいが，その内実の理解自体に争いはあるものの（例えば，法令の適用につき，科刑上一罪に近いものと解する立場と重い罪が軽い罪を吸収する関係にあると解する立場があり（安廣・判解61・310参照），本件については，起訴状の罪名・罰条の記載振りからして，後者の理解に立っての公訴提起と解する余地がある。），基本的には，数個の犯罪が成立し，異なる罪名又は異なる法益侵害の数個の行為がある場合に，各行為の間に，法益面での関連性，時間的場所的近接性，機会の同一性，方法の類似性，意思の継続性などがみられることにより，社会現象としても１個の事象として評価されるという密接な関係が認められることに基づき，「数回の処罰」をすべきものでなく「一回の処罰」で処遇するのが相当とされるものである（中山・大コメ・202）。(注45)本件事案においても，このようなケースであるとして一罪の処理をすることは，考えられる選択肢の一つといえる。しかし，**最決昭61**の事案は，一方の強盗殺人未遂罪の構成要件が，財物奪取の発現形態として，他方の窃盗罪又は詐欺罪の構成要件を予想し，これを包含した構成要件を規定しているものと解される関係にあり（中山・大コメ・前掲208），この点は本件事案とは相違している。本件の裁判所としては，判文に掲げられているような理由で「併合罪」としたもので，これも十分に成り立つ見方であり，むしろこちらの方がオーソドックスな罪数処理の在り方ともいえよう。判示認定事実の下で，被告人Kに対し，訴因の変更ないし補正の手続を経ることなく，逮捕監禁と殺人の両

訴因変更〔I〕　**339**

罪につき併合罪として処断すべきであったとの上記調査官意見に賛成する。被告人Tについては、裁判所として、殺人の事実が認定できない以上当該殺人罪と逮捕監禁罪の罪数処理はあり得ないというのはもっともな立論ではあるが、もともと訴因をめぐる議論は、検察官主張の事実が認定できると仮定してその主張に係る両犯罪事実の罪数関係を措定し、それを踏まえ裁判所としてどう処理するかを考究するという面を持っており（変更要否論や変更可否論における思考の過程を具体的になぞってみよ。）、裁判所の立場からすれば、併合罪として訴追されるべきであったということは、両罪につき国家刑罰権が1個ずつ合計2個発生しているという理解に立つものであって、これを殺人一罪として刑罰権は1個のみ発生しているとする検察官の起訴の誤りに拘束されなければならないというのは、不合理なことであろう。この場合には、判決において、「併合罪として処理する」わけではなく、「併合罪として起訴されたものと正解して処理する」と考えればよいのではなかろうか。裁判所の立場から起訴行為の趣旨を解釈した結果併合起訴がなされていると捉え直すことができたのである以上は、やはり殺人罪については主文で無罪を言い渡すのが筋の通った処理であるように思われる。

(注45) **最決昭61**が「包括一罪」と認めたことに対しては、実行行為の「相互依存性」「合一性」「発展的結合性」という観点から、行為の「全体的統一性」という意味で「一個の行為」とみることができるとしてむしろ「観念的競合」とすべきではなかったかとの疑問も呈されている（中山・大コメ・前掲209）。

ところで、以上にみられる訴因変更不要論に対しては、2方面からの反対がある。

その1は、一罪として構成された訴因に対し数罪として認定する場合は、併合罪加重により処断刑の範囲が被告人に重く拡がる点で不利益な法律構成への変更とみるべきであり、訴因変更を要するとする考え方である（訴因変更説─高田・629）。そして、この趣旨に沿うとみられる以下の諸判例もある。もっとも、この説も、数罪とされた結果の併合罪加重の刑がもとの犯罪の法定刑に比して重いものでないときは、訴因変更を要しないとする（その例として、前掲東京高判昭27・3・5、東京高判昭27・5・13【108】、最判昭32・10・8【111】が挙げられている。）。

しかしながら、実務上、罪数評価が量刑に及ぼす影響はそれほど大きくない（原田・216）から、事実に変更がないのに処断刑の変更のみを理由として訴因変更を必要的とする必然性に乏しいとの反対が見られる（中谷・130─もっとも、「審理の状況に応じて、被告人に不意打ちとならないように、検察官に罪数について釈明を求めたり、被告人側にも罪数に関する主張の機会を与えるなど、裁判所の問題意識を明らかにしておくことは、義務的とまではいえない（仙波ほか・357）にしても、公正な訴訟運営を心掛ける観点からは望ましいであろう」とされている。）。この反対説の立場からは、訴因変更を要するのは、事実の変更を伴うために被告人の防御に実質的な不利益が生ずる場合に限られることになる。

第4節　旧来の判例による訴因変更要否の具体的判断とその見直し

【訴因変更必要】

福岡高判昭25・5・31判特10・112	1個の贓物故買→2個の贓物故買
高松高判昭25・12・10判特6・10	1個の横領罪→複数の横領罪
大阪高判昭26・7・6高刑集4・7・768【113】	公職選挙法違反の包括一罪→同併合罪　　（①）
福岡高判昭29・3・31判特26・76	1個の窃盗→複数の窃盗
東京高判昭31・2・22高刑集9・1・103【114】	児童福祉法違反の包括一罪→同併合罪　　（②）
東京高判昭43・4・17高刑集21・2・199	無免許運転一罪→同併合罪

【113】　大阪高判昭26・7・6高刑集4・7・768
　　　　　　　　　　　　　　　　　　　　（①）

判旨　「被告人に対する前記公訴事実を包括一罪と認めるか併合罪と認めるかは，極めて困難な問題であつて，結局諸般の事情を審査した上でなければ決定できないところである。かような場合に，検事が包括一罪として起訴した場合の訴訟上の取扱をどうすべきかを次ぎに考究しよう。いうまでもなく，刑事訴訟法第256条所定の公訴提起の方式としての公訴事実の記載は訴因明示の方法によるべきものと定められており，いうところの訴因は特定の社会的事実がいかなる構成要件に該当するかに関する検事の認定によつて構成されるものである。従つて当該起訴状の記載が適法であるかどうかの決定は検事の認定を前提とするものであつて，裁判所の審理の結果によるものではない。いいかえると，訴因の特定ということは審判の範囲を特定するためのものであつて，講学上いわゆる刑事訴訟の手続面の問題である。裁判所は実体面においては検事の認定に拘束されないこと当然であるから，検事が包括一罪又は科刑上一罪として起訴した事案であつても審理の結果，裁判所が実体法を適用するに当つて併合罪と認めることは自由である。さればこそ，検事によつて明示せられた訴因といえども絶対的なものではなくて，公判手続の過程において適宜修正することも許されているのである（刑事訴訟法第312条）。また，裁判所としても，若し原審のように審理の結果，本件公訴事実が併合罪の関係にあるものと考えるならば，所論の一覧表によつて包括一罪の内容である個々の行為は釈明されているのであるし，審判の対象は公訴事実なのであるからその同一性を害しない限度において，予備的訴因の追加を促し又は命じ，以つてこの点につき双方に攻撃防禦の機会を与え，審理を尽すよう訴訟の指揮をなすべきである（刑事訴訟法第312条第2項）。しかるに原審が訴因の補充追完は公訴提起後には許されないと解して公訴棄却の判決を言渡したのは，訴因及び訴訟指揮に関する法理を誤解したものである。その法令違反は判決に影響を及ぼすから原判決は破棄を免れない。

　検事は，たとえ本件公訴事実が併合罪であるとしても一覧表によつてその個々の行為の内容が釈明されているのであるから，裁判所はこれに基づいて有罪判決をすべきである旨主張し，さような学説も見受けるのであるが，当裁判所としては前に説明した通り被告人に十分な防禦の機会を与えるために，予備的訴因の追加の方法を採るべきものと考える」

第3章　訴因変更の要否

【114】東京高判昭31・2・22高刑集9・1・103　　　　　　　　　　　　　　　　（②）

判旨　「記録に徴せば，『被告人は昭和30年5月7日より同年6月5日迄の間約62回に亘り肩書住居において当時18歳に満たないA女をして氏名不詳者約62名と対価を得て情交せしめ以て児童に淫行させたものである』という起訴に対し，原判決は，何ら訴因変更乃至追加の手続を経由することなく，『被告人は肩書住居において喜楽という料理店を営む者であるが，当時18歳に満たないA女（昭和13年3月5日生）の年令を確認せず，また同女の18歳である旨の言を聞いただけで，第1，昭和30年5月7日頃から同月9日頃までの間，前後5回位に亘り，同所において同女をして，氏名不詳の数名と報酬をえて情交させ，第2，同月10日頃から同年6月5日頃までの間，前後57回に亘り同所において同女をして，氏名不詳の多数者と報酬をえて情交をさせ以て児童に各淫行をさせたものである』という児童福祉法第34条第1項第6号違反の犯罪事実を認定判示していること洵に所論のとおりである。而して児童福祉法第34条第1項第6号違反の罪は，同一の社会的基礎の上において単一又は継続した意思によつて犯される限り，その淫行をさせた回数において多数回に亘つていても各児童毎に包括的に観察して一罪を構成するものと解するのが相当であるところ，原審が被告人の所為を2個の併合罪の関係にある犯罪とした所以のものは，おそらくは，原審公判廷における被告人の供述に従い，被告人がその所属する組合に対し右A女を雇い入れたことを正式に届け出でた日時を境にして前後の2個の犯罪に区別したものと推察されるのである。……次に訴因制度を採用している現行法の下において<u>包括一罪として起訴されたものを訴因変更乃至追加の手続を経由しないで併合罪と認定することは，本件のよ</u>うな同一構成要件に属する数罪の認定の場合であつても，被告人の側の実質的な利益乃至防禦という見地からすれば，不当な不意打を加えその防禦に実質的な不利益を与えることを免れないのであるから，原審が前記認定について訴因変更乃至追加の手続を採らなかつたことは判決に影響を及ぼすことの明らかな訴訟手続上の法令違背が存するものといわなければならない。論旨はいずれも理由がある」

　その2は，この問題は，事実たる訴因の内容の問題ではなく，訴因それ自体の書き分けないし組立直しの問題と考え，一罪の起訴がそのまま併合罪の起訴とも解釈し得る場合には最初から数罪の起訴があつたものと解釈し直して判決し，そのような解釈ができないときにはもとの訴因を数個の訴因に補正させた上で（これを最初から数罪の起訴があつたものと解釈し直して）判決する，とする考え方である（補正説—平野・基礎理論・128，松尾・法教・88，田宮・刑訴Ⅰ・587，田宮・基礎知識・97，柏井・105，松岡・289，松本・52等）。つまり，「罪数の変化は，有効な訴因を前提とする訴因変更手続の問題ではなく，その一歩手前の，訴因を有効な訴因に書き直すなわち補正する問題となる」となる，というわけである（田口・317）。このように考える理由としては，公訴事実の同一性は常にその単一性を前提としていると説かれたり（平野），「訴因の変更は訴因として有効に成立している場合の変容の問題である。この場合は，一罪＝一訴因の原則に反することになるわけであるから，訴因の記載自体が不適法であり，

第4節　旧来の判例による訴因変更要否の具体的判断とその見直し

『変更』ではなく，『補正』こそが問題となる」と説明されている（田宮）。この立場は，「罪数の変化は適条だけが違う場合とは異なり，一罪一訴因の原則の貫徹にかかわる。認定すべき判決の個数に合わせるため，訴因を補正しなおすべきである（判決の個数に合わない訴因は，結局不適法だからである）」（田宮・196），「一訴因は一罪からなるのが原則であるから（一罪一訴因の原則），罪数の変化によっては起訴状記載の訴因が有効でなくなる場合も生ずる」（田口・317）と考えているのである。また，「事実記載説の立場から，罪数を示すための記載方法の変更という意味における訴因変更というものが仮に観念しうるとしても，罪数評価について裁判所と検察官の見解が対立した場合に裁判所が検察官の法律的見解に拘束されるというのでは不合理であるから，裁判所がした右の点についての訴因変更命令には形成力を認めざるを得ない。しかし，それでは，一般の場合には認められていない訴因変更命令の形成力がこの場合に限って承認されることになって，奇妙な結果を招来する。罪数評価を示すための訴因の記載方法の変更を通常の訴因変更概念の中で同じように説明することには無理があるといわねばなるまい。罪数評価を表示するための訴因の記載方法については，裁判所に対して拘束力がないと考えるほかなく，また，罪数評価の変化は，本来の意味での訴因変更の問題ではないと考えるべきことになる」という指摘もなされている（松本・51）。以上のような考え方には，裁判実務家の支持も少なくない（上述の論者の中にみられるほか，高橋・767など）。

そもそも「**一罪一訴因の原則**」の存立根拠は何であろうか。国家刑罰権は実体法上の一罪について一個だけ発生し，したがって刑罰請求権も実体法上一罪につき一個だけ発生する。そしてそれは一個の訴因として起訴状に掲げられ，公訴事実同一性の範囲内においてのみ変動することが許され，その訴因について最終的に判決が一個限り言い渡されるに至る。つまり，実体法上の一罪についてただ一個だけ発生した刑罰請求権が一個の訴因に化体する，というのがその内容である。そうしてみると，一個の訴因＝一罪の起訴に対して数罪を認定判示することは刑罰請求権の個数を超える認定であって，訴因逸脱認定（378条3号）となるのではないか，そもそも掲げられた一個の訴因の移動範囲は公訴事実の同一性の範囲内（＝一罪）に限定されていたはずであるのに，いつの間にかそれを飛び出して数罪に形を変えてしまうというのはおかしいのではないか（「当初の訴因に対して変更後の数訴因がそれぞれ公訴事実の同一性を有していれば，一罪の主張を数罪の主張に変更することは何ら312条1項の趣旨に反しない」とする考え方もあるが，1個の訴因は1回の訴因変更で費消されてしまうのではないか。）。審理が進むうちに，一個の訴因として記載されている犯罪事実が実は併合罪を構成するような複数の犯罪事実であったのではないかという疑いが生じた時点で，その当初の訴因の有効性に疑義が生じる（その認定すべき犯罪事実の内

訴因変更〔Ⅰ〕　**343**

第3章　訴因変更の要否

容・個数に合致した複数の訴因が一々個々の訴因として特定して掲げられていなければならないはずのところ，それがなされていないのは訴因不特定に帰する）のではないか。これらは理論的にはもっともな疑問であり，**補正説**は筋の通った解決の指針を示してくれているといえる。(注46)(注47)そして，起訴状記載の訴因事実を，明らかに数個の訴因と「解釈」し直せる場合には，「補正」よりは「訂正」の問題で，必ずしも起訴状を無効としないと考え得るところから，補正を要しないとすることができる，前出の**最判昭29・3・2【109】**の起訴状にはほ脱事実ごとの一覧表が付いていたことから，この「解釈」が可能であった，それ故に補正ないまま数罪を判決できた，とする一連の説明（田宮・基礎知識・99）も合理的である。前出**最判昭63・1・29【112】**についても，同様の観点からの理解が可能であろう。また，この補正説の立場からは，前出**最判昭32・10・8【111】**の事案についても，「事実の変化により訴因の適法性が失われるのであるから，この場合も訴因の補正の問題と解する説が妥当であろう」（田口・317），「ここでもやはり，一罪を一訴因として特定することが先決問題であるから，補正が先行しなければならない。ただ，事実の変化があるので，概念的には変更を含んだ補正ということになる。そして，便宜上このような補正も許されると思われる（実際問題として，「変更」されるべき訴因―事実変更をも含んだもの―に「補正」することにならざるを得ない）」（田宮・基礎知識・100）ということになる。審判対象と

しての事実の変化（＝訴因の同一性の問題＝訴因変更の要否の問題）である以前に，起訴状を無効にしてしまう働きをするものなのであるから，この事実変動に対しては，補正を施すことが先決だというわけである（これに対し，中谷・130は，「当初の訴因から数個の行為が摘示されている場合は，その個々の行為が他から識別できる程度に特定されていないときに限り，不特定な訴因として補正を要することになる」とした上で，この事案において認定判示された2つの共謀に基づく窃盗は「併合罪ではなく包括一罪又は観念的競合の関係に立つと解され，そのために訴因の特定に欠けなかった（＝補正を必要としなかった―筆者注）ともいえるから，右最判の射程範囲はそれほど広くはないものと思われる」とされる）。「補正」をするといっても，その実際の手続は訴因変更の手続に準じることが多いであろうから（1章4節2(1)(a)参照），外観的には「変更」するのと大同小異の様相を呈することになるのではあろうが，理論上の概念としてはせつ然と区別されるべきことになる（小林・387）。

(注46) 先の**訴因変更説**は，公訴事実の同一性は単一性の問題に関係がない，つまり「はじめ一罪として起訴された公訴事実について後にこれを数罪として評価することになっても同一性が害されたことにならない」と解しているが（高田・618，臼井・457），このような「単一性に基づかない同一性」を認めるとなると，理論上，訴因変更の可否の問題及び一事不再理効の客観的範囲の問題につき混乱が生ずるおそれがある，と指摘されている（田口・百選・85）。
(注47) **補正説**に対しては，「検察官が罪数の補正に応じない場合にどうなるのかが明らかでない」とする疑問も呈されているが（仙波ほか・357），訴因の記

第4節　旧来の判例による訴因変更要否の具体的判断とその見直し

載中に複数の犯罪事実がそれぞれ要件事実を欠くことなく完結的に盛り込まれている場合には，検察官による補正の問題は生じる余地がなく，裁判所は，その権限に基づきそれらの罪数評価を独自に行えば足りるのであるから，問題は「罪数」を補正することにあるのではなく，要件事実の摘示が不十分な「訴因」事実の記載を補正する必要が生じた場合にどうするか，ということである。この場合に検察官が訴因を補正すれば，当初から数罪についての併合起訴があったものと解して判決することができるが，補正しないのであれば，裁判所としては，複数の犯罪事実のうち要件事実の記載に遺漏のないものについてだけ実体判決することができるにとどまり，遺漏のあるものについては結局起訴されていないとするほかないであろう（およそ要件事実の記載に遺漏のないものがなければ，訴因不特定の違法起訴として公訴棄却することになろう。）。なお，当初の訴因事実の事実面に変動が生じた結果，一罪が併合罪に変化した場合においては，**訴因変更説**を採っても，変更命令に形成力を認めない以上は，同様の問題を生じ得る（本文参照）。裁判所が訴因の変更を必要と考えているのに検察官がこれに応じなければ，認定事実を判示することはできない。しかし，これらの検察官があくまでも応じないという事態が生じることは，通常は想定し難いところであろう。

補正説は，今日の学説上の支配的見解とされており（香城・359），そして，この補正説に傾いているとの評価を受けている判例も出現している。

【115】 東京高判昭52・12・20 高刑集30・4・423

【事実】
包括一罪→併合罪

【起訴状記載の公訴事実】
被告人は，
(1) 昭和51年11月6日ころから昭和52年4月1日までの間大阪市内の喫茶店「ブルボン」店内及び和歌山県勝浦町のT方等においてけん銃（ワルサー32口径）1丁及び実包17発を所持した
(2) 昭和51年11月6日ころから同年12月28日ころまでの間前記喫茶店「ブルボン」店内及び和歌山県田辺市のE方等においてけん銃（ワルサー32口径）1丁及び実包10発を所持した
(3) 昭和51年11月6日ころから同月12日ころまでの間前記喫茶店「ブルボン」店内及び和歌山県白浜町の飲食店「伯爵」店内等においてけん銃（ミクロス25口径）1丁及び実包15発を所持した。

【判示認定事実】
被告人は，法定の除外事由がないのに
1　別紙犯罪一覧表記載のとおり，昭和51年11月6日ころから同月15日ころまでの間，前記喫茶店「ブルボン」店内等において，けん銃3丁及びけん銃用実包42発を所持し
〔犯罪一覧表〕
　1　昭和51年11月6日ころから同月15日ころまで／「ブルボン」店内等／ワルサー32口径1丁，実包17発
　2　昭和51年11月6日ころから同月15日ころまで／「ブルボン」店内等／ワルサー32口径1丁，実包10発
　3　昭和51年11月6日ころから同月12日ころまで／「ブルボン」店内及び和歌山県白浜町飲食店「伯爵」店内等／ミクロス25口径1丁，実包15発
2　昭和51年12月中旬ころから昭和52年4月1日までの間，和歌山県勝浦町のT方等において，ワルサー32口径けん銃1丁及びけん銃実包17発を所持し
3　昭和51年12月中旬ころから同年12月28日ころまでの間，和歌山県田辺市のE方等において，ワルサー32口径けん銃1丁及びけん銃用実包10発を所持した。

【判旨】「（上記訴因掲記の）各事実は包括一罪を構成するものとして審判の対象となつたことが明らかである。ところが証拠調べの結果，原裁判所としては，被告人は右けん銃等の不法所

第3章　訴因変更の要否

持期間の中途に，すなわち昭和51年11月15日ころから同年12月中旬ころまでの間，さきに被告人にけん銃等の売却を依頼しこれを手交した原審相被告人M子に対し前記(1)及び(2)のけん銃2丁と実包27発を返却している事実が明らかとなり，同女から再度受領した同年12月中旬以降の所持は返却前の所持とは別個独立の新たな所持（なお，このけん銃2丁及び実包27発の所持は二罪を構成し，右二罪が併合罪の関係にあるとする原判決の判断は誤りであつて，返却前の所持（けん銃3丁及び実包42発の所持）と同様，処断上の一罪を構成するに過ぎないと考えられる。）と認めるのが相当であると判断するにいたつたものであることが認められる。かように，<u>当初は包括一罪として審判の対象とされたものが証拠調べの結果，単に事実に対する法的評価の範囲を超えて訴因事実そのものに変動が生じ，そのため数個の併合罪と認定するのが相当であると判断されるにいたつたのであるから，原裁判所としてはその段階で検察官に釈明を求めて，所持に中断があつたことのもつ意味や罪数の関係等について検察官の主張を明確にし，場合により罪数補正を伴う訴因変更手続をうながすなどして，もつて被告人・弁護人にそれに対応する防禦の機会を与えるべき訴訟法上の義務があるものというべきである。</u>しかるに原裁判所がこのような手続を経ることなく，そのまゝ審理を終結して判決をしたのは訴訟手続に法令の違反があり，その違反が判決に影響を及ぼすことが明らかだといわなければならないから，論旨は理由があり，この点において破棄を免れない」

● コメント

「訴因事実そのものに変動が生じ，そのためにに罪数にも変化を生ずる場合については，罪数補正を伴う訴因変更手続が必要になることがある」として本判決を挙示する者（松本・62）のほか，本判決に対する評釈として，「本件のように，事実面に変動が生じた結果として罪数の評価が変化したという場合については，訴因を一罪ごとに書き分けて，被告人側に防御の機会を与えるべきだとするのが，通説的な考え方であり，本判決もその立場を採った。ただ，これを事実の変動に伴う訴因の変更と見るか，そのままでは不特定の訴因を補正するものと見るかの点で，学説上は意見の違いがある。最高裁の判例には，このような場合を訴因変更の問題として処理したものがあるが（**最判昭32・10・8**），本判決は，併合罪への訴因の書き分けを，事実の変化に伴う訴因変更と罪数補正の両者が同時になされるものととらえているようである」（百選8・224），「本件は所持の中断が判明した事案である。その点では所持事実の一部脱落にすぎないが，本事案では日時にへだたりが生ずるのはむろんのこと場所についても振り分けがなされているので，単純に原訴因を解釈しなおして併合罪と認定するという簡略な方法は許されない場合と思われる。訴因を補正しまた罰条も変更して罪数問題を含む事実関係を明確にすべきであった」，「本判決が訴因変更を問題として判例の立場を踏襲した点には問題があるが，従来の判例（**最判昭32・10・8**等）のように積極的に公訴事実の同一性に言及しているわけではない。その点で補正説に傾いているともいえようか」（田口・百選・85），「併合罪の関係に立つ数個の訴因は，相互に識別できる程度に摘示されなければ特定に欠けることになるから，右東京高判の事案

第4節　旧来の判例による訴因変更要否の具体的判断とその見直し

においては，当初の訴因が併合罪の関係に立つ相前後する2個の所持を相互に識別できる記載となっていない以上，縮小認定の一事例であるとしても，訴因を補正させるか，予備的に2個の所持に分割した訴因を追加変更させる必要があったものといえよう」（中谷・131）などがみられ，いずれも原訴因のままで判示認定は違法とするものである。

　他方では，本判決に反対して，「継続犯という所持罪の性格に照らせば，むしろいずれの所持も当初の訴因に包含されており，**縮小認定**にあたるとみてよいように思われる。……そうすると，裁判所が，前半と後半の二つの所持を認定することは，縮小認定として，訴因の拘束力には反しないと考えてよいことになる」，「（併合罪を構成する第一の所持と第二の所持の）特定を検察官に要求すると，検察官に対して，前半・後半の中間時期の間の所持について認定落ちの釈明を強いる結果になってしまう。継続犯であるから，一定の期間，所持し続けたという形で示されれば，検察官が主張している事実の訴因は完全に特定されているのである。その認定落ちの結果として二個の所持を認定する場合に，結果として所持の個数が二個であること，第一の所持の終期と第二の所持の始期が訴因で示されなかったとしても，それは継続犯における縮小認定の特殊性として，やむを得ないのではなかろうか。結局，この点での訴因の補正も必要がないと考えたい」（仙波ほか・361）とする評釈も示されている。

　このような事案にあっては，公訴維持に当たる検察官の訴追意思（事実認定）と裁判所の心証形成に係る認定事実とが齟齬することがあり得よう。その場合に，もしも，「訴因変更の前後において訴因の個数を合致させるべき必然性はない」と解する（中谷・130）ことが許されるのであれば，検察官において，一罪の当初訴因はそのまま主位的訴因として維持しつつ，裁判所の心証にそぐう併合罪を構成する2訴因に補正したものを予備的訴因として追加することが許されることになる（中谷・131は，このような訴因の予備的追加を適法としている。）。

　当初起訴された事実と常習一罪の関係にあるとして訴因が追加されたが，審理の過程において裁判所が両者は併合罪であるとの心証に達した場合には，どのような措置が講じられるべきこととなろうか。この問題について，以下の判例が存する。

> 東京地判平16・9・22判時1913・175【116】　埼玉県条例違反（盗撮）⇒東京都条例違反（盗撮）付加〔常習一罪〕→併合罪　　　　　　　　　　　　　①
>
> 東京地判平16・12・20判時1913・168【117】　埼玉県条例違反（盗撮）⇒東京都条例違反（盗撮）付加〔常習一罪〕→併合罪　　　　　　　　　　　　　②

〔事実〕　上記事件は複数の共犯関係にある被告人らが，上記2つの裁判所に弁論が分離されたもので，両裁判所とも罪数判断において併合罪の評価に到達した点は同じであるが，その後の手続き上の措置が異なった。

第3章　訴因変更の要否

【116】　東京地判平 16・9・22 判時 1913・175
　　　　　　　　　　　　　　　　　　　　　　（①）

判旨　「被告人Eの関係では，当初判示第1の件につき公訴が提起され，その後判示第2の件の訴因が追加されたところ，当裁判所は，審理の結果，最終的に判示第1及び第2の両罪は併合罪の関係にあると判断するに至ったものである。このような場合に，裁判所がそのまま訴因変更によって追加された事実について併合罪として有罪判決をすることができるかという点が問題となるが，訴訟経済や，訴訟手続が発展的性格を有していることにかんがみ訴訟行為の適法性及び効力は当該訴訟行為の行われた当時の訴訟状態を標準として判断されるべきであるとのいわゆる手続維持の原則，更に訴因の追加も追起訴も検察官の主張事実を審判の対象とするための手続であって本質的には同様の性格を有すること，訴因追加の手続は追起訴の手続より様式性が緩和されている部分はあるがその程度は僅かであり，実務上解釈が確立されている訴因の追加によるべきであったのに追起訴の方式によった場合にはそのまま判決することができるという点と必然的に異なる結論を導かなければならない程の違いがあると言わなければならないものではないと考えられること等に照らせば，訴因の追加を許可したことに相応の理由があり，被告人の防御に実質的な不利益がない限り，裁判所は，そのまま訴因変更によって追加された事実について併合罪として有罪判決をすることができるものと言うべきである。そして，本件のような常習的盗撮行為の場合に成立する各条例違反の罪の罪数については，公刊物上裁判例が容易には見当たらず，未だ実務上の解釈が確立されていない状況にあり，適用される各構成要件が常習行為を加重処罰する趣旨のもので『常習として』という共通の文言を用いていることからすれば，これらが常習一罪の関係にあるとする検察官の見解が成り立つ余地が相当程度にあったのであるから，本件訴因追加許可には上記相応の理由があったものであり，また，本件の場合，判示第1と第2の件は，日時場所，相手の女性，A以外の共犯者の人数・氏名等が異なり，社会的事実としては全く別の事実なのであり，被告事件に対する陳述も個別に聞き，証拠関係も，個々の証拠毎に判示第1と第2の一方又は双方に関係するかを明示して請求され，それに対する弁護人の意見を聞いた上，証拠採用決定をして取り調べているのであるから，裁判所がそのまま併合罪として有罪判決をしても被告人Eの防御には何の実質的不利益はないのである。そこで，本件においては，判示第1及び第2の件について，併合罪として，特段の訴訟手続を経ることなく，そのまま有罪判決をすることにした（なお，同様の場合に裁判所が訴因変更許可決定を取り消すなどしたのを是認した**最高裁昭和62年12月3日判決（刑集41巻8号323頁）**は，裁判所の取り得る手段の一つについてのもので，そのまま判決することを禁ずる趣旨のものとは解されない。）」

【117】　東京地判平 16・12・20 判時 1913・168
　　　　　　　　　　　　　　　　　　　　　　（②）

判旨　「被告人は，当初判示第1の事実を公訴事実として起訴され，その後検察官から，判示第2の事実を訴因として追加する旨の訴因並びに罪名及び罰条の変更（以下「訴因等変更」という。）の請求があり，第1回公判期日において，裁判所は，弁護人の意見を聴いた上でこの請求を許可し，判示第1及び第2の各事実に関する証拠採用決定をしたが，第3回公判期日（被告人にとっては2回目の公判期日）に，前記訴因等変更許可決定を取消し，併せて，判示第2の事実に関

第4節　旧来の判例による訴因変更要否の具体的判断とその見直し

する証拠についてその採用決定を取り消す旨の決定をしたところ，検察官が，判示第2の事実を公訴事実とする追起訴を行ったため，弁論を併合した上で，第5回公判期日（被告人にとっては3回目の公判期日）において当該追起訴事件についての審理を行い，検察官が改めて請求した判示第2の事実に関する証拠を，すべて同意書面として採用した。判示各認定事実のような盗撮による常習的卑わい行為の場合に成立する各条例違反の罪の罪数については，公刊物上裁判例が容易には見当たらず，いまだ実務上の解釈が確立されていない状況にあり，かつ，適用される各構成要件が常習行為を加重処罰する趣旨のもとで「常習として」という共通の文言を用いていることからすれば，第1回公判期日の時点では，これらが常習一罪の関係にあるとする検察官の見解が成り立つ余地が相当程度にあったということができ，刑事訴訟法312条1項において，裁判所が，検察官の訴因等変更請求に対し，公訴事実の同一性を害しない限度において，これを許可しなければならないとされていることからすると，同期日の時点で訴因等変更許可の決定をした裁判所に罪数解釈に関する誤りがあったということはできないが，他方，その後の審理の結果，各罪が併合罪の関係にあると判断するに至った場合には，採り得る手段の一つとして，明文の規定はないが，従前の訴因等変更決定を取り消し，かつ，同変更決定に沿う証拠採用決定を取り消すことができることは，**最高裁判所昭和62年12月3日第1小法廷判決（刑集41巻8号323頁参照）**の趣旨に照らして明らかである」

● コメント

両判決の講じた事後措置の相違は，訴因追加許可決定を取り消すか，維持するかの点にあった。【116】は，訴訟経済，手続維持の原則，訴因追加請求と追起訴の類似性を援用して，被告人の防御に実質的な不利益がない限り，そのまま併合罪と認定して有罪判決ができるものとし，【117】は，訴因追加許可決定を取り消したことから，検察官において，追加したはずの訴因を改めて追起訴の形をとって審判対象に加えたことにより弁論の客観的併合を生じ，そのまま審理して有罪判決に至ったものである。後者の判決が訴因追加許可決定を取り消す際に援用した**最判昭62・12・3刑集41・8・323**は，次のとおり述べている。「第一審裁判所は，誤つて元の訴因の事実とは併合罪関係にあり公訴事実の同一性がない事実につき訴因追加を許可し，その追加された訴因の事実についての証拠を取り調べた後に，右誤りを是正するため，まず右訴因追加の許可を取り消す決定をし，次いで右証拠の採用決定を取り消す決定をしたうえ，改めて追起訴された右追加訴因と同一の事実をも含めて，更に審理を重ね，判決に至つているが，右各取消決定について刑訴法にこれを認める明文がないからといつて，このような決定をすることが許されないと解すべき理由はなく，これと同旨の理由により右第一審訴訟手続を適法とした原判決の判断は正当である」──手続的には後者の判例のやり方が手堅いものであることは間違いないが，前者の判例の手続の進め方が違法とまではいえない。むしろ，当初から一括して全事実が常習一罪として公訴提起されていた場合との権衡を考えると，前者の決着の付け方は特段奇異なものではない。

訴因変更〔Ⅰ〕

第3章　訴因変更の要否

以上に対して，一罪として起訴されたその訴因中に，複数の犯罪事実が特定して記載されていない場合に，これを数個の犯罪として併合罪認定することはもとより許されることではない。下記判例は，このような場合に，訴因の変更ではなく，補正をなすべきものとしている。

【118】　東京高判平 12・6・27 東時 51・1＝2・82

覚せい剤所持の単純一罪→2個の所持の併合罪

事実

起訴状記載の公訴事実

　被告人は，みだりに，平成11年12月30日（以下，「本件当日」という。），東京都足立区鹿浜×丁目××番××号○○マンション205号室M方（以下，「M方」という。）において，覚せい剤である塩酸フェニルメチルアミノプロパンの結晶（以下，単に「覚せい剤」という。）0.237グラムを所持した。

判示認定事実

　被告人は，みだりに，本件当日
1　M方において，アルミホイルに付着した覚せい剤0.015五グラムを，玄関寄り居室の壁に掛けてあった籠の中に入れて所持し
2　M方において，チャック付きビニール袋に入った覚せい剤0.222グラムを，前記1記載の居室に隣接した居室の洋服ダンスに収納してあったジャンパーの生地の内側に隠匿して所持した。

判旨　「原判決は，法令の適用において，判示の事実について，『被告人が同一の密売人から同時に入手した覚せい剤を，被告人が使用するためにビニール袋からアルミホイルに一部移し替えて，ビニール袋入り覚せい剤は洋服ダンス内のジャンパーの生地の中に隠匿し，使用後まだ残っていたアルミホイルに付着した覚せい剤は別の部屋の壁に掛けられた籠の中に入れておいたという事実関係の下では，入手先，入手の機会が同一のものであり，被告人が松崎方から出るときには共に持ち去る意思があったという事情を考慮しても，これを二個の所持とみて併合罪として処理すべきであると判断される』と説示している。原裁判所の審理をみると，第1回公判期日において，被告人及び弁護人が公訴事実全部につき，これを認める陳述をし，検察官の冒頭陳述の後，検察官請求の全証拠について，弁護人が証拠とすることに同意すると述べたので，原裁判所は，これらを取り調べ，弁護人請求の情状関係の証拠の取調べと被告人質問を実施して結審し，第2回公判期日に判決が言い渡されている。検察官は，冒頭陳述において，公訴事実について，『Mが，自宅内で被告人が隠匿所持していたアルミホイルに包まれた0.015グラムの覚せい剤を発見し，警察に通報したことなどから，本件所持の犯行が発覚した。逮捕された被告人が，M方にビニール袋入りの0.222グラムの覚せい剤も隠匿していると自供したため，この覚せい剤も発見された』旨述べているものの，これは捜査経過の概要を説明しているにとどまるのであり，本件審理の過程を通じて，所持罪の罪数が問題とされた形跡は見当たらない。以上のとおり，検察官が本件覚せい剤の所持を一罪として起訴していることは，その公訴事実の記載に徴して明らかであり，これに対し，原裁判所は，本件公訴事実の記載を何ら問題にすることなく，判決において，突如として，公訴事実の記載内容には表れていない所持の場所・態様・量（すなわち，一括して記載された覚せい剤のうち，どれだけのものをどこにどのようにして所持していたかということ）を関係証拠に基づき特定して，二つの事実に分けて認定判示した上，これを併合罪として処断したことが明らかである。しか

し，原裁判所の右の訴訟手続には，重大な法令違反があることが明らかというべきである。すなわち，右のように2個の所持罪を認定しようとするのであれば，これに対応する公訴事実には，2個の所持の事実が書き分けられておらず，かつ，2個の所持に分ける手がかりとなるような事実の記載もないから，併合罪関係にある2の所持罪の起訴としては訴因の特定を欠くというほかないので，原裁判所としては，検察官に原判示事実に沿うように訴因を補正させる必要があったというべきである。それにもかかわらず，このような措置を講じないまま前記のとおりの判決をした原裁判所の訴訟手続は，審判対象の明示・特定という訴因制度の趣旨を無視するものであり，これが被告人の防御に具体的な影響を及ぼしたかどうかを論ずるまでもなく（本件においては，原判決のように2個の所持罪を認めるというのであれば，その2の罪については自首の成否が問題にされてしかるべきであるが，このような防御上の論点等の存否にかかわらず），到底是認することができない（なお，本件とは異なり，公訴事実自体に数罪と認定する基礎になる事実が記載されている場合は，訴因の補正の問題は生じないことは当然である。ただ，その場合でも，検察官に対する釈明等を通じて，被告人への不意打ちを避けるための措置を講じなければならない場合があることに注意すべきである。）。」

● コメント

上記判旨については異論ない。ただし，原裁判所の罪数評価は誤りであろう。覚せい剤を同じ日時に同じ居宅の内部に分散して所持している場合には，余程特異なケースを除き，単一の所持と認めるのが実務の趨勢である（本控訴審判決も，「覚せい剤という同種の薬物を同一時点において同一居宅内の複数の場所に分散して所持している場合には，特段の事情がない限り，原判決が指摘するようなその余の事実関係の如何にかかわらず，単一の所持と認めるのが相当である。したがって，原判示1，2の事実については，一個の覚せい剤所持罪が成立するにとどまるのであって，原判決には，罪数についての法令適用の誤りもあるということになる」としている。）。

(2) 数罪⇒一罪への変化

審判対象説の立場からは，次のように説かれている。

「事実関係は同一であるが，罪数に関する検察官の法律判断と裁判所のそれが異なる場合」である限り（香城・355），「訴因では数罪とされていたのに，裁判所が一罪と認定する場合には，通常訴因の特定の問題を随伴しないので，そのまま一罪としてよい。法令適用権が裁判所に専属するということは，訴追対象事実の個数の判断権も裁判所に専属することをも意味するから，二罪を一罪と認定しても，全体の訴追に対し判断を示したことになる（以下省略）」（香城・356）。

これに対して，「公訴提起の時点と判決の時点とで罪数判断にかかわる事実関係に変動が生じたため，罪数の評価に変化が生じた場合」には，訴因変更（補正）が必要となる。もっとも，「この場合には，検察官は，その変化に対応した訴因の変更又は補正の措置をとるから，格別の問題は生じない」のが通常である（香城・355）。

第3章　訴因変更の要否

《併合罪→包括一罪／観念的競合》
　訴因事実と同じ事実を認定する場合であるので，もとより訴因変更は不要となる。

【訴因変更不要】

東京高判昭25・12・11 判特15・49	業務上横領の併合罪→包括一罪
最決昭26・2・22 刑集5・3・429	昭和22年勅令1号違反及び公職選挙法違反の併合罪→観念的競合
東京高判昭26・4・25 判特21・83	同日頃同所におけるヘロインとモルヒネの所持2罪併合罪→観念的競合
仙台高判昭28・2・27 判特35・15	業務上横領の併合罪→包括一罪
名古屋高判昭28・6・25 判特33・35	窃盗の併合罪→包括一罪
大阪高判昭28・6・29 高刑集6・6・824【119】	覚せい剤譲渡2罪併合罪→包括一罪　　(①)
福岡高判昭28・12・26 判特26・64	業務上横領の併合罪→包括一罪
最判昭31・12・26 刑集10・12・1746【120】	麻薬取締法違反（常習営利目的犯）につき2回の追起訴→常習営利の包括一罪　　(②)

【119】　大阪高判昭28・6・29 高刑集6・6・824　　(①)

判旨　「原判決が，昭和28年1月27日附起訴状記載の覚せい剤譲渡行為と同年3月3日附起訴状記載の覚せい剤譲渡行為とが包括一罪をなすものと認定しながら，主文において後の起訴事実に対し公訴棄却の言渡をしなかつたこと及び前の起訴状の訴因の変更をしなかつたことは訴訟記録によつて明らかである。しかしながら検察官としては，後の起訴事実が前の起訴事実と併合罪の関係にあるものとの見解のもとに追起訴の形式をもつて前の公訴の係属している大阪地方裁判所に対して公訴を提起し，同裁判所は両事件を併合して審理しすべてを包括一罪となるものとの見解で判決したのであり，起訴と判決との間に罪数に関する見解を異にするだけで，両起訴状に記載の事実と原判決認定の事実とは具体的に異なるところはなく，被告人の防禦上不利益な影響を及ぼすところがないのであるから，特に後の起訴事実について公訴棄却の言渡をする必要はなく，また，あえて前の起訴状の訴因を変更するという手続によらなければ審判できないというわけでもない。本論旨は理由がない」

【120】　最判昭31・12・26 刑集10・12・1746　　(②)

判旨　「記録によれば，昭和27年5月28日以後の本件犯罪は，『常習』及び『営利』による麻薬取締法違反の包括一罪を構成するものであるところ，本件には3通の起訴状（昭和28年5月19日附起訴状，同年6月2日附及び同年8月13日附追起訴状）が存在するので，これらの書面からみれば右一罪につき重複して起訴された部分があるかの観があるけれども，右2個の追起訴状の提出は，所論事由に関する限り常習営利の一罪を構成する行為で起訴状に洩れたものを追加補充する趣旨でなされたものであつて，一つの犯罪に対し重ねて公訴を提起したものではないこと，検察官の第一審公判廷における釈明によつて明らかであり，右釈明に対しては被告人側からもなんら異議がなかつたのである。されば，原審の判断は，結局において正当であるから，論旨は理由がない」

●コメント
　本判決は，追起訴の行為を訴因の追加的変更と解して処理したものか，あるいは公訴提

第4節 旧来の判例による訴因変更要否の具体的判断とその見直し

起の手続が訴因変更のそれよりも一層厳格であることに照らして本来訴因変更すべきところであっても追起訴の形式によることを妨げないとする趣旨によるものであるのか、判文からは必ずしも明らかでない（高橋・判解31・435）が、いずれにせよ、本件のような場合には、裁判所がこれを一罪と判断する場合、訴因変更は必要でないし、主文において、追起訴分の公訴棄却の言い渡しをする必要もないと解しているものといえよう（神垣・349、仙波ほか・354）。

以上の判例の立場に対しても、**補正説**からは、当初の訴因を1個の訴因と「解釈」できれば有効となり、補正を要しない（田宮・基礎知識・101は、上述の**東京高判昭26・4・25**がこれに当たるとされる。）が、そうでなければ補正を要するということになる（田口・318。もっとも、同説は「ただし、被告人の防御に不利益を及ぼさなければ、単純一罪の起訴と解釈しなおして判決する余地もある」とされる。）。

なお、刑罰請求権が実体法上の一罪について一個発生し、それが一個の訴因にまとめられるという観点からは、数罪の起訴（数個の訴因）に対し一罪を認定することは、刑罰請求権の個数に見合う判決をしていないことになり、判決の遺脱（378条3号前段）に当たるのではないかという議論がある。これは、裁判の結果から見れば一個の犯罪に対して2個の起訴がなされていることになるから、二重起訴の禁止（338条3号）にふれ、うち一つについては公訴棄却を言い渡さなければな

らないのではないか、という疑問ともなる。訴因制度を持ち込んで当事者主義化した現行法の下においては、起訴と裁判とは、訴訟物をめぐって対応しなければならない。この点について、**審判対象説**の立場からは、「法令適用権が裁判所に専属するということは、訴追対象事実の個数の判断権も裁判所に専属することをも意味するから、二罪を一罪と認定しても、全体の訴追に対し判断を示したことになるので、一部につき公訴棄却をする必要はない」と説かれている（香城・356）。**補正説**からは、起訴行為を一個と解釈し得ないときは、訴訟物をめぐっての起訴と裁判との対応を明示するために、訴因の補正が必要であると説かれるわけである（田宮・基礎知識・102。「併合罪として起訴された数個の訴因について裁判所が一罪と認定する場合は、訴因の特定は問題とならないから、訴因補正の必要はない」と説く見解があるが（中谷・130）、ここでの補正は訴因の特定性とは別の観点からのものである。ただし、田宮説も、「もっとも、この場合は、一個の訴因について数罪を認定する場合と違って、一個と解釈し直せる場合が大部分であろう」とされ、実際上は補正がどうしても必要となることはそうはないとされている。）。公訴棄却を要するのではないかとの疑問は、一罪一訴因の原則に発するものであるところ、検察官による2訴因の設定を、裁判所においてその法令適用の専権に基づき、1訴因の設定（一罪の起訴）であったものと「解釈」し直したが故に1個の判決でまかなうことができるとする以上は、起訴の個数と判決の個数

に齟齬はなく，もとより公訴棄却の措置がとられることもない。そう解することが，これとは逆の場合である，一罪としての起訴に対して複数の犯罪＝併合罪の成立を認定する場合に（それら犯罪の要件事実が遺漏なく摘示されている以上）当初訴因に対して何ら手を加えることを不要とするロジック（裁判所による検察官の起訴行為，訴追意思の解釈＝併合起訴との理解）にも整合する。もとより，補正の手続が採られた場合においては，それにより一罪一訴因が実現されたのであるから，公訴棄却は不要となる。

《併合罪→結合犯／常習犯》

2罪の起訴に対し，結合犯の1罪を認定する場合は，何らかの事実（強盗傷人における強盗の機会など）が増加し，刑も重くなるから，訴因の変更は必要と解すべきであろう，とされ（高田・630，書研・講義案・142，池田／前田・263），数個の訴因を総合して一個の常習犯としての認定をする場合も同様である，とされる（これらの場合につき，高田・630，中谷・130は，認定罪名が起訴罪名より法定刑が重くなり，被告人の防御に実質的に不利益となることを理由に訴因変更を必要とされる。）。**審判対象説**の立場からすれば，新たな要件事実（前者の例でいえば，「強盗の機会」などの結合要素，後者の例でいえば，「常習性」）が付け加わることから直ちに訴因変更の必要性が導かれよう。

また，このような場合，1個の訴因を認定事実に見合うように変更させ，他の訴因は公

訴棄却すべきであるとの見解もある（高田・631）が，これに対しては，「強盗致傷の訴因を追起訴手続を経るまでもなく強盗と傷害という2個の訴因に変更できるように，訴因変更の前後において訴因の個数を合致させるべき必然性はないから，数個の訴因を1個の訴因に変更することも許されると解される」との意見も示されている（中谷・130）。

【訴因変更必要】

| 高松高判昭33・11・10裁特5・11・452　数個の窃盗→1個の常習窃盗 |
| 広島高判昭35・12・21下刑2・11＝12・1361【121】強姦致傷と強盗→強盗強姦　　　　　　　　　（後出） |

【121】　広島高判昭35・12・21下刑2・11＝12・136

判旨　「裁判所は，2個の訴因を1個の結合犯と判断し，検察官に訴因の変更を促しまたは命ずれば応じたであろう事情にあり，その罪も重大であるときは，訴因の変更を促しまたは命ずる義務がある。強姦致傷と強盗の併合罪との起訴に対し，両者を一個の結合犯の強盗強姦罪と認める場合，一方の罪について公訴を棄却する必要はない」

《併合罪→法定刑の重い方の罪一罪》

法定刑の軽い訴因を法的刑の重い訴因の一部と評価して一罪と認定する場合については，判例が分かれている。この点については，認定罪名が起訴罪名より法定刑が重くなく，被告人の不利益となることはないから，訴因変

第4節　旧来の判例による訴因変更要否の具体的判断とその見直し

更の必要がないとする考え方が示されている（中谷・130）。**審判対象説**の見地から考えてみると，審判の対象となっている事実そのものには一向に変化が生じたものではなく，ただ事実全体に対する実体法上の法的評価において，包括一罪などの一罪としての評価がなされるのにすぎないから，訴因変更が必要的ではないことになる（反対，高田・630）。**補正説**からも，当初の併合罪の訴因を1個の訴因であったと解することのできる場合であろうと思われる。

【訴因変更必要】

仙台高判昭31・6・13裁特3・24・1149　強盗殺人と窃盗→強盗殺人
判旨　「強盗殺人の訴因および殺害後の窃盗の訴因による起訴に対し，包括して1個の強盗殺人と認定するには，訴因の変更を必要とする」

【訴因変更不要】

名古屋高判昭30・11・15高刑集8・追録1　【122】　非常習覚せい剤所持，常習覚せい剤譲受・譲渡→包括的常習一罪　　　　　　　　　　　　　　　　　（①）
最決昭35・11・15刑集14・13・1677【123】　凶器準備集合，同結集の2罪併合罪→凶器準備結集の単純一罪　　　　　　　　　　　　　　　　　　　　　（②）
大阪高判平15・10・29判時1862・176【124】　常習累犯窃盗，住居侵入・窃盗，住居侵入→常習累犯窃盗の包括一罪　　　　　　　　　　　　　　　　（③）

【122】　名古屋高判昭30・11・15高刑集8・追録1　　　　　　　　　　　　　　　　（①）

判旨　「そこで原審は前示の如く検察官が第1次の公訴事実を非常習として起訴したのに対し，何等訴因罰条の追加変更等の手続を経ないで第2次の常習の公訴事実と共に包括して重き常習の一罪と認定したことの当否につき案ずるに，斯くの如き起訴の形式の下に原判決認定の如き判決がなされるには予め刑事訴訟法第312条により第1次起訴の訴因を第2次起訴の事実を附加した包括的常習の一罪と変更すること及び第2次の起訴に対し同法第338条の公訴棄却の裁判を為すことも考えられるが，本件は当初から原審において右第1次第2次の起訴にかかる公訴事実を併合して審理したものであり，下線_第1次の非常習の訴因をその儘常習に事実認定したものでなく（非常習の訴因を常習と認定するについては訴因変更の手続を要することは論をまたない），第1次の非常習の訴因を第2次の常習の訴因に附加して審理した上包括して常習の一罪と認定したものであるから，その間被告人の防禦に何等不利益を生じたことも又生ずべき虞のあつたこともなく_，而も検察官が2個の事件として2回に亘り公訴を提起したときは，仮令裁判所が審理の結果1個の事件と認定したとしても，_起訴の際は夫々適法な手続であつたのであり，且つ各起訴後の原審の併合審判の経過に鑑みれば1個の公訴事実につき2個の有罪判決を生ずべき危険は全然あり得なかつたものである_（原審の審理に際し被告人の側から如上の危険につき異議その他如何なる形式においても主張されたこともない）。従つて原審が前記の如き訴因変更又は公訴棄却の方法に出なかつたところに非難すべき点なく，又原審が所論の如く公訴提起なき事実乃至審判の請求を受けない事件につき判決をしたことにならないことも当然であり，この点に関する

訴因変更〔Ⅰ〕　**355**

第3章　訴因変更の要否

論旨は理由なく採用できない」

【123】　最決昭35・11・15刑集14・13・1677
（②）

事実

起訴状記載の公訴事実

〔昭33・7・26付け起訴状〕
　被告人T，K等は，甲組の者たちと共同して乙組の者たちの生命身体に危害を加える目的をもって，昭和33年7月2日夜より翌3日早暁にわたり，凶器が準備してあることを知って被告人C方に集合した。

〔昭33・10・7付け起訴状〕
　被告人T，K等は，被告人Cと共謀の上，輩下の者らと共同して乙組の者たちの生命身体に危害を加える目的をもって，昭和33年7月2日夜より翌3日早暁にわたり，凶器を準備し，約60名を被告人C方及びその周辺に分散配置につけて集合せしめた。

判示認定事実

　被告人T，K等は，被告人Cと共謀の上，輩下の者らと共同して乙組の者たちの生命身体に危害を加える目的をもって，昭和33年7月2日夜より翌3日早暁にわたり，凶器を準備し，約60名を被告人C方及びその周辺に分散配置につけて集合せしめた。

　なお，本件公訴事実中被告人T，同Kの兇器準備集合の点は，兇器準備結集の罪に吸収せられ，別罪を構成しないものと考えるので主文において特に無罪又は公訴棄却の言渡をしない。

　検察官は，第一審公判廷において，上記2つの起訴事実は併合罪の関係にあると釈明していた。

判旨　「併合罪として追起訴された事実を前に起訴された事実と併合審理した結果，両者を単純一罪と認定して処断するには，公訴棄却の言渡や，訴因変更の手続を要しない」

● コメント

　担当調査官は，「本決定が併合審理した結果両者を単純一罪と認定して処断するには訴因変更の手続を要しないとしたのは，おそらく，追起訴は訴因変更手続よりもさらに鄭重な手続でなされているので，被告人の防禦に少しも不利益を与えないためではないかと思われる」と**防御説**の立場から解説され，さらに，「本決定が公訴棄却の言渡を要しないとした理由は，判文上明示せられていないが，次のものが一応考えられる。㈠刑訴第338条第3号の立法趣旨は，同時に不必要な数個の手続を進行せしめることを避けて，被告人の利益を保護するとともに，相抵触する裁判の発生を防止するにあると思われ，2個の起訴について弁論を併合し同一手続で審理裁判する以上，被告人になんらの不利益も与えず，かつ相抵触する裁判をする危険もないから，特に公訴棄却の言渡を要しない。純理論的には後の公訴を棄却し，前の公訴について訴因の変更をさせるべきであるかもしれないが，このような手続はあまり実益がなく，訴訟経済に反する，㈡起訴が2個あっても，併合して1個の手続で審理した結果，その起訴事実が実体的に1個の犯罪を構成すると認められた場合には，1個の有罪判決をもって終結するのが当然で，別にこれとならんで同一事実につき公訴棄却の判決をするのはおかしい，㈢起訴は手続に関する問題であるから，手続をした当時の検察官の認定を標準としてその適法不適法を定めるべきである。本件の場合，検察官は，被告人T，Kが被告人C方に集合

第4節　旧来の判例による訴因変更要否の具体的判断とその見直し

した行為は兇器準備集合罪を構成し，しかる後において被告人T，Kが被告人C等と共謀して約60名の集合者を分散配置につけ戦闘隊形をとらせた行為は兇器準備結集罪を構成し，両者は併合罪の関係に立つと考えたものと思われ，そのようにも考えられないわけではないから，検察官の起訴は適法であり，後に審理したところにより両者は吸収関係に立つものであったことが判明しても公訴棄却の言渡をすべきでない。」，「しかしながら，(ロ)の見解に対しては，検察官が併合罪として2個の起訴をした以上，手続上あくまでも2個の事件として取扱い，2個の判決をすべきであるという反駁，(ハ)の見解に対しては，起訴の適法不適法は裁判所が実体的真実主義に基き事件を審理した結果について定めなければならず，検察官の認定を標準とすべきではない，ことに事件を併合しない場合にはどうするかという反駁がなされる。結局本決定の最も有力な根拠は(イ)ということになるのではなかろうかと憶測される。ただし，あくまでも刑訴第338条第3号に忠実であろうとする立場からすれば，本決定は，追起訴を訴因変更の趣旨と解してのみ，是認されるであろう」と解説されている（川添・判解35・395）。他に，**事実記載説**の立場から，「訴因逸脱認定の問題がないことはもちろん，被告人の防禦の利益に影響もないから訴因変更は不要である」と評されている（高田・630，臼井・457）。
審判対象説からは，「併合罪の起訴を1個の犯罪と見るか2個の犯罪と見るかは，裁判所の専権判断事項である。また，1個と見て判断を示したときは，全体に対し判断を示したことになるから右判例の立場は正当ということができよう。窃盗と賍物故買のように公訴事実の同一性がある罪が併合罪として起訴され，一方について有罪とするときは，他方について公訴棄却を言渡すべきであろう」とされている（香城・356）。

審判対象事実そのものに何ら変動ない以上，訴因変更は不要である。2罪としての訴追に対して1罪の認定をするに際し，訴因の一つについて公訴棄却を要しないことの理由については，上記調査官指摘の(イ)を実質的根拠として挙げることができようが，理論的根拠としては(ロ)が正当であろう。検察官による2訴因の設定を，裁判所においてその法令適用の専権に基づき，1訴因の設定であったものと「解釈」し直したが故に1個の判決でまかなうことができるとする以上は，そう解することが論理的である。

【124】　大阪高判平15・10・29判時1862・176　　　　　　　　　　　　　　(③)

判旨　「証拠によれば，一審判決第2，第3の各住居侵入，窃盗及び同第4の金品窃取目的の住居侵入は，いずれも，被告人の窃盗に対する常習性の発現であると認められるから，同第1の常習累犯窃盗に包括され，これと一罪の関係にあると評価すべきである。…（中略）…本件において，検察官は，同第2及び第3の各事実は同第1の事実と共に常習累犯窃盗に当たり，同第4の事実もこれと一罪の関係にあるものとして公訴提起することが可能であったが，その起訴裁量権に

訴因変更〔I〕　**357**

第3章　訴因変更の要否

基づいてこれらを同第1の事実と切り離し，独立して公訴提起したものと解される。このように，検察官がその裁量権に基づいて実体法上一罪の関係にある複数の事実を個別に起訴した場合には，犯罪事実は各訴因ごとに認定すべきであるが，そのうちの一つの訴因が他の訴因と一罪の関係にあることがその訴因の記載自体によりうかがわれる場合には，罪数判断に当たっては，証拠により認められる実体法上の罪数関係に従うべきである。ところが一審判決は，これらを包括一罪として扱うことなく併合罪として処理しており，同判決にはこの点において法令適用の誤りがある」

● コメント

　検察官は，その訴訟物についての処分権に基づき，一罪のうちの一部分のみを起訴することができ，その場合にも，裁判所はその訴因に拘束される（田口・201，香城・290など通説，判例—最決昭59・1・27刑集38・1・136【2】，最大判平15・4・23刑集57・4・467【3】，最判平15・10・7刑集57・9・1002）。つまり，例えば，常習累犯窃盗罪を構成すべき2個の窃盗を，単純窃盗2個の併合罪として起訴することも可能であり，裁判所としては，訴因変更手続を経ることなしに，常習性その他の常習累犯窃盗罪の特別構成要件該当事実を付加認定して常習累犯窃盗罪に問うことは，許されない道理である。したがって，本件において，検察官の公訴提起に係る第2・3事実（各住居侵入・窃盗），第4事実（窃盗目的の住居侵入）の各々につき，当該訴因記載事実を超えて常習累犯窃盗罪の犯罪構成要件該当事実を認定し同罪をもって処断することはできない。本判決も，「検察官がその裁量権に基づいて実体法上一罪の関係にある複数の事実を個別に起訴した場合には，犯罪事実は各訴因ごとに認定すべきである」とした上で，検察官が構成した訴因のとおり罪となるべき事実（刑訴法335条1項。以下同じ。）を認定し——したがって，訴因変更が問題とならないのは当然である——，その後の罪数判断に当たって，これらを常習累犯窃盗の包括一罪として評価・処理したものと解される。

　このように，訴因の範囲内で認定された各犯罪事実の総体についての罪数評価は，裁判所の専権に委ねられている——訴因変更の問題を生じない——といえる。本件においては，第1事実（常習累犯窃盗）と第2以下の事実（住居侵入・窃盗等）は，証拠上常習累犯窃盗の一罪を構成するとの心証を裁判所が形成し，これを基にして，罪数論としては，常習累犯窃盗の包括一罪であると法令適用した（つまり，併合罪加重しなかった）ものである。一見，訴因に事実記載のない犯罪構成要件該当事実を証拠により認定（心証形成／実体形成）した上で，それを基準として判断するという手法——訴因外の実体にまで踏み込んで犯罪事実を認定するという行き方——は，訴因逸脱認定を想起させるが，これに係る「罪となるべき事実の認定」とそうではない「認定した罪となるべき事実についての法的評価」の問題とは，あくまで別論として峻別されなければならない。

　もっとも，"罪数判断に当たっては，訴因の枠を超えて実体に踏み込んで犯罪事実を認定しにかかる"という判断手法を徹底すると，

第4節　旧来の判例による訴因変更要否の具体的判断とその見直し

検察官が，常習累犯窃盗罪を構成すべき2個の窃盗を単純窃盗2個の併合罪として起訴した場合にも，裁判所において，証拠上そのとおりの実体が心証形成できる限り，常習累犯窃盗の一罪と「評価」することが可能となるかのようにも思われるが，もちろん，これは許されない。罪となるべき事実として認定された2つの単純窃盗罪の構成要件該当事実に対する「法的評価」つまり適条（法令適用）は，その特別構成要件を定めている刑法235条しかあり得ない。2つの訴因のうちの一方に常習累犯窃盗の構成要件該当事実が摘示されており，この重い訴因が軽い単純窃盗の訴因をも包括して一罪との評価（常習累犯窃盗と単純窃盗の両認定事実の全体について，盗犯等の防止及び処分に関する法律3条の一回的適条）をもたらす契機を内包している本件とは，この点に大きな違いがある（この観点からすると，本件とは逆に，前訴因＝単純窃盗，後訴因＝常習累犯窃盗が併合審理されている場合にも，本件同様，判決において，前訴因をも含めた全体について常習累犯窃盗一罪としての包括的「評価」があり得ることになる）。

ところで，これに関連して，直接訴因変更の要否を論じたものではないが，**最判昭43・3・29刑集22・3・153**について見ておくこととする。この判決は，前訴＝単純窃盗，後訴＝常習累犯窃盗のケースにおいて，前訴の確定判決後に同判決に係る窃盗犯行と共に常習累犯窃盗の一罪を構成すべきものと認められる同確定判決前の犯行を起訴した後訴につき，既に確定判決を経たものとして免訴としたものである。つまり，前訴確定判決の一事不再理効が及ぶ範囲を画する上で，前訴・後訴の両訴因の「公訴事実の単一性」判断の在り方として，前訴訴因に事実記載のない犯罪構成要件該当事実を証拠により認定した上で，それを基準として判断したのにほかならない。「公訴事実の単一性」の実体は罪数論にほかならないから，この判例は，**本判決**に通底するものがあるといえる。

そして，この前訴の確定判決の一事不再理効が及ぶ客観的範囲をめぐって，**高松高判昭59・1・24判時1136・158**が，前訴・後訴共に単純窃盗の訴因であるが，これらの両訴因は実体上常習特殊窃盗一罪の関係にあるとして，前訴の確定判決後にその確定前に行われた窃盗につき起訴がなされた後訴を免訴としたのであった。しかし，この裁判例は，前掲**最判平15・10・7**により変更された。同判例はいう。——「常習特殊窃盗罪は，異なる機会に犯された別個の各窃盗行為を常習性の発露という面に着目して一罪としてとらえた上，刑罰を加重する趣旨の罪であって，常習性の発露という面を除けば，その余の面においては，同罪を構成する各窃盗行為相互間に本来的な結び付きはない。したがって，実体的には常習特殊窃盗罪を構成するとみられる窃盗行為についても，検察官は，立証の難易等諸般の事情を考慮し，常習性の発露という面を捨象した上，基本的な犯罪類型である単純窃盗罪として公訴を提起し得ることは，当然である。そして，実体的には常習特殊窃盗罪を構成するとみられる窃盗行為が単純窃盗罪として起

第3章　訴因変更の要否

訴され，確定判決があった後，確定判決前に犯された余罪の窃盗行為（実体的には確定判決を経由した窃盗行為と共に一つの常習特殊窃盗罪を構成するとみられるもの）が，前同様に単純窃盗罪として起訴された場合には，当該被告事件が確定判決を経たものとみるべきかどうかが，問題になるのである。この問題は，確定判決を経由した事件（以下「前訴」という。）の訴因及び確定判決後に起訴された確定判決前の行為に関する事件（以下「後訴」という。）の訴因が共に単純窃盗罪である場合において，両訴因間における公訴事実の単一性の有無を判断するに当たり，両訴因に記載された事実のみを基礎として両者は併合罪関係にあり一罪を構成しないから公訴事実の単一性はないとすべきか，それとも，いずれの訴因の記載内容にもなっていないところの犯行の常習性という要素について証拠により心証形成をし，両者は常習特殊窃盗として包括的一罪を構成するから公訴事実の単一性を肯定できるとして，前訴の確定判決の一事不再理効が後訴にも及ぶとすべきか，という問題であると考えられる。思うに，訴因制度を採用した現行刑訴法の下においては，少なくとも第一次的には訴因が審判の対象であると解されること，犯罪の証明なしとする無罪の確定判決も一事不再理効を有することに加え，前記のような常習特殊窃盗罪の性質や一罪を構成する行為の一部起訴も適法になし得ることなどにかんがみると，前訴の訴因と後訴の訴因との間の公訴事実の単一性についての判断は，基本的には，前訴及び後訴の各訴因のみを基準としてこれらを比較対照することにより行うのが相当である。本件においては，前訴及び後訴の訴因が共に単純窃盗罪であって，両訴因を通じて常習性の発露という面は全く訴因として訴訟手続に上程されておらず，両訴因の相互関係を検討するに当たり，常習性の発露という要素を考慮すべき契機は存在しないのであるから，ここに常習特殊窃盗罪による一罪という観点を持ち込むことは，相当でないというべきである。そうすると，別個の機会に犯された単純窃盗罪に係る両訴因が公訴事実の単一性を欠くことは明らかであるから，前訴の確定判決による一事不再理効は，後訴には及ばないものといわざるを得ない。以上の点は，各単純窃盗罪と科刑上一罪の関係にある各建造物侵入罪が併せて起訴された場合についても，異なるものではない。」——この判例は，訴因の性質について審判対象説の採用を明言した上で，前訴の訴因と後訴の訴因との間の公訴事実の単一性についての判断は，基本的には，前訴及び後訴の各訴因のみを基準としてこれらを比較対照することにより行うのが相当であるとした。しからば，前出の**最判昭43・3・29**のケースはその例外としての位置付けを担うこととなるわけであるが，どのような場合が例外として，「前訴及び後訴の各訴因のみを基準としてこれらを比較対照することにより行う」のでなく，「訴因の記載内容にもなっていないところの要素について証拠により心証形成を」するという手法によることとなるのか。前掲**最判平15・10・7**はこれに答えている。——「なお，

第4節　旧来の判例による訴因変更要否の具体的判断とその見直し

前訴の訴因が常習特殊窃盗罪又は常習累犯窃盗罪（以下，この両者を併せて「常習窃盗罪」という。）であり，後訴の訴因が余罪の単純窃盗罪である場合や，逆に，前訴の訴因は単純窃盗罪であるが，後訴の訴因が余罪の常習窃盗罪である場合には，両訴因の単純窃盗罪と常習窃盗罪とは一罪を構成するものではないけれども，両訴因の記載の比較のみからでも，両訴因の単純窃盗罪と常習窃盗罪が実体的には常習窃盗罪の一罪ではないかと強くうかがわれるのであるから，訴因自体において一方の単純窃盗罪が他方の常習窃盗罪と実体的に一罪を構成するかどうかにつき検討すべき契機が存在する場合であるとして，単純窃盗罪が常習性の発露として行われたか否かについて付随的に心証形成をし，両訴因間の公訴事実の単一性の有無を判断すべきであるが（**最高裁昭和42年(あ)第2279号同43年3月29日第二小法廷判決・刑集22巻3号153頁参照**），本件は，これと異なり，前訴及び後訴の各訴因が共に単純窃盗罪の場合であるから，前記のとおり，常習性の点につき実体に立ち入って判断するのは相当ではないというべきである」──なお，この**最判平15・10・7**が考え方の道筋を判示しているところの，**最判昭43・3・29**とは逆に前訴の訴因は常習窃盗罪であるが後訴の訴因が余罪の単純窃盗罪である事例そのものについて，これまで直接最高裁が判示した例はないが，**最判平15・6・2裁集284・353**が，常習性を要件とする類似構造を有する犯罪──単純痴漢と常習痴漢──について，既に同断の考え方を示していた。同判決は，いわゆる迷惑防止条例違反の痴漢行為の事案において，前訴の常習痴漢の判決確定後，それ以前の犯行につき単純痴漢として起訴された後訴は免訴されるべきものとしており，その理由とするところは，要するに，後訴の単純痴漢は，その態様等に照らして，前訴確定判決で認定された犯行と同様，常習痴漢に該当するとみるべきであり，前訴確定判決で認定された犯行とともに1個の常習痴漢の罪を構成するものであった，という点に求められているのであって，上掲の**最判平15・10・7**が整理したみせた考え方によって整合的に説明できるものとなっている。

　以上のとおり，検察官がその裁量権に基づいて実体法上一罪の関係にある複数の事実を個別に起訴した場合としては，それらが現に併合審理されているときと，そのうちのいずれか一方が既に確定判決を経たときとが考えられるのであるが，この2つの局面はいずれも，「罪となるべき事実として認定された総体についての罪数評価の手法・その考え方」として共通の視座に立脚する点で当然に通底するものがあり，これにより，**本判決**が，「検察官がその裁量権に基づいて実体法上一罪の関係にある複数の事実を個別に起訴した場合には，……(中略)……そのうちの一つの訴因が他の訴因と一罪の関係にあることがその訴因の記載自体によりうかがわれる場合には，罪数判断に当たっては，証拠により認められる実体法上の罪数関係に従うべきである」と，ケースを限定して判示しているのは，上記**最判平15・10・7**が，「前訴の訴因が常習窃

盗罪であり，後訴の訴因が余罪の単純窃盗罪である場合や，逆に，前訴の訴因は単純窃盗罪であるが，後訴の訴因が余罪の常習窃盗罪である場合には，……（中略）……<u>両訴因の記載の比較のみからでも，両訴因の単純窃盗罪と常習窃盗罪が実体的には常習窃盗罪の一罪ではないかと強くうかがわれるのであるから，訴因自体において一方の単純窃盗罪が他方の常習窃盗罪と実体的に一罪を構成するかどうかにつき検討すべき契機が存在する場合であるとして，単純窃盗罪が常習性の発露として行われたか否かについて付随的に心証形成をし，両訴因間の公訴事実の単一性の有無を判断すべきである</u>」と理由付けている箇所に対応しているものであることが知れるのである。

4 争点の変更の場合

(1) 争点の変更と訴因変更手続の要否

「争点」とは，訴訟において当事者が争う主要な論点をいう（田口・322）。争点は，これまでに検討してきた判例の視点からすると，おおよそ以下のように分類することでき，その各々についてそれが変動した場合に訴因変更が必要的となる（変更しないで認定すると違法となる）かどうかの判断が判例上も積み重ねられてきているが，**平成13年決定の審判対象説の立場**（【15】参照）からこれを大づかみに整理しておくこととする。

【争点の変更と訴因変更の要否】

事実問題	訴因に記載された事実	訴因の特定に不可欠な事実（訴因としての拘束力を有する事実）		訴因変更要（ただし，軽微な変動は不要）
		訴因の特定に不可欠とまではいえない事実（訴因としての拘束力を有しない事実）	一般的防御上重要事項	訴因変更原則要
			非一般的防御上重要事項	訴因変更不要
	訴因に記載されていない事実			
法律問題	特別構成要件の当てはめなどの擬律			
	罪数評価			

　裁判所が，審理の進行に伴い，それまで争点とされてきたところから離れて別異の事実認定などを独自にしてしまうようなことは，許されないとされている（**不意打ち禁止の法理**）。その理由は，基本的には，それが当事者主義を基調とする現行刑訴法の精神に反するからであるが，不意打ちの事実認定の具体的な弊害については，次の3点が挙げられている（木谷・判解58・482）。すなわち，①訴訟当事者の防御権を侵害する，②実体的真実

第4節 旧来の判例による訴因変更要否の具体的判断とその見直し

から離れた事実認定に到達する蓋然性を包含する（相手方当事者に十分な反証の機会を付与することが実体的真実の発見に資する，というのが現行刑訴法の基調とする当事者主義，弁論主義の考え方である。），③円滑な訴訟進行を図るうえでの重大な障害となる（不意打ちの認定が許されることになると，被告人側は訴因の同一性の範囲内にある事項について常にあらゆる可能性を考えて防御しなければならなくなり，いたずらに審理の長期化を招く結果となる）。(注48)

そこで，このように争点の変更があった場合には，当事者にそれを告知して，別途新たな争点について攻撃防御する機会を付与しなければならないのであるが，その場合に，訴因変更の手続をもってそれに対応することが必要とされるものとそうでないものとがあるわけである。訴因制度は，「裁判所に対し審判の対象を限定するとともに，被告人に対し防御の範囲を示すことを目的とする」（最大判昭37・11・28刑集16・11・1633【4】）ものと解され，訴因の機能もこの2つの点に求められるのであるが，何といっても訴因の第一次の役割は前者の面にあるから，訴因変更の要否の判断は基本的にこの面で規律されるというのが，今日の最高裁判例の到達点としての**平成13年決定【15】**の考え方なのである。それまでは，訴因がもつ後者の役割，すなわち被告人の防御権保障機能が重視されていた結果，その視座に立って争点の変更に対処するために訴因変更を必要とするか否かが議論されてきたが，**平成13年決定**によって考え方

の筋が一本通されたことになる（もともと，実務が，訴追段階における訴因特定の問題領域において，防御権説ではなく識別説を採用してきたのも，訴因の審判対象画定機能こそが本来的なものであるとの認識に立脚していたからであると考えられるが，その後の審理段階における訴因変更の問題領域においても，審判対象説を採用することによって，論理一貫した整合的な解決がつけられたことになる）。もっとも，**13年決定**は，訴因の上記の第二次的役割をも，一定限度で訴因変更要否の基準定立に反映させている。いわゆる一般的防御上重要事項がそれである。(注49)

(注48) これにあえて補足すると，不意打ちは，被告人・弁護人にとって問題であるばかりでなく，検察官にとっても，主張，立証に意を尽くせないという意味で問題を生ずることがあり得る。争点として明示されていたならば，それについて検察官として当然になすべきことがあり，その結果異なった認定に至り得たという場合には，不意打ちは検察官の公訴権を侵害するものといえようし，公訴維持に当たる検察官に十分な立証の機会を付与することが実体的真実の発見にとって不可欠であることに照らし，実体的真実から離れた事実認定に到達する蓋然性を包含するものといえる。

(注49) 訴因論と争点論を峻別する立場からは，「訴因制度が被告人の防御権を保障するのは，まずもって審判対象を訴因に限定する場面であり，これによっていわば被告人の防御権の大枠が保障されるのである。これに対して，個別具体的な争点に関する防御権の保障は，もはや訴因論の課題とはいえない。言い換えれば，このような争点論を訴因論のなかに持ち込むのは理論的な混乱といわなければならない」との基本的認識が示される（田口・目的・262）。そしてこの認識に立脚して，平成13年決定が定立した一般的防御上重要事項についての訴因変更論（これを「新たな訴因変更」論と称される）について，次のように評釈されている。「（一般的防御上重要事項

のような)『拘束力のない訴因事実』はもともと本来の訴因変更手続の対象となる事実ではないのであるから、まずもって訴因変更手続以外の防御権保障手続を考慮すべきである」、「そして、まさにこの点に関して、昭和58年判例(後出よど号ハイジャック事件)は『争点顕在化』という手続を示唆したと見るべきであろう。いわゆる『新たな訴因変更』手続も、実はこの争点顕在化手続の一態様にほかならない」、「結局、平成13年判例の判示事項②(『新たな訴因変更』論を指す。——筆者注)は、『拘束力のない訴因事実』については争点顕在化手続の一つの方法としての訴因変更手続が考えられる、ということを判示したものと理解すべきであろう」(田口・佐々木喜寿・739)、「具体的な争点に関する被告人の防御権の保障問題は、訴因制度とは次元の異なる問題と考えるべきはなかろうか。訴因は審判対象の問題であるが、争点は防御対象の問題なのである。このようにして、争点の変化については、訴因変更手続とは別に、争点変更手続すなわち争点整理あるいは争点顕在化の手続を問題とすべきである」(田口・321)。

(2) 訴因変更を必要としない争点の変更——争点顕在化手続

そうすると、争点の変更があった場合に、それが訴因変更手続をとることを義務的・必要的としないときには、そのまま放置してよいかということになると、そうはいかない。例えば、同一訴因の中の事実を認定する場合であっても、したがって訴因変更が必要的とされないような場合であっても、なお不意打ちとなる場合はあり得る。訴因(変更)も、被告人への争点告知=不意打ち防止機能を持ってはいるが、それは審判対象画定(限定)機能の反射的作用(いわば抽象的防御権の保障)というべきものであり、具体的な訴訟の経過の中で様々な場面で生じることのあり得る不意打ちのすべてを防止する機能(いわば具体的防御権の保障)を訴因(変更)が単

独でかつ全面的に担っているわけでは到底ない(そもそも、被告人の防御に資するべく告知を行うという場面は、起訴状の提出以降の手続過程の全体にわたって存在する。例えば、事前準備又は公判前整理手続・期日間整理手続、起訴状に対する求釈明、検察官の冒頭陳述等々(松尾・上175参照。)。また、被告人が具体的に争うのは、訴因事実の中の特定の要素ばかりでなく、訴因外事実であったり、さらには、訴訟法的事実であったりもする(田口・目的・262))。

そして、不意打ちの事実認定が、訴因逸脱認定とはならないけれども、いわば「**争点逸脱認定**」(田口・警研・53、同・佐々木喜寿・740)として、上述した**不意打ち禁止の法理**に反するものとして違法とされる場合があり得ることに注意しなければならない(「被告人に争う機会(308条)を付与するなどの証拠調べ手続の当事者主義的諸原則に反し、適切な訴訟指揮(294条)を欠くなどの訴訟手続の法令違反(379条)がある場合となろう」(田口・321))。そのような場合には、不意打ちとなることを防止するために、被告人に防御の機会を与える、すなわち争点変更を手続に反映させる方法—**争点顕在化手続**—が講じられなければならないことになる。[注50]

では、その**争点顕在化手続**とは、具体的にはどのようなものであろうか。①裁判所からの検察官に対する求釈明、②検察官による任意的訴因変更(いわゆる「念のため訴因変更」)、③公判前整理手続(316条の13以下、316条の31第1項)、期日間整理手続(316条の28、

第4節　旧来の判例による訴因変更要否の具体的判断とその見直し

316条の31第2項），④被告人質問における裁判所からの発問等，様々な措置が想定され得る（田口・321など。）。そして，「不意打ち防止のためには必ずしも同等の手続によらなければならないわけではないが，同等の手続を経るよう配慮して運用するのが，実務上の指針としては有用である」ことから（**同格手続の原則**），例えば，起訴状に対する検察官の釈明内容が変動したのであれば，同じく起訴状に関する釈明として改めて主張させるのが望ましいとされている（池田・判解13・79）。

これらの何らかの不意打ち防止のための措置，すなわち**争点顕在化手続**がとられなければ違法とされるかどうかは，①当該訴訟の経過からみて，裁判所の認定が被告人側にとってどの程度予想外のものであったか，②その認定が訴因事実の立証にどの程度重要な関連性を有するか，の相関関係によって決せられることとなろう，とされている（木谷・判解58・484）。もっとも，刑事裁判の実務においては，裁判所としては，当事者の主張，立証がなされていないか，それがあっても希薄な点について，当事者がそれを争点として意識していないことに起因するものと認められる限りは，可及的に争点顕在化の手立てを講じておくのが相当であることはいうまでもない。そして，このような**フェアプレイの精神**は，事実問題だけでなく法律問題についても等しく妥当するから，後者の面における争点変更についても，その顕在化の手続を講じることによって，不意打ちの不満を当事者に残すことにならないよう広く配慮されることが望ま

しいといえよう（田口・佐々木喜寿・746は，「『争点』は実体法的事実に限るわけではないので，訴訟法的事実が争点となる場合や法律解釈が争点となる場合もむろんある。これらの場合における防御権の保障問題も今後の課題である」とされる）。

（注50）結局，抽象的防御の視点からの不意打ち防止はなお訴因の担う役割ではあるが，具体的防御の視点からのそれは争点顕在化手続をもって対処すべき事柄となる。したがって，例えば，変動後の事実について被告人がこれを自認しているような場合においては，その変動事実が審判対象の画定に関わる事項であるときは訴因変更が必要的となるが，そのような事項でないときは争点顕在化手続を講ずる必要はないことになる（香城・351）。このことは，いみじくも，かつて訴因変更の要否の基準とされてきた**具体的防御説**の実体が，争点顕在化手続の要否の判断基準にほかならなかったことを示しているものともいえる（田口・目的265参照）。

(3) 争点顕在化に関する判例

次の【125】は，上述したようないわゆる不意打ち禁止の法理を判例法上はじめて一般的に認めたものとして，極めて重要な先例的意義を有するものである（田口・重判58・183）。

【125】　最判昭58・12・13刑集37・10・1581（よど号ハイジャック事件）

共謀共同正犯において，共謀の日時，場所が検察官の釈明したところ（13日夜）と異なる認定（12日夜）をする場合の不意打ち禁止

事実　被告人は，「共産主義者同盟赤軍派に属する被告人が，S，T，Kら10数名と共謀

訴因変更〔I〕　**365**

第3章　訴因変更の要否

の上，昭和45年3月31日午前7時30分すぎころ，富士山上空付近を航行中の日本航空株式会社の定期旅客機（通称「よど」）内において，乗客を装い搭乗していた前記T，Kら9名において，抜身の日本刀を振りかざすなどしてスチユワーデスや乗客らの身体を順次ロープで縛り上げ，さらにはI機長らの背後から日本刀，短刀を擬すなどしてその反抗を抑圧し，よつて，右I機長らをして右T，Kらの命ずるままに航行するのやむなきに至らしめて右旅客機を強取し，その際，5名に加療約4日ないし約2週間を要する各傷害を負わせた」などという，強盗致傷，国外移送略取，同移送，監禁の各事実により公訴を提起された。

　本件においては，公訴事実記載の日時に，共産主義者同盟赤軍派（以下「赤軍派」という。）政治局員Tらによつて公訴事実記載の犯行（以下「本件ハイジヤツク」という。）が実行されたことに争いはなく，また，右犯行当時，被告人が同派政治局議長Sとともに別件のいわゆる大菩薩峠事件（爆発物取締罰則違反）などにより警察に身柄を拘束されていて，右の実行行為に加担していないことも明らかであつたため，第一審以来の中心的な争点は，被告人が他の共犯者との間で本件ハイジヤツクに関する共謀共同正犯の刑責を肯定するに足りるような謀議を遂げたと認められるかどうかの点にあつた。

　第一審公判において，検察官は，当初，「共謀の日時は，昭和45年1月7日ころから犯行時までであり，同年3月15日以降は順次共謀である。」「共謀の場所は豊島区駒込〇丁目〇番〇号ホテル甲，同区駒込〇丁目〇番〇号喫茶店乙などである。」と釈明したが（第1回公判），その後の冒頭陳述（第2回公判）においては，「同年3月12日より同月14日までの間に，前記乙などにおいて」被告人がS，Tらと本件ハイジヤツクについての「具体的謀議」を遂げた旨を主張した。右冒頭陳述によると，被告人の属する赤軍派の思想的指導者である

Sは，同年1月以降，海外における国際根拠地の設定及びそのための要員の国外脱出の手段としてのハイジヤツクを思いつき，被告人を含む同派の者に対し，その計画（いわゆるフエニツクス作戦）を実現するうえで必要な武器調達作戦（いわゆるアンタツチヤブル作戦）及び資金獲得作戦（いわゆるマフイア作戦）などを命じて実行させていたが，同年3月12日夜にはホテル甲でUに対し千歳飛行場の調査等を命じ，13日昼には喫茶店丙でフエニツクス作戦の参加要員選定のための面接を行つたうえ，被告人に命じて合格者に対する注意事項の伝達をさせるなどしたほか，これと相前後して，13，14の両日，喫茶店乙などにおいて，T，K及び被告人とともに，ハイジヤツクについてその時期，手段，方法，実行行為者などを具体的に協議して決定したというのであり，右は，検察官が，本件ハイジヤツクにつき被告人の刑責を問うために必要な「謀議」の日時を，3月12日から14日までの3日間に限局して主張し，争点の明確化を図つたものと理解される。

　これに対し，被告人・弁護人は，被告人の右謀議への関与を徹底的に争つた。そのため，第一審においては，右3日間における被告人及びSらの具体的行動をめぐり，双方の攻撃防禦が尽くされたのであるが，右謀議に関する検察官の立証の中心をなすものは，「3月13日夜喫茶店乙において，S，Tらからはじめてハイジヤツクの決意を打ち明けられ，大学ノートに書き込んだメモを見せられて，その具体的方法等に関する説明を受けた。」とする被告人の検察官調書及びほぼこれに照応するSの検察官調書であり，右以外の日及び時間帯の行動に関する証拠の中には，被告人の具体的謀議への関与を端的に窺わせるものが見当らなかつたため，右13日夜の被告人の行動，とくに被告人が，その自供するように喫茶店乙における具体的な協議（以下「第1次協議」という。）に加わつたのかどうかという点が最大の争点となり，被告人

第4節　旧来の判例による訴因変更要否の具体的判断とその見直し

側は，被告人及びSの各検察官調書の任意性，信用性を極力争う一方，右第1次協議が行われたとされる13日夜のアリバイ（右協議が行われたとされる時間帯に被告人が知人のY子方を訪問しており，同所で旧知のAにも会つたとするもの）に力点を置いた主張・立証を展開した。

　第一審裁判所は，本件ハイジヤックの謀議成立に至る経過として，12日及び13日昼の行動の点を含め，おおむね，検察官の主張に副う事実関係を認定したほか，13日夜の第1次協議に関する被告人のアリバイの主張を排斥し，被告人が「3月13日および翌14日，喫茶店乙等において，」S，T及びKと本件ハイジヤックの謀議を遂げたものと認めて，被告人に対し「懲役10年（未決勾留日数900日算入）」の有罪判決を言い渡した。なお，検察官も，第59回公判に行われた論告の際には，「3月13,14日の両日，喫茶店乙など」において，被告人らが具体的謀議を遂げた旨主張するに止まり，12日の謀議については，これを明示的には主張していない。

　右判決に対し，被告人側から控訴を申し立てた。原審において，被告人側は，第一審に引き続き，3月13日夜のアリバイを強く主張し，新たな証人や証拠物たる書面によりその立証を補充したところ，原審は，右アリバイの成立を認め，これを否定した第一審判決には事実誤認の違法があるとしたが，同判決の認定した3月13日夜の第1次協議は，実は12日夜に喫茶店乙において行われたもので，被告人もこれに加わつており，さらに，13日昼及び14日にも被告人を含めた顔ぶれで右協議の続行が行われていると認められるから，右事実誤認は判決に影響を及ぼすものではないと判示した（ただし，原判決は，被告人側の量刑不当の主張を理由ありと認め，第一審判決を破棄して，被告人に対し，改めて「懲役8年，原審未決勾留日数900日算入」の刑を言い渡した。）。なお，原審において，検察官は，本件ハイジヤックの謀議を自白した被告人及びSの各検察官調書が信用できるとし，13日夜のアリバイに関する被告人側の証拠の信用性を攻撃したが，第一審判決が謀議の行われた日と認めた3月13,14の両日以外の日（たとえば12日）に謀議が行われた旨の主張は一切しておらず，原審も本件ハイジヤックに関する第1次協議の行われた日が13日ではなくて12日ではなかつたのかという点につき，当事者双方の注意を喚起するような訴訟指揮は行つていない。

　被告人が所属する赤軍派内部において，昭和45年1月以降，海外における国際根拠地の設定及びそのための派遣要員の国外脱出計画が存在し，その手段としてのハイジヤックに向けた種々の準備が行われていたこと，被告人が右国外派遣要員の母体とされる「長征軍」の隊長という地位にあり，ハイジヤックを実行するうえで必要な資金や武器の獲得計画に重要な役割を果たしたことなどの点については，証拠上第一審判決の認定をおおむね是認することができるが，他方，赤軍派内部において，国外脱出の手段としてのハイジヤック計画が現実のものとして具体化してきたのは，3月上旬以降のことであること，被告人は，3月4日から12日まで京都市に居て，同日夜帰京してきたものであり，帰京以前に，S，Tらと本件ハイジヤックに関する具体的な話合いをしたことを窺わせる的確な証拠の見当らないことなども，記録上明らかなところである。そして，前記のような訴訟の経過によると，本件において，当事者双方は，被告人に対し本件ハイジヤックに関する共同正犯の刑責を負わせることができるかどうかが，一にかかつて，被告人が，京都から帰つた12日以降逮捕された15日朝までの間にS，Tら赤軍派最高幹部とともに本件ハイジヤックに関する具体的な謀議を遂げたと認めうるか否かによるとの前提のもとに，右謀議成否の判断にあたつては，証拠上本件ハイジヤックに関する具体的な話合いが行われたとされている3月13日の喫茶店乙における協議

第3章　訴因変更の要否

（第1次協議）に被告人が加わつていたかどうかの点がとりわけ重要な意味を有するという基本的認識に立つて訴訟を追行したことが明らかであり，一，二審裁判所もまた，これと同一の基本的認識に立つものであると認められる。

原審は，第一審と異なり，13日夜喫茶店乙において第1次協議が行われたとされる時間帯における被告人のアリバイの成立を認めながら，同夜の協議は現実には12日夜に同喫茶店において行われたもので，被告人もこれに加わつており，さらに，13日昼，14日にも被告人を含めた顔ぶれで右協議が続行されているとして，被告人に対し本件ハイジヤツクの共謀共同正犯の成立を肯定した。

判旨　「3月12日夜喫茶店乙及びホテル甲において被告人がS，Tらと顔を合わせた際に，これらの者の間で本件ハイジヤツクに関する謀議が行われたという事実は，第一審の検察官も最終的には主張せず，第一審判決によつても認定されていないのであり，右12日の謀議が存在したか否かについては，前述のとおり，原審においても検察官が特段の主張・立証を行わず，その結果として被告人・弁護人も何らの防禦活動を行つていないのである。したがつて，前述のような基本的認識に立つ原審が，第一審判決の認めた13日夜の第1次協議の存在に疑問をもち，右協議が現実には12日夜に行われたとの事実を認定しようとするのであれば，少なくとも，12日夜の謀議の存否の点を控訴審における争点として顕在化させたうえで十分の審理を遂げる必要があると解されるのであつて，このような措置をとることなく，13日夜の第1次協議に関する被告人のアリバイの成立を認めながら，率然として，右第1次協議の日を12日夜であると認めてこれに対する被告人の関与を肯定した原審の訴訟手続は，本件事案の性質，審理の経過等にかんがみると，被告人に対し不意打を与え，その防禦権を不当に侵害するもので

あつて違法であるといわなければならない。」

●**コメント**

識別説によれば，共謀共同正犯において，共謀の日時，場所は要件事実ではないから訴因に明示される必要はなく，本件起訴状においてもこの点の記載はなされていなかった。その後検察官においてこれらの点につき釈明を行ったり，冒頭陳述により事実主張したりしているが，それらの陳述内容が訴因の内容となるものでもない。したがって，この点の事実関係に変動が生じても，訴因変更をもって対処する必要が生じないことは当然である（注43参照）。

そして，冒頭陳述において検察官は，謀議の日時を「3月12日から14日までの3日間」に限局して主張したが，その後の証拠調べにおいては，実際上は，3月13日夜の謀議に被告人が加わっていたかどうかが最大の争点となった。そして，論告においても検察官は，13・14日の謀議を主張するにとどまり，12日の謀議については明示的には主張しなかった。ところが，控訴審は，13日の謀議とされていたものは実は12日夜に行われたものであったと認定し，公判では争点とされていなかった12日夜の謀議の存在を卒然と認めた上でこれへの被告人の参画を認定したのである。

「共謀共同正犯において，共謀の日時・場所が検察官の釈明されたところと異なる認定をする場合には，共謀の日時，場所は訴因の明示に必要な事項ではなく，被告人の防御上

第4節　旧来の判例による訴因変更要否の具体的判断とその見直し

重要な事項にとどまると解すべきであるから、訴因変更の手続をとる必要はなく、防御の機会を与えれば足りるであろう。……（本判決引用）……ただ、この判決は、訴因変更を要するとは明言しておらず、また『顕在化』の具体的方法を明示していないが（木谷・判解58・485のいうように、裁判長から検察官への求釈明も一方法であろう。なお、争点の顕在化に関しては、**最決昭63・10・24刑集42・8・1079**、池田・判解63・363も参照）、事前共謀の具体的主張とその審理の適正な方法について示唆するところが大きい」とする見解がある（高橋・761）。しかし、本件は、上述したように、訴因記載事項の変動の問題ではない。したがって、訴因変更は元来必要にならない。本判決が言っているのは、控訴審における具体的な審理の経過・状況に照らして、何らの手当てないままに13日夜の謀議を12日夜のそれに唐突に認定替えするのは、被告人に不意打ちを与え、その防御権を不当に侵害したものであり、このような認定をするためには、「少なくとも12日夜の謀議の存否を争点として顕在化させたうえで十分の審理を遂げる必要があった」ということである。「少なくとも」という措辞からして、任意的訴因変更を排除しているとは思えないが、**同格手続の原則**からいって、検察官による釈明の手続をもって顕在化させれば（＝裁判長から検察官に対し、第一次謀議の日を12日と主張する意思があるかどうかを確認する。）十分であろう（第一審であれば、冒頭陳述の変更となる。池田・判解13・79参照）。もとより、このような措置をとることにより裁判所の心証がある程度明らかになる結果となるが、同様のことは、訴因変更に関する釈明、命令などの場合にはより端的な形で生ずるのであり、やむを得ないことである（木谷・486）。

不意打ちが「違法」か否かの判断基準であるとされる、①当該訴訟の経過からみて、裁判所の認定が被告人側にとってどの程度予想外のものであったか、②その認定が訴因事実の立証にどの程度重要な関連性を有するか、の相関関係をみたときに、本件に現れた不意打ちは、①②のいずれの点からいっても、違法性の程度が相当大きく、訴因逸脱認定と紙一重の事案であったとも評されている（木谷・判解58・484）。

上記【125】の後に、争点顕在化が問題となった判例としては次のようなものがある。【127】については、4節1(6)でも触れた（【86】）。

東京高判平6・6・6判タ863・291【126】	殺意なく錯誤論の適用（殺意について検察官の釈明内容）→殺意あり　　①
大阪地判平9・8・20判タ995・286【127】	傷害の当初共謀による実行共同正犯→同時犯　　②

第3章　訴因変更の要否

【126】　東京高判平6・6・6判タ863・291
(①)

事実

起訴状記載の公訴事実

　被告人は、S巡査、Y警部補らが、被告人を強盗致傷事件の被疑者として通常逮捕しようとした際、これを免れるため、殺意をもって、前記警察官両名に対し、所携の自動装てん式けん銃で銃弾1発を発射し、もって、(中略)、S巡査を心臓銃創による失血により死亡させて殺害し、さらに、右銃弾をY警部補の左下腿部に命中させたが、(中略)左下腿銃創の傷害を負わせたにとどまり、殺害の目的を遂げなかった。

〔検察官釈明(第1回公判期日)〕
「訴因の『前記警察官両名に対し』という文言は法律的評価を踏まえての記載である」
〔検察官冒頭陳述〕
「被告人は、殺意をもって、S巡査を狙って、けん銃で実包1発を発射した。被告人の発射した銃弾は(中略)、同巡査の心臓から背部を貫通し、さらに、同巡査の後方にいたY警部補の左下腿部に命中し、……」
〔論告〕
「弁護人は、被告人には、Y警部補に対する殺意がなく、殺人未遂は成立しない旨主張するが、昭和53年7月28日最高裁判決等の判例に照らし、甲に対し発射した銃弾が甲の身体を貫通して、たまたま通行中の乙にも命中し、乙をも傷つけた場合には、甲に対する殺人のほか乙に対する殺人未遂も成立することは確立された判例理論であるから、弁護人の右主張は理由がない」

第一審判示認定事実

起訴状の訴因とほぼ同じ事実を認定摘示

〔Y警部補に対して殺人未遂罪は成立しないとする弁護人の主張に対する判断〕
「しかしながら、昭和53年7月28日最高裁第3小法廷判決(刑集第32巻第5号1068頁)に徴すれば、右主張は理由がないことが明らかであるが、本件事実関係を仔細に検討すれば、打撃(方法)の錯誤に法定的符合説を適用する右判例の手法を採るまでもなく、より直截的にYに対する殺人未遂罪の成立を肯定することができる。」とした上、関係証拠を検討し、これらの関係証拠によって認められる本件の事実関係からすれば、被告人が、「追跡してきたS巡査のみならずY警部補にも弾丸が命中することを認識、認容していたものと認められる」

判旨

「原判示罪となるべき事実第一に対応する起訴状の訴因は、……というものであるが、……(中略)……としていることが認められ、このような原審の審理経過からすれば、被告人にY警部補に対する殺意が認められ、したがって殺人未遂罪が成立するとする本件訴因は、錯誤論の適用を前提とするものであることは明らかである。

　これに対し、原判決は、罪となるべき事実第1として、起訴状の訴因とほぼ同じ事実を認定摘示するとともに、Y警部補に対して殺人未遂罪は成立しないとする弁護人の主張に対する判断として、……と認定摘示していることが認められ、原判決の認定摘示には、被告人のY警部補に対する殺意の認定につき、錯誤論の適用を前提とするかのような表現もあるが、全体として見た場合には、錯誤論の適用を前提とするものではなく、これと両立することのない、事実の認識、認容があったことを前提にするものであることは明らかである。

　しかし、被告人のY警部補に対する殺意につき、事実の認識、認容があったとするか、あるいは、事実の認識、認容はなく、錯誤論の適用を前提とするかは、事実関係に重要な差異があることは明らかであり、原裁判所において右のような認定判断をするためには、審理の過程で検察官に釈明を求めるなど、事実の認識、認容があったかどうかを争点として顕在化させる措置等がとられる必要があるというべきところ、記録上原審の審理の過程でそのような措置がとられた形跡は認められず、したがって、原判決には、そのような措置等をと

第4節　旧来の判例による訴因変更要否の具体的判断とその見直し

ることなく，検察官が釈明等により明らかにした訴因と異なる事実について認定判断した，訴訟手続の法令違反があるものというべく，この違法が判決に影響を及ぼすことは明らかである」

● コメント

　起訴状の公訴事実の記載振りからは，S・Yの両警察官に対する生の事実としての殺意の存在を主張しているようにも読めるものであるところ，検察官の釈明，冒頭陳述などにより，検察官の訴追意思としては，被告人はYに対しては実在としての殺意はなく，最高裁判例の認める錯誤論（**最判昭53・7・28刑集32・5・1068**）の適用により殺人（未遂）罪を構成すると主張しているものであることが判明した。この状況下で審理が進められたが，原審裁判所が，事前予告なしに，被告人にはYに対しても生の事実としての殺意があったと認めたことが問題とされた。**本判決**は，上記のような事実変動に対しては，訴因変更をもって対処するものではないことを黙示に前提とした上で，争点顕在化措置を講じるべきところそれを怠ったものとして原審の手続を違法と判断した。

　この点について，「この場合，なぜ訴因変更が要求されないのかの理由は必ずしも明らかではない。訴因論との関係からすれば，Y警部補に対する殺意が実在のものか錯誤論の適用によるものかの問題が，訴因事実の問題であれば訴因変更手続によるべきであったし，そうではなくいわば訴因より一段階下の訴因の明細事実の問題であるとすれば争点顕在化の手続で足りることになろう。したがって，殺人未遂罪の訴因における殺意の特定をどのように解するかによって結論が異なることとなる。思うに，本件のような場合には，殺意の態様がいかなるものであったかは訴因の明細事実の問題と考えてよいように思われる。そうすると，本件では，訴因変更手続でも争点顕在化手続でもいずれでもありうるという問題ではなく，争点顕在化手続こそが履践されるべき手続であったこととなろう」と評されている（田口・佐々木喜寿・731）。

　まず，被害者S及びYの両名に対する殺人（未遂）罪（観念的競合）の訴因事実として，「殺意」が平成13年決定【15】のいう記載上不可欠事項として明記されていなければならないところ，本件訴因はこれを充足している。この場合，S，Yのそれぞれに対して，生の事実として殺意を有していたことが要件事実となるものであろうか。上記**最判昭53**の採る錯誤論（いわゆる**法定的符合説・数故意説**）が存在することにかんがみ，この法規範の下で要件事実を構築すれば，少なくともいずれか一方に対する生の事実としての殺意とその下での殺人の実行行為の存在，そしてその行為によるもう一方への結果発生（未遂）が摘示されていれば，両名に対する殺人（未遂）罪（観念的競合）の要件事実は足りていることとなろう。あるいは，この場合には，要件事実として訴因に記載されている「殺意」は，具体的な被害者である「S，Y」に特定して向けられた生の事実としてのそれ（具体的殺意）ではなしに，およそ「人」を殺害する意思としてのそれ（抽象的殺意）であると解す

訴因変更〔I〕　**371**

第3章　訴因変更の要否

る方が，**最判昭53**の採る錯誤論に忠実な理解であるかもしれない。いずれにせよ，本件訴因がＳ，Ｙ両名に対する殺人（未遂）罪の審判対象を掲げる上で過不足のないものであることは間違いないといえる。なお，仮に，検察官の訴追意思として，被告人は，Ｓに対しては確定的殺意，Ｙに対しては未必の殺意を有していたとの主張であった場合はどうか。この場合にも，**識別説**による以上は，要件事実としては，単に「殺意をもって」と記載すれば足り，確定故意と未必故意の区別まで記載する必要はないから（4節1(3)参照。），訴因の特定明示性に問題は生じない。

これを前提にして考えた場合，本件訴因については，被告人に，ＳＹ両名に対する殺意が実在していた，Ｓのみに対して実在していたなどの，幾つかの解釈の余地が生ずることになる（**識別説に立つ場合の必然的な帰結である**。）。これに対して，本件検察官は，殺意はＳに対してのみ実在していたのであってＹに対しては実在していなかった，との釈明を行ったことになるが，上述のとおり，この主張は**要件事実**（平成13年決定【15】にいわゆる**記載上不可欠事項**）を成すものではないから，それが訴因の内容となるものでもない。そうであれば，この点について裁判所の認定が異なることとなっても，それは**審判対象画定の見地**からは，訴因変更を必要とするものではない。ただ，この点が，もしも，同決定にいう**一般的防御上重要事項**に当たるというのであれば，被告人の抽象的防御の面から原則的に訴因変更が必要となるが，本件事実関

係の下で，Ｙに対して生の事実としての殺意が実在しようがしまいが，上記**最判昭53**の示した法理がある以上，殺意が認定されることに変わりはないから，「一般的に，被告人の防御にとって重要な事項であり，当該訴因の成否について争いがある場合等においては，争点明確化などのため，検察官において訴因に明示するのが望ましい事項」とまでいうことはできないであろう。

そうであれば，残る問題は，本件裁判所が，Ｙに対しても殺意が実在していたと認定することが被告人にとって**不意打ち**に当たるか否か，それがどの程度被告人の防御権を侵害したことになるのかを，本件の訴訟経過の全体を踏まえつつ具体的に検証することである。その結果，例えば，Ｙに対する殺意の実在の有無の問題が争点として被告人に告知されていたならば，被告人としては防御の方法を講じることにより裁判所の認定を消極に導くことができ，情状面でより有利に判断され得たとみる余地があるなどの場合には，当然その**争点顕在化手続**の懈怠が違法とされることになろう。

【127】　大阪地判平9・8・20 判タ995・286
　　　（【86】と同じ）　　　　　　　　　　（②）

|事実| 事案は，被告人両名が第三者の暴行に中途から共謀加担して被害者に傷害を負わせたが，この傷害の結果が共謀成立の前後いずれの暴行により生じたものか不明というものであった。

検察官の公訴提起は，当初からの共謀に基づく

実行共同正犯であったが，裁判所はこれを認めず，更に承継的共同正犯の成立もない場合であるとした上，同時傷害の特例（刑法207条）の適用がある場合であると認めて，その認定手続につき以下のとおり判示した。

判旨　「傷害罪の共同正犯の訴因につき，判決で同時傷害罪を認定するためには訴因変更が必要であるかは一個の問題であるが（**最決昭25・11・30** は不要とする。），本件においては，……当裁判所の認定は共謀の点・暴行の点ともに訴因の範囲内の縮小認定である上，刑法207条の適用の可否については，結審前に争点顕在化の措置を講じて当事者に新たな主張・立証の機会を付与しており，訴因逸脱認定又は不意打ち認定の問題は生じないと考えられるので，当裁判所は，検察官の訴因変更の手続を経ることなく，判示の認定を行った次第である」

● コメント

判旨は，「訴因逸脱認定又は不意打ち認定の問題は生じない」ことを理由に掲げ，訴因変更不要の結論を導いているが，まず何よりも，同時犯の認定が，「訴因逸脱認定」にならないことが確認されなければならない。その上で，「不意打ち認定」の問題は，一般的防御上重要事項の変動が見られたか否かという限度で取り上げられ，然りとすれば原則的に訴因変更を要することとなる（**平成13年決定【15】**）。その意味で，「防御権保障の必要性それ自体を訴因の識別機能と離れて訴因変更要否の基準とすることは適当でない」（田口・佐々木喜寿・732）。

訴因縮小認定となる本件においては，上述したそれぞれの視座から訴因変更の必要性が導かれることはない。すると，後は，そのほかの「不意打ち認定」の問題，すなわち，裁判所による同時犯の認定が，本件訴訟手続の全過程を通じてみたときに「被告人の防御に実質的な不利益を生ずる虞」を生ずることになるか否かの問題が残ることになる。これは，もはや上記の訴因変更要否の判断レベルにおける抽象的な防御権保障の問題ではなく，被告人の具体的な防御権の保障の問題である。したがって，現実の訴訟の具体的経過に照らして上記の虞が認められる限り，裁判所から当事者に対して同時犯の成否をも攻防対象とする旨の注意喚起がなされなければならず，この**争点顕在化手続**の履践を欠けば，訴訟手続の法令違反とされよう。このような意味で，「本件大阪地判の理解したように訴因変更の必要はないケースと考えるべきであろう。そうすると，本事例もまさに争点顕在化手続が要請される事例であったことになり，本判旨の判断も適切であったと思われる」と評されている（田口・佐々木喜寿・732）。**【86】**のコメントも参照。

第4章　罰条の変更

　訴因だけではなく，罰条の追加・撤回・変更も許されている（312条1項）。訴因と罰条とは常に形影相伴うべき関係にあるのであるから，訴因が別の構成要件に当たる事実に変更されれば罪名・罰条もこれに伴って変更されるべきは当然である。そして，罰条の追加・撤回・変更の区別についても，訴因の追加・撤回・変更について述べたところ（第1章第4節）とほぼ同様に解してよい。

　問題は，訴因は変更する必要がなく，ただ起訴状と判決書との間で適条のみを異にする場合に，罰条の変更手続を経ることが必要的であるか否かである。これは，言い換えると，起訴状の罰条の記載はいかなる限度で**拘束力**を有するか，という問題である。

　従来この点については，①**必要説**——罰条が起訴状に記載されるのは，どの罰条を適用すべきかについて被告人に検討の機会を与えるためのものであるから，裁判所が起訴状に記載されていない罰条を適用しようとするときは，被告人に弁論の機会を与えるため罰条の変更手続を要するとする説（平野・143——同説は，罰条の変更命令には形成力を認めるべきであるとされる。松尾・上・311——同説は，裁判所が結審後にはじめて訴因と罰条のくい違いを認識した場合で，かつ，被告人の防禦の利益を害していないと判断されるときは，罰条変更不要とされる。その他，田口・318，札幌高判昭25・11・9高刑集3・4・558，福岡高宮崎支判昭26・4・27判特19・148など），②**不要説**——罰条の記載は訴因特定のための補助的手段であるとし，被告人の防御に実質的な不利益が生じない限りは，その変更手続を経由しなくても，起訴状に記載されていない罰条を適用できるとする説（団藤・203など通説，広島高岡山支判昭24・11・16判特1・238，札幌高判昭25・6・24高刑集3・2・235，東京高判昭25・7・18判特16・111，札幌高判昭25・9・30判特13・198，東京高判昭27・9・3判特34・162，東京高判昭29・7・20裁特1・2・68など）が対立していた。

　最決昭53・2・16刑集32・1・47【128】は，②の不要説の立場を採用することを明らかにしたものである（もっとも，その片鱗は，最判昭28・5・8刑集7・5・965【104】，最判昭28・5・29刑集7・5・1158【18】，最決昭30・7・1刑集9・9・1769【105】等に見えていた）。

第4章　罰条の変更

【128】　最決昭 53・2・16 刑集 32・1・47
　　　　暴行→共同暴行（暴力行為等処罰に関する法律違反）

事実

起訴状記載の公訴事実

　被告人は，Hらと共謀の上，昭和50年2月2日午前1時40分ころ，京都市東山区古門前通大和大路東入三吉町2丁目××番地スカイビル○階スナック「▽▽」において，M（当21才），T（当23才），N（当23才），R（当22才）に対し些細なことに立腹し，こもごも同人らに対し，殴る蹴るなどの暴力を加え，よつて右Mに対し，加療約2週間を要する左胸部打撲，第8肋骨々々折の傷害を，右Tに対し，加療約3日間を要する顔面，後頭部等挫傷の傷害を，右Rに対し，加療約2週間を要する頭部打撲症兼挫傷などの傷害を，それぞれ負わせた。
（罪名及び罰条）
傷害，暴行
刑法第204条，第208条，第60条

判示認定事実

　被告人は，昭和50年2月2日午前1時40分頃同市同区古門前通大和大路東入る三吉町二丁目××番地スカイビル○階スナック「▽▽」において，飲酒中些細なことに立腹し，前記Hらを呼び集め，ここに右H，F，S，Kと共謀して，M（当時21歳），T（当時23歳），N（当時23歳），R（当時22歳）に対してこもごも同人らの身体各所を殴る蹴るなどの暴行を加え，よつて右Mに対し加療約2週間を要する左胸部打撲傷等の傷害を，右Tに対し加療約3日間を要する後頭部挫傷等の傷害を，右Rに対し加療約2週間を要する頭部打撲症兼挫傷等の傷害をそれぞれ負わせた。
（法令の適用）
刑法60条，204条，罰金等臨時措置法3条1項1号

控訴審判決

　公訴事実には右Nに対する暴力行為等処罰に関する法律1条（刑法208条）の罪の事実が含まれているから，一審判決がこれに沿う事実を認定した以上

右の法令を適用すべきであり，これを遺脱したのは違法であるが，その違法は明らかに判決に影響を及ぼすものではないと判示しつつも，量刑不当を理由に一審判決を破棄し，自判にあたつて右法律1条を適用した。

判旨

　「原判決は，……この場合には罰条の変更（手続─筆者注）を要しないとの判断を付加した。

　本件のように，数人共同して2人以上に対しそれぞれ暴行を加え，一部の者に傷害を負わせた場合には，傷害を受けた者の数だけの傷害罪と暴行を受けるにとどまつた者の数だけの暴力行為等処罰に関する法律1条の罪が成立し，以上は併合罪として処断すべきであるから，原判決のこの点の判断は正当である。

　次に，起訴状における罰条の記載は，訴因をより一層特定させて被告人の防禦に遺憾のないようにするため法律上要請されているものであり，裁判所による法令の適用をその範囲内に拘束するためのものではないと解すべきである。それ故，裁判所は，訴因により公訴事実が十分に明確にされていて被告人の防禦に実質的な不利益が生じない限りは，罰条変更の手続を経ないで，起訴状に記載されていない罰条であつてもこれを適用することができるものというべきである。

　本件の場合，暴力行為等処罰に関する法律1条の罪にあたる事実が訴因によつて十分に明示されているから，原審が，起訴状に記載された刑法208条の罰条を変更させる手続を経ないで，右法律1条を適用したからといつて，被告人の防禦に実質的な不利益が生じたものとはいえない。したがつて，原判決の判断は，この点でも正当である。
（裁判官大塚喜一郎の意見）

　私は，罰条の変更に関する多数意見の法律解釈には賛成することができない。もともと，認定された事実に対していかなる罰条をあてはめるかは，法令の適用の問題であるから，裁判所の専権に属

第4章　罰条の変更

し，検察官の主張に拘束されるものではない。しかしながら，それは，当事者特に被告人にとって本質的に重要な意味を有することであるから，刑訴法の基本原則である口頭弁論主義にかんがみ，これについても当事者に意見を述べる機会を与える必要があると考える。そして，刑訴法上，起訴状に罰条を記載することが必要とされるとともに（256条），これを追加・撤回・変更する際の手続が厳格に定められていること（312条），また，実際上も，被告人に起訴状に記載されていない罰条についてまで意見を述べて防禦することを期待しがたいことを考慮するときは，起訴状記載の罰条に包含される軽い罰条を適用する場合を除き，検察官に対して罰条の追加・撤回・変更を命じ，又は釈明をすることにより，罰条の適用について意見を述べる具体的な機会を被告人に与えない限り（いわゆる刑訴手続の後見的機能），裁判所において新たな罰条を適用することは許されない，と解するのが相当である。それゆえ，原審が，右の手続をとらずに，起訴状記載の罰条より重い罰条を適用したことは，違法であり，かつ，その違法は判決に影響を及ぼすものというべきところ，恐喝など数個の犯罪事実が認定されていて処断刑に変更をきたさない本件においては，これを破棄しなければ著しく正義に反するとは認められないので，上告を棄却した多数意見の結論に同調する」

● コメント

　まず，前提として，この判決の起訴状に記載された公訴事実は，暴力行為等処罰に関する法律1条の共同暴行罪の構成要件該当事実を摘示したものであったから，事実の変動は一切なく，ただこれに対する特別構成要件の当てはめにおいて変化が生じたものであることから，訴因変更は不要となる（第3章第4節2(3)参照）ことを確認しておく（単純暴行からの認定替えで，法定刑の重くなる場合であるが，本判決は，訴因変更が不要であることをいわば当然の前提に置いて，その上で罰条変更の要否を論じているものと見るほかない。したがって，最高裁は，事実面の変動がない場合に法定刑の重い罪への法的評価の変動が訴因変更を必要的とするものではないことを，黙示的にではあるが示したものと解される）。

　さて，上述の争点について，最高裁判例は**不要説**の立場を採ったわけであるが，その理由について，最高裁（多数意見）は，「罰条の記載は，訴因をより一層特定させて被告人の防禦に遺憾のないようにするため法律上要請されているものであり，裁判所による法令の適用をその範囲内に拘束するためのものではないと解すべきである」と指摘している。つまり，判例上，訴因については，審判の対象を限定し被告人の防御の範囲を明確にする機能を有するとされてきたのに対し，罰条については，訴因の内容をより一層明確なものにして被告人の防御に資するという補充的機能を有するにとどまるとしたものであって（このような考え方は，既に，罰条の遺脱があっても公訴提起の効力に影響はないとした**最決昭34・10・26刑集13・11・3046**にも見い出だすことができる。），訴因と罰条とではそれぞれの機能に顕著な相違があることを明らかにした。このような訴因と罰条の機能の相違や，罰条の適用が本来裁判所の専権事項であることを考えると，罰条の記載には訴因におけるような厳格な拘束力はなく，起訴状にない罰条を適用するに当たっても，罰条の変更手続は必

訴因変更〔Ⅰ〕

第4章 罰条の変更

ずしも不可欠なものではないということになる（香城・判解53・31，松本・54）。この場合，罰条変更命令（312条2項）はなおさらに必要不可欠なものとはいえない。変更命令というのは，訴因の主張のように検察官に権限がある場合において，その適正な行使をうながすことに本来的な機能があり，罰条の適用のような裁判所の職権事項には必ずしも必要不可欠な制度ではないからである（香城・31）。なお，大塚裁判官の反対意見は，罰条の変更又は釈明の手続のいずれかを経る必要があるとしている点で，上述した必要説の立場にあるものではないことに注意を要する（この反対意見に賛同するものとして，高田・631，佐々木・百選・91―「罰条の記載は単に訴因の明確化に資するに止まらず，弁論の対象を明確にする機能をも有するものと解するのが合理的であろう」とされる）。

そうなると，次の問題は，不要説が罰条変更手続不要を留保している「被告人の防御に実質的に不利益を生ずる場合」とは具体的にどのような場合であるのか，である。

この点についても，①新たな罰条の適用が被告人にとって不意打ちとなる時とする説（団藤・202），②起訴状記載の罰条よりも重い罰条を適用するときとする説（宮下・159），③罰条を除いた訴因だけでは明確性を欠き，そのため防御権の行使に重要な不利益を被るようなときとする説（栗本・70）などがあったが，本決定の多数意見は，③説を採用したとされる（佐々木・百選・91）。訴因により十分に審判の対象が明確に示されている範囲内においては，当然に防御が可能であるし必要でもあるとの立場に立っている，と解されているわけである（香城・33）。この多数意見の背後には，法律の適用が裁判所の専権であるとの法原則の下では，被告人は検察官の主張にかかわらず常に正しい法適用に関し弁論をする用意が必要であると解する方が自然であることのほか，罰則の適用は事実認定ともからんで流動的であって，それを常に審理面に表しておくことが妥当かは疑問であること，罰条の適用の適否は上訴審でも争うことができることなどが考慮されているものと理解される，ともされている（同上）。本決定の多数意見の考え方からすれば，罰条の記載の誤りにより「被告人の防禦に実質的な不利益を生ずる虞」がある（256条4項ただし書―公訴提起を無効にする罰条記載の誤）とは，その誤りにより当初から訴因の内容が明確性を欠くこととなる場合（「例えば，起訴状の犯罪事実が横領であるか背任であるか判然としないような記載となっており，罰条は横領であるような場合には，被告人としては罰条から判断して横領の点に防禦の重点を置くことは当然である。この場合何らの予告なくして判決において突如として背任をもって処断するが如きは，正に被告人の防禦に実質的な不利益を及ぼすものといわざるを得ないであろう」（栗本・70））であり，本決定にいう「被告人の防禦に実質的な不利益が生じ」るとは，それまで訴因と罰条の記載を総合して明確性を保ってきた訴因の内容が罰条の変更によって明確性を欠くに至る場合をいうことになろう（香城・34）。本件の

事案がこれに該当しないことは明らかである。

このように，本判例によって，罰条の記載は裁判所による法令の適用を拘束するものではないこと，また，起訴状に記載されていない罰条の適用につき，訴因により公訴事実が十分に明確にされていて被告人の防御に実質的な不利益が生じない限りは，罰条の変更手続を経ないで，それをなし得ることなどが明らかとなったが，新たな罰条を適用するについて，罰条の変更手続を経由しなくても被告人の防御に実質的な不利益を生じない場合とは，上記の場合だけに限られるものではないとする見解がある。「実質的不利益の有無は，適用罰条についての被告人の防御態度等具体的な審理の経過状況や，罰条に記載された罪の刑と新たに適用すべき罰条の刑との軽重などもその考慮の中に含めて判定してよいと考えられる（最判昭28・5・29刑集7・5・1158【18】参照）。その意味で，罰条の変更手続を経由しないまま起訴状に記載のない罰条を適用できる場合として他にどのような場合があるのかについては，今後の判例の集積にまたなければならないと思われる」とするものがそれである（松本・54，高橋・776）。罰条は審判の対象ではない（通説・判例。考え方としては，罰条も訴因と共に審判対象であるとすることはあり得るところであるが，そのような「極端な当事者主義」（平野・訴因概説・25）は採用されていない。法令の適用権は裁判所の専権であり，罰条の記載は訴因の意味を明らかにして裁判所による法令の適用と被告人の防御に資するための手続である，という理解は，ほぼ異論のないところとして承認されている（香城・30，田口・重判53・215）。）ところからすれば，罰条の記載の変動について，**審判対象の画定の見地**からの変更手続要否の判断はあり得ないことで，防御上の実質的不利益の有無の判断に当たって**具体的防御の視点**が作用することはむしろ当然といえよう。

なお，罰条の適用について被告人の防御上の利益を確保するためには，罰条の変更手続や罰条変更命令だけしかその方法がないというものではなく，釈明処分によっても十分これを確保し得る場合があることは，本決定における反対意見にもみられるところである。あるいは，それで罰条変更手続を代替し得るということもできよう（これに対して，必要説の立場からは，裁判所には罰条変更を命ずる義務があり，その命令には形成的効果を認めるということになる（松尾・前掲・311，佐々木・前掲・91））。また，訴訟の実際においては，起訴状に記載のない罰条を適用するような場合には，それによって被告人が被る防御上の不利益の有無，程度にかかわらず，あらかじめ被告人に対し十分な弁論の機会を与えておくことを心がけるべきであろう（松本・55）。

判例索引

注記：判例索引は，裁判所ごとに判決年月日順に整理した。【 】は判例整理の際に付した通し番号，太字は本書での判例掲載頁（本文と判旨掲載部分）を示している。

最高裁判所

大判昭 2・7・12 刑集 6・266 ･･････････････････ 222
大判昭 8・6・29 刑集 12・1269 ････････････････ 244
大判昭 9・3・24 刑集 13・313 ･･････････････････ 339
大判昭 11・2・25 刑集 15・179 ････････････････ 339
大判昭 12・2・15 刑集 16・149 ････････････････ 302
最判昭 23・1・15 刑集 2・1・4 ････････････････ 117
最判昭 24・2・10 刑集 3・2・155 ･･････････81, 117
最判昭 24・3・5 刑集 3・3・249 ･･･････････････ 19
最判昭 24・5・17 刑集 3・6・729 ･･････････････ 222
最決昭 25・6・8 刑集 4・6・972 ･･････････175, 310,
【101】319, 330, 331
最判昭 25・11・21 刑集 4・11・2356 ･･････････ 325
最決昭 25・11・30 刑集 4・11・2453 ･･････87, 292,
【85】293, 294, 373
最判昭 25・12・19 刑集 4・12・2578 ･･････････ 325
最決昭 26・2・22 刑集 5・3・429 ･･････････････ 352
最判昭 26・6・7 刑集 5・7・1236 ･･････････････ 169
最判昭 26・6・15 刑集 5・7・1277 ･････93, 95,【16】138,
147, 149, 150-153, 155-157, 169, 175, 212, 299, 301
最判昭 26・6・28 刑集 5・7・1303 ･･････････････ 28
最判昭 26・10・5 刑集 5・11・2156 ･･････････48, 49
最判昭 27・3・25 判例集不登載 ･･････････【65】243
最決昭 27・10・16 刑集 6・9・1114 ･･････････ 210
最決昭 28・3・5 刑集 7・3・443 ･･････163,【63】240, 242
最判昭 28・5・8 刑集 7・5・965 ･････････12, 88, 176, 321,
【104】322, 375
最判昭 28・5・29 刑集 7・5・1158 ･･･88, 147,【18】148,
175, 299, 321, 375, 379
最決昭 28・9・30 刑集 7・9・1868 ･･･････147,【19】150,
175, 299, 320
最判昭 28・11・10 刑集 7・11・2089 ･･････88, 93, 147,
【20】152, 153, 175, 273, 293, 306
最決昭 28・11・20 刑集 7・11・2275 ･････ 147, 175, 299

最判昭 29・1・21 刑集 8・1・71 ･････13, 63, 88,【5】89,
90, 93, 95, 147,【22】159, 161-163,
175, 215, 217, 263, 301, 311
最判昭 29・1・28 刑集 8・1・95 ･･････････88,【6】89, 147,
【23】160, 161, 162, 175, 218, 263, 301
最判昭 29・3・2 刑集 8・3・217 ･･････････････88, 176,
【109】333, 336, 344
最決昭 29・5・20 刑集 8・5・711 ･･･････････ 88, 147,
299,【90】300
最決昭 29・7・14 刑集 8・7・1074 ･･････････････ 49
最決昭 29・7・14 刑集 8・7・1100 ･･････････････ 13
最決昭 29・8・20 刑集 8・8・1249 ････････146, 175,
308,【94】309
最判昭 29・8・24 刑集 8・8・1392 ･･････････ 147, 299
最決昭 29・9・30 刑集 8・9・1565 ･･････････････ 306
最判昭 29・10・19 刑集 8・10・1600 ･････ 147, 175, 299
最判昭 29・12・17 刑集 8・13・2147 ･･････ 147, 163,
175, 299
最決昭 30・7・1 刑集 9・9・1769 ････････････176, 321,
【105】324, 375
最判昭 30・7・5 刑集 9・9・1777 ････････････【93】307
最判昭 30・7・5 刑集 9・9・1805 ････ 210,【49】211, 216
最判昭 30・7・19 刑集 9・9・1885 ･････83,【28】176, 177
最判昭 30・10・4 刑集 9・11・2136 ･･････････109, 175,
176,【64】240
最判昭 30・10・18 刑集 9・11・2224 ･････88, 147, 175,
299,【91】304
最判昭 30・10・19 刑集 9・11・2268 ･････147,【21】156,
175, 210,【50】212, 243, 279, 280, 288, 291, 299
最判昭 30・11・30 刑集 9・12・2529 ･･････ 210,【51】213
最判昭 31・6・5 判例集不登載 ･･････････320,【103】321
最判昭 31・6・26 刑集 10・6・874 ･･････････････ 53
最大判昭 31・12・26 刑集 10・12・1746 ･･････････ 25,
【120】352
最判昭 32・1・17 刑集 11・1・1 ･･････ 210, 212,【52】214

訴因変更〔Ⅰ〕 *381*

判例索引

最判昭 32・1・24 刑集 11・1・252…………13, 36, 63, 210,【53】215, 216-218
最判昭 32・3・26 刑集 11・3・1108……89, 109, 175, 192,【36】193, 200
最判昭 32・4・30 法律新聞 51・8………308,【96】311
最決昭 32・7・19 刑集 11・7・2006…………176, 322,【106】326
最判昭 32・10・8 刑集 11・10・2487……88, 176, 333,【111】335, 340, 344, 346
最判昭 33・1・23 刑集 12・1・34………………………33
最決昭 33・3・25 裁集 123・789………………299
最判昭 33・3・27 刑集 12・4・658…………221, 222
最決昭 33・4・30 裁集 124・677………………37
最判昭 33・5・20 刑集 12・7・1416……………12
最大判昭 33・5・28 刑集 12・8・1718（練馬事件判決）……………117, 132, 254, 255, 270
最判昭 33・6・24 刑集 12・10・2269……88, 89, 147,【24】162, 175, 263
最判昭 33・7・18 刑集 12・12・2656……88, 89, 175, 292,【84】293
最判昭 34・7・24 刑集 13・8・1150…88, 89,【 8】93, 153-155, 175, 273
最決昭 34・10・26 刑集 13・11・3046……………377
最判昭 34・12・11 刑集 13・13・3195…………………25
最判昭 35・2・11 刑集 14・2・126………176, 177, 210,【55】217, 243
最判昭 35・8・12 刑集 14・10・1360……109, 167, 175, 210,【56】218
最決昭 35・11・15 刑集 14・13・1677……26, 88, 176, 355,【123】356
最判昭 35・12・13 判時 255・30……147,【25】164, 299
最判昭 36・6・13 刑集 5・6・961…13, 87, 93,【 9】94, 106, 146, 175, 308
最決昭 36・11・8 裁集 140・47……………109, 180, 199,【41】200
最決昭 37・3・15 刑集 16・3・274………………306
最大判昭 37・11・28 刑集 16・11・1633（白山丸事件）……13, 34, 63, 81,【 4】82-84, 133, 213, 363
最判昭 39・11・24 刑集 18・9・610………299,【92】305
最判昭 40・4・21 刑集 19・3・166……88, 147,【26】167,

176, 203, 300, 322
最大判昭 40・4・28 刑集 19・3・270…12, 93,【10】96, 106, 175, 267, 321
最決昭 40・12・24 刑集 19・9・827……12, 87,【12】99, 106, 175, 244
最判昭 41・7・26 刑集 20・6・711…………50, 87, 94, 106,【11】97, 175, 308
最判昭 42・8・31 刑集 21・7・879…………………47
最判昭 43・3・21 刑集 22・3・95…………………52
最判昭 43・3・29 刑集 22・3・153………359, 360, 361
最決昭 43・11・26 刑集 22・12・1352…………12, 146, 308,【97】312
最判昭 46・6・22 刑集 25・4・588………87, 175, 180, 182,【31】184, 191, 198-200
最判昭 46・11・26 裁集 182・163……………180, 183
最決昭 53・2・16 刑集 32・1・47…88, 176, 322, 324, 375,【128】376
最判昭 53・7・28 刑集 32・5・1068………………371
最決昭 55・3・4 刑集 34・3・89……88,【13】101, 105, 114, 136-138, 147, 175, 300
最決昭 56・4・25 刑集 35・3・116…………………81
最判昭 56・7・21 税務訴訟資料 125・1482…【67】245
最決昭 58・5・6 刑集 37・4・375……………213
最判昭 58・9・6 刑集 37・7・930（日大闘争警官死亡事件）……………133, 247,【69】250, 261
最判昭 58・12・13 刑集 37・10・1581（よど号ハイジャック事件）………101, 121, 125, 129, 134, 136, 137,【125】365
最決昭 59・1・27 刑集 38・1・136…………12,【 2】52, 58, 358
最決昭 61・7・17 刑集 40・5・397………………52
最決昭 61・11・18 刑集 40・7・523…………339, 340
最判昭 62・12・3 刑集 41・8・323…………25, 348, 349
最判昭 63・1・29 刑集 42・1・38……………88, 322,【107】328, 333,【112】337, 344
最決昭 63・10・24 刑集 42・8・1079……106,【14】107, 111, 112, 118, 120, 132, 134, 172, 173, 181, 187, 199, 200, 230-236, 246, 255, 369
最決平 13・4・11 刑集 55・3・127………30, 111, 114,【15】115, 124, 126, 127, 140-144, 146, 167, 173,

174, 179, 181, 200, 209, 214, 219, 220, 223, 225, 229, 233-236, 242, 246, 247, 249, 250, 253, 255, 258, 259, 264, 266, 283, 289, 295, 362, 363, 371-373
最決平 14・7・18 刑集 56・6・307 ……… 29, 30, 213
最決平 15・2・20 判時 1820・149 … 189, 193,【40】197
最大判平 15・4・23 刑集 57・4・467 … 12, 13,【3】52, 57, 58, 358
最判平 15・6・2 裁集 284・353 …………… 361
最判平 15・10・7 刑集 57・9・1002 ……… 12, 13, 358, 359, 360, 361
最決平 17・10・12 刑集 59・8・1425 ………… 81
最決平 18・11・20 判タ 1227・190 ………… 42
最判平 21・7・16 判例集未登載 ……………… 35
最決平 21・7・21 判例集未登載 … 12, 29, 52, 55, 58,【76】268, 269, 278

高等裁判所

札幌高函館支判昭 24・2・9 判特 1・263 ……… 243
大阪高判昭 24・10・12 判特 1・276 ………… 241
東京高判昭 24・10・15 判特 12・3 ………… 280
東京高判昭 24・11・12 高刑集 2・3・264 …… 263
広島高岡山支判昭 24・11・16 判特 1・238 …… 375
札幌高判昭 24・12・3 高刑集 2・3・282 …… 139
東京高判昭 25・2・21 判特 8・36 …………… 243
大阪高判昭 25・2・28 判特 7・80 ……………… 50
大阪高判昭 25・4・22 判特 9・43 ……… 239, 241
札幌高函館支判昭 25・5・8 判特 10・129 …… 176
福岡高判昭 25・5・31 判特 10・112 ………… 341
札幌高判昭 25・6・8 判特 10・149 …………… 37
名古屋高判昭 25・6・15 判特 11・65 ………… 24
札幌高判昭 25・6・24 高刑集 3・2・235 …… 375
名古屋高判昭 25・7・10 判特 11・83 ……… 243
福岡高判昭 25・7・18 判特 12・112 …… 147, 263
東京高判昭 25・7・18 判特 16・111 ………… 375
福岡高判昭 25・9・13 判特 13・156 ………… 243
仙台高秋田支判昭 25・9・18 判特 12・177 …… 263
札幌高判昭 25・9・30 判特 13・198 ………… 375
東京高判昭 25・10・2 判特 13・7 …209, 210,【48】211

広島高判昭 25・10・4 判特 13・136 ………… 48
福岡高判昭 25・10・12 刑集 5・7・1281 …… 138
札幌高判昭 25・10・31 高刑集 3・4・532 …… 41
札幌高判昭 25・11・9 高刑集 3・4・558 …… 375
福岡高宮崎支判昭 25・11・15 判特 14・181 …… 28
高松高判昭 25・12・10 判特 6・10 ………… 341
東京高判昭 25・12・11 判特 15・49 ………… 352
名古屋高判昭 25・12・15 刑集 8・1・109 … 160, 161
広島高判昭 26・2・27 判特 20・11 …… 209, 210
名古屋高判昭 26・2・28 判特 27・39 ……… 243
大阪高判昭 26・4・4 高刑集 4・3・253 …… 267
東京高判昭 26・4・12 高刑集 4・6・583 …… 159
名古屋高判昭 26・4・21 判特 27・79 ……【102】320
東京高判昭 26・4・25 判特 21・83 …… 352, 353
福岡高宮崎支判昭 26・4・27 判特 19・148 …… 375
仙台高判昭 26・6・12 判特 22・57 ………… 147
仙台高判昭 26・6・14 判特 22・59 …………… 33
福岡高宮崎支判昭 26・6・29 判特 19・152 …… 36
大阪高判昭 26・7・6 高刑集 4・7・768 ……【113】341
東京高判昭 26・7・17 高刑集 4・9・1093 …… 299
高松高判昭 26・7・28 刑集 17・36 …………… 33
広島高松江支判昭 26・8・29 ………………… 322
広島高判昭 26・8・30 高刑集 4・8・1020 …… 333
東京高判昭 26・9・4 東時 1・4・37 ………… 243
東京高判昭 26・9・20 判特 24・63 …………… 50
東京高判昭 26・9・28 判特 24・86 ………… 339
名古屋高判昭 26・10・30 判特 27・160 …… 148
札幌高判昭 26・11・22 判特 18・65 …… 209, 210
東京高判昭 26・12・20 判特 25・109 ……… 36
東京高判昭 26・12・28 判特 25・141 ………【29】177
東京高判昭 27・1・29 高刑集 5・2・130 …… 33
東京高判昭 27・1・31 刑集 7・11・2095 …… 152
東京高判昭 27・3・5 高刑集 5・4・467 … 333, 340
東京高判昭 27・4・4 判特 29・110 ………… 243
東京高判昭 27・4・24 高刑集 5・5・686 … 24, 39
東京高判昭 27・5・13 高刑集 5・5・794 ……【108】333, 339, 340
名古屋高判昭 27・5・19 判特 30・9 ………… 37
東京高判昭 27・5・28 東時 2・7・165 ……… 243
東京高判昭 27・6・7 判特 34・55 …………… 243

判例索引

東京高判昭 27・6・19 高刑集 5・7・1093 …………… 33
東京高判昭 27・9・3 判特 34・162 …………… 375
高松高判昭 27・10・9 高刑集 5・12・2105 …… 33, 34
東京高判昭 27・12・16 判特 37・122 …………… 339
東京高判昭 27・12・27 刑集 9・9・1776 …………… 325
名古屋高金沢支判昭 28・1・31 判特 33・100 …… 156
大阪高判昭 28・2・16 判特 28・6 ………… 【87】295
福岡高判昭 28・2・19 高刑集 6・1・138 …………… 222
東京高判昭 28・2・21 高刑集 6・1・143 …………… 210
東京高判昭 28・2・22 高刑集 6・1・148 …………… 239
東京高判昭 28・2・23 高刑集 6・1・148 …………… 203
仙台高判昭 28・2・27 判特 35・15 …………… 352
福岡高判昭 28・4・20 判特 26・13 …………… 24
福岡高判昭 28・4・25 刑集 7・9・1875 …………… 151
福岡高判昭 28・5・14 刑集 12・4・663 …………… 222
名古屋高判金沢支判昭 28・5・30 判特 33・126 …… 26
東京高判昭 28・6・11 高刑集 6・7・831 ……… 87, 203
名古屋高判昭 28・6・25 判特 33・35 …………… 352
大阪高判昭 28・6・29 高刑集 6・6・824 …… 【119】352
名古屋高金沢支判昭 28・9・17 高刑集 6・11・1457
 …………………………… 87, 【17】139, 203
仙台高判昭 28・9・21 刑集 8・5・732 …………… 300
東京高判昭 28・9・30 判特 39・114 …………… 37
東京高判昭 28・11・10 高刑集 6・12・1665 ……… 210
名古屋高判昭 28・12・7 高刑集 6・13・1866 …… 267
名古屋高判昭 28・12・15 高刑集 6・13・1885 …… 243
福岡高判昭 28・12・26 判特 26・64 …………… 352
東京高判昭 29・1・26 東時 5・1・16 ………… 24, 39
札幌高函館支判昭 29・2・9 判特 32・92 …… 31, 50
高松高判昭 29・2・12 高刑集 7・4・517 …………… 34
東京高判昭 29・2・15 高刑集 7・2・133 …………… 49
福岡高判昭 29・3・31 判特 26・76 …………… 341
仙台高判昭 29・6・17 判特 36・82 …………… 339
仙台高秋田支判昭 29・7・6 裁特 1・1・7 ……… 27
仙台高判昭 29・7・13 裁特 1・1・19 …………… 299
高松高判昭 29・7・19 裁特 1・3・99 ………… 26, 31
東京高判昭 29・7・20 裁特 1・2・68 …………… 375
東京高判昭 29・9・8 裁特 1・7・284 …………… 38
名古屋高金沢支判昭 29・9・14 裁特 1・5・209 … 203,
267, 273, 308

大阪高判昭 29・12・4 高刑集 7・11・1676 … 159, 243,
【80】282
仙台高判昭 30・2・24 裁特 2・4・90 ………… 33, 35
東京高判昭 30・3・9 裁特 2・7・195 …………… 243
東京高判昭 30・4・9 高刑集 8・4・495 …………… 299
高松高判昭 30・5・7 裁特 2・10・456 …………… 25
仙台高判昭 30・5・24 裁特 2・10・490 … 308,【95】311
仙台高判昭 30・7・5 裁特 2・14・726 … 333,【110】335
東京高判昭 30・9・20 東時 6・9・315 …………… 38
東京高判昭 30・10・25 高刑集 8・8・1069 ………… 27
東京高判昭 30・11・7 東時 6・10・377 ……【78】280
名古屋高判昭 30・11・15 高刑集 8・追録 1 …… 88,
【122】355
仙台高判昭 30・11・16 裁特 2・23・1204 ……… 169
東京高判昭 30・12・6 高刑集 8・9・1162 …… 244, 307
札幌高判昭 30・12・27 高刑集 8・9・1179 ………… 27
福岡高判昭 31・1・28 高刑集 9・1・33 …… 147, 169
170, 203, 299, 321
福岡高判昭 31・2・6 判時 75・27 … 147, 203, 299, 321
東京高判昭 31・2・22 高刑集 9・1・103 ………… 341,
【114】342
東京高判昭 31・3・5 裁特 3・5・196 …………… 210
名古屋高判昭 31・4・9 裁特 3・8・385 …… 147, 151,
299, 320
大阪高判昭 31・4・26 高刑集 9・4・373 ………… 203,
【45】204
仙台高判昭 31・6・13 裁特 3・24・1149 ………… 355
東京高判昭 31・7・2 刑集 13・8・1159 ………… 153
東京高判昭 32・1・22 裁特 4・1=3・16 ………… 299
東京高判昭 32・2・5 東時 8・2・23 …………… 182
東京高判 32・2・11 東時 8・2・32 …………… 326
東京高判昭 32・3・4 高刑集 10・2・212 ………… 210,
【60】237
東京高判昭 32・3・18 裁特 4・6・132 …………… 299
東京高判昭 32・4・2 判特 4・7・172 ………【61】238
東京高判昭 32・4・17 東時 8・4・92 …………… 49
東京高判昭 32・5・6 東時 8・7・181 ……… 176, 210,
【54】216
東京高判昭 32・6・4 高刑集 10・4・395 ………… 240
東京高判昭 32・8・10 東時 8・8・269 …………… 240

東京高判昭 32・9・5 高刑集 10・7・579 ……… 64, 89,
【7】90
札幌高判昭 33・7・19 裁特 5・8・342 …………… 333
福岡高判昭 33・10・10 高検速報 757 ……… 146, 308
高松高判昭 33・11・10 裁特 5・11・452 ……… 354
名古屋高金沢支判昭 34・3・12 下集 1・3・520 …280,
【79】281, 282
東京高判昭 35・2・6 下刑 2・2・109 ……………… 38
東京高判昭 35・2・13 下刑 2・2・116 …………… 245
札幌高判昭 35・12・20 下刑 2・11＝12・135 …… 41
広島高判昭 35・12・21 下刑 2・11＝12・136
…………………………………………【121】354
広島高判昭 37・1・23 資料 163・61 …………… 305
東京高判昭 37・3・7 下刑 4・3＝4・183 ……【33】190
名古屋高金沢支判昭 38・3・19 下刑 5・3 ……… 176
東京高判昭 38・11・28 東時 14・11・193 ……… 322
東京高判昭 38・12・27 東時 14・12・253 ……… 237
福岡高判昭 39・3・5 下刑 6・3＝4・153 ………… 267
高松高判昭 39・7・20 刑集 19・3・175 ………… 168
東京高判昭 40・8・27 下刑 7・8・1583 ………… 182
東京高判昭 40・11・26 高刑集 18・7・786 …… 339
東京高判昭 41・7・19 高刑集 19・4・481 ……… 222
大阪高判昭 41・7・22 下刑 8・7・970 …………… 182
福岡高判昭 41・10・31 下刑 8・10・1331 ……… 261
大阪高判昭 41・11・25 判時 485・69 …………… 203
東京高判昭 42・1・30 高刑集 20・1・14 ……47, 87,
203, 244
名古屋高判昭 42・4・17 高刑集 20・2・148 …… 312
大阪高判昭 42・4・25 下刑 9・4・391 …200,【42】201
東京高判昭 42・4・27 東時 18・4・138 …………… 50
東京高判昭 42・6・5 高刑集 20・3・351 ……… 300
大阪高判昭 42・8・29 下刑 9・8・1056 ……180, 192,
【37】194
高松高判昭 42・11・8 高検速報 317 …………… 203
東京高判昭 42・11・14 東時 18・11・302 ……… 203
福岡高判昭 43・2・3 判時 515・87 ……………… 28
東京高判昭 43・4・17 高刑集 21・2・199 ……… 341
仙台高判昭 43・7・18 高刑集 21・4・281 ……87, 180,
182
東京高判昭 43・11・22 判タ 235・286 ……… 180, 193

大阪高判昭 44・3・10 刑月 1・3・193 ……… 180, 182
東京高判昭 44・10・22 判時 593・103 …193,【38】194
仙台高判昭 44・12・26 刑月 1・12・1144 ……… 47
東京高判昭 45・2・5 高刑集 23・1・103 ……… 244
東京高判昭 45・6・15 東時 21・6・212 ………… 176
東京高判昭 45・10・12 高刑集 23・4・737 ……87, 182
東京高判昭 45・12・22 東時 21・12・430 ……… 204
東京高判昭 45・12・22 判タ 261・356 ………… 243
東京高判昭 46・1・21 東時 22・1・14 ………… 199
東京高判昭 46・3・29 高刑集 24・1・282 ……180, 190,
【34】191
大阪高判昭 46・5・28 高刑集 24・3・374 ……87, 180
182, 243
東京高判昭 46・8・5 判時 655・87 ……182, 186, 187
名古屋高判昭 46・8・5 高刑集 24・3・483 …【89】297
仙台高判昭 46・8・10 高検速報 46・23 ……… 243
札幌高判昭 46・8・31 高検速報 77・15 ………… 182
東京高判昭 46・10・28 刑月 3・10・1340 ……… 183
広島高岡山支判昭 46・10・28 高検速報 46・6 … 183
高松高判昭 47・6・14 刑月 4・6・1002 ……… 308
広島高判昭 47・7・3 判時 676・99 ……………… 48
東京高判昭 47・10・9 東時 23・10・194 ……… 193
仙台高秋田支判昭 47・12・12 高検速報 47・8 … 183
東京高判昭 47・12・18 東時 23・12・236 ……… 199
東京高判昭 48・1・23 東時 24・1・4 …………… 211
東京高判昭 48・2・19 刑月 5・2・107 ………… 183
東京高判昭 48・3・26 東時 24・3・33 ………… 193
東京高判昭 48・5・31 判時 718・110 ……… 211, 237
広島高岡山支判昭 48・7・31 判時 717・101 …… 183,
187
東京高判昭 48・11・14 刑月 5・11・1423 ……… 263
東京高判昭 48・12・12 東時 24・12・176 ………190,
【35】192
東京高判昭 49・1・10 判時 738・112 ……… 183, 187
大阪高判昭 49・2・20 刑月 6・2・139 …183, 186, 187
東京高判昭 50・2・4 東時 26・2・19 ………… 263
広島高岡山支判昭 50・3・27 刑月 7・3・170 …… 25
東京高判昭 50・4・30 高検速報 2105 ………… 190
名古屋高判昭 50・7・1 判時 806・108 ………… 38
東京高判昭 50・11・26 東時 26・11・196 ……… 263

訴因変更〔Ⅰ〕 385

判 例 索 引

名古屋高判昭 51・2・4 刑月 8・1＝2・1 ……………25
東京高判昭 51・3・30 判時 824・121 …………204,
　　　　　　　　　　　　　　　　　　【46】205, 247
東京高判昭 51・8・24 東時 27・8・110…………… 183
東京高判昭 51・9・21 東時 27・9・125…… 180, 183, 187
仙台高秋田支判昭 52・1・25 高検速報 52・3…… 183
仙台高判昭 52・2・10 判時 846・43………… 205, 247
大阪高判昭 52・2・14 判時 870・111 …………… 308
東京高判昭 52・3・22 判時 850・111 …… 180, 183, 187
東京高判昭 52・9・27 東時 28・9・114 ……… 183, 187
東京高判昭 52・12・20 高刑集 30・4・423 …【115】345
東京高判昭 54・2・8 高刑集 32・1・1 …… 200,【43】201
東京高判昭 54・4・5 東時 30・4・57…………… 176
東京高判昭 54・11・28 刑月 11・11・1373 …………183,
　　　　　　　　　　　　　　　　　　　　　　186, 187
東京高判昭 54・12・26 判タ 420・125……………183
東京高判昭 55・2・25 判タ 415・92…………247, 250,
　　　　　　　　　　　　　　　　　　　　　　251, 261
東京高判昭 55・5・29 判時 992・129 …………308,
　　　　　　　　　　　　　　　　　　【98】314, 321
大阪高判昭 56・1・23 判タ 440・153 …………… 245
福岡高判昭 56・4・27 高検速報 1288…………… 244
東京高判昭 56・6・11 高検速報 2523………… 176, 211
東京高判昭 56・7・15 判時 1023・138…… 124, 247,
　　　　　　　　　　　　　　　　　　【68】248, 261
大阪高判昭 56・7・27 高刑集 34・3・355…… 247, 250,
　　　　　　　　　　　　　　　　　　【70】256, 261
大阪高判昭 56・11・24 判タ 464・170 ……………47
東京高判昭 57・3・24 刑月 14・9・727… 200,【44】202
東京高判昭 57・8・9 東時 33・7＝8・42 …………… 183
東京高判昭 57・10・6 東時 33・10＝12・64…………50
東京高判昭 57・11・4 判時 1087・149 …………… 244
東京高判昭 57・11・9 高検速報 2632…………… 193
東京高判昭 57・11・29 高検速報 2632 …………… 200
広島高判昭 58・1・20 判時 1101・125 …………… 308
東京高判昭 58・9・22 東時 34・9＝12・61 ……… 193
高松高判昭 59・1・24 判時 1136・158…………… 359
東京高判昭 59・6・4 高検速報 2721 …………… 308
東京高判昭 59・8・7 判時 1155・303 ……… 133, 147,
　　　　　　　　　　　【27】171, 255, 259, 262

東京高判昭 59・11・27 東時 35・10 …………… 183
東京高判昭 60・3・20 東時 36・3・15 ………38, 200
広島高判昭 60・5・16 判時 1169・155…………… 176
東京高判昭 60・7・5 資料 246・726 ………………31
福岡高判昭 60・9・2 高検速報 60・358 ………… 204
大阪高判昭 60・10・2 判タ 585・81…… 183, 186, 187
東京高判昭 61・3・27 高検速報 2838 …………… 333
大阪高判昭 61・10・14 判タ 631・237 …………… 187
東京高判昭 62・2・23 判タ 648・268 …308,【99】315
大阪高判昭 62・7・10 高刑集 40・3・720 ………295,
　　　　　　　　　　　　　　　　　　　　【88】296
東京高判平元・3・2 判時 1322・156 ………【62】238
大阪高判平元・6・23 判時 1330・149 ………159, 282,
　　　　　　　　　　　　　　　　　【81】284, 291
大阪高判平 2・1・25 判タ 730・253 …………… 308
東京高判平 4・10・14 高刑集 45・3・66 …29, 30, 273,
　　　　　　　　　　　　　　　　　　　277,【83】289
東京高判平 5・9・13 判時 1496・130 ……… 183, 185,
　　　　　　　　　　　　　　　　　　　　【32】188
札幌高判平 5・10・26 判タ 865・291 …… 29, 156, 158,
　　　　　　　　　　　【77】273, 276, 277, 281, 292
東京高判平 6・2・23 判タ 858・294…… 193,【39】195
東京高判平 6・6・6 判タ 863・291 ……369,【126】370
福岡高判平 6・9・6 判タ 867・296 …………… 183
東京高判平 7・5・22 判タ 918・260… 308,【100】317,
　　　　　　　　　　　　　　　　　　　　330, 331
東京高判平 9・10・9 東時 48・1＝2・64 ………… 211
高松高判平 10・3・3 判時 1642・160 …… 211,【57】220
東京高判平 10・6・8 判タ 987・301 ………… 29, 272,
　　　　　　　　　　　　　　　　　　　　277, 291
東京高判平 10・7・1 判時 1655・3 （ロス銃撃事件）
　　　　　　　　　　　　　　　　　　　　【71】260
仙台高判平 11・3・4 判時 1688・176／判タ 1018・
　　277 ……………………………………… 143, 250
東京高判平 12・6・27 東時 51・1＝2・82 ……【118】350
大阪高判平 12・7・21 判時 1734・151 ……… 134, 211,
　　　　　　　　　　　　　　　　　　　　【58】224
東京高判平 15・5・14 判時 1857・145…204,【47】206
大阪高判平 15・10・29 判時 1862・176 …………355,
　　　　　　　　　　　　　　　　　　　【124】357

福岡高判平 16・10・8 高検速報 1445‥‥‥‥134, 177,
【30】178
名古屋高判平 18・6・26 高刑集 59・2・4 ‥‥‥‥162,
【75】265
東京高判平 20・11・18 判タ 1301・307 ‥‥‥‥【1】44
名古屋高判平 21・2・7 高検速報 732‥‥‥‥【66】244
東京高判平 21・3・6 高刑集 62・1・23‥‥‥‥133, 211,
【59】225

地方裁判所

名古屋地判昭 25・3・6 刑集 8・1・103‥‥‥‥160, 161
東京地判昭 26・12・17 刑集 9・9・1775 ‥‥‥‥‥ 324
岐阜地御嵩支判昭 34・1・26 下刑集 1・1・131 ‥‥‥ 27
広島地判昭 39・11・13 下刑 6・11＝12・1284‥‥261,
【73】263
福岡地小倉支判昭 40・6・9 下刑 7・6・1261 ‥‥‥‥38
東京地判昭 44・5・22 判タ 239・291 ‥‥‥‥‥‥‥ 39

宮崎地判昭 53・2・16 刑裁月報 10・1＝2・142 ‥‥ 244
京都地判昭 56・5・22 判タ 447・157 ‥‥‥‥‥‥ 318
札幌地判昭 56・6・24 判時 1013・138 ‥‥‥‥‥‥ 32
東京地判平元・10・31 判時 1363・158 ‥‥‥‥‥ 244
浦和地判平 3・3・25 判タ 760・261 ‥‥‥‥【74】263
大阪地判平 9・8・20 判タ 995・286‥‥292,【86】294,
296, 369,【127】372, 373
函館地判平 15・3・18 判時 1849・135 ‥‥‥‥‥ 260,
【72】261, 282,【82】288
東京地判平 16・9・22 判時 1913・175 ‥‥‥‥‥ 347,
【116】348
東京地判平 16・12・20 判時 1913・168 ‥‥‥‥ 347,
【117】348

簡易裁判所

伊予三島簡判昭 38・12・5 刑集 19・3・171 ‥‥‥ 168

刊行にあたって

　判例総合解説シリーズは，「実務に役立つ理論の創造」を狙いとして各法律分野にわたり判例の総合的解説をするものですが，このたび刑事訴訟法についても刊行を開始する運びとなりました。
　現在，刑事訴訟法の分野でも膨大な裁判例が集積され，それらの裁判例に接することは，判例データベースの普及により容易になっています。しかしながら，多くの裁判例の中から適切な判例を検索・抽出し，判例の射程を見極めたり，判例理論を見出したりすることは，必ずしも容易ではありません。さらに，判例に対する理解を深め，その位置づけを知るためには，学説の動向にも留意する必要があります。こうした観点から，本シリーズは，刑事訴訟法の主要なテーマごとに，判例を整理し，判例の推移や学説の動向を考慮した上での理論的検討を加えて，判例についての解説を行うものです。法曹実務家，研究者，法科大学院生，法執行機関の職員など，多くの方々の執務や研究の一助になれば幸いです。
　この場を借りて一言申し上げたいことは，本シリーズの監修者の1人であるべき松浦繁氏が2006年11月に逝去されたことです。企画・立案の段階から精力的に参画された同氏を失ったことは痛恨の極みでした。ここに深甚なる哀悼の意を表するとともに，同氏のご霊前に本シリーズの刊行を報告することにつき読者のご海容をお願いする次第です。
　　　2007年初冬

　　　　　　　　　　　　　　　　　　　監修者　渡　辺　咲　子
　　　　　　　　　　　　　　　　　　　　　　　長　沼　範　良

〔著者紹介〕

佐々木正輝（ささき まさき）

（略歴）
1954 年　東京都に生まれる。
1980 年　検事任官
　　以後　東京・水戸・静岡の各地検検事，法務省刑事局付検事，在フランス共和国日本国大使館一等書記官，司法研修所教官，法務大臣官房司法法制調査部参事官，東京地検交通部副部長，さいたま・名古屋の各地検総務部長，早稲田大学大学院法務研究科教授，東京高等検察庁公判部長，最高検察庁検事，那覇地方検察庁検事正を歴任。

（現職）
国連アジア極東犯罪防止研修所長
Director of United Nations Asia and Far East Institute for the Prevention of Crime and the Treatment of Offenders (UNAFEI)

（主要著作）
令状請求の実際101問（共著）〔立花書房／1994〕
捜査実務全書 1・強行犯罪（放火罪，公務執行妨害罪担当）〔東京法令出版／1994〕
大コンメンタール刑法（第2版）第12巻（威力業務妨害罪担当）〔青林書院／2003〕
判例演習刑事訴訟法（共犯者の自白，択一的認定担当）〔成文堂／2004〕
裁判例コンメンタール刑法第3巻（強盗罪担当）〔立花書房／2006〕
裁判員のためのよく分かる法律用語解説（共著）〔立花書房／2006〕
Q＆A実例窃盗・強盗・恐喝犯罪の捜査実務（編著）〔立花書房／2007〕
捜査法演習（共著）〔立花書房／2008〕

訴因変更〔I〕　　　　　　　　　　刑事訴訟法判例総合解説

2009（平成21）年12月25日　第1版第1刷発行　5802-0101　￥3500E, B150, PP408

著　者　佐々木正輝
発行者　今井　貴・稲葉文子　　発行所　株式会社信山社　東京都文京区本郷 6-2-9-102
　　　　　　　　　　　　　　　　電話(03)3818-1019　〔FAX〕3818-0344〔営業〕　郵便番号 113-0033
出版契約 2009-5802-8　　　　　　印刷／製本　松澤印刷株式会社　渋谷文泉閣

© 2009，佐々木正輝　Printed in Japan　落丁・乱丁本はお取替えいたします。　NDC分類 327.600 b18
ISBN978-4-7972-5802-8　　　　★定価はカバーに表示してあります。

Ⓡ〈日本複写権センター委託出版物・特別扱い〉　本書の無断複写は，著作権法上での例外を除き，禁じられています。本書は，日本複写権センターへの特別委託出版物ですので，包括許諾の対象となっていません。本書を複写される場合は，日本複写権センター(03-3401-2382)を通して，その都度，信山社の許諾を得てください。

判例講義 刑事訴訟法

渡辺咲子 著

A5変 504頁 本体 3,800円（税別）

第1章　刑事訴訟の原則
第2章　弁護活動・弁護人に関する判例
第3章　任意捜査に関する判例
第4章　捜索差押えに関する判例
第5章　新しい強制捜査に関する判例
第6章　逮捕・勾留に関する判例
第7章　告訴に関する判例
第8章　公訴に関する判例
第9章　訴因に関する判例
第10章　公判前整理手続・公判手続に関する判例
第11章　証拠法の原則に関する判例
第12章　伝聞法則に関する判例
第13章　自白に関する判例
第14章　裁判に関する判例
第15章　上訴に関する判例

ISBN978-4-7972-8565-9

事案の中に自らの身を置く視点を学ぶ

判例に示された事実を辿り、この事件の当事者であったら、どのように主張するだろうか、どのような相手方の主張が考えられるだろうか、裁判官としてどのような判決をかけばよいだろうか——事案の中に自らの身を置いて考えよう、という、読後に高い応用性を持つ考え方が満載の学習書。人気の著者による、信頼の書。法科大学院生、実務家など幅広い読者の皆様に。

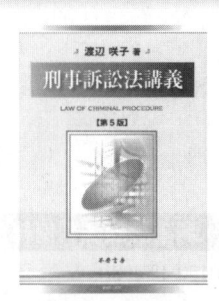

刑事訴訟法講義〔第5版〕

渡辺咲子 著

A5変 472頁 本体 3,400円（税別）

ISBN978-4-7972-8560-4

法科大学院未修者の基礎と実務を養成

法科大学院法学未修者や学部学生の法学初学者が刑事訴訟法の構造や考え方の基礎と生きた刑事訴訟法を理解することができる入門書。特色として、34の書式例と豊富な図表でイメージアップし、わかりやすく、実務の応用力を養い、学説判例はポイントを押さえて簡潔に発展学習へ導く。平成20年、刑事手続に被害者の参加を認める改正、少年法の改正や新しい判例等、最新の情報を盛り込んだ、信頼の第5版。

判例総合解説シリーズ

分野別判例解説書の新定番　　　　　　　　実務家必携のシリーズ

実務に役立つ理論の創造

緻密な判例の分析と理論根拠を探る

権利能力なき社団・財団の判例総合解説
河内 宏　2,400円

民法667条〜688条の組合の規定が適用されている、権利能力のない団体に関する判例の解説。

錯誤の判例総合解説
小林 一俊　2,400円

錯誤無効の要因となる要保護信頼の有無、錯誤危険の引受等の観点から実質的な判断基準を判例分析。

即時取得の判例総合解説
生熊 長幸　2,200円

民法192条から194条の即時取得の判例を網羅。動産の取引、紛争解決の実務に。

入会権の判例総合解説
中尾 英俊　2,900円

複雑かつ多様な入会権紛争の実態を、審級を追って整理。事実関係と判示を詳細に検証し正確な判断を導く。

不動産附合の判例総合解説
平田 健治　2,200円

民法典の規定自体からは明らかにならない附合制度を紛争別に詳述。具体事例を通じ、総合的に理解できる。

保証人保護の判例総合解説〔第2版〕
平野 裕之　3,200円

信義則違反の保証「契約」の否定、「債務」の制限、保証人の「責任」制限を正当化。総合的な再構成を試みる。

間接被害者の判例総合解説
平野 裕之　2,800円

間接被害による損害賠償請求の判例に加え、企業損害以外の事例の総論・各論的な法理的分析をも試みる。

危険負担の判例総合解説
小野 秀誠　2,900円

実質的意味の危険負担や、清算関係における裁判例、解除の裁判例など危険負担論の新たな進路を示す。

同時履行の抗弁権の判例総合解説
清水 元　2,300円

民法533条に規定する同時履行の抗弁権の適用範囲の根拠を判例分析。双務契約の処遇等、検証。

リース契約の判例総合解説
手塚 宣夫　2,200円

リース会社の負うべき義務・責任を明らかにすることで、リース契約を体系的に見直し、判例を再検討。

権利金・更新料の判例総合解説
石外 克喜　2,900円

大審院判例から平成の最新判例まで。権利金・更新料の算定実務にも役立つ。

不当利得の判例総合解説
土田 哲也　2,400円

不当利得論を、通説となってきた類型論の立場で整理。事実関係の要旨をすべて付し、実務的判断に便利。

事実婚の判例総合解説
二宮 周平　2,800円

100年に及ぶ内縁判例を個別具体的な領域毎に分析し考察・検討。今日的な事実婚の法的問題解決に必須。

婚姻無効の判例総合解説
右近 健男　2,200円

婚姻意思と届出意思との関係、民法と民訴学説の立場の違いなど、婚姻無効に関わる判例を総合的に分析。

親権の判例総合解説
佐藤 隆夫　2,200円

離婚後の親権の帰属等、子をめぐる争いは多い。親権法の改正を急務とする著者が、判例を分析・整理。

相続・贈与と税の判例総合解説
三木 義一　2,900円

譲渡課税を含めた相続贈与税について、課税方式の基本原理から相続税法のあり方まで総合的に判例分析。

(各巻税別)

信山社　刑事訴訟法判例総合解説シリーズ

分野別判例解説書の決定版　　　　　　　　　実務家必携のシリーズ

実務に役立つ理論の創造

第1　捜　査

1　職務質問と所持品検査
2　任意捜査と有形力の行使　　　　　加藤克佳
3　任意捜査において許される捜査方法の限界　　寺崎嘉博
4　任意同行と被疑者の取調べ　　　　鈴木敏彦
5　国際的な犯罪　　　　　　　　　　渡辺咲子
6　逮捕に関する諸問題　　　　　　　長沼範良
7　勾留に関する諸問題　　　　　　　高部道彦
8　身柄拘束と被疑者の取調べ　　　　洲見光男
9　被疑者の弁護人　　　　　　　　　神田安積
10　令状による捜索差押え　　　　　　宇藤　崇
11　令状によらない捜索差押え　　　　多田辰也
12　強制採尿・通信傍受等の強制捜査　大澤　裕

第2　公訴・公判手続

13　検察官の起訴裁量とそのコントロール　五十嵐さおり
14　公　訴　　　　　　　　　　　　　波床昌則
15　起訴状　　　　　　　　　　　　　田中　開
16　被告人　　　　　　　　　　　　　山口雅高
17　被告人の勾留・保釈　　　　　　　中川博之
18　訴因変更　　　　　　　　　　　　佐々木正輝

19　弁護人　　　　　　　　　神田安積・須賀一晴
20　公判準備
21　公判手続・法廷秩序　　　　　　　廣瀬健二
22　**迅速な裁判／裁判の公開**　　　　羽渕清司

第3　証　拠

23　証拠裁判主義・自由心証主義　　　安村　勉
24　違法収集証拠の排除法則　　　　　渡辺　修
25　証人尋問(1)　　　　　　　　　　木口信之
　　証人尋問(2)　　　　　　　　　　秋山　敬
26　科学的証拠　　　　　　　　　　　小早川義則
27　自　白　　　　　　　　　　　　　渡辺咲子
28　伝聞法則　　　　　　　　　　　　杉田宗久
29　伝聞の意義　　　　　　　　　　　堀江慎司

第4　1審の裁判・上訴・再審

30　実体裁判　　　　　　　　　　　　朝山芳史
31　裁判の効力　　　　　　　　　　　中野目善則
32　**上訴の申立て**　　　　　　　　　大渕敏和
33　上訴審の審理と裁判
34　再審と非常上告

各巻 2,200円〜3,200円（税別）　※予価

刊行にあたって

　判例総合解説シリーズは、「実務に役立つ理論の創造」を狙いとして各法律分野にわたり判例の総合的解説をするものですが、このたび刑事訴訟法についても刊行を開始する運びとなりました。
　現在、刑事訴訟法の分野でも膨大な裁判例が集積され、それらの裁判例に接することは、判例データベースの普及により容易になっています。しかしながら、多くの裁判例の中から適切な判例を検索・抽出し、判例の射程を見極めたり、判例理論を見出したりすることは、必ずしも容易ではありません。さらに、判例に対する理解を深め、その位置づけを知るためには、学説の動向にも留意する必要があります。こうした観点から、本シリーズは、刑事訴訟法の主要なテーマごとに、判例を整理し、判例の推移や学説の動向を考慮した上での理論的検討を加えて、判例についての解説を行うものです。法曹実務家、研究者、法科大学院生、法執行機関の職員など、多くの方々の執務や研究の一助になれば幸いです。
　この場を借りて一言申し上げたいことは、本シリーズの監修者の1人であるべき松浦繁氏が2006年11月に逝去されたことです。企画・立案の段階から精力的に参画された同氏を失ったことは痛恨の極みでした。ここに深甚なる哀悼の意を表するとともに、同氏のご霊前に本シリーズの刊行を報告することにつき読者のご海容をお願いする次第です。

2007年初冬　監修者　渡辺咲子・長沼範良